세계
노동
운동
사 1

| 일러두기 |

1. 고유명사의 우리말 표기는 국립국어연구원의 외래어 표기 용례를 따랐으나, 굳어진 표현이나 관행적으로
   사용되어 온 고유명사 표기의 경우 관례를 따랐다.
2. 〈찾아보기〉에서 정당명은 각 정당의 공식 명칭에 국가 표시가 없는 경우에도 내용 찾기의 편의성을 위해
   국가명을 앞에 일괄 표시했다.

세계노동운동사 1

1판 1쇄 | 2013년 1월 10일
1판 4쇄 | 2020년 10월 10일

지은이 | 김금수

펴낸이 | 정민용
편집장 | 안중철
책임편집 | 최미정
편집 | 강소영, 윤상훈, 이진실

펴낸 곳 | 후마니타스(주)
등록 | 2002년 2월 19일 제2002-000481호
주소 | 서울 마포구 신촌로14안길 17(노고산동) 2층
전화 | 편집_02.739.9929/9930 영업_02.722.9960 팩스_0505.333.9960

블로그 | humabook.blog.me
S N S | humanitasbook
이메일 | humanitasbooks@gmail.com

인쇄 | 천일_031.955.8083 제본 | 일진_031.908.1407

값 30,000원

ⓒ 김금수 2013
ISBN 978-89-6437-165-7 04300
       978-89-6437-164-0 (전6권)

이 도서의 국립중앙도서관 출판시도서목록(CIP)은 e-CIP홈페이지(http://www.nl.go.kr/ecip)와
국가자료공동목록시스템(http://www.nl.go.kr/kolisnet)에서 이용하실 수 있습니다.(CIP제어번호: CIP2012005579)

세계
노동
운동
사

김금수 지음

1

후마니타스

세 계 노 동 운 동 사 1   차례

제3부 국제노동운동의 출범과 사회주의 이념의 대두

세 계 노 동 운 동 사 2   차례

세계 노동 운동사 3 차례

책머리에

　무릇 노동운동이 짙은 어둠과도 같은 침체 국면에 들면, 지난날의 장구한 역사에서 그 발전을 위한 길을 모색하기 마련이다. 그것은 노동자계급이 전개한 활동과 투쟁의 굴곡 많은 승리와 패배의 경험을 통해 더없이 소중한 교훈을 얻을 수 있기 때문이다.

　오늘날의 노동운동 상황은 한마디로 정체와 패배의 국면으로 규정할 수 있을 것이다. 세계노동운동은 국제독점자본 또는 신자유주의 지구촌화 공세에 눌려 국제노동운동 전선조차 형성하지 못한 채 전반적으로 퇴조기에 들어 있음이 분명하다. 개발도상국의 노동운동은 조직과 투쟁 그리고 정치 세력화 측면에서 발전의 토대마저 구축하지 못하고 있으며, 새로운 발전을 위한 뚜렷한 계기를 창출하지 못하고 있는 것이 현실이다.

　그렇다면 한국 노동운동의 실상은 어떤가? 여러 정황에 비추어 심각한 위기 국면을 맞고 있는 것으로 보인다. 아직 전략 목표도 명확히 세우지 못하고 있고, 조직·투쟁·정치 노선을 제대로 설정하지 못하고 있으며 분파 활동의 폐해가 우려스러운 양상을 보이고 있는 가운데 현장 조직이나 현장

활동마저 가동되지 못하고 있을 뿐만 아니라 지도 역량의 취약성이 드러나고 있다. 바로 지금이 노동운동의 역사에서 그 발전을 위한 길을 열정 다해 찾아야 할 때라고 여긴다. 이 책을 쓴 사람의 절실한 심정이 그러하다.

　책머리에서 먼저 이 책의 특색과 책을 쓰게 된 경위부터 밝혀 두고자 한다. 굳이 분류하자면 이 책은 연구 성과를 오롯하게 담은 연구서나 역사 사실에 대한 이론적 천착의 결과물인 이론서가 아니다. 이 책은 세계노동운동의 전개 과정에 관한 학습과 토론 교재라고 할 수 있다. 그렇다고 노동운동 역사에 관한 연구 결과를 경시하거나 사실에 대한 이론적 접근을 배제하고자 한 것은 결코 아니었다. 어디까지나 충실한 교재를 만드는 데에 주력했다.

　세계노동운동의 전개에 관한 글을 쓰기 시작한 지 10여 년의 세월이 흘렀다. 한 계간지(『노동교육』)에 연재하면서부터였는데, 글 쓸 형편이 되지 못할 때는 중단했다가 처지가 좀 나아지면 다른 월간지(『노동사회』)에 다시 게재하고는 했다. 그러다가 2007년 7월 한국노동사회연구소가 "세계노동운동사 학습 과정"을 개설하면서 그동안 써온 글 내용을 다시 보완해 교재로 삼게 되었고, 책 쓰기 작업은 계획대로 진행되었다. 그 뒤로도 계속해 여러 차례 학습 모임이 꾸려지면서 교재는 수정과 보완을 거쳐 오늘에 이르렀다. 시간의 덕을 보았다고나 할까.

　학습은 강의 방식이 아니라 학습 참가자가 발제를 하고 내용에 관한 질문과 답변을 거쳐, 토론 주제를 정해 토론을 행하는 세미나 방식으로 진행되었다. 그런 점에서 이 책은 개인의 작업이라기보다는 학습 참가자 모두의 공동 작업 성격을 띠고 있다.

　세계노동운동사의 학습 과정을 통해 참가자들은 노동운동 전개의 자기 논리, 즉 노동운동 발전의 합법칙성을 분명하게 확인할 수 있었다. 몇 가지 주요한 역사적 사실을 들면 다음과 같다. 노동자계급이 경제·일상 요구의 실현을 위한 경제투쟁과 아울러 선거권 쟁취 투쟁을 비롯한 정치투쟁을 전개하는 가운데 자본주의 체제와 제도의 개량·개혁, 나아가 지양을 끊임없이 추구하는 과정이 곧 노동운동사 전개의 주된 흐름을 이루고 있다는 사실이다.

또 초기 단계 노동운동은 자본 측의 강권과 착취에 대항하는 고립·분산된 노동자의 자연발생적 투쟁으로 출발하지만, 자본주의 발전에 따라 노동자 수도 증가하고 노동과정의 집단 규율에 따라 단련된 노동자들은 스스로 단결력을 강화하고 지속적이고 조직적인 투쟁을 전개하며 때로는 폭풍과도 같은 거대한 혁명 상황까지 만들어 내면서 수세기에 걸쳐 발전을 거듭해 왔다.

그리고 노동운동은 침체와 고양, 패배와 승리, 정체와 도약의 과정을 거치면서 발전하고, 급격한 발전의 시기와 완만한 발전의 시기를 거친다. 노동운동은 구체적으로 조직, 활동과 투쟁, 이념과 노선, 정치 역량 또는 정치 세력화에 바탕을 두고 전개된다. 노동운동은 단순히 노동자계급의 지위 향상이나 권리 보장을 위해서만 추진되는 것은 아니다. 노동자계급은 초기 부르주아혁명을 통한 민주주의의 실현 또는 공화제의 수립을 위해 투쟁했으며 식민지·종속 국가에서는 민족해방운동의 주력부대로서 역할을 수행했다. 또한 파시즘 체제에서는 반파시즘 투쟁과 전쟁 위협에 반대하는 투쟁을 전개했다. 나아가 노동운동은 어떤 형태로든 자본주의의 개혁과 변혁을 끊임없이 추구해 왔다. 현재의 자본주의 체제에서는 노동자계급의 인간다운 삶이 결코 보장되지 않기 때문이다.

세계노동운동사의 학습 과정을 통해 또 한 가지 확인할 수 있는 것은 에드워드 핼릿 카가 설파한 "역사는 현재와 과거의 끊임없는 대화다"라는 말이다. 학습 과정에서 진행되는 토의는 그 주제가 어떤 것이든, 과거의 역사적 사실과 현재 우리 앞에 벌어지고 있는 사건들이 서로 연관되어 의제로 설정되어 진행되었기 때문이다. 예컨대 1848년 혁명과 촛불 집회, 이념 논쟁과 진보 정당의 분열, 러시아혁명과 노동해방의 조건, 파시즘과 현재 한국의 정치체제 등에 관한 논의들이 그런 것이다.

이런 학습 과정을 통해 세계노동운동의 전개 과정을 다루는 일 자체가 결코 만만한 작업이 아님을 실감할 수 있었다. 노동운동이 전개된 시기도 장구하며 워낙 무대가 광대하고 지역과 국가에 따라 특수성과 다양성을 드러내고 있어 그 흐름을 제대로 파악하고 정리해 내는 작업이 여간 버거운 일이 아니었기 때문이다.

세계노동운동사 또는 국제노동운동사를 체계적으로 서술한 책도 흔하지 않다. 윌리엄 포스터의 『세계노동운동사』 Outline History of the World Trade Union Movement와 소련과학아카데미국제노동운동사연구소의 『국제노동운동사: 역사와 이론의 제 문제』 The International Working-Class Movement: Problems of History and Theory 전 8권이 대표적인 저술이다. 과문한 탓인지는 몰라도, 그 밖에 신뢰할 정도로 체계를 갖춘 세계노동운동사 또는 국제노동운동사를 찾을 수 없었다. 그래서 각국의 노동운동사와 특정 사건에 관한 연구 논문·저술들을 중요하게 참고했다.

포스터의 저작은 대단히 체계적이고 포괄적이지만 1956년에 발간된 것이고, 제목이 표현하고 있듯이 '약사'의 한계를 지니고 있다. 이에 비해 소련과학아카데미국제노동운동사연구소가 펴낸 저작은 1970년 초부터 여러 연구 기관을 참여시킨 가운데 10년이 넘는 연구 기간을 거쳐 이룩한 큰 성과라고 할 것이다. 저작은 실로 방대하며 특히 개인으로서는 수집하기 어려운 식민지·종속 국가 노동운동 자료를 포괄하고 있을 뿐만 아니라 시기별 운동 또는 특정 사례에 대한 평가도 운동 논리에 충실하고자 시도했다.

노동운동의 전개가 어차피 자본주의 체제의 극복을 추구하는 한, 노동운동사를 서술하는 데 있어 마르크스주의 역사 인식을 배격할 수는 없다. 오히려 폭넓게 수용할 필요가 있다. 또한 비록 소련 사회주의 체제가 무너진 상황이기는 하나, 그 체제에서 이루어진 귀중한 연구 성과마저 전적으로 부정할 필요는 없을 터다. 그래서 이 책은 소련과학아카데미국제노동운동사연구소의 저작을 많이 참고했다. 다만 국제노동운동에 대한 러시아의 영향력을 과대하게 평가하거나 사회주의혁명에 대한 지나친 낙관주의를 일관되게 강조한 것은 비판적으로 숙고해야 할 대목인 것으로 판단된다.

아무튼 장기에 걸친 세계노동운동의 전개 과정, 수많은 사건들, 계속적인 시대의 변화 양상, 다양한 형태의 운동 이념과 정치 노선, 그리고 미래에 대한 전망과 전략 등의 문제를 다루는 데서 자료의 빈곤을 통감했지만, 대부분 국내에서 입수 가능한 자료와 저작에 의존할 수밖에 없었다. 그러나 고전에 속하는 저작이나 논문 원전은 여러 가지 방도를 통해 다른 나라에서 입수해 참고했다.

이 책은 자본주의의 발생과 노동자계급의 형성에서부터 1945년 제2차 세계대전 종료 시기까지 노동운동의 전개 과정을 서술하고 있는데, 그 이후부터 1980년까지의 과정을 후속편으로 펴낼 계획이다. 세계노동운동사의 학습 과정도 계속 진행되고 있으므로 교재 편찬 작업은 어차피 필요하기 때문이다.

이 책을 쓴 사람의 심정으로는 노동운동가나 사회운동가, 그리고 우리 사회의 발전을 갈망하는 사람들이 학습과 토론, 그리고 숙고를 통해 노동운동의 미래를 밝게 열어 갈 수 있기를 간절하게 기대하면서 이 책이 한 가닥 보탬이 되기를 소망하는 바다.

끝으로 손실과 이익을 따지지 않고 이 책의 출판을 기꺼이 맡아 준 후마니타스 출판사에게 고마움의 인사를 전한다. 또한 글 수정을 도와준 한국노동사회연구소 이원보 이사장과 이주환 편집국장, 현대제철노조 최승회 교육위원에게 고마움을 표하고 연표 제작을 도와준 전국금융산업노조 이지섭 부장에게도 고맙다는 인사를 표한다. 이 책이 나오기까지 든든한 후원자가 되어 준 아내 이정희에게도 이 기회에 고마움을 표하고자 한다.

2013년 1월
김금수

제1부 자본주의의 발생과 노동자계급의 형성

1장

자본주의 발전의 기초와
노동자계급의 기원

역사는 오늘날 우리가 영위하고 있는 삶을
이끌어 낸 사건들의 연속이다.
역사는 우리가 어떻게 오늘날의
우리 자신을 만들게 되었는지에 관한 이야기다.
역사를 이해한다는 것은
우리가 살고 있는 세계를 변혁할 수 있는지,
또 어떻게 그렇게 할 수 있는지를
파악하기 위한 열쇠다.

_크리스 하먼(Harman 2008, ii)

1. 자본주의 발전의 기초

매뉴팩처와 선대제도

자본주의는 역사적으로 봉건제도를 모태로 그 안에서 발생했으며, 노동자계급은 자본주의의 전개와 더불어 본격적으로 형성되었다. 자본주의 시대의 막은 14~15세기 자본주의적 관계의 맹아기를 거쳐 16세기 무렵에 열렸다. 이 시기부터 자본주의 본거지라고 할 수 있는 유럽에서 매뉴팩처[1]가 발달하고 자본주의 제도가 정착되는 긴 과정이 시작되었다. 여기서 우리는 근본이 되는 물음을 떠올리게 된다. 봉건제에서 자본주의로 가는 사회구성체의 이행은 어떻게 이루어졌는가. 또 자본주의 성립에서 주된 추진 역할을 한 것은 무엇인가. 이에 대한 고찰과 더불어 임금노동 제도는 어떻게 성립했는가를 파악하는 것은 노동자계급의 형성과 관련해 매우 중요한 해명 과제다.

봉건제에서 자본주의로 사회구성체가 이행하는 과정은 그리 단순하지만은 않았다. 곧 봉건제 사회구성체 내에서 자본주의 생산양식의 맹아가 발생하고 성장해 그것이 봉건제 생산양식을 깨고 나와 지배적 생산양식으로 확립되는 과정은 매우 복잡했다. 그러나 이를 집약하고 단순화하면 봉건제의 위기·해체와 더불어 자본주의 성립을 위한 전제 조건의 성숙이라 할 수 있다.

13세기 들어 봉건영주들은 커지는 화폐 수요를 충당하기 위해 차츰 노동지대나 현물지대 대신 화폐지대[2]를 취득하게 되었다. 농민들도 자신의

---

[1]_공장제 수공업으로서 분업에 기초한 협업에 따라 작업이 이루어지는 작업 형태를 말하는데, 이것은 자본주의적 협업과 기계제 대공업의 중간 형태였다고 할 수 있다.

경제력을 배경으로 다른 곳으로 진출하거나 농민 봉기를 일으켜 지대의 금납화金納化를 촉진했다. 그리하여 봉건영주층은 자신의 직영지를 농민들로 하여금 경작하게 하여 차츰 지대취득자rentier로 바뀌었고, 이에 따라 봉건제의 골간인 장원제가 해체되기 시작했다.

14, 15세기에 들어서는 화폐가치가 점점 하락하면서 영주의 화폐소득이 감소하고 농민의 실질적 부담이 저하됨으로써 독립적인 소상품생산자가 성장하기 시작했고, 여기서 나온 '맹아적 이윤'의 축적은 근대산업 자본형성의 기초가 되었다. 이것은 농촌에서 조성된 일정 지역 시장권의 전개를 축으로 한 사회적 분업의 발전과 생산력의 착실한 향상을 반영했다. 장원제의 해체에 따른 봉건제도의 위기는 14~16세기에 걸친 농민 봉기에 따라 더욱 가속화했다. 농민 봉기는 봉건사회에서 농노 상태에 놓여 있던 생산 담당자들이 '농민해방'을 거쳐 자본주의사회의 자유로운 생산자가 되는 과정에서 제기한 투쟁 형태였다(마츠다 1983, 90).

그런데 봉건제의 해체와 더불어 자본주의 생산양식이 성립하기 위한 전제 조건은, 한편으로 자본으로 전화될 화폐와 상품을 축적하고 있는 사람이 있어야 하고 다른 한편으로는 생산수단을 갖지 못해 자기의 노동력을 팔지 않으면 살아갈 수 없으면서 또한 그럴 수 있는 신분상의 자유를 지닌, 말하자면 이중의 의미에서 자유로운 노동자들이 존재해야 하는 것이다. 그래서 독자적 생산양식인 자본주의는 다음과 같은 특징을 갖는다. 첫째, 봉건제와는 다르게 상품생산이 경제활동 전체에 널리 일반화되어 있고, 둘째, 그런

2_화폐지대는 상업, 도시 공업, 상품생산, 화폐유통의 두드러진 발전을 전제로 하며, 직접적 생산자인 농민이 노동생산물의 최소한 일부를 상시적으로 상품으로 생산해 화폐를 취득함을 의미한다. 또 화폐지대는 독립자영농민층의 성립과 자본제 생산을 위한 출발점이라 할 수 있다.

상품생산이 노동력의 상품화를 배경으로 한 자본-임노동 관계(자본가와 임금노동자의 계급 관계)를 기초로 행해지고 있는 사실이다.

자본주의사회에서 행해지는 소상품생산은 그 발전 과정에서 수공업 분야에 두 가지 형태의 자본주의 경영을 낳았다. 첫째는 수공업자가 일정한 규모의 작업장을 가지고 거기에 비교적 다수의 노동자, 즉 수련공geselle(직인職人)과 도제를 모아 장인master 또는 자본가의 직접 지휘와 감독 아래 작업을 행하는 경영 형태다. 둘째는 상업 또는 금융 면에서 자본을 소유한 사람이 수공업 생산자들에게 원료나 도구를 제공해 상품을 생산하게 하고, 생산된 상품을 인수해 판매하는 경영 형태다. 자본주의 경영에서 이 두 가지 형태는 실제로는 확연히 구분되는 것은 아니었고, 통상적으로 하나의 경영이 크고 작은 비중의 차이는 있어도 두 가지 형태를 결합시킨 경우가 많았다. 대체로 경영 규모가 작을수록 첫 번째 형태에 비중이 두어졌고, 경영 규모가 클수록 두 번째 형태로 비중이 옮아가는 경향이 있었다. 이런 이유로 16세기 중엽 이후의 영국인은 이 두 가지를 구분하지 않고 그냥 매뉴팩처라고 불러 길드guild의 수공업이나 단순한 부업 형태의 농촌 가내공업과 구분했다. 그러나 이 두 가지 형태는 자본주의 발전 과정에서 분명히 다른 역할을 수행했다. 그래서 전자를 고유한 본래의 의미에서 매뉴팩처라고 하고, 후자를 '선대제도'라고 한다(김종현 2007, 232; 마츠다 1983, 165~166).

이 두 가지 경영 형태가 자본주의 발전 과정에서 행한 역할의 차이점은 뚜렷하다. 본래 의미의 매뉴팩처는 자본주의 생산양식의 고유한 특성인 '자본-임노동 관계'에서 이루어지는 자본주의 협업을 발전시킬 수 있었다. 이에 반해 선대제도는 그런 관계를 성립시킬 수 없었다. 여기서 말하는 협업은 동일한 생산과정 또는 서로 다르지만 서로 관련이 있는 생산과정에서 다수의 노동자가 계획적으로 서로 협력해 노동하는 것을 말한다. 협업은 많은 노동자가 같은 장소에 모여 있으면서 개인별로 작업하는 경우와는 다른 효과와 생산력을 발휘한다.

생산과정이 몇 개의 부분 작업으로 분할되어 그 각각의 부분 작업이 특정한 노동자 또는 노동자 그룹에게 전속專屬 작업으로 할당되는 경우에는 협업은 더욱 긴밀하게 결합된 협업으로 발전하고 노동의 생산력은 크게 향상된다. 이런 협업의 형태를 '분업에 기초한 협업'이라 한다. 매뉴팩처의 발달은 이 분업에 기초한 협업을 바탕으로 촉진되었다.

한편, 선대제도에서는 자본의 규모는 크지만 그 자본의 지배 아래에 있는 소생산자의 노동은 개별적이고 분산된 상태에 있었기 때문에 협업의 전제 조건이 처음부터 존재하지 않았으므로 단순협업과 분업에 기초한 협업이 성립될 수 없었다. 이런 이유 때문에 선대제도에서는 근래의 생산과 노동 양식이 거의 변함없이 유지되었고, 분업도 기존의 사회적 분업을 그대로 받아들이거나 사회적 분업의 수준을 넘지 않는 한도에서 머물렀다.

이와 같은 자본주의 생산의 맹아 형태로서 매뉴팩처나 선대제도에서 행해지는 상품생산의 공통된 성격은 인간의 노동이 임금노동으로 변화하고, 인간의 노동력이 상품으로 전화하는 것을 재촉해 빨리 나아가도록 했다. 임금노동 제도의 발생과 노동자계급 형성의 시대가 실제로 전개되기 시작한 것은 앞에서 설명한 바와 같이 16세기부터였지만, 그것은 자본주의 제도 성립이 완료될 때까지, 즉 산업혁명이 마무리될 때까지 계속되었다(The USSR Academy of Sciences 1980, 45~46).

시초 축적

자본주의 제도에서 형성되는 임금노동 제도의 선행조건은 '시초 축적'[3]이었다. 시초 축적은 봉건제 생산양식에서 자본주의 생산양식으로 이행하는 데서 자본으로 운용될 일정한 화폐량이 자본가의 손안에 모아지고, 다른 한편에서는 생산수단과 생활 수단을 빼앗긴 자영업자가 임금노동자로 전화하는 과정을 말한다.

시초 축적은 두 가지 과정으로부터 구성된다. 시초 축적의 첫 번째 과정은 자영업자, 특히 자영농민으로부터 생산수단 특히 보유 경지를 수탈하는 과정, 즉 생산수단과 노동력의 분리 과정이다. 두 번째 과정은 자본주의 생산 경영의 발생을 말하며, 첫 번째 과정에서 분리된 생산수단은 자본가의 차지농이나 매뉴팩처(산업자본가의 생산수단)로 집중된 자본으로 전화하고, 그 한 축인 노동력은 이런 자본에 고용되는 임금노동으로 전화하는 과정이다.

이와 같이 시초 축적은 전前 자본주의사회의 생산자(이를테면 신분상 자유를 지닌 농민과 수공업자)를 생산수단으로부터 분리시키는 것을 주된 목적으로 한다. 시초 축적의 결과는 자본주의 체제의 기본계급, 곧 생산수단을 소유한 자본가계급과 자신의 노동력을 판매해 생활을 유지할 수밖에 없는 노동자계급의 형성과 대립으로 귀결된다. 말하자면 시초 축적의 과정은 아주 다른 두 종류의 상품 소유자 — 한편에서는 자기가 소유하고 있는 가치액을 증식시키기 위해 타인의 노동력을 구매하고자 하는 화폐 또는 생산수단과 생활 수단의 소유자와, 다른 한편에서는 자기 자신의 노동력 판매자인 자유로운 노동자 — 가 서로 분리된 채, 그러면서도 서로 관계를 맺고 대립하지 않으면 안 되는 사회관계를 반영하고 있다.

여기서 말하는 자유로운 노동자는 두 가지 의미를 지니고 있다. 곧 그들

3_ 시초 축적(primitive accumulation)은 원시적 축적 또는 본원적 축적으로 표현하기도 한다.

자신은 노예나 농노와는 달리 생산수단의 일부가 아니라는 의미와, 자영농민과 다르게 자기 자신의 생산수단을 갖지도 않으며, 따라서 그들은 생산수단으로부터 분리되고 해방되어 있다는 의미가 있다.

마르크스는 "상품시장의 이와 같은 양극 분화와 함께 자본주의 생산의 기본 조건들이 주어진다. 자본·임노동 관계는 노동자가 그의 노동을 실현할 수 있는 조건들(노동수단과 노동대상)의 소유로부터 완전히 분리되어 있는 것을 전제로 한다"면서 "자본 관계를 창조하는 과정은 노동자를 자기의 노동 실현 조건의 소유로부터 분리하는 과정, 즉 한편으로는 사회적 생활수단과 생산수단을 자본으로 전환시키며, 다른 한편으로는 직접적 생산자를 임금노동자로 전환시키는 과정 이외의 다른 것일 수가 없다. 따라서 이른바 시초 축적은 생산자와 생산수단 사이의 역사적 분리 과정 이외의 아무것도 아니다"라고 설명한다(마르크스 1993, 898~899).

시초 축적의 실제 과정은 영국의 경우에서 가장 사실적으로 진행되었다. 영국의 경우만큼 그 역사적 성격이 뚜렷이 나타나고 또 철저하게 수행된 사례를 찾기 어렵기 때문이다. 영국에서 진행된 시초 축적은 15~16세기에 걸친 제1시기와 18~19세기에 걸친 제2시기를 거쳐 진행되었다. 시초 축적은 대규모로, 그것도 폭력의 방법을 통해 전개되었으며, 특히 18세기 중반 이후 급속하고도 격렬하게 추진되었다(The USSR Academy of Sciences 1980, 46). 신분상 자유로운 농민에 대한 악명 높은 인클로저enclosure(종획)[4]나 법령들이 수많은 근로인민에 대해 소유로부터 분리를 강제했다.

4_16세기 영국에서 모직물 수요가 늘어남에 따라 영주나 지주가 농업시대로부터 이어져 온 소작인의 땅이나 마을의 공유지를 몰수하거나 매수해 목양 사업 운영을 위해 울타리를 둘러친 일종의 농업혁명을 말한다.

인클로저는 외형으로 일정 규모의 독립된 농장이나 방목지를 조성하는 것을 말한다. 제1시기에는 '소농 인클로저'와 '목양 인클로저'라는 서로 다른 두 개의 유형이 있었는데, 이 두 유형은 서로 복잡한 관련성을 가지면서 진행되다가 오래지 않아 합류되었다. 인클로저는 17세기 중엽에 한동안 그 진행 속도를 늦추었다가 결국 산업혁명기까지 꾸준히 계속되어 '근대적 토지소유'를 토대로 하는 자본제 농업을 완성하게 되었다. 특히 목양 인클로저는 '제1차 인클로저' 또는 '제1차 농업혁명'으로 일컬어진다.

이것은 섬유공업의 팽창으로 양모 가격이 오르면서 대지주들이 자신의 토지를 양 사육을 위한 '종획지'로 만든 것을 가리킨다. 양 사육은 소수의 사람으로 충분했다. 이에 따라 대지주들은 농민을 희생시켜 토지 점유를 확대하기 시작했으며, 이 과정의 본질은 농민을 자신의 경작지로부터 강제로 축출하는 일이었다. 토지에서 추방된 농민은 부랑자 처지로 도시에 흘러들어가 구빈원에 강제수용되기도 했고, 미처 종획되지 않은 농촌이나 농촌공업 지대에 이주해 뜨내기 노동자가 되기도 했다. 이처럼 인클로저는 농민을 생산수단인 토지에서 분리시켜 '무산無産 프롤레타리아'라는 새로운 노동력 형태를 창출하는 과정이었다.

16세기 중엽에 할레스는 이런 사실을 대단히 생생하게 표현하고 있다.

참으로, 이 인클로저는 우리의 종말이 될 것이다. 이 인클로저 때문에 우리는 그 어느 때보다도 무거운 소작료를 내고 있으며, 또 더 이상 경작할 땅을 찾을 수도 없다. 모든 땅이 양이나 소나 말의 사육을 위한 방목장으로 사용되고 있다. 그리하여 7년 동안 나는 내 주위 반경 6마일 내에서 12개의 경작지가 폐기되는 것을 보았다. 40명이 넘는 사람들이 생계를 구하고 있던 곳에서 이제는 단 한 사람이 그의 가축 떼를 거느리고 이 모든 땅을 혼자 차지하고 있다. 우리의 불행을 가져온 것은 바로 이 양 떼다. 이들 양 떼는 얼마 전까지 우리에게 온갖 산물을 제공해 주던 농업을 이 나라에서 축출해 버렸다. 그리고 그 대신 이제 그곳에 있는 것이라고는 양떼, 또 양떼뿐이다(보 1987, 38에서 재인용).

프랑스의 경우, 시초 축적은 16세기 들어 본격적으로 진행되었다. 이 과정에서 자유로운 농민의 일부가 그들의 토지를 빼앗겨 노동자계급의 대열에 합류했다. 이것은 농민의 계층 분화 결과이기도 하거니와, 농민이 점유했던 토지를 소유하게 된 도시 부르주아지가 농민들을 축출한 데 따른 결과이기도 했다. 농촌에서든 도시에서든, 인민대중은 막대한 국세와 토지 임차료 때문에 무거운 짐을 걸머지게 되었으며, 차츰 노동자계급으로 전환되었다.

독일 영방국가에서는 시초 축적의 과정이 일찍이 15세기 말에 농민과 수공업자들을 대상으로 진행되었다. 이 과정은 16세기 전반을 통해 시장 판매를 위한 상품생산이 증대하는 상황에서 더구나 목축업, 포도 재배, 산업 방식의 식량 재배 지역들에서 활발하게 진행되었다. 여기서도 궁핍 상태에 놓인 농민들은 그들이 살던 정든 고향을 등져야만 했다. 또 도시들에서 행해진 수탈은 길드의 해체와 길드의 내부 분화가 진행되는 가운데 이루어졌다.

엘베 동쪽 독일 영방국가들과 중·동 유럽 여러 나라에서는 '농민의 재판再版 농노화'(농장 영주제)[5]가 진행되었는데, 이것은 전통적인 영주-농노제도의 존속을 의미할 뿐만 아니라, 농민들에게는 더욱 가혹한 압박의 부활을

5_농민의 토지 보유권이 약화해 세습이 허용되지 않게 되고 농민 보유지의 수탈(농민 추방)에 따라 영주 농장이 확대되는 한편, 영주는 곡물 생산에 필요한 노동력을 농노의 부역으로 조달하기 위해 강제로 농민의 자유이동을 금지하고 농민에 대한 처벌을 강화했다.

의미했다. 프랑스에서는 '기생 지주제'[6]가 성립했으며, 영국에서는 봉건영주가 근대적 지주로 전환하기도 했다.

농민대중에 대한 농노 형태의 멍에로 말미암아 봉건 영토 방식의 농업 생산에서도, 강제노동을 기초로 한 매뉴팩처에서도 시초 축적은 거의 불가능했다. 시초 축적의 불가결한 조건인 농민의 농노제에서 해방은 18세기 말 무렵에야 이루어졌기 때문이다(The USSR Academy of Sciences 1980, 48~49).

이탈리아에서는 대부분의 농민이 비교적 이른 시기에 봉건제 속박에서 벗어났으나, 여기서도 토지에 대한 권리를 확보하지 못한 농민들에 대해 수탈이 행해졌다. 자본주의 생산이 일찍 발전한 이탈리아에서는 농노 관계의 해체도 일찍 이루어졌다. 여기에서는 농노들이 토지의 장기 점유를 통해 토지에 대한 어떤 권리를 얻기도 전에 해방되었다. 따라서 농노의 해방은 곧바로 그들을 무일푼의 자유로운 프롤레타리아로 전환시켰으며, 게다가 이 프롤레타리아는 이미 로마 시대에서부터 형성된 대부분의 도시들에서 그들을 맞이할 준비가 되어 있는 새로운 주인, 즉 부르주아를 발견하게 되었다(마르크스 1993, 901).

그러나 봉건적 지배 세력의 존재와 이탈리아 경제의 정체성과 같은 특수한 조건들이 자본주의 관계의 통합 경향을 가로막았다. 시초 축적의 과정은 18세기 들어 다시 강화되었다. 이런 과정을 통해 농민들은 토지에서 분리되어 임금노동자로 전화했다.

한편, 식민지 지배 체제가 자본의 시초 축적을 직간접적으로 촉진하는 지렛대 역할을 했다. 15, 16세기의 대항해시대로부터 18세기 말에 이르는

6_15세기 후반에서 16세기에 걸쳐 부농이 지주로 상승·전화하고 빈농이 영세 소작농으로 전락하게 되었고, 지주들은 토지를 경영하지는 않고 소작료만 징수했다.

기간에 유럽의 열강 — 에스파냐, 포르투갈, 네덜란드, 영국, 프랑스 등 — 은 해외 각지에 상업 거점을 확보했을 뿐만 아니라 수많은 영토를 식민지화해 지배했다.

이 중상주의적 식민지 지배 체제는 국가에 따라 큰 차이가 있기는 했지만, 19세기 산업혁명 시대 또는 제국주의 시대와는 뚜렷이 구별되는 특징을 지니고 있었으므로 '구식민지 체제'Old Colonial System로 표현된다. 이들 식민지는 직접적인 공납貢納 조세뿐만 아니라 시장과 원료·특산품의 공급지로서 역할을 수행했으며, 여러 가지 특별 이윤과 착취를 통해 본국 경제에 엄청난 이익을 가져다주었다. 이것이 시초 축적의 한 원천이 되었다(마츠다 1983, 137).

특히 영국의 식민지 아메리카에서 진행된 시초 축적의 특수성은 당시 미국이 본국의 경제권 안에 놓여 있었다는 사실과 함께, 본국의 경제·사회적 발전의 막강한 영향력을 받고 있었다는 사실에 따라 규정되었다. 영국의 식민지였던 아메리카의 경제 발전에서 시초 축적에 반영된 또 하나의 특징은 흑인 노예에 대한 광범한 착취였다. 대농장 노예제 — 제2판 노예제 — 는 시초 축적과 자본주의 성립 조건에서 행해진 노예소유자들의 착취 방식 부활이었다.

시초 축적 과정에서 조성된 '노동자의 예속 상태'는 또 다른 측면을 보여주었다. 노동과 생활의 일상 조건에서 내몰린 그들은 때로 집단으로 일과 생활 수단을 상실한 상태에 놓이기도 했다. 그래서 전前 자본주의사회의 근로인민들, 즉 봉건제도에서 생산을 담당했던 사람들(농노)이 농민의 신분을 거치지 않고 곧바로 임금노동자로 직접 전화되는 경우도 흔한 일이었다. 한편, 시초 축적 과정에서 생산수단에서 분리된 수많은 사람은 오래도록 법의 보호조차 받지 못하는 부랑자가 되었고, 일정한 거주나 생계 대책이 없는 걸인 처지가 되었다. 영국에서 1601년에 이들을 대상으로 한 구빈법이 제정되었는데, 이것은 본질에서 보면 수탈의 결과에 대한 공공연한 승인을 의미하는 것이었다.

구빈법의 토대는 1531년에 제정된 법이었는데, 이 법은 경제적 곤궁을 당하는 사람들을 정부가 책임져야 한다는 인식을 표현한 최초의 법이라는 점에서는 의의를 갖는다. 그러나 법 제정의 실질적인 목적은 '모든 악의 모태이자 근원인 나태'를 엄격히 다루고자 한 데 있다. 1531년 법은 일할 능력이 없는 빈민들에 대해서는 그들의 구걸을 합법화하는 것과 관련해 법의 장치를 마련했지만, 일할 능력이 있는 빈민에 대해서는 매우 가혹한 규정을 설치했다.

신체 건강하고 일할 수 있는 나태한 자에게 은신처와 숙박 또는 화폐를 제공한 자는 누구를 막론하고 벌금형에 처한다. 또한 관리들은 그들의 재량에 따라 신체건장한 모든 나태한 자들을 가장 가까이 위치한 마을 또는 적당한 장소로 이동시키고, 그곳에서 나태한 자를 마차의 끝부분에 발가벗긴 채로 매달아 두고 그의 몸이 피로 물들 때까지 채찍질하는 형벌을 가해야 한다. 이런 형벌을 가한 후 나태한 자로 하여금 그가 출생한 장소 또는 위의 형벌이 가해지기 3년 전에 그가 거주하였던 장소로 일각의 지체 없이 돌아갈 것을 맹세하도록 하며, 그곳에서 진정한 인간으로서 노동하도록 해야 한다(슈바이니츠 2001, 53).

구빈법은 1563년 개정법에 따라 구빈세 징수가 법으로 채택되었고, 1572년 개정법에서는 구빈 감독관 제도가 도입되었으며 그리고 1597년 개정법에서는 부랑인과 걸인에 대한 형벌 규정이 수정되었고 빈민 수용소 건립이 채택되는 따위의 개정을 거쳐 그 이후 300년 동안 구빈제도의 기초가 되었다.

경제외적 강제

임금노동 제도 형성 시기에 자본주의 관계 수립을 위한 또 하나의 길이 '경제외적 강제'[7]다. 이 경제외적 강제는 새로운 생산양식을 만들어 내는 데 강력한 수단으로 작용했다. 노동자와 자본가 간의 상호 관계 형성에서 이른바 '자유의지' 또는 '계약 원칙'이란 것이 '굶주림의 규율'을 전제로 한 것이었다면, 경제외적 강제는 '몽둥이의 규율'이었다. 국가권력은 자본에 대한 노동의 '정상적' 종속의 확립과 이런 '정상적인 상태'의 실현, 즉 형성 과정에 있는 자본가계급의 이윤 추구를 입법을 통해 보장했다.

시초 축적과 초기 자본주의 시대의 경제외적 강제는 봉건제도로부터 내려오는 수탈 방식으로서 국가가 직접 행사했다. 말하자면 국가권력은 자본에 대한 노동의 '정상적인' 종속의 확립과 관계의 '정상화' 실현, 즉 새롭게 출현하는 부르주아지의 이윤 취득을 입법 수단으로 보장한 것이다. 피수탈자에 대한 조례를 비롯해 부랑(태만)의 '탐익'에 대한 빈민 처벌 세목에 이르는 법체계는 일할 수 있는 조건이 갖추어지지 않은 상태에서도 '게으른 사람들'을 강제로 일을 시키려는 국가의 극진한 '관심'을 나타내고 있었다(The USSR Academy of Sciences 1980, 56~57).

영국의 경우 인민에 대한 대량 수탈을 위해 채택된 이른바 '피의 입법'인 1495년 법[8]은 지방 권력이 극빈자들에게 노동의 의무를 지우고, 가난한 사

7_봉건제 사회에서 토지는 영주가 소유하고 있었고 직접적 생산자인 농노는 그 토지를 빌려 농사를 지으면서 봉건적 지대(노동지대, 현물지대, 화폐지대 등)를 토지소유자에게 제공하게 되었는데, 봉건영주들이 봉건적 지대를 착취하기 위해 군대나 경찰 또는 재판소 등의 폭력 장치를 직간접적으로 행사하는 동시에 그것을 배경으로 한 관습과 성문법의 제정·시행 등을 경제외적 강제라고 한다. 이런 방법이 자본주의 성립 초기에 노동력 확보를 위한 방편으로 사용되었다.

8_헨리 8세 때 제정된 법률로서 노동자들을 거주지에 묶어 두고 구걸을 통제하기 위해 제정된 1388년 법

람들에게 일자리를 찾도록 하며 그들의 자녀들에게 작업 기술을 가르칠 것을 권고하는 내용을 포함했다. 1562년에 채택된 '도제에 관한 법률'은 극빈자들과 특히 그들의 자녀들이 도제제도에 참여하도록 강요했다. 17세기 중반 들어 부르주아혁명 후 영국 의회는 강제적인 방법을 내용으로 하는 새로운 정책을 장려하게 되었는데, 그 가운데 하나가 법률로 규정한 노역장work house 창설이었다. 그리고 1662년 채택된 정주법定住法[9]이나 강제취로법 등은 '경제외적 강제'의 전형이었다.

프랑스에서는 16세기 중반 들어 노역장이 설치되었고, 에스파냐에서도 16세기 전반에 부랑자들을 임금노동자로 전화하려 시도했다. 식민지 시대 미국에서는 빈민들을 대상으로 한 '방적 학교'가 설립되었다. 18세기 무렵, 오스트리아와 프로이센 그리고 그 밖의 나라들에서는 여러 가지 형태의 '학교'를 비롯해, 수용소, 고아원 등에서 어린이들에게 기능을 습득하게 해 이들을 기업주들이 고용하도록 했다.

이와 같이 여러 가지의 복잡한 과정, 즉 시초 축적, 수탈당하고 법률에서 소외된 프롤레타리아의 희생을 강요하는 노동시장의 확대, 그리고 종국적으로 새로운 자본주의 착취에 대한 종속 등이 자본주의 생산의 발전·강화를 위한 기본 전제인 임금노동 제도의 확고한 창출을 이끌었다.

을 개정한 것인데, 이 법은 부랑자에 대한 형벌로서 "3일 낮과 3일 밤을 감옥에 가두는" 것을 규정했다.

9_ 이 법은 치안 판사로 하여금 1년에 10파운드 미만에 해당하는 재산을 빌린 사람은 구빈 감독관의 청원이 있을 때는 누구든지 해당 교구에서 축출해 과거의 거주지로 돌려보낼 수 있도록 하는 권한을 부여했다. 이 법은 일하는 사람들을 특정 교구에 묶어 두려는 데 목적을 두고 농노 시대로의 회기를 전제한 것이며, 노동자는 그가 태어난 지역에 그대로 머물러 살아야 한다는 발상에서 나온 것이다.

형성기 노동자계급의 특징

임금노동 제도 성립을 위한 전제는 자본주의 체제에서 노동력을 제공하는 많은 수의 노동자가 각종 기업에 고용되는 것을 의미한다. 16~17세기 영국의 경우에는 규모가 큰 산업 시설들이 경제 측면에서 중대한 역할을 수행했다. 그것은 국내시장과 수출을 위해 생산을 담당했던 모직물제조업, 많은 투자를 필요로 하는 광산업과 금속가공업, 조선업, 유리성형산업, 제지업 등 해외시장 관련이 많은 부문이었다. 대형 모직물제조업에서는 수백 명의 노동자가 일했다. 영국에서 노동자 1천 명 단위를 고용한 기업의 수가 현저하게 증가한 것은 18세기 중반부터였다. 그리고 자본주의 형태의 단순협업과 분산·결합·혼합 등 여러 가지 형태의 매뉴팩처가 자본주의 초기 단계에 있었던 산업 조직의 앞선 형태였다(The USSR Academy of Sciences 1980, 59~71).

16~17세기 프랑스의 섬유·대포·병기 공장에서는 수백 명의 노동자가 일하고 있었다. 16세기 중반 들어 리옹의 인쇄소에서는 임금노동자 약 1,500명 정도가 고용되었다.

18세기 마지막 3분의 1기까지 서유럽의 발달한 사회에서 지배하고 있었던 매뉴팩처, 다른 국가들에서는 19세기 중반 또는 19세기 말까지 지배하고 있었던 매뉴팩처(이 경우 매뉴팩처는 이미 공장과 결합되어 있었다)는 산업의 선진 조직의 안정되고 특징 있는 형태였다. 바로 이 매뉴팩처가 시초 축적 과정에서 수탈된 희생자들을 흡수했다.

매뉴팩처는 16세기 중반에서 18세기 후반까지 자본주의 생산의 특징이었다. 매뉴팩처 첫 단계에서는 한 자본가의 지휘 감독 아래 여러 직종의 숙련공이 미숙련노동자와 함께 작업장에서 노동했다. 매뉴팩처는 차츰 숙련공이 자기에게 분담된 작업만 맡아 협동하는, 즉 분업에 기초한 협업의 형태로 발전했다(아벤드로트 1983, 9).

유럽 여러 나라의 자본주의 기업에서 중요성을 갖는 것은 결합 매뉴팩처[10]와 분산 매뉴팩처[11]였다. 매뉴팩처는 도시, 특히 길드 조합guild association[12]이 없는 신흥도시에서, 또는 구도시의 경우에는 협동조합 조직 해체의 기초 위에서 설치되었다.

모든 나라에서 설치된 전형적인 것은 혼합 매뉴팩처였다. 이 경우에는 분산된 생산이 어느 정도 큰 규모의 작업장에서 보완되었고, 이 작업장에서 여러 가지 상품의 완성 단계 작업이 이루어지는 것이 통례였다.

한편, 집중 매뉴팩처는 경제구조 면에서 생산의 유기적 구성과 관련을 갖는데, 이 매뉴팩처는 각종 부분 작업을 수행하는 노동자들을 한 건물 안에 모으게 하는 형태였다. 집중 매뉴팩처의 두드러진 특징은 가내 생산의 광범위한 사용과 가내노동자에 대한 자본주의 방식의 착취였다. 도시의 수공업과 농촌의 부업 형태 수공업의 영세 사업장은 소상품생산 형태를 유지하고 있었으며, 또 부분적으로는 자본주의의 궤도에 들어서고 있었다.

매뉴팩처를 중심으로 한 형성기 노동자계급의 특징을 살펴보았는데, 매뉴팩처를 기반으로 하는 노동의 사회화[13]는 중세 수공업의 길드 조직과 비

10_생산물의 완성에 필요한 여러 종류의 자립적 수공업자들이 동일한 자본가의 지휘 아래 하나의 작업장에 결합되는 형태인데, 예컨대 시계 제작의 경우와 같이 여러 수공업자에 의해 생산되고 있었던 부품 생산이 하나의 작업장에서 결합되는 방식이다.

11_동일한 자본의 지휘 아래 같은 작업장에서 취업하면서 같은 종류의 작업을 수행한 많은 노동자가 협업(단순협업)에서 출발해 같은 개별적 수공업을 여러 가지 작업으로 분해하고 이것들을 독립시켜 각각의 작업이 한 노동자의 전문적 직분이 되도록 하는 형태, 예컨대 바늘 제작과 같이 서로 관련을 갖는 연속적인 단계를 통해 제품이 생산되는 경우다.

12_서유럽에서 중세도시가 성립·발전하는 과정에서 중요한 역할을 한 상공업자의 동업자 조직을 말한다.

13_생산의 사회화 과정에서 생산수단의 존재 형태 변화에 대응하는 노동의 존재 형태 변화를 의미한다.

교해서는 크게 진전되었음을 알 수 있다. 그러나 역사의 측면에서 비교해 본다면, 이런 사회화의 수준은 아직 그다지 높은 편은 아니었다. 임금노동의 집적에 대해 언급할 수 있는 것은 집중 매뉴팩처뿐이었고, 이것은 영세한 수공업 사업장이라는 큰 바다에 있는 작은 섬과도 같이 돋보이는 존재였다. 이것은 또 다음과 같은 것을 의미했다. 즉, 생성하고 있는 임금노동자 계급의 구성 면에서 보면, 극히 적은 부분만이 비교적 규모가 큰 산업 시설에 고용되어 있었고, 반면에 노동자의 대부분은 분산되어 있었으며 지역으로도 흩어져 있었다. 매뉴팩처 자본주의 시기의 프롤레타리아트는 대부분 규모가 큰 직접 생산과정에서 분리된 채, 매뉴팩처의 '가내공업' 구성 요소를 이룬 영세 작업장에 분산되어 있었다.

이 시기 프롤레타리아트가 갖는 또 하나의 특징은 각종 부류와 집단 사이에 노동조건 및 생활 조건이 서로 달랐다는 사실이다. 가내공업 생산 체계에서는 매뉴팩처의 '부분' 노동자 지위가 집중 매뉴팩처의 '기술' 노동자의 그것과는 실제적으로 달랐을 뿐만 아니라 그들 상호 간에도(한 기업 범위 안에서도) 달랐다.

이와 같이 매뉴팩처 시기의 노동자계급은 대체로 어디에서나 분산되었고 분리되었을 뿐만 아니라 구성 면에서도 매우 잡다한 집단을 이루고 있었다. 이런 사실은 형성기 노동자계급의 특성을 이해하는 데서나 당시의 착취 형태와 계급투쟁을 파악하는 데서도 특히 고려되어야 할 사항이다.

노동의 사회화는 곧 노동의 사회적 결합 그것이며, 자본의 축적과 집중 그리고 독점화에 따른 노동의 존재 형태 변화를 가리킨다.

노동자계급 형성에 관한 이론

노동자계급 형성에 관한 논의는 1960년대 초까지만 해도 정통파마르크스주의 역사가들이 주도해서 펼쳐 왔다. 이들은 주로 자본주의사회로부터 사회주의사회로 이행하는 과정을 중심으로 '즉자적 계급'과 '대자적 계급'이라는 이론 틀을 동원해 실천적 과제로 이해하고 정리했다(김인중 1989, 97). 이때까지 노동자계급 형성을 파악하는 시각은 계급과 관련한 객관적 조건만을 중시했고, 계급 형성의 주체와 그 사회관계를 고찰하는 데는 소홀히 했다(이민호 1989, 10~11).

마르크스주의 계급 개념으로는 통상으로 레닌의 계급 정의를 인용한다.

역사적으로 규정된 사회적 생산 체계 내에서 차지하는 위치, (대부분 법률로 고정되고 형식화되어 있는) 생산수단에 대한 관계, 사회적 노동조직 내에서의 역할, 그리고 그 결과로 사회적 부에서 자신이 유용할 수 있는 몫의 크기 및 그 획득 방식 등에 의해 서로 구별되는 거대한 인간 집단을 계급이라 부른다. 특정한 사회적 경제체제 내에서 차지하는 차이 때문에 어느 한 인간 집단이 다른 인간 집단의 노동을 전유(專有)할 수 있을 때 이런 인간 집단이 바로 계급이다(한국철학사상연구회 1989, 65에서 재인용).

이런 구조주의 또는 정통파마르크스주의 노동자계급 형성 이론에 대해 비판적 주장이 1960년대 이후 일게 되었다. 1960년대 이후의 역사 연구들은 종래의 테두리와 그것을 둘러싸고 있는 이데올로기의 장벽을 넘어서고자 하는 시도들을 보였다. 에드워드 톰슨과 에릭 홉스봄이 그 중심에 서있었고, 그 뒤로는 이들에 대한 비판적 연구들이 잇달아 나왔다.

먼저 톰슨의 계급과 계급 형성에 관한 이론부터 보기로 한다. 톰슨에 따르면, 계급은 객관적으로 주어지는 어떤 구조structure나 범주category가 아니라 인간관계에서 실제로 일어나는happens, 그리고 일어났음을 보여 주는 그 어떤 것something이다. 그뿐만 아니라 계급이란 개념에는 역사적 관계라는 개념이 뒤따르며, 관계란 언제나 실재하는 사람들과 현실적인 맥락 안에서 구체화될 수밖에 없다는 주장이다.

또 톰슨은 계급은 어떤 사람들이 (이어받은 것이건 또는 함께 나누어 가진 것이건) 공통된 경험의 결과로서 자신들 사이에는 자기들과 이해관계가 다른(대개 상반되는) 타인과 대립되는 동일한 이해관계가 존재함을 느끼게 되고, 또 그것을 분명히 깨닫게 될 때 나타난다고 설명한다. 그리고 계급적 경험은 사람들이 태어나면서부터 맺게 되는, 바꿔 말하면 자기의 의도와는 상관없이 그 속에 들어가게 되는 그런 생산관계에 따라 주로 결정된다는 것이며, 계급의식이란 이런 경험들이 문화적 맥락에서in cultural terms 조정되는 방식, 즉 전통, 가치 체계, 관념, 그리고 여러 제도적 형태 등으로 구체화되는 방식이라고 밝혔다(Thompson 1966, 9~10).

톰슨의 계급론을 정리하면 다음과 같이 요약될 수 있다. 첫째, 계급이란 어떤 정태적 실재물static entity이 아니라 하나의 과정process이라는 점, 다시 말해 계급은 항상 만들어지고 있거나becoming/making 사라지는disappearing/de-making 과정 중에 있다는 점, 둘째, 계급 형성의 과정은 자동적인 것automatic 도, 뒤집을 수 없는 것irreversible도, 완결되는 것complete도 아니라는 점, 셋째, 그러므로 계급 형성에는 여러 가지 패턴이 있을 수 있을 뿐만 아니라 '좀 더 계급적인' 계급'more' class 또는 '좀 덜 계급적인' 계급'less' class도 있을 수 있다는 점이다(김인중 1989, 98).

톰슨은 1780~1832년에 이르기까지 여러 해 동안에 걸쳐 영국 노동자들이 그들의 지배자와 고용주들에 맞서서 투쟁하는 가운데 자기네들 사이에서 동일한 이해관계를 확인하게 되었다고 밝혔다(Thompson 1966, 11~12).

그는 영국 노동자계급이 1780~1832년 사이에 런던교신협회, 러다이트 운동, 피털루의 학살을 정점으로 계급의 일체성을 경험하면서 체제 개편까지 요구하는 성숙성을 나타내게 되었다고 지적한다.

이와 같은 톰슨의 계급론에 대해 비판이 제기되었는데, 톰슨이 이용한 계급 개념은 전적으로 계급의식에 중점을 두고 문화적 고려에 기초한 것이므로, 계급의 정치적 차원이 경시되었다는 논거였다(김인중 1989, 103).

톰슨의 계급 이론에 대한 대표적 반론은 홉스봄이 1981년에 발표한 같은 제목의 논문 "영국 노동계급의 형성(1870~1914)"이라 할 수 있다. 톰슨에 대한 홉스봄의 비판은 계급 개념을 둘러싼 이른바 전통적 마르크스주의 역사가와 새로운 마르크스주의 역사가 사이에 존재하는 역사 인식의 차이를 명확히 드러냈을 뿐만 아니라, 노동자계급을 둘러싼 시대 구분의 문제라는 더욱 진전된 문제를 제기했다. 홉스봄은 마르크스의 계급관에 바탕을 두고 계급이 갖는 두 가지 측면을 강조한다. 첫째는 생산수단에 기초한 인간관계라는 객관적 기준과 둘째는 계급의식이라는 주관적 기준을 동시에 고려한다. 여기서 구체적으로 제기되는 문제는 ① 계급의식과 경제·사회적 현실 사이의 관계와 ② 계급의식과 조직 사이의 관계다.

홉스봄은 완전한 의미의 계급은 계급들이 계급으로서 자기 자신에 대한 의식을 각각 획득하는acquire 역사적 순간에 이르러서야 비로소 존재하게 된다는 것이다. 객관적 의미의 계급들은 본질적으로 혈연관계에 기초한 사회가 붕괴된 이후부터 계속 존재해 왔다고 말할 수 있지만, 계급의식은 근대 산업화 시대의 한 현상이라는 것이다(Hobsbawm 1971, 6~15).

홉스봄에 따르면, 근대적 노동자 계급의식이 현실성을 갖게 된 것은 영국의 경우 적어도 영국의 육체노동자들이 전국적으로 어느 정도 규격화되고 단일화된 삶의 패턴을 지니게 되고, 그들의 거주 지역, 소득수준, 교육수준과 그에 따른 장래에 대한 기대치, 생활 스타일, 생활감정 등이 지배계급의 그것으로부터 분리 또는 소외되어 버린, 그리하여 그들이 사회적인 의미에서 하나의 계급 또는 운명 공동체를 이루는 시기(대략 1890~1914년) 이후라는 것이다.

홉스봄은 계급의식과 조직과의 관계에 있어서, "조직은 그 자체가 계급 이데올로기의 수행자이며, 그것 없이는 계급의식은 비공식적인 행위와 관습의 복합체 이상의 것이 되기 어렵다"며, "조직(노동조합, 정당, 운동)은 노동자 개개인의 인격을 보완하고 완성시키는 노동자의 인신人身, personhood의 연장물이고", 그렇기 때문에 "조직을 통한 사회주의 의식은 노동자 계급의식의 필수 보완물이 된다"는 것이다(Hobsbawm 1971, 13~16).

홉스봄의 계급 형성에 관한 이론을 요약하면 다음과 같다. 노동자들이 경제·사회적 현실에 뿌리를 박은 하나의 동질적인 집단으로서 지배계급과 대치하고 있을 뿐만 아니라 그런 노동자들이 크고 작은 변화를 일으킬 수 있는 강력한 조직체를 그 자체 내에 가지고 있으면서 동시에 그 조직을 통해 사회주의 의식으로 무장되어 있을 때, 비로소 그들은 완전한 의미의 노동계급으로 등장한다는 것이다(김인중 1989, 99~102).

이와 같이 톰슨과 홉스봄은 공통적으로 계급 경험class experiences이 생산력과 생산관계에 따라 크게 결정된다고 보고, 계급 그 자체를 역사적 현실로 인정하고 있으나 톰슨은 전통, 가치 체계, 사상, 제도적 형식들 속에서 구현되는 이른바 '문화'를 중시하고, 노동자의 주체성을 강조한다. 반면에 홉스봄은 경제·사회적 존재 형태를 강조한다. 노동자계급 형성을 고찰하는 데서 이런 여러 측면과 요소가 숙고되어야 한다는 사실이 강조되고 있다.

니코스 풀란차스는 마르크스와 엥겔스의 계급 이론을 높게 평가하면서도 그 한계와 문제점을 지적하고, 자신의 독자적인 이론을 펴고 있다. 마르크스와 엥겔스의 저작들이 중요한 이유는, 그 저작의 연구 대상이 역사적으로 결정된 자본주의 사회구성체에 관한 연구, 더구나 그 구성체들의 정치적 복합 국면에 관한 연구라는 것이다.

그는 마르크스와 엥겔스의 계급 이론이 갖는 '부적절성'과 '왜곡'은 역사주의적 문제 영역과 경제주의적 해석에 있다고 주장한다. 여기서 말하는 역사주의적 문제 영역은 계급을 역사의 주체로서, 발생론적 생성인자로서, 그리고 한 사회구성체 구조들의 변형인자로서 인식하는 것과 사회 계급을 '이중의 지위' 곧 '계급 상황'(경제구조에서 그 지위에 따라 결정되는 즉자적 계급)과 '계급 기능'(구조의 변형에서 나타나는 대자적 계급)으로 구분 짓는 기능주의적 해석과 근접하고 있다고 지적한다. 또 풀란차스가 말하는 경제주의적 해석은 마르크스가 사회 계급에 관한 분석에서 단순히 경제구조(생산관계)만을 언급하고 있는 것은 아니고 생산양식 또는 사회구성체가 지닌 '구조들의 총체'라고 설명했지만, 한 사회 계급은 경제 수준, 정치 수준, 이데올로기 수준 그 어느 수준에서도 확인될 수 있는 것이어서 마르크스의 이론은 경제주의 경향을 띠고 있다고 설명했다.

풀란차스는 "사회 계급이란 구조적 총체, 즉 한 생산양식 또는 사회구성체의 모체가 그것의 담지자supports를 구성하고 있는 담당자agents에게 작용한 효과들을 보여 주는 개념이다. 따라서 이 개념은 모든 사회관계의 영역에서 전체적 구조의 효과를 드러낸다"고 주장한다. 그는 또 "계급의 구성은 경제적 수준에만 관련된 것이 아니라, 한 생산양식 또는 사회구성체의 여러 수준에 걸친 총체적 효과로 이루어진다는 점이다. 정치·경제·이데올로기적 수준에서 층위들의 조직(화)은, 사회관계들에서 계급의 정치·경제·이데올로기적 실천과 다양한 계급들의 실천 사이의 투쟁에 반영된다"고 지적했다(풀란차스 1986, 80~82).

그리고 그는 두 가지 명제를 제시한다. 첫 번째 명제는 사회 계급이란 구조적 층위를 포괄하는 것이 아니라 사회관계들을 포괄한다는 것이다. 이들 사회관계는 계급 실천들로 구성되는데, 이것은 사회 계급이 오로지 계급 실천이라는 용어를 통해서만 파악될 수 있다는 설명이다.

두 번째 명제는 사회 계급들의 위치가 오로지 상호 대립 속에서만 설정되고 있다는 것이다. 계급 실천은 대립 관계들, 곧 계급투쟁 영역 안에 존재하는 상충적 실천으로서만 파악될 수 있다는 논거다(풀란차스 1986, 103).

한편, 노동 체제의 전환과 계급 정치의 변화에 따라 계급 형성에 관한 이론도 다양한 접근 방식을 동원해 전개되고 있다.

아이라 카츠넬슨은 비교사적인 분석을 위한 계급 분석 틀을 제시하면서, 자본주의사회에 존재하는 계급은 네 개의 서로 연관된 이론과 역사의 층을 가진 개념으로 인식해야 한다고 주장한다. 그것은 구조structure, 생활양식 ways of life, 기질dispositions, 집단행동collective action의 층이다(장홍근 1999, 22).

카츠넬슨은 계급의 수준이나 층간을 명확하게 분석적으로 구분하지 않고서는 즉자-대자의 계급 모델을 개선하기가 어렵다고 주장하면서, 각기 다른 계급 수준을 상세히 설명함으로써 계급 형성의 다양한 사례들을 원래의 의미대로 구축할 수 있다고 밝혔다.

첫 번째 수준은 자본주의경제 발전 구조다. 그 주된 요소들은 최대의 이윤 결정을 추구하는 사적 소유의 자율적인 회사에 기초한 경제를 포함한다.

두 번째 수준은 부분으로는 자본주의 발전의 구조에 따라 결정되며, 바로 사회의 구성체에서 실제 사람들이 살았던 사회의 사회조직을 말하고 있다. 여기에는 노동 현장에서 이루어지는 사회관계와 노동시장과 같은 경제 현상을 포함하고 있다.

세 번째 수준은 계급은 같은 기질을 갖고서 형성된 어떤 집단이다. 사람들이 기질을 공유하고 있다고 말하는 것은 사회체제에 관한 이해를 공유하게 되었거나 또는 정의와 선의 가치를 공유하게 되었다는 것을 의미한다.

네 번째 수준은 집단행동으로서, 동기의 성립(행위하려는 기질)을 공유하고 있는 사람들의 집단은 기질을 행위로 변형시키기 위해 집단적으로 행동할 수도 있고, 안 할 수도 있을 것이다. 요컨대 어떤 범주의 계급에 속하는 성원들은 틀림없이 어떤 행위를 내재해서 공유하고 있으나 그렇다고 반드시 의식해서 집단으로 공동의 목표를 추구하며 행동하지는 않는다.

계급 형성은 계급의 네 가지 수준 사이에서 일어나는 연관 관계의 조건부 과정에 관심을 둘 때 좀 더 완전하고 좀 더 다양하게 파악하게 된다는 것이다. 말하자면 네 가지 수준을 상세히 밝히면 계급 형성을 결과에 비추어 규정하면서도 더욱 정밀하고 다양하게 비교사적으로 대상을 분석하는 이점을 계속 간직할 수 있다는 주장이다.

아담 쉐보르스키의 접근 방식은 계급 형성에 대한 동태적인 시각으로 평가되고 있다. 그는 첫째, 계급은 투쟁의 결과로서 형성된다. 둘째, 계급 형성 과정은 영구적 과정이다. 계급은 조직되고 해체되며 재조직된다. 셋째, 계급 형성은 총체적 투쟁의 결과다. 이 투쟁 과정에서 다양한 역사적 행위자는 동일한 사람들을 한편으로는 계급의 성원으로, 다른 한편으로는 상이한 관점에서 정의되는 집단체의 성원으로, 때로는 단지 '사회'의 성원으로 조직하기 위해 노력한다고 주장한다(쉐보르스키 1995, 100).

이처럼 쉐보르스키는 계급을 동태적인 과정으로 파악함으로써 구조 결정론을 분명하게 거부하며, 계급 형성 과정에 관련을 갖는 정치·이데올로기 운동체의 실천에 따른 매개 역할을 강조한다. 그리고 그의 계급투쟁 개념은 조직화된 계급 세력 사이의 투쟁뿐만 아니라 계급 형성에 대한 투쟁을 포함한다.

한편, 에릭 올린 라이트는 노동자계급의 형성을 "구조적으로 정의된 노동자계급이 하나의 집합적 행위자로 형성되는 과정", 즉 구체적으로 말하면 "노동자계급이 자체적으로 정의한 계급 이익을 성취하기 위한 계급 역량을 신장하는 과정"이라고 규정한다. 여기서 계급 형성의 두 가지 핵심 요소는 '계급 이익'과 '계급 역량'이다. 이 두 가지 기준에 따라 노동자계급의 형성은 '계급의 존재 양식'mode of class existence의 차원과 '계급 형성의 수준'degree of class formation의 차원으로 구분된다는 것이다(조돈문 1994, 167).

이상에서 계급 형성에 관한 이론들을 살펴보았다. 계급 형성에 관한 이론도 경제·사회적 구조와 상황, 노동 체제의 전환이나 계급 정치의 변화에 따라 다양한 시각에 따라 접근하고 있다. 이처럼 노동자계급 형성은 사회의 생산 체계 내에서 차지하는 위치, 생산수단에 기초한 인간관계, 사회적 노동조직 내에서의 역할, 사회의 부에서 차지하는 분배 몫과 획득 방식, 전통·가치 체계·관념 그리고 여러 가지 제도의 형태 등으로 구체화되는 문화적 요소, 조직을 통한 계급의식, 계급 세력 사이의 투쟁 역량 등의 관점에서 다양하게 접근되어야 올바른 파악이 가능할 것으로 보인다.

2. 초기 단계의 노동자투쟁

착취에 대한 투쟁

자본가와 노동자 사이의 투쟁은 자본 관계의 성립과 더불어 시작되었다. 14~15세기 고용주를 상대로 벌인 노동자계급의 투쟁은 새로운 적대 관계를 나타내는 초기 모습이었다. 노동자투쟁은 자본주의의 매뉴팩처 단계

(16~18세기) 전체에 걸쳐 지속되었다. 노동자투쟁에서 가장 널리 사용된 투쟁 형태는 파업이었지만, 그 밖에도 폭동과 나아가서는 봉기가 발발하기도 했다. 또 저항의 수동적 형태는 도망이나 '속이는' 방식의 상품 제조 등이 사용되었다.

단결이 잘된 상태에서 조직적으로 투쟁한 경우는 집중 매뉴팩처에서 일하는 숙련노동자들이었다. 1501년 프랑스 리옹의 인쇄노동자들은 그들의 고용주에 대해 임금 인상을 받아들이지 않는다면 일을 멈추겠다고 압력을 넣었다. 1539년에는 매뉴팩처노동자 선진 부대가 벌인 최초의 완강하고 장기에 걸친 파업이 일어났는데, 이 파업은 5개월 동안 계속되었다. 리옹 인쇄노동자들의 주요 요구는 임금 인상(임금의 일부는 현물이었다), 식사 개선, 작업 제도의 변경,[14] 도제 노동의 사용 제한 등이었다(The USSR Academy of Sciences 1980, 86~87).

당시 노동자계급 가운데 가장 심하게 억압받는 계층이었던 도제들이 독자적인 저항을 벌였다. 한편, 낮은 임금에 대한 소극적 저항도 여러 가지 형태로 나타났다. 예컨대 성과급 임금을 받고 일하던 가내 방적노동자들은 방사의 무게를 불리기 위해 실을 기름이나 물에 적셨다. 18세기 식민지 시대, 미국의 신문에는 도망친 노동자들의 도망을 알리는 공고가 자주 실렸는데, 이런 경우 도망자들은 추격을 당했고 붙잡히면 엄격하게 처벌당했다. 독일에서도 18세기 초 노동자들이 집단으로 도시를 떠나기도 했다. 프랑스의 노동자들은 독일이나 에스파냐의 카탈루냐로 이주하는 경우가 있었다. 프

14_인쇄노동자들은 노동시간의 균등한 배분을 요구했는데, 그들은 1년 중 대부분의 기간에 주야로 17~18시간 일했으나 1년의 약 3분의 1은 교회 축일 등의 이유로 일을 하지 못했기 때문에 노동시간의 일정한 균등 할당을 요구했다.

랑스에서 출국하는 것을 금지한 1739년 법은 노동자의 생산 숙련이 다른 나라의 노동자들에게 확산되는 것을 막기 위해 제정되었다는 사실은 매우 시사적이다. 프랑스 노동자들의 국외 이주는 그 뒤로도 수십 년 동안 계속되었다.

매뉴팩처에 기계를 도입하고자 한 기업가의 시도에 대해서도 노동자들은 저항했으며, 실업의 위협에 대해서도 항거했다. 노동자들은 공공연하게 투쟁에 참가하기도 했고, 자신의 이익을 지키기 위해 조직을 만들려는 강한 의지를 보였다. 1534~1536년 리옹 집정관의 문서는 석공·목수·일용 노동자들이 임금 인상을 위해 조직을 결성하려 했다고 기록했다. 이런 조직의 전형적인 형태는 해체된 길드 제도의 전통에 바탕을 둔 수련공들의 우애조합이었다. 이런 우애조합은 영국에서 널리 보급되었다(The USSR Academy of Sciences 1980, 90).

식민지 시기 미국에서 작성된 노동자 조직에 관한 최초의 기록은 1684년 뉴욕 짐마차꾼 조직이었다. 1790년대 미국 노동자 조직의 대부분은 상호부조협회였고, 노동조합이 조직된 것은 그 후의 일이었다. 프랑스에서는 거의 모든 산업에서 동업조합이 존재했는데, 이것은 노동자의 상호부조와 투쟁을 위한 조직이었으며, 파업을 준비하는 데서나 투쟁을 전개하는 데서 활발하게 활동했다. 리옹과 파리의 인쇄노동자 동업조합은 군대 형식으로 편성되어 있었고, 지도부를 선출했으며 공동 금고를 설치했는가 하면, 비밀 집회를 열기도 했다. 독일에서는 18세기 초 수련공 조직들이 파업과 보이콧을 조직했다. 이탈리아에서는 18세기 후반에 노동자들의 상호부조'협회'가 결성되었으며, 이 조직의 임무 가운데는 파업 준비가 포함되어 있었다.

이 시기에는 아직 진정한 의미의 노동자계급 운동은 존재하지 않았다. 왜냐하면 노동자계급 자체가 미처 형성되지 않았기 때문이다. 매뉴팩처 시기 노동자계급의 투쟁은 고립 분산되어 일어났으며, 우발적인 현상을 드러냈다. 매뉴팩처 시기의 노동자투쟁은 그 형태 면에서도 자연발생적이었다. 말하자면 계급투쟁의 맹아 형태였다.

부르주아혁명 시기의 노동자투쟁

서유럽의 후기 봉건사회에서, 즉 임금노동자가 산발적으로 출현하던 시기부터 노동자계급은 봉건제도에 반대하는 투쟁을 전개했다. 반봉건 투쟁이 절정에 이르렀던 무렵, 초기 부르주아혁명 과정에 대한 노동자 참가는 특별한 의의를 갖는 것이었다.

독일, 영국, 미국, 프랑스의 부르주아혁명 시기 노동자투쟁을 살펴본다.

독일농민전쟁

16~18세기 초기 부르주아혁명 시대의 단초를 연 것은 독일 '농민전쟁' (1524~1526년) 또는 '평민 혁명'이었다. 본격적인 농민전쟁은 1524년에 슈바르츠발트 남부와 콘스탄츠 주변의 보덴 호수 근처 지역에서 발생한 농민 봉기와 1525년에 슈바벤에서 일어난 농민 봉기로 시작해 곧 도나우 강을 따라 프랑켄, 튀링겐, 작센으로 번져 갔다. 그리고 동프로이센과 같이 멀리 떨어진 곳에서도 고립된 봉기가 일어났다. 무장을 갖춘 농민 수는 1525년 4월 말까지 약 30만 명에 이르렀다. 이 수치는 당시 독일 인구 1,600만 명에 견주어 보아도 대단한 규모라고 할 것이다.

농민전쟁은 여러 가지 불만 요인의 표출이었다. 농민 공동체 내부의 분화와 마찰, 지대와 봉건적 부과금 인상을 위한 영주의 탐욕, 농민 공동체 자치권에 대한 영주의 정치적 침해 등이 주요한 불만 요인이었다. 종교적 열정과 권위주의적 구조에 대한 불만이 '루터 사건'[15]으로 촉발되어 종교적 경건성과 평등을 묶은 '신神의 법'으로 응결된 것도 농민전쟁의 중요한 요인이었다.

농민전쟁은 종교개혁의 사상 기치에 따라 시작되었으나, 전쟁이 진행되는 과정에서 혁명적 농민과 도시 하층계급이 결합했고, 도시와 농촌의 봉건제도 반대 세력의 연대 전망이 열렸을 뿐만 아니라 종교개혁의 흐름을 바꾸는 역할을 수행했다.

농민전쟁의 중심인물이었던 대중적 종교개혁가 토마스 뮌처는 1525년에 급진적인 평등주의적 신정정치 강령을 내세웠다. 뮌처는 농민과 도시 하층민, 그리고 광산노동자들을 함께 결합시키려 했으나 결국 귀족들로부터 야만적인 탄압을 받은 끝에 처형되었다. 라인 지방 농민들 역시 평화를 모색했지만 대량으로 살육당했다. 뮌처가 참여했던 그룹의 문서는 착취 제도의 파괴를 위한 과제를 제시했고, 빈궁한 농민과 도시빈민 등 인민의 최하층이 억압자들을 공격하는 데 공통의 이해관계를 갖는다고 규정했다. 그러나 농민전쟁은 독일 전역에서 패배로 끝났다. 아무튼 독일농민전쟁은 봉건제도에 반대하는 농민투쟁을 무대 위로 등장시켰을 뿐만 아니라, 농민들의 배후에는 근대 노동자계급의 출현을 통한 강력한 투쟁이 존재하고 있음을 예고했다(풀브룩 2000, 68~72).

15_종교개혁가이며 프로테스탄티즘의 창시자인 루터는 당시 로마가톨릭교회가 내세우고 있던 면죄부로 죄가 사해진다는 주장에 대해 1517년 비텐베르크 성 교회의 정문에 '95개조의 논제'를 게시, 의문을 제기해 가톨릭교회로부터 파문당했다. 이 사건은 인간을 로마가톨릭교회의 종교적 권위에 의한 속박으로부터 해방하고, 자유로운 사고, 비판과 사상의 자유로운 발전으로 나아가는 계기로 작동했다.

영국혁명

전체 유럽 차원에 걸친 최초의 부르주아혁명 — 17세기 중반의 영국혁명 — 에서도 인민대중이 중요한 역할을 담당했다. 1640~1660년에 걸친 '청교도혁명'과 1688~1689년에 걸친 '명예혁명'을 내용으로 하는 '영국혁명' 과정에서 그러했다. 스튜어트왕조의 절대주의와 의회 사이의 대립은 찰스 1세의 폭정으로 더한층 격화되었으며, 이에 따라 1642년 드디어 내전이 벌어졌다. 세 차례에 걸친 내전을 거쳐 올리버 크롬웰을 중심으로 한 의회파가 왕당파를 물리치고 찰스 1세를 처형함으로써 혁명에 성공했다. 의회파의 승리와 함께 시작된 잉글랜드 연방의 정치 정세는 순탄하지만은 않았다. 의회는 화평파와 독립파로 분열되었으며, 독립파의 지지를 얻어 호국경護國卿, Lord Protector에 오른 크롬웰은 다시 의회와 마찰을 빚게 되었고 1653년에는 결국 의회를 해산하기에 이르렀다. 1658년 크롬웰이 사망하자 공화정은 붕괴되었고, 찰스 2세가 잉글랜드 군주 자리에 오름으로써 왕정이 복고되었다. 이런 과정이 청교도혁명이다.

1685년 왕위에 오른 제임스 2세는 가톨릭교 부활 정책과 전제주의를 강력히 추진했다. 이에 의회는 토리당과 휘그당 양대 정당을 중심으로 논의를 벌인 끝에 6월 말 네덜란드 총독 오렌지 공公 윌리엄·메리 부처에게 영국의 자유와 권리를 수호하기 위해 군대를 이끌고 귀환하도록 초청장을 보냈다. 11월 윌리엄·메리 부처는 1만5천 명의 군대를 이끌고 영국 남서부에 상륙해 런던으로 진격했다. 국내 귀족과 지방 호족들도 잇달아 윌리엄·메리 부처의 진영에 가담했다. 이렇게 되자 왕은 국외로 망명하기로 결심하고, 윌리엄 부처의 묵인으로 12월 도피에 성공했다. 런던에 입성한 윌리엄 부처에게 1689년 2월, 의회에서는 '권리선언'을 제출해 승인을 요구했다. 부처는 그것을 인정한 다음, 윌리엄 3세와 메리 2세는 공동으로 왕위에 올랐다.

'권리선언'은 뒤에 '권리장전'으로서 재차 승인을 받았다. 이 장전의 원칙에 나타나 있듯이, 이 혁명은 17세기의 왕권과 의회의 항쟁에 종지부를 찍게 만들었고, 의회의 권리를 수호하는 동시에 왕위 계승까지도 의회가 결정할 수 있게 했다. 이것이 명예혁명 과정이다.

영국혁명의 과정에서도 '인민대중', 즉 수도 런던의 일부 주민들은 정치적 정세 변화의 중요한 요소로 작용했다. 이런 현상은 정치 행위가 이른바 정치적 국민, 즉 영국의 사회 엘리트에만 더 이상 국한되지 않았다는 점을 시사한다(벤데 2004, 33). 여기서 말하는 인민대중은 매뉴팩처와 소규모 사업장의 노동자, 수련공과 도제 그리고 도시와 농촌에서 수탈당해 노동자계급으로 전화한 수많은 대중이었다. 이들의 투쟁은 조직적인 경우도 있었으나 대부분 자연발생적인 형태를 취했다.

미국혁명

미국 초기 부르주아혁명[16] 과정에서 형성 과정에 있던 노동자계급의 참가는 독립전쟁을 통해서 이루어졌다. 노동자의 전투성이 발휘된 것은 1760~1770년대였다. 독립전쟁 이전에도 여러 종류의 협회·조합·클럽이 생겨났으며, 그 가운데는 애국 사상이나 독립 투쟁 계획, 민주주의 제도와 경제·사회적 개혁을 위한 계획들이 구상되었다. 이 가운데 행동 규모가 가장 컸던 것은 뉴잉글랜드로부터 사우스캐롤라이나까지에 이르는 지역들에 지부를 설치한 협회, '자유의 아들단'(1765년)이었다. 이 조직에는 주도적 지위를

16_1775~1783년 영국 의회의 식민지 과세에 대항하는 자치 운동으로 시작해 독립운동으로 발전해 반봉건적인 제도의 타파로까지 이어진 미국의 시민혁명을 말한다.

차지한 부르주아계급을 비롯해 대농장 소유주들 가운데 혁명적 부분, 수공업자, 노동자 대중들이 참가했다(The USSR Academy of Sciences 1980, 108).

'자유의 아들단'이 부른 노래 가사는 이러했다.

와서 모여라 자유의 아들들아

하나된 가슴으로 모두 오라

우리의 표어는 '우리는 기필코 자유로우리

결코 쉽사리 두려워 않으리'!

한편, 인민대중의 이런 적극성은 부르주아 대농장 소유주의 상층으로 하여금 미국에서 식민지 제도 철폐를 위한 급진적 방법의 선택과 정치·경제·사회적 개혁을 추진하도록 부추겼다.

영국의 가혹한 각종 통제 수단 ─ 애팔래치아산맥 너머로는 식민지인의 정착을 불허하는 1763년의 포고령, 인지세법, 차세를 비롯한 타운센드세,[17] 군대의 주둔과 보스턴 학살, 보스턴 항구 폐쇄, 매사추세츠 입법부 해산 등 ─ 은 식민지 반란을 혁명으로까지 확대시켰다(Zinn 2005, 70~71). 미국에서 벌어진 이 독립전쟁은 '혁명전쟁'의 일환이었으며, 노동자들에게 있어 이 전쟁은 조직적 단결과 정치적 자각을 높이는 학교 구실을 했다.

프랑스대혁명

18세기 말 프랑스에서 진행된 부르주아혁명은 '위대한'이라는 수식어가

17_ 영국 재무 장관 찰스 타운센드가 세입을 늘리기 위해 1767년에 식민지에 부과한 관세로 차(茶) 이외에도 영국에서 식민지로 수입되는 흑연, 페인트, 종이 등에 부과되었다.

어울릴 정도로 역사적인 큰 사건이었다. 인민대중은 이 혁명의 전체 진행 과정(1789~1794년)에서 자신들의 요구와 투쟁 방법을 적극 반영했다. 프랑스 인민의 다수자인 농민, 수공업자와 더불어 '제4신분'인 도시와 농촌의 프롤레타리아층이 혁명의 모든 과정에서 뚜렷한 발자취를 남겼다.

노동자들은 아직 계급으로서 확고하게 형성되지 않았으나 다른 하층 대중들과 더불어 '파리를 지배'했고, 파리는 또 '정치적 중앙집권의 결과로서 프랑스를 지배'했다. 파리의 전체 시민 가운데 노동인구는 약 절반에 이르렀고 당시 파리 48개 구를 평균하면 각 구별 노동자 수는 1,530명 정도였으며, 부르주아혁명 시기 파리 각 구의 혁명위원회에서 노동자가 차지하는 비중은 평균 10분의 1 정도였다(The USSR Academy of Sciences 1980, 112). 더 구체적으로는 F. 브래쉬는 1791년 당시 파리의 전체 노동자 수를 29만 3,820명으로 추정했고, 이것은 파리 전체 인구 64만504명(배급 카드의 약식 명부) 또는 63만6,772명(식량 공급 대상자 수)의 약 절반 수준에 해당한다. 그리고 1794년 파리지구혁명위원회 454명의 구성을 보면, 노동자가 9.9퍼센트이고 상점 주인과 수공업자가 63.8퍼센트이고 제조업자, 자유직업인, 관리 등은 26.3퍼센트였다(소불 1990, 55~56; 66).

프랑스혁명에서 노동자계급 — 이것조차도 고용은 되어 있었지만 대부분 비공업 부문 임금 취득자들 집단에 대한 표현이었다 — 은 아직 중요한 독립의 역할을 하지 못했다. 그들은 굶주리고 있었고 폭동을 일으켰으며 아마 공상을 하고 있었겠지만, 실제로 그들은 노동자가 아닌 다른 계급·계층에 속한 지도자를 따랐다(Hobsbawm 1996b, 159).

프랑스 부르주아혁명은 세 단계로 나누어 볼 수 있으며, 그것은 인민 봉기의 형태를 취했다. 혁명 제1단계(1789년 7월 14일~1792년 8월 10일)에서 노동자의 전투성은 바스티유 감옥 장악에서 잘 드러났으며, 요새의 함락을 가져온 1790년 7월 10~14일의 시가전에는 건축·통제조 등의 많은 노동자가 참가했다. 노동자들은 혁명 과정에서 선거권 보장과 노동시간 단축, 임금 인상, 노동조직의 건설 등을 요구했다.

1791년 봄과 여름에 걸쳐 파업투쟁이 격화했는데, 이것은 헌법 제정 의회가 1791년 6월 14일 노동자의 단결을 금지한 반노동자법 '르 샤플리에 법'[18]을 채택한 데 따른 항의였다. 부르주아지는 일찌감치 그들의 특유한 계급의 이기심을 적나라하게 보여 주었다.

혁명 제2단계(1792년 8월 10일~1793년 5월 31일)의 중대 국면들에서 노동자들은 적극적으로 참가했다. 이 혁명 단계에서 평민 대중의 투쟁 의지가 드러난 것은 1792년 봄 무렵 진행된 '상퀼로트' 운동[19]이었다. 상퀼로트는 혁명 초기부터 적극적으로 혁명에 참여했으며, 혁명적 부르주아지의 확고한 지지 세력이기도 했다. 그러나 혁명의 진행 과정에서 획득한 정치적 경험과 구(區) 단위의 다양한 기본 조직들을 통해 혁명적 사상들을 대면함으로써 상퀼로트는 점차 자체 내의 고유한 성향을 발전시키게 되었고 투사들을 배출했다.

1793년 초 이후 상퀼로트 운동은 인플레이션과 물가고 대응, 식량 가격의 최고가 설정과 투기자에 대한 엄벌 등에 집중되었다. 1793년 봄에 노동

18_르 샤플리에 법은 1791년 6월 14일에 국민의회가 제정한 노동자 단결 금지법을 가리킨다. 부르주아지의 이익을 옹호하려는 의도에서 노동자의 단결·청원·임금협정 체결을 금지했다.

19_상퀼로트는 귀족이나 부르주아가 입던 반바지를 입지 않은 사람이라는 뜻으로 소상점주, 소상인, 수공업자, 노동자 등 하층 시민을 가리킨다. 소부르주아적·혁명적 사회집단으로서, 의회 바깥에서 대중행동을 조직해 혁명을 전진시키는 역할을 했다. 말하자면 이들은 독립 소생산자층이라는 중하층 부르주아지로서 노동자계급과 합류한 '역사적 복합체'였다. 상퀼로트에게 동질적 계급의식은 없었지만, 공통적으로 이들은 소유와 자본 집중에 강한 반감을 가졌으며, 평등주의를 이상으로 여겼다.

자투쟁이 높아지게 되었는데, 이 투쟁에서 노동자들은 투기자들과 고용주들을 대상으로 투쟁을 벌였다.

상퀼로트는 혁명투쟁의 전개 과정에서 확고하지는 않지만 스스로 드러냈던 정치적 이상은 부르주아지가 구상하고 있던 자유민주주의가 아니라 민중민주주의를 지향하고 있었다. 그것은 자신들이 선출한 관리들에 대한 감독과 관리들에 대한 해임권, 그리고 표결에 따른 의사 결정 방식을 의미했다. 그들은 공화국을 하나의 행동하는 민주주의로 간주했다. 그들 가운데 가장 선진적인 사람들은 자유와 평등이란 모두 다 한꺼번에 주어지는 것이 아니라 매일매일을 통해 쟁취되는 것으로 이해했다. 자유는 해방을, 평등은 사회적 정복을 가져올 것이며, 그렇게 되면 누구나 사회의 목표로 설정하고 있는 공동의 행복이 실현된다는 것이다. 이런 정치적 이상과 관련해서는 상황의 대립을 넘어서서 부르주아지와 파리의 상퀼로트 집단 사이에, 그리고 혁명정부와 구區의 투사들 사이에 근본적인 대립이 존재하고 있었다.

파리의 상퀼로트들이 없었다면 부르주아혁명은 그렇게 철저한 방식으로 성공을 거두지는 못했을 것이다. 1789년부터 공화력[20] 2년까지 상퀼로트는 혁명투쟁과 국가 방위의 효과적인 수단을 강구했다. 민중운동은 1793년의 혁명정부 수립을 가능하게 했으며, 국내에서는 반혁명의 패배를, 대외적으로는 대프랑스 대동맹의 패배를 가져왔다(소불 1990, 283~284; 294).

노동자들은 다른 인민대중과 더불어 제3단계 혁명(1793년 6월 1일~1794

20_ 공화력(Calendrier Repulicain): 혁명을 주도한 인사들이 공화정의 발족을 기점으로 새로운 연력(年曆)을 제정했다. 혁명력은 한 달을 30일로 하고 열두 달로 구성되는데, 각 달의 이름은 계절의 특성에 맞게 새로 명명했다. 혁명력의 원단(元旦)은 추분에 시작했으나 복잡성과 생소함 때문에 혁명력이 널리 통용되지 못했다. 1805년 9월 9일(혁명력 제XⅢ년 실(實)월 22일) 나폴레옹이 이 혁명력을 공식적으로 폐기한다.

년 7월)의 고양과 부르주아 민주주의 지배를 확립하는 데 이바지했다. 초기 부르주아혁명 진행 과정에서 분산해서 등장한 노동자는 순전히 노동자 특유의 경제투쟁인 파업을 일으켰으나, 이런 투쟁은 점점 혁명 세력들의 정치 투쟁 속으로 합류하게 되었다.

알베르 소불은 그의 『프랑스대혁명사』에서 프랑스혁명의 의의를 다음과 같이 서술했다.

프랑스혁명은 봉건적 구조를 파괴하고 경제적 자유를 선언함으로써 자본주의를 향한 길을 닦았고, 그 발전을 더욱 가속화하였다. 다른 한편, 특권계급의 저항과 내란, 그리고 대외전쟁은 혁명적 부르주아지로 하여금 구(舊)사회에 대한 파괴 작업을 극단으로까지 치닫게 하였다. 인민대중을 끌어들이기 위해 혁명적 부르주아지는 그들이 단지 혁명 초기에 특권계급과 벌인 투쟁 과정에서 제기했을 뿐인 '권리에서의 평등'이라는 원칙을 특별히 강조하지 않을 수 없었던 것이다. 따라서 프랑스혁명의 업적은 사실상 시기적인 계기에 따라 여러 가지 중요한 모순을 드러내고 있는 것이다. 그리고 바로 그것이 프랑스혁명이 갖는 광채와 의미를 더욱 두드러지게 하는 것이다.

부르주아사회와 부르주아국가의 기원이 프랑스혁명에 있으면서, 동시에 바로 그 혁명력 2년의 시기에 민주국가와 평등사회의 청사진이 나타났던 것이다. 프랑스혁명은 부르주아 평등과 국민적 통합을 성취한 혁명이면서, 동시에 혁명력 2년의 체제를 통하여 그러한 형식적인 평등을 극복하고 그 통합에 사회적 내용을 부여함으로써 참으로 인민대중 계급을 국민에 통합시키려 했던 혁명이었다. 프랑스혁명은 그러한 모순으로 말미암아 실패할 수밖에 없었다. 그러나 그것은 전 세계에 커다란 충격을 가져다주었으며, 그 메아리는 심지어 오늘날까지 세계 도처에 울려 퍼지고 있는 것이다(소불 1984, 233~234).

월리엄 포스터는 부르주아 정치혁명과 인민대중의 역할에 대해 다음과 같이 설명했다.

오랜 시기에 걸쳐 부르주아계급이 전개한 세계혁명의 최초 국면은 16세기 프로테스탄트 종교개혁이었다. 그것은 북유럽과 서유럽에서 가톨릭교회 세력을 무너뜨렸다. 이어서 1644년의 영국혁명, 1776년의 미국혁명, 1789년의 프랑스혁명으로 계승되었다. 이들 큰 변화는 몰락해 가는 봉건제도에 대해 치명적인 타격을 가했다. 그러나 자본주의의 승리는 그 후 60~70년 동안 자본주의 생산양식이 확대되면서 발생한 일련의 혁명으로 실제로 완성되었다. 전체로서 부르주아지 혁명을 구성하는 이런 일련의 대변혁은 세계 봉건제의 토대를 깨뜨렸으며, 자본주의를 명확하게 지배적인 체제로 만들었다. 이것은 농민, 노동자, 전문직업인 등 대중의 적극적인 지지를 받고 그들의 압력을 받은 진보적인 부르주아지의 주도로 수행되었다. 혁명적 부르주아지는 그들의 자유를 위해 전제적 봉건제도에 대항해 투쟁했다. 그것은 자기 자신들의 자유를 위해서였지 대중을 위한 것은 아니었다. 부르주아지는 국가의 간섭을 최소화한 상태에서 전횡적으로 정치적인 지배를 하기 위해, 방해받지 않고 상업과 생산을 운영하기 위해, 그리고 노동자와 농민대중을 마음대로 착취하기 위해 자유를 갈망했던 것이다(Foster 1956, 21~22).

2장
산업혁명의 전개와
노동자계급 형성의 새로운 단계

산업혁명이 발발했다는 말은
무엇을 의미하는가?
그것은 1780년대의 어느 시점에서
인간 역사상 최초로 인간 사회의 생산력을
속박하던 굴레가 벗겨지고,
그 뒤로 인간과 재화
그리고 용역을 끊임없이 신속하게
그리고 현재까지는 무한하게
증식할 수 있게 되었음을 의미한다.
이는 오늘날 경제학자들의
전문적인 용어로 표현하자면
'자립적 성장을 향한 도약'으로 알려져 있다.

_에릭 홉스봄(Hobsbawm 1996b, 28)

1. 자본주의국가의 산업화와 노동자계급 형성의 새로운 단계

노동자계급 형성 과정의 새로운 단계는 산업에서 차지하는 자본주의 발전의 다음 단계, 즉 산업노동자계급이 출현하는 공장제 생산의 확장과 관련된다. 노동자계급 형성의 주요 전제는 산업혁명이고, 산업혁명은 자본주의적 사회관계 형성을 완료하는 단계라고 할 수 있다.

산업혁명은 기본적으로 생산과정에서 행해지는 기계·광물 에너지의 이용과 그것과 결합된 공장제의 성립이라는 생산기술·생산조직의 근본적 변화, 그리고 그것과 관련해 나타난 광범한 경제·사회적 변화를 포함한다(김종현 2006, 4).

이 혁명은 진보적인 기술·경제적 변동과 종래의 경제·사회적인 근본적 변혁의 결합을 가져왔다. 1770년대 이후의 시기와 19세기 전반에 실제로 도입된 기술상의 발명들(기술혁명)은 산업혁명의 출발점이자 기초였다. 종래의 손작업으로 행하던 매뉴팩처 생산 공정들이 작업기계 쪽으로 옮겨졌다. 산업혁명은 자본주의적 생산 전체에 걸쳐 질적으로 새로운 단계로, 즉 매뉴팩처에서 공장제로 이행되었음을 의미한다(The USSR Academy of Sciences 1980, 120).

영국의 산업화

산업혁명은 영국에서 가장 먼저 진행되었다. 18세기 후기에서 19세기 전기에 걸쳐 괄목할 만한 기술 진보와 산업상의 변혁들(특히 공장제 공업의 출현)과 함께 거기에 바탕을 둔 경제·사회 조직의 변화를 통상적으로 산업혁명이라 일컫는다. 대체로 영국에서 산업혁명이 가장 먼저 진행된 것은 경제·

사회·기술적인 측면에 걸쳐 산업자본주의 맹아가 일찍 싹트고 있었기 때문이라는 견해가 지배적이다. 세계 어딘가에서 산업혁명이 일어나야만 했다면, 그것은 영국이라는 것이다. 영국의 산업혁명을 일으킨 원동력은 기술 발전이고, 이 기술 발전은 영국 산업 각 부문에서 광범위하고 다양하게 일어났지만, 그 가운데 특히 중요한 것은 농업생산성 향상, 에너지 혁명, 공업 생산기술 발전, 교통 혁명 등 네 가지였다(배영수 2000, 363).

산업혁명은 일반적으로 기계의 도입, 인간 노동에서 기계 노동으로 진행된 이행을 들 수 있다. 기계의 도입은 면공업에서 시작되어 방적 부문에서 혁명적 변화를 가져왔다. 제임스 하그리브스의 제니Jenny 방적기계에서 시작된 일련의 기술혁신이 와트Watt 증기기관의 성공과 더불어 인류 역사상 처음으로 생산의 혁명적 변화를 가져온 것이다. 이런 혁명적 변화는 곧 노동생산력의 증가, 공장제의 출현, 시장의 개척과 확대, 자본의 확장, 가격의 격감, 그리고 노동력의 이동이라는 엄청난 사태를 불러일으켰다(박지향 1989b, 79).

'산업혁명'이라는 표현 그대로 18세기 말~19세기 초를 계기로 영국의 경제가 혁명적인 변모를 겪었다는 사실은 부인하기 어렵다. 물론 이것이 어떤 면에서 본질적인 '단절'이었는가에 대해서는 학자에 따라 주장하는 내용이 다르다. 사실 아놀드 토인비, 폴 망투, 데이비스 란데스를 거쳐 1960년대의 경제성장 사학에 이르기까지 전통적인 경제사 연구에서는 산업혁명의 단절성을 강조했다(이영석 1997, 19).

그런데 산업혁명이 어떤 면에서 본질적인 단절이었는가에 대해서는 역사학자들의 관점에 따라 다르다. 조엘 모키어의 분류에 따른 서술이 비교적 명쾌하다(양동휴 1997, 5~6).

토인비를 필두로 하는 '사회적 변화설'은 경쟁 시장의 성립을 중시해 재화와 용역의 생산·분배와 생산요소들의 배분이 중세적 규제에서 벗어나 시장 기구에 따라 운행되기 시작한 것이 가장 큰 변화라고 한다. 마르크스와 망투를 대표로 하는 '산업 조직설'은 종래의 기능공 중심 또는 선대제 생산에서 공장제 대량생산 체제로 전환한 것이 가장 혁신적인 것이며, 유동자본보다 고정자본의 비중이 커지고 산업노동자 계층이 형성되는 것을 두고 이런 과정의 특징이라고 설명한다. 란데스를 중심으로 하는 '기술 진보설'은 석탄을 비롯한 에너지 사용에서 일어난 혁신, 각종 기계의 발달, 합성 원자재의 등장 그리고 공장 생산을 포함한 넓은 의미의 복잡한 기술 진보를 산업혁명의 본질로 파악하고 있다. 한편, 사이먼 쿠즈네츠와 로스토우류類의 '거시경제설'은 국민소득, 자본형성, 노동 공급의 양적 성장이 가속화한 것을 산업혁명의 본질로 이해한다.

그러나 1970년대 후반 들어 기술혁신과 공장제 도입을 중시하는 이런 전통적인 견해는 심각한 도전을 받게 된다. '혁명'에 대해 회의적 또는 비판적인 연구 결과들이 제시되었는데, 이들 견해를 요약하면 다음과 같다(이영석 1997, 20~22; 양동휴 1997, 6~8).

산업혁명은 지역적으로나 부문별로 매우 제한된 점진적 현상이었으며, 그 효과도 작았다는 것이다. 산업혁명 기간 동안, 특히 초기에는 제조업 생산 확대의 대종을 담당한 것은 선대제 농촌 수공업의 확산이었으며 공장제 생산의 기여는 그다지 크지 않았다는 것이다.

또 새로운 에너지나 합성 원자재 그리고 기계의 이용은 산업혁명 기간이 훨씬 지난 뒤까지도 그다지 광범위하게 이루어지지 않았다는 해석도 일정한 설득력을 얻었다. 말하자면 산업혁명기 영국의 기술 변화는 획기적인 것이 아니었으며, 다른 나라에 비해 뚜렷한 우월성을 나타내지도 않았다는 것이다. 공장제 또한 수공 기술과 양립 불가능한 것만은 아니었으며, 오히려 그것은 여러 산업부문에서 수공 기술과 공생 관계를 이루었다는 것이다(이영석 1997, 21).

그런데 산업혁명기의 산업생산지수, 국민총생산GNP 성장률, 생산성 변화, 국민소득 등 거시경제지표에 대한 추계가 이루어졌는데, 그 대표적인 것이 1962년에 발간된 필리스 딘과 윌리엄 콜의 연구다. 딘과 콜은 산업혁명 기간 동안 경제 규모가 비약적으로 가속 성장했음을 보여 주는 자료를 제시했고, 대체로 학계는 이를 받아들였다. 그러나 1980년대 들어 새로운 사료의 발굴과 통계 처리 방법의 발달로 산업혁명의 단절성에 강력한 의문을 제기하게 되었다. E. A. 리글리와 로저 스코필드의 인구 추계, 피터 린더트와 제프리 윌리엄슨의 직업 구성 자료, 찰스 페인스타인의 자본형성 추계를 통한 연구 결과가 그런 견해를 뒷받침했다(양동휴 1997, 8~9). 또 찰스 할리와 N. F. R 크래프츠도 산업혁명기의 산업생산 수준을 낮게 평가했다(이영석 1997, 23).

이들의 추계는 딘과 콜의 추계에 비해 첫째, 성장률이 전반적으로 낮고, 따라서 소비수준의 증가나 생산성 향상 정도도 낮을 것이라는 점, 둘째, 농업생산 증가가 1760년 이전에 이미 상당한 정도로 이루어졌다는 점, 셋째, 성장률의 가속이 비교적 완만했다는 점, 넷째, 성장률이 연 2퍼센트 정도로 지속된 것은 1820년대 이후에나 가능했다는 점 등이다.

그러나 이런 새로운 추계들이 산업혁명의 존재나 단절성을 전면 부인하는 것으로 해석될 수는 결코 없을 것이다. 기술혁신과 공장제 측면에서 그리고 경제성장률과 같은 거시경제지표에서 보면, 영국의 산업화가 급격한 변화를 수반하지 않은 것으로 볼 수도 있으나 경제사회의 구조 변화, 즉 자본주의 생산관계의 전면적 확대를 통해서도 산업혁명의 단절성은 분명한 형태로 확인할 수 있다.

영국은 역사상 최초로 산업화를 경험했고, 이에 따라 노동자계급의 형성도 다른 나라에 비해 일찍 이루어졌다. 산업화를 본격적으로 추진하는 데서 자본과 기술 그리고 노동력이 필수적으로 요구되는데, 초기 산업화 과정에서는 자본이나 기술보다 더 중요한 것이 노동력의 확보였다. 초기 산업화는 대체로 소규모적인 자본과 낮은 기술로 운영되는 경제단위로 진행되었기 때문이다. 노동력의 확보는 인구의 절대적 증가와 기존 인구 가운데 노동력 참가율의 증가, 인구 이동(예컨대 농촌에서 도시로, 농업 부문에서 제조업 부문으로, 가사노동에서 공장노동으로, 해외이민의 유입 등)으로 해결될 수 있었다.

1770년 이후 한 세기는 영국 인구가 폭발적으로 증가한 시기였다. 가장 최신 자료인 케임브리지대학교 인구조사 연구팀의 연구에 따르면, 1701년 잉글랜드와 웨일스의 인구는 530만 명이었고, 이때의 출산율은 연 3.5퍼센트 이상이었으나 사망률 또한 거의 출산율에 육박했기 때문에 인구 증가는 매우 느렸다. 그러다가 1781년에는 인구가 760만 명, 1801년에는 920만 명으로 증가했으며, 1831년에는 1,400만 명으로 증가했다. 이와 같은 인구 급증은 출산율 증가와 사망률 감소의 결과였다(Harrison 1985, 213; 박지향 1989b, 79~80에서 재인용).

노동력 공급은 인구의 절대적 증가만이 아니라 농업인구가 공장으로 유입되는 인구 이동을 통해서도 이루어졌다. 이런 인구 이동은 소규모적이었고 지역적인 성격마저 띠었다. 인구 이동의 결과는 곧 도시화로 이어졌다. 1801년에는 인구 2만 명 이상의 도시가 잉글랜드와 웨일스에 15곳에 지나지 않았으나, 1851년에 이르면 63곳으로 급증했다.

노동력 공급 증가와 도시화 그리고 산업화 진전은 계급사회를 향한 진전을 촉진했다. 산업혁명이 가져온 새로운 체제는 그 당시 사람들에게 세 가지 중요한 의미를 부여했다. 첫째, 이제 산업 인구가 자본가인 고용주와 임금노동자로 뚜렷이 구분되었다는 점이다. 둘째, 산업화는 곧 공장에서 행해지는 생산으로, 이는 특수화된 기계와 특수화된 인간 노동의 결합을 필요로 했다. 셋째, 이제 경제생활 전체가, 사실상 모든 생활 전체가 자본가들의 이윤 추구와 이윤 축적에 따라 지배당하게 되었다는 점이다(Hobsbawm 1989a, 49). 특히 새로운 시대의 탄생을 상징하는 것은 바로 공장제라는 혁명적 산업 체계의 도입이었고, 이에 따른 산업노동자계급의 형성이었다.

이와 같은 산업혁명의 급속한 진행에도 불구하고 영국에서는 오랫동안 낡은 경제구조와 사회관계가 지속되었고, 이런 특수한 상황이 특유한 노동자계급과 노동관계의 역사를 만들어 냈다. 1850년에 이르러서도 영국 노동자의 절반은 아직도 근대적 의미의 공장이나 산업 시설에 고용되어 있지 않았다. 19세기 말 들어 산업이 대규모화하고 집중화되면서 노동자계급 구성이 큰 변화를 보였다. 노동자계급 내부의 직업 분포도 시대에 따라 큰 변화를 나타냈다. 1850년대에는 아직도 기계공, 목공, 석공 등 전통적 숙련노동자들이 노동자계급의 주류를 이루고 있었다. 그러나 1890년대에 이르면 광산·면공업·철도 노동자 등의 대두가 두드러진 현상으로 나타났다(박지향 1989b, 88~89).

한편, 공장제 노동조직에서는 장시간 노동, 저임금, 아동노동과 가족노동, 열악한 노동조건, 엄격한 감독과 규율 등이 상시적으로 유지되었고, 그것은 노동자들의 집단적 저항을 불러일으켰으며 공장 입법 제정의 계기가 되었다.

프랑스의 산업화

19세기 프랑스의 산업화 과정은 영국보다는 뒤늦게 시작되었다. 그것은 비교적 완만하게 진행되었으며, 소규모 작업장과 수공업 생산방식이 완강하게 존속하는 양상을 보였다.[1] 프랑스 산업화에서는 도시에 집중된 새로운 형태의 작업장인 공장이 아니라 전통적인 수공업 작업장과 농촌의 가내 작업장이 더 큰 역할을 수행했다. 이와 같은 현상은 적어도 2차 산업혁명이 완료될 때까지 계속되었다.

프랑스 산업화의 특징은 경제활동인구의 구성이나 산업별 노동력 비율, 그리고 지역별 인구분포도에서도 잘 드러난다. 19세기 프랑스에서는 농업 인구의 비율이 매우 높은 편이었는데, 농업인구는 1781~1790년 55퍼센트에서 1856년의 51.7퍼센트, 1881년 47.5퍼센트로 여전히 높은 비중을 차지했다. 공업의 경우는 앞의 연도별로 15퍼센트, 26.8퍼센트, 26.7퍼센트였으며, 서비스업의 경우는 30퍼센트, 21.8퍼센트, 24.9퍼센트였다(김현일 1997, 125). 또 대공업에 종사하는 노동자의 비율은 매우 낮고 소규모 자영업자나 수공업노동자의 경우는 높은 비율을 나타냈다. 그리고 산업 노동력에서 직물공업에 종사하는 노동력 비중이 무려 60퍼센트였고, 광산과 금속공업은 합해서 15~20퍼센트 정도였다. 비교적 낮은 인구 증가율, 농촌 수공업의 발달에 따른 공업지구의 분산, 농촌 지역의 상업화, 대도시 인구 증가의 상대적 둔화, 지역 경제의 발달에 따른 국내시장의 분할, 프랑스혁명과 나폴레옹전쟁 중에 상실한 해외시장 등의 요인들 때문에 19세기 전반기 프랑스 국내 자본의 대부분이 소규모 수공업 생산 부문에 투자된 사실은 매우 자연

1_이것이 일부 역사가들이 말하는 이른바 '프랑스의 역설'이다. 즉, 프랑스는 혁명을 통해 봉건제를 완전히 청산하고 유산 시민 계층의 지배가 가능하도록 법적·제도적 장치를 완전하게 갖추었으나 산업 발전은 완만하게 진행되었다는 것이다. 이 역설의 해답은 혁명이 창출한 소농 계급에 있다고 홉스봄은 지적하고 있다(김현일 1997, 121-122).

스러운 일이었다. 그래서 수공업 부문에 종사하는 인구는 1876년에 이르기까지 대규모 공업 부문 종사자의 두 배에 이르렀다.

19세기 프랑스의 공업생산은 생산조직 또는 생산방식에 따라 크게 세 부문으로 나누어지는데, 하나는 방적공장, 제철소, 탄광을 중심으로 한 대규모 사업장 또는 공장제 생산 부문이고, 다른 하나는 선대제 방식의 농촌과 도시 가내 생산 체제이며, 마지막으로는 도시의 소규모 수공업 작업장에 기반을 둔 생산방식이었다.

프랑스의 경우, 섬유공업, 금속공업 등 일부 분야에서는 18세기 말부터 기계화가 이루어졌다. 특히 '순수' 공업에 대한 시설 투자가 활발해진 1840년부터는 공업의 집중도가 높은 대규모 공장의 수가 증가했다. 이와 같이 기계화가 이루어지고 규모가 큰 공장이 점점 늘어나는 것 자체가 상대적으로 수공업의 쇠퇴를 의미하는 것은 결코 아니었다. 이 시기 공장제 생산은 중금속, 식품 가공업과 같이 애초부터 미숙련노동을 사용해 온 분야나 중화학, 증기기관, 섬유 기기 제작과 같은 전혀 새로운 분야에서 행해졌기 때문에 공장제 생산은 도시 수공업의 직접적인 경쟁 상대는 아니었다(김인중 1989, 115).

1830년 7월 왕정기[2] 이후 중앙정부는 공장제 공업을 발전시킬 목적으로 기계와 석탄을 비롯해 공장에서 필요로 하는 여러 수입품에 대한 관세율을 낮추었다. 또 공장 제품의 대량 운송 시설인 철도회사채의 이자율을 보증하

2_1830년 7월 혁명으로 즉위한 루이 필리프가 시행한 입헌 왕정을 말한다. 제한선거의 토대 위에서 설립되어 은행가를 비롯한 대부르주아지의 이익을 옹호했다. 이때 진행된 산업혁명으로 산업자본가가 대두하고 노동자들 사이에서 사회주의운동도 일어났다. 프랑수아 기조 총리가 보통선거 요구를 거부하고 보수 정치를 실시해 1848년 2월 혁명이 일어나 7월 왕정이 무너졌다.

고 철도에 필요한 철도 노반과 철도역을 신축하는 등 직간접적으로 대규모 공장 시설을 지원했다. 그리하여 19세기 초에는 전체 공업생산 가운데 15퍼센트를 차지하던 공장제 생산이 1835~1844년에는 평균 25.2퍼센트로, 그리고 1855~1864년에는 평균 37.2퍼센트로 증가해 급격하지는 않으나 꾸준한 성장을 보였다. 그런데 19세기 중엽에 이르러서도 대다수 공장은 증기기관이 아닌 물방아를 동력원으로 사용했고, 노동자들도 상당 부분 수공업노동자로 충당하는, 말하자면 초기의 공장은 공장제 기계공업machinofacture이라기보다는 공장제 수공업manufacture에 가까운 생산 형태를 취하고 있었다(김인중 1990, 38).

공장제 공업의 발달은 먼저 노동자 수를 급격히 증가시킴으로써 도제제도를 통한 노동시장의 통제, 적정 작업 조건의 유지, 임금 세목표tariff에 따른 임금의 통일 등 기존 관행들을 차츰 개선해 나갔다. 그뿐만 아니라 직종에 따라서는 작업 도구 일부를 신종 기계로 대체함으로써 작업 내용을 바꿔 놓기도 했으며, 생산조직과 유통 부문에서 변화를 추구했다.

산업혁명 초기 공장노동자들은 대부분 농촌 출신들이었고, 상당수는 여성·아동 노동자들이었다. 당시 공장노동자의 주류는 앞에서 본 바와 같이 직물공업노동자들이었다. 제1제정기(1804~1814년) 동안 산업 노동력에서 직물공업이 차지하는 비율은 무려 60퍼센트 정도였고, 광산과 금속공업은 합해서 15~20퍼센트 정도였다. 1840~1845년의 조사에서는 10명 이상의 노동자가 일하는 작업장에 고용된 노동자 120만 명 중에서 70만 명이 직물공업노동자였다. 이에 비해 12만 명이 금속공업에 종사하고 있었으며(10퍼센트), 광산노동자는 2퍼센트 정도에 지나지 않았다(김현일 1997, 125).

다음으로 전통적인 도시 수공업은 산업화의 진전에 따라 어떤 변화 양상을 보였는지를 살펴본다. 앞에서 본 바와 같이 공장제 공업과 수공업은 병존해 발전해 왔으며 상호 의존적이었고, 수공업 부문은 산업화의 진전과 더불어 축소되거나 쇠퇴하기는커녕 오히려 상당한 정도로 확대되었다.

도시 수공업의 발달은 공장의 발달 이외에도 재래식 기술의 효율적 이용, 운송비의 저하, 시장의 효율성 증대, 전문화, 노동 분화, 노동조직 개편 등을 통한 기초생산 요소의 효율적인 이용으로 경제성장이 가능하다는 사실을 보여 주었다.

수공업노동자들은 주로 식료품과 의류 생산, 건축 분야, 금속가공업과 마차제조업 등에 속해 있었다. 도시 수공업의 발달은 장인이 수련공과 도제와 함께 일하는 전통적 수공업으로부터 점점 '수공업 공장'manufactory으로 발전하는 양상을 나타냈다. 수공업 공장은 기본적으로 수공업 노동에 의존하지만, 경영과 노동의 분리, 노동력의 집중 그리고 분업의 진전 등을 특징으로 한다. 또한 수공업의 발달은 상인자본의 침투와 선대제 생산의 확대를 가져왔다.

한편, 프랑스 초기 산업화의 특징 가운데 하나로 '초기 공업'proto-industry 또는 원산업原産業으로 불리는 농촌 수공업의 발달을 들 수 있다. 프랑스에서 농촌공업의 확대가 이루어진 것은 17, 18세기였다. 이 시기에는 주로 면직업과 마직업이 농촌의 가내노동력을 선대제 방식으로 조직해 발전한 공업 부문이었고, 농촌공업의 발전은 그 밖에도 다른 여러 산업에서 나타났다. 19세기 들어 선대제 방식의 수공업이 발전한 부문은 수직포 생산 분야였다. 산업혁명의 선두 주자였던 면방적의 기계화에 따라 주로 농촌의 가난한 여성 노동력을 이용한 방적이 혁신되자, 면포의 생산은 상당한 기간 호황을 맞았다. 농촌의 면포 생산은 기술혁신 없이도 수직포노동자들의 증가를 통해 발전했다(김현일 1997, 139).

농촌의 원산업노동자는 도시의 수공업노동자와 마찬가지로 오랜 기원을 지니고 있었다. 그것은 저렴하고 다루기 쉬운 농촌의 잉여노동력을 이용한 농촌공업의 발전과 맥을 같이했다. 농촌 수공업노동자들의 특징은 농업노동과 완전히 분리되어 있지 않았다는 점이다. 농업 노동에 대한 수요가크게 늘어나는 시기에는 작업장을 떠나기도 했다. 이들 원산업노동자들은 19세기 후반, 특히 1870년 이후에는 기계의 도입으로 급격하게 줄어들었다.

독일의 산업화

19세기 들어 본격적으로 진행된 독일의 산업혁명은 영국에 비해서는 반세기 정도 뒤늦은 편이었다. 그러나 독일의 산업화는 어느 나라보다도 급속하게 진행되었으며, 그 과정에서 여러 가지 새로운 변화를 경험했다. 그런 변화들 가운데 하나가 노동자계급의 본격적인 형성이었다. 임금노동자의 출현은 그 이전에도 이루어졌다. 18세기 이래 자본주의의 발전과 더불어 농촌 지역에 침투한 선대제는 농촌의 유휴노동력을 임노동으로 고용했으며, 19세기 들어서는 프로이센 지역에서 진행된 농업개혁이나 영업의 자유도 농업이나 도시 수공업 분야에서 임노동을 창출하는 계기가 되었다. 그런데도 19세기 초까지는 임노동은 경제·사회적으로 큰 비중을 차지하지는 못했으며, 수공업자 직종별 길드의 통제와 같이 자유로운 취업 활동 규제에서 벗어난 순수한 형태의 임노동은 많지 않았다(안병직 1997, 209). 19세기 중엽 이후에는 산업화가 빠르게 진전되면서 임노동과 관련한 큰 변화들이 일어났다.

18세기 말의 독일은 수많은 국가로 분열되어 있었으며, 각 국가의 내부에서는 봉건적 토지소유와 길드가 뿌리 깊게 유지되었다. 그런 이유 때문에 독일의 자본주의 발전에서 봉건적 제약의 폐기와 국가의 통일이 해결하지 않으면 안 될 두 가지 중대 과제였다.

1817년 무렵 독일 영방은 34개의 군주국과 4개의 자유도시를 합해 38개의 국가로 구성되어 있었다. 당시의 독일 영방은 실질적인 연방국가는 아니었다. 오히려 독립국가들이 느슨하게 연결된 국가연합 또는 영역領域이었다. 독일 영방에는 국가수반도, 행정 기구나 집행 기구도, 공통적인 법체계도, 공통적인 공민권도 없었다. 그리고 구속력 있는 공동결정을 내릴 수 있는 경우도 그다지 많지 않았다. 프랑크푸르트에 위치한 연방의회는 본질적으로 독립국가의 이해관계를 대표하는 대사들의 총회였을 뿐이었다(풀브룩 2000, 157).

독일의 산업화 과정은 1830년대부터 1850년까지가 초기 산업화 시기였고, 1870년 이후 후반기가 고도 산업화 시기에 해당한다. 초기 산업화, 즉 산업혁명을 통해서 독일에서는 시장경제체제가 확립되고 국내시장이 통합되는 등 산업자본주의의 발전을 위한 법·제도적 기반이 마련되었다. 1830년대 이후 프로이센의 주도로 진행된 관세동맹에 따라 독일 내 국내관세가 철폐되었다. 1860년대에 들어서는 독일의 전 지역에서 영업 활동에 대한 동업조합의 규제가 최종적으로 사라지고 영업 활동의 자유가 확립되었다. 이어서 1866년 북독일연방 그리고 1870~1871년 독일제국의 창건과 더불어 마침내 독일은 단일경제권으로 통합될 수 있었다.

한편, 산업혁명의 진행에 따라 산업 활동의 기반인 교통·운수와 통신 분야가 발달했고, 그것은 다시 산업화를 촉진했다. 1830년대부터 추진된 철도 건설은 산업화 과정에서 자본의 투자를 선도했고, 철도 부설에서 파생되는 수요는 제철, 제강, 기계, 석탄 등 연관 산업 분야에 막대한 경제적 파급효과를 가져오면서 경제성장의 주축 역할을 수행했다. 이 밖에도 새로운 에너지와 생산기술의 도입이 산업화의 진행을 재촉했다.

1870년대 초까지 진행된 산업혁명으로 독일 경제는 도약의 단계를 거치게 되었지만, 산업화의 진행 과정이 지역별로 큰 편차를 보였으며 취업 인구에서 공업 분야에 종사하는 인구가 급속하게 증가했다. 그러나 여전히 농업 부문에 종사하는 인구가 많았고, 공업생산의 전통적 형태인 선대제의 비중은 감소했으나 수공업의 비중은 크게 줄어들지 않았다는 사실이 특징으로 지적될 수 있다.

2단계 산업화 과정이라 할 수 있는 1870년 이후 독일 산업자본주의의 발전은 1단계 과정과 비교해 여러 가지 새로운 양상을 나타냈다. 금속 산업과 광업은 1870년대 이전과 마찬가지로 이후에도 독일 산업화의 선도 역할을 지속했으며, 석탄·철강 산업은 1880년 이후 새로 등장한 화학·전기 산업과 더불어 이 시기 독일 경제의 성장을 주도했다.

고도 산업화 시기의 경제 발전에서 주목되는 것은 급속한 양적 성장만이 아니라 질적 측면에서도 산업자본주의 발전의 새로운 양상이 나타났는데, 한마디로 그것은 생산의 집중화 경향이었다. 다시 말해 생산 활동의 수량은 줄어들었으나 규모는 더 커지고 효율성과 경쟁력이 강화된 생산 단위로 집중되었다. 생산의 집중화 현상이 특히 두드러졌던 분야는 원래 많은 자본이 소요되는 석탄이나 제철, 제강, 그리고 생산조직이 대규모화되는 경향을 보였던 광업 분야였다. 이와 같은 산업화의 급속한 진전과 생산의 집중화 경향에도 불구하고, 공업 분야 전체 사업장 가운데 종업원 5명 이하의 소규모 사업장이 차지하는 비율은 1882년 당시 약 60퍼센트 정도였다. 19세기를 통해 일부 업종을 제외하고는 거의 전 산업 분야에 걸쳐 숙련 기능에 대한 수공업의 수요가 유지되었을 뿐만 아니라 수공업 스스로도 새로운 생산기술과 동력을 활용함으로써 산업화가 가져온 새로운 변화에 적응해 나갈 수 있었던 것이다(안병직 1997, 212~222).

표 1 | 1800~1914년 독일의 취업 인구 분포 상황   단위: 취업자 수: 1만 명, 비율: %

연도	전체 취업자 수	취업 분야별 비율		
		농업	공업	상업 및 서비스업
1800	105	62	21	17
1825	126	59	22	19
1850	158	55	24	21
1875	186	49	30	21
1900	255	38	37	25
1914	313	34	38	28

자료: Kocka(1983, 65); 안병직(1997, 214)에서 재인용.

표 2 | 1800~1900년 독일의 공업 분야 취업 인구 생산조직별 분포 상황   단위: 취업자 수: 100만 명, 비율: %

연도 \ 생산조직	선대제도		매뉴팩처·공장·광산		수공업		합계	
	취업자 수	비율	취업자 수	비율	취업자 수	비율	취업자 수	비율
1800	1.0	45	0.1	5	1.1	50	2.2	100
1835	1.4	44	0.3	9	1.5	47	3.2	100
1850	1.5	39	0.6	16	1.7	45	3.8	100
1873	1.2	22	1.8	33	2.4	44	5.4	100
1900	0.7	7	5.7	60	3.1	33	9.5	100

자료: Kocka(1990, 73); 안병직(1997, 214)에서 재인용.

표 3 | 1800~1913년 독일의 공업 분야 취업 인구 업종별 분포 상황   단위: 취업자 수: 1천 명, 비율: %

연도 \ 업종	1800		1835		1875		1913	
	취업자 수	비율	취업자 수	비율	취업자 수	비율	취업자 수	비율
직물·피혁	1,170	52.5	1,585	48.7	2,048	37.7	2,705	23.3
목재·인쇄·제지	230	10.3	360	11.1	652	12.0	1,430	12.2
식품	300	13.4	470	14.5	676	12.5	1,427	12.2
금속	170	7.6	250	7.7	751	13.9	2,330	20.1
정밀기계	20	0.9	30	0.9	83	1.5	217	1.9
도자기	70	3.1	150	4.6	398	7.3	1,042	8.9
건설	240	10.4	325	10.0	530	9.8	1,630	14.0
광업	40	1.8	80	2.5	286	5.3	863	7.4
총계	2,240	100.0	3,250	100.0	5,424	100.0	11,644	100.0

자료: Henning(1973, 137); 안병직(1997, 214)에서 재인용.

이와 같이 19세기 초부터 진행된 산업화는 취업 구조의 큰 변화를 가져왔고, 노동자계급 형성의 새로운 단계를 창출했다. 전체 취업 인구 가운데 농업에 종사하는 인구의 비율은 계속적으로 감소한 반면, 공업에 종사하는 인구의 비율은 지속적으로 증가했다. 〈표 1〉에서 보는 바와 같이 19세기 중엽에 이르면 공업 부문에 종사하는 인구가 30퍼센트 수준에 이르렀다.

그리고 공업 분야에 종사하는 인구 가운데 매뉴팩처, 공장, 광산 등 집중화된 대규모 사업장에 종사하는 인구 증가 추세가 두드러졌는데, 1850년대 중엽에는 전체 공업 분야 취업 인구의 9퍼센트 수준이었던 비율이 1870년대에 들면 33퍼센트 수준으로 급증했다. 한편, 수공업에 종사하는 취업자 수도 계속 증가했다(〈표 2〉). 공업 분야 취업 인구 가운데 업종별 취업 인구 변화를 보면, 금속, 광업 그리고 직물·피혁 업종에서 두드러진 증가세를 나타냈다(〈표 3〉).

다른 나라에서와 마찬가지로 독일에서 진행된 산업화는 임금노동자의 확대와 임노동 구조의 변화를 가져왔으며, 그것은 노동자계급 형성의 기반을 창출했다. 임금노동자 유형을 생산조직의 형태에 따라 분류하면, 선대제를 통해 고용된 농촌과 도시의 가내노동자, 독립장인과 수련공 출신의 도시 수공업노동자, 광부나 매뉴팩처 또는 공장노동자와 같이 집중화된 생산 활동에 종사하는 노동자 집단으로 구분된다.

가내노동자들은 선대제를 통해 생산 활동에 종사하며, 일정 부분 생산 수단을 소유하고 가내에서 가족과 더불어 노동할 뿐만 아니라 경우에 따라서는 가족 말고도 다른 사람을 보조 노동력으로 고용함으로써 고용주의 지위를 갖기도 했다. 가내노동자는 임노동의 지위에 있지만, 자본에 대해서는 형식적 독립을 유지했고 17, 18세기를 통해 원산업의 형태로 선대제가 도입된 농촌 지역에서는 어디서나 널리 존재했다. 이들은 1870년대 중엽까지는 증가하다가 19세기 후반 들어 서서히 감소 추세를 보였으나 19세기 초의 수준을 유지했다.

다음으로 수공업노동자들은 몇 가지 특징적 양상을 보였다. 수공업노동자들이 일했던 사업장의 경우, 고용 노동력은 많아야 서너 명을 넘지 않을 정도로 소규모였다는 점, 분업의 발달이나 기계의 사용이 제한된 가운데 숙련노동이 여전히 핵심적 역할을 수행했다는 점, 경제적으로 독립된 소생산자가 고용주로서 임금노동자에 대해 지시와 감독을 할 뿐만 아니라 노동을 통해 직접 생산에 참여한다는 점, 그리고 주로 지방의 수요에 국한된 생산이라는 점 등이 그것이다(안병직 1997, 234).

통상적으로 대도시의 경우 100~150여 종에 이르는 크고 작은 다양한 수공업이 존재했고, 수공업 내에서도 자본주의적 경제 질서가 확립되면서 임노동 구조가 확대되었으며 수공업의 장인과 수련공들이 점점 임금노동자로 전환되는 경향을 나타냈다.

끝으로 집중화된 작업장의 노동자로는 매뉴팩처·광산·공장 노동자가 대표적이었다. 집중화된 작업장에서 행하는 노동은 분업의 발달이나 기계의 사용과 같은 노동 방식과 생산기술의 혁신 그리고 노동과 주거 공간의 분리 등을 통해서 노동자들에게 노동뿐만 아니라 생활 영역에서도 질적으로 완전히 새로운 현실과 경험을 가져다주었다.

매뉴팩처노동자는 생산과정에서는 집중화되었으나 기계제가 아니라 손작업을 하는 생산방식에 따라 일했고, 이들이 집중해 있던 업종은 18세기 말에 신종 산업으로 등장한 엽궐련cigar업과 인쇄 업종 등이었다.

광산노동자의 경우 19세기 중엽까지는 완전한 의미의 임금노동자로 볼 수는 없었다. 왜냐하면 광업은 전통적으로 도시에 집중된 산업이 아니라 지방에 흩어져 있는 산업이어서 광산노동자들은 19세기 전반을 통해 여전히 농업과 연계를 가지고 있었으며, 광산에서 이루어지는 임노동과 병행해 농업 부문의 생산 활동도 수행했다.

19세기 전반에 걸쳐 광산노동자들의 지위를 특징짓는 요소 가운데 하나는 국가의 통제였다. 1850년대 초까지 광업은 대부분의 경우, 국가가 직접 경영하거나 또는 민간의 자본 참여는 인정하되 국가의 감독이나 규제 아래 운영되었다. 광산을 운영하는 당국은 노동의 생산성을 높이기 위한 목적으로 여러 가지 행정 법규를 통해 규제와 더불어 특권을 보장했다. 광산노동자들에 대한 행정 규제는 고용과 해고, 임금, 노동시간 등 노동의 측면뿐만 아니라 일상생활 영역에까지 미쳤다. 이런 규제에 대한 반대급부로서 광산노동자들의 신분적 지위를 특권화했던 배려와 보호책들이 있었다. 임금 책정에 대한 배려와 주택 제공, 그리고 18세기 이후 국가의 개입으로 가입이 의무화되었던 광산노동자조합[3] 결성 등이 그것이었다(안병직 1997, 249).

이처럼 국가의 통제를 받으면서 농촌 환경에 편입되어 있던 광산노동자들의 노동과 생활에 큰 변화가 일어난 것은 19세기 후반이었다. 1850~1860년대를 거치면서 석탄과 철에 대한 수요가 급격하게 증가하고 이에 따라 광업이 자유화되면서, 19세기 후반에는 광산노동자의 수도 크게 증가했고 광업소의 규모도 대형화되었다.

집중화된 작업장 노동자 가운데 가장 대표적이라 할 공장노동자는 산업화가 본격화되면서 가장 빠르게 증가한 노동자 계층일 뿐만 아니라 산업화와 더불어 출현한 새로운 유형의 노동자들이었다. 이들은 다른 부문, 다른

3_광산노동자조합은 광산노동자들이 누렸던 특권의 상징이라고도 할 수 있는데, 광산노동자조합은 조합원들에게 약품과 진료 혜택, 질병·상해·사망 시 부조금, 자녀의 양육과 학비 보조금 등의 수혜를 보장해 주었다. 이 밖에도 당국은 광산노동자들의 전통 관습이나 노래 등을 보존하며 축제를 조직하기도 했다.

계층의 노동자들보다 집중화된 생산과정에서 기계화된 동력과 공작기계가 사용되는 상대적으로 대규모의 작업장에서 일함으로써 다른 노동자들이 경험하지 못한 집단적 동질감을 경험할 수 있었다. 공장노동자들은 가정과 노동하는 장소가 분리된 상태에서 노동의 자율성을 상실하게 되었고, 거친 훈련이나 통제 방법에 대한 적응이라는 동질적인 경험을 갖게 되었다(정현백 1989, 189).

1800년대에 있어 공장제 생산이 발달했던 대표적인 분야는 철강, 기계, 직물 산업이었다. 이들 분야에서 공장제가 발전하면서 노동자들의 자율적 영역은 점점 줄어들었고 노동의 지속성을 강화하기 위한 방책들이 도입되었다. 노동시간은 점점 길어지고 교대제 노동이 등장하게 되었으며, 임금체계에서 시간급과 아울러 성과급제가 널리 실시되었다. 그 밖에도 공장 규칙의 제정이나 노동규율의 성문화成文化, 그리고 기업 복지 정책의 시행 등이 노동자들에 대한 통제 수단으로 활용되었다.

미국의 산업화

미국의 산업화는 유럽 여러 나라의 산업화 과정과는 다르게 진행되었다. 1492년 크리스토퍼 콜럼버스가 아메리카 대륙을 발견한 이후, 유럽 이주자들이 원주민인 인디언들을 노예로 삼거나 대량으로 학살하면서 인디언들에 대한 유럽 국가의 침략 역사는 시작되었다. 콜럼버스가 아메리카 대륙을 발견하기 전에는 7,500만 명의 인디언들이 그곳에 살고 있었고, 그 가운데 2,500만 명이 북아메리카에 살고 있었다. 그들은 수백 가지의 다양한 부족문화와 약 2천 개의 언어를 사용하고 있었다. 인디언들은 비슷한 시기에 아시아, 유럽, 아프리카 사람들이 일으킨 거대한 농업혁명을 독자적으로 이루어 냈다(Zinn 2005, 18).

미국 대륙이 유럽 국가들의 식민지로 전락하면서 산업 개발에 필요한 자본은 유럽 정착민들이 담당했고, 산업화를 위해 필요한 노동력은 유럽에서 이주해 온 하층민들과 아프리카에서 끌려온 흑인 노예,[4] 그리고 일부 인디언들이 제공했다. 1700년대 후반의 혁명 과정과 1861~1865년의 남북전쟁을 거치면서 미국의 산업화가 본격적으로 추진되었다.

이와 같이 미국의 산업화 진행은 영국 식민지 시대에 이미 그 기반이 형성되었다. 미국의 산업혁명은 다른 나라의 경우와 같이 모직물 공업과 제철 공업을 통해서가 아니라 목면 공업의 이식이라는 형태로 시작되었다. 그 시작 시기는 영국에서 이민 온 새뮤얼 슬레이터가 1790년에 아크라이트식 공장인 수력방적기 공장을 설립한 때로부터 제2차 영미전쟁(1812~1815년)에 이르는 때로 보고 있다.

영국과 벌인 전쟁 이후, 영국의 섬유제품 수입이 중단되었으며 1816년 관세법이 제정되어 국내 산업의 보호 체제가 마련되었다. 그 뒤로 뉴잉글랜드의 면방 공업을 중심으로 서서히 진행된 산업화가 1830년대에 들어 성장세를 더해 갔다. 특히 이 시기의 운하와 증기선, 철도의 등장은 이전의 육로에 비해 운송비를 더 절감하게 했고, 이에 따라 제조업자와 선대제 방식을 취한 상업자본가들은 원거리 시장을 대상으로 상품을 생산하고 판매하기 시작했다. 이와 함께 초기 공장제도가 뉴잉글랜드에서 뉴욕이나 펜실베이니아 등으로 확산되었고, 공장과 공장노동자 수가 증가했다(유경준 1989, 212).

4_1800년 무렵 흑인 1천만 명 또는 1,500만 명이 아메리카 대륙에 노예로 끌려왔는데, 이 숫자는 아프리카에서 원래 붙잡은 수의 3분의 1 정도였다(Zinn 2005, 29).

표 4 | 노동자와 농민의 이민 실태　　　　　　　　　　　　　　　　　　　　　단위: 1천 명

연도	총 이민 수	숙련공	농민	하인	단순 노무자	이민에 의한 인구 증가율(%)
1843~1857	3,964	332(8%)	578(15%)	40(1%)	706(18%)	39.3
1878~1893	7,600	797(11%)	572(8%)	360(5%)	1,794(24%)	40.4

자료: U.S. Department of Commerce(1961, 61); 유경준(1989, 218)에서 재인용.

미국의 산업혁명을 뒷받침한 경제정책의 기본 토대는 초대 재무부 장관 해밀턴의 경제정책을 계승·발전시킨 1820년대의 '아메리카 체제'(미국의 보호주의) 구축 그것이었다. 이 정책에서 뼈대를 이룬 것은 산업혁명을 달성한 영국의 경제력으로부터 국내시장을 방위하고 근대산업을 육성시키기 위한 경제정책 — 보호무역 정책, 인플레이션 억제와 안정 성장을 위한 재정 정책, 국내 개발 정책(도로와 운하의 건설, 정비) 등 — 이었다.

이런 상황과 조건을 바탕으로 진행된 산업화는 한편으로는 공장제도의 출현과 급속한 기술혁신 그리고 노동의 분업화를 촉진해 생산 체제를 강화했으나, 다른 한편으로는 가내수공업의 쇠퇴, 도제제도의 축소, 비숙련노동자의 고용 기회 확대, 노동 숙련의 가치 저하, 임금 저하 등 노동 체제의 큰 변화를 가져왔다.

미국의 산업화 추진에서 매우 특징적인 사실로 지적할 수 있는 점은 다름 아닌 대량 이민에 따른 노동력 충원이었다. 1840년대 초 경기회복과 더불어 임금 상승 추세가 나타나면서 유럽으로부터 이민노동자들이 쇄도했다. 1843~1857년 사이에 들어온 총 이민자 수는 400만 명 정도였으며, 그 가운데 숙련공은 8퍼센트에 지나지 않았고 농민과 단순 노무자가 압도적 다수였다(〈표 4〉). 또 1878~1893년까지의 이민자 수는 무려 760만 명에 이르렀으며 그 가운데 단순 노무자가 24퍼센트였고 농민이 8퍼센트였으며 숙

런공은 11퍼센트 정도였다. 국가별 이민 실태를 보면, 아일랜드와 독일 출신이 가장 많았고 그다음이 영국과 스칸디나비아 그리고 이탈리아 순이었으며, 아시아 국가의 경우 중국 출신 이민이 있었다(〈표 5〉).

당시 한 연구 보고서는 이민노동자의 실태를 다음과 같이 생생하게 표현하고 있다.

> 1840년대 뉴욕의 이민 출신 노동자 가운데 아일랜드인들이 가장 대규모의 이민 집단을 이루고 있었으나 이들은 압도적으로 농촌 출신이어서 수공업 기술을 전혀 보유하지 못하고 있었으며, 게다가 이들은 아일랜드의 대기근을 피해서 온 사람들이었기 때문에 어떠한 노동이든지, 어떤 수준의 임금으로든지 기꺼이 노동에 참여하려 함으로써 이 지역 노동자들의 정치·경제적 투쟁을 저해했다(유경준 1989, 218~219).

미국의 제2기에 해당하는 산업화는 1850년대의 공업생산 증가와 공장제도의 확대를 기반으로 남북전쟁 이후 본격적으로 추진되었다. 이 시기의 산업화는 미국의 경제와 사회구조를 빠르게 그리고 크게 변화시켰다.

더구나 이 시기 기계의 발달에 따른 공장제도의 발전이 괄목할 정도로 이루어지고 이에 따라 대기업이 출현하게 되었으며, 인구의 도시 집중 현상이 두드러지게 나타났다. 1860년대에는 농업이 국민소득의 31퍼센트를 차

표 6	도시인구의 성장				단위: 1천 명
연도	1860	1870	1880	1890	1900
총인구	31,443	39,818	50,155	62,947	75,994
도시(2,500명 이상)	6,216	9,902	14,129	22,106	30,159
(%)	(19.8)	(24.9)	(28.2)	(35.1)	(39.7)
농촌	25,226	28,656	36,026	40,841	45,834
(%)	(80.2)	(75.1)	(71.8)	(64.9)	(60.3)

자료: U.S. Department of Commerce(1961, 8~14); 유경준(1989, 234)에서 재인용.

지했으며 제조업이 12퍼센트를 차지했으나, 1890년대에 들어서는 제조업이 농업생산을 능가하기 시작했다. 방직, 종이, 농업용 비품 분야에서는 공장 생산이 압도적이었으며, 금속 기계와 철도 레일, 농경 기구 등이 기계화된 공장에서 생산되기 시작해 기계 부문 노동자 수도 1870년의 5만5천 명에서 1900년에는 28만3천 명으로 늘어났다(유경준 1989, 234).

여기에다 풍부한 자연자원과 철도의 팽창, 철제 증기선의 발명, 전신기의 사용 등은 북부와 중부 지역을 하나의 시장으로 결합함으로써 농촌은 도시에 값싸고 많은 양의 농산물을 수송할 수 있게 되었으며, 반면에 도시는 농촌에 공업 상품 시장을 확보하게 되었다. 한편, 도시에서 발생한 노동력 부족 현상은 임금 상승으로 이어져 북동부 지역의 농민들을 도시로 이주하도록 촉진하는 동시에 유럽으로부터도 수많은 이민노동자를 유입하게 만들었다.

산업화와 더불어 발전을 이룩한 미국의 경제 제도는 계급 갈등을 증대시켰지만, 반면에 남북전쟁과 미국의 정치제도는 계급 갈등을 오히려 완화시킴으로써 미국의 노동자계급 형성과 특성에 중요한 영향을 끼쳤다. 즉, 남북전쟁과 미국의 정치제도는 경제적 계급 갈등을 완화함으로써 노동자 정당의 성공을 어렵게 만들었다. 먼저 남북전쟁은 노예제의 반대라는 기치

아래 고용주와 노동자를 결속시킴으로써 이들의 관심을 노동과 자본의 대립보다는 자유노동과 노예제의 대립 쪽으로 더욱 집중하도록 했다. 연방군의 42퍼센트가 노동자 출신[5]이었으며, 특히 숙련노동자들이 여기에 적극 참가했다는 사실은 세계 유일의 정치적 민주주의국가로 여긴 이들의 애국심을 보여 주는 것이기도 했다(유경준 1989, 238).

러시아의 산업화

러시아의 산업화는 1830년 이후의 경제 발전을 주요 바탕으로 하면서 1861년 농노제 폐지를 계기로 본격적으로 추진되었다. 러시아의 공업은 18세기 초 25년 동안에 표트르 대제의 국가 주도적 공업화 정책으로 꾸준한 발전을 수행했다. 18세기 이후의 변화 가운데 실질적 생산 증가보다 더 중요한 것은 오히려 잠재적 시장의 확대라고 할 수 있다. 18세기 중엽부터 19세기 중엽에 이르기까지 기업가들은 민간 시장용 제품을 생산하기 위해 노력했고, 실제로 시장은 점점 확대되었다.

　1825년까지 나폴레옹전쟁으로 공업이 침체를 겪기도 했지만, 1830년 이후에는 경제 발전이 가속화했다. 국내 교역량이 급증했으며, 무역의 규모도 확대되었고 1830년대에 철도 건설이 시작되는 등 교통수단의 개선이 이루어졌을 뿐만 아니라 기업 수와 고용 노동력의 규모도 확대되었다. 1804년에서 1860년까지 기업 수는 2,400개에서 1만5천 개 이상으로, 고용 노동

5_당시는 의무 징병제가 시행되고 있었고, 하층계급 출신으로 입대한 사람들은 재산이 증가하고 계급과 사회적 지위가 상승하기를 바랐다. 흑인이 연방 측의 군대에 자유롭게 입대할 수 있게 되면서 전쟁은 더욱더 노예해방을 위한 전쟁이라는 양상을 띠게 되었다.

자의 수는 9만 명 남짓에서 56만 명으로 증가했다.

이런 경제 발전에도 불구하고, 1861년의 농노해방 이전의 공업 발전을 두고 산업혁명으로 규정하기에는 몇 가지 한계를 지니고 있었다. 그 이유는 그동안 공업이 발전했는데도 여전히 농업 비중이 압도적이었고, 산업구조는 경공업 중심이었으며 기계화는 면직업과 제당업에 국한된 양상을 보였다. 또 교통망의 확충도 경제활동을 뒷받침하기에는 턱없이 부족했고, 농노의 강제노동이 잔존하는 것을 포함해 전근대적 노동력 이용이 산업 발전을 제약하는 요인으로 작용했기 때문이다.

러시아의 산업화는 1861년 농노해방 이후 본격적으로 진행되었다고 보는 견해가 지배적이다. 러시아의 전제專制 정부는 1853~1856년의 크림전쟁에서 산업혁명을 먼저 겪은 영국과 프랑스의 연합군에 참패함으로써 산업화를 급속히 이룩하지 않으면 안 된다는 교훈을 얻었다. 이런 요구에 따라 농노제의 폐지가 단행되었다. 농노제는 자유로운 노동시장의 형성을 가로막고 농업생산성 향상을 제한하며, 낮은 소득으로 시장의 성장을 제한하는 요인이 되었다. 이런 비생산적인 농노제가 폐지됨으로써 산업화의 중요 장벽이 제거되었고, 러시아는 그 뒤로 비교적 순조롭고 신속한 산업화를 이룩할 수 있었다(이채욱 1997, 434~438).

1860년대 이후 러시아의 산업구조는 철, 석탄, 제련, 석유 등 중공업의 발달을 주축으로 계속적인 발전을 진행했다. 그런 가운데서도 공장제 공업과 직접적인 경쟁 관계에 있지 않은 수공업의 발전도 계속되었다. 1860년대 말 이후 경제성장을 이끈 주축은 역시 철도 건설이었는데, 철도망의 연장은 1868~1878년까지에 걸친 제1차 철도 건설 붐을 통해 급속하게 추진되었다. 철도 건설은 경제 발전을 제약했던 거리와 기후라는 요인을 극복하고 물류의 혁신을 가져온 수단이 되었으며, 엄청난 수의 고용을 창출하는 한편, 제철, 금속, 기계공업 등 연관 산업의 발전에 큰 영향을 끼쳤다. 이에 따라 철도 호황은 석탄, 철강, 기계제작 업종의 전반적인 경기상승으로 이어졌을 뿐만 아니라 이 시기에는 목면, 설탕, 피혁 등의 업종도 전반적으로 호황을 누렸다.

1880년대와 1890년대에 있어 러시아는 비약적인 공업화를 이룩했다. 이 시기 경제성장을 추진하는 데서 정부가 매우 적극적인 역할을 수행했다. 철도 건설과 중공업 발전을 강조하면서 이를 성취하기 위해 보호관세, 화폐 가치의 안정, 재정 개혁, 중과세 정책, 해외자본 유치 등 경제정책에서 일대 전환을 꾀했다. 그리하여 1890년대 러시아는 연평균 8퍼센트의 성장률을 기록했고, 노동력은 철도노동자를 포함해 300만 명 가까이에 이르렀다.

1890년대 러시아 산업화에서 주목되는 것은 산업이 대규모 생산 단위로 집중되는 현상이었다. 이런 현상은 대규모 기업의 수와 이들 기업이 전체 공업생산과 공장 노동력에서 차지하는 비중으로 나타났다. 1880년 현재, 종업원 100명 이상을 고용한 기업의 노동력 가운데 3분의 1 정도가 종업원 1천 명 이상을 고용한 기업에 고용되어 있었다. 그 비율은 1890년에는 5분의 2로, 1902년에는 2분의 1로 증가했다. 집중 현상은 석탄 산업과 석유산업에서 가장 두드러지게 나타났다. 예컨대 1890년대 말에는 전체 탄광의 4퍼센트에 해당하는 기업에서 총생산량 43퍼센트를, 석유 채굴 기업의 10퍼센트에 해당하는 기업에서 총생산량의 70퍼센트를 생산했다. 또 직물업의 경우에는 1880년 당시 종업원 100명 이상을 고용한 기업의 생산 비율이 2분의 1 정도였으나, 1894년에는 4분의 3에 이르렀다. 이와 같은 집중 현상은 20세기에 들어서도 계속되었다(이채욱 1997, 444).

한편, 러시아의 산업화 과정에서 공장 부문이 아닌, 도시와 농촌의 수공업이 수행한 역할을 빼놓을 수 없다. 여기에 관해서는 정확한 정보나 통계

노동자의 범주		1860년	1880년	1890년	1900년
자본주의적 대기업의 노동자		72	125	150	281
	공장노동자	49	72	84	170
	광산노동자	17	28	34	51
	수송노동자	6	25	32	60
건설노동자		35	70	100	140
수공업노동자		80	150	200	275
기타 비농업노동자		63	120	200	250
농업노동자		70	270	350	454
합계		320	735	1,000	1,400

표 7 | 1860~1900년의 러시아 노동계급의 규모   단위: 1만 명

자료: Solov'eva(1989, 273); 이채욱(1997, 452)에서 재인용.

가 거의 없는 실정이다. 수공업자들은 원료 공급을 공장에 의존하는 경우가 적지 않았고, 농촌 수공업자는 반제품을 만들어 공장에 납품하는 경우도 있었다.

러시아의 산업화는 1880년대 국가 주도로 이루어지면서 비농업 부문에 큰 변화를 초래했다. 그 가운데서도 가장 주목되는 것은 공장의 확대와 그것에 따른 산업노동자 집단의 등장이었다. 그런데도 제1차 세계대전 이전까지는 러시아 산업에서 중공업이 차지하는 비중이 경공업보다는 크지 않았고, 농촌 가내공업과 도시 수공업 등 공장 부문이 아닌 공업의 성장 또한 장기적으로 꾸준히 진행되었다.

산업화에 따른 노동자계급의 구성 변화에 관해서는 정확한 통계가 발표되지 않았으나 러시아 학계가 추정한 것을 토대로 보면, 1860년 전체 노동자 수는 320만 명이었고 1900년에는 1,400만 명으로 네 배 이상 증가했다. 공장노동자 수는 1860년의 49만 명에서 1900년의 170만 명으로 늘어났고, 수공업노동자는 1860년의 80만 명에서 1900년의 275만 명으로 크게 증가했음을 볼 수 있다(〈표 7〉).

수공업 직종은 노동 분화가 별로 이루어지지 않은 채 작업이 주로 손으로 이루어진다는 점, 직종의 과업이 오랜 도제 훈련으로 습득된 상당한 숙련 기술을 요구한다는 점, 도제와 수련공 그리고 장인 등 기술별 노동 위계를 가진다는 점 등 세 가지 특성을 지니고 있었다. 러시아에서는 길드 제도가 크게 발전하지도 않았으며, 그나마 20세기 초에 이르러서는 급속히 쇠퇴했다(이채욱 1997, 453).

한편, 공장노동자는 1880년대 중엽 이후 특히 1890년대의 급격한 산업화와 더불어 크게 증가했다. 공장노동과 관련해 특징적인 사실로 지적할 수 있는 것은 고도의 집중화 현상이었다. 전국적으로 볼 때 공장 산업은 상트페테르부르크, 모스크바, 키예프, 바르샤바 등 몇몇 대도시와 그 인근 지역에 집중해 발전했다. 또 기업별 노동 집중도에서도 러시아는 당시 세계적으로도 가장 높은 수준을 나타냈다. 1만2천 명을 고용한 푸틸로프 제작소, 5천 명을 고용한 발트 조선소, 6천 명을 고용한 오부호프 제작소, 4천 명을 고용한 네프스키 조선·기계제작소 등은 집중도가 높은 대표적 기업들이었다. 모스크바 직물의 경우에도 6천 명을 고용한 프레스냐의 프로호로프스카야 트료호나야 공장 말고도 1천 명 이상을 고용한 기업이 열한 개나 더 있었다. 그리고 노동자들은 시내 변두리 공장 지역 주변 한곳에 모여 거주함으로써 일종의 노동자 구역을 형성했다.

러시아의 산업화와 관련해 주요한 쟁점으로 제기되는 것은, 사회주의혁명을 세계 최초로 성공시킨 러시아 노동자계급의 계급의식, 나아가 혁명의식의 원천에 관한 것이다. 러시아 노동자계급의 의식 형성과 관련해 제기된 주장은 크게 세 가지로 요약된다.

첫 번째 주장은 도시 대 농촌 구도다. 이 주장은 노동자들이 농촌과 결별하고 도시화함으로써 노동자의 계급의식 수준이 높아지는 것은 당연하다는 것이다. 두 번째 주장은 도시 대 농촌 구도에 대한 반反명제로서 '농민적 노동자'라는 개념을 제시한다. 말하자면 도시노동자들은 농민 공동체의 경험과 정의감을 강조하는 정교회의 영향, 같은 고향 출신을 중심으로 조직되는 도시 생활 속에서 자연스럽게 사회주의적 성향을 갖게 된다는 것이다. 세 번째 주장은 도시노동자의 다양성을 전제로 하면서 그들의 작업장 안팎 생활이 의식 변화에 끼친 영향을 중시한다(이채욱 1997, 449~455).

이런 주장들은 나름대로 상당한 근거를 갖고 있는 것으로 보이나, 러시아 노동자들의 계급의식이나 혁명의식을 충분히 해명하기에는 한계를 지닌 것으로 판단된다. 러시아 산업화 과정에서 노동자계급이 놓인 상황 조건과 노동·생활에서 얻어진 공통된 경험을 통해 접근하는 것이 타당할 것으로 보인다.

러시아에서는 1861년 농노제의 폐지에도 불구하고 농노제의 관행이 뿌리 깊게 잔존하는 조건에서, 노동자들은 저임금과 장시간 노동, 열악한 작업 조건과 생활환경, 그리고 무권리 상태에서 기업주의 가혹한 착취와 전횡에 시달려야만 했다. 또 정부의 정책도 노동자의 요구나 저항에 대해서는 체제 내로의 포섭 방법을 통해서가 아니라, 강경 일변도의 탄압으로 일관했다. 이런 상황과 조건에서 노동운동은 법을 뛰어넘어 전개될 수밖에 없었고, 노동자투쟁은 필연적으로 정치적 투쟁으로 이어지게 되었다. 그리고 산업의 도시 집중화와 기업 단위의 노동자 집중화는 러시아혁명 시기 노동자계급의 전투성을 높이는 요인으로도 작용했다.

지금까지 주요 각국의 산업화 과정을 통해 보았듯이, 산업혁명의 시대에는 직접적 생산자가 생산수단으로부터 완전히 분리되는 과정이 진행된다. 이를테면 이전에는 비교적 독립적이었던 영세 생산자들은 집단적으로 임금노동자 대열에 가담하게 되었다. 또 공장제 산업의 발달은 직접적 생산자의 새로운 범주인 공장노동자 계급을 형성했다. 자본주의 생산의 대규모적인 발전은 임금노동자 계급의 존재를 상시화하고 인원수를 증대시켜 독자적인 계급 형성을 이끌었다.

각국에서 진행된 산업혁명의 과정은 독자성과 특수성을 나타내지만, 그런 가운데서도 공통성과 일반적 특성을 내재하고 있었다. 이 과정은 두 가지의 주요한 구성 요소를 공통으로 내포하는데, 노동자 수의 점차적인 증대와 사회적 지위의 질적 변화가 그것이다. 산업노동자계급 형성의 사회적 원천은 어느 나라에서도 도시와 농촌의 초기 노동자층과 소자산가층이었다. 다시 말해 산업혁명의 과정에서 몰락한 수공업자, 가내공업노동자, 매뉴팩처 수련공, 농경자 등 도시와 농촌의 근로인민, 반프롤레타리아, 소小소유자가 어느 나라에서도 공장노동자 형성에서 그 기반이 되었다. 여기에 소경영자, 소상인, 소小금리생활자 등이 합류했다. 또 여성, 미성년, 아동노동 등이 산업혁명 초기 단계 공장노동자 계급의 충원에서 중요한 부문을 차지했다.

산업혁명의 진전에 따른 또 하나의 특징은 노동자계급 형성 과정에서 노동자의 집중, 즉 신흥 공업도시나 공업지역뿐만 아니라 개별 기업에서 행해지는 대량 집중과 생산 규모의 확대를 반영하는 과정이었다. 도시와 대기업으로 쏠리는 노동인구의 집중은 노동자계급 형성에서 매우 중요한 요인으로 작용했다. 대도시는 노동자와 자본가 사이의 가부장제적 관계(노동자의 노예 상태를 위선적으로 은폐한 관계)의 마지막 근거마저 파괴할 수 있었다.

공장노동자 출현 과정에서 주목해야 할 대목은 그 이전 시기에 비해 질적으로 다른 새로운 성격의 노동자, 즉 '산업예비군'이 창출되었다는 사실이다. 대중 실업은 산업자본주의 출발 때부터 발생한 현상이었고, 그것은 노동 수요를 초과하는 노동의 공급, 즉 상대적 과잉인구는 자본주의 노동시장의 본질적 특징이 되었다.

그리고 산업혁명 초기 단계에서 드러난 노동자계급 내부 편제의 특징은 내부 구성이 복잡하고 공장노동자층이 비교적 소수였으며, 가장 먼저 기계화가 진행된 섬유공업 부문에서는 여성과 아동노동이 수적으로 많았고, 기계화된 기업에는 비숙련노동이 지배적이었다는 사실이다. 그런데 노동자계급의 사회적 이미지가 근본적으로 변화한 것은 산업혁명이 완료된 시기였다. 이 시기에는 수공업형의 노동자와 농업에 얽매인 반농(반노동자)의 비중이 점점 축소된 반면, 세대에서 세대에 걸쳐 대공장 생산과 밀접히 결합된 노동자의 비중이 증대되었다.

요컨대 산업혁명은 산업·경제적 변혁 과정에 그치지 않고, 동시에 그것을 기초로 사회 전체의 자본주의적 개조의 역사적 분수령이 되었으며, 그 가운데서도 근대적 프롤레타리아를 하나의 계급으로 형성시켰던 일대 사회혁명의 과정이기도 했다(마츠다 1983, 198).

2. 식민지·종속 국가에서 노동자계급의 형성

'구식민지 체제'에 이어 제국주의가 발흥하면서 1870년대 이후에는 아시아와 라틴아메리카, 그리고 아프리카 국가들은 세계 자본주의 궤도 안으로 편입되기 시작했다. 이것은 선진 공업 국가들이 식민지와 반식민지에 대해 자본수출을 강화함으로써 독점 이전의 자본주의가 제국주의로 성장·전화한 데 따른 결과였다. 이들 식민지·반식민지 국가들에서도 자본주의가 진전되기는 했으나 유럽 국가들과는 매우 다른 독특한 조건에서 진행되었다. 여기에는 자본주의 발전을 가로막은 요인이 있었는데, 한 가지는 식민지적 착취였고 다른 한 가지는 전통적 경제 형태의 제약 조건이었다(The USSR Academy of Sciences 1981, 462). 식민지·종속 국가들에서 노동자계급이 형성되고 성장하는 과정과 그 속에서 발생하는 노동운동의 초기 형태는 매우 복잡하고도 모순에 찬 것일 수밖에 없었다.

이런 관점에서 아시아, 라틴아메리카, 아프리카 지역 노동자계급 형성의 특수성을 살펴본다.

아시아 지역

1870년대까지 아시아에서는 봉건적 관계 또는 전前 봉건적 관계가 지배하고 있었다. 아시아에 식민지 또는 반식민지 영유를 확립한 자본주의 열강은 이 대륙을 세계 자본주의 체제 안으로 끌어들이는 동시에, 정치·경제·사회적 후진성을 존속시키기 위해 온갖 수단을 강구했다. 그런데도 자본주의 관계는 왜곡된 형태이기는 하지만, 여기서도 자기 지형을 열어 가고 있었다. 농업의 현물 구조와 전통적 수공업 생산은 파괴되고, 반면에 상품(화폐) 관계 분야가 확대되었으며 시초 축적과 토착 기업 발생을 위한 조건들이 만들어졌다. 바꾸어 말하면 봉건제도를 특징지었던 사회·계급적 구조가 해체되기 시작한 것이다. 1870년대 이후 30여 년 동안 아시아 국가들에 대한 열강의 투자가 급증했다. 주로 자본이 투하된 부문은 철도 건설, 광업 기업의 설비, 그리고 농산 원료의 1차 가공 공장 등이었다.

이와 같은 상황을 배경으로 아시아 식민지·종속 국가들에서 이루어진 최초의 노동자계급 출현은 식민주의자들의 천연자원 약탈, 유용광물 채굴, 대규모농장plantation 개발과 관련되어 있었다. 식민주의자들은 농산 원료의 가공을 위해 아시아의 많은 나라에서 임금노동을 고용하는 기계제 기업을 세우기도 했고, 또 공기업이나 경공업 기업을 창설하기도 했다.

중국

중국 봉건사회가 말기에 접어들면서 자본주의 맹아가 완만하게 발전하고 청 왕조가 쇠퇴하는 시기인 1840년 여름, '세계 공장', '해상의 패왕', '해가 지지 않는 국가'로 불리던 영국은 거리낌 없이 아편전쟁을 일으켜 중국을 침략하기 시작했다(중화전국총공회 1999, 34).

1842년 영국은 불평등조약인 '난징조약'을 강압적으로 체결했고, 이를 기점으로 유럽 열강들과 일본이 여러 가지 특권을 이용해 중국에 대해 상품과 자본의 수출을 강행함으로써 중국의 주권을 파괴하고 중국의 정치·경제 핵심을 통제하게 되었다. 이로써 중국의 봉건제도는 해체되고, 자본주의 맹아의 독자적인 발전은 저지당했다. 중국은 봉건사회로부터 차츰 반半식민지·반半봉건사회로 전락되었다. 중국의 근대적 자본주의 공업과 노동자계급은 바로 중국 사회의 이런 변화 과정에서 생겨났다.

1840년부터 1919년까지 중국의 근대 공업과 노동자계급의 생성·발전은 대체로 세 단계로 구분할 수 있다.

첫 단계는 1840년 아편전쟁에서 1894년 청일전쟁까지의 시기로서 중국의 근대 공업과 노동자계급이 형성되기 시작한 시기다. 외국 투자가들이 1894년까지 설립한 공업 기업은 모두 191개였고, 이들 외국계 기업에서 첫 번째 유형의 산업노동자들이 형성되었는데 그 수는 약 3만4천 명이었다. 1860년대 청 정부의 일부 관료, 군벌 그리고 지방 실력자들은 태평천국운동을 진압하는 과정에서 '자강'自强, '부의 축적' 명목으로 양무운동[6]을 전개

6_태평천국운동 후 리훙장을 비롯한 양무파 관료들이 추진한 운동으로, 서양의 기술과 문명을 적극적으로 받아들이고자 했다. 병기 공장 건설을 비롯한 군사기술의 도입을 필두로, 반관·반민의 각종 공장 건설, 철도 부설, 외국어학교 개설 등이 중체서용(中體西用: 중국의 학문을 체로 하고 서양의 학문을 용으로 한

했는데, 이들은 외국에서 기계설비를 수입해 근대적인 군수軍需 관영기업 40여 개를 설립했다. 거기에 고용된 노동자는 약 3만 명에 이르렀는데, 이들은 두 번째 유형의 산업노동자였다. 1870년대 초부터는 개인투자로 세워진 공업 기업, 즉 중국 최초의 민족자본 기업이 출현하기 시작했다. 1894년을 전후해 중국 민족자본이 세운 기업은 모두 100개였는데, 거기에 고용된 노동자 수는 대략 2만7천 명이었다. 이런 민족 기업의 설립에 따라 중국 최초의 민족자본가계급과 세 번째 유형의 산업노동자가 형성되었다.

둘째 단계는 1895년부터 1913년 제1차 세계대전 직전까지로서, 중국 자본주의 공업이 초보적으로 발전하고 산업노동자 집단이 크게 성장한 시기다. 1895년 3월 청일전쟁에서 패배한 청국은 일본 제국주의와 시모노세키조약[7]을 체결했고, 이에 따라 일본과 다른 강대국가들은 중국의 철로 건설, 광산 개발, 공장 건설, 은행과 선박 운수회사 설립에 앞다투어 투자했다. 중국 내 외국인 기업이 확대됨으로써 거기에 고용된 중국 산업노동자들도 자연히 증가했다. 그리하여 1913년까지 민영기업은 463개였고, 7인 이상을 고용한 공장은 모두 2만1,700여 개였으며, 고용된 노동자는 대략 65만 명 정도였다. 외국 투자 자본 사업장과 철로, 항해 운수, 우편, 전신, 도시 건축 등에 종사한 노동자들을 합치면 1913년 당시 전국 산업노동자는 대략 100만 명으로 추산되었다.

셋째 단계는 제1차 세계대전이 발발한 1914년부터 1919년 5·4운동 전

다는 뜻)의 사상에 따라 추진되었으나, 청불전쟁, 청일전쟁으로 그 한계가 분명해졌다.

7_시모노세키조약은 1895년 4월 17일 이토 히로부미(일본 전권대표)와 리훙장(청의 전권대표)이 시모노세키에서 조인한 청일전쟁의 강화조약을 가리킨다. 조약은 청나라가 조선에 대한 종주권을 철회하고 랴오둥반도, 타이완, 평후제도 할양, 배상금 2억 냥 지불 등을 승인했다.

후까지 중국 민족 공업이 비교적 빠른 속도로 발전하고, 산업노동자 집단이 확대되기 시작했던 단계다. 이 시기 민족 공업의 신속한 발전과 중국에 대한 일본과 미국의 자본 확장으로 중국의 산업노동자 수는 급증했는데, 전국 산업노동자 수는 약 250만 명으로 추산되었다. 대규모 기계공업과 함께 형성·발전해 온 근대적 산업노동자 집단은 중국 노동자계급의 주체이자 핵심이었다. 산업노동자 말고도 전국 소도시에 산재해 있던 점원, 짐꾼, 수공업·운수·농촌수공업·농업 노동자들은 1,800만 명에서 2천만 명으로 추산되었다. 이들 역시 근대 중국 노동계급의 중요한 구성 요소였다(중화전국총공회 1999, 35~37).

중국 노동자계급의 형성 과정에서 본 바와 같이, 중국 산업노동자계급의 맹아는 중국 민족자본가가 형성되기도 전에 출현했다. 중국에서 진행된 산업노동자계급 형성의 또 다른 특징은 노동자의 대부분이 이웃 성省에서 일시적으로 도시로 나온 농민들이었다는 사실이다. 계절적인 생산에 종사한 노동자나 주로 일용 노동을 이용한 광업 부문 노동자는 토지와 밀접히 결합되어 있었다. 수공업자는 농민 다음으로 노동자계급 형성의 제2차적 원천이었다. 그리고 수많은 도시의 하층민, 즉 제대한 병사, 행상인, 짐꾼, 야경꾼, 청소부, 뱃사공 등이 공장제 산업의 노동력 공급의 거대한 저수지 구실을 했다.

중국의 산업노동자계급은 1870년대 무렵에는 극소수였고, 임금노동은 주로 '산업화 이전' 범주의 노동자들, 즉 소규모 수공업 작업과 매뉴팩처의 수련공과 도제, 도시에 유입된 농촌 빈민 출신의 잡역부, 운수·하역 노동자, 일용 인부, 계절노동자 등이 우세했다. 그리고 쿨리[8]는 식민지 범주의 전형적인 노동자였다(The USSR Academy of Sciences 1980, 167~168). 그 뒤 19세기 말 이후 외국자본의 대량 유입과 민족 공업의 급속한 설립으로 산업노동자의 수와 구성은 큰 변화를 겪었고, 근대적인 산업노동자계급이 본격적으로 형성되었다.

인도

인도는 18세기 후반부터 19세기 초에 걸쳐 영국의 식민지로 편입되어 1840~1860년대에는 영국 식민지 체제가 확립되었지만, 산업노동자 수는 그다지 많지 않았다. 식민주의자들이 온존시킨 봉건제도의 유제는 자본주의경제의 발전을 가로막았다. 이와 동시에 인도가 세계무역에서 영국의 농산물 원료 공급원으로 배치된 것은 이곳이 공장 생산을 이식하기 위한 기반을 형성하는 데 유리했기 때문이었다.

인도에서는 본래 형태의 매뉴팩처는 존재하지 않았다. 1830년대 들어 인도 상인이 산업 활동을 행하기 시작했으며, 농산물 가공을 위한 매뉴팩처 형태의 기업을 설립했다. 그로부터 얼마 후 영국 자본가와 인도 상인이 최초의 공장제 기업을 설립했는데, 이들 기업에 필요한 기계와 인원은 영국에서 들여왔다. 1840년대에 들어 증기기관을 포함한 영국제 설비를 갖춘 제당 공장들이 가동되기 시작했고, 그 뒤를 이어 면방공장들이 세워졌으며 차츰 광산 개발이 이루어졌다. 이들 기업에 사용된 임금노동 시장은 영세 토지소유자와 소작인, 일을 찾아 도시와 철도 건설 그리고 수리 사업에 몰려든 계절노동자들로 보충되었다. 산업노동자의 맹아와 더불어 농업노동자도

8_제2차 세계대전 전의 중국과 인도의 노동자로서 특히 짐꾼, 광부, 인력거꾼 등을 가리켜 외국인이 부르던 호칭이다. 쿨리는 청 왕조의 매매 금지령에도 아랑곳없이 외국 상인이나 중국인 매판의 손을 거쳐 홍콩·마카오를 중심으로, 서인도, 남아프리카, 아메리카, 오스트레일리아 등에 대량으로 보내졌다. 쿨리의 매매는 국제적으로는 1874년 마카오의 '쿨리 거래 금지령'에 따라 종식되었으나, 중국 국내에서는 모습을 바꾼 쿨리 제도가 광산, 토건업 등을 중심으로 계속 유지되었는데, 제2차 세계대전 후에야 비로소 없어졌다.

형성되었는데, 이들은 공조貢租와 조세의 중압으로 몰락한 농민, 세습世襲 예농, 공동체 노예와 농노로 이루어졌다.

18세기 후반부터 19세기 초까지의 기간에 인도 산업 발전의 특징은 대규모 생산의 비중이 낮았다는 사실이다. 규모가 큰 산업은 섬유공업, 광산업, 철도운수 분야였다. 인도에서 산업노동자가 출현한 시기는 1860년대 이후였다. 그것도 봄베이(현재 뭄바이)를 비롯한 도시에 주로 집중되었다.

산업노동자의 주요 부대는 첫 번째로 방적업이었고 다음으로 경공업 부문에서 형성되었는데, 이 경공업의 앞선 발전은 아시아의 모든 식민지·종속 국가의 경제 발전에서 나타난 공통된 특징이었다. 1904년 현재, 인도에 존재한 공장은 전부 1,449개였고, 거기에 고용된 노동자 수는 49만2천 명이었다. 그리고 영국 자본은 이미 1800년대 중반에 광산 채굴업을 적극적으로 개발했다. 20세기 초에 이르기까지 석탄, 석유, 철광, 망간광 등이 개발되었는데, 거기에 49만2천 명의 노동자가 고용되어 있었다. 이와 같이 인도에서는 식민지 지배 체제에서 산업노동자의 형성이 확대되고 본격화되었다(The USSR Academy of Sciences 1981, 494~495).

조선

조선 후기, 특히 17세기 이후 상품(화폐) 경제가 발전한 결과, 농촌 사회의 분해와 농민층 분화로 종래의 인신 구속에 따른 노동 형태가 변화하기 시작했다. 조선 후기 고용 노동의 발생은 두 가지 계통을 통해 이루어졌는데, 그 하나는 국가의 공공 정책 차원에서 마련된 고용 정책이었고, 다른 하나는 상품(화폐) 경제의 성장과 함께 민간 부문에서 발달한 고용 형태였다(강만길 2004, 10).

국가가 공공 정책으로 예속적인 부역 노동 징발 대신 고용 노동을 이용하기 시작한 것은 단순한 국가의 의지가 아니라, 당시의 경제·사회 발달에 따른 결과였다. 이에 따라 고립제[9] 방식의 고용 노동이 발전하기 시작했다. 한편, 조선 후기 생산력의 발달과 함께 농업이나 광업, 수공업 등 여러 분야에서 임노동자를 필요로 하게 되었고, 그것을 배경으로 고용 노동이 발달할 수 있는 계기가 조성되었다. 그리고 조선 후기 고용 노동은 화고和雇[10]와 쟁고爭雇 두 가지 형태로 구분되었다(강만길 2004, 52~66). 화고는 고주雇主와 고공雇工 쌍방 합의에 의한 노동력 매매 형태다. 화고는 17세기 이후 상품경제가 발달하면서 확대되었다. 고주와 고공 사이의 쌍방 계약은 사회적 생산력이 발달하고 신분제가 이완되면서 더욱 가속화되기 마련이었다.

쟁고는 화고가 발전된 형태로서 고가를 둘러싸고 개인·소극적 저항 방식을 취하는 고용 노동이었다. 고주와 고공 사이의 고용계약은 경제적 관계를 반영하는 것이지만, 그것이 제도화되지 않은 상태에서는 고주의 횡포가 따르기 마련이었다. 고가를 더 받기 위해 쟁고를 하면서 일터를 선택했던 것은 고용 관계 발전의 단적인 표현이었다.

18세기 이후 조선조 말기의 경제·사회적 발전에서 나타난 중요한 특징은 봉건제도의 위기가 전반적으로 심화되면서 봉건적 신분제도의 구속으로부터 벗어난 서민층의 상인, 수공업자들이 두드러지게 성장했다는 점이다. 또 토지가 대지주에게 집중되고 농촌에서 급격한 계급분화가 이루어진 결과, 농민의 처지가 전례 없이 악화되고 농촌을 등지고 떠나는 영락한 농민

9_고립제(雇立制)는 다른 사람 대신 고용되어 부역을 지는 방식을 말하는데, 신분에 따라 부과된 신역제(身役制)를 부정하고 신분에 관계없이 원하는 자를 대가를 주고 대신 고용함으로써 일종의 전업적인 직업이 나타난다는 점에 특징이 있다.

10_화고(和雇)는 화매(和賣), 화회(和會), 화환(和換), 화론(和論) 등의 용례에서도 보이듯이 쌍방 사이의 합의가 전제된다.

들의 수가 급증한 사실이 특징이었다. 이런 현상은 18세기 이후 농업과 수 공업의 발전에 따른 사회적 생산력의 성장으로 상품생산과 화폐유통의 현 저한 확대가 중요한 요인으로 작용한 결과였다.[11]

18세기 조선에서 종래의 봉건적 경제체제가 점점 분해되기 시작하고 그 것과 동시에 상품(화폐) 관계가 급속하게 성장하면서 상인이나 고리대자본 이 발전하게 되었는데, 이런 상인자본의 발전은 시장을 확대하고 상품생산 을 증대시켰다.

한편, 북한 역사학자들은 상업자본가가 주도하는 선급제[12] 가내공업이 발달하게 되었음을 주장하면서 그 전형적인 사례로는 견직물 생산의 경우 를 제시했다. 선전(비단을 파는 육의전의 하나) 상인과 그들이 제공하는 명주 실로 비단을 짜서 상인에게 넘겨주는 수공업자들 사이에 이루어지는 관계 는 선전 상인이 직접 자기의 수공업 공장을 설치하고 직조공들을 고용해 견 직물을 생산한 것이 아니라, 대량으로 매점한 명주실을 여러 곳의 직조 전 문 수공업자들에게 분배해 일정한 임금 또는 보수를 주고 견직물을 짜게 했 다. 이때 직조 수공업자들은 사실상 자기 집에서 자기의 생산도구를 가지고 일했으나 선전 상인의 이익을 위해 종사한 것이었다.

선급제 가내공업은 농촌과 도시의 수공업자들을 상업자본가에게 종속 시킴으로써 그들의 높은 이윤을 보장하고 화폐 재산의 축적을 촉진했다. 한 편, 상업자본가들은 농민과 도시의 수공업자들에 대한 착취를 강화함으로

11_김광진 외(1988)는 17~18세기 우리나라에서 발생하기 시작한 자본주의적 경제 관계의 발전에 관한 북한 학계의 이론을 집약하고 있다. 특히 당시 단순협업 단계에서 공장제 수공업으로 이행하는 과정과 상 업자본의 생산자에 대한 지배 등이 강조되고 있는데, 이런 주장에 대해서는 남한 학계의 접근 방식이나 논의 내용과 신중히 비교해 볼 필요가 있겠다.

12_선급제(先給制)는 유럽 국가들에서 본 선대제(先貸制)와 성격이 동일하다.

써 소영업자들을 영락하게 만들어 임금노동자로 전환하게 했다. 그러나 일부 부유한 수공업자들 가운데는 자기의 작업장을 확장하고 노동자를 고용해 기업을 운영하는 산업자본가가 된 사람들도 있었고, 선급제 착취 방식으로 자본을 축적한 일부 상인도 생산과정에 직접투자해 임금노동자를 사용하는 작업장을 경영하는 산업자본가가 되기도 했다. 이것은 자본주의 공업의 최초 단계인 단순협업에 기초한 자본주의 경영이 발생했다는 사실을 보여 주는 것이다. 북한 학계의 이와 같은 주장은, "조선의 재래 면업은 방적·방직 공정이 미분화된 상태에 있었지만, 일부 선진 지역에서는 선대제 가내공업이나 부농경영의 형태를 나타내고 있었다"는 남한 학계의 주장(강만길 2004, 91)과 크게 다르지 않다.

18세기 후반 들어 수공업 기술이 축적되고 상품화폐경제가 발전하는 동시에 자본주의적 단순협업이 발전함으로써 공장제 수공업이 발생했다. 공장제 수공업은 광산 부문에서 먼저 발생했다. 공장제 수공업은 금·은·동 광산들과 쇠부리·가마부리·놋그릇 생산 부문들에서 비교적 광범하게 발전했고, 19세기 들어서는 여러 부문으로 확대되었으며 거기에 고용된 노동자 수도 상당히 증대되었다(김광진 외 1988, 29~30; 53~55).

한편, 19세기 들어 조세의 화폐 납부제와 상인·고리대의 활동 영역이 확대되어 농민들의 화폐에 대한 요구가 높아졌고, 이에 따라 농업과 관련된 가내수공업에서도 일정한 변화가 일어났다. 가내수공업은 농업 관련 영역에서 점점 벗어나 독자의 수공업으로 더욱 발전하게 되었고, 그 구조에서도 다양성을 갖게 되었다.

더욱이 개항 이후에는 세계 자본주의 체제에 편입된 조선 사회가 무방비 상태로 외세의 침탈에 노출된 채, 정치·경제·사회 전반에 걸쳐 새로운 변화와 종속을 강요당했다. 개항 이후 외국 상품의 유입과 함께 외국 상인이 대거 조선에 진출했다. 자본주의국가들의 조선 진출은 먼저 무역과 유통·상업을 통해 이루어졌다. 이것은 결국 생산구조의 변화로 이어졌다.

한편, 곡물 수출과 지주제 강화 등으로 농민층 분화가 심화하면서 토지소유와 농업경영에서 유리된 농촌의 임금노동자층이 갈수록 증가했다. 농업 임노동자는 다른 부문에 비해 그 비중이 매우 높아 이 시기 임금노동자의 주류를 이루고 있었다. 개항 이후 임금노동자층은 대부분 농업노동자였으나, 매뉴팩처 유형 공장에서 일하는 노동자나 광산·부두·철도건설 부문 노동자층도 발생했다. 놋그릇·솥 공장 등과 같은 매뉴팩처 유형의 공장에서 일하는 노동자층은 워낙 공장의 규모가 영세해 그 수도 적었지만, 제국주의 침탈 과정에서 형성된 광산·부두·철도 종사 노동자층은 그 규모가 상당했다(강만길 2004, 14~15).

19세기 말과 20세기 초의 주요 부문 노동자 존재 형태를 살펴본다.

조선 봉건국가는 1884년 광무국을 설치하고 주요 광물 생산 지역에 광무 감리를 파견하는 조치를 취해 개인 광업 경영을 통제하고자 했다. 그러나 봉건국가의 이런 조치들은 별로 실효를 거두지 못했으며, 이 시기 개별적인 자본가들은 대규모 금 생산조직을 형성하고 많은 수의 노동자를 고용했다. 『조선』지에 따르면, 1889년 부령 금광에서는 국가의 '허가'를 받지 않은 기업주가 약 8백여 명의 중국인 노동자(그중에는 조선인 노동자도 있었다)를 고용해 금을 생산했다. 영흥금광도 1885년 현재, 약 2천여 명의 광산노동자를 고용했고, 1890년 초에는 약 4천 명을 고용하는 기업으로 발전했다. 일본의 『조선광업회지』에 따르면, 1885년 11월 영흥금광에는 5,600여 명의 광산노동자들이 일했다는 것이다. 또 『조선』지에 따르면, 평강의 금광에서는 한때(1885년 이전) 약 3천여 명의 고용 노동자들이 금을 생산했으며, 회양금광에서는 1897년에 한때 4천여 명의 광산노동자들이 일했다고 한다.

그리고 『한국광업조사보고』의 자료에 따르면, 단천의 수하사금광에는 19세기 말 채광노동자가 2천~4천 명가량 고용되어 있었다. 이런 사실들은 금 생산에서 많은 고용 노동자가 집단적으로 광산 기업가의 자본주의적 생산에 고용되어 있었다는 것을 보여 주며, 일시적으로 자유로운 노동력과 개별 물주 사이의 결합에 따라 자본주의적 생산이 이루어지던 것과는 달리, 새로운 규모로 광업 생산이 확대·발전하고 있었다는 것을 말해 준다. 1910년 이후에는 일본 광업 자본이 조선 광산업에 본격적으로 투자를 확대하면서 광산의 경영 형태나 고용 구조도 크게 바뀌었다(김광진 외 1988, 86~87에서 재인용).

다음으로 개항을 계기로 무역이 더욱 활발해지면서 개항장이 무역·유통의 중심으로 자리 잡게 되고, 부두를 기반으로 임금노동자층이 형성되었다. 1906년 통감부의 방침에 따라 부산, 인천, 남포, 평양, 원산 등 열한 개 항만의 보수공사가 착수되었고, 항만 건설과 관련해 항만도시가 형성·확장되었다. 1910년대 조선에서 정비된 항만은 일제의 식민지 약탈의 거점이면서 동시에 시장 관계 발전의 한 계기가 되었고, 약탈을 노린 식민지 공업 배치의 주요 기지로서 노동자계급 형성을 위한 주요 바탕이 되었다(전석담 외 1989, 105).

부두노동자는 미곡을 계량하고 포장하는 두량군斗量軍, 각종 화물 운송에 종사하는 칠통군七桶軍, 지게군, 하륙군下陸軍 등으로 분화되어 있었으며, 이런 분화는 부두노동자의 기술에 따라 요구되는 것이었다. 이들 부두노동자들은 직업적인 노동자와 비직업적인 노동자로 나누어 볼 수 있다. 직업적인 부두노동자의 수는 전국적으로 볼 때, 1897년 1천여 명, 1902년 2천여 명, 1903년 3천여 명, 1906년 5천여 명을 넘어섰다. 비직업적인 부두노동자를 고려한다면 부두노동자의 수는 훨씬 많았을 것으로 추측된다(강만길 2004, 192).

그리고 철도는 산업 발달을 뒷받침하는 사회간접자본으로서 근대산업 사회를 형성·발전시키는 중요한 교통수단이었다. 일제는 조선에서 우선 군사적 목적을 비롯해 상품 판매와 원료·식료 약탈을 위해 운수 부문의 골간인 철도를 어떤 부문보다도 더 빠른 발전을 서둘렀다.

일본 군국주의자들은 1889년 9월 경인선 개통, 1895년 1월 경부선 개통, 1896년 4월 경의선 개통, 1910년 평남선 개통, 1914년 1월 호남선과 같은 해 8월의 경원선 개통과 그 후의 함경선 연장으로 조선의 철도 건설을 일단락 지었다.

이런 철도 건설에 필요한 노동력은 경인 지방과 부산 지방의 도시지역에 이미 형성되어 있었던 도시노동자들로도 충용될 수 있었으나, 철도 공사가 확장되면서 노동력 동원이 중요한 현안으로 제기되었다. 정부는 대한경부철도역부회사大韓京釜鐵道役夫會社를 설립하고, 노동자관리 체계를 역부役夫(10명) → 십장什長(5명) → 패장牌長(10명) → 총모總募로 체계화했다. 1904년 러일전쟁이 발발하면서 철도 건설에 필요한 노동자 동원 문제는 그 방법을 달리했다. 즉, 이제까지 자발적인 고용을 통해 동원했던 노동력을 강제 징발하게 된 것이다. 일제는 군수물자 수송의 편의를 위해 철도를 더욱 빠르게 완공할 필요가 있었다. 이 과정에서 철도노동자에 대한 극심한 노동 착취와 강제가 행해졌다(강만길 2004, 193~194).

한편, 외래 자본의 국내 가공 공업 분야에 대한 침략은 개항지에서 시작되었다. 일본인 자본가들은 1890년대부터 부산, 인천, 서울 등 개항지에 이주한 일본인의 수요를 충족시킨다는 구실로 정미업, 철 공업, 솜, 담배, 간장, 술, 과자 등의 제조업과 염색업, 양복점 등에 투자했다가 점점 그 규모를 확대해 조선 내의 전국 시장에 판로를 확대하는 방법으로 가공 공업에 대한 침투를 강화했다. 1904년 말 일본인 공업자본이 경영하고 있던 가공

표 8 | 재(在)조선 일본인 경영의 주요 공업 종류별 공장 수(1904년 현재)

업종	공장 수	업종	공장 수	업종	공장 수
철공소·대장간업	73	술양조업	11	통졸임제조업	6
정미업	44	염색업	13	담배제조업	5
솜제조업	17	기와·벽돌제조업	9	청량음료제조업	3
간장·된장제조업	19	비누제조업	2	제재업	3
양철가공업	15	양초제조업	2		

자료: 『한국총람』(903~905); 김광진 외(1988, 188)에서 재인용.

공업의 업종별 공장 수는 〈표 8〉에서 보는 바와 같이, 철공소·대장간업이 73개로 가장 많고 다음이 정미업 44개, 간장·된장 제조업이 19개, 양철 가공업 15개 순으로 나와 있는데, 그 대부분이 경공업에 속하는 것들이었다 (김광진 외 1988, 187~188).

1910년 조선을 식민지화한 일본 제국주의는 조선을 일본 자본주의의 상품 판매 시장, 식량과 원료 공급지, 투자 대상으로 삼아 경제적 수탈을 본격적으로 추진했다. 농업 부문에서는 토지 약탈과 지세 부과를 목적으로 한 '토지조사사업'을 시행했고, 상공업 부문에서는 회사 설립에 대한 허가제를 명시한 '회사령'을 실시해 민족 기업의 성장을 가로막았다. 이런 식민지 경제정책의 시행에 따라 농민층은 소작농이나 농업노동자로 전락했으며, 조선인 상공업자는 경제활동을 봉쇄당했다. 1910년대 공업의 특징은 조선인 자본의 재래 공장 편중과 그 영세성, 일본 독점자본의 근대적 광공업 부문 진출과 압도적 우위, 정미업을 대표로 한 원료 가공 공업이 압도적 비중을 차지한 점이었다.

1910년대까지도 공장노동자는 질적인 측면에서 아직 '근대적' 노동자로서 면모를 갖추지는 못했으나, 일본 독점자본의 조선 진출이 점점 증가하면서 차츰 근대적 공장에 고용되기 시작했다. 『조선총독부 통계연보』에 따르면, 1911년의 공장 수는 251개이고 종업원 수는 1만4,575명이었다. 1919년에는 공장 수가 1천9백 개였고 종업원 수는 4만8,705명으로 크게 증가되었다(김윤환 1982, 35~36에서 재인용). 근대적 노동자층의 형성은 역시 1920년대 이후 본격적으로 근대적 공장제도가 성립되는 단계에 가서야 가능했다.

라틴아메리카 지역

라틴아메리카에서는 19세기 후반부터 비로소 노동자계급이 형성되기 시작했다. 이 지역의 몇몇 나라에서 산업혁명이 시작된 것은 1870년대부터였다. 라틴아메리카에 속한 나라들은 수세기에 걸쳐 에스파냐나 포르투갈의 식민지 상태를 유지했다. 라틴아메리카 나라들이 1810~1826년 사이에 독립전쟁을 전개해 정치적으로 독립국이 되었으나, 여전히 선진 공업국들의 경제적 이해에 따른 영향을 크게 받고 있었다.

외국자본의 확대가 가져온 경제적 발달의 한 측면과 반봉건적 착취 형태나 노예제를 포함해 이전부터 유지되어 온 사회구조가 공존하는 상황에서, 이 양자의 결합이 이 시기 라틴아메리카 노동자계급 형성을 규정하는 주요 요인으로 작용했다.

노동자계급이 형성되기 시작한 것은 광산을 비롯해 철도운수(예컨대 브라질에서는 1872년 약 2만1천 명 정도가 철도 부문에 종사했다), 제조업(주로 농산물과 원료 가공), 수출을 주로 행하는 대농장 등에서였다. 이들 부문에 대한 노동자계급 형성의 원천은 주로 농민 수탈에서 이루어졌다. 또 하나의 원천은 수공업자들의 분화였다. 그리고 어떤 나라들에서는 토지로부터 폭력적으로 추방당한 인디언 부족들과 노예제가 노동자계급 형성의 한 원천이 되었다(The USSR Academy of Sciences 1980, 172~174).

광산업이나 철도 부설 작업에서 노동력 확보를 위해 널리 사용된 것은 반+농노 상태의 농민을 모으는 일이었다. 또 신분상의 자유를 획득하고 높은 임금을 받고자 하는 농촌의 많은 젊은 사람이 모집인과 계약을 맺고 광산과 항만 건설지, 공장 등으로 몰렸다. 이들은 농촌 수확기나 불경기에는 '자기의 땅'으로 돌아갔으나, 그 후 다시 광산노동자나 제련공 또는 직조공으로 돌아왔다. 라틴아메리카의 도시노동자들은 19세기 말에 약 60만 명에 이르렀다. 여기에 농업노동자와 운수·상업·서비스 부문의 저임금노동자까지 합치면, 노동자군의 총수는 150만 명 또는 200만 명에 이르렀다. 노동자의 기본적 부분은 아르헨티나, 브라질, 우루과이, 칠레, 멕시코, 쿠바 등의 국가에 집중되어 있었고, 그리고 노동자의 주요 부대는 광산노동자와 농업노동자였다(The USSR Academy of Sciences 1981, 470~472).

이 시기 라틴아메리카 국가들에서 이루어진 노동자계급 형성의 특징은 처음부터 다민족의 프롤레타리아트로서 형성되었다는 사실이다. 그 일부는 라틴아메리카 국가들에서 역사적으로 형성된 인종적 다양성(미국 인디언, 흑인, 에스파냐인, 포르투갈인 등)이었고, 그러나 더 중요한 것은 유럽계 이민과 비유럽계 이민이 계속 증대한 데서 비롯된 것이었다. 또 한 가지 특징은 자유로운 임금노동과 강제노동의 요소가 기묘하게 결합되어 있었다는 사실이다. 광산업, 건설업, 농업 등에 종사한 노동자들은 자기의 생산도구를 가지고 자유로운 신분이었으나, 일부 공장이나 대농장에서 일하는 노동자 가운데는 법률상의 지위가 부자유한 사람도 있었다. 이것은 강제노동이 경제생활에서 일정한 역할을 했음을 반증한다. 그리고 압도적 다수의 노동자는 비숙련노동자였고 숙련노동자는 극소수였는데, 숙련노동자는 대부분 유럽계 이민노동자들이었다.

아프리카 지역

1870년대까지 대부분의 아프리카 국가들은 자본주의 이전의 여러 가지 발전 단계에 놓여 있었다. 이 시기에 북아프리카 국가들은 제국주의 침략을 받아 자본주의 발전 궤도에 편입되어 식민주의자들의 농업(원료) 공급지로 전환되는 과정에 있었다. 아프리카 토양에 자본주의가 들어서게 되었다는 것은 그 지역 노동자계급 형성을 위한 선행조건이 만들어졌음을 의미했다.

북아프리카에서는 식민지 지배자들을 위한 강제노동이나 징발 노역이 전면적으로 보급되지는 않았으나, 경제·사회적 측면에서 상대적으로 발전된 나라였던 이집트에서도 수만 명의 농민들이 강제노동을 강요당한 실정이었다. 또 임금노동자의 창출을 촉진하기 위해 외국자본은 간접적인 강제 방식을 널리 활용했는데, 그것은 토지소유지의 수탈에 따라 달성되었다. 여기서 활용된 방법은 토지등기 제도를 통해 농민을 토지로부터 축출하고 그것을 수탈하는 것이었다. 이 제도에 따르면, 토지소유권은 공식 증서를 제시할 경우에만 인증되고, 그 문서가 없을 경우 토지는 무소유로 간주되어 몰수되는 것이다. 조선의 경우, 과거 일본 제국주의가 토지조사사업을 통해 미처 신고하지 않은 토지를 수탈한 방식과 유사했다.

외국자본은 북아프리카 국가들의 경제 영역을 장악한 뒤 먼저 광산업을 개발했고, 뒤이어 철도, 수리, 기타 작업장과 전기를 비롯한 공익 기업을 확대했다. 그 결과로서 노동자들이 증가했으나 그 수는 그다지 많지 않았으며, 대부분 비숙련노동자들이었다. 그래서 일정한 숙련을 가진 수공업자들이 기능노동에 활용되었으나, 기능을 필요로 하는 대부분의 작업에는 본국에서 온 노동자들로 충용되었다.

튀니지에서 진행된 노동자계급 형성의 개시는 20세기 초두였다. 알제리에서 진행된 노동자계급 형성 과정은 이미 19세기 중반에 시작되었으며,

1904년에는 노동자가 약 10만 명에 이르렀는데, 그 압도적 부분은 유럽인 노동자들이었다. 이집트의 경우는 1873년에 2만 명이었던 공업노동자가 1900년에는 거의 배에 이르게 되었다(The USSR Academy of Sciences 1981, 513~514).

북아프리카 국가들에서 이루어진 노동자계급 형성에서 주목할 만한 특징은 이민노동자와 토착노동자 사이의 분리와 갈등이었다. 이민노동자들은 공장에서 일하던 비교적 적은 인원 말고는 대부분 도로, 항만, 공공시설 등의 건설 현장에서 일했으며, 노동조건은 매우 열악했다. 이런 조건을 반영해 19세기 말부터 20세기 초두에는 이민노동자와 토착노동자 사이의 분열 현상을 극복하고자 하는 움직임이 일어났는데, 1899년 이집트에서 유럽인·아랍인 노동자들이 공동으로 파업을 벌여 임금을 인상하고 노동시간을 단축한 사례도 있었다.

남아프리카에는 1870년대 초에 이미 보어Boer 공화국과 더불어 영국령 식민지가 존재하고 있었고, 바수톨란드(현재 레소토)는 영국의 보호령이었다. 임금노동자는 이미 1870년대에 유럽인이 경영하는 농장이나 항만 그리고 철도 건설에 매우 한정된 범위에서나마 고용되어 있었다. 그런데 자본주의 발전에 강력한 충격을 준 것은 1870~1880년대 세계 최대의 다이아몬드 광과 금광 산지가 남아프리카에서 발견된 일이었다. 이 발견은 유럽에서 들어오는 이민, 주로 앵글로-색슨계 노동자와 수공업자의 대량 유입을 불러일으켰다.

아프리카 남부에서는 급속히 도시가 발전하고 철도가 부설되는 한편, 광산 원료와 석탄 채굴이 확대되었을 뿐만 아니라 농업도 급속하게 발전했다. 이런 산업의 빠른 발전은 노동력 수요를 더욱 높일 수밖에 없었는데, 이민노동자만으로는 필요한 노동력을 충족시킬 수는 없었다. 이에 따라 식민지 권력은 토착노동자들을 동원함으로써 경제적 수요를 보장하려 했다. 남아프리카에서 이루어진 토착 주민의 임금노동자화는 다른 어느 나라보다 급속하게 진행되었다. 보어전쟁(1899~1902년)이 시작되었을 때 금광에서 일하던 아프리카인 노동자 수는 9만8천 명(1890년에는 1만4천 명)이었다 (The USSR Academy of Sciences 1981, 517~518).

토착노동자들의 노동시장 유입에도 노동력 부족은 계속되어 대량의 아시아인(주로 인도인)들로 보충되었다. 또 1904년 영국 정부는 식민지 당국의 압력을 받아 중국인 쿨리 6만 명을 남아프리카에 보내는 것을 승인하기도 했다.

광산을 위시한 남아프리카 노동 현장의 노동조건은 극단적으로 열악해 토착노동자와 인도에서 이민 온 노동자는 물론이고, 백인 노동자들까지 노동조합을 결성하고 파업을 비롯한 다양한 형태의 투쟁을 지속적으로 전개했다.

한편, 열대 아프리카는 유럽 강대국들의 천연자원과 인적 자원의 수탈 대상이었다. 이 지역은 수익이 높은 원료 공급지와 인적 자원을 강행적으로 개발함으로써 아프리카 인민의 경제·사회적 발전 방향을 근본적으로 바꾸어 놓았다. 식민주의자들은 토착민을 강제 노역(도로·항만 건설, 하물 운반, 벌채 등)에 징발했으며, 여기에 추장이나 장로들이 협력을 아끼지 않았다. 이와 함께 식민주의자들은 현지에서 생산된 식량과 무상 노동력을 확보하기 위해 거의 모든 땅의 소유자로 인정되었던 족장이 농민들에게 부여한 현물 부과와 노역 의무의 전통적 제도를 최대한 이용했다. 이와 같은 방법을 통해 농민들을 토지에서 내쫓았으며, 그 결과 토착민의 강제 거주지가 1904년 케냐에서 만들어지기도 했다. 그리고 유럽 자본이 노동력의 강제 동원과 토지소유권의 박탈을 위해 현물 부과 대신 세금 징수를 강화했고, 농민들은 납세에 필요한 현금을 획득하기 위해 일자리를 찾아 나서야만 했다. 이런 강제노동을 비롯한 식민지적 착취는 여러 나라에서 자연발생적인 저항을 불러일으켰다.

3장
노동자계급의 초기 투쟁과
러다이트운동, 그리고 조직화

투쟁이 없다면 진보도 없다.

…… 이 투쟁은 도덕적인 것일 수도, 물질적일 수도,

둘 모두에 해당하는 것일 수도 있다.

투쟁은 투쟁이어야 한다.

권력은 요구 없이는 어떤 것도 내주지 않는다.

권력은 한 번도 그런 적이 없으며,

앞으로도 그럴 것이다.

인민대중이 소리 없이 복종하고 있는 것들을 찾아내라.

그러면 당신은 부정의와 잘못을 일으키는

명확한 조치가 무엇인지 알게 된다.

그러한 부정의와 잘못은 인민대중이

말 또는 소리 또는 둘 모두를 이용해

저항할 때까지 계속될 것이다.

_프레더릭 더글러스
(진·아노브 2011, 5에서 재인용)

1. 경제투쟁의 확산

노동자계급의 경제·사회 상태

산업혁명의 전개와 더불어 자본의 '열정적인 이윤 추구'는 노동자계급을 빈곤, 억압, 예속, 타락, 착취 상태로 몰아넣었다. 생존을 유지하기조차 어려운 저임금 상태가 오랫동안 유지되었고, 생산과정에 기계가 도입됨으로써 노동자 대중의 임금은 체계적으로 저하되었다. 기계는 숙련된 손작업 수요를 감소시켰으며, 그 결과 임금이 저하되었다. 임금 삭감을 위한 또 다른 방법은 작업을 수행하는 데서 게으름을 비롯한 여러 가지 과실에 대해 임금의 일정 부분을 강제로 공제한다든지, 또는 가내공업에서 부과되는 벌금 이외에도 기업주 소유의 재료나 기계 그리고 공구 등의 사용료를 받아 내기도 했다.

또 노동일의 연장을 통한 장시간 노동이 강요되었다. 이와 동시에 기계의 개량과 운전 속도의 증대 그리고 노동자에게 배당되는 기계 수의 증가는 일정 시간 동안 요구되는 노동량의 증대를 가져왔다. 이런 조건에서 '노동자의 세계는 병자의 세계다'는 말이 통용될 정도로 노동자들은 산업재해와 직업병 그리고 건강 악화로 고통당해야만 했다.

한편, 기계화된 산업의 확대에 따라 여성과 아동노동의 광범한 이용이 행해졌고, 이들에 대한 가혹한 노동 강요가 취해졌다. 1800년대 초에서 중반에 이르는 기간에 공포된 아동노동금지법(영국의 경우 1802년과 1819년 법, 프로이센의 경우 1893년 법, 프랑스의 경우 1841년 법, 러시아의 경우 1845년 법 등)은 실제에서는 아동노동의 상태를 거의 개선하지 못했다. 어린이와 10~12세 연소자의 노동일 제한과 야간 노동 금지 등을 내용으로 하는 이런 법률들은 거의 시행되지 않았고, 내용도 매우 불완전한 것이었다.

그리고 상시적인 실업 또는 주기적인 실업, 부분적 실업 또는 완전실업은 노동자들의 생존을 심각하게 위협했다. 더욱이 실업보험이 설치되지 않은 상태에서 노동자들은 모든 생존 수단을 잃을지도 모른다는 극심한 공포를 겪어야만 했다. 그뿐만 아니라 사회적인 무권리 상태는 노동자들의 노동·생활 조건 개선을 위한 집단적 요구를 근본적으로 제약했다.

더욱이 아시아와 라틴아메리카 등 식민지, 반식민지, 경제적 종속국가의 노동자들은 봉건적 또는 반봉건적 착취와 자본주의적 착취를 동시에 감수하면서 노예와 같은 처지에서 혹심한 고통을 당해야만 했다. 이런 국가들에서는 자유로운 임금노동이 강제노동(노예제를 비롯한 여러 가지 형태의 강제노동)과 더불어 병존하고 있었을 뿐만 아니라 사실상 경제외적 강제 요소들에 얽매어 있었다.

경제투쟁

노동자계급의 빈궁한 물질적 상태와 굴욕적인 사회적 상태는 집단적인 저항을 불러일으켰으며, 그것은 노동운동의 단초를 열었다. 부르주아지에 대한 프롤레타리아트의 투쟁 내용과 목적, 방법과 가능성 등은 매우 다양했을뿐만 아니라 그것은 노동자계급의 각성과 의식의 발전에 따라 변화했으며, 투쟁 참가자의 구성에 따라 달라졌다(The USSR Academy of Sciences 1980, 190).

초기 단계의 노동자투쟁은 경제적 성격을 띠게 되었고, 경제투쟁은 자립적인 사회 계급으로서 노동자계급 형성, 계급적 자각의 발생, 자신들의 힘에 대한 확신의 증대와 결합해 노동운동 발전의 토대가 되었다. 또 초기 노동자계급의 투쟁은 자연발생적이고 반란의 형태를 취했다. 이런 노동자

투쟁의 자연발생성과 반란의 형태는 노동운동의 진전과 더불어 점점 조직적이고 계획적인 틀을 갖추게 되었다.

노동자계급이 전개하는 투쟁 형태는 다양했는데, 그 가운데 특징적인 투쟁 형태가 러다이트운동[1]이었다. 뒤에서 더 자세히 살펴보겠지만, 이 운동은 영국에서 먼저 확산되었으며, 주로 소규모 수공업과 섬유 부문에서 전개되었다. 가내공업과 수공업에 종사한 숙련노동자들이 자본의 강도 높은 착취와 기계의 도입으로 가장 큰 고통을 받았기 때문이었다. 이 러다이트운동은 프랑스나 미국 등에서도 전개되었다.

산업혁명 초기 단계에서 가장 중요한 의의를 갖는 것은 역시 경제적 파업이었다. "생산을 정지해 고용주의 이윤을 정지시킬 수 있는 자신들의 능력이야말로 매우 중요한 무기라는 사실을 노동자들은 재빨리 이해했다"(Foster 1956, 35).

영국

파업운동의 전개에서 최초의 무대가 된 곳은 영국이었다. 경제투쟁 방법으로 파업투쟁을 처음으로 그리고 빈번하게 벌인 경우는 섬유 부문 노동자들 — 가내공업노동자, 소규모 작업장의 수공업 수련공, 그 뒤로는 공장노동자들 — 이었다(The USSR Academy of Sciences 1980, 200). 1760년대부터는 광산노동자들이 파업을 벌였는데, 그들은 파업을 진행하면서 때로는 석탄더미를 불태우거나 갱도 설비를 파괴하기도 했다. 18세기 말부터 19세기 초에 걸쳐 영국 상선의 선원과 항만노동자가 큰 규모의 파업을 단

1_웹 부처는 "당시 어떤 종류의 조직을 만들어 행동하던 육체노동자로 이루어진 반란 군중은 직물 기계를 파괴하고 때로는 공장을 완전히 파괴해 버렸다"고 설명했다(Webbs 1920, 101).

행하기도 했다.

일반적으로 대규모 파업운동이 일어난 때는 대중의 생활수준이 매우 열악한 상태에 놓인 시기였다. 1804~1805년의 스코틀랜드와 1808년의 랭커셔 수직노동자 파업,[2] 1810년의 랭커셔 파업(참가자의 3분의 1은 방적노동자이었다), 1812년 스코틀랜드 수직노동자의 파업 등이 그 전형이었다. 파업에 대해 호의적이지 않았던 동시대인의 증언에 따르면, 파업에 참가한 4만명의 수직노동자는 매우 강한 단결과 결의를 갖고 행동했으며, 그 지도부는 놀라울 정도의 냉정함을 발휘했다는 것이다(The USSR Academy of Sciences 1980, 200).

기록상 최초의 공장노동자(직물노동자) 파업은 스톡포트에서 발생했다. 이 파업에는 공장 방적노동자(제니 방적기를 다루는 노동자)를 중심으로 관련 직종에 속하는 노동자들도 함께 참가했다. 공장에 석탄 공급을 중단한 광부, 다른 많은 도시와 읍내의 수직·염색·모자제조·건구 노동자 등이 직물노동자 파업을 지원했다. 그러나 파업은 정부의 탄압과 파업 자금의 고갈, 집단적 통일의 결여 등으로 오래 전개되지는 못했다.

프랑스

프랑스에서는 나폴레옹 제정 시대를 뒤이은 왕정복고기에 파업투쟁이 확산되었다. 1806년에는 열악한 노동조건에 항의해 파리의 건축노동자들이 파업을 일으켰고, 1817년에는 임금 인하에 항의해 리옹 모자제조노동자의 파업이 발생했다. 1824년 당시로는 매우 특징적인 대규모 파업이 울름

2_랭커셔의 파업은 1개월 이상 계속되었고, 기업주는 임금을 20퍼센트 인상했는데 당초 노동자 쪽의 요구는 33퍼센트였다.

의 목면 공장에서 일어났다. 노동자 800명은 기업주가 30분으로 줄인 식사 시간을 원래대로 부활할 것과 임금 인상을 요구해 파업을 벌였다. 그러나 군대가 동원되어 파업은 진압되었고, 파업 지도자의 한 사람은 재판에서 사형 선고를 받았으며 파업 참가자 28명에게는 징역형과 금고형이 언도되었다.

1825~1827년에는 수공업·매뉴팩처 노동자 그리고 일부 공장노동자가 잇따라 파업을 결행했다. 1830년 8월 루앙에서 일어난 방직노동자 파업은 그 요구 면에서 특별한 사례가 되었다. 그들은 12시간 노동일 확보와 작업 시간 지각에 대한 벌금 규정 폐지(벌금액은 지각 시간에 해당하는 임금액의 두 배였다), 그리고 불량 작업에 대한 임금 공제 철폐 등을 요구했다.

미국

미국에서 일어난 파업투쟁은 일찍부터 상시·조직적 성격을 띠고 전개되었다. 미국에서 일어난 파업투쟁의 시작은 1785년 뉴욕의 제화공 파업, 1786년 필라델피아 인쇄 수련공의 대파업으로서, 이 파업들은 승리로 마무리되었다. 1790년대에도 파업투쟁은 계속되었으며, 많은 노동자가 파업에 참가했다. 1823년에는 뉴욕에서 미국 노동운동 사상 처음으로 여성 재봉노동자의 총파업이 제기되었다. 1820년대 중반부터는 10시간 노동일을 요구하는 완강한 파업투쟁이 전개되었으며, 1828년에는 최초로 공장노동자의 파업이 발생했다.

1830년대와 1840년대에 들어 파업투쟁은 격렬한 양상을 나타냈다. 1831~1834년에 철도 건설 현장에서 일어난 파업은 특히 격심했는데, 파업 참가자에 대해서는 지도부에 대한 사형선고를 위시해 극심한 탄압이 가해졌다. 1833~1837년까지 4년 동안에 168건의 파업이 일어났고, 그 가운데 임금 인상 요구가 103건, 10시간 노동시간제를 요구한 파업이 26건이었다.

파업 참가 노동자들은 주로 건축·봉제·모자제조·제빵·해상·로프제조·인쇄·관영병기공장·철도·항만·하역 노동자 등이었다. 당시 여성노동자들도 점점 활발하게 파업투쟁에 참가했으며, 10시간 노동시간제 요구는 1830년 대 파업투쟁의 중심 슬로건 가운데 하나였다(The USSR Academy of Sciences 1980, 201~203).

러시아

러시아에서는 산업혁명 초기 단계에서 파업운동이 일어나기 시작했다. 여기에는 여러 범주의 노동자들이(자유로운 임금노동자와 강제노동을 하는 노동자를 막론하고) 참가했다. 작업 거부를 비롯한 다양한 형태의 투쟁은 형성기 노동자계급 상태의 특수성을 반영했다. 그런 소요는 자본주의적 착취에 대한 저항일 뿐만 아니라 봉건적 착취에 대한 항거이기도 했다. 그런 저항은 사실상 농노 신분의 속박과 기업의 착취가 결합해 노동자 대중을 극도의 빈곤과 굴욕적인 사회 신분으로 규정지은 데서 비롯되었다.

그 밖의 유럽 국가들

산업혁명이 뒤늦게 시작된 국가들에서는 파업운동이 19세기 중엽과 후반기부터 전개되었다. 독일의 경우, 19세기 전반기까지는 파업투쟁이 비교적 드물었고, 파업 참가자도 주로 수공업 수련공과 매뉴팩처노동자들이었다. 1820~1847년에 일어난 파업은 수십 건을 넘지 않았으며, 약간의 예외를 제외하면 1년에 한두 건 정도의 파업이 일어났을 뿐이었다(The USSR Academy of Sciences 1980, 204).

이탈리아에서는 1860년대 당시의 파업은 산발적이고도 단기적이었다. 파업의 규모는 개별 기업에 한정되었고, 파업 참가 노동자의 요구도 온건한

편이었으며 투쟁은 러다이트 형태를 취하기도 했다. 파업운동이 확대된 것은 1860년대 말 이후였다.

에스파냐의 경우, 노동운동 사상 중요한 이정표가 되었던 최초의 대규모 파업이 1855년 5월에 일어났는데, 여기에는 많은 직종의 노동자가 참여했다.

스웨덴에서는 1850년 스톡홀름 근교에 있는 구스타프벨크 도자기 공장에서 파업이 일어났다. 이 파업은 스웨덴 노동운동 사상 특기할 만한 사건이었다. 이 파업의 원인은 병영적 규율 채택과 임금 인하에 대한 저항이었다. 파업은 폭동의 성격을 띠었고, 그래서 노동자들은 '구스타프벨크 봉기'로 기억하게 되었다. 그 이후로도 스웨덴에서는 여러 지역에서 파업이 일어났다.

라틴아메리카 국가

라틴아메리카의 여러 국가에서 전개된 초기 노동운동의 특징은 파업과 비조직적인 폭동의 독특한 결합이었다. 칠레에서는 1800년대 중반에 최초의 파업이 일어났는데, 그로부터 1860년대 말까지 열다섯 건의 파업과 저항 행동이 발생했다. 여기에 참가한 노동자들은 산티아고의 봉제노동자(1849년), 스몰 세베라의 광산노동자(1851년), 발파라이소의 제화노동자(1853년), 그 밖의 여러 직종 노동자들이었다(Necochia 1956, 133~134; The USSR Academy of Sciences 1980, 208에서 재인용).

쿠바의 아바나에서는 1841년 건축노동자의 대규모 파업이 일어났다. 브라질에서는 1850년대 후반에 파업투쟁이 발생했는데, 최초의 획기적 사건이 된 것은 1857년 말에서 1858년 초까지에 걸쳐 리우데자네이루에서 일어난 영국 가스회사 노동자의 파업이었다. 뒤이어 1858년 1월 수도에서 일어난 인쇄노동자들의 연대 파업과 1863년 바라도피라이에서 발생한 철도 노동자의 대파업 등이 이어졌다.

중국

중국은 1840년 아편전쟁 이후 반✝식민지·반✝봉건사회로 바뀌었고, 중국 민족과 외국 제국주의 사이의 모순과 인민대중과 봉건 세력 사이의 모순이 기본 모순이 되었다. 1840년 아편전쟁부터 1894년 청일전쟁 사이에 모두 71건의 파업이 발생했다. 그 가운데 산업노동자들이 제기한 파업은 28건이었으며, 수공업자들과 막벌이 노동자들이 일으킨 파업이 43건이었다. 그런데 1895년부터 제1차 세계대전 직전인 1913년까지 19년 동안 노동자들이 일으킨 파업은 277건으로 크게 증가했다.

초기 노동자들의 투쟁은 자연발생적이고 분산적이었다. 비록 시간이 지남에 따라 투쟁의 경험이 축적되고 노동운동 참가 인원수와 그 규모가 갈수록 확대되었지만, 전체적으로 보아 정치투쟁이든 경제투쟁이든 모두 목표와 강령이 명확하지는 않았다(중화전국총공회 1999, 45).

당시 산업노동자들은 외국자본의 억압을 일찌감치 경험했고, 1840~1850년대에 일어난 최초의 파업은 외국인 착취자를 대상으로 한 것이었다. 1858년 영국과 프랑스 군이 광저우를 포위했을 때 홍콩 자치체 노동자 2만여 명과 운수노동자들이 파업을 선언하고 일손을 멈춘 채 대륙으로 떠나기도 했다.

일본

일본은 19세기 중반에 도쿠가와 봉건제를 무너뜨린 메이지유신을 거쳐 근대적 통일국가를 형성했다. 국가권력이 유럽 선진 자본주의국가들에 대항할 목적으로 '위로부터' 육성되는 특징을 지닌 일본 자본주의의 발전을 촉진하게 되었다. 자본주의 발전과 더불어 임금노동자가 급속히 형성되기 시작했으며, 노동자계급에 대한 자본의 착취와 여기에 대한 노동자계급의 저항이 이 무렵부터 시작되었다.

1860년대 후반 들어 여러 광산 지역에서 폭동이 일어났다. 미구노 은광(1868년), 사도 금광(1872년), 다카시마 탄광(1872년), 인나이 광산(1872, 1878년), 미이케 탄광(1883년) 등에서 광산노동자들이 혹사와 임금 인하에 반대해 자연발생적인 폭동을 일으켰다. 또 고후에서 제사업에 종사하는 여성노동자들이 1886년 파업을 일으켜 승리를 거두었다. 이처럼 일본 최초의 공장노동자 파업은 여성노동자들이 감행하게 된 것이다.

그러나 자본주의 발전의 초기 단계에서 노동자계급은 아직 미성숙한 상태에 있었다. 그래서 이 시기 노동운동은 아직도 산발적이며 비조직적이었고, 투쟁이 반란이나 폭동의 형태를 취한 것이 특징이었다. 그러나 노동자들은 이런 투쟁 경험을 통해 계급의식을 깨우치게 되었고, 조직적이고 의식적인 노동운동으로 발전하는 데서 그 출발점이 되었다. 그런 점에서 이 시기 투쟁은 중요한 의의를 지녔다(시오다 1985, 24~25).

조선

조선에서는 19세기까지 근대적 노동자계급의 형성이 전반적으로 미성숙한 상태에 있었기 때문에 노동자투쟁이 본격적으로 전개되지 못했다. 그러나 농민들의 투쟁은 완강했다. 개항 이후 농민들은 19세기 이후 진행된 농민 항쟁의 경험을 계승해 다양한 형태로 저항행동을 계속했으며, 이런 투쟁 역량이 축적되어 갑오농민전쟁으로 폭발하기도 했다. 갑오농민전쟁은 개항 이후 심화된 조선 왕조의 정치·경제·사회의 모순을 타파하고, 제국주의 세력의 침략을 저지하기 위해 피지배 농민층이 중심이 되어 일으킨 역사적인 대사건이었다(강만길 2004, 122).

이 시기 노동자들의 투쟁은 주로 부두와 광산에서 전개되었다. 개항 이후 개항장을 통해 이루어지는 수출입이 갈수록 증대하면서 부두노동자 수도 증가했다. 당시 부두에서 상품 수출입을 주도했던 쪽은 주로 일본인이었고, 거기서 일하는 부두노동자들은 조선인이었다.

1898년 2월 목포에서 부두노동자들이 파업투쟁을 벌였다. 목포 부두노동자들의 파업투쟁은 개항한 지 5개월 만에 일어난 것으로, 일본인의 임금 지불 방법이 복잡하고 그것이 노동자 쪽에 불리했기 때문에 노동자들의 불만이 투쟁으로 표출되었다. 당시 목포에는 조선인 노동자 200여 명이 일하고 있었다. 부두노동자들은 동맹파업과 시위 등의 방법으로 7일 동안 대항했다. 같은 해 9월에도 임금 인상을 요구하며 일본 상인과 조선 상인을 대상으로 10일간 동맹파업을 벌였다(목포지편찬위원회 1915, 615~616).

이 시기 부두노동자 외에 상시적 노동자가 많이 형성된 곳이 광산 분야였다. 1877년 6월 함경남도 갑산군 초산 역에서 개항 후 최초로 광산노동자의 격렬한 투쟁이 일어났다. 이 투쟁은 광산노동자들이 봉건 관료들의 가혹한 수탈과 가렴주구에 반대해 일어났다. 1895년 운산 금광, 1898년 강원도 금성군 당현 금광에서 노동자들의 투쟁이 발생했다. 이 두 사건은 조선조 왕실이 조선 사람들의 광산 채굴권을 외국인에게 매도한 데서 발단되었고, 채굴권을 확보한 외국인은 그 지역 주민들을 싼 노임으로 동원하거나 도로 공사 등에 무상으로 인력을 동원함으로써 그것에 따른 불만에서 비롯된 것이었다(한국노동조합총연맹 1979, 18~19).

19세기 말까지 조선 노동자계급의 투쟁은 거의 부두와 광산에 한정되었고 투쟁 형태는 산발적이고도 비조직적이었으며, 외국자본의 침입에 따른 갈등에서 빚어진 측면이 컸다. 그것은 개항 이후 외국자본의 침입이 진행되는 가운데 노동자계급의 형성이 아직 미성숙한 상태에 있었고, 노동자의 자주적 조직도 미처 설립되지 않았을 뿐만 아니라 노동자계급의 의식도 매우 낮은 단계에 머물러 있었기 때문이었다.

지금까지 살펴본 바와 같이 산업혁명 진행 과정에서 일어난 초기 파업 투쟁의 일반적 특징은 다음과 같이 규정될 수 있다.

(1) 투쟁에서 제기된 요구들이 주로 경제적 성격을 띤 것들이었다는 사실이다. 즉, 최저임금수준의 확립이나 임금 인상, 임금의 즉시 지불, 노동시간의 단축 또는 최소한 종래의 노동시간제 유지, 식사를 위한 휴게 시간 준수, 종교상의 휴일과 일요일의 의무 휴식제, 통상임금률보다 낮지 않은 수준의 연장 노동에 대한 임금 지불, 벌금을 비롯한 모든 종류의 임금 공제제 폐지 등의 요구였다. 이런 요구의 수준은 갈수록 높아졌고, 요구의 종류도 확대되었으며 때로는 방위적 성격의 틀을 뛰어넘는 요구가 제기되기도 했다.

(2) 어느 나라에서나 투쟁을 주도한 적극적인 세력은 수공업·매뉴팩처 노동자, 수공업 형태의 숙련노동자(수직·방적·제화·마구제조·제빵·건축·인쇄 노동자, 돌을 다루는 노동자, 조선소에서 목재를 다루는 노동자 등), 대규모 산업 노동자의 개별 범주(탄광·제련 노동자 등)에 속하는 노동자들이었다. 공장노동자들은 아직 본격적으로 등장하지 못한 상태여서 이들이 파업을 주도하지는 못했다. 그리고 당시 공장노동자들(특히 섬유 부문) 가운데 많은 비중을 차지한 층은 여성·아동 노동자였다.

(3) 파업은 노동자계급의 의식을 높이는 중요한 요인이 되었다. 파업은 노동자들에게 단결의 위력을 깨닫게 해주었고, 기업주에 대해 조직된 타격을 줄 수 있다는 사실을 가르쳤기 때문이다. 노동자들의 공동 행동은 파업 참가자들에게 큰 영향을 주었으며, 그들의 공통된 계급적 이해관계에 대한

인식을 높였다.

(4) 파업운동은 노동자의 계급적 본성을 더욱 높은 차원으로 성장·전화하게 만들었다. 말하자면 노동자들이 점점 광범한 집단적 역량으로 성장하고 있음을 확연히 보여 주었다.

(5) 당시 출현한 연대 파업이 크게 광범하지는 않았지만, 파업투쟁의 특징으로 규정될 수는 있었다. 파업투쟁에서 계급적 연대는 여러 가지 형태를 취했다. 공동 행동은 동일한 노동 부문 노동자뿐만 아니라 다른 노동 부문 노동자들까지 차츰 결합하게 만들었다.

(6) 초기 파업투쟁에서도 노동자 행동에서 최소한의 합의가 이루어졌다. 파업운동의 발전에 따라 조직성은 갈수록 강화되었다. 노동자들이 파업에 대해 사전에 동의하는 경우도 있었지만, 파업투쟁의 진행 과정에서 공통의 요구를 이끌어 내는 경우도 있었다. 다르게 표현하면, 투쟁의 초기에는 초보적인 행동 프로그램을 취하게 되었지만, 투쟁이 진전되면서 공통의 행동 기준이 설정되었다.

(7) 노동자들 사이의 조직성과 단결의 성장은 여러 가지 형태로 나타났다. 파업은 매우 완강하게 전개되기도 했고, 파업 참가자들은 대단한 용기와 견실함을 발휘하기도 했다.

(8) 파업투쟁이 점점 대중·체계적 성격을 띠면서 개별적인 노동자 그룹의 투쟁으로 한정되어 그들만의 요구가 추구된다 하더라도, 본질적으로 이 투쟁은 자본주의 제도 전체에 대한 노동자계급의 투쟁으로 전화된다는 것, 이것이 파업운동의 새로운 양상으로 나타났다.

(9) 파업은 노동자계급이 벌이는 경제투쟁의 우세한 한 가지 형태였지만, 초기 파업투쟁이 점점 일반적 정치투쟁과 결합되어 가는 경향을 보인 것이 투쟁 발전에 따른 두드러진 특징이었다. 출발 단계의 노동운동에서도

경제투쟁이 정치투쟁으로 성장·전화하는 경향은 보편적으로 나타난 현상이었다.

(10) 파업투쟁에서 분산·자연발생·국지적 양상이 점점 광범한 전선에 걸쳐 단결되고 상호 결합된 행동 방식으로 전화하는 경향을 띠게 되었다. 이것은 수공업·매뉴팩처노동자와 더불어 규모가 큰 자본주의 산업의 노동자들이 투쟁에 참가하면서 이루어진 결과였다(The USSR Academy of Sciences 1980, 209~218).

2. 러다이트운동

경제투쟁의 대표적 운동이라고 할 수 있는 러다이트운동은 영국에서 처음 일어난 저항행동으로서 노동자계급 투쟁 사상 중대한 계기였다. 이 운동은 소규모 수공업을 중심으로 섬유산업에서 주로 발생했는데, 가내공업과 수공업의 숙련노동자들이 기계의 도입으로 가장 큰 고통을 받게 됨으로써 이들이 운동을 주도하게 되었다. 수공업 제품은 기계화된 기업의 제품과 경쟁할 수 없게 되었고, 공장제 산업이 확대되면서 많은 수공업자와 가내노동자가 빈궁 상태에 빠져들게 되었다. 특히 임금 저하와 실업 — 대륙 봉쇄[3]가 초래한 외국시장의 축소와 불황[4]에 따른 대량 실업 — 은 노동자와 그 가족

3_나폴레옹이 1807~1809년과 1810~1812년 기간에 대륙봉쇄령을 실시해 영국을 경제적으로 고립시키고자 했다. 한편, 미국은 1807년 영국과 프랑스에 대해 시장을 폐쇄하고 1811년에는 무역금지법(Non-Intercourse Act)을 통과시켜 자국 시장을 폐쇄했다.

4_프랑스의 대륙 봉쇄와 미국의 시장 폐쇄는 영국 경제에 대해 큰 타격을 주게 되었는데, 특히 원면의 수입과 완제품 판매를 해외시장에 의존하고 있던 면직물 산업이 가장 심한 불황을 겪었고 편직물과 모직물

들에게 견디기 어려운 극심한 곤궁을 안겨 주었다. 이런 상황에 놓인 수공업자, 반半프롤레타리아, 노동자계급이 자본주의 발전의 상징물인 기계와 공장을 대상으로 자연발생적인 격렬한 저항을 결행하게 되었다. 영국의 경우, 이 운동의 전성기는 1811~1817년이었다.

공장의 기계나 상품 창고를 파괴하고 불태우며, 또 원료와 제품을 부순 기계 파괴자들의 이 운동은 역사 문헌으로는 '러다이트운동'으로 부르게 되었고,[5] 이 운동은 1760년대에 시작해 1830년대까지 계속되었다. 러다이트라는 말은 1811년 노팅엄에서 정체를 알 수 없는 장군 네드 러드 이름으로 된 협박장이 날아든 다음에 한 무리의 편직노동자들이 밤중에 떼를 지어 고용주의 편물기를 부순 데서 유래되었다. 그 후 1816년까지 이런 사건들이 노팅엄셔, 요크셔, 랭커셔와 같은 직물업 중심지에서 나타났다(이영석 1997, 63).

러다이트운동의 경과를 통해 구체적인 내용을 살펴보면, 먼저 편직물 산업의 중심지였던 노팅엄 시 주변의 한 편직물 공장에서 기계파괴운동이 시작된 것은 1811년 3월이었다. 편직물 산업에서 기계가 파괴된 것은 이것이 처음 있는 일은 아니었다. 1710년 편직노동자들이 기업주가 규정된 도제의 수를 지키지 않았다고 100여 대의 편직기를 파괴했고, 1770년 스피틀필즈의 편직노동자들이 임금 인하를 저지하기 위해 편직기의 씨실을 망가뜨린 일이 있었다. 그리고 노팅엄셔의 편직노동자들은 도제 수를 제한하고 규정에 미달하는 상품의 생산을 금지하며, 임금수준을 명시하는 것을 골자

산업도 생산량을 감축했다.

5_홉스봄은 기계 파괴자와 러다이트를 구분해야 한다고 주장한다. 그것은 러다이트운동이 마치 기계파괴운동과 동일하게 이해되는 것을 바로잡기 위해서다. 러다이트운동이 기계 파괴를 수반한 경우도 있었지만, 그렇지 않은 경우도 있었기 때문이다.

로 하는 법안을 의회에 제출했다. 그러나 이런 법안이 편직물업자들의 반대에 부닥쳐 계속 기각되자, 1779년 6월 편직노동자들은 노팅엄에 모여 법안에 반대했던 기업주들의 편직기 300여 대와 집 한 채를 불태운 적이 있었다(윤옥주 1987, 29).

당시 편직물 산업의 기계 도입 실태를 보면, 기계 도입 그 자체가 기계파괴의 직접적 원인으로 규정하기는 곤란한 측면이 있다. 편직물 산업은 양말제조업과 레이스제조업으로 크게 구분되며, 1811~1812년의 러다이트운동은 주로 양말제조업에서, 1816년의 그것은 레이스제조 분야에서 일어났다. 양말 부문에서는 1589년 편직기(양말제조기)가 발명되어 가동되기 시작했고, 18세기 중엽 이후에는 영국 중부 지역을 중심으로 활용되었다. 이 분야에서는 더비-리브스Derby-Ribs(굴곡이 지게 편직물을 짜는 기계)를 비롯한 몇 가지 기계 개량으로 약간의 기술적 진보를 보였으나 기본적으로 동력을 사용한 새로운 기계의 발명은 이루어지지 않았다. 1840년대에 이르기까지 재래식 수공업적 기계만이 사용되었다.

한편, 레이스 분야에서는 1778년 포인트-넷Point-net 기계가 발명되어 사용되기 시작했고, 1810년 무렵 와프-레이스Warp-lase와 보빈-넷Bobbin-net 분야가 새롭게 개척되었다. 기계 도입이 본격적으로 이루어진 부문은 와프-레이스와 보빈-넷 부문으로 이 양 부문에서는 1810년 무렵 동력을 사용한 기계가 사용되었으며 공장에서 대량생산이 이루어지게 되었다(Felkin 1967, 146; 149; 162).

이런 상황을 배경으로 노팅엄에서는 1811년 3월에 기계파괴운동이 벌어졌다. 약 3주일 동안에 걸쳐 약 200여 대의 편직기가 부서졌고, 11월에도 수십 대의 기계가 파괴되었다. 1811년 3월과 4월에 있었던 기계파괴운동에는 노동자 200~300명 정도가 참가한 것으로 추정되었고, 11월 이후에는 소규모 집단이 마을마다 돌아다니면서 기계를 파괴했다. 정부 당국에서는 이들을 막아 내기가 힘들었고, 러다이트들은 1813년 2월까지 큰 제약 없이 기계 파괴를 계속했다(윤옥주 1987, 33).

이런 기계 파괴는 엄격한 규율에 따라 조직적으로 이루어졌다. 목격자들에 따르면, 러다이트들은 6명에서 50명 정도까지 떼를 지어 다녔고, 변장을 했으며 대장의 말에 절대 복종했다는 것이다. 이들은 작업장을 습격할 때 칼, 권총, 보병총 등으로 무장한 보초를 세워 두고 망치나 도끼를 든 사람들이 기계를 파괴했으며, 번호를 불러 인원을 파악하고 총소리를 신호로 해산해 집으로 흩어졌다(Felkin 1967, 232).

1811년 12월에는 치안판사 주재 아래 편직물업자와 노동자 사이에 교섭이 이루어졌으며, 교섭의 결과로서 큰 성과는 없었으나 기계파괴운동은 잠시 중단되었다. 그다음 해인 1812년에는 편직노동자들이 불량 상품의 생산 중지와 현물임금제도의 철폐를 요구하는 법을 의회에 청원했으나 실현을 보지 못했다. 반면에, 정부는 기계 파괴자에 대한 14년 유형의 형량을 사형으로 높이는 법안을 의회에 제출했고, 이 법안은 3월 20일, 법으로 공포되었다. 3월 이후 기계 파괴는 더 이상 일어나지 않았다.

3월 들어 기계 파괴자들에 대한 재판이 시작되었는데, 주동자 2명에 대해서는 14년의 유형이 선고되었고, 5명에 대해서는 7년 유형이 선고되었다.

한편, 기계파괴운동을 멈춘 편직노동자들은 1813년 1월 '기계의 개량에서 기술 시행과 의회를 통한 구제를 도모하는 조합'을 꾸리고 활동을 벌이기 시작했다. 초기 전체 조합원은 2,390명에 이르렀고, 중부 지역을 비롯해 런던, 스코틀랜드, 아일랜드 지역을 포괄했으며, 임금 인상을 주요 목표로 삼았다. 이 밖에도 직업소개소를 열어 편직노동자들의 직업안정을 위해 노력을 기울였고 1813년 11월 이후로는 사람들을 고용해 실크 양말을 생산해 런던 시장에 내다 팔기도 했다. 1814년 4월에는 임금 인상을 요구해 파업을 벌였고 7월에 파업이 실패하면서 조합 활동도 와해되었다.

조합 활동이 실패하면서 1814년 4~9월까지 소규모적이기는 하지만 다시 기계 파괴가 행해졌다. 1815년 전쟁이 끝난 뒤 경제 정세가 악화되는 가운데 기계파괴운동은 계속되었으나 무거운 탄압으로 위력을 발휘하지 못했다. 러다이트에 대한 재판에서 주동자에 대해서는 사형과 종신형이 선고되는 등 중형이 내려졌다.

다음으로 모직물 산업의 중심지였던 요크셔 지역의 러다이트운동 경과와 특징을 살펴본다. 모직물 산업은 크게 나사wollen와 소모사worsted 직물업으로 크게 나누어지며, 그 공정은 원모 손질, 방적, 직포, 축융, 마무리 작업의 다섯 가지로 분류된다. 모직물제조업에서는 1755년 이후 면직물 산업에서 이루어진 기술혁신들이 이 부문에 도입되기 시작하면서 재래의 생산방식에서 급격한 변화가 이루어졌다(윤옥주 1987, 9). 특히 마무리 작업에서 행해진 새로운 기계의 도입이 노동자들의 거센 저항을 불러일으켰다.

마무리 작업cloth-dressing, finishing은 기모起毛, rising와 전단剪斷, cropping, sharing으로 분류되는데,6 기모제gig mill는 16세기부터 도입되었으나 18세기 중엽 이후 더욱 개량된 기모제가 보급되기 시작했고, 전단 작업에는 1784년 전단기가 발명되어 사용되기 시작했다. 기모제와 전단기의 보급은 비록 완만하게 이루어졌으나, 그것이 유능한 숙련노동자의 기능을 거의 대행할 수 있었으므로 이 기계의 보급은 노동자들의 맹렬한 반발을 불러일으켰다. 마무

6_기모 작업이란 직물 표면의 잔털들을 보풀기(teasel)로 비벼서 이것들을 한 방향으로 정리해 놓거나 또는 수직으로 세워 놓는 작업이고, 전단 작업은 기모 작업으로 직물을 표면 처리한 후 그중에 삐죽이 튀어나온 부분을 큰 가위로 잘라 표면을 매끄럽고 고르게 만드는 작업이다(윤옥주 1987, 44).

리 작업은 모직물 생산에서 중요한 기능을 담당하게 되었는데, 모직물 생산 전체 과정의 3분의 1을 차지했으며, 전체 생산비의 10퍼센트가 이 작업에 종사하는 노동자들의 임금으로 지불되었다. 그래서 마무리 작업의 성공 여부가 완제품의 품질을 좌우하는 중요한 요소였다.

1806년 당시 요크서 서부 지역에는 마무리노동자 약 3천여 명(도제를 포함하면 5천여 명)과 마무리 수련공 500여 명이 있었는데, 이들은 높은 임금을 받으며 강력한 조합을 형성하고 있었다. 이처럼 특권적 지위를 누리고 있었던 마무리노동자들의 지위에 대해 커다란 위협을 던진 것은 기모기와 전단기의 도입이었다.

기모기와 전단기 도입에 대한 반대는 1812년 러다이트운동 이전에도 있었다. 1799년 리즈 시에서는 기모제가 완전히 부서지고 불타는 사건이 발생했는데, 그 사건이 있은 이후 이곳에서는 1815년까지 기모기는 거의 사용되지 않았다.[7] 1802년 남서부 지역 월트서에 기모제가 도입되어 이를 반대하는 폭동이 일어나 방화와 파괴가 행해진 적이 있었다.

1811~1812년에 모직물 산업은 유럽 대륙과 미국의 시장 봉쇄로 조업 시간이 단축되고 많은 노동자가 해고당하는 어려운 사태를 맞았다. 늘어난 실업에 더해 노동 절약적인 기계 도입은 실업을 더욱 증대시켰고, 게다가 1811년에는 흉년으로 곡가가 급상승해 마무리노동자들은 생계를 유지하기조차 힘들게 되었다. 1811년 말에는 노팅엄서 러다이트운동에 대한 소식이 요크서에 전해졌다(윤욱주 1987, 51~52).

7_1812년 리즈 시에는 기모제만 여섯 대 정도 사용되었고, 전단기는 한 대도 사용되지 않았던 것으로 보인다. 러다이트운동 당시 리즈 시에서 기계 파괴가 거의 일어나지 않았던 것은 기계가 거의 사용되고 있지 않았기 때문이었다(윤욱주 1987, 47).

요크셔의 러다이트운동은 모직물 산업의 마무리 작업에 종사하던 노동자들이 중심이 되어 기모기와 전단기를 부순 행동으로 나타났다. 1812년 1월 19일 리즈 시 근처 오트랜드에 있는 한 공장이 습격당해 기모기가 파괴되었고 공장이 불탔다. 2월에는 마무리 작업에 기계를 사용하고 있던 기업주에게 '네드 러드' 이름으로 된 협박장이 날아들었다.

당신이 저 혐오스러운 전단기 주인이라는 정보를 방금 받았다. 나의 동료들은 내가 당신에게 편지를 보내 그 기계들을 폐기하도록 경고해 주길 원했다. …… 만약 다음 주 말까지 그 기계들을 폐기하지 않는다면 그때는 나의 부관 한 사람과 최소한 300명의 부하들을 보내 그것들을 파괴할 것임을 미리 말해 둔다. 더나아가 그때 가서 우리가 직접 나서는 수고를 끼치면, 당신의 공장 건물은 불타서 잿더미가 되어 당신의 불행은 더 커지게 될 것이다. 만약 나의 동료들 가운데 어느 누구에게라도 발포하는 무분별한 짓을 저지른다면, 그때는 당신을 살해하고 당신의 집을 온통 불 지르도록 명령할 것이다. 당신은 기계를 소유한 당신의 이웃들이 빨리 전단기를 폐기하지 않으면 똑같은 운명이 그들을 기다리고 있다는 사실을 깨닫도록 하는 본보기가 될 것이다. …… 우리는 의회가 민중에게 해로운 모든 기계를 폐기하는 법안을 통과시키고, 기계 파괴자를 사형에 처하는 법을 폐지시킬 때까지 결코 무기를 놓지 않을 것이다.

_진실을 위한 구세군 네드 러드 장군(Thompson 1966, 558에서 재인용)

같은 해 2월 22일에는 허더즈필드의 마무리 작업장이 습격되어 전단기가 파기되었고, 잇달아 여러 작업장이 파괴되었다. 3월과 4월에도 마무리 작업장에 대한 기계 파괴는 여러 차례 행해졌다.

요크셔에서 벌어진 러다이트운동 진행 과정에서는 노동자들이 〈마무리

노동자의 노래〉cropper's song를 부르기도 했다.

오라, 젊은 마무리노동자들이여/ 짙은 에일(ale)주를 즐겨 마시고

망치와 창과 소총을 들고/ 오만한 폭군을 무찌르는

오, 나의 젊은 마무리노동자들이여/ 나의 용감한 젊은이들

너무도 당당하게 전단기를 깨부수는/ 나의 젊은 마무리노동자들이여

특권층은 오늘도 앞장서 가고/ 군인들이 밤마다 우리를 에워싸지만/망치와 창

과 소총을 들고/ 마무리노동자들은 변함없이 춤을 춘다네

오, 나의 젊은 마무리노동자들이여/ 나의 용감한 젊은이들

너무도 당당하게 전단기를 깨부수는/ 나의 젊은 마무리노동자들이여(Peel 1880,

47~48)

모든 것이 조용한 밤마다/ 달이 언덕 뒤로 숨을 때

우리는 망치와 창과 소총을 들고/ 우리는 우리의 뜻을 이루기 위해 전진하는

오, 나의 젊은 마무리노동자들이여/ 기운 세게 내려치는

오, 나의 씩씩한 젊은이들이여/ 전단기를 때려 부수는

오, 나의 젊은 마무리노동자들이여

위대한 에녹들(Enochs)[8]이 선두에 서니/ 누가 감히 그를 막으랴

누가 막을 수 있으랴/ 망치와 창과 총을 들고

8_구약성서의 『창세기』에 나오는 인물로, 아담의 7대손이며 300년 동안 하느님과 동행하다가 죽지 않고 하늘로 올라간 최초의 승천자다.

용감한 자들아 밀치고 나아가라/ 오, 나의 젊은 마무리노동자들이여(Thompson 1966, 559)

4월 9일에는 호버리에 있는 조셉 포스트의 마무리 공장에 300명으로 추산되는 러다이트들이 습격해 전단기와 기모기를 파괴하는 사건이 발생했다. 이틀 뒤인 4월 11일에 일어난 로포울즈 카트라이트 공장 습격은 요크셔 러다이트운동에서 하나의 분수령 구실을 했다. 150여 명으로 추산되는 노동자들이 무장을 갖추고 참가해 약 30분 동안 기업 쪽과 공방전을 벌였는데, 사전에 몇 명의 병사들을 주둔시켜 방위 태세를 굳건히 갖추고 있었던 상황이어서 기계 파괴는 실패하고 말았다. 그 뒤로는 요크셔에서 기계 파괴는 일어나지 않았다. 그러나 총격 사건이 잇달아 일어났고 공장주에 대한 암살이 행해지기도 했다. 1813년 1월에 요크 시에서 러다이트운동 관련자에 대한 특별재판이 열렸는데, 모두 64명이 기소되어 대부분 사형선고를 비롯해 중형을 선고받았다.

요크셔에서 러다이트운동이 종료된 뒤로 기계가 도입되기 시작했다. 1817년에 기모기 72대, 전단기 1,462대가 도입되었고, 그 결과 마무리노동자 3,400여 명 가운데 763명만이 완전고용 상태에 있었고, 1,445명은 반+고용 상태에 놓이게 되었으며 1,170명은 실업자가 되었다. 1820년 전단기가 개선됨으로써 아동노동자의 노동으로도 작업이 가능하게 되었고, 이에 따라 남아 있던 마무리노동자들도 실직하게 되어 마무리노동자라는 직종 자체가 산업사회에서 찾아볼 수 없게 되었다(윤옥주 1987, 56~60).

끝으로 랭커셔에서 진행된 러다이트운동의 경과와 특징에 대해 살펴본다. 랭커셔와 체셔 지역에서는 면직물 산업이 발전하면서 인구가 증가하고 새로운 도시가 생겨났다. 면직물 산업은 18세기 말에는 이미 어떤 산업보다 많은 노동력을 고용했고, 수출에서도 높은 비중을 차지했다.

면직물 산업은 실을 잣는 방적 부문과 천을 짜는 직포 부문으로 대별되는데, 1760년 무렵부터 비사 방직기가 사용되면서 면직물의 생산량이 급속히 증가했고 면사 부족 현상이 초래되었다. 그러나 1760년대 후반 이후 제니 방적기, 리처드 아크라이트의 수력방적기, 새뮤얼 크롬프톤의 뮬 방적기가 발명되면서 실의 생산량은 크게 증가했다. 직포 부문에서는 1770년 수력을 사용하는 역직기가 발명되어 1810년 무렵 맨체스터와 스톡포트 사이의 지역에서 약 2천~2,400대의 역직기가 사용되었다. 새로운 기계의 도입과 노동력의 증가 그리고 제품가의 하락은 노동자들의 임금 인하와 실업을 가져왔고, 이에 따른 불만과 저항이 점점 커졌다. 더욱이 면직물 산업은 원료 구입과 상품 판매를 해외시장에 크게 의존하고 있던 터에, 영국·프랑스 경제전쟁으로 나폴레옹이 대륙봉쇄령을 발동하자 해외시장이 극도로 위축되어 면직물 산업은 불황에 빠져들게 되었다.

이런 상황에서 수직노동자들은 1811년 4월 임금 인하 반대와 생산량 감축을 위한 청원을 의회에 제출했다. 그 이전인 1799년에도 최저임금제 실시에 관한 청원을 제기한 적이 있었다. 의회의 구제를 받기 위한 노력은 1811년 5월에 다시 시도되었다. 최저임금 보장을 위한 임금 규제와 보조금 지급을 요구한 청원서에는 맨체스터 지역에서 4만 명이, 볼턴 지역에서 7천 명이, 그리고 스코틀랜드에서 3만 명이 서명했다. 그러나 의회는 이런 청원에 대해 어려운 사정을 참고 나가는 수밖에 없다고 대답할 뿐이었다.

청원 운동이 실패로 끝나자, 수직노동자들은 임금수준을 결정할 수 있는 권한을 치안판사에게 부여한 엘리자베스-제임스 법에 근거해 임금 인하를 막아 보려 했다. 스코틀랜드의 수직노동자 조합은 이 법률을 근거로 소송을 제기해 결국 치안판사로부터 적정 임금 가격표를 받아 낼 수 있었으나, 고용주들에게 그 임금표를 이행하라고 강요할 수는 없었다. 이런 상황에서 수직노동자들은 더 이상 참지 못해 파업을 일으켰고, 그 파업은 지도부가 구속됨으로써 종결되었다(윤옥주 1987, 69).

랭커셔의 러다이트운동은 의회 청원 운동과 파업투쟁을 배경으로 진행되기는 했지만, 그것보다는 1812년 무렵 랭커셔 주민들이 당하게 된 경제적 어려움이 더 큰 원인으로 작용했던 것으로 보인다. 1812년 4월 랭커셔 지역에서 식량 폭동이 일어났는데, 이것은 전국적인 식량 폭동의 영향을 받은 것이었다. 이런 저항행동은 기계파괴운동과 더불어 진행되었다. 대중 폭동과 더불어 일어난 기계 파괴는 오히려 대중적 불만이 폭발한 가운데, 역직기에 대한 적대감이 함께 폭발한 결과였다. 기계 파괴가 랭커셔 러다이트운동의 주된 방편이 되지 않은 것은 우선 역직기의 보급이 널리 이루어지지 않았기 때문이었다.

역직기가 본격적으로 보급된 것은 1830년대의 일이었다. 그들이 직포 공장을 공격한 것은 그 공장이 그들을 경제적 곤경으로 몰아넣은 어떤 상징물이라고 생각했기 때문이었다(이영석 1997, 64).

역직기에 대한 파괴는 그 뒤 1826년 대대적으로 행해졌으나 이것은 실패로 끝났고, 1826년 이후 역직기는 수직기에 비해 절대적인 우세를 나타내게 되었다.

지금까지 노팅엄서, 요크셔, 랭커셔를 중심으로 러다이트운동의 배경과 경과, 그리고 특징들을 살펴보았다. 그렇다면 러다이트운동의 실제적 원인은 어떻게 진단해야 할 것인가. 먼저 영국 노동운동사를 저술한 역사가들의 견해부터 살펴본다.

웹 부처는 "작업자들이 일반적으로 기계 도입에 따른 손노동 대체와 그로 인한 극도의 고통에 대해 가장 폭력적인 저항으로 관심을 모았다"고 밝했다(Webbs 1920, 88).

　G. D. H. 콜은 "인간 노동이 겪어야 했던 새로운 비인간적인 경쟁에 대한 본능적 저항으로서 기계파괴운동은 1811년 이전에도 산발적으로 일어났다. 그러나 러다이트운동은 지도자의 치밀한 지도를 받는 조직적인 사건이었고, 그 지도자는 은밀하게 행동했으며, 새로운 생산 방법에 따라 생활 수준이 악화되었다고 인식한 노동자들에게는 큰 영향력을 끼쳤다"고 평가했다(Cole 1947, 40).

　헨리 펠링은 "물론 그 모든 사건에서 수행된 그런 행위들이 어디까지 노동자를 대체한 기계에 대해 직접적인 적대감을 나타낸 것이었고, 어디까지가 기계를 소유한 수련공들을 위협했으며 그리고 노동자가 더욱 좋은 노동 조건을 획득하고자 의도해 행해졌는지는 알 수 없다. 여하튼 만일 평화적인 단결이 불가능하다면, 그런 상태에서 절망한 사람들이 폭력을 행사하게 되는 것은 당연하다"고 설명했다. 노동자의 무권리 상태를 러다이트운동의 주요 요인으로 지적하고 있다(펠링 1992, 37).

　이런 노동운동사가들의 견해와는 달리, 러다이트운동에 대한 새로운 주장들이 제기되었는데, 먼저 해먼드 부처는 이 운동이 주로 세 지역에서 발생했고, 각 지역마다 그 성격과 경과가 다르다는 사실을 밝힘으로써 이 운동에 대한 통념이 갖고 있는 약점을 보완하고 이 운동에 대한 연구의 기본 틀을 갖추고자 했다.

　해먼드 부처의 뒤를 이어 다블은 새로운 기계가 도입되지 않은 곳에서도 기계 파괴의 소요가 일어났던 사실을 지적하며, 러다이트운동은 기계 도입이 원인이 된 것이 아니라 전쟁 발생으로 야기된 실업과 임금 저하, 그리고 이로 인한 경제적 궁핍이 원인으로 작용한 것이며, 이런 곤궁의 원인을 기계 탓으로 돌렸기 때문에 기계 파괴가 일어난 것이라고 설명했다(윤옥주

1987, 5~6에서 재인용).

이런 주장들과는 다르게 그 뒤에 나온 연구 결과들은 독자적인 견해를
제시했다.

홉스봄은 폭동, 재산 파괴, 개인에 대한 공격은 식량 부족, 물가 상승, 기
계화, 실업 등에 대한 노동자들의 무분별한 반발이 아니라, 일종의 '폭동 방
식의 단체교섭'으로서 새로이 태동하고 있는 노동조합운동과 관련을 가지
는 것이라고 설명했다.

홉스봄은 러다이트운동과 기계파괴운동을 동일하게 접근하지 않았으
며, 기계 파괴의 유형을 두 가지로 설명했다. 첫 번째 유형에는 기계에 대한
특별한 적대감이라고는 전혀 없었으며, 오히려 특정 조건 아래서는 고용주
에 대해 압력을 가하는 일반적인 수단이기도 했다는 것이다. 이런 종류의
파괴는 가내수공업 체제에서, 그리고 공장과 광산의 초기 단계에서 나타나
는 전통적이고 전형적인 산업 갈등에 속하는 것이었고, 그리고 심지어 고용
주의 사적 소유물까지도 파괴의 대상이었다고 홉스봄은 주장한다.

기계 파괴의 두 번째 유형에 대해 홉스봄은, 일반적으로 산업혁명에서
출현한 새로운 기계, 특히 노동 절약형 기계에 대해 노동자계급의 적대감이
표출된 것으로 해석했다. 그는 또 새로운 기계에 대한 극심한 반감이 존재
했다는 것은 사실이라 할지라도 다음의 몇 가지 사실을 유념할 필요가 있다
고 강조한다. 첫째, 기계에 대한 적대감은 무차별적이고 명확하지도 않았다
는 점, 둘째, 지역적으로나 부문에 따라 예외는 있었으나 그런 적대감은 그
다지 강력하지는 않았다는 점, 셋째, 그것은 노동자들에게만 해당되는 것이
아니라, 제조업들을 비롯한 광범한 공적 여론에서도 볼 수 있었다는 설명이
다(홉스봄 2003, 22; 27).

한편, 톰슨은 "러다이트운동이란 산업혁명이 진행되는 과정에서, 자본

가들이 행하는 이윤 추구의 희생이 된 노동자들이 국가로부터 하등의 보호를 받지 못한 채 항거해 일으킨 노동운동의 일환이었다"고 설명한다. 그는 전쟁과 같은 요인 때문에 고통이 가중되었던 것은 사실이나, 이미 저항의 씨앗이 산업혁명 이후의 경제·사회적 상황 속에 내재해 있었다고 강조했다. 톰슨은 "러다이트운동은 그 기원을 특정한 산업적 불만에 두고 있으면서도 하나의 준폭동적 운동이었고, 그래서 그것은 배후에 도사리고 있는 혁명적인 목적과 계속 아슬아슬하게 맞닿아 있었다. 그렇다고 그것이 완전히 의식적인 어떤 혁명운동이었다고 말하는 것은 아니다. 그런 것이 아니라, 그것은 그런 운동으로 나아가는 경향을 가지고 있었던 것이다. 그러나 그런 경향은 너무나 자주 과소평가되고 있는 것이다."

그리고 톰슨은 러다이트운동의 노동운동사적 의의에 대해 다음과 같이 설명한다. 러다이트운동은 18세기에 알려진 그 어떤 것보다도 더 큰 독자성과 복합성을 지닌 노동자계급 문화의 발현으로 볼 수 있다는 것이다. 1811년 이전 비합법 전통의 20년 동안은, 명백하지는 않으나, 문화 발현은 풍부했던 시기였다. 특히 노동조합운동에서 얻어진 새로운 실험들, 성장하는 경험과 문자 해독, 정치적 자각 등은 모든 면에서 뚜렷이 나타나 있다. 러다이트운동은 바로 이런 문화 ― 공제조합의 세계, 비밀 의식과 서약, 의회에 대한 준합법적인 청원, 수련공 숙소에서 가진 수공업 기술자들의 모임 등 ― 에서 아마도 필연적으로 자라났던 것이다. 그것은 자신에 찬 노동조합주의의 물결이 결사금지법이라는 댐으로 막히자 이를 무너뜨리고 분명한 공개적인 존재로 등장하기 위해 노력했던 과도적인 국면이었다는 것이다 (Thompson 1966, 553; 601).

러다이트운동의 직접적인 원인은 기계 도입에 따른 폐해뿐만 아니라 임금수준의 저하, 실업의 증대, 물가 상승, 권리침해 등이었다. 또 수공업노동자들이 의회를 통해 구舊법률에 근거한 임금률의 국가적 규제와 도제제도의 법제화를 실현하고자 했던 요구가 관철되지 못한 것도 일정한 역할을 했다. 더욱이 1700년대 말에는 노동조합 결성마저 금지됨으로써 노동자들은 폭동, 재산 파괴, 개인에 대한 공격 등 폭력적 행동을 행사하게 되었다.

러다이트운동과 유사한 운동은 여러 시기에 걸쳐 양상은 다를지라도 산업 발전의 일정한 단계에 있었던 많은 나라에서, 주로 섬유 부문을 중심으로 발생했다.

프랑스에서는 1817~1823년에 러다이트운동이 처음으로 일어났다. 1819년 비엔에서 기업가 두 사람이 그들의 매뉴팩처에 전단기를 설치하려 한다는 소문이 나돌자, 노동자들이 소요를 일으켰다. 우두머리 전단 노동자들이 시장에게 다음과 같은 내용을 담은 탄원서를 제출했다.

이 기계는 12시간에 옷 만드는 천 1천 엘(1엘은 45인치)을 재단하고 광택을 내며 솔질까지 하게 될 것인 바, 이 일을 하는 데는 기껏 네 사람의 노동자가 필요할 뿐입니다. 이것은 유해한 수단입니다. 이 기계를 사용하게 되면, 많은 노동자가 일을 잃게 될 것입니다(Manuel 1938, 180~211; The USSR Academy of Sciences 1980, 195에서 재인용).

이런 항의에도 불구하고 기계는 분해되어 헌병의 호위를 받으면서 리옹에서 옮겨졌다. 이에 놀란 노동자들은 호송대를 습격해 기계를 부수고자 시도했다. 여기에 군대가 동원되고 노동자 여러 명이 체포되었으나, 그로노블 배심재판소는 그들에게 무죄를 선고했다. 기계 파괴를 의도한 반란은 1819~1823년에 걸쳐 클레르몽페랑, 로데브, 카스톨, 카르카손에서 일어났으며, 그 후 기계 도입은 파리 인쇄노동자(1830~1840년), 르아브르 조각나무세공

노동자(1830년), 특히 로데브 방적노동자(1845년)들은 기계 도입에 항의해 파업을 일으켰다(The USSR Academy of Sciences 1980, 195). 그러나 프랑스에서 일어난 러다이트운동은 전체적으로 보아 영국에서 보는 것처럼 넓게 확산되지는 않았다.

벨기에서는 1821~1830년에 걸쳐, 독일에서는 1830~1834년과 1842년에 걸쳐 러다이트운동이 일어났다. 미국에서는 기계 파괴 건수는 다른 나라에 비해 매우 적었는데, 그것은 미국의 경우 방적노동자와 가내 방직노동자의 수가 적었기 때문이었다.

그렇다면 각국에서 진행된 러다이트운동을 어떻게 규정해야 할 것인가. 일부 역사가들은 기계 파괴자들의 행동이 굶주린 노동자의 맹목적이고 절망적인 것이었고, 러다이트 그 자체를 모름지기 기술 진보의 적으로 규정했다. 다른 평가들은 이 운동이 기계와 공장을 파괴하는 자연발생적 폭동이었지만, 그것은 실천적 목적을 추구한 운동이었다고 설명한다.

이 운동은 형편없이 낮은 임금과 견디기 어려운 노동조건 일반에 대한 저항이었고, 노동자와 수공업자는 그들의 행동을 통해 기업주와 정부에 대해 임금 인상, 고정 임금률, 고용 증대, 미숙련노동자의 통제 없는 이용 금지 등을 위한 법적 조치 강구를 촉구했다. 말하자면 러다이트운동은 자본가와 그들의 이익을 지켜 주는 국가에 대해 직접적인 압력을 행사함으로써 특정 그룹 노동자의 착취 정도를 낮추고 생활수준을 개선하고자 했다. 그들은 사실상 이런 목적을 달성하기 위한 다른 방도를 찾을 수도 없었다.

이런 여러 가지 사실에 비추어, 노동자들은 기술 진보 그 자체에 대해 저항한 것이 아니라, 자본이 노동자계급에 대응해 착취 강화의 목적으로 기계를 사용했기 때문에 공장 기계에 대해 저항할 수밖에 없었다. 그들이 파괴한 것은 자본주의적 공장에 설치된 기계, 즉 수공업자와 가내공업노동자의 노동·생활의 기반을 송두리째 깨뜨리는 그런 기계였다. 비록 기계가 도입되었다 하더라도 가내공업을 파멸시키지 않는 기계, 임금에도 고용에도 위협을 불러일으키지 않는 기계에 대해서는 노동자들은 결코 반대하지는 않았다. 수직노동자와 방적노동자들이 두려워한 것은 만만치 않은 경쟁자로서 기계였으며, 더욱이 기계들이 공장에 설치될 것이라는 사실은 그들을 더욱 불안하게 만들었다(The USSR Academy of Sciences 1980, 196~197).

또 러다이트운동은 기아 폭동의 기원과 마찬가지로, 초기 노동운동의 자연발생적이고 대중적 폭동에서 비롯되었다. 이것은 형성기에 있었던 노동자계급이 자신들의 지위 향상과 권리 확보를 위한 투쟁의 새로운 국면을 나타낸 것으로 해석된다. 그것은 계급적으로는 미성숙하고 수공업과 매뉴팩처에 고용된 노동자계급의 투쟁 방법을 재생산한 것이었지만, 본질적으로 노동운동이었음이 분명하다.

러다이트운동은 자연발생적 요소를 강하게 띠고 있었지만, 동시에 조직성의 맹아를 내포하고 있었다. 영국에서는 러다이트의 비밀결사가 존재했지만, 그들은 공동 행동 계획을 세우고 서로 통신을 행하며, 집회를 열고 의회 쪽과 교섭을 벌이기도 했다. 그러나 러다이트운동은 전체적으로는 이중·과도적 성격을 띠었다. 한편에서는 생산을 규제(도제 수의 제한 등)하는 낡은 법규를 부활시켜 과거, 즉 산업화 이전 시대로 되돌리려 했다. 그리고 기계 파괴와 공장 습격은 강고한 자본주의사회의 생산력 발전을 어느 정도 억제했다. 결국 숙련노동자와 수공업자는 자본주의적 착취에 저항함으로써 사실상 착취로부터 벗어나 경제적으로 독립한 생산자로서 지위를 확보하고자 투쟁했다.

다른 한편, 노동자의 경제적 이익을 지키기 위한 러다이트의 '직접행동'은 자본의 침해에 대해 노동자가 저항하는 데 이바지했지만, 자본 측에 대해서는 기계는 착취를 강화하고 노동자를 감독하며 그들의 항거를 막는 수단으로서 봉사했다. 노동자들은 그런 기계에 대항해 투쟁하면서 자신들의 '생활권'을 지키고, 때로는 일시적인 것이라 할지라도 임금 인상과 같은 경제적 목적을 달성하기도 했다. 그런 의미에서 러다이트운동은 역사적으로 진보적인 현상이었다. 러다이트의 요구 속에는 노동운동이 성숙 단계에 들어서서 내걸었던 슬로건과 동일한 내용 — 최저임금제 보장, 여성 노동과 아동노동에 대한 착취 제한, 고용 보장 — 이 포함되어 있는 것에 주목할 필요가 있다. 이 밖에도 러다이트운동은 초기 노동운동사에서 중요한 역할을 수행했다. 특히 그 이후의 연대와 대중행동의 한 원형을 제공했고, 대중적 민주주의 운동의 구성 요소를 함축하고 있었다(The USSR Academy of Sciences 1980, 199~200).

그러나 러다이트운동은 자본에 대한 노동자계급의 저항 방법으로서는 결코 생명력을 길게 유지하지는 못했다. 전체적으로 기계 파괴자의 저항은 고립적인 성격을 띠었고 개별 지역에 한정되었으며, 특히 중요하게는 당시의 사회적 상황이라는 단지 한 가지 측면에만 투쟁 목표가 설정되었다는 사실이다. 당면 목적이 달성되기도 했지만, 전체적인 사회적 중압이 저항력을 상실한 '범죄자들'을 억누르게 되었고 그들을 마음껏 처벌했던 반면, 결국에는 기계들이 도입되었다.

이런 상황에서 노동자계급은 자본가계급의 공격에 대항하기 위한 다른 방법이 필요했다. 그와 같은 방법들이 발견되었다. 그 가운데 산업혁명 초기 단계에서 가장 중요한 의의를 갖는 것은 경제 파업이었다. 이것은 오늘날에도 자본주의 체제에서 노동자계급의 직접적 이익을 옹호하고 자본주의 체제에 대한 투쟁을 준비하는 유력한 수단이 되고 있다.

3. 노동자 조직의 출현

노동자계급은 형성 과정에서부터 자신들의 권익 향상을 위해 여러 가지 형태의 투쟁을 전개하기 시작했으며, 이에 따라 필연적으로 노동자 조직이 출현했다. 이런 노동자 조직의 출현은 노동운동 발전에서 매우 중대한 의의를 갖는다. 물론 노동자 조직이 처음부터 노동조합 형태로 출발한 것은 아니었다. 노동자의 결사나 연대 조직의 창설은 노동자계급이 기업주에 대해 더한층 강고하면서도 효과적으로 저항하기 위해 분립된 행동에서 결합된 행동으로, 고립적인 상태에서 조직적 상태로, 분산된 힘에서 단결된 세력으로 이행하는 도정道程에서 이루어진 일보 전진을 의미하는 것이었다.

유럽의 몇몇 나라(특히 프랑스와 독일의 경우)에서는 산업혁명 이전에 형성된 조직이 노동자계급 단결의 초기 국면에서 기능을 지속하고 있었다. 수공업 '동업조합'[9]이 그것이었다. 동업조합은 수공업 영세 작업장이나 각종 매뉴팩처노동자들을 포괄했으며, 매우 폐쇄적 성격(예컨대 규약이 정한 독특한 의식적儀式的 규범, 조합 내부의 위계제와 규율, 전통적 관습, 지휘봉·밴드·암호문·별명 등의 상징)을 유지하고 있었다. 특히 동업조합은 고도의 직업적 숙련 수준을 확보하고자 했다.

그러나 산업혁명이 만들어 낸 새로운 경제·사회적 조건들은 수공업 생산에 대해 점점 큰 타격을 안겨 주게 됨으로써 직업별 조직은 방위적 기능에 더 큰 힘을 쏟았다. 의심할 여지 없이 직업별 조직은 노동조합운동 발생

9_중세도시에는 상인 길드와 수공업자 길드가 있었다. 수공업 길드에는 장인(master), 수련공(journyman), 도제(apprentice)로 구성되어 있었다. 동업조합은 규격이나 가격의 통제, 도제제도의 유지, 기득권의 옹호 따위를 목적으로 하고 매우 폐쇄적으로 운영되었다.

시기에 수공업·매뉴팩처 노동자들이 벌인 경제투쟁의 거점 구실을 함으로써 중요한 역할을 수행했다. 직업별 조직은 막 형성되기 시작한 노동조합운동보다 앞서 만들어진 조직이었으나, 그런데도 노동조합운동의 발전 과정에서 보면 노동조합 조직은 이런 종류의 조직에서 출발하지는 않았다. 동업조합과 이와 유사한 조직은 그 특유의 배타성과 좁은 직업적 폐쇄성 때문에 더 이상 발전하지 못한 채, 결국에는 '역사의 유물遺物'이 되고 말았다(The USSR Academy of Sciences 1980, 220).

노동자의 조직도 경제·사회적 변화에 따라 그 형태와 성격을 바꾸지 않을 수 없었다. 기계제 생산과 공장 시스템의 도입은 수공업자의 기능 가치를 잃게 만들었고 인구의 대량 이동을 초래했으며, 지금까지 존재하지 않았던 산업노동자 범주를 형성했다.

노동자 대중의 새로운 사회적 지위와 생활양식은 단결에 대한 그들의 열망을 북돋았으며, 전통적인 수련공 조직의 기능화 원칙과는 모순되는 것이었다. 이에 따라 노동자계급이 추구하는 직업적 단결의 중심이 된 것은 광범한 노동자층을 포괄하는 조직, 계급투쟁의 새로운 조건과 요구에 더욱 합치되는 다른 조직이었다. 그것이 다름 아닌 대중·계급 조직으로서 노동조합 조직이었다.

노동조합 조직이 대두하기 전에 현대적 유형의 노동조합과는 다른, 직업별 또는 전문 직종별 조직이 결성되기도 했는데, 이것은 수공업자 출신 노동자들에게는 익숙한 조직 형태였으나 동업조합의 한계를 벗어나지 못했다. 그리하여 노동자들은 광범한 노동자계급을 포용하고 대중적 역량을 증대시킬 수 있는 노동조합 조직을 추구하게 되었다. 노동조합은 일상 생활이익을 위한 투쟁, 즉 기아, 빈곤, 착취, 굴욕에 대한 투쟁에서 노동자 단결을 위한 가장 접근하기 쉬운 중심 조직이 되었으며, 자본가를 상대로 대항할 수 있는 성곽이 될 수 있었다. 그리고 노동조합은 노동자들이 개별적으로 흩어진 고립 무원한 상태에서 계급적 결합의 초보 형태로 나아가기 위한 통로가 되었다.

영국에서는 어느 나라보다 먼저 1700년대 중반 무렵 노동자의 조합이 출현했다. 노동자들이 직업별 범위에서 결합하는 과정은 목면 산업의 숙련노동자 사이에서 가장 먼저 시작되었고, 1770~1780년대에는 견직노동자와 편물노동자 사이에서 활발하게 진행되었다. 1790년대 이후에는 다른 많은 직업과 생산 부문에서 조직화가 추진되었다. 노동자계급의 주력부대 — 랭커서의 방적노동자, 요크셔의 모직물노동자, 셰필드의 철물제조노동자 등 — 사이에서 노동조합이 결성된 것은 이 시기였다. 18세기 말까지는 노동조합은 매뉴팩처에서 일하는 여러 그룹의 숙련노동자들 — 조선·고급가구제조·제혁·브러시제조·바스켓제조·바지재봉·식자·제지 노동자 — 을 포괄했는데, 이들 노동자 그룹 사이에서는 전통적인 직업적 결합이 유지되고 있었다. 이 무렵, 북부와 중부 지역의 광산·섬유 공장노동자들이 최초로 노동조합을 조직했다.

18세기 말부터 19세기 초 사이에 프랑스(1790년 파리인쇄노동자클럽, 1791년 목수우애조합, 파리항만·하역노동자조합)와 미국(1792년 필라델피아 제화노동자와 뉴욕 인쇄노동자, 1803년 뉴욕 조선노동자 등의 노동조합)에서 최초의 노동조합이 결성되었다. 다른 유럽 나라들에서는 노동조합 결성이 그 이후 진행되었다. 독일에서는 1820~1830년대에 직조·인쇄 노동자 등이 조직을 만들었고, 에스파냐에서는 1840년대 전반에, 그리고 이탈리아에서는 1840~1850년대 이후 노동자 조직이 결성되었다.

일본에서는 청일전쟁이 끝난 뒤, 곳곳에서 노동자들의 투쟁이 일어났는데, 이것을 배경으로 1897년 노동조합기성회가 결성되었다. 그 중심인물은 미국에서 돌아온 기자 출신 다카노 후사타로였다.

식민지 또는 반식민지, 경제 후진국에서 노동조합이 조직된 것도 19세기 후반이었다. 라틴아메리카 국가들의 경우, 1853년 산티아고와 리우데자네이루에서 인쇄소 노동자들의 노동조합이 결성되었고 1857년에는 부에노스아이레스에서 인쇄노동자 조직이 출현했으며, 1850년대 말에는 쿠바 아바나에서 담배제조노동자와 항만노동자 조직이 결성되었다. 중국 광주에서는 1857년 짐꾼 노동자들의 지방 협회가 만들어졌는데, 이것은 중국 운수노동자의 첫 번째 조직이었다.

조선에서는 일찍이 상호부조 조직으로 노동자들 사이에 계契가 형성되기도 했으나, 노동조합 이름으로 조직된 것은 1898년 성진본정부두조합이었다. 당시 결성된 노동조합은 법적 근거를 갖춘 것이 아니었으며, 조합원의 숫자도 그다지 많지 않았다. 근대적 의미의 노동조합운동이 본격적으로 전개된 것은 1920년대 이후였다.

이와 같이 노동조합 조직 과정은 불가피하게 동시적일 수 없을 뿐만 아니라 조직 형태도 다양했다. 그런데도 거의 동일한 단계를 거쳤다. 두 가지의 주요한 단계가 있었는데, 처음에는 주로 상호부조 활동에 국한되었던 공제조합이 조직되었다. 다음으로 거기에서 성장해 또는 그것과 무관하게 설립되어 자본가를 대상으로 한 적극적 저항 조직의 성격을 띠게 되었다. 그 밖에 공제 조직이나 일시적인 파업 지도 조직과 같은 중간적인 조직 형태도 국가에 따라 다양하게 존재했다.

노동조합이 결성되어 활동을 시작한 초기 단계의 특징은 노동조합이 지배계급과 국가권력기관의 탄압 상황에서 형성되었고, 경우에 따라 장기에 걸쳐 지하에서 활동한 경우도 있었다.

영국에서는 '공모'죄에 관한 중세의 법률과 특정 직종 내의 결사에 관한 의회법 조항들의 확대 해석으로 1700년대 전체를 통해 노동조합은 박해를 당했다. 어떤 노동조합들은 비합법 또는 반半합법 상태에 있었다. 노조 운동이 확대되자 1799년과 1800년에 영국 의회는 노동조합 전체에 대해 단결금지법Combination Act을 제정했다. 실제로 의회는 18세기 초두부터 특정 직업의 단결을 금지하는 규제법을 끊임없이 제정했다. 단결금지법이 규정한 것은 "노동자들의 단결은 자신의 고용주와 수련공에 대한 모반의 성격을 띤 것이고, 직업의 확산에 필요한 '훈련'에 대해 파괴적인 것이며, 고용주가 '자신의 소유물로 자기가 선호하는 것을 행하는' 권리를 간섭하는 행위"로 간주되었다.

이런 상황에서 대부분의 노동조합은 지하로 들어가 비밀결사체로 전환하지 않을 수 없었다. 비합법 상태의 노동조합운동 시기는 25년 동안(1799~1824년) 계속되었는데, 이 기간에 노동조합운동은 지배계급의 기대와는 정반대로 큰 진보를 달성할 수 있었다. 오래 전부터 많은 노동조합이 활동을 계속해 왔을 뿐만 아니라 새로운 노동조합들도 잇따라 생겨났다. 노동조합은 비밀 집회소 망을 갖고 종래와 같이 조합원증을 교부했으며, 어떤 노동조합은 합법적 요소를 이용해 자금을 은행에 예치하기까지 했다.

이처럼 비합법적 노동조합 활동이 유지·강화되었던 것은 스스로의 권익을 지키기 위해서이기도 했지만, 당시 사회보험(산재보험, 의료보험, 실업보험, 연금보험 등)이 전혀 실시되지 않았던 상황에서 노동자들은 노동조합의 상호부조 사업을 통해 구제받을 수밖에 없었기 때문이었다.

한편, 노동조합은 합법적 방법을 동원해 착취의 강화에 반대해 의회에 청원서를 제출하기도 했는데, 그것은 최저임금제의 확립과 도제 수의 제한, 반노동자법의 철폐를 요구한 내용이었다.

노동자에 대한 무거운 박해는 별로 실효를 거두지 못했다. "19세기 초

20년 동안 노동조합 운동가는 반역자 또는 혁명가로서 법률상의 박해를 받았다. 이런 박해는 노동조합운동의 건전한 성장을 저해했고, 조합원들을 폭력과 음모 속으로 내몰았으나 결국은 단결금지법의 폐지와 근대적인 노동조합운동의 출현을 가져오게 되었다"(Webbs 1920, 63). 단결금지법은 대중들의 분노를 불러일으켰으며, 노동조합은 이 법률 시행에 강력하게 저항했다. 대부분의 노조들은 지하로 들어가 비밀결사로 전화해 지속적으로 활동과 투쟁을 전개했다. 그 결과, 1824년 영국 의회는 단결금지법을 폐지하게 되었고 노동조합 활동은 법적으로 인정되었다. 이것은 영국 노동자계급의 큰 승리였다.

프랑스에서는 1791년 제정된 르 샤플리에 법이 노동자의 합법적인 단결을 금지했으며, 이에 따라 노동조합은 수십 년 동안 비합법 또는 반합법 상태에 놓여 있었다. 또 파업 참가자에 대한 3개월~1년의 징역과 지도자 또는 주동자에 대한 2~5년 징역형을 적용했던 1810년의 나폴레옹 형법이 노동 기본권을 억누르는 제도적 장치였다. 1830~1847년까지 1천 개가 넘는 노동조합이 단결금지법 위반으로 고발당했다. 독일에서는 1847년까지 노동조합을 탄압하는 약 30개의 법률·법령·규칙이 공포된 상태였다.

이런 상태에서도 노동자계급은 완강한 투쟁을 조직해 단결금지를 위한 법률과 조치들을 철폐하기 위해 노력했다. 이와 함께 노동조합 조직은 길드의 편협성과 지역적 분산성을 극복하기 위해 다양한 노력을 기울였다. 이런 실천을 통해 전국적 직업별 또는 산업별 노동조합이 조직되고 지역적으로도 직업별 노동조합의 연대 조직이 설립되었다.

이와 같이 노동자계급의 직업적 결합 과정은 시기의 차이는 있을지언정, 대부분의 나라들에서 유사한 형태로 발전했다. 노동자투쟁은 처음에는 자연발생적이었지만 점점 조직적인 형태를 취하면서 발전했고, 노동조합 창설을 통해 계획적으로 진행되게 되었다. 그런 점에서 노동조합 조직과 활동은 최초에는 극히 초보적인 성격을 띠었으나 차츰 광범한 노동자를 포괄할 수 있는 길을 열었다. 이 과정에서 노동조합운동은 자본과 국가권력으로부터 혹심한 탄압과 통제를 받아 장기간에 걸쳐 비합법의 지하활동을 전개했으며, 결국은 노동자계급이 투쟁을 통해 합법적 지평을 열게 됨으로써 노동조합운동은 새로운 단계로 발전할 수 있었다.

제2부 정치적 자립을 향한 노동운동의 발전과 1848~49년 혁명

1장 정치적 자립을 위한 실천 투쟁

2장 1848년 혁명과 노동자계급

1장
정치적 자립을 위한
실천 투쟁

정치적 성숙은

노동운동이 자기의 이익 실현을 위해서는

사회의 제도 변혁을 필요로 한다는

사실을 인식함으로써

비로소 가능하게 되는 것이다.

노동자 대중의 다수가 근본적 개혁이

바로 자신들의 직접적 이익이라는 점을

현실 속에서 깨닫지 않으면,

노동운동은 본래 의미의 정치적 운동으로

발전할 수 없는 것이다.

_아돌프 스터름탈
(스터름탈 1983, 57에서 재인용)

1. 정치적 자립을 위한 투쟁의 의의

1830년 프랑스에서 일어난 7월 혁명[1]은 노동운동 역사에서 하나의 획기적인 사건이었으며, 유럽 정치 지형에 큰 영향을 끼쳤다. 이 혁명에서 가장 전투적인 세력은 파리의 노동자들이었다. 곧, 부르봉왕조 권력을 타도한 '영광의 3일'에서 성패를 결정한 것은 노동자들의 전투적인 개입이었다. 이것은 정치체제의 교체를 가져온 노동운동 역사상 최초의 대중행동이었다 (The USSR Academy of Sciences 1980, 291).

그런데 노동자계급이 이 혁명을 통해 정치적으로나 사회적으로 얻은 것이라고는 아무것도 없었다. 이에 반해 7월 혁명의 과실을 획득한 것은 부르주아지의 상층이었다. 이에 따라 상퀼로트의 대표적 후예인 노동자계급은 새로운 상황에서 18세기 도시 평민들보다 훨씬 강력하게 행동했다. 이런 과정을 통해 노동자들은 부르주아지에 대한 불신을 체득하게 되었고, 자본가계급이 지닌 계급적 이기심을 확인하게 되었다.

영국 노동자들도 그 당시 프랑스 노동자들과 비슷한 상황에 놓여 있었다. 그들은 선거권의 확대와 의회 개혁 법안(1832년)을 위한 부르주아지의 투쟁을 적극적으로 지원했다. 그로부터 오래지 않아 부르주아지가 투쟁을 통해 획득한 승리를 오로지 자신들의 이익만을 위해 이용한다는 사실을 노

1_복고된 프랑스 왕정을 다시 무너뜨린 1830년 7월의 혁명을 일컫는다. 1830년 5월에 실시된 하원 선거에서 반정부적인 자유주의자들이 다수를 차지하자, 국왕 샤를 10세는 7월 26일 칙령을 발표하고 소집되지도 않은 의회를 해산하고 언론·출판을 탄압하는 명령을 내림과 동시에 새로운 선거법을 제정해 선거자격의 대폭 제한을 강행했다. 다음 날인 27일 파리의 프티부르주아지, 수련공, 노동자, 학생이 봉기해 3일 동안의 시가전 끝에 승리를 거두었다('영광의 3일'). 샤를 10세는 영국으로 망명하고, 8월 9일 자유주의자인 오를레앙가의 루이 필리프(시민의 왕)가 즉위해 7월 왕정이 수립되었다.

동자들은 인식하게 되었다. 사태가 그렇게 전개되자, 1830년대 후반 들어 영국 노동자 대중은 '인민헌장'을 위한 투쟁을 전개했다. 이 투쟁의 정치적 목표는 보통선거권 요구였다. 뒤에서 자세히 살펴보겠지만, 이 대중적 차티스트운동을 통한 민주주의 투쟁은 계급적이고도 변혁적인 성격을 내포했다.

프랑스와 영국의 경우에서 보는 바와 같이 노동자계급이 지향한 목표는 정치적 자립이었으며, 직접적인 과제로 제기한 것은 민주주의 내용의 사회제도 확립이었다. 노동자계급의 정치적 자립을 위한 투쟁은 계급의식을 지닌 노동자들이 부르주아지의 도구로서 행동하는 것을 거부하는 데 머물지 않고, 그들이 스스로의 이익 보장을 위해 사회를 개조하려 했다는 데 그 의의를 찾을 수 있다.

2. 영국의 차티즘운동

차티즘Chartism운동은 1838년 5월에 공포된 인민헌장 실현을 목표로 20년 가까이 전개된 노동자계급의 광범위하고 독자성을 띤, 조직된 운동이었다. 인민헌장이 내세운 여섯 개 항의 요구는 이러했다. 성년 남자의 보통선거권, 비밀투표, 공평한 선거구 획정, 매년 선거(의원 임기 1년), 후보자에 대한 재산 제한 철폐, 의원에 대한 세비 지급 등이 그것이었다. 자본주의 체제에 대한 노동자계급의 반란이자 국제 노동자계급 운동의 빛나는 서막이라고 표현되는 차티즘운동의 배경과 원인을 살펴본다.

제1부에서 살펴 본바와 같이, 영국에서는 18세기 말부터 산업혁명이 진행되어 세계 최초로 산업노동자계급이 발생했고, 1830년대에는 기계가 대규모로 도입됨으로써 공장노동자들이 대규모로 형성되었다. 이런 상황에서

자본가들은 자본주의 제도의 진전과 더불어 자본축적과 부의 집중을 이룰 수 있었던 반면, 노동자계급은 실업과 저임금, 그리고 무권리 상태에서 극심한 고통을 겪어야만 했다.

노동자계급은 정치적으로도 기본이 되는 자유와 권리를 확보하지 못한 채, 억압 상태에서 벗어나지 못했다. 1832년에는 부르주아계급을 중심으로 한 중간 계층의 투쟁을 통해 선거법이 개정됨으로써 부르주아계급은 정치 권력을 장악하게 되었고, 토지 귀족층을 압도할 수 있는 세력으로 등장했다. 개정된 선거법은 부패한 선거구를 폐지하거나 기형적인 선거구를 조정하고, 기존의 재산에 따른 피선거권자 자격 제한을 다소 완화함으로써 성년 남자의 선거권을 확대시킨 법률이었다. 1831년 당시 영국의 성년 남자 유권자 수는 36만6,250명(도시 선거구: 16만4,391명, 농촌 선거구: 20만1,859명)이었는데, 1832년의 선거법 개정으로 1833년에는 그 수가 65만2,777명(도시 선거구: 28만2,398명, 농촌 선거구: 37만379명)으로 증가했다. 총유권자 수는 이전에 비해 약 78퍼센트(도시: 71퍼센트, 농촌: 83퍼센트) 더 증가한 것이다(김택현 2008, 22). 그런데도 당시 총인구수 1,400만 명 가운데 유권자의 비율은 4.6퍼센트 정도에 지나지 않았다.

1832년의 정치 개혁에서 노동자들의 선거권은 보장되지 않았다. 이것은 자본가계급 또는 중산계층이 선거제도 개정을 위한 운동을 벌이면서 노동자들을 끌어들였다가 자신들의 요구만 관철하고 노동자들의 선거권과 출판의 자유 확대를 반대한 데 따른 결과였다. 부르주아지의 이런 행위에 대한 반발은 노동자의 계급의식을 일깨운 계기로 작용했다.

한편, 선거법 개정이 가져다준 직접적 결과로서 1834년에는 의회가 구빈법을 개정해 신新구빈법을 제정했다. 신구빈법은 선거법 개정과 겹쳐 노동자계급의 불만을 증폭시켰다. 1834년법은 구빈제를 지방 자치체인 교구[2]

의 손으로부터 넘겨받아 국가로부터 임명된 중앙 감독 기구의 통제 아래 두도록 했다. 신구빈법은 세 가지 기본 원칙을 구체화했다.

첫째, 열등처우의 원칙principle of less eligibility. 구제를 받는 자에 대한 처우는, 구제를 받지 않고 자활하는 최하층 노동자에 대한 사회적 조건과 처우보다 열등한 것이어야 한다. 이것은 노동능력자를 시장에서 임노동에 종사하도록 하고 공적 구제의 수급을 기피하도록 하기 위한 것이다.

둘째, 구빈원 수용의 원칙workhouse system. 이것은 열등처우의 원칙을 실현하기 위한 것으로 '원외구제 금지의 원칙'이라고도 할 수 있다. 즉, 노동능력자와 그 가족에 대한 구제는 구빈원 내로 한정시킨다는 원칙이다.

셋째, 전국적 통일의 원칙principle of nationnal uniformity. 구빈법의 운영을 더욱 효율적으로 하기 위해, 또 의회의 감독을 받도록 하기 위해 채용된 원칙으로서, 전국 차원에서 빈민 처우를 통일하기 위해 중앙정부에 구빈 행정을 지도하고 각종 규칙의 실시를 감독할 중앙 감독 기구를 설치한다는 원칙이다(유형근 2002, 320).

수정 구빈법은 노동인구를 노동능력 유무를 기준으로 노동능력 있는 노동자와 구호 빈민으로 분할해 산업사회에서 노동시장과 빈민 구제 사이의 경계를 확립하고자 했다. 여기서 빈민 정책의 목표는 곤궁한 상태에 놓인 빈민의 구제만이 아니라 노동 규율과 고용의 불안정성 유지, 저렴한 노동력의 상시 공급이라는 자본주의의 노동시장 요구에 조응하는 것이었다(유형근 2002, 75).

구빈법의 개정에 따라 이제까지 구빈세에 의존하고 있던 사람들은 과도

2_당시 영국 인구가 1,400만 명이었고 교구 수가 1만5천 개여서 한 교구에 속한 인구는 평균 1천 명도 되지 않았다.

기의 극심한 빈곤을 겪어야만 했다. 구빈법은 실업을 당했을 경우 최후의 구호책을 제공했는데, 그것이 개정됨으로써 실업에 따른 불안은 더욱 커졌다. 또 수직기 방적노동자의 경우와 같이 몰락해 가는 노동자계급은 구제의 조건으로 노역장[3]에 수용되는 것을 격렬하게 반대했다.

신구빈법은 노동자들에게 저임금을 강요하려는 의도에서 제정되었다. 노동자들은 감옥과 다름없는 노역장의 엄격한 규율과 굶주림, 가족과 떨어져 영위되는 생활을 감내해야 했으나, '빈민의 바스티유 감옥'에 갇히는 것보다는 아무리 낮은 수준의 저임금이라도 감수하면서 일하는 것을 선택하지 않을 수 없었기 때문이다.

이런 조건을 배경으로 1832년 이후 노동조합운동은 활기를 띠었고, 노동자계급은 부르주아지에 대한 압력을 행사할 수 있는 방법을 찾고 있었다. 1834년에는 전국노동조합대연합이 결성되었는데, 이 조직은 건설·방적·도자기제조·재봉·모직·농업 노동자 등의 큰 노조들을 포괄했다. 로버트 오언이 이 조직의 결성을 주도했으며, 기본 이념으로 내세운 것은 노동조합이 사회의 지배권을 장악하고 나아가 산업을 운영해야 한다는 것이었다. 대연합은 분산성을 띤 직업별 조합craft union과는 달리 전국 단위의 중앙집권적인 계급 조직이었다.

대연합은 1834년 당시 조합원 50만 명 정도를 포괄했고 파업투쟁을 조직했을 뿐만 아니라 오언의 협동조합 사상을 실현하는 동시에 노동조합을 생산자 협동조합으로 전환하려 시도했다. 그러나 대연합은 지도부 내의 분열과 지배 권력의 공격, 파업을 실행하기 위한 기금 부족 등으로 1834년에

3_당시에는 통상적으로 '새로운 바스티유' 감옥이라고 불렀다(Cole 1947, 93~94).

해산되었다.

당시 개혁 법안에 대한 환멸, 신구빈법에 대한 분노, 노동조합 사업 부진에 대한 좌절, 오언주의 계획 실현의 실패 등은 노동자들에게 정치투쟁의 필요성과 중요성을 일깨워 주었다. 국가권력에 대한 접근만이 자신들의 곤경을 덜어 줄 수 있다는 자각이 노동자들 사이에 커지고 있었다. 그리고 자본가계급과 노동자계급 사이의 이해관계는 적대적이며, 노동자계급의 정치적 권리 획득은 자주적 행동을 통해서만 가능하다는 인식도 높아졌다(The USSR Academy of Sciences 1980, 312).

이와 같은 시대적 상황과 노동자계급의 자각을 배경으로 1836년 숙련노동자 그룹이 보통선거권 요구 투쟁을 전개할 목적으로 런던노동자협회를 창설했다. 이 협회는 정치적으로 독립된 노동자 조직은 아니었다. 그 창설자들은 프티부르주아 민주주의파로서, 보통선거권 획득을 위해 급진파와 협력할 것을 구상했다.

런던노동자협회는 '인민헌장'을 작성해 그 실현을 위한 운동을 전개하면서 차티즘이라는 명칭을 부여했고, 초기 운동을 주도해 나감으로써 차티즘 운동의 산파 역할을 수행했다. 런던노동자협회가 지닌 다른 급진주의 단체와 구분되는 특징은 노동자계급 출신만을 회원으로 인정한 사실이었다.

그들이 협회 회원을 노동자들에게만 국한시킨 이유는 노동자계급과 다른 계급 사이에서 빚어지는 이해관계 대립을 피하고자 한 데 있었다. 즉, 노동자계급의 독자적인 목표를 달성하기 위해서는 전全 노동자계급의 감정 통일이 불가결한데, 여러 계급 사이에 존재하는 이해관계의 대립이 이런 감정 통일을 자주 깨뜨리기 때문에 가능한 한 실제 회원 자격을 노동자계급에 국한하기로 결정했다는 것이다(박지향 1989a, 41).

런던노동자협회는 노동자 자신의 힘과 자각, 그리고 독자적인 활동을 촉구하면서도 한편으로는 프티부르주아 민주주의파나 급진 부르주아지들과 협조하고 동맹을 벌이면서 활동했다. 말하자면 런던노동자협회는 노동자계급의 독자적인 활동을 강조하면서도 중간 계층의 협조를 바랐고, 또 그들과 맺는 제휴의 가치를 인정했다. 런던노동자협회가 1836년 10월 18일 채택한 결의안 내용이 이런 사실을 뒷받침하고 있다.

지금과 같은 갈등상태에서는 이해관계가 우리와는 적대되지만, 그럼에도 불구하고 인간의 평등한 권리와 법률 그리고 정의를 열렬히 주장하는 자비심 있고 열성적인 친우들에게, 의회가 모든 사람의 이해관계를 대표할 수 있어야 한다는 우리의 요구에 함께할 것을 호소한다.

그러한 결함이 모두 해롭고 분파적인 경쟁심을 망각으로 사라지게 하고, 이 나라의 모든 자원을 전 국민의 행복을 증진시키는 데에 사용하도록 할 것이라고 확신한다(박지향 1989a, 42~43에서 재인용).

이런 기본 방침에 따라 런던노동자협회는 1834년에 해체되었다가 1837년 재발족한 급진적 부르주아지 연합 버밍엄정치동맹과 연대해 다시 활동을 전개했다. 1838년 5월 런던노동자협회 지도자들은 인민헌장을 공식화했다. 한편, 버밍엄정치동맹이 '국민 청원'을 발표하자 노동자계급은 한 손엔 인민헌장을, 다른 손엔 국민 청원을 들고 의회 개혁 운동을 활기차게 벌였다. 런던노동자협회와 버밍엄정치동맹은 전국 각지에 사람들을 파견해 노동자 조직 작업에 힘을 쏟았다. 여러 지역에서 노동자 집회가 열렸고, 이들 집회에서 노동자들은 인민헌장을 채택하고 청원에 서명함으로써 명실상부한 차티즘운동이 전개되었던 것이다.

청원은 다음과 같은 내용으로 시작되었다.

영국은 풍요한 토지와 온화한 기후, 그리고 풍부한 자원을 가진 나라이다. 그러나 국가의 번영을 약속하는 모든 이러한 요소들에도 불구하고, 우리들 자신은 공적으로나 사적으로 억압당하고 있다. 우리는 그처럼 고통스럽고 오래 계속되는 참상의 원인을 규명하기 위해 신중히 고찰해 왔다. 결국 지배자들의 우매함이 신의 섭리를 무용지물로 만든 것이다. 이 나라의 모든 에너지가 이기적이고 무지한 자들의 권력을 쌓는 데 소비되었고, 그 자원은 그들의 힘을 강화하는 데 낭비되었다. 소수의 이익을 위해 소수가 지배하고 있다. 다수의 이익이 무시되고, 무지막지하게 짓밟히고 있다.[4]

1837~1838년에는 런던민주주의협회와 대북부동맹과 같은 노동자 정치 조직이 설립되었고, 이들 조직은 프티부르주아 민주주의파가 제시한 헌장의 슬로건을 채택했다. 이로써 차티즘의 단초가 열리게 된 것이다. 당시의 차티즘운동은 영국과 스코틀랜드 공장 지대의 산업노동자, 웨일스의 광산노동자, 런던의 저임금노동자, 쇠퇴하는 수공업 부문 노동자 등이 운동에 참가함으로써 활기를 띠었다(The USSR Academy of Sciences 1980, 314).

1839년 2월, 런던에서 처음으로 차티스트의 '전국회의' 열렸다. 전국회의에 모인 대표들은 부르주아 급진파를 위시해 다양한 노선을 주장하는 여러 분파로 구성되어 있었으므로 명확한 투쟁 방침을 설정하기가 어려웠다.

4_1839년 행해진 제1차 청원은 128만 명의 서명을 받았는데, 이 서명은 214개 도시에서 열린 500회 이상의 집회에서 모아진 것이었다. 가짜 서명과 선거권 요구로부터 제외되는 여성들의 서명을 고려한다 해도, 그것은 실제로 유권자보다 훨씬 많은 수의 국민을 대표하는 것이었다(박지향 1989a, 45).

그런데도 전국회의는 의회가 청원을 받아들여 인민헌장을 법으로 채택해야 한다는 데는 일치된 견해를 표명했다. 이런 가운데서도 노동자 대표들이 차티즘운동 목표의 실현을 위해 직접적 행동을 비롯한 '극단 조치'를 취할 것을 제안하자, 부르주아 급진파들은 총회에서 퇴장하고 전국회의는 독립된 노동자계급 회의로 변모했다. 그러나 차티스트들은 명확한 행동 계획을 세우지 못했다. 여기서 보편적으로 받아들인 슬로건은 '가능하다면 평화적으로, 어쩔 수 없다면 폭력적으로'였다.

1839년 7월 하원은 청원서 심의를 거부했고, 총파업을 비롯한 극단 조치를 취하려 했던 전국회의의 노력은 실패로 끝나고 말았다. 제1차 국민 청원 운동이 실패한 뒤, 많은 차티스트 지도자가 정치 개혁 운동에서 이탈하거나 중간 계층의 이해를 대변함으로써 노동자들의 신뢰를 잃게 되었다. 인민헌장을 기초한 윌리엄 러벳은 1840년 이후 노동자교육 운동을 벌였고, 헨리 빈센트와 로버트 로워리 등은 금주 운동 또는 절제 운동을, 그리고 스코틀랜드의 차티스트 지도자 아서 오닐은 종교운동에 정진했다. 다만 퍼거스 오코너[5]는 1841년 8월에 18개월 동안의 형기를 마치고 출옥한 뒤, 차티스트운동을 헌신적으로 이끌었다.

1840년 7월 노동자계급 최초의 대중적 정치조직인 전국헌장협회[6]가 설립되었고, 1842년 제2차 국민 청원이 시작되면서 차티즘운동은 절정기를 맞았다. 1842년 경제 불황에 따라 노동자들의 생활은 곤궁 속으로 빠져들

5_ 영국의 차티스트운동가로서 선거법 개정 운동에 참가했다. 아일랜드 합동법 폐지론자로서 하원 의원이 되었고, 『노던 스타』(*The Northern Star*) 지를 발간했으며 대청원 운동에서도 지도적 역할을 했다.

6_ 전국헌장협회는 1840년 7월 맨체스터에서 결성된 최초의 전국적인 차티스트 조직이다. 이 협회는 1842년 4월에 이르러 5만여 명의 회원과 401개 지부를 가진 방대한 조직으로 성장했다(김택현 2008, 25).

었고, '저주받은 공장제도'에 대한, 그리고 억압과 잔인함에 바탕을 둔 사회제도에 대한 노동자계급의 대중적 투쟁이 고양되었다.

제2차 국민 청원은 다음과 같은 사실을 표명하면서 출발했다.

정부는 모든 국민의 자유를 보호하고 행복을 증진시키기 위해 생겼으며, 모든 국민에게 책임을 져야 한다. 그러나 현재의 하원은 국민이 선출하지 않았고 무책임한 행동만을 일삼으며, 다수의 비참함과 불만 그리고 호소를 무시한 채 소수의 이익만을 추구하고 있다. 하원은 국민이 표현하는 희망에 반대되는 법률을 제정하고 비합리적인 수단으로 그들에게 복종할 것을 강요한다. 그리하여 한편에는 참을 수 없는 독재정치를, 다른 한편에는 점점 몰락해 가는 노예를 만들어 내고 있다. 소규모의 직업인과 노동자계급을 전적으로 몰락시키면서 토지와 자본의 이익을 옹호한다. 부정과 부패와 협박과 사기가 모든 선거에서 난무하여 …… 세금은 현재 참기에는 너무 과하다. 부와 사치가 지배자들 사이에 만연하는 반면, 피지배자들은 빈곤과 굶주림에 시달리고 있다. …… 모든 이러한 악폐는 계급입법(class legislation)으로부터 발생한다. 그러나 하원은 이를 철폐하기는커녕, 오히려 증대시키려 항상 노력하고 있다(박지향 1989a, 58에서 재인용).

한편, 중간 계층의 자유무역 주창자들은 1815년에 제정된 곡물법이 지주층의 특권을 유지하게 하는 커다란 악폐라고 주장하면서, 이것의 폐기를 목표로 1839년 반곡물법연맹을 창설했다. 자유무역에 호의적인 대부분의 부르주아지가 인민헌장에 공식으로 표현된 요구들을 지지했다. 자유무역주의자들이 의도한 것은 곡물법 반대 투쟁에서 노동자들의 강력한 지지를 얻어 그것을 폐지시키고, 그 뒤에는 어제까지의 동맹자인 노동자들을 따돌려 보통선거권 요구를 방기할 심산이었다. 그러나 차티스트들은 자유무역주의 부르주아지의 동맹 제의에 동의하지 않았다. 그들은 자유무역주의자들과 공동으로 추진하는 곡물법 반대 투쟁이 실제로는 차티즘운동을 자본가계급의 이익에 종속시킬 것이라고 인식했기 때문이었다. 곡물법이 폐기되어 곡가가 떨어지면, 자본가들은 이에 따라 임금을 내리게 될 것이기 때문에 노동자들은 곡물법을 폐기함으로써 얻을 것이라고는 아무것도 없다고 판단했다. 이런 이유 때문에 1842년 4월 버밍엄에서 열린 차티스트 회의에서는 노동자 측이 부르주아 급진파에 대한 불신을 노골적으로 나타냈다.

차티즘의 영향력 증대를 나타내는 주요한 표지標識는 전국헌장협회 회원수의 증가였다. 1841년 10월에 1만6천 명이었던 회원은 1841년 12월에 3만 명, 1842년 2월에는 4만 명, 같은 해 8월에는 5만 명을 넘어섰다. 인민헌장은 실제로 집회나 회의를 통해 많은 노동자의 지지를 받았는데, 여기에 참가한 사람들 가운데 협회의 회원으로 등록된 수는 비교적 소수였다. 1842년의 제2차 국민 청원에는 331만7천 752명이 서명함으로써 국민 청원에 대한 대중의 지지가 얼마나 광범했는지를 입증했다. 제2차 국민 청원서 제출을 위해 5월 2일 하원으로 행진한 사람의 수를 『타임스』The Times는 5만 명이라고 밝혔으나, 차티스트 신문인 『노던 스타』The Northern Star는 이보다 열 배는 더 될 것으로 추정했다. 이 무렵 노동조합운동에서 차티즘의 영향력이 점점 더 커지면서 수많은 노동조합이 전국헌장협회에 참가했다(The USSR Academy of Sciences 1980, 317).

차티즘운동의 정점을 이룬 것은 아무래도 1842년 8월에 일어난 총파업이라 할 수 있다. 애쉬튼 하이드 스테일리브리지 지구(랭커셔) 파업이 8월 8일에 이르러 확대되기 시작했고, 8월 10일 맨체스터에서 발생한 파업은 총파업의 성격을 띠게 되었다. 8월 16일까지 파업은 랭커셔, 체셔, 웨스트요크서 일부에까지 크게 확대되었다. 노동자들과 정규군 부대의 지원을 받은 경찰 부대 사이의 충돌이 크게 확대되었고, 유혈 사태가 빚어지기도 했다. 영국 산업의 심장부를 형성하는 넓은 지역이 사실상 내전 상태에 들어갔다.

파업이 내건 슬로건은 '인민헌장과 공정한 임금'이었다. 이것은 인민헌장이 사회제도를 근본적으로 개혁하고 '공정한 임금'의 원칙에 바탕을 둔 새로운 제도를 수립하는 유일한 수단임을 표현했다. 파업은 대중성을 지니고 노동자의 광범한 지지를 받게 되면서 대규모의 차티스트 시위로 전환했다. 8월 15일과 16일에 맨체스터에서 열린 '대집회'가 그런 사실을 반영했다. 집회에는 파업 참가자와 노동조합 대표들이 참가했는데, 이들 가운데 대부분은 인민헌장의 요구를 획득할 때까지 파업을 계속해야 한다고 주장했다. 그러나 집회는 파업이 사실상 패배를 맞게 된 시점에서 열렸다.

상황이 이런데도 파업 지도부는 노동자들에게 파업을 '법질서' 테두리 안에서 전개할 것을 호소하면서 실제로 파업을 이끌 어떤 지도 방침도 내놓지 못했다. 그들은 오히려 사실상 파업을 끝내는 데 동의했다. 이 무렵 부르주아 시의회는 정규군의 지원을 받아 중심 산업들에서 일어난 파업을 억눌렀다. 8월 20일 이후에는 파업이 몇몇 지역에서 고립된 채, 겨우 유지되고 있을 뿐이었다. 지배계급은 파업 참가자들을 엄격히 처벌했다. 노동자 수천 명이 투옥되거나 식민지로 추방되었고, 많은 차티스트 지도자가 체포되어 재판에 회부되었다.

1842년 투쟁의 패배는 대중적 차티즘운동의 쇠퇴를 가져왔다. 이와 같은 패배와 쇠퇴의 요인은 무엇이었던가. 첫째, 차티즘운동 지도자들이 1842년 투쟁에서 조성된 혁명적 긴장의 유리한 요소를 이용할 능력이 없었다는 점, 둘째, 차티즘이 지향하는 목표와 전술 사이에 심각한 내적 모순이 존재했다는 점(차티스트 노동자의 계급적 자립을 위한 지향과 초계급적 환상 사이의 모순,

투쟁의 혁명적 성격과 '법 일반'에 대한 신뢰 사이의 모순 등), 셋째, 1843~1845년에 걸친 상공업 붐이 노동자의 상태를 얼마간 개선하게 되었다는 점 등이다.

차티즘은 국제노동운동의 전개에서 독특한 형태의 서막 구실을 했다. 그것은 노동자계급이 앞으로 전개할 투쟁 과정에서 필연적으로 제기될 과제들이 국가 차원에서, 그리고 국제적 차원에서도 압축된 형태로 드러났기 때문이다. 더 구체적으로 보면, 부르주아지에 대한 종속에서 정치적 자립으로, 경제투쟁과 계급 평화에 바탕을 둔 사회개량에서 정치·사회적 변혁으로, 분산된 행동과 분립 조직에서 전국 규모의 강대한 운동과 단일 조직을 향한 전진이 그것이었다(The USSR Academy of Sciences 1980, 321~323).

그런데 차티즘은 노동자계급에 대해 1847년 6월, 10시간 노동일제의 제정이라는 큰 성과를 가져다주었다. 이 법은 형식상 여성·아동 노동자에 대해 적용되는 것이었지만, 실제로는 모든 공장노동자에게 영향을 끼쳤다. 이것은 단순한 법 제정의 의미만 갖는 것은 아니었다. 그것은 하나의 중요한 역사적 전례가 될 수 있었다. 노동자계급은 투쟁을 통해 처음으로 자본가계급으로부터 이처럼 큰 양보를 획득하게 된 것이다. 다른 한편, 1847년 법은 부르주아지의 사회적 전술에서도 획기적인 사건으로 기록될 수 있었다. 자본가계급은 이전에도 일시적인 타협을 수행하기는 했지만, 1847년 법은 노동자계급의 투쟁이 노동과 자본의 계급 관계 영역에서 자본가계급의 양보를 이끌어 낸 결과였다. 말하자면 노동자들의 투쟁이 불러일으킨 '산업의 자유'에 대한 침해가, 결코 자본주의 제도의 붕괴를 의미하지는 않을 뿐만 아니라 더욱이 적절한 양보는 자본주의 제도의 존속을 위한 방편으로 활용될 수 있다는 사실을 자본가들이 확신하게 되었다.

차티즘운동의 마지막 정치투쟁은 1848년에 일어났다.[7] 1847년 영국이 심각한 경제 불황에 빠져든 가운데, 1848년 2월 프랑스에서 시작된 유럽 여러 곳의 혁명적 정세에 고무되어 차티스트운동이 다시 활기를 띠었다. 전국 곳곳에서 1839년과 1842년의 집회 규모를 능가하는 대규모 집회가 열렸다. 전국헌장협회는 4월 4일 모두 39개 지역 대표들이 참석한 가운데 제3회 차티스트 대회를 개최했다. 대회는 4월 10일에 세 번째 청원을 위한 집회를 열기로 결정하는 한편, 만일 의회가 청원을 거부하면 여왕에게 현 의회의 해산을 요구하는 '국민 건의서'를 제출한다는 것과 국민 건의서를 제출하기 위해 진정한 국민 대표 기구인 국민의회National Assembly를 4월 24일에 소집하며 국민의회는 인민헌장이 법으로 제정될 때까지 해산하지 않는다는 것, 그리고 4월 21일 전국에 걸쳐 집회를 열어 국민 건의서를 채택하고 국민의회 의원들을 선출한다는 것 등을 결의했다.

이런 움직임에 대해 정부의 태도는 단호했다. '런던에서 혁명적 폭발이 준비되고 있다'는 소문이 나도는 가운데, 정부는 4월 8일 특별 경찰 7만8천 명과 군인 9천 명, 경찰 6천 명을 동원해 집회와 시위 등을 사전에 저지할 태세를 갖추었다. 정부의 이런 조치에도 불구하고 4월 10일 오전 케닝턴 코먼 의사당 앞에 약 10만 명에 이르는 군중이 스스로 참가해 차티스트 대회를 열었다. 대회에서 지도부는 군중들에게 해산을 설득했으며, 군중들은 시위 중지를 사실상 받아들였다. 그 이유는 정부가 무기를 갖지 않은 노동자 대중에 대해 발포할 기회를 주어서는 안 된다는 것이었다.

7_차티스트운동의 사건 연대기를 살펴본다. 1838년에는 뉴캐슬, 핍 그린, 커설 무어 등지의 집회와 버밍엄 폭동, 128만 명이 서명한 청원서 제출(6월 14일), 의회 부결, 윌리엄 러버트, 존 콜린스, 퍼거스 오코너 체포, 뉴포트 봉기 등으로 이어졌다. 1842년에는 맨체스터, 런던, 버밍엄 등지에서 집회 및 모임, 331만 7,752명이 서명한 청원서 제출(5월 2일), 의회 부결, 공업지대에서 소요 발생, 블랙번 파업, 플러그 폭동(이 이름은 파업 참가를 독려하기 위해 기계의 플러그를 뽑은 데서 유래됨), 1848년의 맨체스터, 케닝턴 등지의 집회 및 시위, 197만5,467명이 서명한 청원서 제출 및 의회 부결(4월 13일), 국민의회 항의 시위, 런던 폭동, 어니스트 존스 체포 등으로 이어졌다(이영석 1997, 74).

당시의 실제적인 상황으로 보면, 1842년과는 달리 영국의 지배 세력과 국가 장치의 모든 에너지가 차티스트에 대해 반격을 가하는 데 집중되어 있었다. 197만5,496명이 서명한 청원서가 의회에 제출되었으나 이전에 제출된 두 번의 청원서와 마찬가지로 거부당했다.[8]

의회 청원이 실패로 끝난 뒤, 4월 17일 다시 열린 차티스트 대회는 국민의회 개회 일을 5월 1일로 연기하도록 촉구했다. 그러나 5월 1일 소집된 국민의회는 여왕에게 국민 건의서를 제출하는 문제, 전국헌장협회를 재조직하는 문제, 국민의 합헌적 무장에 관한 문제, 중산계층 급진주의자들과 연합하는 문제 등을 토의했으나, 국민의회 의원들의 이탈과 의견 대립만을 드러낸 채 마무리되었다.

국민의회가 무기력하게 해산되고 곧이어 어니스트 존스를 비롯한 차티스트 지도자들에 대한 검거가 감행되면서 차티즘의 대중적 기반은 급속하게 붕괴되기 시작했다. 그 뒤로 차티즘운동은 두서너 해 동안 계속되었으나, 그 위력과 대중적 영향력은 돌이킬 수 없을 정도로 상실되었다.[9]

포스터는 차티즘운동의 실패 이유를 다음과 같이 설명한다.

실패의 근본 이유는 노동운동의 미성숙을 들 수 있으며, 차티스트 지도자들이

8_의회는 오코너가 직원 13명을 동원해 두 시간 반 동안 제출한 서명지를 검토한 결과, 서명자 가운데는 빅토리아 국왕, 웰링턴 공(公), 로버트 필 등의 이름이 있는가 하면, 펀치(Punch), 펍스(Pubbs), 롱 노우즈(Long nose) 등과 같이 사람 이름이라고 볼 수 없는 것들도 있어 서명의 진실성이 의심된다는 것을 이유로 심의와 표결을 거부한다고 발표했다.

9_차티스트운동은 몇 가지 국면을 거치면서 이념적 변화를 보여 주었다. 첫 번째가 정치 개혁 운동 국면(1838~1842년), 두 번째가 정치 개혁과 사회개혁 운동 국면(1842~1858년), 세 번째가 사회주의적 국면(1850~1858년)이었다(김택현 2008, 67).

구상했던 혁명을 수행하기에는 노동자계급의 역량이 이에 미치지 못했다. 운동 실패의 특수한 원인으로는 운동의 목표와 전술을 둘러싼 지도자들 사이의 혼란, 프티부르주아적 요소가 갖는 부정적 영향, 운동을 이끌 수 있는 강력한 정당의 부재 등을 들 수 있다. 또 결정적인 요인은 보수적인 지도자들의 영향 아래 있던 수련공 중심의 많은 노동조합이 운동에 대해 냉담한 태도를 취했다는 점이다(Foster 1956, 44).

홉스봄은 차티즘운동이 실패한 원인으로서 지도층의 무능력, 각 지방과 각 부문 사이의 이해관계 상이와 의견 대립, 그리고 거대한 청원 운동 이외에 통일된 전국적 행동을 구상하지 못했던 무능력 등을 들고 있다(Hobsbawm 1996b, 122).

차티즘운동이 비록 패배로 끝나기는 했으나 많은 교훈을 남겼다. 차티스트운동 당시 차티즘을 적극 지지·지원했던 『푸어 맨스 가디언』*The Poor Man's Guardian*[10]은 노동자의 참정권이 갖는 중요성을 이렇게 설명했다.

노동자들은 참정권이 없으므로 구제될 합법적 수단을 갖지 못한다. 결과적으로 그런 노동자계급은 억압당한다. 선거권이 거부되었기 때문에 노동자계급은 착취당했던 것이다. 현재의 모든 법률은 노동자들을 약탈하고 빈곤하게 하기 위해 존재한다. 이처럼 법률 자체가 노동자들을 약탈하는 거대한 도구가 되는 곳에서는 법률에 대한 권력을 획득하는 것 말고 어떤 구제책도 있을 수 없다(박지향 1989a, 64에서 재인용).

10_1832~1835년까지 헨리 헤더링턴이 발행한 무인가(無認可) 신문으로 "정의에 반대해 권력을 행사하는 법률에 대항해 발행한다"는 표제를 매호의 서두에 실었다(박지향 1989a, 60).

근래에 들어와 역사학계에서 차티즘의 계급투쟁적 성격을 부정하는 견해가 제시되고 있다. 차티즘은 산업혁명과 노동자계급 형성이라는 상황과 일치하지만, 그런데도 그것은 특정 계급의 이념이 아니었다는 것이다. 차티즘에서 중요한 구별은 경제적 차원에서 지배계급 대 피지배계급이 아니라 부패와 정치권력의 수혜자 대 그 희생자였으며, 이런 점에서 운동은 오래 유지되어 온 급진적 전통과 동일한 맥락에서 이해해야 한다는 주장이다. 그뿐만 아니라 겉으로 보면 차티스트운동은 어떤 바람직한 결과도 낳지 못했고, 구체적인 전략의 부재와 낭만주의적 모험주의 그리고 복고적인 경향이 두드러지게 나타났다는 것이다. 6개 조항의 헌장은 철저하게 무시당했으며, 지배 세력은 차티스트운동의 열기가 사라진 19세기 후반에 가서야 경제적인 안정의 바탕 위에서 점진적으로 선거권을 확대했을 뿐이라는 주장이다(이영석 1997, 74~75).

이와 같은 한계와 부정적 견해를 고려한다 하더라도 차티스트운동의 계급투쟁 성격은 바르게 평가되어야 할 것이다. 전통적 견해를 대표하는 막스 비어는 차티즘을 영국 노동자계급이 벌인 최초의 사회민주·혁명적 운동으로 규정하고, 그들은 노동자계급의 궁극적인 해방은 계급투쟁을 바탕으로 사회주의 지향의 혁명으로서만 획득될 수 있다는 사실을 믿었다고 한다(Beer 1948; 박지향 1989a, 37에서 재인용).

그리고 차티즘운동은 노동자투쟁에서 대규모의 통일성을 이룩함으로써 노동운동 사상 새로운 국면을 나타냈고, 그것은 영국 노동자계급의 계급의식 발현의 계기였으며 후대의 사회주의운동으로 나아가는 원초 형태였다는 것이다(박지향 1989a, 37~38).

3. 프랑스의 노동자 봉기

'7월 혁명'이 일어난 다음 해인 1831년 11월, 프랑스 대도시 리옹에서 노동자 봉기가 일어났다. 리옹 봉기는 사실상 역사적인 의의를 갖는 사건이었다. 그것은 일찍이 찾아보기 어려운 노동자들의 대중적이고 결연하며 자립적인 행동이었다는 점에서 그러했다.

리옹 봉기는 매뉴팩처 방식을 끈질기게 유지한 산업생산의 특유한 조직 체계에서 발생했다. 여기서 말하는 특유한 조직 체계란, 자본가인 매점 상인[11] 약 400명이 견직 원사를 구입해 직조노동자를 고용한 소규모 작업장 소유주 8천 명에게 이를 제공해 제품을 주문하는 방식이었다. 이들 작업장에서 일하는 노동자는 약 3만 명에 이르렀다. 작업장 소유주와 그 가족들은 노동자와 함께 일하는 것이 통상적이었고, 이들 소경영주와 노동자들은 합세해 매점 상인에게 대항하기도 했다. 여기서 일하는 노동자들의 노동·생활 조건은 열악하기 이를 데 없었다. 노동자들의 노동시간은 1일 15시간 정도였고, 특히 1차 가공에 종사하는 여성노동자들은 결핵으로 일찍 사망하는 사람들이 많았을 정도였다.

리옹의 견직 산업은 1826년 이후 영국, 미국, 남아메리카 여러 나라에서 들어오던 주문이 감소해 심각한 위기에 빠져들었고, 노동자들의 상태는 더욱 곤궁해졌다. 게다가 '7월 왕정'이 1831년 3월 새로운 재정법을 공포했는데, 이것은 소규모 소유자층에 대해 부담을 증가시키게 되어 이들의 불만을 키웠고, 또 주거세 증가는 격렬한 불만의 대상이 되었다. 이런 상태에서 매

11_상인 제조업자로 부르기도 하는데, 이것은 일반 상인과 달리 소규모 제조업자를 실질적으로 장악·통괄하고 있었다는 점에서 그렇게 표현하고 있다(김현일 1997, 151).

점 상인은 실업을 악용해 구매 단가를 낮추었고, 그 결과로서 노동자들의 임금은 저하되었다.

이와 같은 사태를 맞아 노동자들은 자신들의 이익을 옹호하기 위한 행동에 나섰다. 10월 8일과 10일의 집회에서 위원회가 구성되었고, 기업주와 노동자 사이에서 생기는 분쟁에 정부가 중재자로서 역할을 맡아 줄 것을 요구한 메시지가 지방장관에게 제출되었다. 메시지 내용을 보면, 노동자들은 '사회의 모든 계급 사이에 존재해야 할 조화'를 깨뜨리는 것을 아직은 바라지 않고 있었다. 10월 25일 기업주와 노동자 대표로 구성된 회의가 지방장관 주재로 열렸으며, 거기서 노동자 측이 제출한 임금률(평가 기준에서 약간 증가된)이 승인을 얻게 되었다.

이에 대해 상인들은 지방장관의 행동을 비난하는 탄원서를 하원에 보냈는데, 자신들은 협정을 지킬 의지가 없다는 것과 강제적 임금률의 제안 그 자체에 반대한다고 밝혔다. 그들은 또 창고와 사무실의 문을 닫아걸겠다고 위협했다.

상인들이 시 당국의 임금률 수용을 거부하자, 노동자들의 분노가 폭발 지경에 이르렀다. 11월 20일 노동자 군중이 크루아 루스 교외 광장에 모여들었다. 그들은 일을 멈추고 다음 날 그들의 요구를 공동으로 시 당국에 제출하기 위해 시내로 들어갈 것을 결정했다. 시 당국은 이를 저지하기로 방침을 정했으며, 부르주아지로 구성된 국민 방위군이 크루아 루스에서 리옹으로 통하는 도로 다섯 개를 모두 점거해 노동자들의 진로를 막았다.

11월 21일 이른 아침, 역사상 처음으로 노동자와 자본가계급 사이에 무력 충돌이 일어났다. 직조노동자들이 방위군을 밀치자 방위군은 군중을 향해 발포를 시작했다. 노동자들은 돌과 몽둥이로 맞서면서 리옹 시내로 돌입해 건물 몇 개를 점거하고 바리케이드[12]를 설치했다. 그사이 정규군 대대가 크루아 루스를 공격하기 시작했고 전투는 밤늦게까지 계속되었다. 무기 상점들과 무기고에서 무기를 탈취한 노동자들은 재빨리 무장했다. 다음 날 아침 다시 전투가 시작되었고, 노동자들은 '일하면서 살 것인가, 아니면 싸우다 죽을 것인가'라는 슬로건이 적힌 검은 깃발을 내걸었다.

11월 22일 리옹에서 벌어진 전투는 전날에 비해 더한층 격렬했으며, 유혈전으로 확대되었다. 크루아 루스와 리옹 지구의 노동자들을 지원하기 위해 여러 지역 노동자들이 당도했다. 격렬한 전투가 하루 종일 계속되었고, 노동자들은 시 중심부로 들어가기 위해 치열한 전투를 벌였다. 11월 23일 군사령부는 리옹에서 군대를 철수하기로 결정하고 이를 실행하자 도시는 봉기자들이 장악했다. 3일 동안의 리옹 전투에서 발생한 사상자는 엄청났다. 목격자들의 증언에 따르면 1천여 명이 죽거나 다쳤다고 했으며, 당국의 보고로는 약 3만여 명이 봉기에 참가했다고 밝혔다.

군대가 퇴각한 뒤, 노동자들은 어떤 형태의 자치 정부도 세우지 않았으며 다만 법과 질서를 유지하는 조치를 취했다. 그들은 봉기 '본부'는 설치했으나, 시장이나 지방장관을 체포하지도 않았을 뿐만 아니라 수도 파리와 연락하는 것까지 허용했다. 노동자들의 이런 행동 양식은 대체로 봉기에 참여했던 소규모 작업장 소유주들의 타협적 태도에서 비롯된 것이었다. 11월 24일자로 리옹 검사장이 법무부 장관 앞으로 보낸 보고 내용은 이러했다.

주민들의 행동은 여러 가지 대조적인 면을 보이고 있다. 그들은 굶고 있지만 약탈은 하지 않는다. 폭동을 일으켰지만 승리를 남용하지 않고 있다. 그들은 정권

12_파리에서 바리케이드 혁명의 역사는 적어도 1588년까지 거슬러 올라갈 수 있고, 1830년 7월 혁명에서는 바리케이드를 민중 반란의 상징으로 삼았다(Hobsbawm 1996b, 117).

을 인정하지 않았지만 그 정권의 깃발을 끌어내리지는 않고 있다. …… 파괴된 가옥 한 채 말고는 인격과 재산은 존중되고 있다(Tarle 1980, 77; The USSR Academy of Sciences 1980, 296에서 재인용).

11월 28일 리옹에서 퇴각했던 군대는 증원부대 2만 명과 합세해 다시 시내로 들어왔고, 시 당국은 노동자들에게 무기를 내려놓으라고 명령했다. 노동자들은 어쩔 수 없이 그들에게 굴복했다. 12월 1일 군대는 시 변두리를 점령했고, 12월 3일에는 정규군 네 개 연대가 시내로 진입했다. 정부는 사건 재발을 두려워한 나머지 대량 유혈 보복 조치를 취하지는 않았으나, 노동자 수천 명을 시에서 추방했다. 이와 더불어 내무부 장관은 임금 인상을 목적으로 하는 노동조합 설립을 '사회질서의 파괴' 행위로 규정했다. 리옹 견직노동자 중심의 봉기는 이렇게 해서 끝이 났다.

1831년의 봉기가 실패로 돌아간 뒤 견직노동자들은 그들의 목표를 제도적인 틀 내에서 해결하고자 했다. 그리하여 그들은 나폴레옹 시대에서부터 존재해 온 분쟁중재위원회Conseil des prud'hommes를 진정한 산업 재판소로 변화시키고자 했다. 그들은 이 중재위원회에서 변호사를 이용할 수 있기를 원했으며, 중재위원회의 결정이 법적 강제력을 갖게 해달라고 요구했다. 그러나 이런 요구는 관철되지 않았다.

리옹 노동자 봉기는 노동자들이 그들의 노동과 생활을 전적으로 지배하는 부르주아지 소유 체제를 순순히 받아들이지 않음을, 그리고 노동자계급이 자본가계급을 포함해 자신들 위에 군림하는 전체 사회적 위계로부터 독립해서 행동할 수 있는 능력이 있음을 표출한 것이었다.

제1차 리옹 봉기 이후 나타난 중요한 변화 가운데 하나는 공화주의자들과 노동운동이 긴밀한 관계를 형성하기 시작했다는 사실이다. 공화주의자들은 자신들의 영향력을 확대하기 위해 노동자들과 연대를 강화하는 한편, 노동자들의 해방을 자신들의 강령에 포함시켰다. 부르주아 공화파들이 노동자들에게 관심을 가지는 것과 병행해 노동자들도 공화국이 노동문제 해결을 위해 노력해 줄 것을 기대했다. 결국 공화파의 선전 활동을 통해 공화국은 노동자들의 희망이 되었다. 그리하여 노동운동 지도자들이 대거 '인민의 친구회'나 '인권회'와 같은 공화주의자들의 결사에 가입했다(김현일 1997, 152~153).

리옹 노동자들의 제2차 봉기가 발발한 것은 1834년 4월 9일이었다. 당시에는 노동자들이 공화주의 슬로건을 내걸고 싸웠다. 이날 아침 공화주의자들이 시내에 뿌린 전단에는 '자유, 평등, 우애 아니면 죽음'이라는 슬로건이 적혀 있었다. 또 전단은 단결금지법에 반대해 투쟁할 것을 호소했다. 노동자들이 시내로 모여들기 시작했다. 오전 10시쯤 헌병들이 무장하지 않은 직조노동자들을 향해 발포했다. 리옹의 노동자들은 서둘러 바리케이드를 세우고 무장했다. 봉기자들은 붉은 깃발을 들고 '공화국 아니면 죽음'이라는 슬로건을 내세우면서 전투에 참가했다. 리옹 중심부의 주요 지점들을 점거한 반란자들은 근처에 사는 농촌 사람들에게 봉기에 참여할 것을 촉구했다.

리옹 노동자들의 봉기를 비롯해 뒤이어 일어난 파리와 몇몇 도시들에서 전개된 노동자투쟁은 노동운동사에서 매우 중요한 의의를 갖는 사건이었다. 리옹 노동자들이 변혁적 노동운동의 선두에 선 것은 무엇보다 먼저 도시의 노동하는 주민이 비교적 동질적이고 결속이 잘되어 있었기 때문이었다. 노동자투쟁을 계기로 부르주아지와 프롤레타리아트 사이의 이해 대립과 모순이 점점 날카로워졌다. 투쟁에 참가한 노동자들은 결합된 대중행동을 취하게 되었으며, 노동자계급의 이익을 보장해 줄 수 있는 사회의 건설 요구를 숨기지 않았다. 그들은 이런 목적 달성을 위한 수단을 정치투쟁으로 설정했다. 노동자는 단결권 확보를 위해 자본과 대결할 태세를 보였으며, 현존 국가권력이 국민을 위해서가 아니라 자본 세력의 이익을 대표하고 있다는 사실을 명확히 인식하게 되었다.

노동자들이 투쟁을 통해 자연스럽게 자각하게 된 것은, 자신들이 노동자의 이익을 위해서만 투쟁하는 것이 아니라 국민의 이익·양심·존엄을 지키기 위해 투쟁한다는 사실이었다. 또 그들은 국민의 가장 우수한 특성 ― 자유에 대한 사랑·관용·고결 ― 을 체현하면서 높은 수준의 인간적 용기를 발휘하기도 했다.

그러나 노동자들은 명확한 목표를 설정하지도 못했고 그들이 취할 수 있는 투쟁 수단을 이해하지 못했다. 또 그들은 정치적 행동을 위한 조직과 계획을 갖지 못했고 필요한 지식과 자신들의 이데올로기를 체득하지 못했다. 그뿐만 아니라 노동자계급의 이해를 철저히 지키지 못한 사이비 지도자의 아이디어를 잘못 수용하기도 했다.

한편, 이런 투쟁을 통해 노동자계급은 자본가계급을 전혀 다른 종류의 사회 세력으로 인식하게 되었다. 물질적 이익에 관련되는 모든 것에 대해 절대적 비정함을 드러낸다는 점, 자신의 이익을 위해서는 노동자들을 빈곤·기아·죽음으로 몰아넣는 일도 마다하지 않는다는 점, 국가권력의 힘을 이용해 노동자의 저항을 억누르고자 한다는 점, 이를 데 없는 잔인함과 비열함을 언제든지 행사할 수 있다는 점 등이 노동자계급의 눈에 비친 자본가계급의 모습이었다(The USSR Academy of Sciences 1980, 303).

노동자계급의 계급의식이 형성되기 시작한 당시에는, 많은 일이 그들의 역사에서 처음 마주쳤다. 그런 가운데서도 산업도시노동자들의 봉기, 공화제를 지향하는 노동자들의 조직적 투쟁, 노동자가 설치한 바리케이드 위에 걸린 적기, 이런 것들이 정치적 자립을 위한 도정에서 처음으로 얻게 된 큰 경험과 교훈이었다.

　노동자계급은 정치·경제적 투쟁을 통해 획득한 소중한 경험을 축적하면서, 또 패배를 통해 얻은 교훈을 새로운 바탕으로 삼아 투쟁을 지속적으로 전개하게 되었다. 그것이 장구한 노동자계급 투쟁의 역사에서 드러난 합법칙적 사실이다.

4. 독일 노동자의 자립적인 투쟁: 의인동맹과 슐레지엔 반란

의인동맹

독일에서 전개된 자본주의 생산양식은 앞에서도 살펴본 바와 같이, 영국이나 프랑스보다 뒤늦은 1820년대 들어 본격적으로 발전했다. 1820~1840년 사이에 산업생산은 75퍼센트가량 증가했다. 섬유산업이 빠르게 발달하고 석탄 생산이 증대되었으며, 철도망이 괄목할 만큼 신장되었다. 그뿐만 아니라 인구도 1816~1845년 사이에 2천480만 명에서 3천440만 명으로 증가했다(그레빙 1985, 13). 그러나 독일은 여전히 반봉건적인 농업국가로서 선진적인 자본주의국가들에 비해서는 훨씬 낙후되어 있었다.

　독일에서 산업화가 급속하게 진행되면서 계급 관계에도 큰 변화가 일어났다. 정치적으로는 무력한 편이었지만, 경제적으로는 점점 강력한 힘을 장악한 부르주아지가 형성되었고, 노동자계급도 성장했다. 노동자계급의 핵심 부분인 산업노동자층도 증대했다. 1832년 약 32만5천 명이 공업과 광업에 종사했는데, 1848년에는 그 수가 약 70만 명으로 불어났다(Warnke 1952, 13~14).

당시 독일 노동자들의 노동·생활 조건은 매우 열악했다. 노동자들은 하루 12~16시간 정도 노동을 했지만, 임금은 기아 수준이었고 형편없는 빈민가에서 생활했으며, 사회보장과 선거권마저 보장받지 못했다.

이런 상황에서 노동자계급과 자본가계급 사이에 공공연한 형태의 계급 충돌이 일어났다. 당시 독일은 38개의 독립국으로 나뉘어져 각각 정치·경제적인 장벽을 구축하고 있었으며, 봉건적 지주의 실질적 지배를 받고 있었다. 이런 상황은 부르주아지에게 견디기 어려운 고통을 안겨 주었다.

그래서 독일 부르주아지는 프랑스 부르주아지를 본받아 거추장스러운 봉건적 통제와 장해를 철폐하려 했다. 그러나 부르주아지는 성장하고 있던 노동자계급의 투쟁 역량을 두려워한 나머지, 결국에는 프로이센 토지소유계급인 융커[13]와 비굴한 타협을 했다. 이 타협으로 융커는 정치적 지배권을 계속 유지했고, 독일의 통일은 실현되지 못했다. 그와 같은 상황에서도 자본주의경제 발전의 길은 조금씩 열리게 되었다. 자본주의 발전 과정에서 노동자계급은 자신들의 권익을 위한 투쟁을 전개했으며, 투쟁의 성과로서 독일 노동자계급의 노동조합운동과 정치운동이 성장했다(Foster 1956, 56).

한편, 독일 수공업자와 프티부르주아 지식인 출신의 정치적 망명자들이 1832년 프랑스 파리에서 민주주의 강령을 내건 최초의 정치조직 독일인민연맹을 결성했다. 이 연맹은 독일 지역 국가들에 산재한 지지 그룹이나 개인들과 비합법적인 결합을 갖고 있었고, '성실한 사람이면 누구나 자신의 노

13_융커(Junker)는 프로이센의 지배계급을 형성한 보수적인 토지 귀족을 일컫는데, 특히 대농장을 소유·경영한 토지 귀족을 융커라 불렀다. 그들은 융커끼리만 결혼해 폐쇄적 사회를 형성한데다 소박하고 사교성이 없었으며, 예술에 대한 이해는 없었으나 왕가에 대한 충성심은 두터웠다. 농업 경영을 하는 동시에 프로이센의 행정 기구의 중요한 자리나 상급 장교의 지위를 독점했고 큰 세력을 휘두르면서 특권을 유지했다.

동으로 빵을 얻지 않고는 먹지 못할 것이다'라는 슬로건을 신조로 내걸었다.

프랑스의 루이 필리프 정부가 '결사금지법'(1834년 4월)을 공포하면서 해
체된 연맹의 구성원들은 비합법적인 법익박탈자동맹[14]을 결성했다. 이 동
맹은 엄격한 비밀조직으로서 그 구성은 주로 노동자들이었으나, 조직을 주
도한 사람은 프티부르주아 공화주의자들이었다. 법익박탈자동맹의 본부는
파리에 있었으나, 조직의 지부들은 독일 영방 내에 존재하고 있었다. 법익
박탈자동맹은 자신의 목표를 독일 해방으로 설정했으며, "먼저 독일 언어와
관습이 통용되는 나라들에서, 다음으로 세계의 모든 다른 나라에서 정치·
사회적 평등, 자유, 공공 윤리, 국가 통일의 확립과 보전"을 선언했다(The
USSR Academy of Sciences 1980, 305).

1836~1837년에 '가장 급진적이고 프롤레타리아적인 사람들'이 법익박
탈자동맹에서 떨어져 나와 새로운 조직을 만들었는데, 그것이 '의인동맹'이
었다. 의인동맹이 결성된 바로 뒤 이 동맹의 정치적 핵심은 스위스에서 온
수공업자[15]들로 보충되었는데, 그들은 스위스에서 급진적 민주주의 조직
'청년독일'(1834~1836년) 노동자 그룹을 형성하고 있었다. 이 조직이 내세
운 주요 목표는 통일된 독일 민주공화국 수립이었다. 청년독일의 급진파들
은 독일 수공업자 그룹과 결합되었고, 이 조직은 바로 정치 세력으로 전화
했다.

그러나 스위스의 주 당국이 독일 영방의 압력을 받아 청년독일의 열성

14_법익박탈은 반역죄 또는 중죄의 혐의로 사형이나 법익박탈의 판결을 받은 사람에게는 민사상의 권
리나 정치적 권리가 소멸되는 것을 말한다.

15_여기서 말하는 수공업자는 프티부르주아가 아니라, 상인으로부터 재료를 제공받아 제품을 생산해 납
품하고 그 대가를 받는 사람들로서 신분상 수련공과 크게 다르지 않았다.

활동가들을 추방하자, 청년독일은 거의 자취를 감추게 되었다. 이런 가운데 정치적으로 활동적인 수공업자 그룹은 파리로 넘어 갔으며, 그들 가운데 일부가 의인동맹에 참가했다. 그리하여 주로 계급의식을 지닌 수련공 중심의 노동자들이 조직의 안정적 핵심을 이루었다.

1839년 5월에는 프랑스 정부의 탄압이 강화되면서 의인동맹의 구성원 일부가 파리를 떠나 런던으로 가게 되었다. 그들은 런던에서 의인동맹 본부와 노동자교육협회를 조직했다. 런던 본부는 파리와 스위스의 지부들뿐만 아니라 독일 지역 영방국가들에 있는 수공업자 비밀조직과도 연결을 맺고 있었다.

의인동맹의 활동은 주로 이론과 선전 활동에 집중되었고, 내부적으로 이념의 혼란상을 보이기도 했다. 의인동맹 결성 초기에는 프랑스 공상적 공산주의자인 에티엔 카베와 재산 공유제 주창자이면서 통일 민주 독일을 지향했던 결연한 투사 K. 샤프의 주장이 큰 영향력을 발휘했다. 1830년대 말에서 1840년대 초까지 빌헬름 바이틀링의 사상 체계가 의인동맹 안에서 우세를 나타냈다. 그러나 바이틀링은 노동자계급을 사회변혁의 담당자로 보지 않았으며, 일반적인 피압박 계급과 구별하지 않았다. 그는 사회 발전의 합법칙성을 주장하지 않았으며, 부르주아 민주주의자들과 노동자계급의 동맹을 반대했다. 또 그는 노동자계급이 정치투쟁에 참가하는 것을 승인하지 않았고 정당 건설에 대해서도 반대했다(마르크스-레닌주의연구소 1989, 161). 이런 바이틀링의 사상체계에서 종교·감상적 구상들이 현저하게 드러나면서 1840년대 중반 들어 바이틀링의 사상은 쇠퇴했다.

그 뒤를 이어 의인동맹 회원들 상당 부분이 '진정 사회주의'Wahrer Sozialismus[16] 영향을 받게 되었다. '진정 사회주의'는 노동자가 추진하는 자립적 투쟁의 필요성을 인정하지 않았고, 자본주의를 비판하면서도 '보편적 사랑'의 설교와 불공정에 대한 폭로 등의 도덕적 수단으로 자본주의 발전을 저지할 수 있다고 주장했다. 그리하여 '진정 사회주의'는 감상적 원망과 민족주의적 지향, 그리고 사이비 혁명의 논리로 가득 차 있다는 비판을 받았다.

1845년 무렵에는 마르크스와 엥겔스가 영국 여행을 하게 되었고, 이때 이들은 의인동맹 런던 본부 지도부와 만나 유물론적 세계관의 기본 명제에 관해 토론을 벌였다. 그 뒤로 마르크스주의가 의인동맹의 이념 체계 수립에 큰 영향을 끼쳤다.

의인동맹 활동은 주로 이론·선전적 성격을 지니고 있었는데, 이것은 한편에서는 독일의 미발달한 자본주의 관계와 노동자계급 운동에서 연유한 것이었으며, 다른 한편에서는 정치적으로 활동적인 독일 노동자의 이론 학습에 대한 '학습 벽癖' ─ 마르크스가 종종 지적한 바 있는 ─ 때문이었다 (The USSR Academy of Sciences 1980, 303).

슐레지엔 반란

1844년에 독일에서 처음 일어난 노동자 대중행동인 슐레지엔 직조노동자의 반란이 일어났다. 1842~1844년에는 슐레지엔 직물 산업에서 생산된 면직물 판매가 감소했는데, 당시 슐레지엔의 직조노동자들은 상인들로부터 면사의 공급을 받는 농촌의 가내수공업자들이었다. 1844년에는 직조노동자의 노임은 떨어진 반면, 식료품 가격은 상승했다. 슐레지엔 지역의 직조

16_1840년대에 칼 그륀을 대표적인 주창자로, 독일에서 빠르게 유포되었던 프티부르주아의 사회주의사상이다. 프랑스 사회주의를 그대로 받아들여 인간애와 순수의지 등의 개념으로 사변화한 것인데, 1848년 혁명 이후 쇠퇴했다.

노동자 생활은 영국 노동자들보다 훨씬 열악했다.

　이런 상황에서 노동자들의 분노를 촉발시킨 사건이 발생했다. 슐레지엔 상인들 가운데서도 츠반지거를 비롯한 '탐욕과 나쁜 성향'을 지닌 몇몇 악덕 기업주들이 다른 사람들보다 먼저 임금을 내리고 벌금을 부과하는 한편, 노동자들에 대해서도 난폭하게 굴었다. 1844년 5월 들어 페텔스발다우 지역에서 심한 동요가 일어났으며, 슐레지엔 직조노동자의 마르세예즈가 되었던 〈피의 학살〉The Bloody Massacre이란 노래가 점점 더 자주 들렸다.

　6월 3일 츠반지거 집 근처에서 그 노래를 부른 한 직조노동자가 하인들로부터 심하게 두들겨 맞고 현지 경찰에 체포당하는 일이 벌어졌다. 다음 날 노동자들의 한 대열이 츠반지거의 공장으로 몰려가 사무소 서류를 불태웠다. 츠반지거는 가족과 함께 도망쳤다. 저녁 무렵 인근 촌락에서 온 직조노동자들이 페텔스발다우에 모여 츠반지거의 집으로 몰려들어가 기물을 불태우고 상품창고를 부셨다.

　그다음 날인 6월 5일에는 다른 '악덕' 기업주들의 사업체로 몰려갔다. 이와 같은 사태에 놀란 기업주들은 노동자들에게 돈과 식량을 나누어 주기 시작했다. 이날 낮에 군대가 페텔스발다우에 도착했다.

　그사이에 노동자들은 대열을 지어 근처에 있는 랑겐빌라우로 행진해 갔다. 기업주들은 돈으로 노동자들을 달래어 보내려 했고, 마을 목사는 노동자들에게 설교를 하면서 이들의 분노를 가라앉히려 했다. 그러나 노동자들은 기업주의 수하 사람들을 밀쳐 내고 목사들을 개천에 빠뜨렸으며, 악덕 기업주의 공장 건물과 집을 마구 부셨다. 군대가 도착하면서 노동자와 군대 사이에 충돌이 발생했다. 그 충돌에서 열한 사람이 살해되었고, 스무 사람이 중상을 입게 되었으며 그들 가운데 여섯 사람은 곧 죽었다. 이런 상태에서 군대는 급기야 퇴각하지 않을 수 없었다.

6월 5일 밤부터 그다음 날까지 반란이 일어난 지역에 군대가 투입되었다. 정부 당국은 힘에서 압도적인 우세를 확보한 다음, 대량 검거에 들어갔다. 6월 9일에는 직조노동자들이 직장으로 돌아가지 않을 수 없게 되었다. 슐레지엔 노동자 반란은 독일의 다른 지역들과 오스트리아 노동자들의 투쟁을 촉발한 직접적 계기가 되었다. 6월에는 브레슬라우, 잉골슈타트, 베를린, 프라하에서 노동자 봉기가 일어났다.

슐레지엔 반란은 많은 역사가가 말하는 '기아 폭동'만은 아니었다. 그것은 억압자에 대한 저항이었을 뿐만 아니라 자본주의적 억압과 착취 체제에 대한 반란이었다. 더 말할 필요도 없이 슐레지엔 반란은 자연발생적 폭력의 요소가 많았다. 그런 점에서 슐레지엔 직조노동자들의 투쟁은 영국의 차티스트나 1834년의 리옹 봉기자들에 비해서는 정치적 성격을 덜 갖추었다.

그러나 슐레지엔 직조노동자들은 유산자 계급의 어떤 도구가 되지도 않았으며, 그들이 단호하게 지킨 것은 노동자의 이익이었다. 그런 의미에서 그들은 1842년 무렵 영국 노동운동이 도달한 수준에 이르게 된 것이다. 마르크스와 엥겔스가 슐레지엔 직조노동자의 봉기를 리옹의 노동자투쟁이나 차티스트운동과 같은 반열에 놓고 보는 것도 그 때문이었다(The USSR Academy of Sciences 1980, 311).

1848년 혁명과 노동자계급

1848년 혁명은 큰 파도와 같이 솟구쳤다가 깨어지면서
신화와 약속 이외에는 남긴 것이 거의 아무것도 없었다.
1848년 혁명들은 '부르주아혁명'이어야 했다.
그러나 부르주아지는 혁명으로부터 몸을 뺐다.
그들은 프랑스의 지도 아래 서로 보강해 가면서
옛 지배자들의 부활을 막거나 연기시키고,
러시아가 개입해 들어오지 못하게 할 수 있었을지도 모른다.
그러나 프랑스의 부르주아지는 다시 한번
'위대한 국민'이 된다는 보상과
그것에 따르는 위험보다는
국내의 사회적 안정 쪽을 택했던 것이다.

_에릭 홉스봄(Hobsbawm 1996a, 24)

유럽의 여러 국가에서 1848년[1]은 '혁명의 해'였다. 이것은 1848년 혁명이 유럽의 어느 한두 나라에 국한된 것이 아니라 전全 유럽의 현상이었음을 의미한다.[2] 노동운동사의 관점에서 보면, 프롤레타리아트 계급투쟁의 역사에서 중요한 이정표가 된 것이 1848~1849년의 유럽 혁명이었다. 1848년 혁명은 1847년 경제공황에 따른 인민대중의 경제 상태 악화, 프랑스 국민의 7월 왕정에 대한 불만 증대, 독일 영방국가[3] 부르주아지의 봉건적 속박에서 벗어나고자 하는 욕구, 오스트리아 제국의 지배를 받고 있는 피억압 민족의 민족 독립에 대한 소망 등 정치·사회적 불만과 욕구가 한계점에 이르러 폭발한 것으로 볼 수 있다(The USSR Academy of Sciences 1980, 408).

혁명은 프랑스, 독일 영방국가들, 오스트리아, 헝가리, 이탈리아, 폴란드 등 많은 나라에서 일어났다. 정치·경제·사회적 내용에서 보면, 1848년 혁명은 부르주아민주주의혁명이었다. 그런데도 혁명에 참가한 노동자계급의 지향은 나라마다 다른 측면을 나타냈다. 이를테면, 프랑스의 노동자계급은 왕정에 반대하고 임금노동자의 권익 신장을 추구하는 방향에서 사회 개조를 실현하고자 했으며, 독일혁명에 참가한 노동자들은 지주 귀족의 지배를 없애고 입헌제도를 수립하고자 했는데, 이를 통해 자신들의 경제 상태를 개선하는 동시에 압제와 불공정 일소를 기대했다. 그 밖의 다른 나라들에서는

---

[1]_1848년에 혁명은 주조를 이루었으나 1849년에도 계속되었다는 점에서 '1848~1849년 유럽 혁명'으로 표현되기도 한다.

[2]_1848년에 유럽에서 발생한 혁명운동의 건수를 정확히 파악하기는 어려우나 프랑스를 비롯해 독일, 오스트리아, 이탈리아, 헝가리, 체코, 폴란드 등의 나라에서 발발한 소규모의 사건까지 포함한다면 그 수는 적어도 50건을 상회한다는 것이다(서울대프랑스사연구회 1989, 107).

[3]_당시 독일연방은 1815년 빈회의 이후 1866년 프로이센-오스트리아전쟁 때까지 존속했는데, 여기에는 35개 영방국가와 4개 자유도시가 참가했고 각 영방국가는 주권을 지녀 국가적 통일은 취약했다.

민족적 과제 해결이 투쟁에서 주요한 요구로 제기되기도 했다.

반면, 부르주아지는 현존 질서에 대한 불만을 나타내고는 있었으나 민중 혁명에 대해서는 크게 경계하면서, 인민대중운동의 전개 과정에서 자신들이 주도권을 장악해 투쟁을 통제하려고 전력을 기울였다. 유럽 전체 차원에서는 부르주아지의 이런 의도가 온전하게 성공할 수는 없었다. 이런 상황에서 부르주아지와 프롤레타리아트 사이의 '사회 전쟁'이 벌어지기도 했다. 그러나 노동자계급은 정치 자립을 위한 역량이 취약한 나머지 패배를 감수해야만 했고, 그런 과정을 통해 큰 교훈을 획득할 수 있었다.

1. 프랑스 노동자계급의 봉기

2월 혁명

1848년 2월, '7월 왕정'[4]은 파리 노동자들의 봉기로 무너졌다. 노동자들 스스로 수도의 광장과 거리에서 공화제를 선포했으며, 임시정부도 공화제 선언에 동의했다. '프랑스 공화국! 자유, 평등, 우애!'République française! Liberté, Égalité, Fraternité!가 그것이었다. 프랑스 공화국 2월 혁명에서 노동자들이 주축이 되어 루이 필리프의 부르주아 입헌군주제를 타도하고 프랑스 공화정을 성취하게 된 것이다.

4_1830년 7월 혁명으로 즉위한 루이 필리프가 시행한 입헌 왕정. 제한선거의 토대 위에 세워져, 은행가들을 비롯한 대(大)부르주아지의 이익을 옹호했다. 이때 진행된 산업혁명으로 산업자본가가 대두하게 되었고 노동자들 사이에서 사회주의운동이 일어났다. 프랑수아 기조 총리가 양자의 보통선거 요구를 거부하고 보수 정치를 시행함으로써 1848년 2월 혁명이 발발했다.

7월 왕정의 위기는 1845년부터 점점 커졌다. 7월 왕정은 애초부터 심한 재정난을 겪은 데다, 1845년부터 몇 년에 걸친 곡물 흉작으로 곡물 가격이 상승한 것을 비롯해 물가앙등이 초래되었다. 여기에다 영국의 상업과 산업 전반에 걸친 공황이 유럽 대륙 국가들의 경제를 극도로 위축시켰다. 1847년 들어 경제 상황은 파탄 지경에 이르렀다. 프랑스 전역에서는 엄청난 실업이 발생했고, 노동자들의 노동·생활 조건이 극심하게 나빠졌다.

당시의 프랑스 정부는 이와 같은 위기 상황을 타개할 능력을 갖지 못했다. 1840년 공화파의 반란을 통해 정권을 잡은 프랑수아 기조 내각은 '점진적 개혁'을 내세우고 상층 부르주아지를 위한 정치를 펼쳤으며, 영국에 대해 굴욕적인 정책을 펴는 등 대외정책의 실패를 거듭했다. 이런 가운데 반정부파 부르주아지는 프랑스 전역에서 선거법 개정을 위한 '개혁연회'[5]를 조직했다. 당시 선거법은 재산 자격에 따라 유권자의 범위를 엄격히 제한했는데, 1839년의 경우 유권자는 전체 인구의 170분의 1에 해당하는 20여만 명에 지나지 않았다.[6]

2월 혁명은 2월 22~25일 사이의 노동자 봉기를 정점으로 전개되었다. 2월 22일, 이날은 파리 마들렌 광장에서 국민연회가 열리기로 예정된 날이었다. 날씨는 나빴고 하늘은 무겁게 찌푸려 있었다. 돌연한 바람이 일고 썰렁한 가랑비가 흩뿌리고 있었다(뒤보 1993, 29).

5_개혁연회는 7월 왕정 말기, 기조 정부에 대해 보통선거를 요구한 반정부파 시민의 정치 집회를 가리킨다. 연회 선동 방식이란 연회 형식의 소규모 집회를 활용한 것인데, 공개적인 집회를 여는 것이 어려운 조건에서 연회 석상에서 건배하는 자리를 빌려 연설을 함으로써 비판적인 정치 활동을 전개한 것을 말한다.

6_게오르게 루데는 2월 혁명의 원인을, 기조 정부의 정책에 대한 국민의 드높은 원성, 여러 비판 세력이 주창한 의회 개혁 요구, 1789년과 1830년의 혁명 전통, 개혁에 대한 정부의 완강한 거부, 파리의 팽창, 1847년의 경제 위기, 도시노동자들의 고조된 불만 등으로 들고 있다(뒤보 1993, 7에서 재인용).

정부의 금지 조치에도 불구하고 노동자를 비롯한 시민 1만여 명이 연회장으로 모여들었다. 광장을 때리는 빗소리와 함께 "가자, 조국의 아들들아 영광의 날이 왔다. …… 피 묻은 깃발을 들었다. …… 불순한 피가 우리의 발을 적실 때까지!"라는 프랑스의 국가 〈라마르세예즈〉가 장엄하게 울려 퍼졌다. 군중들은 '개혁 만세', '기조 내각 타도'를 외치며 시위를 벌였다. 정부는 큰 규모로 확대된 시위를 저지하기 위해 정규군을 투입했고, 군대는 시위를 무력으로 진압하려 했다. 시위대는 바리케이드를 치고 대항했으며, 군대는 시위대를 향해 발포하기에 이르렀다. 이런 가운데 시위 참가자는 점점 더 불어났고, 시위는 밤새 계속되었다.

이튿날인 2월 23일, 루이 필리프 국왕은 정규군 3만 명을 동원해 시위 진압에 나섰다. 시위 군중들은 '루이 필리프 타도', '공화정 만세'를 외치며 대항했다. 시위대의 대오가 불어나면서 국민방위대의 일부가 시위대 쪽으로 합류했다. 사태가 이렇게 진전되자, 루이 필리프는 기조 내각을 물러나게 했다. 기조의 실각으로 사태가 수습되는 듯했으나, 밤이 깊어지면서 군대와 무력시위대 사이에 총격전이 벌어졌다. 외무부와 수상 관저 앞에서 벌어진 돌발적인 총격전이 노동자들의 반란을 더욱 부추겼다. 총격전으로 52명이 사망했으며, 국민방위대가 혁명파에 가담하게 되었고, 국민방위대와 정규군이 대치하는 사태가 벌어졌다.

2월 24일에는 파리 시내 곳곳에 바리케이드 1,500여 개가 처지고 교통이 완전 차단되었다. 혁명파는 정규군을 포위한 채 무장해제를 단행했고, 정규군의 일부가 국민방위대에 합류했다. 이날 파리 시청이 포위되었으며, 국왕 퇴위와 공화국 수립을 요구하는 포스터가 나붙기 시작했다. 정오가 지난 뒤 국왕 루이 필리프는 긴급 성명을 통해 왕좌에서 물러난다고 발표함으로써 7월 왕정은 임시정부에게 자리를 내주게 되었다. 온건 공화파인 "르

나시오날"과 급진파 "라 레포름"의 인물들로 임시정부가 구성되고, 2월 25일 아침, 임시정부는 공화국을 선포했다.

2월 혁명이 시작되면서부터 의식이 높은 바리케이드의 전사들은 노동자계급의 요구와 함께 민주주의·공화주의 요구를 제기했다. '노동자의 생활 개선을 위한 국민의회를 제안함'이라는 포스터가 거리에 나붙었다. 그 내용은 노동의 권리, 상병자에 대한 국가의 부양, 노동 군대의 편성, 무상 의무교육, 인민이 자신들의 은행을 설치하기 위한 시설 조직, 단일 배심재판제도의 설치, 양심과 언론 자유 보장, 누진과세 제도 확립, 보통선거권의 실시 등이었다.

노동자들은 1830년 7월 투쟁으로 부르주아 왕정을 쟁취했듯이, 1848년 2월 투쟁으로 부르주아 공화국을 쟁취했다. 7월 왕정이 스스로를 공화주의 제도들에 둘러싸인 왕정이라 선포해야 했듯이, 2월 공화국은 스스로를 사회 제도들에 둘러싸인 공화국이라고 선포해야 했다. 이 양보 역시 파리의 프롤레타리아트가 이끌어 냈다(마르크스·엥겔스 1992, 13).

이런 평가에 대해 정반대의 관점에서 2월 혁명의 원인을 밝힌 사람은 알렉시스 드 토크빌이었다. 그는 이렇게 설명한다.

게걸스러운 욕망과 그릇된 이론이 그렇게 혼합되어 바로 폭동을 유발시키고 또 그것을 그토록 끔찍하게 만든 것이었다. 이 빈곤한 인민들은 부자의 재화가 어떤 방식을 통해서든 그들에게서 도둑질해 간 결과라고 확신하고 있었다. 그들은 재산의 불평등이 자연에 위배되는 것처럼 도덕과 사회에 대립되는 것이라고 확신하고 있었다. 이 모호하고 그릇된 권리 관념이 야만적인 힘과 결합해 그것이 전에는 결코 스스로 지녀 본 적이 없는 에너지와 완고성, 그리고 힘을 주었던 것이다(김승섭 1987, 22~23에서 재인용).

물론 이런 주장에 대해서는 혁명에서 경제·사회의 상태와 계급 대립이 갖는 정치 관계를 간과하고 있다는 비판이 당연히 나올 수밖에 없다.

2월의 바리케이드 위에서 생겨난 임시정부의 각료 대다수는 부르주아지를 대표하는 사람들이었다. 노동자계급은 단 두 사람의 대의원 루이 블랑과 알베르가 있을 뿐이었다. 임시정부는 2월 혁명에서 수행한 노동자계급의 역할을 인정해 노동자들에게 곧바로 실질적인 정책을 마련하고자 했다. 1848년 2월 25일에는 노동권을 선언하고 노동자의 단결권도 승인했다. "프랑스 공화국의 임시정부는 노동을 통해 노동자의 생계를 보장할 것을 약속한다. 정부는 모든 시민에게 노동의 보장을 약속한다"고 밝혔다(뒤보 1993, 86).

1848년 2월 28일 임시정부는 '국민작업장'Ateliers nationaux의 창설에 관한 법령을 채택했다. 이 법령은 본질적으로 영국 신구빈법의 프랑스판版이었다. 국민작업장은 사실 노천 노역장과 다름없었다. 정부는 국민작업장을 설치해 파리의 실업자 대중에게 일정의 유급 작업을 제공함으로써 사회 긴장을 완화하려 했다. 정부는 실제로 공황과 혁명의 소용돌이 속에서 거리로 내팽개쳐진 노동자 10만여 명을 국민작업장에 수용했다.

3월 2일에는 하청제machandage를 폐지한다는 법령을 선포했으며, 같은 날 노동시간 단축에 관한 법령을 발표 했다. 그리고 정부는 "민중이 수행한 혁명은 민중을 위한 혁명이 되어야 하므로 오래 유지되어 온 노동자의 부당한 고통에 종지부를 찍을 때가 왔다고 판단해 노동자 대책 정부위원회를 창설한다"고 공포했다(노명식 2011, 345).

2월 28일에는 뤽상부르위원회 설치가 결정되었는데, 이 상설 특별위원회는 실상 노동자들의 대중투쟁 결과로서 이룩된 것으로, 노동자들의 생활 개선 대책을 강구해야 할 임무를 지게 되었다. 뤽상부르위원회 구성 그 자체는 '노동을 조직하라'는 노동자계급의 요구를 받아들인 정부의 양보였다.

중요한 사실은 노동자들에게 '노동권'의 실현 방법으로 인식되었던 국민 작업장과 뤽상부르위원회의 결성이 파리의 노동 빈민이 처음으로 자신들을 또 서로를 순수한 노동자로, 다시 말해 단순한 시민이나 제화공, 석공, 재단공이 아니라 육체노동자로 인식할 수 있게 해주는 새로운 제도적 장치였다는 점이다(김인중 2009, 84).

뤽상부르위원회의 의장 블랑의 정치적 구상은 노동자들의 요구를 단편적으로 받아들였다. 블랑은 자본주의 체제가 내포한 악의 근원은 인민대중을 절멸시키는 제도, 즉 경쟁에 있으며, 그 경쟁은 제조업자들 사이의 약육강식을 통해 불가피하게 독점을 낳아 노동자뿐만 아니라 중소기업가마저 몰락시킴으로써 경제공황을 초래한다는 것이다. 그는 또 경쟁이 해외시장을 둘러싼 영국과 프랑스 사이의 치명적 전쟁을 불러일으켜 마침내 세계의 필연적인 멸망을 가져온다고 주장했다.

따라서 이런 경쟁 체제를 극복하기 위해서는 생산의 최고 규제자인 정부가 출자하는 '사회 작업장'ateliersn sociaux을 설립하고 노동자를 경영에 참여시키며, 이로써 노동자의 생산 의욕을 높여 난폭성이나 격변 없이 개인 작업장을 사회 작업장으로 계속적이고 평화적으로 흡수함으로써 경쟁을 극복할 수 있다고 밝혔다(김인중 1991, 157~158)

그러나 노동자들의 현실 요구들은 부르주아 공화제에서는 실제로 실현될 수 있는 것은 아니었다. 노동자들은 부르주아지와 공동으로 2월 혁명을 수행한 사실에 비추어, 자신들이 부르주아지와 나란히 해방될 수 있으리라고 믿었다. 이와 마찬가지로 부르주아지와 나란히 프랑스라는 국가 틀 내에서 프롤레타리아혁명을 완수할 수 있다고 생각했다. 이것은 비극적인 환상이었고, 이런 환상은 계급투쟁이 진행되면서 산산이 부서졌다. 환상의 종말은 또 다른 봉기의 시작을 의미했다(The USSR Academy of Sciences 1980, 418).

이런 가운데서도 뤽상부르위원회는 활동을 시작했다. 이 위원회는 '사회문제'[7] 해결을 위한 도식을 작성했으나, 그것은 거의 유토피아에 가까운 것이었다.

뤽상부르위원회의 첫 번째 회의에는 파리의 여러 단체에서 선출된 노동자 약 200명(이른바 뤽상부르 대의원)이 참가했다. 그들은 곧바로 노동일의 단축을 요구했다. 이와 같은 요구에 대해 기업주들은 마지못해 받아들이기로 방침을 정했으며, 정부는 파리의 경우에는 10시간으로, 지방의 경우에는 11시간 노동일제로 단축하는 법령을 공포했다.

뤽상부르위원회가 시행한 몇 가지 활동을 통해 확인된 것은 이 위원회가 갖는 이중 역할이었다. 한편, 이것은 '노동자 포럼'으로서 여기서 노동자 대표들은 임시정부와 기업주들에게 압력을 행사할 수 있었다. 뤽상부르 대의원들의 배후에는 수만 명의 노동자들이 버티고 서서 정부 당국의 공식적인 출판물이나 대의원들의 보고서를 통해 정부위원회의 활동 정보를 파악하고 위원회 활동을 주의 깊게 지켜볼 수 있었다. 다른 한편, 뤽상부르위원회의 지도부는 노동자 사이에 환상을 심어 주었는데, 그것은 노동자가 기업주들로부터 실제로 쟁취한 것을 마치 기업주가 스스로 '양보'한 것처럼 보이게 하는 것이 그러했다. 같은 맥락에서 보면, 현존 체제의 틀 안에서 부르

7_사회문제(le problème social)란 프랑스대혁명이 경제혁명으로까지 전개되지 않았고, 정치혁명에 멈추었기 때문에 대두된 문제들로서 경제적 불평등, 정치적 권한 행사의 제한, 산업화로 야기된 수공업자들의 실업, 그리고 도시에서의 빈민 계층 대두 등이라 할 수 있다. 이런 사회문제들이 해결되려면 첫째, 사회 구성원 전원에게 행복을 가져다주며, 인간의 기본적인 욕구를 충족시켜 줄 수 있도록 사회가 합리적으로 조직되어야 하고, 둘째, 무절제한 경쟁에 근거한 경제체제로 인해 노동이 지나치게 분업화되어 있고 또한 착취당하고 있으므로 이런 경제체제의 극복을 위해 노동이 조직되어야 하며, 셋째, 노동권과 생존권을 보장해 주는 사회개혁을 단행하는, 즉 사회의 작동에 필요한 생산물을 담당하는 계층은 노동자들이므로 이들을 중심으로 사회질서가 확립되어야 한다는 주장들이 있었다(이학수 1989, 65).

주아국가 기관이 노동문제를 합리적으로 해결할 수 있다는 인상을 던져 주었다(The USSR Academy of Sciences 1980, 417).

뤽상부르위원회는 노동자 조직에도 일정한 관여를 했다. 이 위원회 주도로 재봉·마구제조·방적 노동자 등의 협동조합이 설립되었다. 이런 협동조합은 같은 직업에서, 또 직업과 직업 사이에서 노동자 단결의 기초가 되었다. 3월과 4월에 걸쳐 조판·악기제조·재봉·인쇄·금속·건축 노동자의 단체들이 결성되었다. 노동자들의 정치 활동은 처음에는 주로 민주주의 클럽을 중심으로 펼쳐졌다. 혁명 후 1개월 사이에 파리에는 250개의 클럽이 생겨났으며, 그 뒤로도 클럽은 더 불어났다.

한편, 2월 혁명에서 핵심 요구로 제기되었던 보통선거제도가 3월 들어 확정되었다. 3월 2일에는 21세 이상의 모든 남성에 대한 보통선거권과 결사·출판의 자유가 선포되었다. 일종의 임금 착취 제도였던 하청 제도를 철폐한다는 법령도 공포되었다. 선거제도의 변화에 따라 유권자는 1846년 당시의 24만8천 명에서 960만여 명으로 늘어났다. 선거일은 4월 9일로 공고되었다. 이 자체만을 놓고 보면 2월 혁명이 성취한 성과는 매우 큰 편이었다. 그러나 새 유권자의 대부분은 문맹 상태의 농민들을 비롯한 인민대중이었고, 이들의 정치적 견해와 사회적 의식을 좌우한 것은 그때만 해도 부유한 지주들과 상층 부르주아지, 그리고 성직자들의 영향력이었다. 이런 상황을 배경으로 선거일 연기를 요구하는 움직임이 커졌다.

3월 16일, 국민방위군의 엘리트 중대를 없앤다는 임시정부의 결정(3월 14일)에 불만을 품은 일부 국민방위군이 가두시위를 벌이자, 이튿날인 17일에는 전날의 시위에 반대하는 인민대중의 시위가 벌어졌고, 여기서 나온 요구에 따라 헌법 제정 의회 선거일이 4월 23일로 연기되었다. 4월 16일에는 시민 19만여 명이 참가한 가운데 '공화제 만세', '임시정부 만세'를 외치면서 선거를 또다시 연기하자는 시위가 벌어졌다. 이에 국민방위군은 '공산주의자를 타도하라'고 외치며 시위를 가로막았다. 요컨대 4월 16일의 시위는 사회주의에 대한 공포에 떨고 있던 임시정부와 온건파를 제압하지 못했다(김인중 1998, 308).

헌법 제정 국민의회 선거는 당초 공고일보다 2주 연기된 4월 23~24일에 실시되었다. 선거 결과는 부르주아지와 군주주의 반동파의 확고한 위치를 반증했다. 특히 지방에서 두드러지게 나타났다. 의원으로 선출된 880명 가운데 500명이 신문 『르 나시오날』Le National을 중심으로 결집한 온건 공화파였다. 더욱이 100명의 정통왕조파와 약 200명의 오를레앙파는 2월 혁명 직후부터 스스로 공화주의자로 자처했다. 민주주의 진영은 100명에도 미치지 못하는 사람들이 의원으로 선출되었고, 그 가운데 사회주의자도 몇 명 끼어 있었다. 노동자 후보자들 가운데 헌법 제정 국민의회 의원으로 당선된 사람은 가구 노동자 아그리콜 페르디기에 한 사람뿐이었다. 사회주의 진영의 지도자들이었던 카베, 블랑키, 라스파이유, 소브리에 등은 낙선했다.

이런 선거 결과를 두고 노동자들은 깊은 의혹과 분노를 나타냈다. 리모주에서는 노동자들이 부르주아 국민방위대를 무장해제시키는 일도 일어났다. 루앙에서는 4월 말에 노동자들이 무기를 들고 일어나 국민방위대와 총격전을 벌였는데, 전투는 이틀 동안 계속되었다. 노동자 11명이 그 자리에서 죽고 23명이 치료를 받다 병원에서 숨졌으며, 50여 명이 중상을 입었다. 루앙에서 일어난 사건은 6월 노동자 봉기의 전주곡이 되었다. 신문 『라 코뮌 드 파리』La Commune de Paris 5월 3일자는 루앙 사건을 두고 이렇게 썼다. "루앙에서 부르주아지는 승리했다. 법과 질서는 회복되었다. 쌓인 시체 위에서 테러의 평온이 이 도시를 지배하고 있다"(The USSR Academy of Sciences 1980, 423에서 재인용). 루앙 사건은 부르주아지가 프롤레타리아를 무자비하게 탄압할 의지가 있음을 그대로 드러냈고, 루앙 학살 이면에는 임시정부 정책의 실체가 가려진 채, 현실로서 존재하고 있었다.

헌법 제정 국민의회는 5월 4일 처음으로 열렸는데, 인민대중들이 선거 결과에 대한 불만을 표시하며 의회 해산을 요구하는 시위를 벌였다. 5월 10 일에는 임시정부가 5명으로 구성되는 집행위원회[8]로 대체되었다. 5월 15일 에는 집행위원회 구성에 사회주의자가 배제된 것에 분노하고 있던 민주주 의 그룹의 주도로 100여 개 조합 대표들이 중심이 되어 국민작업장 노동자 들까지 참가한 가운데 폴란드 독립을 지지한다는 명분을 내걸고 대규모 시 위를 벌였다. 그들은 의회가 열리고 있는 부르봉 궁으로 향했다. 시위대는 의사당과 시청을 잠시 점거하기도 했으나, 국민방위대가 물리력을 동원해 시위대를 해산시키고 주동자들을 체포했다. 이와 함께 뤽상부르위원회도 해산되었다. 5월 15일 노동자투쟁은 노동자들에게 부르주아국가에 대한 불 신을 더한층 키웠을 뿐만 아니라 이에 대항하기 위한 무장투쟁의 필요성을 일깨워 주었다.

마르크스는 이 시기의 상황을 다음과 같이 설명했다.

프롤레타리아 당파는 프티부르주아 민주주의 당파의 부속물이 되어 나타난다. 프롤레타리아 당파는 4월 16일,[9] 5월 15일,[10] 그리고 6월의 날들[11]에 프티부르

8_ 집행위원회 위원들에게는 불손하게도 오두(五頭, Pentarques)라는 별명이 주어졌다(뒤보 1993, 126).

9_ 1848년 4월 10일 차티스트들은 런던에서 대중시위를 벌였다. 정부는 시위 진압을 위해 군대와 경찰을 동원했다. 동요하던 대부분의 차티스트 지도자들은 시위의 실행을 포기하기로 결정했다.

10_ 1848년 5월 15일 파리 노동자들은 헌법 제정 국민의회를 타도하고 새로운 임시정부를 수립하려고 시도했다. 그러나 이 혁명적 행동은 진압되었고, 지도자들은 체포되었다.

11_ 1848년 4월 16일 파리에서는 마르스 광장에서 채택된 청원서와 애국적 헌금을 임시정부에 전달하려

주아 민주주의 당파에게 배신당하고 버림받는다. 민주주의 당파는 또 그들대로 부르주아 공화파의 어깨에 몸을 기댄다. 부르주아 공화주의파는 확고한 기반을 다졌다는 믿음이 생기자마자, 이 성가신 짝을 뿌리치고 '질서파'[12]의 어깨에 몸을 기댄다. 질서파는 어깨를 빼서 부르주아 공화파를 자빠뜨리고는 무장력의 어깨 위에 몸을 던진다. …… 혁명은 이처럼 하강곡선을 그리며 운동한다. 2월의 마지막 바리케이드가 치워지고, 최초의 혁명정권이 구성되기도 전에, 혁명은 자신이 이와 같은 후진 운동에 빠져들어 가고 있음을 발견한다(마르크스·엥겔스 1992, 311).

이처럼 프롤레타리아트와 부르주아지 사이에 계급적 모순이 점점 첨예화하면서, 노동자계급의 조직 문제가 긴박하게 떠올랐다. 노동자계급의 조직화 과정은 2월 혁명 이전 시기에 비해 매우 급속하게 진행되었다. 노동자들은 민주주의 클럽, 파업위원회, 국민작업장 대표들의 주위에 모여들었다. 그러나 아직 단일한 조직적 중앙 본부는 꾸려지지 않았다. 6월 봉기 몇 주전에 통일조합협회와 국민작업장대의원중앙회의위원회가 조직되었는데, 이 두 조직은 6월 봉기에서 중요한 역할을 수행하게 된다.

이와 같은 상황에서 6월 21일에는 집행위원회가 국민작업장에 등록된 18~25세에 이르는 노동자는 군대에 입대하고 나머지는 개간 사업을 위해 늪지인 솔로뉴, 랑드 지방으로 내려 보내는 법령을 채택했고, 이에 따라 국민작업장 폐쇄 공고가 나붙었다.[13] 이 법령은 국민작업장에서 일하던 노동자

던 노동자들의 평화적 시위가 부르주아 국민방위대에 의해 해산되었다. 본문과 주의 월, 일이 차이가 나는 것은 마르크스·엥겔스(1992, 311)의 잘못에서 비롯된 것이다.

12_7월부터 푸아티에 가의 위원회를 중심으로 왕당파와 일부 공화파로 이루어진 보수적인 정파다.

들에게 큰 피해를 안겨 주었을 뿐만 아니라, 그것은 사회개혁에 대한 파리 노동자들의 희망을 꺾는 일이었다. 2월 혁명 직후 임시정부와 노동 진영 사이에 사회주의 제도가 아닌 '사회적 제도'를 통해 타협할 여지가 마련되었고, 그런 사회적 제도 가운데 대표적인 것이 국민작업장이었다. 그런데 헌법 제정 국민의회가 개원하자마자, 국민작업장이 부르주아 공화국을 구성하는 데 일차적인 장애가 되고 있다고 판단해 이를 폐쇄했다. 이것은 부르주아 공화주의자와 노동 세력 사이의 '타협' 파괴를 의미하는 것이기도 했다.

국민작업장 폐쇄 조치는 곧바로 인민 봉기를 촉발시켰고, 이 인민 봉기를 깨뜨리기 위해 집행위원회는 루이 외젠 카베냐크 독재 체제로 대체되었다. 그리하여 노동과 자본 사이에 4일 동안에 걸친 전투, 즉 프롤레타리아트와 부르주아지 사이에 최초의 국내 전쟁이 시작되었다(The USSR Academy of Sciences 1980, 434; 김인중 1998, 309).

모든 계급이 단결해서 7월 왕정을 무너뜨린 2월 혁명은 '아름다운 혁명'이었다. 반면에, 프랑스 사회를 구성하고 있는 다양한 계급들이 프롤레타리아와 그 밖의 나머지 세력으로 나뉘어져 격렬한 전투를 전개한 6월의 혁명은 '추한 혁명', '혐오스러운 혁명'이었다. 그러나 그처럼 '추한 것'이 현실이요 '추한 것'을 통해 '아름다운 것'이 비로소 현실적으로 정립될 수 있다는 것, 다시 말하면 인도人道, Humanität는 오로지 야만적인 난폭성Brutalität을 통해서만 수립될 수 있다는 것이 마르크스가 생각한 근대사회의 운명이었다(김승섭 1987, 63).

13_국민작업장은 그 운영에서 비용이 많이 소요되었을 뿐만 아니라 정치적 소요의 중심으로 간주되었으며, 실제로 5월 15일 의회 난입 사건에 국민작업장 출신 다수가 연루되자, 사회 전반에 걸쳐 이와 같은 정치적 불안의 근거지를 없애야 한다는 여론이 대두되었다(Price 1972, 155~156).

파리 노동자의 6월 봉기

부르주아국가에 대한 노동자계급의 저항이 커지고, 프롤레타리아트와 부르주아지 사이의 계급적 전투 분위기가 고조되는 가운데, 정부는 6월 21일 집행위원회 명령으로 사실상의 국민작업장 폐쇄를 결정했다.

노동자들에게는 선택의 여지가 없었다. 그들은 굶어 죽거나 싸움에 나서야 했다. 그들은 6월 22일 엄청난 폭동으로 응수하였는데, 이 폭동은 현대를 가르고 있는 두 계급 사이의 최초의 대전투였다. 그것은 부르주아 질서의 유지냐, 파괴냐를 놓고 벌어진 투쟁이었다. 공화국을 가리고 있던 장벽은 찢어졌다(마르크스·엥겔스 1992, 28).

국민작업장 폐쇄 소식을 들은 노동자들은 6월 22일 파리 중심부로 모여들었다. 10만여 명에 이르는 군중들이 '우리는 떠나지 않을 것이다! 우리는 떠나지 않을 것이다!'라고 외치며 뤽상부르궁전으로 행진했다. 봉기에 참가한 노동자들은 파리 시내 곳곳에 바리케이드를 설치하고 전투 준비를 갖추었다. 정부는 육군 장관 카베냐크 장군에게 전권을 맡겨 민중봉기를 진압하도록 했다.

6월 23일, 정오부터 생드니 성문 근처에서 무력 충돌이 일어났다. 카베냐크 장군은 정부에 충실한 국민방위군과 기동방위군[14] 1만2천 명, 보병 2

14_그들 대부분은 룸펜프롤레타리아트에 속했다. 룸펜프롤레타리아트는 모든 대도시에서 산업 프롤레타리아트와 확연히 구별되는 대중을 이루었는데, 온갖 종류의 도둑과 범죄자의 신병 공급원이며, 사회의 쓰레기를 먹고 살아가는 자들, 일정한 직업이 없는 자들, 부랑자들, 무숙자들이다. …… 파리의 프롤레타리아트가 기동방위대를 바리케이드 위에 있는 자신들의 전위투사로 오인하기도 했다(마르크스·엥겔스 1992, 29; 뒤보 1993, 153).

만9천 명, 그리고 기병과 포병을 그의 지휘 아래에 두고 있었다. 카베냐크는 이들 병력을 세 개 돌격 부대로 편성해 봉기를 깨뜨리려 시도함으로써 전투는 치열해졌다. 그러나 정부군은 어디에서나 고전을 면치 못했다. 장병들이 죽거나 부상당하기도 했고, 한 개 중대가 무장해제를 당하기도 했다. 파리 동부 지역을 봉기자들이 장악했다(뒤보 1993, 151). 그리하여 공방전은 밤새 계속되었다. 봉기에 참가한 노동자들은 기계 부문 노동자를 비롯해 청동가공·가구제조·채석·철도건설 노동자 등이 주류를 이루었다(뒤보 1993, 153).

여기서 빅토르 위고의 "목격담"을 통해 이날 상황의 한 장면을 본다.

바리케이드 꼭대기에 아주 아름답고 머리가 헝클어진 무시무시한 한 젊은 여자가 나타났다. 거리의 여자(창녀)였던 이 여자는 옷을 허리까지 걷어 올리고 국민방위군에게 소리쳤다. '비겁한 놈들, 쏠 테면 쏴라, 네놈들이 감히 여자의 배에다 총을 쏠 수 있다면 말이다.' 한차례의 일제사격과 함께 그 불쌍한 여자는 고꾸라졌다. 그녀는 크게 소리를 지르면서 밑으로 떨어졌다. 그러자 돌연히 두 번째 여자가 나타났다. 이 여자는 더 젊고 더 아름다웠고, 겨우 17살 난 어린 아이에 가까운 여자였다. 이 여자 역시 창녀였다. 앞의 여자처럼 이 여자도 그녀의 배를 드러내면서 외쳤다. '쏴라, 강도 같은 놈들!' 총알이 날았고, 그 여자는 총알구멍 투성이가 된 그녀의 몸을 앞의 여자 시신 위에 눕혔다(뒤보 1993, 150에서 재인용).[15]

15_ 뒤보는 위고의 "목격담"을 인용하면서 "나는 여기서 위고의 책을 인용하고 있으며, 증거가 없는 것처럼 보이는 이 주장의 책임을 저자에게 맡기면서 이 글을 쓴다"고 했다.

6월 24일, 헌법 제정 의회는 계엄령을 선포했고, 집행 권력은 카베냐크가 맡게 되었으며 집행위원회는 물러났다. 이날 파리 곳곳에서 치열한 전투가 벌어졌다.

북부 지역에서는, 국민방위군의 선두에 선 르 브르통 장군은 생라자르 형무소와 라리봐지에르 병원 신축 공사장을 돌파하지 못했다. 포부르 생드니에서 라모리시에르 장군은 약간의 성공을 거두었다. 그는 몇 차례의 공격 끝에 카페 작업장들까지 설치된 바리케이드를 제거했으나, 포부르 뒤 탕폴을 소탕하지는 못했다.

시청 지역에서는, 뒤비비에 장군은 봉기자들과 담판을 시도했으나 회담은 아무런 성과를 거두지 못했다. 봉기자들은 보주 광장 근처의 8구 구청과 생 제르베 성당 근처의 9구 구청을 탈취했고, 그래서 그들은 시청에서 불과 몇 발자국 떨어진 곳까지 와 있었다. 그리고 제18경보병대 1개 대대가 보주 광장에서 무장해제당했다.

센 강 왼편 지역에서는, 다멤머 장군 부대가 팡테옹 광장을 향해 전진했다. 기동방위대가 법과대학을 탈환한 다음, 팡테옹과 생트즈네비브를 향해 총을 쏘았다. 몇 발의 포탄이 성당을 할퀴었다. 오후가 시작될 무렵에는 12구 구청이 점령되었다. 다멤머는 즉시 비예유에스트라파드가街로 갔고, 거기서 그는 치명상을 당했다. 해가 저물면서 정부군은 봉기자들을 구청에서 밀어내는 데 성공했으며, 노동자들은 바스티유 광장에서 생테티엔 쪽으로 뻗혀 있었던 바리케이드를 완강히 고수했다.

6월 25일에도 전투는 치열하게 계속되었으며, 반란자들과 군대의 공방이 이어졌다.

북부 지역에서는, 르 브르통 장군이 생라자르 형무소를 탈환하고 라 샤펠 동洞으로 들어갔다. 그러나 생마르탱 운하에서 라모리시에르 장군은 거의 성공을 거두지 못했다. 전투는 막상막하였다. 오후에 그는 포부르 뒤 탕플을 장악했고, 저녁에는 바스티유의 북서부를 점령했다.

시청 지역에서는, 봉기자들의 저항이 완강했다. 뒤비비에 장군은 휘하 군대를 두 개의 분견대로 나누어 그들이 바스티유에서 합류하도록 했다. 레뇨 대령이 지휘하는 첫 번째 분견대는 어렵게 생 제르베의 9구 구청을 장악한 다음, 곧 그가 심문하던 봉기자의 총에 맞아 쓰러졌다. 페로 장군이 레뇨를 계승해 오후에 8구 구청을 장악했다. 이 분견대는 오후 4시에 바스티유 서쪽 끝에 닿을 수 있었다. 두 번째 분견대를 지휘하던 뒤비비에 장군은 그레브 광장에 있는 루이 필리프 교橋 꼭대기에서 치명상을 입었다. 뒤비비에는 마지막 순간에 관대함과 명석함을 보여 주었다. 그는 "이 가난한 노동자들에게 일자리를 주어야 한다. 국민의 손은 그들에게 열려 있어야 한다"고 반복했다. 네그리에 장군이 뒤비비에를 대신해 오르메 강변과 아베 마리아와 셀레스탱 병사兵舍를 따라 전개된 오랜 전투 끝에 바스티유에 도달했다. 바스티유에 도착한 네그리에는 생 당트와느가를 따라 서쪽으로 접근해 오는 페로와 합류하려고 했는데, 이번에는 네그리에가 정규군이 쏜 총에 맞아 쓰러졌다. 네그리에를 맞춘 총알은 동시에 샤르본넬 의원에게도 치명상을 입혔다.

센 강 왼편 지역에서는, 2천 명을 지휘하던 브레아 장군이 휴전 교섭 사절 자격으로 제12구와 성문 밖 지역인 당페르, 생자크, 상테를 둘러싸고 있는 바리케이드로 갔다. 바리케이드를 뛰어넘어 군중 속으로 섞여 들어간 후 술집으로 끌려 다니다가 마지막에는 사살되었다. 이런 상황에서 카베냐크는 전 예비군을 전투에 투입했다. 페로 장군의 부대는 바스티유 광장에 돌입했다. 바스티유 광장에서 벌어진 전투는 종일 계속되었다.

봉기자들의 소망과는 달리 지방의 대도시들에서는 봉기가 일어나지 않았다. 리옹은 평온을 유지했고, 마르세유에서 약간의 무력 충돌이 발생했을 뿐이었다.

6월 26일 아침[16] 바스티유 상황은 매우 절박해졌는데, 그것은 사방으로부터 공격을 받았기 때문이었다. 봉기자들은 지금까지 남쪽에서는 뒤비비에와 나중에는 네그리에가 지휘하는 군대와 전투를 벌였고, 서쪽에서는 페로 부대와 그리고 북쪽에서는 라모리시에르 부대와 싸우고 있었는데, 이제는 뱅센느에서 트론느 광장으로 뚫고 들어와 그들을 후방에서 공격하는 르브르통 부대와도 싸워야 했다(뒤보 1993, 163~165).

이런 가운데서도 노동자 대표는 페로 장군과 그의 지휘소에 있던 내무부 장관 루큐르와 만나 전투를 중지할 것을 분명히 밝히면서, 그 대신 다음과 같은 조건을 제시했다. 국민작업장에 대한 법령의 철회, 헌법 제정 의회의 노동자 권리 선언, 군대 병력의 파리 철수, 뱅센느 요새에서 투옥된 노동자 지도자들의 석방, 인민들에게 공화제 창설을 위한 권리 부여 등을 요구했다. 이런 요구는 사실상 현 정부의 부정을 의미하는 것이었다(The USSR Academy of Sciences 1980, 439).

노동자 대표가 카베냐크를 만나러 갔으나, 카베냐크는 완전한 항복을 요구하면서 회담을 거부했다. 그러면서 10시까지 항복하지 않으면 공격하겠다고 선언했다. 10시를 알리는 종이 울렸다. 카베냐크보다 인간적이었던 페로는 발포를 주저했다. 그는 봉기자들과 10분간의 휴식을 갖기로 합의했다. 봉기자들은 급속히 퇴각했다. 군대는 어렵지 않게 바스티유와 트론느 광장 사이에 세워진 65개의 바리케이드를 제거했다(뒤보 1993, 169). 파리

16_ 위고는 "바리케이드는 새벽빛 속에서 창백했다"는 시 구절로 표현했다.

노동자들은 저항을 포기하고 '영웅적 비극'의 최후를 맞게 되었다. 1848년 6월 26일 오전 11시에 노동자의 저항은 결국 끝을 맺었다.

6월 노동자 봉기의 패배를 두고 존 패트릭 베리는 "구호도 주모자도 깃발도 없는 10만 명의 반란이었다. 그것은 국민 일부의 다른 일부에 대한 반항이었다. 정치적 투쟁이 아니라 계급적 투쟁이었으며, 일종의 노예 전쟁이었다"고 설명했다(노명식 2011, 352에서 재인용). 거리에서 무기를 소지하고 체포된 사람들이나 노동자의 복장을 한 사람들이 즉석에서 사살되었는데, 재판이나 조사 없이 죽임을 당한 사람들이 1,500여 명을 넘었다(The USSR Academy of Sciences 1980, 441). 체포된 사람 1만1천여 명 가운데 주동자들은 재판에 회부되고 4천여 명이 알제리로 추방되었으며, 약 6,400여 명이 석방되었다(노명식 2011, 352). 다른 기록에는 3천 명 이상이 죽고, 반란에 참가한 1만5천여 명이 재판도 받지 않고 유형에 처해졌다는 것이다(마르크스·엥겔스 1992, 29; 45).

뒤보는 "바리케이드에서는 겨우 400~500명의 봉기자들이 죽었던 것 같으나, 전투가 끝난 다음 3천 명 이상이 기동방위군과 정규군 병사들의 손에 학살되었으며, 1만1,671명이 체포되었다. 그들 가운데 일부는 처형되었고 일부는 강제 노역을 감수해야만 했다. 그러나 일반적인 형벌은 유배형이었다. 수많은 노동자가 원하지도 않는 식민지 생활을 해야 했다. '수천의 가족들이 알제리로 떠났다. 그들은 미래의 소유자들을 위해 아프리카 땅을 그들의 몸으로 비옥하게 만들려고 거기에 보내진 셈이었다'고 프루동은 썼다"고 서술했다(뒤보 1993, 170).

6월 봉기의 패배를 두고 마르크스는 다음과 같이 평가했다.

그것은 내전, 가장 끔찍한 형상의 내전, 노동과 자본의 전쟁이었다. 부르주아지의 파리가 불꽃으로 하늘을 장식한 반면에 프롤레타리아트의 파리가 불길에 타고, 피를 흘리고, 신음하던 6월 25일 저녁에 우애(Fraternité)는 파리의 모든 창문 앞에서 불타버렸다. 우애는 부르주아지와 프롤레타리아트의 이해가 융화되고 있는 한에서만 지속되었다(마르크스·엥겔스 1992, 29).

2월 혁명은 아름다운 혁명, 일반적인 공감을 얻는 혁명이었다. 왜냐하면 그 혁명 속에서 왕권을 반대하여 현저하게 나타난 대립들이 발전되지 못한 채 나란히 줄고 있었기 때문이며, 또 그 대립들의 배경을 이룬 사회적 투쟁은 단지 허공에 뜬 존재였고, 문구의 존재, 말의 존재였기 때문이다. 6월 혁명은 추한 혁명, 혐오스러운 혁명이었다. 왜냐하면 사실이 문구를 대신해서 나타났으며, 공화국이 괴물의 머리에 덮어주고 가려주던 왕관을 벗김으로써 괴물의 머리 자체를 드러내 놓았기 때문이다(『신라인신문』 1848년 6월 29일자; 마르크스·엥겔스 1992, 29~30에서 재인용).

그렇다면 6월 봉기의 특징을 어떻게 보아야 할 것인가. 6월 봉기는 사례를 찾기 어려울 정도의 대중성과 참가자의 높은 단결 수준을 보여 주었다는 점, 파리 프롤레타리아트의 주요 부문이 봉기에 참가했으며, 봉기가 드러낸 규모와 낮은 차원의 사회주의사상 결합은 일찍이 찾아보기 어려웠다는 점, 그것은 노동자 대중의 의식 속에 깊이 침투해 있는 '노동의 조직', '인간에 대한 인간의 착취 근절', '노동의 권리' 등의 슬로건에 공통적으로 표현되었다는 점, 정치적 견해가 매우 다양했는데도 그것이 노동자들의 공동 행동을 가로막지는 않았다는 점 등이 특징으로 지적되었다(The USSR Academy of Sciences 1980, 443).

6월 봉기는 2월 혁명과 달리 낙관주의와 열광적인 분위기를 조성하지는 못했다. 또 6월 봉기는 노동자계급이 다른 어떤 세력과도 동맹 관계를 갖지 못한 채, 고립 상태에서 강행되었다. 말하자면 프랑스 프롤레타리아트가 지금까지 쌓은 계급적 자립성은 1848년의 구체적 조건에서는 불가피하게 위력을 발휘하지 못했다. 그런 점에서 봉기는 애초부터 실패할 운명에 놓여 있었다.

그리고 파리 노동자들의 요구는 '민주주의적인 사회 공화국'La République démocratique et socioale이었다. 사회 공화국 사상은 처음에는 '만인을 위한 공화국', '민주공화국'과 분리해 사용하지는 않았다. 그러나 6월 봉기를 겪으면서 노동자들은 매우 짧은 기간에 '사회 공화국'이 실제로 내포하고 있는 많은 것에 대해 분명하게 인식하게 되었다. "사회 공화국은 노동자 정부다", 이것은 법정에 선 노동자들이 봉기의 목적에 대한 심문에서 응답한 말이었다(The USSR Academy of Sciences 1980, 445~446).

위에서 1848년 6월 봉기의 특징을 살펴보았거니와, 사회혁명으로서 6월 봉기가 차지하는 역사적 위치를 어떻게 규정할 것인가. 마르크스의 견해를 지지하는 주장, 즉 계급투쟁이란 해석과 그것에 대한 비판적 주장으로 크게 구분되는데, 대표적인 견해를 중심으로 비교해 살펴본다.

먼저 마르크스는 6월 봉기를 두고 근대사회를 나누는 양대 계급 사이에 벌어진 최초의 대전투로 규정했는데, 마르크스 견해의 지지자들은 주로 계급 사이의 이해 갈등을 일관되게 강조했다. 맥케이는 사회혁명의 위협을 느낀 부르주아 공화주의자들이 의도적으로 국민작업장을 해체해 봉기를 촉발시켰다고 주장했으며, 아귈롱은 프롤레타리아 대 군대, 특히 부르주아 국민방위군 사이의 투쟁이라고 설명하면서 마르크스의 주장에 동조했다. 그리고 틸리와 리스는 6월 봉기 참가자의 직업 분포 분석을 통해 봉기자들 가운데 노동자들이 다수였고 진압군에는 부르주아가 다수였으므로 마르크스의 견해가 옳다고 주장했다(김복미 1987, 175).

이런 계급투쟁이라는 해석에 대해 비판적 주장을 담은 연구들이 발표되었는데, 이 연구들은 대부분 계급투쟁에 대한 해석이 지나치게 단순하고 과장되었다는 사실에 초점을 맞추었다. 그러나 이런 종래의 설명 틀이 일정한 한계를 드러내자, 이제 연구자들은 새로운 해석을 다각적으로 모색했으며, 여기서 선구적 역할을 한 사람이 고쎄즈였다(서울대프랑스사연구회 1989, 110).

고쎄즈는 봉기자와 진압군의 사회 구성을 분석해 마르크스 견해의 지지자들이 보는 바와 같이 단순하게 봉기자는 노동자들로, 진압군은 부르주아지로 구성된 것이 아니라, 서로 다양한 사회 구성을 드러내고 있다는 사실과 6월 봉기에 나타난 갈등의 다양성을 제시함으로써 계급 간의 갈등에 관한 설명 틀이 지니고 있는 한계성을 지적했다. 아만은 6월 봉기를 두고 부르주아와 프롤레타리아 사이의 계급투쟁으로 보는 견해에 반대했다. 그 근거로서 1848년 당시의 파리는 아직 산업화 이전의 도시였고, 대규모의 기계화된 산업이 아닌 수공업 작업장이 대다수였으며, 아직 계층구조의 분극화가 일어나지 않았다는 사실을 지적하면서 봉기 때 화해의 노력을 기울인 사실에 주목했다(Amann 1963, 944~947).

루나는 6월 봉기에 참여한 대부분의 노동자들이 파리의 전통적인 수공업 출신 노동자들이었음을 들어 6월 봉기가 마르크스주의 해석의 근대 프롤레타리아 봉기는 아니었다고 주장했고(Luna 1969, 128~129), 프라이스는 고쎄즈의 결론을 더욱 명확히 입증해 보이면서 계급투쟁 관점의 해석이 지니는 단순화된 논리를 지적했다(Price 1972, 155~192).

6월 봉기를 계급투쟁의 관점에서 행한 해석에 대해 그 한계를 지적하고 비판적으로 분석한 주장을 전적으로 수용하지는 않는다 할지라도, 비판적 견해가 갖는 긍정적 측면을 전면 부정하기는 어렵다. 구체적인 사실을 통해 실제 상황을 파악하고 6월 봉기의 역사적 위치를 바르게 규정할 필요가 있기 때문이다. 그런 점에서 여기서는 몇 가지 검토 대상이 제기될 수 있다.

첫째, 1848년 당시의 파리 노동자들을 근대적 프롤레타리아트로 규정할 수 있는가 하는 점이다.

1848년 당시 프랑스는 전체 인구의 75퍼센트가 농민이었고, 산업화가 진행되고는 있었으나 아직 농업국가의 경제구조에서 벗어나지 못했다. 프랑스 경제는 1820년을 고비로 회복되기 시작해 1840년대에 이르러서는 일종의 도약 단계를 맞게 되었고, 파리는 그 중심지였다(이학수 1989, 111~112).

파리는 7월 왕정 말기에 노동자 40만 명 정도가 살고 있는 '왕국에서 가장 풍요한 공업도시'로 변모했으나 여전히 소비재와 사치품 생산을 위주로 하는 수공업도시였고, 따라서 기업 형태도 대규모의 공장보다는 소규모 작업장이 압도적인 우세를 보이고 있었다. 실태를 보면, 1848년 당시 파리의 기업주는 총 6만4,816명이었는데 이 가운데 10명 이상의 노동자를 고용한 기업주는 7,117명(11퍼센트), 2~10명을 고용한 기업주가 2만5,116명(38퍼센트), 1명 이하를 고용한 기업주가 3만2,583명(51퍼센트)으로서, 한 사람의 기업주가 평균 5.3명의 노동자를 고용한 셈이었다(서울대프랑스사연구회 1989, 112). 그리고 파리의 주요 산업은 식료품업, 의류업, 건축업, 가구업, 사치품 제조업 등 수공업 부문이었다.

1848년 당시 파리 노동자의 구성을 보면, 압도적인 다수가 수공업에 종사하는 노동자였다. 여기서 논의 대상이 되는 것은 수공업노동자는 근대적 프롤레타리아트 범주에 넣을 수 없는가 하는 점이다. 먼저 프랑스 산업화 과정의 특징부터 살펴볼 필요가 있다. 제1부 2장에서 본 바와 같이, 19세기 프랑스 산업화 과정은 매우 완만하게 진행되었으며 산업화 과정에서는 새로운 형태의 작업장인 공장이 아니라 전통적인 수공업 작업장과 농촌의 가내 작업장이 더 큰 역할을 했다.

한편, 1840년 무렵부터 공업의 집중도가 높은 대규모 공장의 수도 증가하지만, 그것이 상대적으로 수공업의 쇠퇴를 가져온 것도 아니었다. 그리고 1835년부터는 전체 공업생산 가운데 공장제 생산이 평균 25.2퍼센트를 차지할 정도로 공장제가 확대되었다. 말하자면, 당시의 프랑스 노동자들은 산업화의 진행에 따라 근대적인 프롤레타리아화의 과정에 있었다고 볼 수 있다.[17]

그리고 당시의 수공업노동자들은 종래의 수공업노동자들이 가졌던 독립생산자로의 사회적 상승 염원을 점점 포기하고 있었다. 이런 상황에서 파리 노동자들은 스스로를 하나의 계급으로 인식하게 되었으며, 노동자 문제의 해결에 있어서도 개인적 차원이 아닌 집단적 차원의 해결 방안을 모색하게 되었다.[18]

1848년을 1789년 프랑스혁명과 1917년 러시아혁명 사이에 놓인 '물에 잠긴 징검다리'로 해석하면서, 1848년 혁명의 의의를 강조한 홉스봄의 견해는 파리 프롤레타리아의 위치를 이해하는 데 중요한 시사점을 던진다. 홉스봄은 "우리는 아직 스스로를 하나의 계급으로서 미처 의식하지 못한, 1848의 '프롤레타리아트'가 지닌 매우 젊기도 하고 미성숙한 사회 세력의

17_틸리와 리스는 당시 공장노동자의 비중이 높은 금속기계, 건축, 운송업 등 세 개 업종에 종사하는 노동자 수는 전체 노동자의 13퍼센트(1856년 기준)에 지나지 않았으나, 6월 봉기에서 유죄판결을 받은 사람들 가운데 이들이 차지하는 비중은 35퍼센트에 이르고 있다는 사실을 밝혀내고 이를 근거로 마르크스의 분석이 옳았다고 주장한다(서울대프랑스사연구회 1989, 109).

18_경제사가인 로윈은 다이나믹하거나 아니면 아주 저조한 경제 발전보다는 오히려 점진적인 경제 발전이 노동자들의 급진주의를 낳는 경향이 있음을 지적하면서 "노조의 약세는 국가경제 발전에 대한 비관주의와 더불어 프랑스 노동자들로 하여금 가까운 장래에 대한 낮은 기대를 유토피아적 환상과 교묘하게 결합시켜 주었다"는 아주 흥미로운 주장을 펴고 있다(Lorwin 1958, 343).

잠재성을 과소평가해서는 안 된다"고 했다(Hobsbawm 1996a, 25~26).

둘째, 봉기자와 진압군의 계급 구성 분석을 통해 계급 간의 갈등 여부를 가름할 수 있는가 하는 점이다. 6월 봉기가 끝난 바로 뒤에 의회에 제출된 보고에 따르면, 봉기자들의 수는 대체로 4만여 명이었으며, 이들 가운데 1만5천 명 정도가 체포되었고 4,500명이 구속 또는 유배의 유죄판결을 받았다. 1847~1848년 파리 센서스가 보여 주는 직업 집단 정보에 근거해 체포된 1만1,727명의 기록을 분석한 프라이스의 자료를 토대로 봉기자들의 계급 구성을 보면 대략 다음과 같다(Price 1972, 164~165).

봉기자들 가운데 노동자들이 대거 참가했다는 사실은 체포당한 사람의 수를 보아도 입증된다. 참가율이 높았던 주요 직종별 봉기 노동자의 숫자와 비율을 보면, 건축업은 1,725명(14.82퍼센트), 금속업은 1,321명(11.27퍼센트), 의류·신발 제조업은 1,225명(10.52퍼센트), 가구제조업은 1,004명(8.62퍼센트)이었다. 이런 업종에 종사하는 노동자 말고도, 체포당한 사람들 가운데 노동자들이 압도적 비중을 차지하고 있는 사실에 비추어 봉기자의 주력이 노동자계급이었음은 부정할 수 없다.

체포당한 사람들 가운데는 자유직업 종사자(1.79퍼센트), 사무원(3.76퍼센트), 상업 종사자(3.27퍼센트) 등이 포함되어 있으며, 이 밖에도 집주인, 금리생활자, 서기 등이 체포자들 가운데 9.71퍼센트를 차지했다. 또 체포당한 사람들 가운데는 방랑자·짐꾼·넝마주이·심부름꾼·학생(0.33퍼센트), 기동타격대(1.40퍼센트), 경찰·군인(1.86퍼센트) 등도 명단에 들어 있었다.

노동자계급 이외에 다양한 계층과 집단이 봉기에 참가했으므로, 6월 봉기는 결코 프롤레타리아트의 봉기로 규정할 수 없다는 주장은 사회혁명에 대한 사실 왜곡의 요소와 자기모순을 안고 있다. 노동자들이 벌이는 투쟁 가운데 동맹파업이나 총파업은 노동자들의 조직이 독자적으로 추진하지만,

사회혁명이나 봉기는 노동자가 주체가 되어 투쟁을 추진하되, 이해관계를 같이하는 다양한 사회 세력을 끌어들여 요구를 관철하려 하기 때문이다. 노동자 봉기나 정치적 투쟁은 모름지기 대중적 성격을 지니며, 인민대중과 결합하기 마련이다. 더욱이 2월 혁명 후 파리 노동자들 가운데 18만6천 명(약 54퍼센트)이 실업자였는데, 업종별 실업률을 보면, 가구업이 73.03퍼센트, 건축업이 64.39퍼센트, 금속 기계공업이 51.19퍼센트, 보석제조업이 57.46퍼센트였던 현실에서 이들도 당연히 노동자 범주에 포함시켜야 한다. 그리고 체포당한 사람들 가운데 노동 빈민에 속하는 계층이나 집단도 넓은 의미의 노동자계급 범주에 포함된다. 이런 여러 가지 사실에 비추어 1848년 6월 봉기는 프롤레타리아가 주도한 봉기로 보아야 할 것이다.

한편, 봉기 진압에 가담했던 국민방위군의 계층적 구성을 보면, 집주인, 소상점주, 사무원, 자유직업 종사자, 지식인, 노동자 등의 집단으로 크게 분류되고 있다. 노동자들은 국민방위군의 거의 절반을 차지하고 있었다. 그리고 기동타격대의 사회 구성을 보면, 74퍼센트에 이르는 비율이 숙련노동자들이었다(김복미 1987, 195).

진압군의 사회 구성이 다양성을 띠고 있다는 사실에 비추어서 6월 봉기를 계급 간의 투쟁이라는 이분법적인 설명은 옳지 못하다는 주장은 그야말로 단순 논리의 범위를 벗어나기 어렵다. 왜냐하면, 원래 군인은 전 국민적인 사회 구성이나 계급·계층을 그대로 반영하는 것이고, 자본주의 제도에서는 군인의 대부분이 노동자, 농민을 비롯한 기층 대중 출신들로 채워지는 것이 일반적이다. 그리고 군대 조직은 지휘 체계에 따라 명령에 복종해야 하는 특수 조직으로서 전쟁의 수행, 사회질서의 유지, 그리고 봉기의 진압 등에서 지휘관의 지시에 따를 수밖에 없다. 그런 점에서 군인 개개인은 특정 계급이나 집단의 이익에 쫓아 행동하는 것이 아니라 국가 체제를 장악한 지배 세력을 위해 복무하게 마련이다. 그런 점에서 진압군의 사회 구성은 6월 봉기를 해석하는 데서 크게 고려될 수 있는 요소는 아닌 것이다.

셋째, 6월 봉기가 계급 갈등에서만 비롯된 것이 아닌데도 프롤레타리아 봉기로 해석할 수 있는가 하는 점이다. 6월 봉기의 사회적 갈등을 부르주아-프롤레타리아 사이의 계급 갈등만으로 설명하는 것은 분명 한계를 지닌다고 할 것이다. '노동의 조직', '노동의 권리', '인간에 대한 인간의 착취 근절' 등은 노동자계급의 전술적 요구를 집약한 슬로건이었으나, '민주주의적 사회 공화국' 지향은 정치·민중·전략적 목표였다. 그래서 6월 봉기는 계급투쟁의 성격을 내포하고 있으면서, 동시에 민중적 요구 나아가 전 국민적 이해관계를 대변했다고 볼 수 있다. 또 당시의 노동자들은 여전히 존속되고 있는 수공업적 기술과 전통을 토대로 산업화에 능동적으로 대처함으로써, 작업장에서는 물론 일상생활에서 동일한 습관, 행동 양식, 그리고 의식 등 말하자면 일종의 생활공동체를 이루고 있었던 것이다. 따라서 6월 봉기에서 노동자들은 그들의 생활 단위인 각 지역 내에서 '지도도 구호도 깃발도 없이' 그야말로 자율적으로 봉기를 수행할 수 있었다(서울대프랑스사연구회 1989, 131).

1848년 혁명에서 프롤레타리아의 계급적 성숙과 노동운동의 역량이 권력을 장악하기에는 지나치게 취약했다는 사실은 부인할 수 없다. 이런 사실을 두고 홉스봄은 다음과 같이 해석했다.

1848년 혁명들은 '부르주아혁명'들이어야 했지만 부르주아지는 혁명에서 몸을 뺐다. 파리에서 바리케이드가 올라가는 순간부터 모든 온건한 자유주의자는 잠재적인 보수주의자가 되었다. …… 1848년은 결정적인 대결이 구체제와 결집된 '진보 세력들' 사이에서가 아니라 '질서'와 '사회혁명' 사이에 벌어졌기 때문에 실패했다. 그것의 결정적 대결은 2월 파리에서 벌어진 대결이 아니라 6월 파리에서 행해진 대결이었고, 이때 노동자들은 책략에 휘말려 고립된 봉기에 들어가 패배했으며 대량으로 학살당했다(Hobsbawm 1996a, 15~17).

6월 봉기의 패배는 부르주아 공화제의 퇴장을 재촉했다. 6월 봉기 과정에서 탄생한 카베냐크 정부는 국민작업장의 폐지, 모든 형태의 클럽 폐쇄, 공화주의적인 국민방위대 해산, 노동일 제한 법령 폐지, 사회주의에 대한 탄압 등의 반동적 정책과 조치를 취했다. 헌법 제정 국민의회는 11월 대통령에게 방대한 권력을 부여하는 헌법을 제정했다. 12월 10일 실시된 대통령 선거에서 루이 나폴레옹 보나파르트가 당선되었다. 1849년 초, 프티부르주아 민주주의파들이 군주주의를 지향하는 부르주아 정부와 의회에 반대하는 투쟁을 벌였고, 같은 해 6월에도 정부의 정책에 반대해 시위 투쟁을 결행했으나 참담한 패배로 끝나고 말았다. 이로써 부르주아지는 프롤레타리아트가 주도한 혁명의 심장을 찔러 쓰러뜨리고 말았다.

2. 독일 노동자계급의 혁명적 투쟁

독일 영방국가들의 노동자계급은 프랑스나 영국의 노동자계급에 비해 단결의 측면에서 뒤처진 상태에 있었으며, 투쟁 측면에서도 취약했다. 그런데도 독일의 프롤레타리아트는 부르주아민주주의혁명의 주요 세력으로 대두했다. 부르주아민주주의혁명의 우선적 목표는 봉건 잔재를 일소하고 민주주의의 토대 위에 독일통일을 실현하는 것이었다. 당시 독일의 봉건귀족은 과거의 특권을 대부분 그대로 보유하고 있었고, 봉건적 토지소유 제도는 거의 모든 곳에서 지배적이었으며, 독일에는 35개 영방국가와 4개 자유도시에서 군주제 제후들이 권력을 장악하고 있었다. 이런 상황에서 독일의 노동자들은 민주주의혁명의 승리에 대해 관심을 기울이고 있었다. 그것은 프로이센과 오스트리아가 억압하고 있는 국민의 해방을 의미하고, 새로운 독립적인 부르주아국가의 창건, 그리고 유럽에서 절대주의 체제의 요새가 되고 있는 신성동맹의 철폐를 목표로 했다. 그러나 1848~1849년 당시, 독일의 노동자들은 정치적으로 자립해 행동할 역량을 갖추지는 못했다(The USSR Academy of Sciences 1980, 452~453).

부르주아민주주의혁명의 추진에서 부르주아지의 정치적 임무가 더할 나위 없이 중요한데도, 당시의 부르주아지는 자본축적이나 세력 면에서 매우 취약했으며 계급적 이해를 강력하게 추진하지 못했다. 독일의 부르주아지는 몇 세기에 걸쳐 봉건귀족과 관료들에게 정치적으로 의존하면서 타협을 일삼아 왔다. 이에 따라 국민 대다수는 수공업자·노동자·농민층으로 구성되어 있었으며, 노동자계급의 역량이 부르주아민주주의혁명을 촉진할 만큼 성장해 있지도 못했다.

1848~1849년 독일혁명[19]은 남부와 남서부 영방국가들에서 시작되었다. 2월 27일 만하임에서 노동자, 수공업자, 수련공, 도제, 상인, 지식인을 중심으로 한 도시 주민들이 대규모 집회를 열고 국민의 무장, 출판의 자유 보장, 배심원제 재판제도 시행, 전 독일 의회 소집 등의 요구(이른바 3월 요구)를 제기했다. 3월 2일에는 뮌헨에서 노동자, 수련공, 수공업자 등 근로대중이 무기고를 습격해 무장을 하고 군대를 물리치는 일이 벌어졌다. 남 독일과

---

[19]_자유주의적인 부르주아계급의 관점에서 보면, 1848~1849년 혁명은 '원치 않는 혁명'(eine ungewollte Revolution)이었다(몸젠 2006, 9).

서남 독일에서는 이런 운동이 농촌 지방에까지 확산되었고, 농민들도 봉건적 부역 반대 투쟁을 벌였다. 몇몇 영방국가의 군주들은 '3월 요구'의 일부를 수용하는 양보를 시행했는가 하면, 자유주의적 부르주아 내각이 들어서 검열을 폐지하고 집회의 자유를 공표하기도 했다.

혁명의 파고가 마지막에 도달한 영방국가는 프로이센이었다. 3월 3일 쾰른에서는 노동자와 수공업자 5천여 명이 참가해 시위를 벌였고, 군중의 일부는 시청으로 몰려갔다. 시청 앞 광장에서 열린 집회는 저녁 무렵에야 군대의 힘으로 해산되었다. 이것은 독일에서 혁명이 시작된 이래 최초의 대중적 노동자 시위였다. 노동자 시위는 다른 지역으로 파급되었다. 각지에서 헌법 개정에 대한 요구가 제기되었고, 이 운동은 프로이센의 라인 주州 전체에 확산되었다. 혁명운동은 드디어 프로이센 수도 베를린에까지 이르렀다. 당시 베를린 시의 인구는 40만 명이었고, 그 가운데 7만 명이 노동자, 수련공, 도제, 수공업자였다.

3월 6일부터 노동자, 수공업자, 학생, 상인들은 베를린 시민들의 휴식 공원인 티에르갈텐 구역에서 매일같이 집회를 열었다. 집회에 참가한 사람들은 정부에 대해 국민 무장의 승인을 요청했고, 빠른 시일 안에 연합 주 의회를 소집해 전 독일의 인민 대의기관을 창설할 것을 주장했다. 집회 참가자는 점점 불어났으며, 3월 9일에는 시민 4천 명이 모였다. 그들은 국왕에게 청원서를 전달하는 데 필요한 협력을 얻기 위해 베를린 시의회 대표를 찾아갔다. 자유주의[20] 부르주아지는 연합 주 의회 소집을 요구하는 온건한

20_자유주의자들 사이에도 주장의 차이가 있었는데, 급진 자유주의자들은 사회적인 공화국을 지향하면서 언론의 자유, 배심원 재판, 선거에 의한 독일 의회의 소집, 상비군을 민병대로 교체, 봉건적 특권 폐지, 누진 소득세의 도입 등을 실천 목표로 제시했다. 온건 자유주의자들은 정치체제에서 입헌군주제를 지향

내용의 청원서를 정부에 제출했다. 그러나 국왕은 대표단을 접견조차 하지 않고 오로지 자신의 군대, 특히 근위병의 위력만을 믿고 있었다. 그와 동시에 국왕은 3월 초에 오스트리아 제국의 재상 클레멘스 메테르니히와 회동하고, 3월 25일에는 드레스덴에서 독일 제후諸侯 회의를 열 것에 합의했다. 3월 6일 프로이센 정부는 연합 주 의회의 정기적 소집을 약속했고, 3월 8일에는 앞으로는 검열을 폐지하겠다고 약속했다.

당시 베를린에 거주하는 노동자들은 심한 어려움을 겪고 있었다. 실업은 점점 크게 늘어났고, 3월 초만 해도 볼지히 기계제작 공장노동자 약 400명이 해고되어 거리로 내몰렸다.

3월 13일에는 노동자를 포함한 민중 1만여 명이 티에르갈텐에 집결해 국왕에게 청원서를 제출할 것을 제안했다. 이날부터 군대와 군중들의 충돌이 일기 시작했다. 베를린 노동자들이 집회를 마치고 집으로 돌아갈 무렵에 정규군이 습격을 했다. 노동자들은 길바닥의 돌과 울타리에서 뜯어낸 철책으로 바리케이드를 구축하고 맞섰다. 그 뒤로 며칠 동안 군대는 비무장 상태의 노동자 군중에게 여러 차례 공격을 가했다. 3월 16일까지 시위대원 20명 이상이 죽고, 150명 이상이 부상을 당했는데, 이 소식을 전해 들은 베를린 시민들의 분노는 북받쳐 올랐다.

노동자와 시민들은 베를린에서 군대를 철수시킬 것을 강력하게 요구했다. 3월 16일에는 프로이센 황태자의 궁전을 경비하고 있던 군대가 군중을 향해 발포해 사람들이 죽는 일이 벌어졌다. 노동자를 비롯한 군중이 다시 모여들기 시작했고, 많은 시민도 여기에 참가했다. 3월 17일, 시내 각 구역

했다(풀브록 2000, 176).

에서 집회가 열렸으며, 여기에서는 시내 주둔 군대 철수, 무장 민병의 조직, 출판 자유의 보장, 연합 주 의회의 즉시 소집 등을 담은 청원서를 국왕에게 제출하는 일이 토의되었다.

국왕은 오스트리아 빈에서 일어난 혁명적 사건과 메테르니히가 도망간 사실을 이미 알고 있었다. 3월 18일 정오께 두 개의 칙령이 공포되었는데, 그 하나는 검열을 폐지한다는 것이었고, 다른 하나는 연합 주 의회의 소집을 4월에 개최한다는 것이었다. 그러나 많은 군중이 궁전 앞에 모여들었고, 프리드리히 빌헬름 4세는 발코니에 나와 칙령을 낭독했다. 그러나 수도에서 군대 철수를 결정하지 않은 데 대한 군중의 분노는 맹렬했다. 국왕이 군대 철수 요구를 받아들이지 않음으로써 민중 쪽에서도 해산을 거부했다. 용기병[21]대가 궁 안에서 광장으로 돌진했고 보병 두 개 중대가 투입되자, 드디어 민중이 무장투쟁을 벌이게 되었다.

프로이센 국왕은 군대에 시위 진압 명령을 내렸다. 기병대가 동원되었고 군대는 본격적으로 발포하기 시작했다. 군중들은 무기 상점에 들어가 무기를 탈취해 무장을 갖추는 한편, 1천여 개의 바리케이드를 치고 군대에 맞서 대항했다. 군대는 보병 1만4천여 명과 대포 36문으로 진압에 나섰다. 봉기대는 3천~4천 명 정도였으나 베를린 시민 수만 명이 봉기자들을 지지했다. 시민들은 바리케이드 쌓기를 돕기도 했고, 탄약이나 병기 그리고 식량을 조달한다든지 부상자들을 간호하기도 했다. 밤이 되면서 봉기자들이 시내의 대부분을 장악하게 되었다.

다음 날인 3월 19일 아침, 전투가 더욱 격렬한 형세를 나타내자 국왕은

21_갑옷을 입고 용 모양의 개머리판이 있는 총을 소지한 기마병으로, 이들은 이동시에만 말을 타고 실제 전투 시에는 말에서 내려 보병 전투를 하는 것이 특징이었다.

군대를 시내에서 철수할 것을 명령했다. 베를린 민중은 열여섯 시간 동안의 유혈 전투 끝에 결국 승리했다. 그러나 승리는 값비싼 희생을 치러야만 했다. 봉기자 230여 명이 목숨을 잃었다.[22] 그들 대부분이 노동자와 수공업자들이었다. 이날 정오 빌헬름 4세는 희생자들에게 조의를 표하고 희생자의 주검을 궁전으로 옮기게 했다. 그리고 빌헬름 4세는 시민들이 무장을 하는 데 동의했으며, 인민의 증오 대상이었던 정부를 퇴진시켰다.[23] 자유주의 부르주아지 대표 루돌프 캄프하우젠이 새로운 수상으로 지명되었고, 봉기한 민중 진영은 몇 가지 민주주의 권리를 획득했다. 노동자들은 실제적인 단결권을 획득했으며, 노동자 일부는 무장을 할 수 있었다.

3월 18일 이후 프로이센에서 일어난 혁명운동의 기세가 점점 수그러들었다. 부르주아지의 이익을 대표하는 자유주의자들이 입각하자마자 혁명을 배반한 채, 군주제와 호혜협정을 체결했기 때문이었다. 프티부르주아 민주주의자들은 광범한 지지를 획득하지 못했으며, 민중 진영은 지도력을 유지하지 못했다. 이와 같은 사실은 다른 영방국가들의 혁명운동에도 결정적 영향을 미쳤다.

그런데도 3월 18일의 베를린 민중 투쟁은 독일 노동자계급의 정치적 성장 과정에서 중요한 계기가 되었다. 프로이센 수도의 노동자들은 프랑스 노

22_테오도어 몸젠은 부상 때문에 죽은 사람들을 포함해서 모두 303명이 사망했다고 주장했다(몸젠 2006, 155).

23_빌헬름 4세는 혼돈 상태에 빠져 갑자기 인민과 하나가 되겠다는 낭만적 열정에 사로잡혀 혁명가들을 매질하느니 차라리 그들에게 합류하기로 결단을 내리고, 3월 21일에는 혁명의 색깔인 흑적황의 휘장(현 독일의 국기인 흑적황의 깃발은 나폴레옹전쟁 당시 한 독일 부대가 처음으로 사용했고, 이어서 1815년 부르셴샤프트 운동에서 나타났다. 이 깃발은 혁명의 시대에 계속 사용되다가 1919년 바이마르공화국에서 처음으로 공식적인 국기로 인정됨)을 온몸에 두르고 말을 탄 채 베를린 도심에 나타났다. 그리고 곧 베를린에 자유주의 체제가 들어섰다(풀브룩 2000, 177~178).

동자계급과는 달리 군주제에 대항한 투쟁 경험을 갖지 못했을 뿐만 아니라 그들 대부분이 조직되어 있지 못했는데도, 굴종과 패배 의식을 극복하고 수세기에 걸쳐 신성시되어 왔던 것들에 대한 도전을 감행할 수 있었다.

한편, 3월 혁명 이후 베를린 노동자들은 끈질기게 민중의 무장을 요구했다. 3월 혁명의 결과, 프로이센에서는 독일의 많은 다른 제후국과 마찬가지로 부르주아지의 지원자들에 한해서 민병대에 등록할 수 있었다.

3월 혁명 이후 프로이센에서 제기된 정치투쟁의 중심 문제는 국민의회 선거였다. 프로이센 국민의회는 5월 22일 베를린에서 열렸다. 그 4일 전인 5월 18일에는 프랑크푸르트에서 전全 독일 국민의회[24]가 회기를 시작했다. 프로이센 의회와 전 독일 의회 어디서든 의원들의 다수는 온건파 부르주아 자유주의자들이었다. 혁명을 통해 생겨난 의회가 사실상 혁명을 비난하는 형국이 되었다.

6월 들어 프랑크푸르트, 쾨니히스베르크, 그리고 베를린의 급진적 민주주의자들이 노동자계급의 무장을 요구했다. 6월 14일에는 베를린에서 노동자와 수공업자들이 전 국민의 무장을 요구하며 브란덴부르크 문 부근과 궁전 광장에서 시위를 벌였고, 이를 막기 위해 경찰과 민병대가 동원되어 충돌이 일어났다. 오후에는 대규모로 불어난 노동자 군중이 병기고로 몰려갔다. 병기고를 경비하고 있던 정규군 보병 부대와 민병 부대는 군중들의 공격을 막을 수가 없었다. 밤 8시 무렵 민병대 사령관은 노동자들의 병기고

24_1848년 5월 독일의 자유주의적 통일과 헌법 제정을 위해 프랑크푸르트에서 열린 의회다. 통일 방안을 둘러싸고 대(大)독일주의(오스트리아 제국을 중심으로 구신성로마제국의 대부분을 통합하는 통일 방식)와 소(小)독일주의(프로이센왕국을 중심으로 하는 통일 방식)가 대립해 소독일주의가 승리를 거두었으며, 이듬해 3월 독일 헌법을 제정했다. 그러나 프로이센 국왕의 제관 거부에 부딪혀 헌법이 시행되지도 못한 채, 각 영방이 의원을 불러들였으며, 이어 6월에 무력으로 해산되었다.

돌입을 우려해 비상소집 명령을 내렸다. 민병대의 소집을 알리는 경보가 울리는 사이, 노동자 시위를 해산시키기 위해 민병대가 발포를 해 사상자가 나게 되었고, 밤늦게 횃불로 길을 밝힌 노동자 군중이 무기고를 습격했다. 그러나 무기를 탈취한 사람들의 일부는 곧바로 부르주아와 학생들로부터 무장해제를 당했고, 노동자들은 민병대에 밀려 바깥으로 내몰렸다.

6월 14일 사건으로 인해 자유주의 부르주아지는 군주주의자들과 결합하는 한편, 노동자들에 대해서는 대항 자세를 취했다. 노동자들은 이제 고립 상태에 놓이게 되었다. 왕실 측근은 병기고 습격 사건을 구실 삼아 베를린에 군대를 상주시킨다는 결정을 내렸다. 또 그들은 캄프하우젠 내각을 물러나게 했다.

1848년 가을 이후 프로이센을 비롯한 독일 전역에서 반동의 거센 공세가 취해졌다. 그런 공세는 주로 국민의회 쪽으로 모아졌고, 프로이센의 여러 도시에서는 노동자, 수공업자, 소상인의 반란이 끊임없이 계속되었다. 1849년 5월과 7월 사이에도 독일의 몇몇 지역에서 반동 세력과 민중 사이의 전투가 일어났는데, 그것은 전 독일 헌법 제정을 둘러싸고 벌어진 일이었다. 프랑크푸르트 의회가 긴 논의 끝에 1849년 3월 말 헌법 초안을 승인했다. 이 초안은 부분적으로 진보적인 내용을 담고 있었는데, 일정 정도 독일의 중앙집권화와 부르주아 입헌제도의 전국적 도입이 그런 것이었다. 그러나 헌법은 결코 통일된 독일 공화국 창설을 규정하지 않은 채, 군주제를 유지했다. 독일의 여러 왕국과 제후국은 '소小독일'(오스트리아를 포함하지 않은 독일)[25]의 연방적 공동체 틀 안에서 존재하게 되었지만, 헌법은 이 연방

---

[25] 1848년 10월 국민의회는 오스트리아를 독일계 지역과 비독일계 지역으로 분리시키고, 전자만을 독일제국에 포함시킬 것과 양 지역 사이의 관계는 군주를 통한 인적 결합만으로 제한할 것을 결의했다. 결

적 동맹 내에서 개별 국가의 권리를 제한했다. 그런데도 이 헌법 초안은 제후국 국왕들의 완강한 반대에 부딪쳤다.

1849년 5월에는 독일 몇몇 영방국가들에서 제국 헌법 실시를 요구하는 투쟁이 발발했다. 이 투쟁은 프티부르주아 민주주의파가 주도했지만, 봉기의 주력은 노동자들이 담당했다. 투쟁은 7월까지 계속되었으나, 7월 23일 독일혁명의 마지막 요새였던 라스타트가 무너짐으로써 1848~1849년 혁명은 패배로 끝나고 말았다.

그렇다면 독일에서 진행된 부르주아민주주의혁명의 패배 원인은 무엇이었던가. 국가(제후국)의 분권화에 따른 단일의 정치적 지도부 부재, 자유주의 부르주아지의 배신행위, 프티부르주아 민주주의파의 우유부단하고 동요, 독일 노동자계급의 공고하지 못한 조직성과 정치적 준비의 취약성(그것은 혁명의 주도권 장악을 막았다), 군주주의 전통의 온존 등이 혁명 패배의 원인으로 작용했다(The USSR Academy of Sciences 1980, 478~479).

혁명 실패의 원인을 혁명의 구조적 약점을 통해 보는 관점도 있다.

첫째, '원치 않은 혁명가'인 자유주의자들은 3월 혁명에서 갑자기 얻어진 기회를 정치 개혁에 이용하기는 했지만, 혁명을 더 이상 진전시키려 하지 않았다. 그 대신 수구 세력과 타협함으로써 합법적 개혁을 추구했다.

둘째, 독일은 38개의 독립된 주권국가들로 분열되어 있었고, 혁명은 영방국가의 수도와 지방 도시에서 산발적으로 전개되었다. 또 개별 국가들의 분파주의와 소독일 정책과 대독일 정책 사이의 대립은 민족문제 해결을 어

국 국민의회는 1849년 3월 28일 프러시아 중심의 소독일통일을 결정하고 프러시아 왕을 황제로 선출했다. 그러나 빌헬름 4세가 황제 자리를 거부함으로써 소독일 민족국가에 대한 희망마저도 실패했다(한운석 1998, 346).

럽게 했다.

셋째, 반혁명에 대항하는 다양한 혁명 세력들 사이에 강력한 연합이 형성되지 못했다. 정치 노선과 행동 양식의 차이 때문에 자유주의자들과 민주주의자들 사이에는 넘기 어려운 경계선이 그어져 있었다. 각 정치 진영과 혁명 담당 계층 내부에는 서로 화합하기 어려운 목표들이 대립해 있었고, 이런 내부의 긴장은 혁명운동의 추동력을 약화시켰다.

넷째, 각국 정치체제의 개혁, 법치국가와 자유주의적 기본권의 확립, 민족국가 건설과 전 독일적 헌법 마련, 농업개혁과 귀족이 소유한 권력의 박탈, 사회구조의 근대화, 사회문제의 해결 등 너무 많은 구조적인 문제의 해결을 동시에 요구함으로써 혁명 진행에 과중한 부담을 안겨 주었다.

다섯째, 혁명 실패의 가장 중요한 요인은 혁명을 가로막은 반혁명의 힘이었다. 독일과 오스트리아에서는 구질서의 주요 기반들이 온존하고 있었고, 관료제와 사법기관, 교회, 그리고 공고한 귀족 체제는 여전히 구질서의 이해관계를 충실히 뒷받침했다. 반혁명의 기반은 군사적 승리를 통해서뿐만 아니라 신중히 고려된 양보를 통해서도 얻어질 수 있었다. 반혁명 정부는 혁명 세력의 요구를 일정 정도 수용했다(한운석 1998, 347).

독일혁명이 실패함으로써 역사에서 제기된 과제들은 결코 해결되지 못했다. 민주주의적 독일통일은 창설되지 못했으며, 일정한 정도의 변화를 가져오긴 했지만 절대주의적 질서는 유지되었고 독일 영방국가들의 지배계급은 여전히 지주 귀족들이었다. 독일 인민이 1848년 3월에 획득한 부르주아 민주주의적 권리와 자유는 혁명의 패배 후에 거의 상실되고 말았다.

그런데도 독일혁명은 몇 가지 중요한 요구를 성취할 수 있었다. 농업개혁을 비롯해 아동노동 제한과 노동시간 통제, 은행 제도에 대한 주식회사 허용, 공개·구두 재판제도와 배심원 제도 도입 등이 그것이었다(한운석 1998,

348~349).

1848~1849년 독일혁명은 노동자계급의 정치·사회적 성장 과정에서 중요한 계기가 되었다. 혁명운동이 노동자계급의 정치의식을 일깨우고 정치활동을 촉진함으로써 노동자가 국가의 정치·사회적 생활에 강력한 영향을 끼칠 수 있다는 사실을 인식하게 되었다. 또 혁명 과정에서 독일 노동자계급이 군주제에 반대하는 대중적 행동을 조직하고 대중적 혁명운동에서 국민의 이해와 계급의 이해를 결합하는 시도를 처음으로 실행하는 동시에 노동조합의 결성과 노동자의 정치조직 구축을 추진함으로써 계급적 성장이 크게 촉진되었다. 독일의 노동자계급은 1848년 혁명을 통해 '대자적 계급'으로 전화하는 길로 나아가게 되었다(The USSR Academy of Sciences 1980, 480).

3. 오스트리아·이탈리아·헝가리의 노동자계급과 혁명

1848년 2월 말과 3월 초 사이에 프랑스와 독일에서 일어난 혁명운동 소식이 오스트리아 수도 빈에 퍼지기 시작했다. 오스트리아 황제 페르디난트 1세는 '국내의 법질서를 무너뜨리는 모든 행동을 분쇄할 것'이라는 방침을 표명했다.

그런 가운데 3월 11~13일 사이에 시민의 자유 보장과 전 국민적 대의제 도입을 요구하는 청원 시위가 감행되었다. 시위는 노동자, 수공업자, 학생, 소상인들이 주도했다. 3월 13일 시위 군중은 하 오스트리아Lower Austria '신분대표의회'Diet가 열리는 의사당으로 몰려갔다. 이날 도시 외곽[26]에 살고 있는 노동자들도 시위에 참가하기 위해 시내 중심부로 이동했는데, 의회를 경비하던 군인이 이들 군중을 향해 총을 쏘기 시작했다. 시위 군중은 '메테르니히 수상 퇴진'과 '민주주의 헌법 제정'을 요구하며 바리케이드를 설치하고 이에 대항했다. 학생들은 무장투쟁 조직인 '아카데미 군단'을 조직했다. 이날 저녁 황제는 메테르니히 수상의 사임을 발표했다. 메테르니히는 한밤중에 도시를 빠져나가 영국으로 망명했다.

3월 14일, 노동자들이 경찰서와 세무서를 부수었고, 민중과 대학생들이 무장해 '국민군'을 구성했다. 이날 밤 페르디난트 1세 명의로 두 가지 칙령이 발표되었는데, 그 하나는 7월 3일까지 지방의 신분대표의회를 소집한다는 것이었고, 다른 하나는 검열을 폐지하는 출판법을 공약한 것이었다.

3월 15일에는 대규모 군중이 황제의 궁을 포위했고, 페르디난트 1세는 출판물 검열제 폐지를 재확인했으며, 국민군의 창설을 허가하고 빠른 시일 안에 헌법을 시행할 것을 약속했다. 또 '임시(치안)위원회'가 빈 시장을 교체하게 되었는데, 이 위원회에는 자유주의 귀족과 부르주아지 대표가 참여했다.

민중들의 맹렬한 저항에도 불구하고, 4월 25일 발표된 헌법 초안은 황제의 절대 권력을 조금도 완화하지 않았다. 황제 산하 기구로 자문 기구를 설치하는 것 말고는 주권 남당자는 여전히 황제였다. 또 선거권은 재산 자격에 따라 주어짐으로써 대부분의 노동자들에게는 선거권이 주어지지 않았으며, 봉건제와 노예제 폐지에 관해서는 아무런 규정도 없었다. 5월 14일 황제는 칙령으로 자유주의 부르주아지와 민주주의 세력의 대표들이 참여한 국민군 정치위원회를 해산했다. 이런 조치에 대해 노동자와 학생들이 반발하고 나섰다. 5월 민주주의 운동의 슬로건은 헌법 제정 의회 소집, 4월 25

26_오스트리아 수도 빈의 외곽은 '리니에'로 불리는 높이 4미터 정도의 벽으로 둘러싸여 있었는데, 신분이 낮은 노동자와 빈민이 여기에 살고 있었다(박남일 1994, 258).

일의 헌법 초안 폐기, 국민군 정치위원회 복원 등이었다. 이 무렵에는 노동자와 학생들이 무장을 한 상태였다. 5월 16일 왕실과 정부는 민중의 요구를 수용하지 않을 수 없는 지경에 이르자, 그다음 날 페르디난트 1세는 그 가족과 신하들을 이끌고 빈에서 인스부르크로 피신했다(The USSR Academy of Sciences 1980, 482).

이런 상황에서도 정부는 민중의 요구를 수용하지 않은 채, 군 투입을 준비하면서 모든 양보를 철회하는 동시에 민중의 무장해제를 취할 계획을 세웠다. 5월 26일 정부군이 빈의 모든 전략적 지점을 장악했다. 이에 노동자들과 학생들은 시내 중심부로 몰려들어 바리케이드를 160여 개소에 설치하고 정부군과 대치했다. 5월 26일 봉기에서 적극적인 역할을 한 노동자는 철도·건축·인쇄·기계제조 노동자 등이었다. 5월 27일에는 노동자 수천 명이 무기를 확보하려 병기고로 몰려갔다. 그러나 프티부르주아 지도자들은 노동자들에게 낡은 제도의 부활 가능성은 이제 없어진 상태라고 설득함으로써 노동자들을 해산시키는 데 성공했다.

그 이후에도 8월에는 임금 인하에 반대하는 노동자들의 격렬한 투쟁이 일어났다. 8월 23일 노동자와 국민군 사이에 일어난 전투에서 노동자 30명이 죽고 300명이 부상을 당했다. 이로서 노동자의 저항은 진압되었다.

10월에는 혁명과 반혁명 사이의 결정적인 전투가 빈에서 벌어졌다. 오스트리아 정부는 혁명이 일고 있는 헝가리 공격을 준비하고 있었다. 오스트리아 군주의 전쟁 준비는 민주주의 세력의 분노를 자아냈다. 1848년 10월 6일 노동자, 학생, 수공업자, 소부르주아 지식인 등이 궐기해 무기고를 습격해 무장을 갖추고 대항했다. 이때 부르주아지는 정부 편에 섰으며, 투쟁이 치열해지면서 학생들도 혁명으로부터 점점 뒤로 물러났다. 민중들의 무장투쟁은 10월 30일까지 계속되었다. 결국 혁명은 실패로 끝나고 야만적인 보복이 뒤따랐다.

1848년 12월에는 정부가 민주 단체와 노동자 조직들을 해산 조치했고, 1849년 3월에는 신헌법 초안을 공포했는데, 초안은 2원제의 실시와 선거법상 재산 자격 제한 강화를 규정했고, 집행 권력은 전적으로 황제가 장악할 뿐만 아니라 의회의 결정에 대해 거부권을 갖는다는 내용을 담고 있었다.

1849~1850년에는 오스트리아 제국에서 개혁이 단행되었는데, 이것은 1848년 혁명의 '부산물'이었다. 특히 봉건적 부역 제도가 부분적으로 폐지되었고, 영주 재판권 제도도 폐지되었다.

1848년 오스트리아 혁명에서 노동자계급은 조직되지 않았고 독자적 정치 행동을 수행하지도 못했을 뿐만 아니라 투쟁을 바르게 이끌지도 못했다. 그러나 노동자계급은 혁명의 기본적 대중 세력으로 대두하게 되었다(The USSR Academy of Sciences 1980, 488).

이탈리아에서는 1848~1849년 전국에 걸쳐 혁명운동이 전개되었다. 투쟁의 핵심 목표는 부르주아혁명이었다. 구체적으로는 정치적 분권을 해소하고 봉건주의 잔재를 근절하는 것이었다. 1848년 3월 빈에서 발발한 혁명운동 소식이 이탈리아에 알려지면서, 밀라노와 베네치아 민중들이 오스트리아 지배에 대항해 투쟁을 일으켰다. 1848년 11월 16일 로마에서 일어난 무장봉기를 통해, 인민대중은 교황을 몰아내고 보통선거권을 획득했다. 1849년 2월 9일에는 로마 공화국이 선포되고 교황의 세속적 권력 폐기가 선포되었다. 이탈리아 민중 투쟁은 1849년 중반까지 계속되었으며, 이 투쟁은 부르주아 공화주의자들과 민주주의자들이 주도했으나 주력부대는 노동자계급이었다.

헝가리에서 일어난 혁명적 사건들에서도 노동자들은 적극적으로 참가했다. 1848년 3월 3일 헝가리의 민족지도자 라요스 코슈트는 프레스부르크의 의회에서 열정적인 연설로서 헝가리 제헌 정부의 수립을 촉구했다. 그로부터 8일 후 헝가리 민중은 오스트리아 황제에게 독립국가의 수립과 농노제 철폐, 개인의 자유와 헌법 제정을 요구하는 청원서를 제출했다. 여기서도 이탈리아에서와 마찬가지로 혁명운동은 오스트리아의 지배에 반대하는 민족해방투쟁의 형태로 전개되었다. 이와 동시에 헝가리 노동자들은 민주주의적 성격을 띤 독자적인 요구들을 제기했다. 1848년 당시 헝가리 노동운동의 정치 강령은 수련공의 이익을 반영한 "인민에게 빵을"이라는 선언 속에 정식화되어 있었다(The USSR Academy of Sciences 1980, 491). 모든 노동자가 어떤 직업에도 종사할 수 있도록 하기 위한 길드 제도의 즉시 폐지, 교회와 수도원 재산의 국유화, '게으름뱅이 성직자' 수의 감축, 오스트리아 정부에 대한 국민소득 일부 지불을 거부하고 그 금액을 실업 빈민 구제에 사용할 것, 공한지를 실업 빈민에게 무상분배할 것, 재판제도의 진보적 개혁, 식료품 가격을 인하하되 가장 먼저 소금 값을 최우선적으로 인하할 것 등이었다. 이런 진보적인 정치·사회적 요구들은 수련공과 근로대중의 절실한 일상 요구를 담은 것이었다. 3월 17일 황제가 청원을 받아들여 헝가리는 자치 국가로서 오스트리아와 동맹의 형태로 결합되었다.

지금까지 살펴본 바와 같이, 1848년 유럽 혁명은 노동자계급의 정치적 자립을 촉진했으며, 부르주아지와 프롤레타리아트의 계급적 경계를 명확히 했을 뿐만 아니라 부르주아지의 지배에 대항하고 그것을 대체할 세력으로서 프롤레타리아트의 진출·성장 가능성을 뚜렷이 보여 주었다.

제3부 국제노동운동의 출범과 사회주의 이념의 대두

1장
노동자계급 운동의 새로운 고양

기억이 곧 삶이다.
살아가는 사람들은 늘 기억을 간직하며,
그리하여 기억은 영구히 진화해간다.
그것이 지속적으로 변화되어 왔다는 것을 알아차리지 못한 채,
기억과 망각의 변증법에 지배되는 기억들은
모든 종류의 조작과 활용에 무기력하게 개방되어 있다.
그것은 오랜 기간 잠재되어 있다가,
어느 날 갑자기 복원되기도 한다.
역사란 더 이상 거기에 존재하지 않는 것들을 항상 미완의 형태로,
그리고 문제의식으로 재구성하는 것이다.
기억은 항상 우리의 시간에 속하며
영원한 현재와 더불어 살게 되는 끈을 만든다.
역사란 과거에 대한 상상인 것이다.

_피에르 노라
(Nora 1984, XIX; Hobsbawm 1989b, 1에서 재인용)

1848~1849년 유럽 대륙을 휩쓴 혁명운동이 패배로 끝나자, 대부분의 나라들에서는 정치적 반동이 점점 강화되었다. 그런 가운데서도 자본주의 체제는 생산력 발전을 바탕으로 성장세를 과시했다. 한편, 여러 나라의 자본주의 발전 수준이 큰 차이를 나타냈음에도 불구하고, 1850~1860년대 들어 세계 자본주의 시장이 형성되기 시작했다. 여러 나라의 경제가 서로 연관된, 그리고 점점 상호 규정하는 자본주의경제의 단일 체계로 전화하게 된 것이다.

영국에서는 산업혁명이 이미 1840년대에 완료되었으나 독일, 벨기에, 프랑스 등에서는 1850년대와 1860년대에 들어와서야 큰 진전을 보였다. 또 미국의 경우 1860년대 들어 산업혁명이 절정 국면을 맞았고, 오스트리아, 헝가리, 이탈리아, 러시아 등에서는 산업혁명이 더욱 급속하게 진행되었다. 그리고 교통과 통신수단의 발달은 차츰 세계를 하나로 연결하기 시작했다. 그리고 미국 캘리포니아(1848년)와 오스트레일리아(1851년)에서 금광이 발견되면서 해외 이주가 더욱 활발해졌다. 결국 자본주의는 한 나라 안에서 진행되는 계절적 주민 이동뿐만 아니라 세계적인 이주를 촉진해 노동인구의 지역·민족적 폐쇄성을 허물어뜨렸다. 그리고 여러 나라에서는 진행 과정은 달랐지만, 농민과 수공업자의 감소가 계속되었다.

1850~1860년대에 걸쳐 자본주의의 발전과 계급 구조의 변화가 진행되는 가운데, 부르주아지는 이전에 자신들의 적대자였던 반봉건귀족, 절대주의 관료, 그리고 군벌과 한통속이 되어 지난날의 동맹자였던 인민대중 세력에 대해 적대적으로 대응했다.

한편, 산업의 성장과 농업 부문에서 진행된 자본주의 발전은 필연적으로 노동자계급의 양적 증대를 가져왔다. 이런 상황에서 산업노동자층은 매우 **빠르게** 증가했다. 더욱이 새로운 산업부문에서 창립된 대규모 기업들은 노동자계급의 집중과 결합을 촉진했다. 이와 같은 조건들을 바탕으로 1850년대 중반 들어 노동자계급의 정치·사회적 자각이 고양됨으로써, 1848~1849년 유럽 혁명의 패배에 따라 노동자들 사이에 널리 퍼졌던 무력감은 점점 극복되어 나갔다.

1850년대와 1860년대의 정치·경제적 상황은 노동자계급을 자립적인 세력으로 이끌었다. 노동자계급의 경제적 상태와 생활 조건은 노동자계급의 일상적 이익, 운명, 그리고 투쟁의 공통성에 대한 인식을 한 나라 차원에서만이 아닌 국제적 차원에서도 높이고 강화했다. 이것은 노동자계급이 전 유럽 차원에서 전개한 반동 세력에 대한 대응에서 그들 스스로 국제적 결합에 대한 중요성을 자각하게 된 결과였다.

1850년대 이후 유럽 여러 나라에서 공업과 농업에서 전개된 자본주의 발달은 필연적으로 노동자 수의 증가를 가져왔는데, 이전에 비해서는 두 배 가까이 늘어났고 특히 산업부문 노동자들이 급증해 노동자계급 구성에서 차지하는 비중도 증대되었다. 그리고 기계제 생산의 발달과 단일한 자본주의 시장 출현은 노동자들의 생활 상태와 생활수준 평준화를 촉진했고, 동시에 노동자에 대한 통제 방식이 더욱 강화되면서 노동·생활 조건은 저하되었다. 이것은 노동자의 결합과 계급적 자각을 확대·강화하는 요인으로 작용했다.

이와 같은 정치·경제적 정세의 변화는 노동자계급 운동의 새로운 고양을 촉진했고, 그것은 노동자 조직의 확대, 파업투쟁의 격화, 그리고 정치적 무관심과 수동성의 극복 등으로 나타났다.

1. 영국 노동조합운동의 부활

차티즘운동 실패 이후 노동조합운동은 크게 위축되었으나, 경제 위기에 따른 노동자계급의 상태 악화는 노동운동의 새로운 고양을 촉진했다. 차티즘을 부활시키려는 시도가 1850년대 중반까지 계속되었고, 1853년 8월부터 1854년 5월에 이르기까지 프레스톤 파업을 비롯한 파업투쟁이 산발적으로 지속되었다. 그러나 낡은 노동자 조직은 점점 쇠락했고 노동운동은 분산적으로 전개되면서 전반적으로 침체 양상을 벗어나지 못했다.

이런 가운데 경제공황이 도래하면서 노동자 상태가 더 악화했고, 이에 따라 1857년 이후 임금 저하 반대와 노동일의 단축을 요구하는 파업투쟁이 고조되면서 노동운동이 고양되기 시작했다. 대부분의 파업투쟁에서는 단결권을 획득하기 위한 요구가 세차게 제기되었고, 또 파업 노동자들은 각종 작업에 대한 임금률 규정을 '임금협정'으로 체결하고자 했다(The USSR Academy of Sciences 1980, 545~546).

대표적인 투쟁은 9시간 노동제를 요구한 건축노동자들의 장기 파업(1858년 6월~1859년 7월)이었다. 이 파업은 기업주에 대해 9시간 노동일의 제도화를 요구한 투쟁이었다. 런던의 건축노동자들이 큰 규모의 집회를 열기도 했고, 투쟁 목표를 관철하기 위해 모든 '합법적 수단'을 행사하려는 강한 결의를 표명했다. 이에 대항하기 위해 기업주들은 단합된 형식으로 9시간 노동일제의 거부와 노조원의 취업 거부 결의를 채택했다. 건축노동자들의 파업은 결국에는 타협으로 마무리되었는데, 그 결과 기업주의 노조원들에 대한 압박은 중지되었으나 노동일 단축은 성취되지 못했다. 이 파업을 통해 획득한 성과는 조직의 형태를 갖춘 노동자계급의 단결을 과시했다는 것이다(The USSR Academy of Sciences 1980, 546~547).

노동자투쟁이 고양되면서 노동조합도 더한층 확대[1]·강화되었다. 또 '신형 노동조합'New Model Labor Union이 대두했는데, 1851년에 결성된 합동기계공노동조합이 그 전형이었다. 신형 노동조합의 중요한 특징은 종래의 직업별 노조 형태와 달리 고도로 중앙집권화된 조합으로서, 치밀한 노조 보험 공제 제도 수립에 주력했던 점이다(Foster 1956, 46). 이것은 직업 보호 단체 기능과 상시적인 보험회사 기능을 결합[2]시켜 재정 안정을 이룩하기 위한 것이었다(Webbs 1920, 218).

합동기계공노동조합은 초기에는 전투적인 경제투쟁 단체로 출발했다. 이 노조는 도급제와 시간외노동의 폐지에 관한 제안을 내걸고, 노조원 투표에 붙여 곧바로 행동할 것에 대해 압도적 다수의 찬성을 얻어 냈다. 이에 고용주(기계산업고용주중앙연맹) 측은 만일 한 공장에서라도 파업이 일어날 경우, 노조에 대응해 즉시 전면적인 직장폐쇄를 단행하겠다고 위협했다. 노조는 중재를 제안했으나 거부당했다. 그리하여 기계제조노동자들은 시간외노동을 거부했고, 이에 대응해 기업주들은 1852년 1월에 전면적인 직장폐쇄를 선언했다. 이 투쟁은 노동조합과 기업주 단체가 대립하고 있었던 런던과 랭커셔로 확대되었다.

투쟁은 3개월 동안 계속되었다. 기계노동자들은 다른 노조와 일반 대중들로부터 꽤 많은 재정적 지원을 받았으나, 결국 오래 버티지 못하고 직장으로 복귀했다. 고용주들은 드디어 그들의 지배하에 경쟁적인(어용적인) 노

1_ 1860년대 초 조직노동자 수는 60만 명이었는데, 1867년에는 80만 명으로 증가했다(The USSR Academy of Sciences 1980, 547).

2_ '신형 노동조합'의 가장 중요한 기초는 직업과 구제 활동의 긴밀한 결합에 있었다. 합동기계공노동조합은 모든 노조원에게 노동쟁의와 실업의 구제로부터 질병과 퇴직의 구제까지 광범한 범위의 구제를 베풀었다(Cole 1947, 173).

조를 결성하려는 계획을 세운 상태에서, 노동자들이 노조 탈퇴를 서약하는 '증서'에 서명하지 않는 한, 그들의 공장 복귀를 끝까지 거부할 것이라고 밝혔다. 이에 노동자들은 이렇게 강제로 서명한 증서는 아무런 구속력을 갖지 못한다는 태도를 취했다. 노동자들은 서명을 하긴 했으나, 노조원 자격은 그대로 유지했다. 얼마 지나지 않아 노조는 수에서나 재정 측면에서 더욱 강화되어 이전보다 더 강력한 투쟁을 벌일 수 있었다(Cole 1947, 175).

합동기계공노동조합과 대조를 보인 노동조합이 목면노동자 조직이었다. 1858년 직포노동자들이 북부 랭커셔에서 직포노동자노조연맹을 결성한 뒤, 이것을 중심으로 합동직포노동자노동조합연맹을 창설했다. 목면 산업에서는 기계 산업과는 달리 도제제도가 존재하지 않았고, 목면 산업노동자 대부분이 도급노동자였는데도 도급제가 매우 견고했기 때문에 도급제를 바꿀 엄두조차 못한 채, 오히려 이를 선호하고 있었다. 그래서 목면노동자들은 노동시간 단축과 노동조건 개선을 위한 산업 입법 투쟁을 계속했다.

1850년대에 들어와 노동조합이 두드러지게 발전한 것은 이런 조직 형태 발전을 그 배경으로 했다. 한편, 합동기계공노동조합으로 대표되는 '합동노조'가 대두해 경제투쟁과 국제 활동의 긴밀한 결합, 운영의 중앙집권화, 노동 공급과 노동조건에 대한 제한적 규제 등의 비정치적 정책을 취했다. 다른 한편, 방직·직포 노동자를 대표하는 '연맹'이 대두해 지방 단위의 재정과 연합 구조, 표준 가격표에 바탕을 둔 단체교섭, 특히 노동시간과 노동조건에 대한 법률적 규제 요구를 착실히 추진했다. 이런 두 가지 형태는 대립하는 것은 아니었으나, 경제투쟁 문제를 다른 관점에서 파악하고 다른 측면에 주의를 집중하는 경향이 있었다. 이 때문에 그들은 따로 활동했으며, 공동 행동의 필요를 거의 인식하지 못했다. 시간이 지나면서 광산노동자들 사이에서 발달한 제3의 조직 형태[3]가 이런 자세에 대해 영향을 주게 되어 양자를 통일시키는 방향으로 작용했다(Cole 1947, 177~178).

한편, 광산노동자들 사이에서도 새로운 조직 운동이 일어났다. 1841년에 웨이크필드에서 결성된 영국·아일랜드광산노동조합은 현물 지급 제도와 연간 고용 관행이 유지되는 상태에서 일시적인 파업 단체 차원을 넘어서지 못했다(Webbs 1920, 181). 노동조합운동 부활을 위한 시도는 1852년 북동부 해안 지방과 스코틀랜드에서 거의 동시에 나타났다. 1855년에는 더럼과 노섬브랜드에서 수많은 파업이 일어났고, 한 단계 진전된 형태의 노동조합 운동 부활이 나타났다. 1856년에는 스코틀랜드에서 대파업이 일어나 14주 동안이나 계속되었으며, 파업투쟁에 3만 또는 4만 명이 참가했다. 파업투쟁은 패배했으나, 스코틀랜드광산노동조합연맹은 살아남아 조직 활동을 활발하게 벌였다. 이런 투쟁들을 겪는 가운데, 1858년에는 광산노동조합연맹 (이하 전국광산연맹)의 결성을 지지하는 결의가 많은 노조로부터 채택되었다.

1857년에는 남南웨일스에서 대파업이 일어났는데, 이 파업에서는 노동자 측이 패배했다. 다음 해에는 서西요크셔에서도 파업이 일어났다. 이 밖에도 여러 곳에서 파업이 일어나 대부분 패배로 끝났으나 조직 활동은 오히려 강화되었다. 1863년에는 전국 각지의 주요 탄광노동자 대표들이 참가한 최초의 광산노동자 대표자 회의가 리즈에서 열렸고, 이 회의에서 전국광산연맹이 정식으로 결성되었다. 그러나 사태는 순조롭게 진행되지 않았다. 조직 내에서 공격적인 경제투쟁 정책을 지지하는 분파와 의회나 여론을 움직여 개혁적인 입법 활동에 힘을 집중해야 한다는 주장을 펴는 분파 사이에 날카

3_전국광부노조연맹이 전국광부노동조합으로 바뀌었는데, 그들의 정책은 기계공이나 목수의 새로운 합동노조보다는 섬유노조 쪽에 가까웠다. 광산노동자들도 법률적 요구가 컸으며, 작업에 따르는 특별한 위험을 고려하더라도 이것이 실제적인 정책이었기 때문이었다(Cole 1947, 184).

로운 충돌이 일어났다.

그리하여 1865년에는 전국광산연맹과 대립하는 조직으로 합동광산노동조합연맹(이하 합동광산연맹)이 설립되었다. 1873년 당시 전국광산연맹이 약 12만5천 명의 조합원을, 합동광산연맹이 약 10만 명의 조합원을 포괄하고 있었다. 합동광산연맹은 5년 동안 강력한 투쟁 방침을 밀고 나갔다. 그러나 결국 고용주와 법률, 그리고 격화되는 불황에 눌려 투쟁은 패배로 끝나기 일쑤였다. 반면에, 전국광산연맹은 정치운동을 꾸준히 추진한 결과, 마침내 1872년 '탄광 및 금속 산업법'의 입법을 성취할 수 있었다. 이 법률은 근대적인 광산 입법의 기초가 되었다. 전국광산연맹은 기업주들이 노조를 승인함으로써 정식으로 단체교섭을 성취할 수 있었고, 경제투쟁에서는 협조주의적인 태도를 취했다. 1860년대 말과 1870년대 초에는 여러 지역의 광산노동자들이 협동주의적 기업 정책[4]을 취하기도 했으나, 1870년대 말의 불황으로 석탄 가격이 하락하면서 협동주의적 광산은 실패하고 말았다(Cole 1947, 182~183).

이런 신형 노동조합은 사회질서의 변혁을 목표로 한 것이 아니라, 자본주의 제도를 인정하면서 특정 직종의 노동력 공급을 제한함으로써 임금·노동 조건의 개선을 꾀하려 했다. 이에 따라 노동조합은 조합원을 숙련공으로 제한해 고액의 조합비를 거두고 직업적인 상근 간부를 배치했으며, 파업투쟁보다는 조합원들에 대한 공제 활동에 주력했다(大河內一男·吾妻光俊 1975, 32). 합동기계공노동조합의 규약은 새로이 조직된 노조들의 모델이 되었고, 종전부터 존재했던 조직들 역시, 신형 노동조합의 특징을 차츰 수용했다.

4_소비조합과 그 조합원이 공급하는 자금 원조를 얻어 탄광을 매입해 운영하기도 했다.

1860년에는 목수합동노동조합과 도장공노동조합이, 1863년에는 제화공노동조합이 결성되었다.

한편, 1850년대 말과 1860년대 초에는 글래스고나 셰필드와 같은 대도시들에서 노동조합 지역 연합[5]이 출현했는데, 1860년 7월에는 런던노동조합평의회의 첫 회의가 열렸다. 이 평의회는 처음에는 건축·의류·신발제조 노동자 노조를 결합한 것이었으나 나중에는 기계노동자와 여타 노동자의 노조들을 묶어 수도인 런던 노동자의 공통적인 이익을 옹호하기 위해 적극적인 역할을 수행했다.

런던노동조합평의회는 연차 대표자 대회에서 선출된 15명의 집행위원으로 구성되었으며, 그 목표는 이러했다. "평의회의 의무는 회의 안팎에서 노동자계급의 정치·사회 전반에 걸친 이익을 감시하는 것, 노동조합에 유익하다고 판단되는 법률을 지지하기 위해 영향력을 행사하는 것, 그리고 필요하다면 노동조합 연감을 발행하는 것 등이다." 평의회는 처음부터 노동조합운동이 펼치는 다양한 정치운동에 참여했다. 이에 못지않게 중요한 경제적 기능도 규정했다. 즉, "평의회는 곤경에 놓인 직종이 호소해 온 사건을 조사할 권한을 갖는다. 엄밀한 조사 결과, 이것이 지지할 가치가 있는 경우에는 그 원조를 다른 직종에게 의뢰할 것이다"라고 했다(Cole 1947, 187).

1868년에는 노동조합의 전국 중앙 조직인 영국노동조합회의가 결성되었다. 이 영국노동조합회의는 1834년 결성된 전국노동조합대연합이 1850년 해체된 이후 만들어진, 새로운 전국 중앙 조직 부활이라는 의미를 갖는다.

이 시기 영국 노동조합운동은 경제적 조합주의를 채택해 개량주의 경향

---

[5]_각 노조의 지방조직은 전국적인 조직의 단순한 지부가 아니라 독립된 존재와 기금을 갖고 있었으며, 다만 투쟁을 위해서만 중앙 '연합'의 지배 아래에서 결합했다(Cole 1947, 176).

을 강하게 나타냈다. 1860년대 중반 이후 자유무역과 자유방임의 확대로 영국 자본주의가 번영의 절정기를 맞게 된 상황에서, 영국 노동조합운동이 차티즘운동 실패에 따른 여러 가지 불리한 영향들 때문에 결정적으로 우경화되기 시작했다. 봉기와 혁명의 전망은 사라지고 계급협조 노선이 그것을 대신했다. 노동조합의 오랜 슬로건이었던 '공정한 노동일에 대한 공정한 임금'은 자본주의를 당연한 것으로 받아들이는 상징처럼 되었다(Foster 1956, 45~46).

이와 함께 많은 노동조합이 선거제도의 개혁과 노동조합의 완전한 합법화(노조에 대한 법인격 부여)를 위시한 민주주의적인 개혁을 요구했다. 1860년대 노동조합운동의 주요 특징은 숙련노동자 중심의 폐쇄적 성격을 띤 직능 노조였다는 것과 '준타'Junta⁶로 부르는 직업적 노조 지도자들이 노조 운동을 주도하게 되었다는 사실이다.

2. 초기 프랑스의 노동조합운동

프랑스 노동자계급 운동의 새로운 고양은 파업투쟁의 격화와 노동자 조직의 확대, 그리고 정치적 무관심과 폐쇄성의 점진적인 극복으로 나타났다. 1857~1858년의 공황은 프랑스 노동자들의 투쟁을 촉발시킨 계기가 되었

6_ 일반적으로 위원, 위원회, 통제부로 불리나 역사적으로 볼 때, 차티스트운동이 쇠퇴하고 사회주의운동이 발흥하기까지의 기간(1850~1870년) 중에 숙련공에 한정된 개량주의적·기회주의적 노조에서 활동했던 지도자들(또는 그 모임)을 가리킨다. 당시에는 합동기계공노동조합의 윌리엄 앨런, 합동목수조합의 로버트 에플가드, 전국철공조합의 다니엘 가이, 연와공 런던 결사의 에드윈 쿨슨, 런던 노동자계급 급진주의의 조지 엇져 등이 있었다.

다. 단결금지법이 시행되었는데도 임금 삭감에 반대하는 파업의 물결이 거세게 일어났다.

이런 상황에서 1862년 프랑스 정부는 노동자들에게 호의를 보이려고 런던에서 개최되는 만국박람회에 550명으로 구성된 대표단을 파견했다. 대표단은 런던노동조합평의회를 방문하고 폴란드 혁명을 지지하기 위해 1863년 7월 22일 합동 시위를 벌이기로 합의했다(아벤드로트 1983, 32). 영국 노동운동을 둘러본 대표단은 귀국해서 노동조합 결성의 중요성을 선전하는 한편, 노조 조직화를 시도했다.

1864년에는 '60인 선언'이 발표되었는데, 이것은 노동자계급의 독자적인 정치 활동과 노동조합 결성의 자유를 요구하는 내용을 담았다. 같은 해 나폴레옹 3세는 대중적 압력에 못 이겨 1791년에 제정된 르 샤플리에 법을 완화했으며, '묵인은 되었지만 합법화되지 않은' 노조들의 활동이 계속 전개되었다(Foster 1956, 59).

1860년대 하반기 들어 여러 직종에 걸친 노동조합이 지역별로 조직되었다. 근대적 노동조합은 1867년 무렵에야 출현했다. 1867년 파리에서 고급 가구제조·신발제조·인쇄·금속가공 노동자 노조 등이 결성되었고, 1868년 기계·피혁제조 노동자 노조가 조직되었으며, 1869년에는 제빵·건축도장·사무 노동자 노조 등이 결성되었다. 이 노조들은 파리를 중심으로 조직된 직종별 또는 직능별 노조였다. 그 당시까지는 금속 산업이나 광산업, 그리고 화학산업 등에서는 노조가 결성되지 않았다.

1860년대 말에 노동조합이 대두하게 된 데는 그만한 배경이 있었다. 첫째는 영국 노동조합의 영향이었다. 앞에서 본 바와 같이 1862년 런던 만국박람회 참가를 계기로 프랑스 노동자 대표들은 영국 노동조합 활동을 둘러볼 수 있었고, 이전까지의 생산자 협동조합 운동에 실망하고 있던 터에 노동조합을 통해 실질적인 생활 향상을 확보할 수 있을 것이라는 기대를 갖게 되었다. 둘째는 프랑스 노동자들이 몇 년 전부터 파업권을 승인받고 있었던 상황에서, 이제는 단결권까지 확보하고자 했다는 사실이다. 그러나 제2제정은 노동조합을 법적으로 인정한 것은 아니었고, 단지 용인했을 따름이었다.

초기의 노동조합들은 이전의 다양한 노동자 조직들로부터 여러 가지 유산과 역할을 계승해 활발한 운동을 펼 수 있었다. 수련공 조합으로부터는 직업윤리와 엘리트 노동자로서 지닌 자부심과 몇 가지 투쟁 방법을, 공제회로부터는 상호부조와 퇴직 기금 운용을, 7월 왕정기의 공화파 결사로부터는 정치 활동을 배웠다(김현일 1997, 147~148).

이들 초기 노동조합은 국제노동자협회, 즉 제1인터내셔널의 지원을 받아 급속히 확대되었다. 1865년에 인터내셔널프랑스지부들이 설립되었고, 지부들이 성공적으로 자리 잡은 지역은 파리를 비롯해 리옹, 바스-노르망디 지역이었다. 인터내셔널 조직에 속한 노동자들은 주로 대도시의 수공업노동자들로 제한되어 있었지만, 노동자 일반에 대한 영향력은 매우 컸다. 인터내셔널은 노동자들의 파업을 적극 지원했고, 노동조합 조직을 촉진했다. 인터내셔널 활동이 왕성했던 제2제정 말기에 노동운동은 활성화되었고, 파업투쟁은 크게 증가했다.

이 시기에 주목되는 파업으로는 서남부 지방의 카르모 광산노동자 파업을 들 수 있다. 카르모 파업에서는 노동에 관련되는 모든 측면, 즉 임금수준과 임금 지불 방식, 노동시간, 고용, 해고, 승진, 산업재해, 질병, 퇴직 때의 생계 보장 문제 등이 쟁점으로 떠올랐다. 1869년 카르모의 광산노동자들은 여러 부류의 광산노동자들이 각기 분산적으로 파업을 벌였던 이전 방식과는 달리 파업을 통일적으로 전개했다. 같은 시기에 다른 지역에서도 광산노동자들의 운동이 활발하게 전개되었다(김현일 1997, 157~158).

당시 지역별로 조직된 직종 형태의 노조들은 두 가지 방향에서 노동운동 통일과 연합을 추진했다. 하나는 직업별 노조의 전국연맹 형성이었다. 1870년에 결성된 '프랑스모자제조노동자노동조합'이 그런 사례였다. 다른 하나는 동일 지역에 있는 여러 노조 간의 합동 추진이었다. 이것은 '서로 다른 직종' 노동자를 결합한 것인데, 1868년에 결성된 파리노동자조합연합회의가 그런 사례였다. 이것은 노동자의 직업적 연대를 넘어선 계급적 연대를 추구한 조직 형태라고 할 수 있다. 이들 노동조합운동이 설정한 궁극 목표는 "임금제도가 철폐된 새로운 사회질서 형성으로 노동자의 전면적 해방을 추진하는 일"이었다(Lefranc 1974(일본어판), 18~19).

3. 산업자본주의의 전개와 독일 노동운동의 고양

1848년 혁명의 패배와 그것에 따른 반동 세력 지배의 시대가 도래하면서, 노동운동의 발전은 주춤거리는 형국을 보였다. 프로이센과 독일 영방국가들의 융커를 비롯한 반동 지배층은 노동자들의 모든 이익대표 기관과 조직을 엄격히 통제·금지하는 법률을 잇달아 공포했다. 1854년 7월 프랑크푸르트 연방의회는 특별 결의로서 독일 영방에 속한 모든 국가는 현존하는 노조 조직에 대해 해산명령을 내리는 의무를 지웠다. 이에 따라 1848년 9월 설립된 전독일노동자우애회[7]를 비롯한 노동자 조직이 해산되었다.

7_슈테판 보른(1824~1898년)이 주도한 노동자 조직으로서, 1850년에 250개 지방조직을 설치한 이 조직은 공제조합, 노동조합, 정치단체의 성격을 복합적으로 지니고 있었고, 노동자의 요구를 광범위하게 반영한 강령을 실천하기 위해 노력했다. 이 조직의 구체적 목표는 보통선거 실시에 바탕을 둔 의회 민주국가,

이와 같은 무거운 탄압에도 불구하고 여러 형태의 조직 활동과 파업투쟁은 이어졌다. 특히 1857년 공황 시기에는 여러 지방에서 파업이 일어났다. 광산·직물·마무리·인쇄·철도·항만 노동자가 파업을 일으켰다. 파업 노동자 자신들은 경제적인 요구들을 내걸었지만, 실제로 이 파업들은 반노동자적 법률에 대한 투쟁이었다(The USSR Academy of Sciences 1980, 545). 작센을 비롯한 몇몇 영방국가에서는 정부가 노동자 단체의 설립 금지를 철회하지 않을 수 없었다.

1850년대 말 들어 독일 자본주의의 발전 속도는 점점 빨라졌다. 중화학공업이 자리를 잡았고, 철도망이 급속하게 연장되었다. 드디어 독일은 오랜 반봉건적 농업국가에서 탈피해 자본주의 공업 국가로 발돋움했다. 정치권력은 융커가 장악하고 있었지만, 부르주아지가 드디어 경제적 우위를 획득했다.

노동자계급 또한 급속히 증대했다. 지금까지 노동자계급의 대다수를 차지했던 수공업 수련공과 가내공업노동자 대신, 산업 프롤레타리아트가 수적인 면에서 점점 노동자계급의 중심적인 층으로 대두했다(Warnke 1952, 25). 노동자계급의 이런 증대와 구성 변화에도 불구하고 노동자의 노동·생활 조건은 개선되지 않은 채, 착취와 통제가 더욱 강화되었다. 이런 상황을 직접 반영해 노동자계급은 자신들의 지위 향상과 권리 확대를 위한 조직화와 투쟁을 활발하게 추진했다. 1862년 라이프치히 인쇄노동자 노조가 조직되었고, 1863년에는 베를린 인쇄·기계 노동자 노조 등이 결성되었다. 이들 노조들은 1860년대 중엽부터 담배제조·인쇄 노동자를 필두로 양복제조·

노동자 단결권 보장, 생산과 소비를 위한 협동조합 설치, 취업 소개, 진보적 건강관리기구 설치, 환자 보조금과 사망자 보조금을 위한 기구의 확산 등이었다(그레빙 1985, 39).

광산·금속·나무가공·건축 노동자 노조 등이 차례로 전국노동조합총회를 개최하고 전국적인 노조 조직을 설립했다. 특히 광업이나 철강, 나무 가공과 건축 분야 노동자의 경우처럼, 여러 직종을 포괄한 전국 단체의 출현은 직종별 단위를 넘어 산업 분야별로 통합된 산별노조를 지향하는 시도가 진행되었음을 의미한다. 이런 현상은 노조 운동의 발전에 미친 노동자 정당의 강한 영향력에서 그 배경을 찾을 수 있다. 직종별 폐쇄성을 넘어 노동자계급 전체의 계급적 이익을 대변한다는 것이 노동자 정당의 자기 역할과 목표였기 때문이다(안병직 1997, 299).

독일에서 전개된 노동조합의 조직과 활동은 정당을 포함한 정치 세력의 개입으로 더욱 촉진된 면이 컸다. 정치적 노동운동의 주도권을 놓고 서로 경쟁하던 라살레파와 아이제나흐파 그리고 막스 히르쉬와 프란츠 둔커가 중심이 된 자유주의 정치 세력은 1860년대 말부터 노조의 중요성을 인식하고, 노조 결성을 적극적으로 도우면서 이에 개입하기 시작했다. 이 밖에도 가톨릭교회도 노동조합운동에 대해 큰 영향을 끼쳤다.

노동자 정당은 노조와 더불어 19세기 독일 노동운동을 추진하는 데서 양대 축을 이루었고, 노동자들의 이익을 정치적으로 대변하는 일을 주요 목적으로 했다(안병직 1997, 307). 독자적인 정치 세력화를 추구하는 노동자들의 움직임은 1848~1849년 혁명을 통해서 표면화되었으며, 1860년대 초부터는 부르주아사회 개혁가들의 후원을 얻어 전국 도처에서 노동자교육협회를 설립하는 결과를 낳았다. 노동자교육협회는 노동자들에게 일반교육과 직업교육의 기회를 제공함으로써 그들의 품성을 높이고 경제·사회적 지위를 개선하는 것을 목적으로 했다.

노동자교육협회와 같은 조직을 통해 노동자들을 정치적으로 동원하려던 부르주아 세력의 시도는 협회 내 노동자들의 반발을 불러일으켰다. 1848~

1849년 혁명기를 통해 독자적인 정치 활동을 전개했던 일부 노동운동 세력들이 주축이 되어 1863년 5월 페르디난트 라살레를 중심으로 전독일노동자연맹을 조직했다.

라살레는 국가의 지원을 받는 경제적 협동조합을 발전시킴으로써 사회주의를 실현할 수 있고, 이를 위해 노동자가 선거권을 획득해야 한다고 주장했다. 전독일노동자연맹은 정관에서 조직의 목표를 다음과 같이 밝혔다.

> 보통·평등·직접 선거를 통해 독일 노동자계급의 사회적 이해관계를 충분히 대변하고, 사회에서 계급 대립을 진정으로 해소할 수 있다는 확신에서 전독일노동자연맹을 창설하며, 독일 연방국에 하나의 연합을 이룩한다. 이 연합의 목표는 평화적이고 합법적인 방법으로 특히 직접·보통·평등 선거의 회복을 위한 노력을 통해서 이루어진다(그레빙 1985, 45에서 재인용).

라살레는 1848년 3월 혁명 이전부터 혁명적 민주주의 운동에 참가해 독일을 비롯한 각국의 대표자들과 친분을 맺기 시작했다. 여기서 혁명적 열정과 뛰어난 지적 능력, 그리고 명성이 그의 지도력을 키우는 요소들이 되었다.

라살레는 1848~1849년 혁명에 참가하면서 마르크스와 엥겔스와 교제를 시작해 1862년까지 친분을 유지했다. 마르크스의 영향을 받았으나, 이미 형성되어 있던 자신의 관념론적인 역사관과 유토피아사회주의에 마르크스의 사상을 수용하고자 했다. 그는 소생하는 독일 노동운동의 정치적 자립을 얻으려는 자생적인 노력에 부응해 전독일노동자연맹을 창립함으로써 노동자계급을 자유주의 부르주아지의 추종자에서 자립적인 정당으로 만들어내는 데 기여를 했다. 노동운동을 부르주아지로부터 분리시키기 위해 라살레가 채택했던 길은, 그의 관념론적인 역사관과 유토피아사회주의 이념에 바탕을 두고 노동운동을 부르주아 이데올로기에 종속시키는 새로운 형태를 창출했다. 라살레는 자신의 사회주의사상에서 부르주아지와 프롤레타리아트 사이의 계급투쟁을 원리 또는 관념들 사이의 투쟁으로 대치시켰다. 따라서 역사 진행은 한 원리가 그보다 더 고차적인 원리에 따라 차례차례 해체되는 과정으로 나타난다고 했다.

그가 노동자계급의 정치투쟁이 갖는 노동조합적인 형태들을 과소평가하거나 부정한 것은 그의 관념론적인 세계관과 국가에 대한 관념론적 환상에 뿌리를 두고 있었다(한국철학사상연구회 1989, 305~307). 라살레는 또 자본주의 제도에서는 '임금철칙'[8]이 작용해 노동조합운동은 불가피하게 임금을 생존 수준 이하로 떨어뜨릴 것이라고 주장했다. 따라서 노조나 파업은 무익하며, 시간과 정력 낭비일 뿐만 아니라 노동자계급의 정치 활동에 대해 위험을 초래하는 것이라고 주장했다(Foster 1956, 74에서 재인용).

라살레는 1868년 사망했고, 같은 해 9월 라살레파는 베를린에서 노동자대회를 소집해 노조의 성격을 띤 '노동자 동맹'을 결성했다. 그러나 이런 형태의 노조는 노동자들 사이에서 큰 권위를 획득하지는 못했다.

한편, 마르크스주의자인 빌헬름 리프크네히트와 아우구스트 베벨 등은 1867년 노동조합을 조직해 계급투쟁의 학교로 발전시키려 했으며, 1869년 사회민주노동당SDAP을 결성했다. 다른 한편으로 부르주아 정치가인 히르쉬와 둔커도 자유주의적 '진보당' 계열의 노동조합 결성에 착수했다. 1875년에는 전독일노동자연맹과 사회민주노동당이 통합을 결정함으로써 사회주

8_임금이 상승하면 생활이 개선되어 노동자 수는 증대한다. 그러나 임금기금은 일정하기 때문에 노동자 수의 증대에 비례해 임금은 저하되어 결국 임금은 노동자가 겨우 생활할 수 있는 수준에 머무르게 된다는 이론이다.

의노동당SAP이라는 단일 노동자 정당을 결성하기에 이르렀고, 사회주의노동당은 1890년 사회민주당으로 이름을 바꾸었다. 사회민주당은 1871년, 1874년, 1877년 제국 의회 선거에서 세력을 키웠다. 1877년 선거에서는 사회민주당은 약 45만 표를 얻었으며, 원내 의석도 12석을 확보했다. 이런 노동자 정치 세력화 추세에 대해 부르주아계급의 우려와 경계는 1878년에 제정되어 1890년까지 12년 동안 시행된 전형적인 악법인 '사회주의자법'[9]으로 구체화했다. 이 비상 입법 조치에 따라 당과 관련된 모든 노동자 단체는 해체당했고, 집회와 선전, 출판 활동 등은 일체 금지되었다.

이와 같은 강경한 탄압 정책은 당초의 목적 달성에는 실패했다. 1890년 사회주의자법이 폐기되기 직전에 실시된 제국 의회 선거 결과, 사회민주당은 총 150만 여 표를 획득했으며, 원내 의석에서도 35석을 차지했다.

노동자 정치 세력화와 관련해 독일 노동운동의 강한 정치 지향성과 이념적 급진성 양상은 어디에서 비롯된 것인가. 몇몇 역사학자들은 다음과 같은 몇 가지 사실에서 연유한 것으로 해석하고 있다.

첫째, 자유주의 세력의 취약성이 주요한 요인으로 작용했다. 독일의 자유주의 세력은 내부적으로 분열되어 있었고, 비빈주적이고 권위주의적인 국가권력에 도전하거나 저항하기보다는 지배 권력과 타협하고 협력하려는 성향이 강했다. 이런 현상은 19세기까지도 민족통일 국가의 건설과 헌정구조의 확립이 미완의 과제로 남아 있었고, 노동자계급의 출현과 더불어 제기

9_'사회주의자법'(Sozialistengesetz)은 빌헬름 1세 저격 사건을 구실 삼아 비스마르크가 제정한 사회주의운동 탄압법이다. 사회주의정당·노동조합의 해산, 집회와 출판의 제한에 관한 규정을 설치했다. 산업 부르주아지와 융커의 이익을 수호하고 독일의 자본주의 체제를 정비하는 것을 목적으로 했다. 이 법은 비스마르크의 실각에 따라 폐지되었다.

된 새로운 사회문제까지 동시에 해결해야 할 상황에 직면하게 된 데 따른 결과였다. 시민적 권리에 대한 노동자들의 요구를 적극적으로 수용할 수 없었던 부르주아 세력은 노동운동을 시민사회에 대한 위협으로 간주했고, 이에 따라 노동운동을 적대시하고 이를 탄압하던 권위주의적 국가권력을 지지했다. 부르주아지의 보수화 경향과 함께 정치적으로 고립된 노동운동은 영국의 경우처럼 자유주의 운동과 정치적 협력이나 제휴의 길을 선택하는 대신, 독자적인 정치 세력화를 모색할 수밖에 없었다(안병직 1997, 311~315).

둘째, 산업구조의 발전 과정이 정당을 중심으로 한 정치적 노동운동의 발전을 촉진한 배경이 되었다. 1870년대 이후 전개된 독일 산업자본주의 발전의 특징적 양상은 카르텔이나 신디케이트 등의 독과점 현상과 대기업을 중심으로 한 생산의 집중화 현상에서 찾을 수 있다. 석탄, 철강, 전기, 화학 등의 중공업 분야에서처럼 수평·수직적 통합을 통해 거대화된 기업에 생산이 집중되고 소수의 대자본이 시장을 장악하게 되면서 자본은 노동에 비해 상대적으로 강력한 힘을 갖기 마련이었다. 이에 따라 기업주들은 노동자 측과 벌이는 협상에서 비타협적이고 강경한 방책을 동원하는 경향을 보였다. 이런 구조와 관계 때문에 독일의 노동운동은 노동문제의 정치적 해결책을 추구하는 경향을 강하게 드러냈다(Geary 1989, 122~123).

셋째, 19세기 독일 노동운동의 정치 지향성과 이념적 급진성과 관련해 가장 주목되는 것은 국가의 역할이었다. 노동자 정당의 발전에 끼친 국가의 영향력은 여러 가지 측면에서 지적할 수 있겠는데, 그 가운데 하나로서 우선 보통선거권의 도입을 들 수 있다. 1871년부터 제국 의회 선거를 위해 도입된 보통선거권 제도는 25세 이상의 모든 남성에게 재산이나 신분에 따른 차별 없이 평등한 선거권을 부여했다. 이와 같은 보통선거권제의 도입이 노동자의 독자적인 정치 세력화를 촉진했다(안병직 1997, 313). 보통선거권 도입은 민주적인 정치발전을 의도했던 것은 아니었고, 그것은 자유주의 세력의 약화를 노렸던 오토 폰 비스마르크의 정략적 수단 성격이 더욱 강했다.

이 밖에도 민족통일을 위한 노동자계급의 정치적 투쟁이 노동운동의 정치 지향성과 이념적 급진성을 더하게 했다. 민족통일 운동은 자신의 주권을 더욱 넓은 차원으로 확대하기를 바라지 않았던 군주들과 권력 정치의 현실, 그리고 지역주의의 장벽 등을 극복하지 못한 채 실패하고 말았다. 자유주의자들은 자신들의 프로그램을 실천할 만한 현실적인 권력을 보유하지 못했고, 대중의 지지조차 획득하지 못했다. 더욱이 그들은 내부에서 분열되어 있었다(풀브룩 2000, 182). 독일의 경우 민족통일은 부르주아 민주주의 발전을 의미할 뿐만 아니라 산업화 촉진, 그리고 문화적 통일성의 완수 등과 직결되는 것으로써 역사 발전에서 하나의 전환점이 될 수 있었다는 사실에 비추어, 이를 위한 노동자계급의 투쟁은 필연적으로 정치적 성격을 띨 수밖에 없었다. 19세기 독일 노동운동이 정치적으로 빠르게 성장한 데는 결과만을 놓고 보면, 무엇보다 노동운동에 대한 국가의 직접적 탄압 정책이 크게 작용했다. 민주적 정치 개혁과 노동자들의 사회적 통합을 불가능하게 했던 권위주의적 정치체제에서는 계급 정치를 강조하며, 조화가 아니라 갈등을, 개혁이 아니라 혁명을, 민족주의가 아니라 국제주의를 지향하는 정치적 이념이 호소력을 가질 수밖에 없었기 때문이었다(안병직 1997, 314~315).

4. 미국, 이탈리아 등 여러 나라에서 전개된 초기 노동조합운동

미국 자본주의는 영국 식민지 지배 상태에서 시작되었으며, 1861~1865년에 걸친 남북전쟁을 치른 뒤 비약적으로 발전했다. 식민지 시대에도 노예 반란, 농민과 노동자의 저항과 파업이 발생했으나, 독립전쟁 이후 산업 발전과 더불어 노동자계급의 본격적인 투쟁이 전개되었다. 1785년 뉴욕 제화노동자 파업, 1786년 필라델피아 인쇄노동자 파업 등이 주목되는 투쟁 사례였으며, 1790년대 초에 일정한 형식을 갖춘 노동조합이 결성되기 시작했다.

1830년대 들어 조직 활동과 투쟁이 활발하게 전개되었는데, 1836년까지 지방 노동평의회가 13개나 결성되었고, 1833~1837년에는 임금 인상, 노동시간 단축, 노동조건 개선을 요구하는 파업이 173건이나 발생했다. 1835년에는 필라델피아에서 미국 최초의 총파업이 일어났다. 또 1834년 3월에는 그곳에서 일반 노동자 조직을 위한 최초의 시도로서 전국노동조합이 결성되어 3년 동안 활동을 전개했다(Foster 1956, 49). 노동조합운동은 1837년 경제공황의 여파 때문에 침체기를 겪게 되었고, 1850년대에 들어서야 활기를 되찾게 되었다. 남북전쟁이 발발하기 이전 10년 동안 다수의 전국적 노동조합이 결성되었다. 1852년에 설립된 인쇄노동조합을 비롯해 가구·모자제조·배관·건축·철도기술·돌작업·석판제조·담배제조·기계제작·페인트제조·피혁산업 노동자 등의 노동조합이 그런 유형의 노동조합이었다.

노동조합은 1854년과 1857년 경제공황에 따라 침체 경향을 보이다가 1861년 전쟁을 맞이했는데, 전쟁 상황에서 노동·생활 조건이 악화되면서 노동자계급의 투쟁은 계속되었다. 전쟁이 끝난 뒤, 1866년에는 최초의 전국적 노동조직인 전국노동자연맹이 결성되었다. 이와 같은 노동자 조직을 중심으로 8시간 노동일제 쟁취를 위한 운동이 시작되었다. 뉴욕에서는 노동자 10만 명이 3개월에 걸친 파업을 벌여 8시간 노동일제를 쟁취했다(Zinn 2005, 240).

당시 흑인 노동자들은 전국노동자연맹이 자신을 포괄하기를 꺼린다는 사실을 알게 되었고, 그래서 그들은 독자적인 노동조합을 결성하고 파업을 벌이기도 했다. 1867년 앨라배마 주 모빌의 부두노동자들과 찰스턴의 흑인 항만노동자들, 서배나의 선창노동자들이 그러했다. 흑인 노동자들의 이런 움직임에 자극받아 전국노동자연맹은 1869년 대회에서 여성과 흑인을 조합원으로 받아들이기로 결정했다.

1869년에는 재단사 출신인 유라이어 스티븐스가 주도해 노동조합원에 대한 고용주의 탄압을 피하고 전체 노동자들을 하나의 조직으로 결합하기 위해 조직된 비밀결사체인 '노동기사단'을 조직했다.

공황은 1870년대 내내 계속되었다. 절망에 빠진 노동자들은 유럽이나 남아메리카로 떠나기도 했다. 실업자들의 대중집회와 시위가 전국 각지에서 벌어졌다. 1877년에는 10여 개 도시에서 철도노동자들의 격렬한 파업이 잇달아 일어났다. 노동자들의 투쟁은 역사상 유례가 없을 정도로 온 나라를 뒤흔들었다. 철도노동자 파업으로 노동자 100여 명이 사망했고, 1천 명이 투옥되었다. 파업투쟁에 노동자 10만 명이 참가했고, 파업이 정점에 이르렀을 때 총연장 12만 킬로미터에 이르는 철도 수송의 절반 이상이 마비 상태에 들어갔다(Zinn 2005, 251).

이탈리아는 19세기 초 독일과 마찬가지로 몇 개의 국가로 분열된 채, 오스트리아의 지배를 받고 있었다. 1848~1849년에 일어난 유럽 혁명은 이탈리아에도 큰 영향을 끼쳐, 전소 이탈리아 반도가 반란으로 휩싸였다. 1870년 이후, 이탈리아는 부르주아지가 주도해 독립국가를 수립할 수 있었다.

노동자계급은 아직 독자적인 정치적 역량과 조직 그리고 지도성을 갖지 못했고, 프티부르주아적 급진파인 가리발디나 주세페 마치니를 추종하고 있었다. 마치니는 이탈리아 통일국가의 정치체제로서 급진적 공화주의를 표방했고, 국민적인 차원에서 노동자들 사이의 또는 자본과 노동 사이의 갈등을 동맹과 협회를 통해 해결하고자 했다. 마치니주의는 1861년 이탈리아가 통일되고 나서 계급주의적 노동운동이 대두되어 이것과 갈등을 빚게 된 1893년 무렵까지 이탈리아 사회와 노동운동 이념의 주류를 이루었다(김종법 2004, 21).

이와 같은 상황에서 노동자계급은 조직화와 투쟁을 추진했다. 노동자들의 권익 보호를 위해 결성된 최초의 단체는 '상호부조회'였는데, 일종의 공제조합의 성격을 강하게 띠었다.

1848년 인쇄노조를 위시해 노동조합과 상호부조 단체들이 조직되기 시작했다. 이탈리아 정부는 노동자들의 결사를 막기 위해 1859년 단결 금지에 관한 법률을 제정했으며, 이 법률은 1890년에야 폐지되었다. 단결 금지가 제도적으로 시행되고 있던 1853년에는 피에몬테 지역의 공제조합 30개 대표들이 아스티에서 만나 공동의 문제에 대한 토의 기구를 수립했다. 로마와 베니스를 제외한 이탈리아 전역이 통일된 1860년에는 밀라노에서 노동자 조직의 대의원 대회가 열렸는데, 여기에는 피에몬테, 롬바르디아, 에밀리아, 토스카나 지역의 조직 64개가 참가했다. 대회는 노동자 조직들이 보통선거의 실시, 이탈리아 통일의 완성, 공화정 수립을 위해 노력해야 하고, 대의원 대회 조직은 더욱 강력하고 중앙 집중화되어야 한다고 밝혔다(정병기 2000, 25).

1860년대와 1870년대 초반에 걸쳐 이탈리아 통일이 가져온 경제적 성과는 기대와 희망 대신에 큰 실망을 안겨 주었다. 물가는 상승하고 조세는 증가한 반면, 임금수준은 하락해 노동자들의 불만은 커졌다. 이런 상황을 반영해 1860년대 이후 연평균 30여 건의 파업이 발생했다.

오스트리아-헝가리제국에서는 1840년대 중반 노동조합이 결성되고 파업이 발생했으나, 1848년 혁명 실패 후 반동의 지배가 시행되면서 노동운동은 정체기를 맞았다. 1867년에 제정되어 1870년에 폐지된 오스트리아 노동법은 일정한 한계 내에서 노조 결성을 인정했다. 1867년에는 빈에서 노동자교육협회(노동조합과 정치단체의 복합적 성격을 띤 조직)가 설립되었다. 그 뒤 30년 동안 오스트리아와 헝가리의 산업 중심지에서는 노동자 조직이 결성되어 활동을 전개했다.

에스파냐와 벨기에 등에서는 1840년대 초반 노동자 조직이 결성되었으며, 네덜란드, 덴마크, 스웨덴, 노르웨이 등에서는 노동자 상호부조 단체가 조직되었고 파업도 가끔 발생했다. 그러나 1864년까지는 본격적인 노동조합운동이 존재하지 않았다(Foster 1956, 60~61).

제1인터내셔널의 창립과 활동

깨어라 노동자 군대 굴레를 벗어던져라,
정의는 분화구의 불길처럼 힘차게 타온다,
대지의 저주받은 땅에 새 세계를 펼칠 때,
어떠한 낡은 쇠사슬도 우리를 막지 못해,
들어라 최후의 결전 투쟁의 외침을,
민중이여 해방의 깃발 아래 서자,
역사의 참된 주인 승리를 위하여,
참 자유 평등 그길로 힘차게 나가자,
인터내셔널 깃발 아래 전진 또 전진.

_〈인터내셔널가〉

1. 제1인터내셔널의 창립과 구성

노동자계급 최초의 국제조직인 제1인터내셔널, 즉 국제노동자협회는 1864
년 9월 28일 영국 런던 세인트 마틴스 홀에서 창립되었다. 제1인터내셔널
의 창립은 일반적으로 세계 노동자계급을 위해서, 특히 노동조합운동의 발
전을 위해 거대한 발걸음을 내디딘 것으로 평가되었다. 그것은 노동자계급
운동의 국제조직을 만들려는 노동자들의 수많은 갈망과 거듭된 노력의 결
과였다(Foster 1956, 63).

　당시의 정치·경제적 요인이 인터내셔널의 창립을 촉진했다. 먼저 경제
적 측면에서는 영국 노동조합의 경우처럼 상대적으로 높은 임금수준을 유
지하기 위해서는 대륙의 저임금노동자들이 파업 파괴단으로 모집되어 건너
오는 것을 막을 필요가 있었으며, 이를 위해서는 국제조직의 역할이 필요했
다. 미국의 전국노동자연맹이 제1인터내셔널에 참가하게 된 것도 실제로는
국제적인 파업 파괴 행위의 위험 때문이었다.

　다음으로 정치적인 측면에서는 노동자계급의 국제조직 필요성은 당시
유럽 대륙에서 일어났던 프롤레타리아 투쟁이나 민족적인 투쟁을 통해 분
명하게 확인되었는데, 그런 투쟁들은 모름지기 국제적으로 긴밀한 이해관
계를 공통으로 갖고 있었다(Foster 1956, 63).

　인터내셔널 창립의 직접적인 계기는 프랑스 노동자 대표가 1862년 런던
만국박람회에 참석해 영국 노조 간부들과 만나 국제조직 설립을 제안한 데
서 찾을 수 있다. 그 뒤로 1863년 7월 런던노동조합평의회의 제안으로 영국
노동자 대표와 프랑스 노동자 대표단이 회담했으며, 여기서 프롤레타리아
트의 국제조직 창설 계획이 결정되었다. 이와 같은 결정을 실행하기 위해
준비위원회가 구성되었고, 이 위원회는 새로 창설될 조직의 목적과 임무를

규정하는 문서들을 준비했다. 준비위원회는 런던에 설치되었던 망명자 단체와 접촉했으며, 다른 나라 대표들을 참가시키기 위해서도 노력했다. 준비위원회가 접촉한 조직들 가운데는 마치니파의 '이탈리아노동자상호진보협회'가 있었고, 폴란드인 망명자와 프랑스 민주적 망명자 단체, 그리고 런던에 있던 '독일인공산주의노동자교육협회' 등이 있었다.

인터내셔널 창립 대회에는 여러 나라의 대표가 참가했다. 영국과 프랑스 대표들을 비롯해 독일, 이탈리아, 폴란드, 러시아, 헝가리 등의 노동자 대표들이 중심을 이루었다. 마르크스도 이 역사적인 회합에 참석했다. 창립 대회에서는 "영국의 노동자들이 프랑스 노동자들에게"라는 연설문이 낭독되었다(김영식 1989, 96~97).

프랑스, 이탈리아, 독일, 폴란드, 영국 그 밖에 인류의 행복을 위해 힘을 합하려는 의지 있는 모든 나라의 대표들은 한자리에 모여 우리들의 의회를 만듭시다. 그리고 그 자리에서 모든 나라 국민들의 평화와 운명을 좌우하는 중요 문제들에 대해 의논합시다.

그 화답에 해당하는 "프랑스 노동자들이 영국의 형제들에게"라는 연설문도 그 자리에서 낭독되었다.

노동자계급의 해방은 전 세계 노동자들의 형제적 협력을 요구하고 있습니다. 지배계급인 부르주아지는 민족적 편견을 이용하여 약탈 전쟁을 일으키고, 이에 노동자들을 동원하여 우리 형제들끼리 서로 피를 흘리며 싸우도록 강요하고 있습니다. 이러한 현실 속에서 노동자들이 어떻게 노동자 해방의 위대한 과업을 수행할 수 있겠습니까. 대서양 건너편의 노예제도를 영속시키고, 또 이를 전파하기 위한 치욕적인 십자군 원정에 무턱대고 뛰어들지 못하도록 서유럽을 구해 낸 것은 지배계급의 현명함이 아니라, 그들의 범죄적 행위에 대한 영국 노동자 계급의 영웅적인 저항이었습니다. 유럽 상류계급들이 파렴치한 동조, 위선적인 동정, 또는 천치 같은 무관심으로 위장한 채, 러시아가 코카서스[캅카스] 산악지 대의 성채들을 점령하고 영웅적인 폴란드 인민들의 독립 요구를 잔인하게 진압 하는 광경을 그냥 보고만 있었다는 사실, 그리고 이 야만적인 강국인 러시아가 아무런 저항도 받지 않고 대규모적인 약탈을 자행하였다는 사실은 노동자계급 에게 지배계급인 부르주아지의 국제정책 비밀을 파악하고, 그것에 맞서 싸우지 않으면 안 된다는 것을 잘 보여 주고 있습니다. 노동자계급은 자신의 정부가 취 하고 있는 외교활동을 감시하고, 또 이를 막을 수 없는 경우에는 단결된 힘으로 즉각 이를 비난하며, 전 세계 민중들에게 지배계급의 대외정책을 폭로해야 할 것입니다. 우리 프랑스 노동자들은 영국 노동자계급이 보여준 영웅적 투쟁을 본받아 함께 싸워 나갈 것입니다. 전 세계 노동자들이여! 전 세계 민중들의 평화 를 수호하기 위해 단결합시다.

그리고 노동자계급의 해방을 위한 힘찬 진군을 계속합시다.

인터내셔널 창립총회는 규약과 규칙을 작성할 권한을 가진, 30명 이상 으로 구성된 위원회를 선출했다. 마르크스는 초안을 준비하기 위해 구성된 작업소위원회에 참여했다. 기본 문서를 작성하는 데는 많은 노력이 필요했 고, 여러 가지 우여곡절이 따랐다. 마르크스가 최종적으로 마무리 지은 인 터내셔널 창립 선언과 임시 규약은 11월 1일에 총(중앙)평의회에서 만장일 치로 승인되었으며, 1866년 제네바 대회에서 승인되었다.[1] 마르크스가 작 성한 문서가 승인된 것은, 이 새로운 조직에 대해 부르주아 민주주의적 강 령을 부여하려는 기도에 종지부를 찍었다는 사실과 인터내셔널이 출발점에서부터 노동자계급의 성격을 강조했다는 것을 의미했다(The USSR Academy of Sciences 1980, 554).

인터내셔널 창립 선언이라고 할 수 있는 '발기문'은 "노동자 여러분! 1848~1864년의 기간에 근로인민의 빈곤이 감소하지 않았다는 것은 분명한 사실이지만, 그럼에도 불구하고 이 기간은 공업과 상업의 진보라는 면에서 보면 역사상 그 유례를 찾아볼 수 없는 것이었습니다"로 시작했다. 발기문은 '전적으로 유산계급에만 국한된 부와 힘의 이 놀랄 만한 증대'와 노동자계급의 처참한 상태를 대비해 분석하면서, 유럽 대륙을 휩쓸었던 정치적 반동 현상을 고발했다. 또 "정치권력을 전취하는 것은 따라서 이제 노동자계급의 커다란 임무입니다"라면서 "성공의 한 요소를 그들은 가지고 있습니다. 그것은 수ᵐ입니다. 그러나 그 수는, 결합이 그들을 단결시키고 지식이 그들을 지도할 때에만 무게를 지닙니다. 형제적 유대가 서로 다른 나라들의 노동자들을 결합시켜야 하고 또 해방을 위한 그들의 모든 투쟁에서 굳게 함께 있도록 그들을 고무해야 합니다"라고 강조했다. 그리고 "만국의 프롤레타리아여, 단결하라!"로 끝맺었다(마르크스·엥겔스 1993, 3~13).

국제노동자협회의 임시 규약 서두는 다음과 같다.

노동자계급의 해방은 노동자계급 스스로에 의해서 전취되어야 한다. 노동자계급의 해방을 위한 투쟁은 계급적 특권과 독점을 위한 투쟁이 아니라 평등한 권리 및 의무와 모든 계급지배의 폐지를 위한 투쟁을 의미한다.

노동하는 인간이 노동수단들의, 즉 생활원천들의 독점자들에게 경제적으로 예

1_마르크스는 문서를 작성할 때 각국 노동자계급의 서로 다른 투쟁 조건들, 그리고 노동운동의 다양한 발전 단계와 서로 다른 이론적 수준 등을 고려해야만 했다(마르크스·엥겔스 1993, 213).

속되어 있다는 것이 모든 형태의 노예 상태 근저에 놓여 있다 — 모든 사회적 빈곤, 정신적 피폐, 정치적 종속의 근저에 놓여 있다.

노동자계급의 경제적 해방은 따라서 모든 정치적 운동이 하나의 수단으로 종속되어야 할 위대한 목적이다.

이 위대한 목적을 이루기 위한 모든 노력은 지금까지 각국의 다양한 노동 부문 사이의 연대의 부족으로, 그리고 서로 다른 나라들의 노동자계급들 사이의 형제적 유대의 부재로 실패해 왔다.

노동의 해방은 국지적이거나 일국적(一國的)인 것이 아니라 하나의 사회적인 문제로서, 그것은 현대사회에 존재하는 모든 나라들을 포괄하는 것이며 그 해결은 가장 선진적인 나라들의 실천적이고 이론적인 협조에 달려 있다. 유럽의 산업화된 나라들에서 현재 전개되는 노동자계급의 부흥은 새로운 희망을 불러일으키고 있는 한편, 과거의 오류들에 다시 빠져드는 것과 관련하여 엄숙히 경고하고 있으며, 여전히 연결되어 있지 못한 운동들의 즉각적인 결합을 요청하고 있다(마르크스·엥겔스 1993, 14~15).

규약은 조직 형태와 지도 원칙들을 일반적 형식으로 규정했다. 최고 기구는 연 1회 개최하는 일반 대회로서 '중앙평의회'를 선출하는 기능을 가졌다. 규약을 실행하는 데서 결정적인 요인이 된 것은 총(중앙)평의회를 조직의 계급·대중적 성격을 갖는 지도 기구로 전환시키는 것이었다. 총평의회는 실천적인 기관이었다. 많은 나라에서 진행되는 노동자 활동을 주시하고, 그런 투쟁에 적극적으로 참여하고자 노력했다. 총평의회는 파업과 파업에 참가한 노동자들을 지원하는 문제, 반동 세력의 음모와 그것에 대한 대항을 조직하는 문제, 노동자 신문 발간, 새로운 지부 창설, 각 지부들 내부에서 일어나는 이데올로기 불일치와 분쟁 조정, 운동에서 제기되는 이론 문제,

다양한 투쟁에서 요구되는 전술 수립 문제 등에 관심을 쏟았다.

2. 제1인터내셔널과 대중적 노동자 조직의 역할

제1인터내셔널은 노동자 대중의 의식 변화와 통일을 이룩하는 동시에 실천적 행동과 조직 형태를 발전시키는 일을 주요 목표로 삼았다. 이런 필요에 따라 인터내셔널의 구조는 매우 유연했다. 인터내셔널은 한편에서는 지부망으로 구성되었는데, 그것들은 여러 지역에서 선전 활동과 조직 활동의 거점 구실을 하면서 총평의회와 직접 결합되거나 또는 지방과 전국 연합을 통해 결합되었다. 가입 형식은 개인 가입을 바탕으로 한 체계와 단체 가입 방식이 채택되었다. 이런 원칙은 애초부터 인터내셔널에서 대중적 기반을 보장하는 것이었다.

인터내셔널 최대의 조직 과제는 무엇보다도 노동자 조직의 포섭이었다. 조직 형태 발전의 문제는 두고두고 제기되었다. 영국, 프랑스, 스위스, 벨기에, 독일에서는 이런 과제가 초기 단계에서 어느 정도 해결되었다. 그러나 에스파냐, 포르투갈, 이탈리아, 덴마크 등의 나라들에서 대중적 노동자 조직 문제가 실천적으로 제기된 것은 인터내셔널 활동 전개 과정에서 보면 후기 몇 년 동안이었다.

국제노동자협회 총평의회는 출발부터 영국 노동조합들을 조직에 참가시키기 위해 적극적인 노력을 기울였다. 1864년 11월 총평의회는 이들 조직에 보내는 호소문을 채택했고, 노조들에 대표를 파견했다. 인터내셔널은 영국 노조들의 가입 형태에서 단체 회원의 권리를 갖고 총평의회에 가입하는 것과 그 지부가 되는 것을 결정했다.

1865년 초 인터내셔널에 가입한 노조원 수는 약 1만4천 명이었다. 1866년 말에는 약 2만5천 명에 이르는 조합원을 포괄한 노조들이 인터내셔널에 가입했다. 이 가입 노조들은 주요 공업 부문에서 일하는 공장노동자들의 노조들이 아니라 봉제·건축·제화 노동자 등이 가입한 노조들이었다. 이것은 숙련노동자들을 많이 포괄했던 큰 규모의 노조들이, 인터내셔널이 정치 활동에만 열중하고 있고 미숙련노동자들의 가입을 인정했다는 이유를 들어 가입을 꺼려 했기 때문이었다. 1867년에는 노동조합원 약 5만 명을 포괄하는 30개 이상의 노조들이 인터내셔널에 가입했고, 1868년에는 10개 노조가 더 가입했다. 그러나 이들 노조들은 전체 노조들 가운데 오직 일정 부분에 지나지 않았다.

프랑스에서는 1864년 12월 약 30명으로 구성된 제1인터내셔널 최초의 지부가 합법성을 인정받지 못한 상태에서 설치되었다. 이 지부는 오랜 기간에 프랑스 인터내셔널의 중심 구실을 했다. 지부는 지도부의 노력과 독일 망명자들의 지지를 업고 협회의 사상을 널리 선전하는 일을 수행했다. 그 결과 파리와 각 지방에 새로운 지부가 생겨났으나, 회원은 여전히 소수였다. 당시의 법률제도가 20인 이상 모이는 회합을 금지한 것도 조직 확대를 가로막은 요인으로 작용했다. 1870년 3월, 파리의 14개 지부들이 연합을 구성해 연합평의회를 창설했다. 1870년 당시 파리에는 연합에 들지 않은 지부들까지 합쳐 25개 지부가 활동하고 있었다. 이 지부 구성원들은 대중적 노동자 단체에서 활발한 활동을 펴고 있었다. 이런 지부 활동은 사실상 합법적인 존재 형태였다.

스위스에서는 1868년 이후 대체로 인터내셔널 회원들의 노력으로 노조들이 결성되었다. 대개 이들 노조들은 바로 공개적으로 인터내셔널의 직업별 지부를 구성했다. 1869년 이런 노조들이 제네바에 23개, 바젤에 11개,

로잔에 8개, 취리히에 5개 존재했다.

독일에서는 1865~1866년 빌헬름 리프크네히트를 비롯해 마르크스와 연락을 취하고 있었던 공산주의자동맹 옛 회원들의 영향을 받아 인터내셔널 지부들이 결성되었다. 지부들은 졸링겐에서 시작해 쾰른, 라이프치히, 마인츠, 비스바덴, 드레스덴 등에서 잇달아 결성되었다. 이 지부들은 튀빙겐, 빌레펠트, 슐레지엔 지방의 여러 도시에서도 활동했다. 이 지부들에는 독일노동자협회연맹과 전독일노동자연맹 회원들도 가입했다. 그리고 당시 독일에 있던 인터내셔널 지부들의 규모는 그다지 크지 않았지만, 독일사회민주노동당 창립 준비에 큰 역할을 수행했다.

벨기에에서는 1865년 7월 최초의 인터내셔널 지부가 브뤼셀에서 결성되었으며, 이 지부는 노동자 조직의 실제적인 중심 구실을 수행했다. 그 뒤로 여러 도시에서 지부들이 조직되었으며, 1867년 4월에는 이 지부들이 중심이 되어 벨기에연합 창설을 선언했다. 이 연합에는 1868년 말까지 60개 이상의 지부가 참가했으며, 그 가운데 몇몇 지부는 수천 명의 회원을 포용했다. 1870년에는 벨기에연합은 최대 연합의 하나가 되었고, 지부와 관련 단체는 수만 명을 포괄했다.

미국 노동조합들은 인터내셔널에 공식적으로 가입은 하지 않았지만, 전국노동자연맹은 애초부터 총평의회와 긴밀한 연락을 유지했다. 이 통로를 통해 미국과 유럽 노동운동이 연결되었다. 1867년 시카고에서 열린 전국노동자연맹 제2차 대회는 국제노동자협회 승인에 관한 결의안을 채택했다. 그러나 1860년대 말 들어 총평의회와 유지해 온 관계는 점점 약화되었으며, 미국 노동조합운동은 결국 국내 문제에 매달리게 되었다.

이 밖에도 에스파냐, 포르투갈, 이탈리아, 덴마크 등 유럽 대륙 대부분의 나라들에서는 1860년대 후반 들어 노동조합운동이 고양되었는데, 당시의 노동조합운동은 많은 경우 인터내셔널 활동의 영향을 받아 결성되고 발전했다. 특히 인터내셔널에는 노동조합 말고도 여러 나라에서 존재했던 교육단체와 협동조합들이 참가해 다양한 역할을 수행했다.

3. 국제 연대의 실천

제1인터내셔널은 정치 조직이었다. 인터내셔널은 자본가의 착취와 자본주의사회 체제에 대항하는 정치·경제적 투쟁을 결속하기 위해 여러 나라 노동자계급의 역량을 결속하고 조정하는 데 목표를 설정했다. 인터내셔널은 전쟁에 반대했고, 사멸해 가는 봉건적 유제에 대항해 투쟁했다. 또 미국의 흑인 노예제 폐지를 위해 투쟁했으며, 폴란드와 아일랜드의 독립을 위해 투쟁하는 한편, 노동자의 선거권 획득 그리고 사회입법을 위해 투쟁했다. 이런 투쟁과 더불어 대중 속에서 사회변혁을 위한 교육을 지속적으로 전개했다(Foster 1956, 71).

인터내셔널은 노동조합운동의 인터내셔널로서 노동조합의 본래적인 요구 실현을 위해 투쟁을 조직했다. 구체적으로는 노조를 만들고 파업을 지지했으며, 여성·아동 노동자 보호와 차별 반대 투쟁을 벌였을 뿐만 아니라 8시간 노동일제 시행을 위해 강력하고도 끈질긴 노력을 쏟았다. 말하자면 인터내셔널은 근대적 노동운동의 전개에서 노동조합의 기초적인 강령을 확립했다. 인터내셔널은 12년 동안 유지되었으며, 인터내셔널의 모든 회의나 대회는 노동조합운동이 추구하는 근본적인 이해관계를 반영했다.

1866년 9월 제네바에서 열린 제1차 대회에서 인터내셔널은 마르크스가 기초한 결의를 통해 노동조합운동의 기본 방향에 관한 몇 가지 원칙을 설정했다. 그 결의는 "노동조합, 그 과거·현재·미래"에 담긴 내용이다. 마르크스는 '과거'에서 "자본은 집적된 사회적 힘인데 반해, 노동자는 자신의 노동력을 마음대로 처리할 수 있을 뿐이다. 따라서 자본과 노동 사이의 계약은 결코 공정한 조건으로 맺어질 수 없다"면서 "노동조합은 본래, 적어도 노예보다는 조금 나은 계약 조건을 전취하기 위해 그런 경쟁을 제거하거나 적어도 제한하려는 노동자들의 자연발생적인 시도로부터 생겨났다. 따라서 노동조합들의 즉각적인 목표는 일상적인 필요에만, 자본의 끊임없는 침해를 저지하는 방편에만, 한마디로 임금과 노동시간 문제에만 한정되었다. 노동조합들의 이런 활동은 정당할 뿐만 아니라 필요하기도 하다"고 주장했다(마르크스·엥겔스 1993, 138).

또 '현재'에서 "자본과의 국지적이고 즉각적인 투쟁에만 지나치게 열중해 왔기 때문에, 노동조합들은 임금 노예제도 자체에 대항하는 행동에서 자신들의 힘을 아직 충분히 이해하지 못하고 있다. 따라서 노동조합들은 일반적인 정치·사회적 운동으로부터 너무나 멀리 떨어진 채 있었다"고 진단했다. 그러면서 '미래'에서는 "본래의 목적은 물론이고, 노동조합들은 이제 완전 해방이라는 폭 넓은 이해관계에 있는 노동자계급 조직화의 중심으로서 신중하게 행동하는 것을 배워야 한다. 노동조합들은 이런 방향을 향하는 모든 사회적 및 정치적 운동을 지원해야 한다"고 밝혔다(마르크스·엥겔스 1993, 139).

이런 실천 방침에 따라, 인터내셔널은 유럽과 미국 등에서 발생한 노동자계급의 파업투쟁을 지지하는 공동 행동을 활발하게 전개했다. 특히 유럽 노동자들의 파업투쟁은 고립되고 분산된 파업에서, 인터내셔널의 깃발 아래 결집된 노동자 부대가 부르주아국가의 군사력에 의존한 자본의 전면적인 힘과 대결하는 계급 간의 전투로 발전했다. 이 시기 노동자의 경제투쟁을 특징지었던 계급의식의 급속한 성장과 넓은 국제적 연대감은 각국의 선진 노동자들과 인터내셔널 총평의회가 조직적 영향력을 발휘했기 때문에 가능했다(The USSR Academy of Sciences 1980, 581).

국제 연대의 실천 사례들을 살펴본다.

1866년 3~4월 사이에 영국 런던의 봉제노동자들이 임금 인상을 목표로 대규모 파업을 일으켰다. 총평의회 담당자들은 유럽 대륙에 있는 인터내셔널 지부들을 대상으로 파업 상황을 널리 홍보하는 한편, 그 지역 노동자들이 영국에서 취업하지 말 것을 요청하는 내용의 특별 호소를 지부 기관지에 게재하도록 했다. 이런 움직임에 따라 기업주들은 굴복했고, 이 최초의 승리는 인터내셔널의 권위와 영향력을 높이는 데 크게 이바지했다.

1867년 봄에 발생한 프랑스 파리 청동업 노동자 파업은 유럽 노동자계급 투쟁사에서 빛나는 한 페이지를 기록했다. 이 파업은 애초 고정 임금률을 요구한 투쟁 과정에서 일어났지만, 파업이 진행되면서 노동조합의 권리를 위한 강고한 투쟁으로 발전했다. 파업 노동자들은 인터내셔널 파리 지부 대표들을 영국 런던으로 파견해 모금 운동을 벌이면서 동시에 파업 지지를 호소했다. 지원 활동은 벨기에와 스위스의 인터내셔널을 통해서도 행해졌다. 파업은 단일 임금률 도입을 성취함으로써 승리로 끝날 수 있었다. 이 밖에도 1867년 3월 프랑스 파리 봉제공장 노동자들의 파업과 1867년 영국 봉제노동자들이 벌인 장기적인 파업에서도 인터내셔널의 지원과 국제 연대가 위력을 발휘했다.

이처럼 국제 연대의 실천 활동이 발전해 가는 가운데, 마르크스가 1866년 9월 3일 제1인터내셔널 제1차 대회를 위해 마련한 '임시 중앙 평의회 대의원들을 위한 개별 문제들에 대한 지시들'은 노동자들의 경제·사회적 투쟁의 포괄적 강령이 되었다. 그 '지시들'은 '노동조합, 그 과거·현재·미래'를 비롯해 노동일의 제한, 아동노동의 제한과 보호, 협동조합 노동, 세제 개선, 노동과 자본 사이의 투쟁에서 인터내셔널을 매개로 한 국제적 결합을 강조했다.

4. 제1인터내셔널 내부의 노선 투쟁과 해산

제1인터내셔널이 창설되어 국제적 연대와 실천 활동을 전개하는 과정에서 대내적으로는 이념과 노선을 둘러싸고 여러 갈래의 투쟁이 일어났다. '상호부조조합'을 통한 협동조합 운동을 주장한 프루동주의, '임금철칙설'을 내세운 라살레주의, 무장봉기를 강조한 블랑키주의, 국가 파괴를 통한 무정부주의 실현을 주창한 바쿠닌주의와 마르크스주의 진영 사이의 노선 투쟁이 그 것이었다. 특히 1869년 9월에 스위스 바젤에서 열린 제4차 대회 이후 진행된 바쿠닌주의와 마르크스주의 사이의 노선 투쟁은 인터내셔널의 해산으로까지 이어졌다.

바쿠닌주의 혁명 이론은 마르크스주의 견해와 정면으로 대립하는 가운데 성립되었다. 바쿠닌주의는 혁명의 목표를 무정부 상태의 건설에 두었다. 바쿠닌은 혁명적 상황이란 모든 착취 질서 속에서 지속적으로 존재하는 것이라고 전제하면서, 혁명적 엘리트의 지도를 받는 인민대중의 자발적 봉기가 중요하다고 강조했다. 무정부주의의 사회적 이상은 더욱 큰 연합체로서 자유롭게 결성할 수 있는 '자유로운 연합체', 자율적 공동체를 기초로 한다는 것이다. 이런 연합체들은 지역적이고 집단적인 자유는 물론이고 개인적인 자유 일체를 최대한 보장하고, 반反혁명으로부터 그 구성원들을 보호할 수 있어야 한다고 주장했다. 그러므로 중앙 정부나 경찰, 상비군이 없어야

함은 물론이다. 모든 개개인의 존재 근거는 개인의 완전한 평등이라고 강조했다.

바쿠닌은 프롤레타리아독재를 '소규모 특권적 소수에 의한 인민대중 지배'에 지나지 않을 것으로 보았고, 일단 그것이 수립되면 '인민을 대표하는 것이 아니라 스스로를 대표'하게 될 것이라고 단정했다. 말하자면 프롤레타리아국가라는 것은 전체 프롤레타리아트의 이해관계에 맞서 소수 특권계급의 이해관계 수호에만 집착하게 될 기구라는 것이다. 바쿠닌은 그의 주장을 다음과 같이 표명했다.

더 이상 특권적 계급은 존재하지 않을 것이다. 그러나 정부는 …… 극단적으로 복잡한 정부는 존재할 것이다. 그러나 그것은 …… 대중을 정치적으로 통치하고 관리하는 일에만 만족할 것이다. 정부는 생산과 부의 정당한 분배, 토지의 경작, 공장 건설과 유지, 상업의 조직과 지도, 그리고 유일한 은행가인 국가가 생산자본의 활용을 자신의 수중에 집중시킬 것이다. 따라서 이 정부에는 엄청난 지식과 '넘칠 정도의 지력을 소유한 두뇌들'이 요구될 것이다. 그것은 과학적 지성의 지배, 요컨대 가장 귀족적이고 전제적이고 오만하고 방약무인한 지배를 형성할 것이다. 새로운 계급, 진짜든 가짜든 과학자와 학자의 새로운 위계질서가 생길 것이다. 그리고 세계는 지식의 이름으로 지배하는 소수와 무지한 다수로 분리될 것이다. 그렇게 되면 무지한 다수 대중은 고통 속에 빠질 것이다 (Kenafick 1984, 38; 박호성 2005, 200에서 재인용).

바쿠닌은 자신의 계획을 실현하기 위해 1868년 사회민주주의동맹을 창설했고, 이 동맹과 더불어 제1인터내셔널에 참가했다. 바쿠닌과 바쿠닌주의자들은 인터내셔널 내에서 마르크스, 엥겔스, 폴 라파르그 등과 첨예하게 대립했다.

바쿠닌주의는 자본주의 발달이 뒤처진 나라들에서, 또 급격히 궁핍화된 소농, 프티부르주아 대중 그리고 여전히 다양하게 소상품생산에 얽매여 있는 프롤레타리아가 광범위하게 존재하는 나라들에서, 특히 러시아, 이탈리아, 에스파냐, 스위스, 라틴아메리카에서 초기에는 큰 영향력을 발휘했다. 바쿠닌주의의 '반권위주의'는 현대 자본주의의 국가 독점 체제에서 행해지는 물질·정신적 억압에 대해 프티부르주아 지식인이 보여 주는 자연발생적이고 주관주의적인 태도·사고의 반응과 일치하기 때문에, 바쿠닌주의 견해들은 오늘날에도 특히 이런 부류의 사람들에 대해 일정한 역할을 수행하고 있는 것으로 보인다(한국철학사상연구회 1989, 459~461).

바쿠닌주의자와 마르크스주의자 사이의 주요 논쟁점은 다음과 같은 사항들이었다. 먼저 총평의회의 권한에 관한 것이었다. 바쿠닌주의자는 총평의회가 통신 연락을 위한 사무소와 통계자료의 수집자 역할에 머물러야 한다고 주장하는 한편, 대회가 열리지 않는 기간에 총평의회가 인터내셔널을 정치적으로 지도하고 대회 결의를 수행해야 한다는 주장에 대해 반대했다. 이에 반해 마르크스주의자는 노동자계급의 운동을 통일시키고 프롤레타리아트가 권력을 향해 나아갈 수 있으려면 국제적으로 강력한 중앙집권이 필요하며, 또 대회의 결의를 실천에 옮기기 위해서는 일정한 규율이 필요하다고 주장했다. 이런 견해 대립을 두고 인터내셔널 대회가 토의를 벌인 결과, 총평의회는 대회의 결정 사항을 효과적으로 이행할 수 있도록 권한을 확대해야 한다고 결정했다.

다음으로 정치 활동의 방침에 관한 것이었다. 바쿠닌주의자는 근대사회에서 극복되어야 할 주된 악은 '자본과 임금노동의 체제'가 아니라 '국가'라고 주장하면서 농민과 근로인민이 주축이 되어 폭동을 일으켜 국가를 파괴해야 한다는 견해를 피력했으며, 노동자계급이 정당을 조직하는 것은 부르주아지가 정치 활동을 벌이는 것과 똑같은 성질의 것이라고 했다. 이에 반해 마르크스주의자는 정당 조직은 정치권력의 탈취를 목적으로 하는 것이고, 바쿠닌의 무정부주의는 정치권력의 파괴를 목적으로 하는 것이라고 주장했다. 이에 대해 대회는 다음과 같이 결의했다.

노동자계급은 부르주아지가 만들어 낸 이제까지의 어떠한 정당과도 구별되며, 또 그것과 대립하는 독자적인 정당으로 자기 자신을 조직하는 경우에만 부르주아지에 대항하여 하나의 계급으로 행동할 수 있다. 노동자계급이 이와 같이 정당으로 자신을 조직하는 것은 사회혁명의 승리와 그 궁극적 목표 — 계급의 폐지 — 를 달성하기 위해 절대적으로 필요한 일이다(김영식 1989, 112에서 재인용).

마지막으로 인터내셔널 본부의 소재지에 관한 사항이었다. 마르크스주의자는 인터내셔널 본부를 미국 뉴욕으로 옮기자고 제안했고, 대회는 이 제안을 채택했다. 본부 이전에 대한 주장은 인터내셔널이 바쿠닌주의자에게 장악되어 그들의 분파적 사업에 이용되는 것을 방지하자는 의도를 담고 있었다. 말하자면 인터내셔널이라는 조직은 해체하되, 바쿠닌주의자로부터는 인터내셔널을 구출하는 방법을 선택하게 되었던 것이다(김영식 1989, 111~113).

이와 같은 논쟁을 둘러싸고 마르크스는 『고타강령 비판』에서 다음과 같이 밝혔다.

노동자계급의 국제적 활동은 결코 국제노동자협회의 존재 여부에 달려 있는 것이 아니다. 이 협회는 그런 활동 전개에서 하나의 중앙 기관을 창설해 주는 첫 시도일 뿐이었다. 이 시도는 그것이 가져다준 자극으로 인해 지속적인 성과를 남겨 놓기는 했지만, 파리코뮌이 몰락한 이후에는 더 이상 그 최초의 역사적 형태로는 수행될 수는 없는 것이었다(마르크스·엥겔스 1994, 381).

1875년 7월 15일 미국 필라델피아에서 열린 제7차 대회는 제1인터내셔널의 마지막 대회가 되었다. 대회의 안건은 인터내셔널의 해산을 결의하는 일이었다. 대회가 결의한 성명 내용은 이러했다.

친애하는 동지 여러분!
필라델피아의 국제 대회는 국제노동자협회 총평의회를 폐지하였다. 협회의 외적 유대는 존재하지 않는다.
'인터내셔널은 죽었다.' ― 만국의 부르주아지는 이렇게 외칠 것이다. 그리고 비웃음과 기쁨으로, 본 대회의 의사록이야말로 세계노동운동의 패배를 증명하는 문서라고 말할 것이다. 그러나 우리들의 적이 제멋대로 외치는 소리에 흔들려서는 안 된다. 우리들은 유럽의 현재 정치 정세로부터 생긴 여러 가지 이유 때문에 인터내셔널 조직을 포기하였다. 그러나 그 대신 우리들은, 인터내셔널의 원칙이 문명 세계 전체의 진보적 노동자의 인정을 받고 또 지켜지고 있다는 것을 알고 있다. 유럽의 같은 노동자들에게 각자의 나라에서 운동을 강화할 수 있도록 잠시 동안의 시간을 주려한다. 여러분은 확실히 여러분과 세계 여러 나라 노동자 사이의 장벽을 허물 수 있게 될 것이다.
동지 여러분! 여러분은 인터내셔널의 원칙을 진심으로, 그리고 애정을 가지고 받들어 왔다. 비록 조직은 없어도 여러분은 이 원칙의 신봉자들을 넓히는 길을 발견할 것이다. 미국 동지는 여러분께 약속한다, 인터내셔널이 이 나라에서 완수한 업적을 충실히 지키고 보호·발전시킬 것임을. 더욱 유리한 조건이 생겨 만국의 노동자가 다시 한번 이전보다 더 높이 다음과 같은 외침을 울려 퍼지게 하는 날이 올 때까지.

_"전 세계 노동자여, 단결하라!"(김영식 1989, 113~114)

노동자들은 국제노동자협회 활동을 통해서 다음 시기를 위한 제반 조건을 준비하지 않을 수 없었다. 즉, 유럽 전역에서 국가별 노동자 정당의 건설, 제2차 인터내셔널을 통한 단결, 노동조합의 성장·발전 등이 그것이었다. 1866년 노동조합에 관한 제네바 성명과 노동자 정당의 과업에 대한 1871년의 런던 결의에서 인터내셔널은 유럽 노동자들이 직면한 미래의 전략을 구축했다(아벤드로트 1983, 43).

장소	참가국	주요 의제	회의 결과

런던창립대회
1864.9.28.
	영국, 프랑스, 독일,
	이탈리아, 스위스,
	폴란드
			• 인터내셔널의 본부를 영국에 둔다.
			• 영국의 노동자 신문 『행동』(Behavior)
			  지를 공식 기관지로 한다.
			• 총평의회 위원 선출
			  의장: 조지 오지
			  사무총장: W. R. 크레머

런던협의회
1865.9.25.
	영국, 프랑스, 스위스,
	벨기에, 폴란드, 독일,
	이탈리아
		• 조직과 재정 문제
		• 다음 해에 열릴 대회의 의제 준비
		  (노동시간, 여성·아동 노동, 노동조합,
		  협동조합 관련 문제 등)	

제네바
1차 대회
1866.9.3~8.
	22개 지부를 대표하는
	46명의 대의원과 11개
	가입 협회를 대표하는
	14명 등 대의원 총 60명
	참석
	스위스:13개 지부 20명
	프랑스:4개 지부 17명
	독일:4개 지부 3명
	영국 및 총평의회 6명
		• 인터내셔널의 조직 구성
		• 노동과 자본 간의 투쟁을 위해
		  각국에서 행해지고 있는 노력을
		  협회의 원조에 의해 통합하는 문제
		• 노조의 과거·현재·미래
		• 노동자의 협동조합
		• 직접세와 간접세
		• 노동시간의 단축
		• 여성·아동 노동
		• 모스크바 정부의 유럽 침략과 독립
		  통일 폴란드의 부활 문제
		• 상비군의 노동자계급의 이익에 대한 영향
			• 창립 선언을 정식으로 채택, 규약
			  승인
			• 노동조합에 대한 마르크스주의적
			  방침 확립
			• 정치적 목표로서 8시간 노동제 요구

로잔느
2차 대회
1867.9.2~8.
	총 71명 참가
	스위스:38명,
	프랑스:18명, 독일:6명,
	영국:2명, 이탈리아:2명,
	벨기에:1명,
	총평의회:4명
		• 신용과 인민 은행 문제
		• 국가의 기능 문제
		• 노동자계급의 정치투쟁 문제
		• 전쟁에 대한 노동자의 태도
			• 자본주의의 틀 안에서 정치적
			  개량을 위해 투쟁하는 것에 대한
			  필요성 결의
			• 운수와 교환 수단의 국유화 필요성
			  결의

브뤼셀 3차 대회 1868.9.6~15.	총 99명 참가(벨기에:55명, 프랑스:18명, 영국:5명, 스위스:7명, 독일:4명, 이탈리아:2명, 에스파냐:1명, 총평의회:6명	• 전쟁에 관한 문제 • 노동시간 단축 • 노동자 사이의 상호 신용 • 협동조합 • 기계 문제 • 파업 문제 • 소유권 문제	• 전쟁 반대 결의 • 파업을 노동자의 정당하고 불가피한 무기로 인정 • 토지 국유화 결의

바젤
4차 대회
1869.9.9~12.
	총 75명 참가
	영국:6명, 프랑스:26명,
	스위스:22명, 독일:10명,
	오스트리아:2명,
	이탈리아:3명, 미국:1명
	(독일사회민주노동당파
	바쿠닌이 참석)
		• 인민에 의한 직접 입법에 관한 문제
		• 토지소유에 관한 문제
		• 상속권에 관한 문제
			• 토지 국유화의 중요성 및 생산수단과
			  운송 수단의 국유화 결의
			• 노조의 국제 연대 강화 필요성 결의
			• 아일랜드 문제 결의
			• 상속권 폐지를 둘러싸고
			  마르크스주의자와 바쿠닌주의자 대립

런던협의회 1871.9.17~23.	총 23명 참가	• 노동자계급의 정치 활동 • 인터내셔널 내부 분열 문제	• 각국의 노동자가 정당을 조직해 정치 활동을 할 필요성에 대한 결의
헤이그 5차 대회 1872.9.2~7.	총 65명이 참가	• 일반 규약 및 집행 규약 개정 • 총평의회의 역할과 권한 • 인터내셔널의 정치 방침 • 바쿠닌파의 위치 • 인터내셔널 본부의 소재	• 바쿠닌파 제명 • 인터내셔널 본부 소재지를 뉴욕으로 이전할 것을 결의
필라델피아 1876.7.15.			• 인터내셔널 공식적 해산

자료: Braunthal(1967); 노명우(1989, 94~95)에서 재인용.

3장

유토피아사회주의 사상의 형성

모든 것이 모든 사람의 소유인 이곳에서는

공동의 창고가 가득 차 있는 한,

아무도 자기가 사용할 물건이 모자라지나 않을까

염려할 필요가 없습니다.

분배되는 물품양이 넉넉하기 때문이지요.

그곳에서는 거지가 없어요.

아무도 무엇 하나 가진 것은 없지만,

누구나 다 부유합니다.

그도 그럴 것이, 아무 근심걱정 없이

그리고 생계유지에 대한 염려 없이 즐겁고 평화롭게 사는 것보다

더 큰 부가 어디 있겠습니까.

아내의 투덜거리는 불평에 시달리거나,

아들이 가난해질까 두려워하거나,

딸의 혼인 지참금을 걱정하는 사람은 아무도 없습니다.

누구나 다 자기 자신의 생계와 행복, 그리고 그의 모든 가족,

…… 모든 후손들의 생계와 행복이 확실히 보장되어 있음을 알고 있습니다.

_토마스 모어(모어 2005, 174)

1. 이상 사회에 대한 유토피아 사상

노동자계급이 독자 계급으로서 자기 형성을 확립하기 전까지는 자신들의
이론과 사상을 확립하지 못했다. 이것은 자본주의 제도가 만들어 낸 착취와
억압에 대한 투쟁이 미처 성숙하지 못했고, 노동자계급이 사회에서 자신의
실제 위치와 사회 계급들의 운명을 분명하게 인식하지 못했을 뿐만 아니라
'착취 없는 사회'에 대한 구체적 개념과 투쟁의 역사적 전망을 세우지 못했
기 때문이었다.

마르크스는 이런 정황을 그의 『철학의 빈곤』*Das Elend der Philosophie*에서
다음과 같이 설명했다.

> 프롤레타리아트가 아직 자신을 계급으로 구성할 정도로 충분히 발전해 있지 못
> 하는 한, 따라서 부르주아지에 대한 프롤레타리아트의 투쟁 자체가 정치적 성
> 격을 띠고 있지 않는 한, 그리고 생산력이 아직 프롤레타리아트의 해방과 새로
> 운 사회 형성에 필요한 물질적 조건들을 예견하게 할 정도로 부르주아지 자체
> 의 태내에서 충분히 발전되어 있지 않는 한, 이 이론가들은 피억압 계급의 욕구
> 에 대비하기 위해 각종 체계를 고안해 내고 혁신적 과학을 추구하는 유토피아
> 주의자들일 따름이다(마르크스·엥겔스 1991, 287).

그러나 자본주의의 전개와 더불어 갖가지 폐해와 모순들이 드러나면서,
새로운 사회에 대한 열망이 분출했다. 자본주의 생산 체제에서 필연적으로
따르는 무정부성, 자본 상호 간의 치열한 경쟁, 끝없는 이윤 추구, 노동자들
에 대한 무자비한 착취, 엄청나게 커지는 빈부 격차, 갈수록 심화되는 도덕
적 타락 등이 드러나면서 노동자계급은 현실에 대한 비판적인 관점을 갖기

시작했다.

'이성'의 왕국은 부르주아지의 이상화된 왕국에 지나지 않았다는 것, '영원한 정의'는 부르주아적 사법司法으로 실현되었다는 것, '평등'은 법률상의 부르주아적 평등으로 귀착되었다는 것, 가장 본질적인 인권의 하나로 선포된 것은 부르주아적 소유권이었다는 것, 그리고 이성 국가, 즉 루소의 사회계약은 부르주아 민주주의 공화국으로 태어났고 또 그런 것으로 태어날 수밖에 없었다는 것에 대한 통찰이 그러했다(마르크스·엥겔스 1995, 434). 자본주의 체제에 대한 노동자계급의 이런 통찰과 인식은 사회변혁에 대한 열망을 불러일으켰고, 새로운 사회에 대한 유토피아 사상들을 이끌어 냈다.

유토피아의 긍정적 영향에 대해서는 프레드릭 폴락이 그의 "미래상" Image of Futur에서 제시한 주장이 큰 설득력을 갖는 것으로 보인다.

> 유토피아는 정신의 자기해방을 통한 인간해방의 역사적 이정표이다. …… 인간문명의 전개를 특징짓는 역사적 투쟁은 유토피아로부터 제기된 요구들에서 깊은 영향을 받았다. 유토피아는 세계상과 인간상을 변화시킴으로써 본질적인 전환점을 마련하는 데 기여하였다. 유토피아는 현재와 미래를 매개한다. …… 한편, 유토피아는 시대정신의 자손이며 지배적인 세계상의 표현이다. 다른 한편, 유토피아는 다가올 세대의 사고를 반영한다. 유토피아는 미래의 유산을 관리한다(한국철학사상연구회 1989, 976에서 재인용).

2. 초기 유토피아사회주의

유토피아 세계에 대한 열망은 어느 시대를 막론하고 그것과 관련한 이론과 사상을 낳았다. 근대 유토피아사회주의 사상은 토머스 모어의 이론에서 출발했다고 할 수 있다.[1] 모어는 15세기 말에서 16세기 초 사이의 자본주의 생산양식이 빚어내는 모순들을 목격했다. 다시 말해 자본의 시초 축적 과정과 새로운 부르주아지의 부상, 봉건제의 몰락에 따른 영국의 정치·사회적 대립, 그리고 대규모로 진행된 농민들의 프롤레타리아화와 빈곤화를 체험했다.

모어는 영국에서 시행된 인클로저운동의 사회적 결과를 '인간을 잡아먹는 야생 양떼들'로 형상화했으며, 국왕 헨리(1491~1547년)가 통치하던 시절 7만2천여 명에 이르는 크고 작은 도둑들이 처형당한 사실을 두고, 모어는 영주와 용병들이야말로 진짜 도둑들이라고 규정했다.

양은 보통 아주 온순하고 조금 밖에 먹지 않는 동물인데, 이제는 아주 게걸스럽고 사나워져서 사람들까지 먹어치운다고 들었습니다. 양떼들은 경지, 가옥, 도시들을 황폐시킵니다. 국내 어느 곳이든지 양들이 가장 질 좋은, 그래서 가장 값비싼 양모를 생산하는 곳에서 귀족과 젠트리(gentry: 귀족 바로 아래 계급에 속한 사람들), 심지어는 상당히 많은 수도원장들 ― 그러한 거룩한 사람들 ― 까지도 땅의 전(前) 소유자들이 거두어들인 옛 지대만으로 만족하지 않습니다. 그들은 이제 사회에 아무런 도움도 주지 않고 나태와 사치 속에 살아가는 것만으로는 만족하지 않고, 해를 끼치는 일에 나서고 있습니다. 그들은 경작용 농지를 남겨놓지 않고 모든 땅을 울타리로 둘러막아 목장으로 만들고 가옥을 헐어버리고 마을을 없애버립니다. 교회들은 남겨놓는데, 그것은 단지 양의 막사로

1_유토피아는 토머스 모어가 그리스의 두 단어 topos(장소)와 ou(부정)로 만든 '유토피아'에서 유래된 말로서 원래는 '어디에도 없는 곳'을 뜻한다. 모어는 이 말을 1516년 출간된 소설 『최선의 국가 상태와 유토피아라는 새로운 섬에 대해』(De optimo rei publicae statu, deque nova insula Utopia)의 제목으로 삼았다. 모어는 이 소설에서 정치·사회적 평등이 실현된 새로운 사회·국가 질서의 모델을 제시하려 했다.

쓰기 위해서지요(모어 2005, 29).

그는 생산수단의 사적 소유를 완전히 제거함으로써만 착취와 적대적 계급 사이의 이해관계가 해소될 수 있다고 다음과 같이 주장했다.

사적 소유가 존재하는 곳, 돈이 모든 것을 재는 척도가 되는 곳, 이런 곳에서 정당하고 행복한 정치는 도저히 불가능하다. …… 소유물을 어떤 식으로든 평등하고 정당하게 분배하고, 모든 사람들에게 행복을 안겨 주는 유일한 수단은 모든 사적 소유를 철폐하는 것이다(한국철학사상연구회 1989, 386에서 재인용).

모어는 사유재산제와 관련해 명쾌한 주장을 폈다.

사유재산제가 완전히 폐지되지 않는 한, 재화의 공정한 분배는 이루어질 수 없고 사람들의 생업 또한 행복하게 이루어질 수 없다고 확신한다. 사유재산제가 존속하는 한, 인류 가운데 절대다수를 차지하는 가장 선량한 사람들이 빈곤과 근심이라는 피할 수 없는 무겁고 괴로운 짐에 의해서 억압받게 될 것이다(모어 2005, 60).

이처럼 평등과 정의의 정신을 바탕에 두고 설정된 유토피아의 근본 명제는 유토피아에 사는 모든 사람의 공산주의적인 재산 공동체를 그 핵심으로 한다. 유토피아에서는 모든 사람이 모두를 위한 의미 있는 노동을 수행하고, 물질 재화를 공동으로 생산하며 그리고 개인들이 번갈아 가며 행하는 공공복지 활동이 생활의 본래 내용을 이룬다. 여기서는 빈곤이나 사치, 사유재산은 존재하지 않는다. 또 모든 사람이 안락한 삶을 영위하고 정신적 욕구를 충족시킬 뿐만 아니라 농업, 수공업 노동, 교육, 재화 분배 등은 국가가 조직한다.

특히 생업과 관련해서는 농사는 모든 사람이 예외 없이 종사하는 생업이고, 농사 일 이외에 모든 사람은 양모일, 아마포 만들기, 석공일, 금속일, 목공일과 같은 자신에게 맞는 특별한 기술을 배우고, 유토피아인은 일주야를 24시간으로 등분해 그중 6시간만을 일하는 시간으로 배정했다. 일하지 않는 시간은 지적 활동에 이용되는데, 매일 아침 일찍 공개 강의를 하는 것이 정착된 관행으로 된다(모어 2005, 81~83).

모어는 유토피아를 구축해 그 당시 사람들에게 '현명하게 통치되는 사회'에 들어갈 수 있는 꿈을 안겨 주었다. 갈등의 근원이 되는 정치 놀음은 사라지고 그 대신, 빈틈없는 사회적 통제의 압력에 따라 생산과 분배를 집단적으로 관리하게 된다. 생산물을 평등하게 분배하고, 아무런 개인의 특권 없이 성인 유토피아 시민들이 순번으로 관리 직책을 맡는 것은 특권계급의 무기로 간주되는 정치적 결정 기관이 사라짐을 의미하며, 또 이쪽과 저쪽 사이의 대립으로 귀결되는 정치의 '내용'이 사라짐을 의미한다. 정치·경제적 경쟁과 애정상의 경쟁이 완전히 소멸하는 것은 평화로운 사회의 전제 조건으로 이해될 수 있다. 이런 사회에서는 열정적인 감정의 폭발이 없기 때문이다. 감정적인 것을 포함해 모든 개인의 행위는 간단하고 단순해서 모두가 지킬 수 있는 집단의 규율에 따라 억제된다(딜라스-로세리 2007, 39).

모어는 자본의 시초 축적을 탁월하게 표현했으며, 사적 소유 문제를 인간에 대한 착취와 관련지어 설명한 최초의 인물이었다. 그의 유토피아는 '천년왕국설'과 같은 것이 아니라 어떤 면에서는 합리성을 띤 사회의 유토피아 이론이었다고 평가된다. 그러나 이런 이론은 대중들이 생각하는 유토피아와 일치하지는 않았으며, 당시 영국의 지배적인 상황들과도 전혀 일치하지 않았다.

딜라스-로세리는 모어와 마르크스의 관계를 매우 상징적으로 표현했다.

국제 혁명 진영에 마르크스주의가 뿌리를 내리면서, 토머스 모어의 동상은 그 받침대에서 굴러 떨어져 공산주의 이데올로기의 공원 어두컴컴한 구석으로 밀려났다. 리히텐베르크가 지적했듯이 사회주의와 몽상은 이제 서로 반대가 되었다(딜라스-로세리 2007, 44).

리히텐베르크의 설명은 이렇다.

사회주의가 과학적 기초 위에 서있지 않는 한, 다시 말해 현실에 대한 관찰과 경험으로 검증되는 추론에서 출발하지 않는 한, 그것은 공론 외의 다른 가치를 갖지 않는다. 물론 그 공론은 아름답고 유쾌하고 인간적일지는 몰라도 실천적 영향이 결여되어 있으며, 문학작품으로서만 우리의 관심을 끌 따름이다. 플라톤의 『국가론』과 모어의 『유토피아』는 그런 부류이지만, 마르크스나 페르디난트 라살레의 저서는 그 부류에 들지 않는다(Lichitenberger 1985, 18; 딜라스-로세리 2007, 44에서 재인용).

유토피아와 더불어 시작된 유토피아사회주의 사상은 그 뒤 길고도 복잡한 길을 걷게 된다. 모어의 사상은 1세기 후 토마소 캄파넬라가 구상한 유토피아적 계획 『태양의 나라』Civitas solis에서 되살아났다. 캄파넬라는 이탈리아 남부 지역에서 구두 수선공의 아들로 태어나 열네 살 때 수도사가 되었다. 그는 1598년 반反에스파냐 폭동에 참가해 종신형을 선고받기도 했다. 캄파넬라가 구상한 『태양의 나라』에서는 사회의 불평등 원천인 사유재산이 폐기되고, 모든 주민은 4시간 동안 노동해야하며 생산물은 필요에 따라 분배된다. 캄파넬라는 사유재산제의 형성 원인을 일부일처제에서 찾았으며, 사유재산의 철폐를 위한 유일한 전제가 '여성 공동 소유'라고 주장했다. 캄파넬라는 모어와 마찬가지로 생산수단의 사적 소유 철폐와 평등한 분배 등을 중시했으나, 경제·사회 구조에 대한 분석을 자세하게 시도하지 않았으며 사회 발전에 대한 구상에서 역사적 접근을 하지 못했다.

베라스 달레는 17세기 프랑스의 유토피아사회주의의 가장 탁월한 사상가로 평가받았다. 달레는『세바랑브의 역사』*Histoire des Sévarambes*를 통해 사회주의를 인간의 자연적 속성에 맞는 이성적 질서로 묘사했다. 그는 애초 원시적 가족 공동체에서 이성의 원리에 일치하는 공산주의 질서로 나아가는 발전 과정을 설정하려 했다.

모어, 캄파넬라, 달레가 사회주의국가 제도에 관해 각기 서로 다른 생각을 갖고 있었지만, 그들 모두가 당시의 구체적인 사회 상황과 정면으로 대결해 이를 각자의 유토피아 이론으로 소화한 점에서는 동일하다. 그들의 사상에서는 노동 문제와 정의롭고 평등한 노동 분배가 큰 영역을 차지하고 있다. 그러나 그들이 묘사한 사회주의 또는 공산주의적 질서가 어떤 방식으로 형성될 것인지에 대해서는 거의 언급하지 않았다. 이들 유토피아주의자는 이상적인 사회질서, 즉 지식인 계층과 과두정치 체제 그리고 계몽 군주가 지배하는 사회질서를 기술하는 데 만족했다(한국철학사상연구회 1989, 980~981).

3. 18세기 유토피아사회주의

18세기 들어 유토피아사회주의 사상은 새로운 단계의 발전을 보였다. 유토피아주의자들 가운데 특별한 위치를 차지했던 장 멜리에는 그의『유서』*La Tetament*에서 인간은 본래 평등하며, 인간의 유용노동으로 생활에 필요한 모든 것을 만들어 낼 수 있다는 견해를 밝혔다. 그는 기존 사회질서를 부도덕한 것으로 간주하고, 재산 공유에 바탕을 둔 사회주의 질서로 대체해야 한다고 주장했다. 그는 또 종교가 노동하는 가난한 사람들과 일하지 않는 부자나 절대주의자들 사이의 대립을 잘못된 것으로 해석한다는 이유를 들어 종교를 반대했다. 나아가 그는 인민대중을 계몽해 그 힘으로 압제자의 권력을 축출할 것을 촉구했다.

18세기 유토피아사회주의자 에티엔 가브리엘 모렐리는 그의『자연법전』*Le code de la nature*에서 인간 본성에 맞는 원시 공산주의 질서에 관한 이론을 체계 있게 전개했다. 그는 인간이 사회질서의 불평등과 대립을 체험함으로써 원시 공산주의 질서의 장점을 인식하는 데 필요한 지식을 획득하며, 이런 질서의 재건은 이성의 전리품이 될 것이라고 주장했다. 그의 주장은 극도로 사변적이었다는 평가에도 불구하고, 초기 단계 노동자계급의 열망을 반영했다는 점에서 16~17세기 유토피아사회주의자들이 지닌 한계를 극복하는 출발점이 되었다(한국철학사상연구회 1989, 981에서 재인용).

18세기 말 유토피아사회주의 발전에서 가장 다듬어지고 실천적인 사상을 펼친 사람은 프랑수아 바뵈프를 중심으로 한 바뵈프주의자들이었다. 바뵈프는 미천한 신분으로 태어나 열네 살 때부터 토지 등기부 관리의 조수와 영주의 하인으로 일하면서 생계를 유지했으며, 처음부터 온갖 다양한 형태의 사회적 불평등을 경험했다. 바뵈프는 모렐리나 루소와 마찬가지로 소유는 법을 어긴 점유에 따라 발생하며, 소유의 발생으로 자연법적인 만인의 평등이 파괴된다는 계몽주의의 근본 사상에서 출발했다.

바뵈프는 인간의 무지를 바탕으로 한 자연 질서는 불완전하기 때문에 결국 붕괴된다는 주장을 폈다. 그는 평등한 권리와 의무의 원리, 재산 공유제의 원리가 관철되는 질서로 돌아갈 것을 요구했다. 또 바뵈프는 사적 소유, 특히 소수자의 손에 농지와 토지가 집중되는 것뿐만 아니라 교육의 특권 때문에 생기는 인민대중의 무지도 비판의 대상으로 삼았다. 그는 당시의 교육이 미신과 편견을 전파함으로써 기존 관계를 온존시키려 한다고 날카롭게 비판했다(한국철학사상연구회 1989, 445에서 재인용).

그는 프랑스혁명에서 바스티유 감옥 습격 소식을 듣고 곧바로 파리로 갔다. 바뵈프는 프랑스혁명을 "세습 귀족과 평민, 부자와 가난한 자 사이의 공개적인 전쟁"으로 규정하면서, 이를 계급투쟁으로 파악했다. 한편, 국가의 계급적 성격에 대한 바뵈프의 인식도 매우 주목된다. 그는 입법, 국가권력 기구, 그리고 심지어는 교육정책과 언론을 통해 자신들의 권력을 보호하려는 지배 계층의 술책을 폭로하고, 낡은 지배 기구와 권력 기구의 근본적인 분쇄를 주장했다.

바뵈프의 국가관과 혁명 이론은 『자유 언론』*Journal de la liberté de la presse*, 『인민의 호민관』*Le Tribun du peuple* 등의 저술 활동과 '평등자단' 조직가로서 체득한 실천적 정치투쟁 경험을 바탕으로 더욱 발전된 내용을 지니게 되었다. 평등자단은 모든 불평등을 없애고 모든 사람의 행복을 회복하는 공산주의사회 수립을 목표로 했다. 그러나 사회관계를 근본적으로 변혁할 주체인 프롤레타리아트는 이제 막 태동하고 있었고, 이들의 해방을 위한 물질적 조건도 미처 마련되지 않은 상태에서 추진된 그와 같은 변혁 투쟁은 실패할 수밖에 없었다. 스파이의 밀고가 변혁 투쟁 과정보다 먼저 일어났다. 1796년 정부 타도를 위해 무장봉기를 기도하는 과정에서 사전에 발각되어, 바뵈프와 평등자단의 많은 구성원이 체포되었으며, 바뵈프와 다르테는 교수형을 당했으며, 다른 사람들은 국외로 추방당했다(한국철학사상연구회 1989,

445~446).

바뵈프와 바뵈프주의자들은 프랑스대혁명이 진정 위대하고 마지막 혁명의 서곡이라고 믿었다. 그들의 저작물들에서는 계급이나 계급투쟁에 대한 개념들이 정립되지 않았고, 부르주아지와 프롤레타리아트가 서로 다른 적대적인 사회집단으로 구분되지 않았다. 그러나 그들의 주장은 역사에 바탕을 둔 현실주의와 혁명 정신으로 일관되어 있었다.

1830년 7월과 1831년의 제1차 리옹 봉기 이후, 바뵈프주의는 새롭게 부활했다. 바뵈프주의는 바뵈프의 옛 동지들과 1828년 『평등을 위한 음모』 Conspiration pour l'égalité dite de Babeuf를 출판한 팡테옹협회의 옛 지도자인 필리프 부오나로티를 비롯해 그의 친구 부이에르 다르장송과 샤를 테스트 등의 노력으로 다시 살아나게 되었다. 1830년대에서 1840년대로 넘어갈 즈음, 경제와 문화의 발전이 계속되는 가운데 클로드 생시몽과 샤를 푸리에의 비판적인 유토피아사회주의에 힘입어 바뵈프의 교의를 되살리려는 노력이 신新바뵈프주의의 대두로 나타났다.

알베르 라퐁느레, 장 자크 피요, 테오도르 데자미, 블랑키 등의 신바뵈프주의자들은 공산주의가 인간 능력을 전면적으로 육성하고 발휘할 수 있도록 할 뿐만 아니라 모든 정당한 물질과 지식 그리고 도덕적 욕구를 충족시키게 할 수 있다고 주장했다. 또 이들은 공산주의가 사회와 개별 성원에게 유용한 기술, 과학, 예술의 무제한의 발전을 가져올 수 있다고 주장했다. 그리고 신바뵈프주의자들은 공산주의사회에서는 개인의 이해와 사회의 이해를 조화시키는 사회적 소유에 기초해 생산관계와 생활 관계가 조직될 수 있고, 물질과 문화의 향유물이 넘쳐흐르고 또 모두가 동등하게 그것을 누릴 권리를 갖는다고 했다. 이런 신바뵈프주의 노선은 프롤레타리아트가 투쟁을 시작한 유럽의 여러 나라에 보급되어 노동자계급의 의식을 일깨우고 인민

대중 투쟁을 촉진하는 데 실천으로 기여했다(한국철학사상연구회 1989, 447~449).

4. 18세기 후반의 '비판적' 유토피아사회주의

바뵈프의 봉기가 실패하고 부르주아지가 정치적으로 승리를 획득함으로써, 프랑스 계몽주의 사상가들이 추구해 온 '이성적 사회질서'와 '이성 국가'가 부르주아지의 이상화된 왕국임이 입증되었다. 이런 때 새로운 역사적 상황에 발맞추어 계급 대립을 극복하는 길을 제시하려 시도했던 대표적인 사람은 바로 영국의 로버트 오언과 프랑스의 푸리에, 생시몽이었다(한국철학사상연구회 1989, 985).

로버트 오언

유토피아사회주의 사상은 노동자들이 창안하고 발전시킨 것이 아니라, 대체로 진보적 지식인이 사회주의 이론과 사상의 발전을 이끌었다. 영국의 위대한 유토피아사회주의자로 평가받았던 오언은 수공업자의 아들로 태어나 열 살 때부터 방직 공장에서 일하면서 일찍 세상에 대해 눈을 떴다. 그는 20대에 스코틀랜드 뉴라나크에 있는 종업원 2천 명 규모의 큰 방적공장 경영자가 되었다. 오언은 1800~1825년 사이에 노동시간을 단축했고, 생산이 정체되는 기간에도 임금을 지급했으며, 노동조건과 주거 상태 그리고 생활 여건을 개선했다. 또 포괄적인 후생사업을 벌이고 노동자 자녀들을 위한 교육을 시행하는 한편, 자치의 요소까지 포함한 사회개혁 프로그램을 도입·실행했다. 이를 통해 그는 삶의 의욕을 상실한 공장노동자 2,500명을 모범적 집단으로 바꾸어 놓았을 뿐만 아니라, 이런 방식에 따른 생산성 향상으로 적지 않은 이득을 얻을 수도 있었다.

그는 또 1825년 미국으로 건너가 인디애나에 3만 에이커의 토지를 매입하고 약 800명의 이주자를 모집해 '뉴하모니'New Harmony라는 '이상 협동 촌락'을 창설했다. 이 뉴하모니는 2년 동안 운영되다가 문을 닫았다. 뉴하모니가 해체된 주요 원인은 부랑인과 협잡꾼들의 불성실 때문이었으며, 거기에다 오언이 노동에 상응하는 보수 체계를 모든 구성원에 대한 평등 보수 원칙으로 서둘러 바꾸려 한 데도 그 원인이 있었다. 그의 시도는 산업 발전과 더불어 발생한 사회적 대립을 제거하는 데 목표를 두었던 것이다. 그는 일관되게 자기 목표를 추구함으로써 부르주아 박애주의자에서 유토피아사회주의자의 길로 나아가고자 했다(한국철학사상연구회 1989, 985).

오언은 당시 발흥했던 영국 정치경제학의 영향을 받아 노동자가 제공하는 노동이 기업가의 이윤을 창출하는 원천이라는 이론을 세우고, 그런 근거에서 기존 질서가 불공정하다는 결론에 이르게 되었다. 이로써 오언은 18세기 유토피아사회주의자들과 루소가 주장한 견해[2]와 "문명 시대에는 가난이 잉여 자체에서 유래한다"는 푸리에의 명제를 임금노동자와 자본가의 관계로 옮겨 놓았는데, 이것은 사회사상의 발전에 하나의 중요한 계기를 제공했다.

그는 인간을 동물적 충동, 정신적 능력, 도덕적 정서에 따라 복합적으로 지배되는 존재로 파악하고, 이 요소들이 개인마다 서로 다르게 결합되는 원

---

[2]_ 이 견해에 따르면, 자연은 생활에 필요한 모든 것을 모든 인간에게 준비해 주었으나, 오직 소수의 사람들이 잉여를 누리기 때문에 가난이 생기게 되었다는 것이다.

인을 미지의 자연력에서 찾았다. 또 인간 소질의 발전과 사회 성격을 물질·정신적 환경에서 기인하는 것으로 보고, 여기에서 인간의 정서와 사상이 형성되며 이를 토대로 한 인간의 경험이 인간의 의지를 규정하는 습관이 된다고 설명했다. 오언은 계급적 적대가 개인 사이의 증오나 복수심과 같은 감정의 비이성적 표현이며, 각 계급은 그 계급 자체 이데올로기의 희생물이라고 주장했다. 그래서 오언은 노동해방을 가능하게 하는 것은 계급투쟁이 아니라 성격 형성 원리에 대한 인식이라고 설명했다.

특히 오언은 자본주의 제도의 주요 속성들을 비판했다. 사적 소유, 타고난 인간의 성품을 기형화시키는 분업, 탐욕과 이윤 추구, 경쟁과 과잉생산 공황 등이 그 대상이었다. 특히 그는 자본주의적 경쟁 체제와 그에 따른 이윤 추구를 비판했다. 오언은 이윤 추구가 고용주에게 무분별한 착취 방법을 자극하고, 모든 사회관계를 비인간화하는 요인이라고 설명했다. 또 그는 자본주의적 분업과 근대 기계의 도입에 대해서도 비판했는데, 전자는 노동자를 육체·정신적 불구로 만들고 후자는 노동자들에게 생활의 편리함을 가져다주는 것이 아니라 오히려 노동자를 더욱 비참하게 만든다는 논거에서였다.

한편, 오언은 부르주아사회의 결혼 제도와 종교, 그리고 사적 소유를 온 세상을 부와 권력을 둘러싼 투쟁의 무대로 만들어 버린 '3대 악'이라고 규정했다. 이 3대 악에서 인간을 구해내기 위해서는 자연이 부여한 인간의 선한 자질들을 어릴 적부터 발전시켜야 한다고 주장했다.

1829~1834년까지 오언은 노동운동에 깊이 관여했다. 당시 노동조합은 1824년에 단행된 단결금지법 철폐로 활기찬 발전의 길에 들어서 있었다. 그와 같은 상황에서 오언은 노동조합과 협동조합 운동을 결합시키려는 계획을 구상했다. 노동자들은 자신들의 상태를 개선하고 자본주의를 종식시킬 의도로 오언의 협동조합 계획에 찬성하면서 조직화의 길로 들어섰다. 이

운동은 1834년 전국노동조합대연합의 결성으로 절정을 이루었다. 오언은 이 조직의 강령을 작성했으며 대표로 선출되었다. 오언은 협동조합망을 기초로 자본주의적 기업들을 합병해 나갈 거대한 국가적 생산체 건설 계획을 세웠지만, 이 구상은 현실 조건을 극복하지 못한 채 실패로 끝났다. 그리하여 오언은 1834년 파업투쟁 실패 이후 노동조합운동과 결별했다. 오언은 협동조합 운동과 노동조합운동을 지지했지만, 그에게는 이것이 근본적으로 그의 계몽주의 이념을 선전하고 실현하기 위한 수단에 지니지 않았기 때문에 그렇게 행동했다.

'영국 사회주의 창설자'로 평가받은 오언은 영국 노동운동에 대해 최초로 투쟁 전략을 제시한 사람이었다. 말하자면 노동운동이 오언의 이념을 통해서 사회주의운동 이념을 지향하게 된 것이다. 그러나 사회를 평화적으로 개혁하려는 오언의 시도가 유토피아적이었던 것은 분명하다. 그리고 오언은 결국 노동자들을 따르지 않았고, 노동자들도 그를 따르지 않았다. 선진 노동자들은 오언의 협동주의 사상과 부분적으로는 사회주의사상을 무기로 삼았지만, 정치투쟁 포기에 대한 그의 호소를 거부했다(The USSR Academy of Sciences 1980, 257).

샤를 푸리에

푸리에는 프랑스 유토피아사회주의의 비판적 경향을 대표하는 인물이자, 과학적 사회주의의 선구자로 평가받았다. 푸리에는 부유한 모직물 상인 집안에서 태어나 1791년 리옹에서 도매상인으로 자리를 잡게 되었으나, 1793년 혁명적인 사건들 때문에 모든 재산을 잃었다. 그는 전국을 여행하면서 투기 행위의 실상을 목격했으며, 대다수 국민이 억압과 착취에 시달리고 있음을 직접 지켜볼 수 있었다. 그는 현실적으로 드러나는 자본주의의 모순과 폐해를 확인했고, 그것을 부르주아 계몽사상의 이상과 관련지어 날카롭고 재치 있게 비판했다.

푸리에가 프랑스 유물론에 근거해 자연과 사회 안에서 법칙적인 운동이 수행되고 있다고 주장한 것은 주목할 만한 일이었다. 그는 운동을 사회적 운동, 동물적 운동, 유기체적 운동, 물질적 운동 등 네 가지로 구분했다. 이 운동들은 모두 서로 긴밀한 연관 속에서 상호작용하고 있으며, 이들 운동 하나 하나를 보편적인 운동의 일부라고 파악했다. 푸리에의 이런 변증법적 사유는 그의 역사관을 뒷받침했다. 여기서 그는 사회구성체의 기계적이고 직선적인 연속이라는 전통적 역사철학의 모형을 거부하고 나선 모형을 제시했다. 또 푸리에는 "사회의 몰락은 사회 진보를 통해 이루어지며, 개개 사회구성체 내부에서 이미 그것을 극복할 수단이 마련된다"고 주장했다. 푸리에의 역사관은 역사 과정의 모순성, 양적 변화와 질적 변화의 통일성, 진보적 변화와 퇴행적 변화의 통일성, 그리고 연속성과 비연속성의 통일성을 반영하고 있다(한국철학사상연구회 1989, 1351에서 재인용).

푸리에는 자본주의 체제를 비판하면서 특히 세계의 물질·도덕적 빈곤에 초점을 맞추었다. 그는 "문명 속의 빈곤은 풍요 그 자체에서 태어난다"는 견해를 제시하면서, 자본주의사회는 전도顚倒된 사회라고 규정했다. 그는 전도된 세계에 내재하는 이해 대립, 즉 개인과 사회집단 사이의 대립, 이것들과 사회 사이의 이해 대립 그리고 여기에서 비롯된 이중적 도덕과 그것에 따른 모든 범죄와 악습을 비판했다.

푸리에는 인류가 지금까지 원시, 야만, 미개, 문명이라는 네 개의 발전 단계를 거쳐 왔다고 주장했다. 그는 첫 번째 단계를 자연발생적 원시공동체 단계로, 두 번째 단계를 소단위 산업과 직접적 교환경제의 단계로, 세 번째 단계를 중간 단위 산업과 상업 발전의 단계로, 네 번째 단계를 대산업의 단계로 특징지었다. 네 번째 단계는 부르주아 체제와 일치했다. 푸리에가 설정한 목표는 다섯 번째 발전 단계로 나아가는 것이었다. 이 다섯 번째 단계는 부자들이 더 이상 가난한 자들의 희생 위에 군림하지 않으며, 경제적 무정부 상태와 경쟁이 재화의 생산과 분배의 '조합 조직'으로 대체된다는 발전 구상이었다.

그는 사회주의사회의 기본 단위로서 거대한 생산조합의 창설을 제안했다. 이것은 약 1,200헥타르당 1,800명 정도의 인구를 단위로 한 노동·생활 공동체들이 중앙집권적인 관리 구조를 통해 느슨하게 배열된 자기 완결적인 공동체 구상이었다. 푸리에는 이런 공동체가 지닌 구심력과 노동에 대한 정열, 그리고 전위적 성격 등에 비추어 고대 마케도니아의 전투대형 이름을 따 팔랑주phalange(협동조합)라고 이름 붙였다. 그리고 푸리에는 팔랑주 각각에 공동 거주, 경제, 문화를 위한 훌륭한 숙사인 팔랑스테르phalanstère를 설립해야 한다고 주장했다.

푸리에의 주장에 따르면, 팔랑스테르 안에서 수행되는 노동은 자본주의적 생산 조건에서 이루어지는 노동과는 근본적으로 다르다는 것이다. 그것은 하나의 욕구이며, 인간이 소유한 능력의 자유로운 전개다. 인간을 단편적이고 일면적으로 만드는 한편, 단조롭고 비인간적인 노동조건을 제공하는 자본주의적 노동조직을 극복함으로써 노동은 매력적인 것, 일종의 쾌락이 될 것이라고 그는 설명했다. 계획에 따라 조직된 집단적 노동은 노동력과 노동수단을 합리적으로 배치함으로써 그것들을 몇 배 절약함은 물론, 그 외에도 높은 물질·정신적 생활수준을 보장하게 될 것이라는 주장이다.

팔랑스테르에서 이루어지는 교육의 목적은 일방적인 교육 프로그램으로 개인의 지성을 고양시키는 데 있는 것이 아니라, 개인의 특성을 개발하는 데 있다고 했다. 또 팔랑스테르에서는 모든 형태의 에로티시즘이 가능하다는 것이다. 에로티시즘은 인간이 지닌 순수한 열정으로서 그것을 억압하는 것은 인간의 본질을 왜곡하는 일이라고 해석했다. 현실 사회에서는 이성뿐만 아니라 개인의 욕구, 의무, 억압과 구속으로 공동체의 질서를 확립하려 하지만, 팔랑스테르에서는 열정에 따라 모든 것이 작동한다고 주장했다 (푸리에 2007, 11).

푸리에는 여성해방을 강조했다. 자본주의사회에서 여성이 차지하는 열악한 지위를 비판하면서 여성들이 생산과정과 사회생활 일반에서 남성과 동등하게 참여해야 한다는 견해를 폈다. 그는 사회의 진보와 변화는 여성의 점진적 해방과 병행한다고 주장했다. 그는 또 자본주의 사회질서가 어린이들을 육체·정신적으로 불구화한다고 비판하면서, 그 대안으로 모든 어린이가 신분과 성별에 관계없이 보편적이고 평등한 무상교육을 받아야 한다고 강조했다.

푸리에가 행한 부르주아사회에 대한 깊이 있는 비판, 인간 역사에 대한 유물론적 접근, 사회주의적 목표 설정, 즉 수준 높은 생산과 문화, 인간의 다양한 물질·정신·사회적 욕구 충족을 위한 제한 없는 가능성, 그리고 여기서 발생하는 개인과 사회의 관계, 분업, 교육 등에 걸친 고찰과 제안들은 1840년대에 있어 노동자계급 해방을 위한 사상을 더욱 풍부하게 했다.

푸리에의 이상 사회에 대한 구상은 현실에서 실현될 수 있는 것이 아니라, '환상적인 외피 뒷면 도처에서 번득이는 천재적인 착상들'이었다는 평가를 받고 있다. 그런 착상들은 개인과 사회에 유익한 '인간적 노동'이라는 이념을 지향했다. 그의 사상은 그의 시대를 훨씬 뛰어넘었으며, 사회주의사회가 실현되어야만 비로소 현실에서 힘을 발휘할 수 있는 내용의 것이었다. 그런 점에서 푸리에는 유토피아사회주의의 탁월한 사상가로 평가받게 되었다. 그의 사상은 푸리에주의라는 형태로 여러 방향에서 계승되었다(한국철학사상연구회 1989, 1352).

클로드 생시몽

생시몽은 프랑스 귀족 집안에서 태어나 그의 신분에 걸맞게 고등교육을 받았으며, 미국 독립전쟁을 지원하는 프랑스 원정대에 입대해 전쟁에 참가했다가 부상까지 당했다. 그는 프랑스혁명이 일어난 1789년에 프랑스로 돌아와 혁명에 적극적으로 참여했다. 그는 여러 방면에 걸친 많은 저작을 통해 유토피아사회주의 사상을 펼쳤다.

생시몽은 자본주의가 발전하고 부르주아적 사회관계가 형성되는 것을 목격하면서 사회 현실의 모순 구조에 대해 깊이 통찰했다. 이런 통찰로서 그는 노동자계급의 사회적 역할을 강조했다. 그는 1825년에 쓴 "사회조직에 대해"에서 '가장 수가 많은 계급인 인민'이 자신의 운명을 스스로 통제할 수 있는 처지에 있다는 사실을 입증하려 했다. 프랑스혁명에서 '단순한 노동자들'이 기업가들보다 더 많은 통찰력과 행동력을 구비하고 있다는 사실이 확인되었다고 주장했다. 이런 논거를 들어 생시몽은 통치 활동, 즉 인간에 대한 지배가 사물에 대한 관리로 대체되는 방식으로 사회를 재편해야 한다고 결론지었다.

그는 이런 논리를 바탕으로 사회주의적 사회질서에 대한 중요한 착상들을 내놓았다. 과학과 생산의 결합, 계획 경제, 성과 원리 등이 그것이다. 생시몽은 도덕적 행복과 물질적 복지를 목표로 하는 사회를 수립하기 위해 일반 이익과 개인 이익의 일치, 집단적 태도, 국민교육, 그리고 국민들 사이의 평화롭고 조화로운 공생이 필요하다고 보았다.

그는 노동자계급이 문화·도덕적으로 열등하다는 지배자들의 사고방식을 비판하면서, 노동자들도 동등한 능력과 가치를 지니고 있다고 주장했다. 생시몽은 노동자들이 사회의 모든 기능에 동등한 성원으로 참여할 수 있도록 배려하는 일이야말로 사회의 최우선 과제라고 했다. 그러나 그는 착취의 근원을 소유관계보다 사회의 잘못된 조직 원리에서 찾았다. 그런데도 생시몽은 노동의 권리를 옹호했으며, 부르주아지는 사회적으로 유용한 활동을 해야 한다는 의무론을 폈다. 그는 각자가 자신의 능력에 따라 일하고 성과에 따라 욕구가 충족되기를 바랐으며, 이기적인 이윤 추구와 임금 착취에 대립하는 사회주의적 성과주의 원리를 설파했다.

한편, 생시몽은 무산자 대중의 계급투쟁은 파괴적인 것이라며 거부했다. 그는 모든 '생산자' 간의 연합을 확보하는 데는 사회의 생산을 계획적으로 추진해 보편적인 이익에 맞도록 하고, 모든 형태의 개인 특권을 동등한 교육 기회와 업적에 바탕을 둔 등급 서열로 대체하며, 자연적 도덕원리에 따른 보편교육을 수행하는 것으로 충분하다고 주장했다.

생시몽은 엄밀한 의미에서 사회주의자는 아니었다. '게으른 자'에 대한 그의 투쟁과 '산업가'에 대한 지지, 과학·기술에 대한 지나친 평가, 그리고 은행가와 산업 경영인, 그리고 기술자를 포함한 '생산자'가 사회의 지도적 역할을 담당해야 한다는 주장에 비추어 볼 때 그렇게 평가할 수 있다. 그러나 그가 권리를 박탈당한 채 억압받는 사람들의 해방을 위한 실질적인 방도를 제시할 수는 없었을지라도, 세계의 변혁에 대한 그의 주장은 압제와 착취에 신음하던 사람들의 이익과는 일치하는 것이었다(한국철학사상연구회 1989, 673에서 재인용).

생시몽의 사회주의사상이 유토피아적 한계를 지닐 수밖에 없었던 것은 그의 계급적 관점과 자본주의 체제의 미성숙에 따른 부르주아적 사회관계의 미완성 때문이었다. 그런데도 그는 본질적인 점에서 자신의 고유한 계급적 지평을 뛰어넘을 수 있었고, '노동자를 계몽하기 위한 가치 있는 자료들'을 제공했다.

5. 유토피아사회주의와 노동운동의 발전

19세기 전반에 걸쳐 진행된 사회주의운동은 이전의 유토피아사회주의 이론과는 몇 가지 점에서 상이했다. 오언이나 푸리에 그리고 생시몽은 '고독한 명상가'로서 상아탑 속에서 인류 구원의 원대한 계획들을 창안했던 것은 이전의 사상가들과 다름이 없었다. 그러나 이들이 실제로 유토피아사회주의 구상을 실천하기 위한 시도들을 수행했다는 점에서는 선구자로 평가받을 수 있을 것이다. 대체로 실패로 끝난 사회적 실험들이 몇몇 나라에서는 사회주의운동의 중요한 내용을 이루었다.

현실에서 유토피아사회주의는 노동자계급의 지지를 얻을 수 있었는데, 이것은 그런 사상이 창안자의 의지와는 관계없이 노동자계급의 열망과 지향을 반영했기 때문이었다. 그러나 19세기 전반의 비판적 유토피아사회주의자들은 프롤레타리아트의 역사적인 자발성과 고유한 정치운동을 인정하지 않았다. 그들은 자신들의 계획에서, 가장 고통받는 계급인 노동자계급의 이익을 주로 대변한다고 생각했다. 이처럼 그들에게는 프롤레타리아트란 가장 고통받는 계급이라는 관점에서만 존재했다(마르크스·엥겔스 1991, 42). 그래서 유토피아사회주의는 노동자계급의 실천 투쟁과 그들의 절박한 요구와는 괴리된 비정치적 사회주의였다고 할 수 있다.

오언, 푸리에, 생시몽 등 유토피아사회주의 거장들이 제시한 이론 체계에서 가장 뛰어난 측면은 자본주의와 부르주아혁명에 대한 구조적 비판이었고, 이런 비판 작업은 사회 공동체 이념을 낳았다는 사실이다. 그러나 유토피아사회주의가 내세운 매혹적인 전망에도 불구하고 이런 계획들은 대체로 노동자 대중들의 광범한 지지를 끌어내지는 못했다.

또 그들은 환경이 인간의 모든 미덕과 악덕을 결정한다고 보았으며, 인간의 행복을 제약하는 무지는 계몽으로 극복될 수 있다고 인식했다. 그리고 그들은 18세기 계몽사상의 역사적 낙관주의를 공유했다. 그런 점에서 19세기의 비판적 유토피아사회주의자들은 당시 유럽의 가장 발달한 국가들에서 계급 형성을 끝낸 노동자계급을 대표하지는 못했다. 유토피아사회주의자들이 바랐던 것은 혁명적 계급투쟁이 아니라 모든 계급 간의 평화적 계몽이었으며, 설득과 개량주의적 활동이었다.

노동자계급의 정치·계급적 투쟁에 대한 비판적 유토피아사회주의자들의 이런 경향에도 불구하고, 그들은 부르주아사회의 생활 제도에 대한 비판, 즉 노동자들에 대한 계몽과 노동운동의 전개를 위한 노동자계급 교육에서 중요한 자료를 제공했다. 그들은 이상적인 사회 건설 계획에서 해방된 노동에 중요한 지위를 부여했다. 그들은 해방된 노동을 인간의 성품과 재능 발달의 기초로, 또 도덕적 완성의 원천으로, 그리고 생명 활동의 주요한 자극으로 파악했던 것이다.

유토피아사회주의 이론가들은 자본주의가 안고 있는 많은 모순 — 사회와 개인의 적대적 모순, 노동자의 빈곤화 등 — 을 폭로했다. 그들의 견해에서 명확한 형태로 제시되지는 않았지만, 사적 소유의 폐지가 필요하다는 점은 인정했다. 그리고 그들의 사상은 노동자계급에게 사회적 낙관주의를 키우고 노동자계급의 역량에 대한 스스로의 확신을 키우는 많은 요소를 내포하고 있었다.

4장
마르크스주의의 대두

마르크스에게 인간 사회란
원시 공산주의가 필연적으로 여러 계급사회로 해체된 것이며,
또 필연적으로 여러 계급사회의 계기(繼起)를 통해 진화해 온 것이었다.
그것들은 그 하나하나가 모두 불공정한 것임에도 불구하고
그 시대에는 '진보적인' 것이었으며,
그 하나하나가 모두 어느 시점에 가면
그 사회가 한층 더 진보하는 데 하나의 장애물이 되는
'내적 모순'들을 가지고 있는 동시에,
좀 더 나은 사회를 그 자리에 대신 들어서게 하는 힘을 발생시키는
것이었다. 자본주의는 그러한 사회 가운데 마지막 것이었다.
마르크스는 자본주의를 그저 공격하기만 한 것이 아니라
세계를 뒤흔든 그의 웅변으로
자본주의의 역사적 성과들을 소리 높이 칭찬했던 것이다.

_에릭 홉스봄(Hobsbawm 1996b, 244~245)

1. '공상적 사회주의'에서 '과학적 사회주의'로

18세기 중반을 전후해 대두한 사회주의, 유토피아사회주의는 마르크스와 엥겔스의 공로로 '과학적 사회주의'라는 한 차원 높은 단계로 발전했다. 마르크스주의는 마르크스와 엥겔스가 창시한 철학·경제학·정치학 이론의 통일된 체계로서, 노동운동 이론과 강령 구실을 하는 과학적 사회주의로 표현되고 있다. 마르크스주의는 '세계 문명 발전의 대도大道 바깥에서' 생겨난 것은 결코 아니었다. 말하자면, 마르크스주의는 앞서 풍미했던 사회사상의 조류들에서 분리된 채, 세계 문명의 대로에서 동떨어져 성립된 것은 아니었다는 것이다. 마르크스주의는 인류가 자연과 사회생활에 대한 인식에서 집약한 모든 재산을 목적에 맞게 상속한 것이었다. 마르크스주의는 사회사상의 총체적 성과, 특히 독일의 철학과 영국의 경제학 그리고 프랑스의 사회주의에 바탕을 두고 있다(마르크스-레닌주의연구소 1989, 13).

마르크스와 엥겔스는 변증법적 유물론과 역사적 유물론을 체계화했다. 과학적 사회주의 창시자들은 임마누엘 칸트를 위시해 게오르크 헤겔과 루트비히 포이어바흐 등에 걸친 독일고전철학의 주요 성과들을 발전적으로 종합·활용했다. 변증법적 유물론은 마르크스주의 전체 체계의 '살아 있는 혼'으로서 이론·방법론적 토대가 되었다. 마르크스주의가 그 토대로 삼고 있는 유물론은 자연과 사회, 그리고 이론과 실천을 포괄한다. 이 유물론적 세계관은 세계를 단지 해석하는 데 그치지 않고 인간이 세계를 정신적으로 그리고 실천적으로 장악해 변화시킬 수 있다고 주장한다.

마르크스주의 정치경제학은 변증법적 유물론과 더불어 마르크스주의를 구성하는 또 하나의 요소다. 그것은 영국의 고전적 정치경제학(아담 스미스와 데이비드 리카도의 노동가치 이론)의 성과를 계승한 것이면서, 자본주의 사회구성체의 경제적 운동 법칙 분석에 유물론적 역사관을 적용한 가운데 형성되었다. 여기서 마르크스와 엥겔스는 자본주의 사회구성체가 적대적 계급사회의 최후 형태이며, 그 내적인 법칙성에 따라 필연적으로 사회주의 사회구성체로 전환될 것이라고 주장했다. 그들은 한 걸음 더 나아가 노동자계급만이 그들의 객관적이고 역사적인 존재 조건 때문에 계급투쟁을 수행하고 사회주의혁명을 통한 프롤레타리아독재를 수립함으로써 이런 역사적 필연성을 실현할 수 있다고 설명했다.

'과학적 사회주의'는 마르크스주의의 또 하나의 구성 요소다. 마르크스와 엥겔스는 '위대한 유토피안' — 오언, 푸리에, 생시몽 등 — 이 이룩한 성과들을 종합·계승하고 창의적으로 활용했다. 과학적 사회주의는 노동자계급이 지닌 역사적 사명을 실천하는 데 요구되는 법칙들, 말하자면 사회주의 혁명을 준비하고 실행하며 사회주의를 건설하기 위한 노동자계급의 투쟁과 그와 같은 투쟁의 전략과 전술을 그 대상으로 삼았다. 과학적 사회주의는 이론적으로 마르크스주의 철학과 경제학에 바탕을 둔 것이며, 이를 기초로 국제노동운동의 실천적 경험들을 충실히 수용하고자 했다.

마르크스주의의 세 가지 구성 요소는 상호 제약하고 전제하면서, 그리고 상호 이행하는 가운데 통일을 이루었다(한국철학사상연구회 1989, 354). 이런 구성 요소의 통일, 마르크스주의 이론의 일관성, 그리고 실천 운동의 무기로서 그것이 지닌 기능은 유물론적 변증법을 통해 매개되고 규정되었다. 이 유물론적 변증법은 유물사관을 정립하는 것뿐만 아니라 부르주아지와 프롤레타리아트 사이의 계급투쟁에도 적용되어 실천적 유물론 성격을 지니게 되었다.

마르크스와 엥겔스는 변혁적 이데올로기의 형성을 반대해 왔던 부르주아 이론 또는 프티부르주아 이론과 투쟁하면서 새로운 독자적 이론을 만들어 냈다. 마르크스주의 창시자들은 그들 스스로 혁명적 민주주의자에서 사회주의 또는 공산주의자로, 그리고 철학적 관념론에서 유물론으로 나아가는 일정한 과정을 거친 뒤에 마르크스주의를 완성할 수 있었다.

마르크스주의 창시자들이 정립한 변증법적 유물론과 역사적 유물론, 마르크스주의 정치경제학, '과학적 사회주의'에 대해 마르크스와 엥겔스의 주요 저작을 중심으로 살펴본다. 여기서 마르크스와 엥겔스의 저작들 하나하나를 자세하게 해설하기는 어렵다. 다만, 마르크스주의 체계를 이해하는 데 필요한 접근을 행하고자 한다.

2. 변증법적 유물론과 역사적 유물론

마르크스는 청년 시절 이미 고대 그리스 문학과 예술의 이념이나 유럽 계몽주의, 그리고 고전 문학에 대해 깊은 관심을 가졌다. 그는 1835년에 독일 본대학교에 들어갔으며 1년 뒤에는 베를린대학교로 옮겼다. 그는 법학부에 적을 두고 있었지만, 주로 철학과 역사에 깊은 관심을 가졌다. 그가 특별하게 관심을 가진 것은 헤겔과 헤겔학파의 철학이었다. 1841년에 그는 박사학위 논문 "데모크리토스의 자연철학과 에피쿠로스의 자연철학의 차이" Differenz der demokritischen und epikureischen Naturpilosohie nebst einem Anhange를 작성했다. 마르크스는 그 당시 이미 청년헤겔학파에서 주요 인물로 지목되어, 프로이센 정부의 방해를 받아 대학 강단에 설 수 있는 기회를 갖지 못했다. 1842년 그는 『라인 신문』Rheinische Zeitung 편집진에 들어갔는데, 이 무렵 그는 혁명적 민주주의 신념을 지니고 사회주의와 철학적 유물론의 관점을 세우기 시작했다.

『라인 신문』이 프로이센 정부의 명령에 따라 발행 금지된 후, 마르크스는 그의 아내와 함께 파리로 이주했다. 거기서 그는 아르놀트 루게와 함께 『독일-프랑스 연보』Deutsch-Französische Jahrbücher를 발행했다. 마르크스는 이 잡지에 글을 기고했으며, 하인리히 하이네나 게오르크 헤르베크와 같은 사람들과 교류했다. 그는 또 1789년 프랑스혁명에 관해 연구를 수행했으며, 영국 정치경제학자들의 저작도 탐독했다.

마르크스는 1848년 8월 말과 9월 초 사이에 엥겔스와 친교를 맺게 되었고, 이 시기부터 그들의 공동 작업이 시작되었다. 두 사람은 1844년에 『신성가족, 비판적 비판에 대한 비판: 브루노 바우어와 그 일파에 대해』Die heilige Familie oder Kritik der kritischen Kritik. Gegen Bruno Bauer und Konsorten(이하 『신성가족』)를 썼는데, 이 저작은 바우어와 그 일파의 견해를 비판한 책이었다. 이 공동 저작에서 저자들은 17세기부터 19세기 중반까지의 철학사를 처음으로 유물론의 관점에서 분석했다. 그들은 청년헤겔학파를 비판하는 데 그치지 않고, 헤겔 철학의 원리들과 대결해 헤겔의 관념론과 역사철학의 인식론적 뿌리를 고찰했다. 저자들은 변증법에서, 사유에 반영된 물질세계의 객관적 발전 과정이 갖는 내재적 특성을 추구했다. 그렇기 때문에 그들은 『신성가족』에서 사회현상들에 고유한 내적 모순을 변증법적 운동의 원천으로, 그리고 그 모순들의 투쟁을 하나의 새로운 질로 이행하기 위한 전제라고 설명했다.

『신성가족』은 또 대립물의 통일과 투쟁의 변증법을 해명하는 데도 중대한 기여를 했다. 부르주아지와 프롤레타리아트 사이의 적대적인 모순을 분석하면서 저자들은 이 모순의 내적 구조를 드러내 보였고, 그 모순의 보수적 측면과 혁명적 국면을 구별했다. 이 저작에서 저자들은 인민대중이 역사에서 수행하는 결정적 역할과 역사 발전의 과정에서 그들이 차지하는 중요

임무에 관해 중요한 테제를 정식화했다. 총체적으로 볼 때, 『신성가족』은 프롤레타리아 세계관을 이론적으로 정립하고 마르크스와 엥겔스가 그들의 선구자들과 이데올로기상의 적대자들로부터 분명하게 거리를 설정한 중요한 저작이었다(마르크스-레닌주의연구소 1989, 109~113).

1845년에는 마르크스와 엥겔스가 『독일이데올로기: 포이어바흐, 바우어, 슈티르너를 대표자로 하는 최근 독일 철학에 대한 비판과 여러 예언자의 독일 사회주의에 대한 비판』*Die deutsche Ideologie: Kritik der neuesten deutschen Philosophie inhren Repräsentanten Feuerbach, B. Bauer und Stirner, und des deutschen Sozialismus in seinen verschiedenen Propheten*(이하 『독일이데올로기』)을 쓰기 시작했는데, 이것은 미완성인 채로 남겨졌다. 1932년에야 유고遺稿로서 출판된 이 저서에서 마르크스주의 창시자들은 처음으로 유물론의 중요한 원리들과 범주들을 서로 연관시켜 서술했다. 이 시기에 마르크스는 프랑스에서 추방되어 벨기에 브뤼셀에 살고 있었고, 엥겔스는 영국에 살고 있었다.

『독일이데올로기』에 담긴 새로운 내용은 여기서 '생산력과 생산관계의 변증법'이 탐구되어 생산력과 교류 형태Verkehrsform의 변증법적 상호작용으로 정식화된 것이다. 이 발견은 사회구조와 인류의 전全 역사 과정을 이해하기 위한 열쇠를 제공했다. 이런 인식을 통해 비로소 유물론적 역사 이해가 가능해졌다. 마르크스와 엥겔스는 여기서 유물론적 역사관을 토대로 인간 사회의 일반적인 운동 법칙을 발견했으며, 공산주의를 역사 발전의 법칙에 부합하는 것으로 파악했다. 또 그들은 사회적 존재와 사회적 의식의 변증법을 역설했다. 변증법적 유물론과 역사적 유물론이 정립되고 프롤레타리아트의 세계사적 역할이 발견됨으로써 프롤레타리아트의 혁명적 당을 만들기 위한 투쟁이 시작되었다. 이와 더불어 과학적 사회주의 세계관과 노동운동을 결합시키는 일이 마르크스주의 창시자들의 학문 활동과 정치 활동에서 중심적인 대상으로 제기되었다(한국철학사상연구회 1989, 348~349).

1847년에는 마르크스가 빌헬름 바이틀링, 칼 그륀, 피에르 조제프 프루동의 철학 이론을 비판해 『철학의 빈곤: 프루동의 '빈곤의 철학'에 대한 답변』*Das Elend der Philoslphie: Anwort auf Proudhons 'Philosophie des Elends'*이라는 논박서를 썼다. 마르크스는 자신의 저작에서 프루동을 비판하는 데 만족하지 않고 가치, 노동 분업, 신용, 화폐 등에 관한 부르주아 경제학자들의 주장을 맹렬히 비판했다. 마르크스는 정치경제학의 다양한 범주들, 특히 기본 범주인 가치에 대해 방법론적으로 새롭게 규명했다. 마르크스는 가치를 상품에 투입된 인간의 노동으로 이해했다. 마르크스는 스미스나 리카도의 주장과는 다르게 인간 노동의 산물이 상품이 되어 가치의 형태, 즉 '교환가치'를 획득하게 되는 것은, 생산은 사회적 성격을 가지나 노동은 아직 직접적으로 사회화되지 않은 그런 사회적 조건에서 이루어지고 있음을 해명하고자 했다.

또 마르크스는 노동자의 경제투쟁은 반드시 혁명적 정치 활동으로 변화되어야 한다고 주장했다. 계급과 계급 사이의 모든 투쟁은 정치투쟁일 수밖에 없기 때문이라는 것이다. 이로써 그는 혁명적 프롤레타리아 운동의 가장 중요한 전술적 테제 — 프롤레타리아트의 경제투쟁과 정치투쟁의 통일, 프롤레타리아트 해방에서 정치투쟁이 갖는 결정적 역할에 관한 테제 — 를 정식화했다(마르크스-레닌주의연구소 1989, 192~195에서 재인용).

마르크스는 일찍이 1844년에 『1844년의 경제학: 철학 초고』*Ökonomisch: philosophische Manuskripte aus dem Jahre 1844*를 집필했는데, 이 저작은 이미 의식적으로 마르크스주의의 세 원칙과 세 구성 부분의 형성을 내포했다. 이 초고의 대상은 부르주아사회와 그 법칙성을 연구하는 것이었다. 이 저작에서는 자본, 소외된 노동, 지대, 사유재산과 노동, 사유재산과 공산주의, 욕구와 생산, 그리고 분업, 화폐 등과 같은 사회적 관계들이 다루어졌다. 마르크스는 '소외'Entfremdung라는 범주 속에서 자본주의적 착취 관계의 여러 측면을 성찰하고 있으며, 공산주의에 대한 통찰을 서술하고 있다. 여기서 부르주아사회를 분석하기 위한 싹이 마련되었는데, 이 싹은 그 후『신성가족』과『독일이데올로기』그리고『공산당선언』을 거쳐『자본론』에 이르기까지 계속 이어진다(한국철학사상연구회 1989, 348).

마르크스는 소외와 소외된 노동이라는 범주의 본질을 드러냄으로써 부르주아 국민경제학에 대한 비판의 주요 내용을 제시했다. 그는 자신의 개념들을 구성하기 위해 국민경제학 자체에서 인식된 '눈앞의 국민경제적 사실', 즉 노동자는 더 많이 생산하면 할수록 그만큼 더 가난해진다는 사실에서 출발했다. 마르크스는 곧바로 인간의 사회적 삶에 관심을 기울이면서 생산수단의 사적 소유에 따라 규정되는 사회적 삶의 조건들에서 소외의 근원을 찾았다. 그는 소외를 무엇보다 인간의 삶과 노동의 조건들, 인간의 활동과 관계의 결과가 서로에게 낯설고 적대적인 외적 힘으로 표현되는 인간의 사회적 교류 형태, 사회적 관계의 한 형태로 취급했다. 그의 견해에 따르면, 소외는 사유재산제도에서 직접적으로 기인한다. 경제 영역에서 생기는 소외는 사회적 관계의 다양한 물질 영역과 궁극적으로는 정신 영역에서 생기는 다른 형태의 소외를 낳는 근거를 이룬다는 것이다(마르크스-레닌주의연구소 1989, 92~93에서 재인용).

이처럼 마르크스주의 창시자들은 여러 가지 저술을 통해 관념론을 비판하면서 변증법적 유물론과 역사적 유물론을 정립했다. 변증법적 유물론은 세계의 보편적인 운동 법칙과 발전 법칙을 탐구하되 객관적인 실재를 목적의식적으로 인식하고, 그 결과를 사회적 실천에 적용하는 데서 그 법칙들이 어떤 인식론·방법론적 의의를 갖는지를 해명했으며, 이를 바탕으로 세계의 물질적 통일성을 설명하고자 했다.

마르크스주의적 변증법적 유물론은 세계의 모든 현상을 그 자체로부터, 다시 말해 소원하고 초자연적인 힘을 끌어들이지 않고 세계의 내재적인 운동 법칙과 발전 법칙으로부터 설명한다. 이런 유물론적 견해는 과학의 발전과 인간 실천의 발전에 일치시켜, 객관적 실재가 인간 의식 밖에 독립해서 존재하며 그것 자체의 내재적인 법칙에 따라 운동하고 변화해 발전한다는 사실, 그리고 인간과 인간 의식이 객관적 실재의 자연사적 발전의 산물이라는 사실로부터 출발해 인간이 세계를 인식하고 이를 기초로 해서 세계를 실천적으로 장악해 변혁시킬 수 있는 조건과 법칙성들을 제시한다고 주장한다(한국철학사상연구회 1989, 354).

유물론적 변증법의 원리와 범주들은 객관적 실재와 그것이 의식에 반영되는 보편적 관련성을 발전의 관점에서 해명하려 했다. 이를테면 본질과 현상, 인과성과 상호작용, 양과 질, 가능성과 현실성, 우연성과 필연, 대립물의 통일과 투쟁 등이 그것이다.

유물론적 변증법은 그것에 바탕을 둔 역사적 유물론의 형성과 발전으로 이어졌는데, 역사적 유물론은 인간의 실제적인 삶의 과정, 실천적인 삶의 활동에서 시작했으며 역사적 유물론이 중시하는 삶의 활동은 물질적 생산과정과 재생산 과정 그리고 그것의 구체적인 역사적 형태로부터 생겨나는 계급투쟁이었다.

마르크스 자신은 역사적 유물론의 근본 사상을 다음과 같이 설명하고 있다.

인간은 자신들의 생활을 사회적으로 생산하는 가운데 자기들의 의지로부터 독립되어 있는 일정한 필연적 관계들, 즉 자신들의 물질적 생산력의 일정한 발전단계에 조응하는 생산관계에 들어선다. 이런 생산관계들의 총체가 사회의 경제적 구조, 즉 그 위에 법률·정치적 상부구조가 세워지고, 일정한 사회적 의식 형태들이 그것에 조응하는 그런 실재적 토대를 이룬다. 물질적 생활의 생산방식이 사회·정치·정신적 생활 과정 일반을 규정한다. 인간의 의식이 그들의 존재를 규정하는 것이 아니라 거꾸로 그들의 사회적 존재가 그들의 의식을 규정한다. 사회의 물질적 생산력은 그 발전의 특정단계에서, 지금까지 그것들이 그 내부에서 운동해 왔던 기존의 생산관계들 혹은 이 생산관계들의 법률적 표현일 뿐인 소유관계들과의 모순에 빠진다. 이런 관계들은 생산력의 발전 형태로부터 그것의 족쇄로 변화하고 전화한다. 그때에 사회혁명의 시대가 도래한다. 경제적 기초의 변화와 더불어 거대한 상부구조 전체가 서서히 또는 급속하게 변혁된다(마르크스·엥겔스 1992, 477~478).

3. 마르크스주의 정치경제학

마르크스주의 변증법적 유물론과 역사적 유물론은 개별 과학과 갖는 관계를 해명하기 위한 연구 작업으로 진전되었다. 마르크스주의 철학은 특히 마르크스주의 정치경제학의 형성과 노동자계급이 소유한 국제적 경험의 일반화와 밀접히 결합되어 발전했다. 이 시기 마르크스주의 철학의 창조적 작업은 다음과 같은 저술에 담겨졌다. 『정치경제학 비판 요강』*Grundrisse der Kritik der politischen Ökonomie*(1857~1858년의 초안), 『정치경제학 비판』*Zur Kritik der politischen Ökonomie*(1859년), 『자본론』(1861~1863, 1863~1865년)을 위한 광범위한 습작과 예비 저작, 마르크스와 엥겔스의 서신 교환, 제1인터내셔널의 정관과 규약, 특히 마르크스의 주저인 『자본론, 정치경제학 비판』*Das Kapital, Kritik der politischen Ökonomie* 등이 그것이다.

『정치경제학 비판 요강』은 마르크스가 『정치경제학 비판』과 『자본론』을 쓰기 이전에 경제학 연구를 통해 이룩한 저작이었고, 다방면에 걸친 경제학의 분석을 방대하게 모아 놓은 작품이었다. 마르크스는 1857년 8~9월에 『정치경제학 비판 요강』의 서문을 썼다. 그는 서문에서 그가 1857년 가을에 이르기까지 정치경제학 연구로부터 얻은 성과를 제시했다. 그의 연구 성과는 자본주의 사회구성체의 객관적 법칙성을 연구하고 서술하는 방법으로서 변증법에 관한 인식이었다. 그는 18세기 계몽주의자의 역사철학과 유토피아사회주의자의 역사철학을 논박했다. 그는 18세기와 19세기 부르주아 정치경제학이 갖는 철학적 토대와 비판적으로 대결했다. 그는 영국과 프랑스의 계몽주의 철학자들을 하나하나 지칭하지는 않았지만, 그들의 인식론이 갖는 한계와 제약을 설명했다. 특히 주목되는 것은 변증법적 방법론과 관련해 헤겔의 객관적 관념론·인식론과 대결했다는 사실이다. 이 밖에도 서문에서 다루어진 것으로는 변증법적 논리학 문제, 마르크스주의 반영론 문제, 유물론적 인식론 문제, 역사적 유물론의 근본 문제, 토대와 상부구조의 변증법, 예술과 문학에 관한 유물론적 이해 등이 다루어졌다(한국철학사상연구회 1989, 350).

마르크스는 또 서문에서 정치경제학의 문제, 경제적 현상들의 분석을 위한 방법을 프롤레타리아 세계관의 일반 철학적 문제들과 갖는 연관 속에서 다루었음을 예증한다. 그는 생산관계 속에서 사회적 발전을 위한 경제적 토대를 설명했다. 정치와 이데올로기적 상부구조의 영역에 속하는 과정들에 대해 꾸준히 관심을 보였으며, 이 과정들이 토대에 종속된다는 점과 반대로 그런 과정들이 토대에 미치는 역작용을 연구했다(마르크스-레닌주의연구소 1989, 457).

『정치경제학 비판 요강』에는 『자본론』 어디에서도 찾아볼 수 없는 토지소유, 임노동, 국제무역, 세계시장 등에 관한 매우 중요한 논점들이 서술되어 있다. 또 마르크스주의 이론 발전에서 크게 기여한 것으로는 가치론, 잉여가치론, 화폐론 등의 내용이다. 특히 불변자본(C)과 가변자본(V)을 엄밀히 구분한 내용, 상품의 가치를 불변자본(S)과 가변자본 그리고 잉여가치의 합계로서 표시한 내용, 자본의 순환 주기를 단축함으로써 연간 잉여가치의 양을 증대시킨다는 내용, 잉여가치를 절대적 잉여가치와 상대적 잉여가치로 구분한 내용, 이윤율의 균등화에 대한 이론 등이 그것이다(만델 1990, 119~122). 그리고 마르크스는 『정치경제학 비판 요강』에서 상품과 화폐, 사용가치와 교환가치, 자본과 임노동, 노동시간과 여가, 노동과 부 등의 문제에 대한 깊은 연구 결과를 수록했다. 그런 점에서 『정치경제학 비판 요강』은 『자본론』의 기초 형태이자 초안으로 볼 수 있다.

마르크스는 『정치경제학 비판 요강』에 이어 1859년에 『정치경제학 비판』을 발표했다. 이 저술의 서문에서 마르크스는 앞에서 본 내용과 같은 유물론적 역사관의 기본 법칙을 서술했다. 마르크스가 유물론을 사회와 역사 연구에 확대 적용함으로써 유물론은 일관되게 과학적인 모습을 갖게 되었다. 유물론적 역사관은 정치경제학에서 필수적인 이론 전제였다. 그런가 하면 다른 한편으로는 정치경제학이 심화됨으로써 역사적 유물론도 더욱 발전하게 되었다(한국철학사상연구회 1989, 350).

『정치경제학 비판』에는 '상품'과 '화폐 또는 단순 유통'이라는 두 개의 장이 포함되어 있다. 상품을 다룬 장에서 마르크스는 단순한 상품 형태 속에 내재하는 자본주의적 생산의 모순 성격을 해명함으로써 부르주아사회의 경제학적 범주들에 대한 분석과 비판 작업을 하는 데 이론적 기초를 놓았다. 그는 상품을 사용가치와 교환가치의 모순되는 통일체로 규정했으며, 사용가치는 사물의 유용성을 말하며 그것은 구체적 노동을 통해 생겨난다고 했다. 이에 반해 교환가치는 경제적 관계를 반영하는 것으로서 그것은 가치의 실체를 구성하는 추상·보편적 노동에 따라 규정된다고 설명했다.

화폐 또는 단순 유통을 다룬 장에서 마르크스는 화폐도 다른 모든 상품과 마찬가지로 노동의 산물이며, 그렇기 때문에 화폐는 합의된 가치 또는 가정된 가치가 아니라 철저하게 실제의 가치를 갖는다고 했다. 화폐는 가치를 표현하는 완결된 최상의 형식으로서, 상품 속에 근거를 두고 있는 구체적 노동과 추상적 노동 사이의 모순, 사용가치와 교환가치 사이의 모순이 발전되면서 생겨나게 되었고, 화폐는 그 속에서 사적 노동이 사회적 노동으로 바뀐 형식이라고 설명했다(마르크스-레닌주의연구소 1989, 468~470).

『정치경제학 비판』이 나온 지 8년 뒤인 1867년 9월 14일, 『자본론, 정치경제학 비판』이 출간되었다. 『자본론』은 마르크스가 수행한 연구 업적을 집대성한 것이며, 과학적 사회주의의 길잡이 구실을 했다. 마르크스는 책 출간과 관련해 "건강과 인생의 행복, 가족을 바쳤다"고 술회했다. 마르크스의 아내 예니 마르크스는 "나는 그 책에 얽힌 뒷얘기를 쓸 수도 있으나, 그렇게 되면 그 이야기는 끝없이 많은 근심 걱정과 고통을 생각나게 할 것이다"면서, "노동자들이 오로지 그들을 위해 그리고 그들의 이해관계 속에서 집필된 이 책을 완성하는 데 들인 희생을 감지해 주기"를 바랐다. 노동자계급은 한 천재의 손에서 강력한 정신적 무기를 넘겨받았다(마르크스-레닌주의연구소 1989, 577에서 재인용).

마르크스가 자본론을 준비하면서 수행했던 작업이 얼마나 방대했던가를 알려면 먼저 많은 양의 유고와 수고, 방주傍註, 서신 교환 등을 조사해 보면 알 수 있다. 그의 분석 대상은 자본주의 생산과정의 본질, 자본의 유통과정, 자본의 총과정, 인간과 자연의 물질대사, 이데올로기 비판, 인간상像, 잉여가치와 그 역사 등에까지 이르렀다. 그뿐만 아니라 그는 사회학, 기술,

공학적 문제들을 연구했고 수학과 자연과학을 연구했으며, 역사적 과정과 농업경제를 분석했는가 하면, 헤겔 철학과 재대결했으며, 헤겔의『논리학』 Wissenschaft der Logik에 특별히 주목하기도 했다.『자본론』을 포함한 마르크스주의 경제 연구는 최초로 사회구성체의 구조(경제적 토대, 이데올로기적 상부구조, 생산력, 생산관계 등)를 규명했으며, 사회구성체의 여러 요소 간의 상호관계를 탐구했다(한국철학사상연구회 1989, 350~351).

『자본론』의 구성은 크게 자본의 생산과정, 자본의 유통 과정, 자본주의적 생산의 총과정, 잉여가치학설사의 체계를 이루고 있다. '자본의 생산과정'에서는 상품과 화폐, 화폐의 자본으로의 전화, 절대적 잉여가치의 생산, 상대적 잉여가치의 생산, 절대적·상대적 잉여가치의 생산, 임금의 기본형태, 자본의 축적 과정, 자본주의적 축적의 역사적 경향 등을 다루었다.

'자본의 유통 과정'에서는 자본의 변형과 그 순환, 자본의 회전, 사회적 총자본의 재생산과 유통이 분석·연구되었다. '자본주의적 생산의 총과정'에서는 잉여가치의 이윤으로의 전화와 잉여가치율의 이윤율로의 전화, 이윤의 평균이윤으로의 전화, 이윤율의 경향적 저락의 법칙, 상품자본과 화폐자본의 상품 취급 자본과 화폐 취급 자본으로의 전화, 이자와 기업자 이득에의 '평균'이윤의 분열, 이자를 발생시키는 자본, 초과이윤의 지대로의 전화, 수입과 그 원천 등이 연구되었다.

그리고 '잉여가치론'에서는 부르주아 정치경제학의 발전을 그 성립기에서부터 절정(리카도의 이론)에 이르기까지 분석하고, 프롤레타리아트와 부르주아지 사이의 계급투쟁이 첨예화되면서 어떻게 속류화되었는가를 보여주었다.

마르크스는『자본론』을 통해 상품에서 시작해 부르주아사회의 모든 범주를 분석하면서 일관성 있게 역사주의적 방법과 원칙을 적용했다. 정치경제학의 역사에서 처음으로 그는 가치형태의 근원과 성립 과정을 연구했으며, 화폐 형태의 기원과 자본으로의 전화를 추적하고, 가치법칙의 독특한 역사적 본질, 단순 상품생산에서 행해지는 가치법칙의 작용 방식과 자본주의에서 이루어지는 그것의 작용 방식 사이의 차이를 밝혀냈다.

한편, 마르크스는 부르주아사회의 복잡한 범주들은 물론이고 기본적 범주들의 역사적 본질을 설명하고, 이를 통해 자본주의적 생산양식이 자연적으로 주어진 사회적 생산의 영원한 형태일 수 없으며, 역사가 흐름에 따라 사멸해 갈 것이라고 주장했다. 또 그렇기 때문에 자본주의적 생산양식의 법칙이 결코 자연을 지배하는 법칙들과 동일시될 수 없다고 설명했다. 마르크스는 자본주의를 역사적으로 분석한 다음에야 비로소 미래 사회의 몇 가지 기본적 특징들을 과학적으로 예고했다(마르크스-레닌주의연구소 1989, 623~ 624에서 재인용).

마르크스는 미래 사회의 모습을 구체적으로 기술하지는 않았지만, 자본주의의 기본 모순(자본주의적 생산의 사회적 성격과 생산 결과물 전유의 사적 행태 사이의 모순)과 자본주의사회에서 나타나는 불가피한 현상들 ─ 사회적 생산의 무정부성, 격심한 경쟁, 주기적으로 반복되는 경제공황, 과학과 기술의 인류 복지 향상에 역행하는 이용 실태 등 ─ 은 자본주의적 생산관계 내에서 생산력 발전에 대해 질곡 구실을 한다고 보았다. 마르크스는 자본주의적 생산양식 발전 자체가 불가피한 자본주의 몰락의 물질적 전제를 만들어 내게 되고 자본주의는 사회 발전의 다음 단계로 이행하게 되는데, 이런 이행은 노동자계급이 전개하는 변혁운동의 결과로 획득되는 권력 장악을 필요로 한다고 했다.

마르크스가 상정하는 사회변혁의 내용은 이렇다. 사회주의혁명은 가장 중요한 생산수단들에 대한 사회적 소유제를 확립한다. 그리하여 생산자와 생산 조건의 통일이 회복되고, 더 이상 생산 대중은 생산 조건에서 소외되지 않으며, 생산은 계획적이고 조직적인 성격을 획득한다. 공산주의사회의 기본 원리이자 주요 목적은 다름 아닌 '개개인의' 완전하고 자유로운 발전인데, 이 발전은 '인간 사회의 의식적 재구성을 전제로 하는 것'이라고 했다(마르크스-레닌주의연구소 1989, 615~616에서 재인용).

4. 『공산당선언』과 변혁운동의 조직화

마르크스는 철학과 정치경제학에 관한 연구와 저작을 진행하는 가운데서도 국제노동운동의 발전을 위해 헌신적으로 노력했으며, 각국에서 벌어지는 혁명투쟁과 인민 봉기에 대해 직간접적으로 관여하면서 집필 활동을 전개했다. 그런 점에서 "마르크스는 위대한 학자인 동시에 무엇보다도 열정적인 혁명가였다. 물론 그는 과학을 최대의 혁명적 추동력으로 평가했다. 그의 삶의 주요 목표와 원칙은 자본주의 붕괴와 사회주의의 승리를 위해 노동운동과 혁명투쟁의 조직화를 촉진시키는 것"이었다는 평가(마르크스-레닌주의연구소 1989, 15~16)는 상당한 설득력을 갖는다.

1848년 1월 마르크스와 엥겔스는 공산주의자동맹의 위탁을 받아 『공산당선언』*Manifest der Kommunistischen Partei*을 저술했다. 『공산당선언』은 "하나의 유령이 유럽을 떠돌고 있다. ― 공산주의라는 유령이. 옛 유럽의 모든 세력이 연합해 이 유령을 잡기 위한 성스러운 몰이사냥에 나섰다. 교황과 차르, 클레멘스 메테르니히와 프랑수아 기조, 프랑스의 급진파와 독일의 경찰들이. 정권을 잡은 반대파들에게서 공산주의적이라고 비난받지 않은 야당이 있으며, 좀 더 진보적인 반대파나 반동적인 적수들에게 공산주의라는 낙인을 찍으며 비난하지 않는 야당이 어디 있는가"로 시작해, "프롤레타리아들은 공산주의 혁명에서 자신들을 묶고 있는 족쇄 외에는 잃을 것이 없다. 그들에게는 얻어야 할 세계가 있다. 만국의 프롤레타리아여, 단결하라!"로 끝을 맺는다(마르크스·엥겔스 2002, 13; 60). 『공산당선언』은 1장과 2장에서 과학적 사회주의에 대한 이론적 원리에 대한 해설을, 3장에서는 비非프롤레타리아적인 사회주의의 다양한 경향에 대한 비판을, 그리고 결론에 해당하는 4장에서는 각국의 노동자계급이 보인 투쟁의 특징들을 정식화했다.

『공산당선언』에서 마르크스와 엥겔스는 자본주의의 성립과 발전에 관한 그림을 제시하고 그것의 내적 모순과 확대·심화되어 가는 부르주아지와 프롤레타리아트 사이의 계급 대립을 설명했다. 또 사회주의가 도래하면서 자본주의가 필연적으로 해체된다는 점과 이 과정에서 노동자계급이 혁명적 역할을 담당한다는 사실을 강조했으며, 사회주의사회의 발전 전망을 과학적으로 밝히려 했다. 그런 점에서 『공산당선언』은 과학적 사회주의의 출생신고서이며, 세계노동운동의 중요한 강령이라 할 수 있다(한국철학사상연구회 1989, 356).

마르크스와 엥겔스는 공산주의사회에서 총체적인 인간관계가 지니게 될 인간주의를 강조했다. 개인의 진정한 자유, 개인의 이해와 사회의 이해 사이의 조화로운 통일이 실현될 것이라고 설명했다. 공산주의사회는 동등한 권리를 지닌 노동자들의 형제적 결합체이며, 그 안에서는 각자의 자유로운 발전이 모든 사람의 자유로운 발전을 위한 조건이 된다고 했다.

1848년과 1849년 유럽 혁명과 그 이후 기간에 걸쳐 마르크스와 엥겔스는 노동자계급이 벌이는 투쟁의 전술 문제를 다루었고, 유물론적 역사관과 과학적 사회주의 이론을 더욱 발전시켰다. 이 무렵에 나온 중요한 저술은 『1848~1850년까지의 프랑스 계급투쟁』*Die Klassenkämpfe in Frankreich 1848 bis*

1850(1850년, 이하『프랑스 계급투쟁』)과『루이 보나파르트의 브뤼메르 18일』 *Der achtzehnte Brumaire des Louis Bonaparte*(1852년, 이하『브뤼메르 18일』)이었다.

마르크스는『프랑스 계급투쟁』에서 1848년 프랑스 부르주아민주주의 혁명의 원인과 성격, 그리고 그 과정을 분석했다. 토대와 상부구조의 연관, 사회생활에서 경제적 토대의 규정적 역할, 계급투쟁과 당파 투쟁이 지니는 의미, 역사에서 혁명적 변혁이 차지하는 위치와 인민대중의 결정적 역할, 역사 과정에서 국가와 사회 이념의 성격 등에 관한 역사적 유물론의 원칙들을 구체적이고 발전된 형태로 서술했다. 말하자면 마르크스는 유물사관을 보편적 틀로서가 아니라 구체적 분석을 위한 지침으로 사용했다. 마르크스는 또한 자신의 저작에서 혁명의 시기는 합법칙성과 지대한 의의를 지닌 사회 발전 과정이며, 사상과 사회 진보에서 혁명은 막강한 추동력이라는 사상을 폈다. 그는 혁명을 "역사의 기관차"라고 비유적으로 묘사했다(마르크스-레닌주의연구소 1989, 329~330).

『브뤼메르 18일』을 집필하는 동안 마르크스는 매우 어려운 지경에 놓여 있었다. 1851년 1월 내내 심하게 아팠으며, 2월에는 자기 옷가지를 저당 잡혀야 할 정도로 경제 형편은 극도로 악화되었다. 그런데도 그는 헌신적으로 일에 매달렸다.

마르크스는 보나파르트의 쿠데타를 부르주아지의 반혁명적 성격이 강화됨으로써 발생한 결과로 보았다. 보나파르트 체제는 부르주아지가 일반적인 의회주의적 방법으로는 더 이상 지배를 할 수 없고, 프롤레타리아트 역시 반혁명적 음모에 성공적으로 맞서기에는 너무 약했던 계급 사이의 세력 관계 소산이었다고 설명했다.

한편, 마르크스는 프랑스 사회에서 가장 큰 비중을 차지하는 농민의 처지와 혁명과 보나파르트 쿠데타에 대한 그들의 처지에 대해 큰 주의를 기울였다. 그는 농민들이 정치적으로 뒤떨어져 있고 억압당하며, 도시의 정치적·문화적 삶에서 고립되어 있기 때문에 보나파르트를 지지한다고 설명했다. 마르크스는 농민이 사회적 이중성, 즉 두 가지 형태의 세계관 — 혁명적인 경향과 보수적인 경향 — 이 있다고 지적했다. 세상은 농민들이 분할지와 거기에서 기인하는 전통적인 생존 조건을 유지·강화하기 위해 노력하도록 만들었을 뿐만 아니라 동시에 그와 대립하는 경향, 즉 이런 조건에서 벗어나려는 경향을 농민들 사이에 불러일으켰다는 것이다. 그는 농민들이 "부르주아적 질서의 타도를 과제로 삼고 있는 도시 프롤레타리아트 속에서 자신의 자연스러운 동맹자와 지도자를 발견한다"고 썼다. 아울러 프롤레타리아 혁명이 농민들 속에서 '합창'을 듣게 될 것이며, "그 합창이 없다면 프롤레타리아트의 독창은 모든 농업국가에서 조가弔歌가 될 것"이라고 강조했다(마르크스-레닌주의연구소 1989, 359~360).

1864년 이후 마르크스는 국제노동자협회(제1인터내셔널)를 위해 열정적으로 활동했다. 그는 이 조직의 창립 선언과 규약을 작성했는데, 이것은 노동자계급의 투쟁 전략과 전술을 설정한 주요 저작이었다. 마르크스는 선언과 규약을 통해 "노동자계급의 해방은 노동자계급 스스로 획득해야만 한다"며, 노동자계급의 해방이 그들 자신의 일일 수밖에 없다는 견해를 뒷받침했다. 이것은 동시에 그가 동시대의 라살레주의, 바쿠닌주의, 프루동주의, 노동조합주의 등을 정치적으로나 이데올로기 면에서 해명하는 과정의 출발점이기도 했다. 이런 해명 과정은 독일 노동운동에 대해서도 특별한 의미를 갖고 있었다. 왜냐하면 그것은 혁명적 노동자 당의 형성을 촉진했기 때문이다(한국철학사상연구회 1989, 351).

1870년과 1871년은 세계사적 의미를 갖는 사건들로 점철되었다. 프랑스와 독일의 지배계급은 프로이센-프랑스전쟁을 일으켰다. 이 전쟁에서 패배한 프랑스에서는 파산 직전에 이르렀던 제2제정이 드디어 붕괴되었고, 계급적 대립이 극단적으로 날카로워졌다. 1871년 3월 18일에는 '파리코뮌'이 선언되어, 역사상 최초의 프롤레타리아국가가 수립되었다. 이에 마르크스는 "프랑스 내전"Der Bürgerkrieg in Frankreich이라는 글을 코뮌에 바친다. 마르크스주의 시대사 서술의 이 뛰어난 증언은 영웅적으로 투쟁한 민중들을 위한 기념비적 구실을 했다(한국철학사상연구회 1989, 347).

이 고전적 저서는 프롤레타리아독재를 수립하려 한 최초의 시도이자 미래 사회주의국가의 원형인 파리코뮌의 역사적 의미를 제시하고 있다. 마르크스는 코뮌이 생산 대중들의 이익을 실제적으로 대변하고 옹호했으며, 피착취 다수 인민을 지지 기반으로 모든 활동을 꾸려 나간 역사상 최초의 국가였다고 설명했다. 이 국가가 지닌 일관된 민주주의적 성격 — 피선거권과 소환권, 모든 권력기관과 공무원들의 인민에 대한 보고 의무, 군사력(국민군)의 구성과 조직, 행정·사법 제도 및 복지 제도 등에 나타난 진정한 민주주의적 원칙들 — 은 바로 그것의 프롤레타리아적 본질에서 나온 것이라고 보았다. 이 국가는 어느 곳에서든 관료주의를 척결하고 관료가 인민 위에 군림하는 특권을 철폐하고자 노력했다고 설명했다.

마르크스는 또 코뮌에서는 프롤레타리아혁명의 국제주의적 본질과 부르주아적 민족주의, 국수주의에 대한 비타협성이 명백하게 드러났다고 했다. 그 최초의 노동자 국가는 자신의 과업을 생산 대중들의 국제적 해방운동과 동일시했다. 코뮌의 전체 활동은 프롤레타리아혁명이 지닌 민주주의·사회주의적 과제들의 통일성과 국가·국제적 목표를 설득력 있게 보여 주었다는 것이다(마르크스-레닌주의연구소 1989, 732~733).

마르크스는 파리코뮌의 성과를 설명하면서 파리 노동자들이 지닌 참된 휴머니즘에 대해 높은 찬사를 보냈다. 그들은 전쟁과 파괴의 한가운데서 넉

달 동안 포위되어 있으면서도 영웅적으로 새로운 사회질서를 건설하기 시작했으며, 겸손과 근면 그리고 참된 자기희생을 통해 자신들의 역사적 사명을 성취했다는 것이다. "일하고, 생각하고, 투쟁하고, 피 흘리며 역사적 선구자로서의 감격 속에서 빛을 발하고 있는 파리"라고 표현했다.

마르크스의 마지막 저술 가운데 하나가 1875년에 출간된 『고타강령 비판』*Kritik des Gothaer Programms*이었다. 이것은 1875년 독일 고타에서 열린 전독일노동자연맹과 사회민주노동당의 합동 대회에서 채택된 사회노동당의 강령을 비판한 것이다. 마르크스는 특히 고타강령에 수용된 라살레주의와 대결하면서 다음과 같은 문제들을 다시 한번 제기했다. 사회주의혁명의 필연성, 자본주의에서 공산주의로 가는 이행기, 이 이행기의 국가 유형으로서 프롤레타리아트의 혁명적 독재, 공산주의사회의 두 단계, 그 각 단계에서의 사회적 생산물의 생산과 분배, 프롤레타리아 국제주의 본질 등이 그것이다.

마르크스는 인간 역사의 발전 법칙뿐만 아니라 자본주의 생산양식의 특수한 운동 법칙도 구명究明했다. 그렇게 함으로써 그는 프롤레타리아트에게 그들의 처지와 욕구를 과학적으로 의식할 수 있도록 이끌기 위해 노력했으며, 그들에게 요구되는 해방 투쟁의 조건과 목표를 통찰할 수 있도록 도우려 애썼다. 노동자계급의 역사적 사명을 실현하는 데 협력하는 것, 이것이 바로 그의 진정한 필생의 직무였다(한국철학사상연구회 1989, 351~352).

다음으로 마르크스주의 창시자의 한 사람인 엥겔스의 저작과 사상에 관해 살펴본다. 엥겔스는 1844년 이래 마르크스와 친분 관계를 유지하면서 마르크스주의를 공동으로 완성하는 데 일생을 바쳤다. 엥겔스는 마르크스와 함께 철학, 정치경제학, 과학적 사회주의 등 마르크스주의의 근본적인 구성을 발전시키는 데 이바지했으며, 변증법적 유물론과 역사적 유물론의 토대를 확립함으로써 인류의 철학적 사유에 일대 변혁을 일으켰다.

엥겔스는 마르크스와 공동으로 연구하고 저술한 저작 말고도, 엥겔스 독자적으로 발표한 주요 저술도 여럿 있다. 엥겔스의 저작을 중심으로 그의 사상체계를 살펴보는 것은 마르크스주의를 이해하는 데 필수적일 것으로 보인다.

먼저 1845년에 발표한 『영국노동계급의 상태』*The Conditions of the Working Class in England*에서 엥겔스는 생산력 이론의 기본 요소들을 논급했으며, 영국에 있어서 노동자계급의 상태를 그 발생의 구체적인 상황뿐만 아니라 그들이 겪어야 했던 온갖 고통과 울분, 그리고 자신들의 처지를 극복하기 위한 투쟁 과정을 사회 현실에 대한 직접적인 참여와 실천을 통해 서술했다. 이 저작은 단지 노동자계급의 비참한 처지와 그 상태에 대해 생생하게 고발하는 데 그치지 않았다. 엥겔스는 "노동자계급의 상태는 노동운동의 직접적인 토대이자 출발점이다"고 주장하면서, "노동자계급이 진정으로 노동자계급인 것은 그들이 자본가계급과 마주할 때이다"라고 강조했다. 이것은 완전한 의미의 계급이란 그들이 단지 경제·사회적 범주로서만 그치지 않고 스스로의 계급적 역량을 획득했을 때 비로소 가능하다는 것을 의미한다(엥겔스 1988, 352~354).

엥겔스는 프롤레타리아트가 고통당하는 계급일 뿐만 아니라 바로 그들이 처한 굴욕적인 경제적 상황 때문에 주저함 없이 그들의 궁극적인 해방을 위해 앞장서 싸우며, 또한 그렇게 하지 않을 수 없는 사실을 밝힌 최초의 인물이었다(한국철학사상연구회 1989, 861).

엥겔스는 1876~1878년 『오이겐 뒤링씨의 과학 변혁』*Herrn Eugen Dührings Umwälzung der Wissenschaft*(이하 『반뒤링론』)을 발표했는데, 이 저작은 마르크스주의 창시자들이 쓴 글들 가운데서도 중요한 작품으로 평가되고 있다. 이 저작에서 엥겔스는 철학·정치경제학·과학적 사회주의 분야에서 그 당시까지 이룩된 마르크스주의의 모든 중요한 이론 성과를 총괄해 체계적으로 서술했다.

또 엥겔스는 1871년부터 『자연변증법』*Dialektik der Nature*을 집필하기 시작했지만 완성하지는 못했다. 이 저작은 1925년에야 소련에서 출판되었다. 엥겔스는 이 저작에서 자연과학사의 풍부한 자료를 통해 자연과학의 발전이 궁극적으로 실천, 즉 생산의 요구에 따라 제약되어 왔으며, 지금도 제약되고 있다고 설명했다. 그는 철학과 자연과학의 상호 관계를 다방면으로 연구해 이들의 불가분한 관계를 밝혔으며, 신비주의로부터 해방된 변증법이 자연과학을 위해 절대 불가결하게 될 것이라는 점을 증명했다. 이 저작에서 엥겔스는 유물론과 변증법을 심화시키고 물질의 운동 형태를 분류했으며 유물론의 기본 법칙을 정식화했다. 그리고 그는 이 법칙들이 자연의 현실적인 발전 법칙이며 따라서 이론적인 자연 연구에도 타당하다고 주장했다(한국철학사상연구회 1989, 862).

1880년에 엥겔스는 『반뒤링론』 가운데 세 개의 장을 모아 "유토피아에서 과학으로의 사회주의 발전"Die Entwicklung des Sozialismus von der Utopie zur Wissenschaft 이라는 소책자를 내놓았다. 이 소책자는 사회주의 발달사의 개요이며, 유물론적 변증법을 적용한 본보기였다. 이 저작은 변증법적 유물론과 역사적 유물론에 대한 대중적 입문서로 평가받고 있다. 이 책은 마르크스주의 저술 가운데 가장 많이 번역된 책이 되었다. 그 가장 큰 이유는 바로 이 책이 사회주의를 건설해야 하는 노동자계급의 세계사적 임무를 간결하지만 탁월하고 인상 깊게 해명했기 때문이다(한국철학사상연구회 1989, 862).

엥겔스는 1884년에 『가족, 사유재산 및 국가의 기원』*Der Ursprung der Familie, des Privateigentums und des Staats*을 출간했는데, 이 저작은 '전前 자본주의 사회구성체에 대한 역사적 유물론에 기초한 분석'으로 평가되었다. 엥겔스는 특히 원시사회에서 노예제사회로 이행한 과정을 해명했으며, 계급과 국가의 합법칙적인 성립과 발전을 설명했다. 또 이 저작은 마르크스주의가 밝힌 사회 발전의 보편적인 법칙을 확증하는 데 그치지 않고, 더 나아가 가족의 역사를 서술하고 사회 내에서 여성이 맡아 온 역사적 지위도 해명했다. 엥겔스는 착취 국가의 계급적 본질과 억압의 기능을 잘 설명했으며, 프롤레타리아 독재의 필연성도 강조했다.

1888년 엥겔스는 거의 마지막 저술에 해당하는 『루트비히 포이어바흐와 독일고전철학의 종말』Ludwich Feuerbach und der Ausgang der klassischen deutschen Philosophie을 발표했다. 이 저작은 '마르크스주의의 철학적 원천', 그 가운데서도 특히 헤겔과 포이어바흐의 철학적 견해들을 인상 깊게 평가했다. 여기서 엥겔스는 마르크스주의 철학의 새로운 내용을 대중적으로 체계 있게 설명했으며, 변증법적 유물론과 역사적 유물론의 토대를 명확하게 설명했다. 엥겔스의 분석 핵심은 사회의식의 본질과 그 발현 형태들이었다. 그리고 그는 사회주의적 도덕과 윤리에 관한 견해들도 고찰했다.

엥겔스는 마르크스 사망 이후 『자본론』 제2권과 제3권을 완성해 출판했으며, 이를 통해 마르크스주의를 발전시키고 노동운동과 과학적 사회주의를 결합시키는 데 크게 이바지했다.

엥겔스는 뛰어난 사상가의 한 사람이었다. 그는 이론과 실천을 늘 통일시키려 노력했고, 그의 전全 생애와 작품에도 깊은 낙관주의와 투쟁하는 삶에 대한 긍정이 강하게 아로새겨져 있었다. 아우구스트 베벨은 그에 대한 기억을 다음과 같이 적고 있다.

개인적으로 보면 엥겔스는 포도주와 여자와 노래가 인생을 살맛나게 하는 양념 구실을 한다는 마르틴 루터의 표어를 좋아한 매력 있고 친절한 사람이었다. 아울러 그는 일에 있어서도 매우 열성적이었다. 그는 일흔을 넘긴 나이에도 불구하고 루마니아어를 배우고 매사에 활발한 관심을 보이는 등 죽는 순간까지 매우 부지런했던 사람이었다(한국철학사상연구회 1989, 866에서 재인용).

1870년대와 1880년대 이후 노동운동에 대한 마르크스주의의 영향력이 급속도로 확대되었으며, 마르크스와 엥겔스의 뒤를 이어 많은 이론가가 등장했다. 이들 이론가들은 마르크스주의를 발전시키고 완성시키는 데 적극적으로 참여했다. 마르크스주의 발전에 공헌했던 이론가들로는 칼 카우츠키, 아우구스트 베벨, 프란츠 메링, 로자 룩셈부르크, 칼 리프크네히트, 게오르기 플레하노프 등이 있다(한국철학사상연구회 1989, 356).

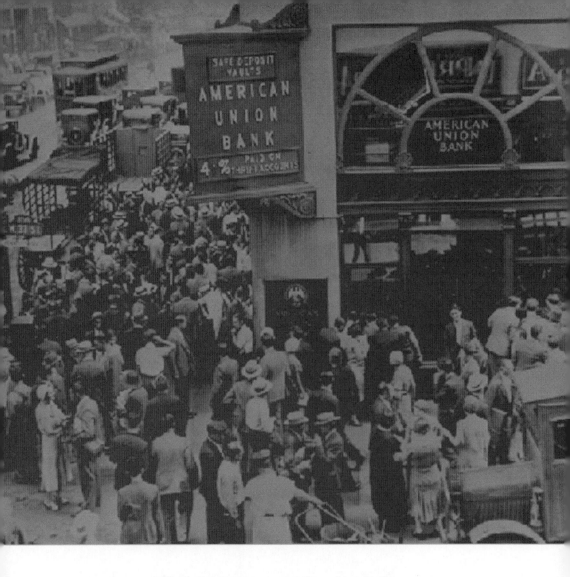

제4부 독점자본주의 단계의 노동운동

독점 단계로 이행한 자본주의

자본주의는 어떤 인격이나 제도가 아니다.
그것은 원하거나 선택하는 것이 아니다.
그것은 하나의 생산양식을 통하여 작용하는 논리,
즉 맹목적이고 집요한 축적의 논리다.

_미셸 보(보 1987, 173)

1870년대 이후 자본주의는 자유경쟁에서 독점으로 전화하는 과도기를 맞이했다. 국가에 따라 조금씩 다르기는 했지만, 1872~1873년 격심한 불황의 결과로 나타난 광범위한 카르텔[1]의 발전은 자유경쟁에 바탕을 둔 낡은 자본주의의 종말을 알리는 신호였다. 그러나 1870년대의 독점적 결합은 아직 확고한 것은 아니었고 매우 불안정했기 때문에 그 대다수는 1880년대 경기 동요와 공황의 타격을 받아 유지되지 못했다. 1890년대 말의 호황과 1900~1903년의 불황이 거듭되는 가운데, 유럽 각국에서 두 번째로 카르텔과 트러스트[2]의 물결이 세차게 일었다. 이에 따라 1900년을 전후한 10여 년간의 카르텔과 트러스트는 모든 경제생활의 바탕을 이루었다.

이렇듯 1800년대 말의 30년과 1900년대 초두의 경제적 특징은 아무래도 자본주의의 종횡 무진한 발전이었다. 이것은 여러 가지 요인이 작용한 결과였는데, 이를테면 독일과 이탈리아에서 진행된 분립성의 극복과 국민국가의 형성, 러시아에서 추진된 농노제 철폐, 미국에서 시행된 노예제 폐지, 그리고 일본에서 실행된 메이지유신 등이 그것이었다.

이 시기에 생산력의 발전은 매우 급속도로 진행되었다. 1870~1890년대에는 세계 공업생산고가 이전에 비해 두 배 이상 증가했고, 이와 더불어 공업생산의 구성에서도 급격한 변화가 일어났다. 종래의 산업구조 특징이 경

1_카르텔은 이윤의 확보·증대를 위해 동일 산업부문 내의 개별 자본들이 그 독립성을 유지하면서, 가격·판매 시장·생산량·특허의 교환·노동력의 고용조건 등에 관한 협정에 기초해 시장 지배를 목적으로 결합하는 기업연합을 말한다.

2_트러스트는 카르텔과 마찬가지로 자본이 집중·집적의 결과, 동일 산업부문에서 경쟁을 배제해 초과이윤을 획득하기 위해 형성된 독점의 한 형태다. 협정에 기초한 기업연합인 카르텔과 달리 자본 지배를 기초로 한 기업의 결합 형태다. 그래서 카르텔보다 시장 지배를 강화한 고차적인 독점적 형태이며, 기업합동으로도 불린다.

공업, 특히 섬유공업 중심이었던 데 비해 1870년대부터는 주도적 역할이 중공업 부문 — 철강, 기계제조, 그 밖의 중공업 — 으로 이행하기 시작했다. 새로운 산업들이 융성했고 생산기술 공정의 근본적 재편성이 진행되었다.

이와 같은 급속한 공업 발전은 과학기술의 발전과 밀접한 관련을 갖고 추진되었다. 기술혁신과 진보는 자본주의적 생산에서 일대 혁신을 이끌었는데, 산업 에너지 기반의 전환과 대규모 기계제 산업의 도입 등이 그런 것들이었다. 주요 에너지원은 석탄이었으므로 석탄 소비가 크게 증가했으며, 동시에 석유 채취도 증가하기 시작했다. 이전에는 석유가 주로 조명 목적으로 사용되었으나 내연 발동기가 보급되면서 석유의 수요가 점점 증가했다. 그 결과, 1870년의 경우 80만 톤에 지나지 않았던 세계 원유 산출고가 1900년에는 무려 1,950만 톤에 이르렀다(The USSR Academy of Sciences 1981, 35).

공업의 발달에서 큰 의의를 갖는 것이 철강업 발전이었다. 철강의 대량생산은 기계제조업의 급성장을 위한 기초를 만들었으며, 이에 따라 자본주의는 '철'의 세기에서 '강'의 세기로 이행했다. 다른 한편, 강력한 압연기의 사용으로 강판·강관·레일의 대량생산을 보장했고, 철도·운수와 해양·항운의 발달을 촉진했다. 그리고 전력의 이용은 금속가공의 새로운 방법을 가져왔고, 새로운 공업 부문을 창출했다.

이와 같이 1800년대 말에 급속하게 진행된 기술 진보는 결코 모든 나라에서 동일하게 나타난 현상은 아니었으며, 각국의 다양한 조건에 따라 실현되었기 때문에 각국 사이의 경제 발전 불균등성은 이전보다 훨씬 더 심화되었다. 이에 따라 유럽 대륙과 북아메리카 이외의 지역들, 즉 라틴아메리카나 아시아 국가들에서도 자본주의가 발달하기 시작했으나 세계 공업생산에서 차지하는 이들 나라의 비중은 극히 낮은 실정이었다.

1800년대 말 수십 년 동안 자본주의 생산방식은 점점 깊이 농업 분야로도 파고들었다. 특히 지주적 토지소유나 농민에 대한 반농노적 착취 형태 따위의 봉건적 잔재들 때문에 자본의 농업 부문 침투가 방해받지 않았던 국가들에서 그러했다. 소농 경영이 거의 존재하지 않았던 영국의 경우에는 농업 부문에서 자본주의적 관계가 훨씬 이전부터 확립되었다. 반대로 프랑스의 경우는 소농민적 토지소유가 우세했다. 폴란드, 독일 동부, 오스트리아, 이탈리아 남부, 러시아, 루마니아 등의 나라에서는 농업에서 진행된 자본주의 발전이 이른바 프로이센형의 여러 가지 변종, 즉 지주적 토지소유와 각종 반봉건적 제도가 잔존하는 가운데 이루어졌다.

유럽 국가들의 농업은 1875년부터 1800년대 말에 이르기까지 과잉생산 공황에 빠져들었다. 이에 따라 농업생산의 발전은 둔화되었고, 농업공황은 농민의 계층 분화를 촉진했다. 무거운 부채를 안게 된 영세 토지소유 농민들은 토지를 잃게 되었으며, 그 토지는 부농이나 경영주의 손으로 넘어갔다. 농업에 종사하는 수많은 대중의 구매력 저하는 공업공황을 빈발하게 하고 장기화로 연결되었다.

한편, 1800년대 말에서 1900년대 초에 걸쳐 진행된 기술 진보는 기업 설비를 위한 막대한 액수의 지출을 요구했다. 이를테면 용광로나 압연기, 화학산업 설비 등의 생산수단을 설치하는 데는 거액의 투자가 필요했다. 최신 기술의 도입은 경제적으로 유리했을 뿐만 아니라 생산능력 면에서도 고도의 집적을 이룩한 기업 쪽에 최대의 효과를 가져다주었다. 이런 사실을 두고 마르크스는 "모든 축적은 새로운 축적 수단이 된다"고 설명했는데, "자본으로서 기능하는 부의 양이 증대되면서 축적은 개별 자본가들의 수중으로 부의 축적을 증대시키며, 그리하여 대규모 생산의 토대와 진정한 자본주의적 생산방식의 토대를 확대시킨다"고 지적했다(마르크스 1989, 789).

높은 이윤율과 거액의 이윤을 성취한 대기업은 격심한 경쟁 속에서 낡은 기술을 유지한 소규모 기업에 비해 압도적 우위를 차지해 이들 소자본들을 몰락시켰다. 그러나 개별 자본의 축적 능력에는 한계가 있을 수밖에 없었다. 개별 기업의 이윤이 한정되고, 또 대부자본으로 생산의 확대가 가능하지만 이것도 이자 지불 조건 때문에 한계를 갖게 되었다.

　　이런 한계를 극복하기 위한 한 가지 방법이 자본의 집중[3]이다. 마르크스는 자본의 집중을 다음과 같이 설명했다.

　　집중은 산업자본가들에게 그들의 사업 규모를 확대할 수 있게 함으로써 축적을 보완한다. 이 사업 규모의 확대가 축적의 결과이든 집중의 결과이든 또는 집중이 합병이라는 폭력적 방법으로 수행되든(이 경우에는 어떤 자본이 다른 자본들에 대해 우세한 흡수의 중심이 되어 다른 자본들의 개별적 응집을 파괴하고 그다음에 산산이 분산된 파편들을 끌어 모은다), 또는 이미 형성되었거나 형성 과정에 있는 다수 자본들의 융합이 주식회사의 설립이라는 좀 더 원활한 방법으로 진행되든 그 경제적 효과는 마찬가지다. 어디서나 기업체들의 규모 확장은 많은 사람의 집단노동을 더 포괄적으로 조직하기 위한 출발점으로 되며, 또 그들의 물질적 추진력을 더욱 광범하게 발전시키기 위한 출발점으로 된다. …… 집중은 이와 같이 축적의 작용을 강화하고 촉진함과 동시에, 자본의 기술적 구성의 변혁(이것은 자본의 가변 부분을 희생시키면서 불변 부분을 증대시키며, 따라서 노동에 대한 수요를 상대적으로 감소시킨다)을 확대하고 촉진한다(마르크

3_자본의 집중은 기업집중, 즉 기존 기업들의 합동·흡수라는 형태를 취하면서 또는 기성 자본이나 형성 중에 있는 다수 자본으로 구성되는 주식회사라는 형식을 취하게 된다. 자본의 집적에 따른 대규모화가 이윤의 양적 측면에서 제한적이기 때문에 점진적으로 이루어지는 데 비해, 자본의 집중에 따른 대규모화는 이런 제한을 갖지 않기 때문에 비약적이라 할 수 있다.

스 1989, 791~792).

주식회사는 1800년대 마지막 25년 동안 유럽과 아메리카 각지에 보급되었는데, 그것은 자본가가 자신의 자본보다 몇 배 초과하는 생산자본을 손에 쥘 수 있게 해주었다. 주식 형태를 취한 자본주의적 소유는 독점의 형성 과정을 크게 촉진했으며, 이 과정의 중요한 원동력은 기업의 대형화였다. 독점의 형성은 거대 기업이 이룩한 높은 이윤, 경쟁 체제에서 대기업이 차지한 우월한 처지, 그리고 상품 판매에서 갖는 유리한 조건 등을 조성했다.

이런 자본의 집중과 함께 자본의 집적도 동시에 진행되었다. 자본의 집적은 개별 자본이 획득한 이윤을 자기의 재생산 과정 확대를 위해 자본으로 투하하는 것을 말한다. 이것은 생산수단과 노동력이 개별 기업으로 집적되고, 생산 규모가 확대되는 양상으로 나타난다.

자본의 집중과 집적은 자본축적의 발전 과정에서 상호 밀접히 관련하면서 작용한다. 자본의 집중은 언제나 일정한 자본의 집적을 바탕으로 이루어지고, 생산 규모의 비약적 확대를 통해 생산력의 발전과 자본의 더욱 큰 집적을 촉진한다. 이와 같은 상호작용의 발전 과정에서 전개되는 개별 자본 차원의 자본 규모와 생산 규모 확대가 추진되고, 생산수단과 노동력의 집적이 진행됨으로써 생산력의 발전이 촉진된다(大阪市立大學經濟研究所 1965, 521).

이런 생산의 집적과 산업에서 진행되는 독점화의 과정은 은행업에서 자본의 집적과 집중을 낳았다. 산업에서 진행되는 자본의 축적은 은행으로 예금유입을 증가시키고 그것에 따라 은행 거래 규모를 늘렸다. 이와 동시에 치열한 경쟁 속에서 대규모 금융기관은 중소 규모 금융기관을 종속시킴으로써 강력한 금융 중심으로서 거대 은행이 형성되었다.

은행 업무가 발전하고 소수의 설립자 수중으로 집적되면서 은행은 소극적인 중개자로부터 거의 모든 자본가와 소경영주의 화폐자본 및 한 나라 혹은 여러 나라의 생산수단과 원료 자원의 대부분을 지배하는 강력한 독점체로 전화한다. 소극적 중개자로부터 극소수 독점체로 전화하는 것이야말로 자본주의가 자본주의적 제국주의로 성장하는 기본 과정의 하나다(Lenin 1977a, 653).

산업과 은행업의 독점화 과정은 상호작용을 통해 가속화되었다. 은행은 공업, 운수, 상업, 서비스 분야에 침투해 경영 분야의 직접적인 공동소유자가 되어 초과이윤의 분배 몫을 취했다. 그들은 또 새로운 주식회사 설립에 참가함으로써 '창업자 이득'을 챙길 수 있었다. 한편, 대산업 독점체도 되도록 최대 이윤 몫을 확보할 목적으로 자신의 금융 시설을 창설하는가 하면, 기존 기관에 침투하고자 한다. 은행과 기업의 밀접한 결합으로 형성되는 자본의 새로운 형태, 즉 금융자본이 등장하게 된다.

생산의 집적, 이로부터 성장하는 독점체, 은행과 산업의 합병 또는 유착, 이런 과정이 바로 금융자본의 발생사이며, 금융자본 개념의 내용이다(Lenin 1977a, 667). 금융자본은 산업 독점체가 소유한 자본과 결합된 독점적인 소수 거대 은행의 은행자본을 말하고, 거대 산업과 거대 은행이 이룩한 극소수 그룹들이 금융과두제로 체현된다.

자본주의가 독점 단계로 이행한다는 것은 '낡은 자본주의에서 새로운 자본주의로, 자본 일반의 지배에서 금융자본의 지배로' 나아간다는 것을 의미하며, 그것은 자본주의적 생산양식의 발전이 낳은 결과다. 사적 소유에 기초한 상품 사회와 자본주의 본래의 속성인 자유경쟁은 불가피하게 독점을 낳게 마련이었다. 그러나 일단 독점이 형성되어 지배적인 지위를 획득하게 되면, 독점 그 자체가 자유경쟁을 깨뜨리거나 제한하게 된다.

미국에서는 1898~1903년까지 5년 동안 형성된 대규모 트러스트가 그 이전 50년 동안 창설된 것보다 2.5배나 많았다. 1901년에 설립된 철강 트러스트는 거대 독점의 하나로서 모건 그룹에 속해 있었다. 설립 당초부터 이 트러스트는 선철 생산의 5분의 2 이상, 강재의 2분의 1, 조강 생산의 3분의 2를 장악했다. 미국 독점자본의 큰 지주支柱였던 화약 트러스트 '뒤퐁 드 누모르'Du Pont de Nemours와 자동차 회사 '포드'Ford는 1903년에 설립되었다.

경제 독점화의 비율은 미국에 비해 독일의 경우가 훨씬 더 높았다. 1903년 라인-베스트팔렌 석탄 신디케이트[4]가 재편되었을 때, 당시까지 독립적이었던 100개 기업이 여기에 참가했다. 독점화의 관점에서 본다면, 1903년은 미국의 경우와 마찬가지로 독일에서도 하나의 '전환점'이었다. 철강 부문 생산의 10분의 9를 지배한 '제강연합'製鋼聯合이 출현했는데, 이 연합 설립에서 큰 역할을 수행한 것은 거대 은행들이었다. 같은 해 전기공업에서도 합병이 진행된 결과, 이 부문 생산 4분의 3을 AEGAllgemeine Elektrizitäts Gesellschaft와 지멘스-슈켈트Simens-Suckert라는 두 개 신디케이트가 장악했다(The USSR Academy of Sciences 1981, 45~46).

영국에서는 독점 형성이 다른 나라에 비해 좀 더 느리게 진행되었으나, 20세기 들어 집적 과정이 눈에 띄게 가속화되었다. 이런 과정이 가장 먼저 취해진 부문은 군수산업이었다. 영국은 이미 오래 전부터 수십 개국에 무기를 수출해 왔는데, 그런 조건에서 영국 자본가들에게는 매우 중요한 산업부문으로 인정받았던 군수공업에서 1900~1904년에 기업합병이 빠르게 추진되었다. 그 결과, 암스트롱Amstrong과 빅커스Vickers라는 두 개 거대 기업이 매

4_신디케이트는 제품의 공동 판매에 관한 협정에 바탕을 둔 카르텔의 발전된 독점 형태를 말한다. 제품의 판매를 각 가맹 기업으로부터 카르텔 직속 기관으로 옮겨 공동 판매함으로써 생산할당과 가격협정의 구속력을 강화하는 결합 형태가 신디케이트다.

우 우세한 위치를 차지하게 되었다.

이런 독점의 확대와 세계경제의 구조 변화는 세계경제의 변화를 이끌었다. 각국이 과잉자본과 과잉 노동력을 안은 채 세계시장에서 경쟁했던 것은 한편으로 보호관세의 도입이나 통상권의 형성을 재촉했고, 다른 한편으로 자본수출이나 식민지 지배에 새로운 방식들을 만들어 냈다. 그 결과 제국주의 열강들 사이의 대립이 격화해 심각한 양상이 초래되었다(나가오카·이시사카 1986, 184).

세계는 넓은 의미와 좁은 의미의, 두 가지 의미에서 제국주의 시대로 들어섰다. 넓은 의미의 그것은 경제체제의 구조적 변화, 예컨대 '독점자본주의'를 포함하는 것이고, 좁은 의미의 그것은 '선진국'이 지배하는 세계경제에 '저개발국'을 종속적으로 통합시키는 새로운 움직임을 가리킨다. 시장과 자본수출을 위한 세력 다툼(이것은 열강들을 이끌어 자국 기업을 위한 공식·비공식의 세력권으로 세계를 분할하게 했다)을 별개의 일로 친다면, 이런 사태는 기후와 지리라는 이유 때문에 선진 공업 국가들에서는 구하기 어려운 원료들에 대한 중요성이 점점 커지게 된 데 기인했다(Hobsbawm 1996a, 304~305).

독점의 지배는 불가피하게 한 나라의 범위를 뛰어넘어 세계적으로 확대되었고, 자본수출은 그 주요한 추진력이 되었다. 1800년대 마지막 30년 동안에는 상품 수출과 더불어 자본수출이 점점 확대되면서, 그 중요성은 무게를 더했다. 영국·프랑스·독일에서 형성된 이윤 극대화를 노린 '과잉자본'이, 땅값이 높지 않고 원료가 값싸며 임금이 낮은 국가들로 밀려들어갔다. 1875~1900년까지 해외에 투자된 영국 자본은 100퍼센트, 프랑스 자본은 125퍼센트, 독일 자본은 650퍼센트나 증가했다(The USSR Academy of Sciences 1981, 46). 미국의 경우도 자본축적이 급속하게 진행되어 자본수출이 캐나다, 하와이 군도, 쿠바, 그 밖의 라틴아메리카 국가들을 대상으로 행해졌다. 그리하여 독점자본주의 단계, 즉 제국주의[5] 시대가 도래했다.

홉슨에 따르면, 1884년부터 1900년까지 영국은 아프리카와 아시아 그리고 폴리네시아에서 인구 570만 명과 영토 370만 평방마일을 탈취했다. 프랑스는 인구 3,600만 명과 영토 360만 평방마일을, 독일은 인구 1,670만 명과 영토 100만 평방마일을, 벨기에는 인구 3천만 명과 영토 90만 평방마일을, 또 포르투갈은 인구 90만 명과 영토 80만 평방마일을 장악했다(Foster 1956, 116에서 재인용).

소수 제국주의 열강의 금융자본 또는 금융과두제[6]가 대다수 세계 주민을 억압·착취·지배하는 세계 체제로 굳어진 것이 이 시기였다. 철도와 해운업이 광범하게 발전하고 새로운 국제분업이 출현하는 동시에 경제생활의 국제화가 급진전되어 세계 인민들의 경제적 결합이 더욱 진전되었다. 이에 따라 노동의 새로운 국제적 분할이 나타났고, 경제생활의 국제화가 제국주의적인 억압과 노예화 형태로 구체화되었다.

세계적인 경제·영토 분할이 완료된 것은 제국주의 시대의 확립을 알리는 것이었으며, 국제적 독점 동맹의 창설은 자유경쟁 자본주의가 제국주의로

5_원래 제국주의란 말은 로마 황제의 황제 국가(imperium)에서 나온 것으로, 나폴레옹이 황제 국가의 실현을 기도한 것을 두고 프랑스에서 사용되기 시작했다. 그러나 그것이 일반적으로 사용된 단서가 된 것은, 1870년대 후반에 시작된 영국 부르주아지 주도의 정치 이데올로기적인 일대 전환이었다. 자유주의 전성기에는 식민지를 '우리들 머리 위에 얹어진 돌절구'라고 했던 그들이 약 20년 뒤에는 크게 변해 제국의 유지, 나아가 그것의 확대·강화의 필요를 역설하게 되었고, 새로운 팽창주의 또는 식민주의를 의미하는 정치적 용어로서 제국주의가 널리 사용되게 되었다(大阪市立大學經濟研究所 1965, 808).

6_은행자본과 산업자본의 유착을 기초로 은행과 기업 사이에는 밀접한 인적 결합이 이루어진다. 동일한 인물이 최대의 산업·은행 독점의 지도적 지위를 차지하며, 그런 사람이 유착된 자본의 통일을 나타낸다. 금융자본을 기초로 하는 금융과두제가 성립하면서, 금융자본의 지배는 엄청난 돈을 처리하고 일련의 국가와 국민을 좌우하는 극소수의 금융 귀족 지배로 전화된다.

전화했음을 말해 주는 것이었다. 외국시장의 독점은 확실한 판매 시장과 원료 산지 구실을 하는 식민지를 탈취하는 데 중요 목표를 설정했다. 1870~1890년대에 걸쳐 세계 영토 분할을 둘러싼 투쟁이 매우 격렬했던 사실이 이를 반증했다. 유럽 열강이 아프리카 대륙을 탈취한 것은 이 시기였다. 1876년에는 아프리카 영토의 10.8퍼센트만이 유럽 열강의 지배를 받고 있었는데, 1900년에는 이미 전체 영토의 90.4퍼센트가 유럽 국가들이 지배하게 되었다.

이와 똑같은 운명이 동남아시아 나라들과 태평양에 위치한 섬들을 엄습했다. 1800년대 말에 이르러 선진 자본주의국가들이 식민지정책을 펼친 결과, 지구상에는 이제 점령되지 않은 영토가 거의 없을 정도가 되었다. 이 시기에 자본주의 식민지 체제 형성이 완료되었으며, 아시아, 아프리카, 라틴아메리카의 봉건·반봉건적 후진 국가들에 대한 선진 자본주의 열강들의 침략이 최고조에 이르렀다. 제국주의 국가들은 식민지 또는 반식민지에 대한 지배권을 장악해 봉건적 유제遺制나 전前 자본주의적 착취 형태를 온존시켰다.

이와 같이 제국주의는 독점과 금융자본의 지배가 성립되고 자본수출이 중대한 의의를 지니며, 국제트러스트가 세계 분할을 시작하고 또 강대한 자본주의국가들 사이에 지구의 전체 영토 분할이 완료된 발전 단계의 자본주의이다. 그러나 독점은 필연적으로 정체와 퇴폐의 경향을 드러내고 자본주의를 기생·퇴폐적으로 만든다. 또 그것에 따른 자본주의의 발전은 점점 불균등하게 되며, 이 불균등성은 자본 부유국들의 기생·퇴폐적 성격으로 나타난다. 그래서 제국주의의 특색은 '과도적 자본주의'나 '사멸해 가는 자본주의'로 규정되기도 한다.

2장
주요 선진 자본주의국가의
노동운동 발전

노동조합이 발전하는 리듬은 경기순환이나 정치와 관계가 있었다.

1868~1873년에 에스파냐에서 갈리치아에 이르는

저발전 주변부로까지 전투성이 확대된

최초의 범유럽적인 파업 물결을 모양 지은 것은

정치적 자유화와 경제호황의 변증법이었다.

나아가 자유화는 1895~1896년 불황의 종식과 상호작용하면서

대중적인 노동조합운동의 발전을 도왔다.

또 정치는 1904~1907년 사이에 대륙에서 노동자의 폭발을 야기하여

프랑스, 이탈리아, 에스파냐 등의 국지적인 전투 행동과 함께,

노동조합이 사상 처음으로 합법적으로 등장한

러시아의 혁명적 소요를 초래하였다.

_제프 일리(일리 2008, 149)

1. 노동자계급의 증대와 구성 변화

1800년대 마지막 30년 동안 자본주의 사회구조 전체에 걸쳐 괄목할 만한 변화들이 일어났다. 자본주의 발전이 확대·심화되면서 임금노동자들이 크게 증가했고, 국제적인 구조에도 큰 변화가 생겼다. 자본주의가 발달한 나라들에서는 도시와 농촌의 노동자계급이 경제활동인구나 취업자 가운데 가장 큰 비중을 차지하게 되었다. 동시에 인구 구성에서 차지하는 부르주아지의 비중은 점점 저하했으며, 도시와 농촌의 중간층은 오히려 축소되었다. 그리고 국제 노동자계급의 구성과 상태에도 복잡하면서도 커다란 변화들이 일어났다.

1870년대 초기에는 그 당시까지 산업혁명의 주요 단계를 거친 영국과 프랑스 그리고 미국의 산업노동자 수는 대략 1,200만~1,300만에 이르렀고, 그 가운데 절반은 영국 노동자들이었다. 자본주의 발전과 공업화의 수준에서 보면, 3국 상황은 서로 달랐지만 영국의 경우 산업노동자가 취업 인구의 절반을 차지하고 있었고, 미국은 약 4분의 1, 프랑스는 5분의 1 정도였다. 그로부터 30년이 지난 1900년대 들어서는 이런 상황은 크게 변화했다. 미국에서는 1900년 당시 산업노동자 수가 1,040만 명에 이르렀는데, 이것은 1870년의 산업노동자 수에 비하면 세 배에 해당하는 수치였다. 독일도 산업노동자 수가 급증했는데, 1907년 당시로는 860만 명에 이르렀다. 영국은 산업노동자 증가율이 눈에 띄게 둔화했는데, 1870년 이후 30년 동안 600만 명에서 850만 명으로 약 40퍼센트 증가에 머물렀다. 프랑스 산업노동자의 증가세는 영국보다 더 낮은 편이었다. 이탈리아도 서서히 산업화에 들어섰는데, 1901년의 인구조사에서는 산업노동자가 260만 명으로 나타났다. 19세기 말과 20세기 초에 걸쳐 유럽과 미국의 산업노동자 수는 모두 합쳐 4천만 명가량 되었다(The USSR Academy of Sciences 1981, 58~59).

노동자계급의 구성, 특히 산업노동자계급의 구성 변화는 노동자계급의 발전에서 중요한 의미를 갖는다. 산업노동자 구성에서 공장노동자의 비중이 점점 높아졌고, 그 가운데서도 생산 부문의 노동자 비중이 증가했다. 1850~1875년에는 산업노동자 가운데 가장 많은 부분이 섬유산업에 종사했으나 20세기 들어서는 기계제조·철강제조·철도 노동자 등의 비중이 크게 증가했다.

한편, 생산의 집적 과정에서 산업노동자들이 점점 대기업에 집중되는 현상을 보였다. 영국과 미국뿐만 아니라 유럽 대륙에서도 당시로는 노동자 1천 명 이상을 고용한 대규모 공장들이 출현하기 시작했다. 1890년대 중반에 나온 자료에 따르면, 독일에서는 이런 규모의 대기업에 고용된 노동자 수는 43만 명, 프랑스에서는 31만3천 명에 이르렀다. 러시아에서는 산업노동자 집중도는 높은 수준을 나타냈는데, 여기서는 산업노동자와 광산노동자의 4분의 3이 노동자 100명 이상을 고용한 기업에 집중되었다. 이런 생산 과정의 집적 과정이 진행되는 가운데서도 제조업에 종사하는 노동자 대부분은 규모 면에서는 여전히 중소기업에 고용되어 있었다. 특히 그 가운데 많은 사람이 의복, 내의, 양말, 가구, 가정용 잡화 등의 생산에 종사했다 (The USSR Academy of Sciences 1981, 58~59).

많은 나라에서는 산업화의 추진이 이제 막 진행되는 부문에서 여성 노동의 계속적인 확대가 일어났다. 여성 노동은 섬유와 봉제 부문에 집중되었다. 예컨대 독일에서는 1882년에만 해도 섬유제품과 의류 생산에서는 남성 노동자 쪽이 많았으나, 1907년에는 여성노동자가 남자보다 더 많이 고용되어 역전 현상을 보였다. 프랑스에서는 1866~1901년 사이에 여성노동자가 50퍼센트 정도 증가했다. 여성은 흔히 비숙련 직종에서 일하면서 중노동을 감내해야만 했고, 거의 모든 나라에서 여성노동자에 대한 차별 제도가 유지되었다.

또 아동노동은 점점 제한되는 추세를 보이기는 했으나, 여전히 광범위하게 고용되어 있었다. 아동노동이 제한된 곳은 주로 공장과 광산 노동 쪽이었고, 농업이나 상업을 위시해 거의 모든 부문에서 아동노동이 채용되었다. 예컨대 미국의 제조업에는 1880년 당시 18만2천 명의 아동노동이 고용되었는데, 이 수치는 산업노동자 총수의 6.7퍼센트에 해당했다. 독일의 경우, 1895년의 조사에 따르면 각종 산업의 기업체에 14세 이하 아동노동자가 21만5천 명이 일하고 있었는데, 그 가운데 3만8천 명은 공장에서 일했다. 많은 나라에서는 아동노동의 고용에 대해 아무런 제한도 시행되지 않았다.

산업구조의 발전에 따라 임금노동자의 숙련도별 구성에도 중요한 변화들이 일어났다. 역사적으로 산업혁명의 시발점 구실을 한 섬유산업의 출현으로 수공업자와 매뉴팩처노동자의 숙달된 손노동은 단순 기계 노동으로 대체되었고, 나아가 기계제 생산이 기계제조업과 그 밖의 금속가공 부문으로 확대되면서 공장 산업 자체가 숙련노동에 대한 수요를 창출했다. 숙련노동자의 주요 부분은 특수 기술 부문, 건축, 공장 생산의 신규 부문 등에 집중되어 있었는데, 노동자계급 전체로 보면 여전히 소수에 지나지 않았다. 한편, 사무·상업·기술·서비스 부문에 고용된 노동자들은 기본적으로 산업노동자들에 비해 기능·교육 수준이 더욱 높았다. 1800년대 말 수십 년 동안 생산의 집적, 과학기술 진보의 발전, 그리고 유통 부문의 발달로 숙련노동 직업 그룹은 확대되었다.

2. 노동자계급의 상태

자본주의적인 수탈 형태와 방법은 생산의 성격에 따라 여러 가지로 변화한다. 1800년대 말 당시의 생산 조직과 기술 측면에서 볼 때, 산업은 다양한 모습을 나타냈다. 주로 증기력을 사용하던 대기업들은 1890년대 이후로 전력을 도입하는 한편, 중소기업들은 여전히 수력을 사용했고 가내공업과 수공업들은 순전히 손작업에 의존했다. 자본주의적 기계제 대공업의 발전은 이윤 극대화를 위한 여러 가지 방법을 동원할 수 있었다. 노동일의 연장과 노동 집약화 추구가 대표적이었다.

이런 상황에서 노동조건은 전반적으로 열악했다. 1870년대 중반까지 공장제 산업의 노동일은 대부분 10시간 이상이었고, 어떤 나라에서는 12시간 이상이었다. 영국과 미국의 통상 노동일은 10시간이었고, 독일은 10~12시간, 프랑스와 이탈리아는 11~12시간, 네덜란드는 12시간, 에스파냐는 12~13시간, 러시아는 12~15시간, 일본은 12~16시간이었다(The USSR Academy of Sciences 1981, 65~66).

이처럼 노동시간이 길고, 거기에다 안전·보건을 위한 투자와 관리 체계가 대단히 부실했기 때문에 노동자들은 고된 노동에 시달려야만 했으며, 끊임없이 건강과 생명을 위협받았다. 노동자들은 육체적인 고통뿐만 아니라 정신적인 황폐도 심하게 겪었다. 당시의 노동자들은 '인류가 축적한 진정한 문화가치'에서 완전히 소외되었다.

노동자계급의 지위 향상은 자본주의적 착취에 대한 저항과 노동·생활 조건 개선을 위한 투쟁을 통해 이루어졌다. 이 시기에 어떤 나라들에서는 노동자계급이 노동조합의 기본 권리와 자유를 쟁취해 이를 확대해 나가고 있었고, 또 어떤 나라들에서는 이제 막 그런 권리와 자유를 획득하게 되었으며, 많은 식민지 국가에서는 노동자의 무권리 상태가 그대로 유지되었다.

결사의 자유와 쟁의권이 다른 어느 나라보다 일찍 승인된 영국에서조차 1870년대에 이르기까지 노동조합은 법률상 완전한 단결 활동권을 보장받지 못했으며, 파업 주도자와 참가자들은 '공모죄', '폭력', 기업 활동에 대한 '업무방해' 등의 혐의로 고소·고발당하거나 투옥되었다. 1871년에야 노동조합은 법률상 승인되었고(노동조합법), 이에 따라 노동조합은 재산이나 자금을 소유할 권리를 확보했다. 그리고 1875년 '주종법'主從法[1]이 폐지됨으로써 파업 참가 노동자의 권리가 거의 완전한 형태로 보장되었다.

미국에서는 노동조합 활동이 1800년대 전반기에서와 같이 법률상의 박해를 받지는 않았지만, 실제로는 지방 관리들의 전횡과 판례(노조 지도부의 파업 선동 금지 등)에 따라 권리를 제약당했다. 그리고 1890년 이후에는 '셔먼 반反트러스트법'으로 억압당했다. 프랑스에서는 노동자의 조직 활동을 금지한 법률 규정이 제2제정 말기에 폐지되었으나, 노동조합이 합법화를 쟁취하게 된 것은 1884년부터였다.

독일에는 노동조합 활동에 대한 일반적 입법이 존재하지 않았지만, 1869년 북부 독일 영방이 채택한 '영업 조례'는 결사의 자유를 인정했다. 그러나 개별 주州들, 특히 프로이센과 작센에서 시행되었던 법률은 산업 분야에서만 노동조합 활동을 인정하면서 갖가지 부대조건과 제한들을 설정했을 뿐만 아니라 경찰과 재판소도 노동조합 활동에 대해 부당하게 개입했다. 이탈리아에서는 1886년에야 노동자의 상호부조협회가 법적으로 승인되었고, 1889년에는 파업의 자유가 인정되었다. 1890년부터 시행된 새로운 형법에

1_ 이 법은 계약 위반을 규제하는 법으로서 고용주의 계약 위반에 대해서는 민사 소추를 하는 데 반해 노동자의 계약 위반에 대해서는 형사소추까지도 할 수 있는 불평등한 관계를 규정했다.

서는 파업이 형식상으로는 범죄행위로 규정되지는 않았으나, 파업 노동자가 폭력이나 협박 행위를 했을 경우 그것은 범죄행위에 해당되어 처벌 대상이 되었다.

한편, 입헌 의회 제도가 확립되면서 노동자들의 시민적 권리와 자유도 차츰 확장되었다. 프랑스와 독일에서는 보통선거권(남자만 해당되었다)의 공포가 지배층의 강압적 음모와 밀접히 결합되었는데, 그들은 노동자계급을 기만하기 위해 이 선거제도를 이용하고자 했다.

영국의 부르주아지는 이와는 반대로 장기간에 걸쳐 노동자의 선거권을 인정하지 않았으며, 일정한 양보를 하면서도 그들 자신의 계급적 이익을 손상하지 않는 방향에서 매우 조심성 있게 대처했다. 1884년 제3차 의회 개혁은 남자 노동자에 대해서만 선거권을 확장했다. 선거 캠페인을 포함한 합법적 정치 활동은 노동자계급의 사회적 지위를 강화하는 데 중요한 의의를 가지며, 현존 질서에 대한 투쟁을 전개하는 데 중요한 수단이 되었다. 그러나 20세기 초에 이르기까지 선거에서 실제로 투표권을 행사한 사람은 전체 국민의 10~15퍼센트에 지나지 않았다.[2]

노동자계급의 정치 활동이 활발해지면서 선진 자본주의국가들에서는 노동운동의 강력한 요구로 공장법이 제정되기에 이르렀다. 마르크스는 공장법을 두고 "생산과정의 자연발생적 발전 형태에 대한 사회 최초의 의식적이며 계획적인 반작용"이라고 평가했다(마르크스 1989, 606).

공장법은 산업자본주의 초기에 자본가들이 저지른 노동자에 대한 난폭

2_독일에서 처음으로 실시된 선거(1871년)에서 국민의 10퍼센트가 투표에 참가했고, 1907년에는 15퍼센트가 투표에 참가했다. 영국에서는 12퍼센트가 투표에 참가했고, 미국의 경우는 다른 나라들에 비해 높았는데, 19퍼센트가 투표에 참가했다.

하고도 비인간적인 착취를 막는 데 일정한 역할을 수행했으며, 법의 시행이 완만하기는 했지만 적용 분야는 갈수록 확대되었다. 또 서유럽 국가들에서는 여성·아동 노동자에 대한 노동보호 대책이 시행되기 시작했고, 임금을 현물로 지급하는 행위가 금지되었으며 성과급 임금제도에 대한 통제가 설정된 경우도 있었다. 산업안전·산업보건에 관한 강제 규칙이 도입되기도 했다. 1800년대 말, 몇몇 나라에서는 기업주가 부담하는 산재보험 제도와 의료보험 제도가 시행되었다.

이 가운데 가장 중요한 의의를 갖는 것은 아무래도 여성·아동 노동자에 대한 보호 대책이라 할 수 있다. 그것은 야간작업과 지하 작업 금지 또는 규제, 아동노동자의 공장노동 연령 제한, 그리고 여성·아동 노동자에 대한 노동일 제한 등이 주요 내용이었다.

노동시간 단축 추세는 노동자투쟁의 전개에 따라 성년 남성노동자에게까지 확장되었다. 이런 경향은 영국에서 두드러지게 나타났다. 19세기 전반, 영국 섬유산업의 주당 노동시간은 90~100시간이었는데, 1800년대 마지막 30년에는 56.5시간이었고, 다른 산업의 노동시간은 60시간이었다. 다른 자본주의국가들에서도 불균등하면서도 완만하기는 했지만, 노동시간 단축이 이루어졌다. 위르겐 쿠진스키의 계산으로는 자본주의 세계의 평균 주당 노동시간은 1870~1879년의 74시간에서 1900~1909년의 61시간으로 줄어들었다(The USSR Academy of Sciences 1981, 69).

다른 한편, 생산력이 발전하고 자본주의적 착취에 대한 노동자계급의 저항이 증대함으로써 명목 임금수준은 상승하거나 생계비 저하를 통해 개선되는 경향을 나타냈다. 이것은 산업혁명이 진행되는 과정에서 노동자계급의 육체적 쇠퇴가 극한에 이르자 이에 대한 저항이 거세게 일어났고, 공장제 산업이 확산되면서 일정한 노동·생활 조건의 개선 없이는 노동의 집약성을 높일 수 없었던 현실을 반영한 것이었다. 이런 노동조건과 생활 조건의 변화는 노동자 가족의 생활 비용 지출 증대를 가져왔는데, 식료품을 비롯해 의복, 주거뿐만 아니라 문화 면에서도 새로운 욕구와 관습의 변화가 일어났다. 그러나 노동자계급의 임금수준이 노동·생활 조건의 변화를 뒷받침할 수 있을 정도로는 개선되지 못해 노동자들의 실제적인 빈곤 상태는 오히려 증대되는 경향마저 보였다.

노동자들에게 가장 큰 고통을 가져다준 것은 역시 실업이었다. 특히 경제공황과 불황 시기에는 노동자 수백만 명이 직장을 잃고 거리를 방황하는 사태가 벌어졌다. 실업자들은 극도의 곤궁 상태에 놓이게 되었다. 대부분의 노동자들은 저임금 상태에서 제대로 저축을 하지 못한 채, 사회보험이나 사회보장의 혜택도 거의 받지 못했기 때문이었다. 특히 가내공업노동자나 비숙련노동자들의 경우, 고용 형태가 대부분 비정규적이었기 때문에 언제 실업을 당할지 모르는 비참한 상태에 놓여 있었고, 게다가 노동조건마저 매우 열악했다. 이런 현실을 반영해 도시에는 빈곤과 절망으로 희망을 찾기 어려운 빈민가가 형성되었다. 엥겔스는 이를 두고 "실업을 당했을 때는 기아라는, 일이 있을 때는 육체적 퇴화와 정신적 황폐라는 정체(停滯)적인 곤궁과 황폐가 끊임없이 확대되는 수렁"으로 표현했다(The USSR Academy of Sciences 1981, 75에서 재인용).

3. 주요 유럽 국가의 노동조합운동

19세기 말부터 20세기 초에 이르는 기간에는 노동자투쟁에서 차지하는 노동조합의 역할이 매우 커졌다. 자본주의가 독점자본주의 또는 제국주의로 전화하면서 새로운 착취 형태와 정치·경제적 억압이 더욱 강화되었고, 이에 따라 노동자계급은 이전에 비해 투쟁 강도를 더한층 높였다.

노동자계급의 투쟁이 고양되고 조직된 노동자 대중의 상태를 개선하기 위한 노동조합운동이 일정한 성과를 획득하게 되자, 노동조합원 수는 두드러진 증가세를 보였다. 1890년부터 1900년에 이르는 10년 동안 노동조합원 수는 독일의 경우 2.5배, 영국의 경우 2배 정도 증가했다. 그러나 노동조합 조직률 수준은 그다지 높은 편은 아니었다. 1904년 당시 각국의 조직률을 보면, 벨기에 약 7퍼센트, 오스트리아 8퍼센트, 스웨덴 9.9퍼센트, 독일 27퍼센트, 영국 33퍼센트였고, 덴마크는 다른 나라에 비해 월등히 높은 50퍼센트였다(The USSR Academy of Sciences 1981, 421). 이런 조직률의 차이는 자본과 국가권력의 억압과 지배 정도, 노동자들의 계급의식 수준, 비숙련노동자 가입을 배제한 노조의 폐쇄성 여부, 그리고 여성노동자의 노조 가입 상태 등에 따라 결정되었다.

이 시기 주요 각국 노동조합운동의 동향을 살펴본다.

영국의 계급협조와 신노동조합운동

1850~1875년까지는 영국 자본주의의 '황금시대'였다. 국내에서는 영국 자본주의의 급속한 성장이 진행되었고, 이를 바탕으로 자본은 여러 나라의 외국시장에 진출할 수 있었다. 이 기간은 노동조합운동이 확대된 시기이기도 했다. 노동조합 전국 중앙 조직인 영국노동조합회의가 1868년 결성되었고, 1871~1875년 사이에 노동조합 수는 두 배 이상 증가했다. 수치는 좀 불확실 하지만, 1872년 영국노동조합회의가 37만5천 명의 조직노동자를 대표한다고 발표했다. 1874년, 영국노동조합회의는 명목상으로 약 세 배에 이

르는 총 119만1,922명의 조직노동자를 포괄하고 있었다(Webbs 1920, 326).

영국노동조합회의는 1871~1875년까지 노동조합의 완전한 합법화를 쟁취하기 위한 투쟁을 전개했다. 그러나 그런 목표를 어느 정도 달성하고 난 뒤, 10년 동안에는 영국노동조합회의의 역할이 전국 중앙 조직이라기보다는 매년 열리는 노동조합 간부들의 공식적인 회합에 지나지 않았다. 노조 지도자들은 조심스럽게 그리고 이구동성으로 노동입법이나 노동자계급의 정치에 대한 그들의 견해를 발표했다. 그러나 1885~1890년 사이에 영국노동조합회의는 그 점잖은 평온함을 상실한 채, 차츰 원칙을 둘러싼 대립을 드러내면서 여러 정파 지도자들의 각축장으로 변했다. 그러나 엄밀하게 말하면 영국노동조합회의는 그 전全 경력을 통해 노동조합운동 자체의 발전보다는 오히려 그 지도적 인물들의 정치·사회적 열망을 대변하는 기관이 되었다(Webbs 1920, 358~359). 영국의 노동조합은 1880년대까지 보수적인 '협조주의' 지도 방침에 따라 초기의 전투적이고 급진적인 성격을 점점 잃어갔다. 영국의 노동조합운동은 협동조합에 치중해 질병, 실업, 사망 등에 대한 보상을 위한 공제조합 급부 제도를 도입했다. 이것은 직업별 노동조합이 지닌 공통적인 경향이기도 했다.

한편, 영국 노동조합운동은 노사 분쟁의 해결을 중재재판소나 1896년에 설치된 노사조정위원회에 맡기려 안간힘을 섰다. 노동쟁의를 조정으로 해결하려는 것은 '시민적 평화'의 제도화로 볼 수 있다(The USSR Academy of Sciences 1981, 424). 노동조합운동의 이런 '제도화'는 노동조합의 공적 지위 획득과 이에 따른 노조 기구의 관료화, 그리고 노조 간부 귀족화의 결과였다.

1880년에 이르러 세계 산업을 독점했던 영국의 지위는 쇠퇴했으며, 대기업의 발전과 기술 진보에 따른 숙련공의 지위 저하는 노동조합운동에도 큰 변화를 가져왔다. 항만, 가스, 철도, 해운, 광산 등에서 비숙련노동자들이 중심이 되어 '신노동조합운동'을 전개함으로써 낡은 형태의 노동조합이 고수했던 배타성이 무너지게 되었다. 신노동조합운동이 추구한 것은 자본주의 제도의 변혁은 아니었고, 자본주의 제도를 인정하면서 특정 직종의 노동력 공급을 제한함으로써 임금과 노동조건의 개선을 꾀하고자 했다.

19세기 말부터 20세기 초에 걸쳐 노동자계급의 단결은 더욱 강화되었다. 그 배경에는 다음과 같은 요인이 작용했다. 즉, 수송기관의 발달에 따라 농촌에서 들어오는 인구 유입이 늘어나 도시나 근교의 인구가 부단히 팽창했다. 또 노동자들의 생활수준이 점점 높아졌고, 특히 비숙련노동자들의 그것이 이전에 비해 많이 개선되었다. 비숙련노동자들은 이른바 대불황의 시기에 비록 화폐임금의 증가라는 형태는 아니었으나, 식료품의 가격 저하에 따라 실질소득에서 이익을 얻을 수 있었다. 그리고 1870년 초에 실시되어 1891년에 정착된 학비 무료의 의무교육제도는 독서의 보급을 확산시켰고, 모든 육체노동자의 자식들에게 유아 때부터 경험과 훈련이라는 공통의 경력을 부여했다.

이와 더불어 선거법의 개정은 노동자들에게 스스로의 정치적 권리를 자각하게 했고, 노동자들의 이익을 위해 노력하는 정치가들을 고무시켰을 뿐만 아니라, 정치가들은 노동조합운동을 비숙련노동자들에게까지 확장하는 것이 더욱 바람직하다는 견해를 펴게 만들었다. 그 결과 1880년대로부터 비숙련노동자들도 드디어 노동조합을 결성하기 시작했으며, 노동조합을 항구적인 조직으로 정착시켰다. 당연히 그들의 노조는 숙련노동자의 노조에 필적했고, 규모에서는 도리어 숙련노동자들의 노조를 능가했다(펠링 1992, 109).

1880년대와 1890년대에는 '신노동조합주의'와 '구노동조합주의' — 이것은 1850년대의 신형노동조합이 타락한 것이었다 — 사이에, 그리고 정치적으로는 노동운동과 자유주의 정파 사이의 동맹을 강조하는 '자유-노동'

Lib-Labs파와 순수하게 독립적인 노동자계급의 정치 행동을 옹호하는 사회주의 사이에 대논쟁이 일어났다.

신노동조합주의는 조직 면에서나 전술 면에서 구노동조합주의와는 달랐다. 대부분의 노동조합원이 비숙련노동자이거나 저임금노동자였기 때문에 신노동조합은 낮은 입회비와 조합비를 책정해 징수했다. 그리고 신조합의 목표는 공제 급부에 의존하는 것이 아니라 강력한 파업 전술로 사용자들로부터 양보를 받아 내고, 그것으로 조합원들의 요구를 실현하고자 노력했다. 나아가 신노동조합은 고용 형태를 불문하고 적극적으로 노조 가입을 유도했다. 이것은 흔하게 볼 수 있듯이 신노동조합의 명칭에 붙은 '일반'이라는 말이 그런 사실을 잘 표현해 주었다. 구노동조합의 지도자들은 이런 신노동조합의 전술이 장기적으로 성공할 수 있을 것인지에 대해서는 의문을 던졌다. 즉, 그런 전술은 노동자들이 상대적으로 부족한 호황의 시기에는 적용될지 모르겠지만, 일단 불황이 닥치면 파업을 행하는 비숙련노동자 대신에 다수의 실업자가 노동시장에 공급될 것으로 예상했기 때문이다(펠링 1992, 122).

구노동조합 지도자들이 예측한 바대로 신노동조합의 전술이 일시적으로는 성공했지만, 그 뒤로는 곧 패배를 경험했다. 그런데도 신조합주의는 계속 유지되었다. 많은 비숙련노동자는 사실상 숙련되어 있었기 때문에 사용자와 교섭을 벌이는 데서도 교섭 역량을 강화할 수 있었다.

한편, 신노동조합운동의 지도자층은 전반적으로 젊은 세대에 속했고, 그들이 투쟁에서 얻은 성공은 그들을 전투적으로 또 공격적으로 이끌었다. 또 그들은 사회주의자들의 영향을 강하게 받았다. 사회주의자들은 초기 단계에서 그들의 노조 결성을 도왔고, 정보·선전 활동이나 그 밖의 활동을 지원했다. 그리고 신노동조합의 지도자들은 스스로 사회주의자로 자처했다.

구노동조합주의와 신노동조합주의가 다투는 동안에 노동조합회의 의회 위원회에 참여하고 있던 사람들이나 헨리 하이드만과도 다르고 또 더욱 온건한 제임스 케어 하디 독립노동당의 사회주의 조류와도 전혀 다른 새로운 노동운동이 대두했다. 신노동조합주의와 구노동조합주의는 서로 뒤섞이기도 했으며, 정치투쟁 과정에서 '노동자대표위원회'가 생겨나기도 했다. 이 위원회는 사회주의의 언저리에서 맴돌고 있었으나, 자유당[3]과 이전에 맺었던 정치 연합을 되살려 보려고 했다(Cole 1947, 227~228).

20세기 들어 노동조합운동의 조직과 활동에서 큰 변화들이 진행되는 가운데, 의회주의를 표방하는 사회주의사상이 부활했고, 이것은 1906년의 노동당 결성으로 이어졌다.

프랑스 노동운동의 성장과 생디칼리즘

1871년 세계 역사상 최초의 프롤레타리아 정권이라 부른 파리코뮌[4]이 무너지면서 노동자계급은 처절한 패배를 경험했다. 이 무렵 프랑스는 독점자본의 형성기로 들어섰고, 대규모 기업의 발달로 조직노동자 수가 급증하면서 노동조합운동이 크게 성장했다. 특히 1884년 노동조합이 합법화되면서 직업별 노동조합 조직이 여러 산업으로 확대되었다.

이 시기 노동조합원 수 통계는 대단히 불확실한 편이었다. 대체로 1890

3_휘그당의 흐름을 이어받은 자유주의 정당으로, 1830년대부터 자유당이라 칭했다. 산업자본가를 지지기반으로 자유주의적인 개혁을 추진했다. 뒤에 노동당의 진출로 세력이 약화되었다.

4_1871년 3월 18일~5월 28일 사이에 성립·유지된 사상 최초의 노동자 정권이었다. 제15부에서 상세하게 다루고자 한다.

년 노동조합원 수는 약 13만8,692명으로 보고되었고, 1894년에는 40만
3,440명이었던 것으로 발표되었다. 1912년에는 106만4천 명이 노조에 가
입했으며, 그 가운데 약 40만 명이 프랑스노동총동맹에 가입했다. 1884년
이후에는 노동조합은 법률상의 단결권을 획득했다(Foster 1956, 149).

　프랑스의 지방 노조 조직은 비교적 체계적인 조직 형태를 취해 전국 단
위와 지방 연합체를 구성하는 과정을 밟았다. 산업별 조직화는 먼저 1879년
모자제조 노동자에서 출발해 출판(1881년)·탄광(1883년)·철도(1890년) 노
동자 등으로 이어졌다. 1910년까지 66개의 전국 조직이 직업별 또는 산업
별 형태로 출현했다.

　프랑스 노조 조직에서 또 하나의 중요한 축이 되었던 것은 지방과 지방
연합회 형식의 '노동거래소'bourses du travail였다. 노동거래소는 많은 기능을
지니고 있었고 높은 권위를 발휘했는데, 특히 실업, 재해, 그 밖의 사회보험
사업을 수행했으며 도서관, 상담소, 노동 박물관, 직업학교 등을 운영하는
한편, 파업을 조직하기도 했다. 노동거래소는 1887년 파리에서 최초로 만
들어졌는데, 1892년에는 14개, 1898년에는 74개, 1908년에는 157개에 이
르렀다. 노동거래소는 1892년 생테티엔에서 전국적인 노동거래소연맹을
결성했다.

　노동조직이 두 개의 축을 중심으로 발전하는 가운데서도, 노동조합 전
체를 포괄하는 조직 건설 노력이 적극적으로 행해졌다. 그 결과, 1895년 리
모주에서 전국 중앙 조직인 프랑스노동총동맹이 결성되었다. 1902년에 열
린 몽펠리에 대회에서는 노동거래소가 프랑스노동총동맹과 통합을 결정함
으로써 단일 조직이 창설되었다.

　한편, 프랑스의 노동조합운동이 조직적인 통일을 추구하는 과정에서 마
르크스주의와 아나르코생디칼리즘 사이에 이념 투쟁이 진행되었는데, 1890

년대 이후에는 아나르코생디칼리즘이 노동조합운동의 주요 노선으로 부각되었다.

1906년 아미앵에서 열린 프랑스노동총동맹 제9회 대회(제15회 전국노동조직대회)[5]가 채택한 '아미앵 헌장'La Charte Amiens이 생디칼리즘의 이론적 구조를 명확히 했다. 아미앵 헌장은 자본주의의 폐기를 위한 계급투쟁의 필연성과 국가·정당들에 대한 노동조합의 독립성을 뼈대로 하는 프랑스 특유의 노동운동 노선을 표방했다. 아미앵 헌장은 우선 몽펠리에에서 채택된 프랑스노동총동맹 규약 제1조 제2항, 즉 "프랑스노동총동맹은 모든 정치적 신념을 초월해 임금제도와 고용제도의 철폐를 위해 투쟁할 의지를 지닌 모든 노동자를 결집한다"는 내용을 재확인했다.

헌장은 크게 세 부분으로 구성되었다. 첫 번째 부분은 경제적 영역에서 수행할 계급투쟁에 관한 것인데, "노동조합은 일상적 요구 관철을 위한 활동에서는 노동자의 협동 행동을 촉진하고, 노동시간 단축과 임금 인상 등의 당면 문제 개선을 실현함으로써 노동자의 복지 향상을 추구한다"는 것이었다. 두 번째 부분은 "그러나 이런 임무는 생디칼리즘 활동 가운데 하나의 측면에 지나지 않는다. 그것은 자본주의 해체를 통한 노동자계급의 전면적 해방을 준비한다"는 것을 강조했다. 그리고 "생디칼리즘은 행동 양식으로 '총파업'을 강조하며, 오늘날 투쟁조직인 생디카syndicat(노동조합)가 내일의 생산과 분배 단위이자 사회 재편성의 토대다"라고 밝혔다. 세 번째 부분은 노동자들의 권리와 의무를 규정하고 있는데, 대회는 "일상과 미래에 걸친 이중의 임무는 노동자계급이 당면한 상황에서 나온 것이고, 또 이런 상황은

5_이 대회에는 전국 1,040개 노조와 61개 전국 조직을 대표하는 350명의 대의원이 참가했다(이용재 2002, 111).

정치적·철학적 견해를 불문하고 모든 노동자에게 노동조합이라는 기본 조직에 가입할 것을 의무화하는 것을 선언한다"고 밝혔다. 그리고 대회는 개인적으로 "노동자들은 노동조합 밖에서 각자의 철학·정치적 견해에 따른 어떤 형태의 투쟁에도 참가할 수 있는 자유가 있다"고 인정했다. 그리고 "노동조합 밖에서 신봉하는 정치·철학적 견해를 노동조합 안으로 끌어들이지 말 것"을 요구했다(Lefranc 1974(일본어판), 50~51).

'프랑스노동총동맹' 제9회 대회는 각 조직에 대해 "생디칼리즘이 최대의 효과를 발휘하기 위해서는 경제 행동이 직접 고용주를 대상으로 이루어져야 하며, 프랑스노동총동맹 가맹 조직은 조합 조직으로서 정당·정파에 관계해서는 안 된다. 또 이런 정당·정파가 노조 외부에서 또 그것과 병행해 사회변혁을 추구하는 것은 전적으로 자유라고 판단한다"고 선언했다(Lefranc 1974(일본어판), 501).

생디칼리즘은 사회조직의 중심으로서 '생디카'와 행동의 상징으로서 '총파업'을 특징으로 했다. 생디칼리스트는 생디카, 즉 노동조합이 노동자계급의 유일한 조직이고 그것만이 노동자의 이익을 대표할 수 있다고 주장했다. 또 노동조합은 노동자계급의 투쟁조직일 뿐만 아니라 자본주의 제도가 철폐된 이후에도 미래의 생산조직이 될 수 있다고 했다. 생디칼리즘은 일체의 정당, 선거 참가, 의회 참가를 단호히 거부했다. 그리고 생디칼리스트는 생디카를 이끌고 총파업을 조직하는 데서 '전체를 발효시키는 소량의 효모'인 소수 정예를 매우 중시했다.

그런데 아미앵 헌장에 나타난 반反정당 이념을 액면 그대로만 해석할 수는 없으며, 아미앵 헌장에 내포된 운동 기조의 배경은 오히려 프랑스노동총동맹 내부에서 찾아야 한다는 견해도 있다. 그 논거는 다음과 같다. 프랑스노동총동맹 지도부가 사회당과 완전 결별을 의도했던 것이 아니라 적어도 평화 공존이나 상호 존중을 중시했다는 것이다. 그리고 당시 프랑스노동총동맹을 이끌던 혁명파는 오른쪽으로 개량파의 공세에 맞서면서, 왼쪽으로는 극좌파의 공세에 대응해야만 했다. 여전히 아나키즘의 투쟁 논리에 충실한 극좌 혁명론자들의 선동에 맞서 현실 여건에 맞는 투쟁 전략을 마련하고자 부심하던 프랑스노동총동맹 지도부에게 사회당의 공세 때문에 불거진 노동조합의 정치적 중립성 문제는 프랑스노동총동맹 안에서 아나키즘 세력을 길들일 수 있는 좋은 계기이기도 했다. 요컨대 당시의 정황에 비추어 볼 때, 아미앵 헌장에서 확인할 수 있는 것은 지난 시기에 총파업을 외치던 프랑스노동총동맹의 불굴의 혁명 정신이 아니라 구체적인 노동 현실에 맞는 실질적인 투쟁 방안을 찾고자 하는 자기 혁신의 의지라는 것이다(이용재 2002, 126~127).

이런 주장에도 불구하고 아나르코생디칼리즘에 대해서는 프랑스 노동운동 안팎에서 오랫동안에 걸쳐 격심한 비판이 일었다. 레닌은 생디칼리즘을 '좌경 수정주의'로 규정하면서 "미래에 대한 전망을 잃은 프티부르주아지의 분노와 초조 그리고 동요를 반영"한 것이라고 비판했다. 프랑스의 노동조합운동 내부에서도 생디칼리스트 지도자들은 프랑스 노동자의 진정한 통일도, 계급투쟁에서 획득할 성공도 보장하지 못했으며, 그들은 파업을 위한 충분한 준비활동을 하지 않았을 뿐만 아니라 파업 지도 역할도 제대로 수행한 경우는 드물었다는 비판을 받았다(The USSR Academy of Sciences 1981, 424~425). 생디칼리즘은 제1차 세계대전의 발발과 더불어 쇠퇴의 길을 걷게 되었다.

독일 노동조합운동의 고양

1850년대 말 이후 독일 자본주의는 급속한 발전을 이룩했다. 루르 지방은 독일 중공업의 중심지가 되었다. 철도망의 연장은 1850년부터 1860년까지 10년 동안 두 배로 늘어나 약 1만2천 킬로미터에 이르렀다. 독일은 오랜 기간에 걸친 반봉건적 농업국가에서 벗어나 자본주의적 공업 국가로 변모했다. 다만, 부르주아지는 차츰 경제적으로 우위를 획득했지만, 정치권력은 여전히 융커의 수중에 장악되어 있었다(Warnke 1952, 25).

급속한 공업화의 진전에 따라 노동자계급은 빠르게 성장했다. 생산의 집중화가 진행된 결과, 종래에 노동자계급의 대다수를 차지했던 수공업 수련공과 가내공업노동자 대신에 공업 프롤레타리아트가 노동자의 핵심적 구성을 이루게 되었다. 이처럼 노동자계급의 성장이 진행되는 가운데서도 노동자의 노동·생활 조건은 개선되지 않은 채, 노동자에 대한 착취가 더욱 강화됨으로써 노동자들은 점점 더한 빈궁 상태로 내몰렸다. 이런 상황에서 열악한 노동·생활 조건의 개선을 위한 노동자의 요구가 증대하는 동시에 노동조합운동이 고양되었다. 1860년대에는 단결금지령의 해제를 계기로 독일 각지에서 수많은 노동조합이 결성되었다. 이 시기에 결성된 노동조합 대부분은 인쇄·제본, 담배, 제화, 건축, 여러 업종의 금속 산업 등 주로 경공업 부문 숙련노동자 중심의 직업별 노동조합이었다. 이들 노동조합은 노동조건의 유지·개선을 목표로 한 것은 물론이거니와, 이와 함께 생산협동조합의 촉진과 공제 활동을 중시했다. 이 시기 노동조합운동은 사회주의정당의 협조와 지도를 받아 발전했다(광민사편집부 1981, 8~9). 1869년 이후 독일 노동운동은 조직의 측면에서는 페르디난트 라살레가 주도한 전독일노동자연맹과 베벨, 빌헬름 리프크네히트가 이끈 사회민주노동당으로 분리되어 있었다. 비록 두 개의 조직체로 분리되어 있었지만, 정치적인 견해의 차이

점은 내부에서 상호 조정되었다.

1871년에는 프로이센의 융커 출신 비스마르크를 중심으로 한 융커와 군국주의자들이 주축이 되어 독일통일을 이룩했다. 이런 독일통일은 정치적으로 보수적이었던 프로이센 주도의 '위로부터' 행해진 근대화 과정을 의미했다. 독일통일은 독일 자본주의 발전의 큰 계기가 되었고, 동시에 독일 노동조합운동의 급속한 발전을 촉진하는 요인으로 작용했다. 독일은 1873년에 시작된 '대불황'에 따라 자유주의 정책을 철회하는 대신, 제국주의 정책을 시행했다. 국내외에서 계급 대립이 격화하면서 지배 세력들이 강압적인 정책의 시행을 요구했기 때문이었다.

한편, 1875년 5월 22~27일 사이에 열린 고타 통합 당대회에서 사회민주노동당(아이제나흐파)과 전독일노동자연맹(라살레파)이 상호 대립 관계를 청산하고 독일사회주의노동당을 결성했다. 고타 전당대회의 대표들은 주로 빌헬름 리프크네히트가 기초한 마르크스주의적 강령을 채택했지만, 마르크스가 비판한 바와 같이 페르디난트 라살레의 개혁주의 이론을 상당한 정도로 받아들인 내용이었다(김유 2003, 71).

『고타강령 비판』은 "노동은 모든 부와 모든 문화의 원천이다. 그런데 유익한 노동은 사회에서만 또 사회를 통해서만 가능하므로 노동의 수익은 온전히, 평등한 권리에 따라 모든 사회 성원에게 속한다"로 시작한다.

마르크스는 『고타강령 비판』을 통해 고타강령 내용을 조목조목 신랄하게 비판했다. 그는 사회적 생산이 지닌 결정적인 역할을 파악하지 못한 채 미래 사회를 설계하거나 현존 질서를 비판할 경우, 소비 수단의 분배에 중점을 두려는 노력이 프티부르주아 사회주의 이론의 방법론적 결함이 된다고 했다. 마르크스는 여기서 라살레주의를 기회주의적인 프티부르주아 노선으로 규정했다. 또 그는 라살레파의 '임금철칙' 이론이 이론적인 근거가 없으며, 실천적인 면에서도 위험하다고 주장했다(마르크스·엥겔스 1994, 370~390; 마르크스-레닌주의연구소 1989, 802~809).

마르크스는 국가 원조로 생산조합을 설립하자는 라살레의 끈질긴 요구를 강령에 수용한 것은 커다란 오류라고 지적했다. 마르크스는 또 노동자계급을 제외한 다른 모든 계급은 '오직 하나의 반동 대중'을 구성한다는 라살레의 주장과 그런 이론에 바탕을 둔 노동자계급과 농민의 동맹이 갖는 중요성을 부정하는 논거를 비판했다. 그리고 마르크스는 노동운동의 국제주의 성격에 대해 언급이 없다는 사실을 들어 협소한 민족주의에 머물러 있다고 지적했다.

한편, 마르크스는 공산주의사회질서의 높은 단계에서는 생활수준, 노동조건, 그리고 인간의 의식이 근본적으로 변화한다고 설명했다.

개인이 분업에 복종하는 예속적 상태가 사라지고 이와 함께 정신노동과 육체노동 사이의 대립도 사라진 후에, 노동이 생활을 위한 수단일 뿐만 아니라 그 자체가 일차적인 생활 욕구로 된 후에, 개인들의 전면적 발전과 더불어 생산력도 성장하고 집단적 부의 온갖 원천이 흘러넘치게 되면, 다시 말해 공산주의사회의 높은 단계에 다다르면 비로소 부르주아 권리의 편협한 한계가 완전히 극복되고 사회는 자신의 깃발에 다음과 같이 쓸 수 있게 된다. '각자는 능력에 따라 일하고 필요에 따라 분배를.'(마르크스·엥겔스 1994, 377).

독일의 노동운동과 사회주의운동의 통합과 발전이 전개되는 가운데, 1878년 비스마르크는 황제 빌헬름 1세에 대한 테러 사건을 빌미로 '사회민주주의자의 위험한 활동을 단속하는 법률'이라는 사회주의자법을 제정했다. 비스마르크는 이 법으로 사회주의노동당을 불법화했고, 그 정당과 유대가 깊은 노동조합들을 해산하거나 억압했다. 짧은 기간에 유리, 목공, 금속, 제화, 광산 등 전국 노조 17개와 지방 노조 조직 18개가 파괴되고 사회주의 노동당이 지도했던 공제조합 330개가 해산되었다(Foster 1956, 122~123).

비스마르크는 사회주의자법을 시행하는 동시에 1880년대에 사회보험 정책을 시행했다. 이것은 사회주의혁명을 지향하는 정당의 영향에서 노동 자계급을 분리시켜 체제 안으로 포섭하려는 정책 의도에서 이루어졌다.

비스마르크의 억압 정책에도 불구하고 노동조합운동은 중앙집권화되면서 사회주의노동당의 정치적 지도를 이전보다 더 적극적으로 받아들였다. 노동조합운동과 당의 지도로 강력한 파업투쟁이 전개되었으며, 그 정점을 이루었던 것이 1889년 노동자 10만 명이 참가한 루르 광산 대규모 파업투쟁이었다.

한편, 사회주의노동당이 획득한 투표수도 해마다 증가했다. 1878년 선거에서는 49만3천 표를 획득했는데, 1890년 선거에서는 142만7천 표를 획득해 득표수는 거의 세 배 증가했다. 사회주의자법이 사회주의 세력의 성장을 결코 막을 수 없다는 사실을 여실히 보여 주었다. 이 법은 일정한 범위 안에서 선거 활동을 허용했기 때문에 사회주의노동당은 의회 선거를 중시하는 활동을 집중적으로 전개했다(광민사편집부 1981, 10).

1890년 사회주의자법이 철폐된 바로 뒤, 독일 노동조합운동이 펼친 중요한 작업의 하나가 노동조합운동 최초의 상설 중앙 지도부로서 '독일노동조합총무위원회' 창설이었다. 1892년 3월 할버슈타트에서 노동조합원 30만3천 명, 노동조합 62개를 대표하는 208명의 대의원이 참가해 총회를 열고 칼 레기엔을 의장으로 한 7명의 총무위원회를 선출했다.

사회주의노동당은 1890년 사회민주당으로 개편되었고, 사회민주당은 1891년 당대회에서 에르푸르트강령을 채택했다. 이 강령은 라살레주의를 청산하고 마르크스주의를 당의 기본 노선으로 채택했는데, 여기에는 사회주의의 종국적 강령과 자본주의 체제에서 실현해야 할 당면 강령이라는 두 가지 내용이 포함되었다. 이 에르푸르트강령은 사회주의를 목표로 한 노동조합의 정치적 지침 구실을 했다.

에르푸르트강령은 "부르주아사회의 경제 발전은 필연적으로 그 기초가 노동자의 생산수단에 대한 사적 소유 형태인 소규모 기업의 파괴를 유도한다. 그것은 노동자들을 생산수단으로부터 차단시켜 재산이 없는 프롤레타리아로 전락시키는 반면, 생산수단은 비교적 소수인 자본가와 대규모 지주의 전유물이 된다"고 시작한다(김유 2003, 94에서 재인용).

에르푸르트강령은 모든 선거와 투표에서 남녀 구별 없이 20세 이상의 모든 독일 국민에 대한 보통·평등·직접 선거권과 비밀투표권 보장을 비롯해 발의와 거부권 행사를 통한 국민의 직접적인 법률 제정권, 자유로운 의사 표현과 단체 결성의 권리를 제한하거나 금지하는 모든 법률의 폐지, 교회로부터 교육의 분리, 재판과 법률 상담의 무료 제공, 그리고 사형 제도의 폐지 등을 요구했다.

이와 함께 에르푸르트강령은 노동자계급의 보호를 위해 다음과 같은 사항을 요구했다. 표준 노동일의 최고 8시간 확정, 14세 어린이에 대한 고용 금지, 모든 노동자에 대해 최소한 주당 36시간의 계속적인 휴식 보장, 국가와 지방의 노동 담당 부서와 노동위원회의 모든 산업과 상업 시설의 감독, 효과적인 산업위생시설, 산업노동자와 동일한 농업노동자와 가내 기업 노동자의 법률적 지위 보장, 단체 결성권의 보장, 국가 주관의 모든 노동보험 제도에 대해 노동자의 전적인 운영 임무 담당 등을 요구했다(김유 2003, 94~97).

그런데 에르푸르트강령을 두고 날카로운 비판이 제기되었는데, 비판의 주된 초점은 고타강령과 마찬가지로 계급투쟁에서 노동조합이 갖는 역할이 강조되지 않았다는 사실이었다. 강령이 갖는 이런 한계 때문에, 사회주의자법이 시행되는 상황에서 열린 제3차 '비합법' 당대회에서도 노동조합운동의 절박한 문제들은 논의되지 않았다는 점이 비판의 도마 위에 올랐다.

1890년대에 걸쳐 독일 노동조합운동은 경제공황과 자본 측의 완강한 저항에 부딪쳐 그 발전을 제약당했다. 1900년대에 들어서야 독일 노동조합운동은 비로소 고양기를 맞았고, 세계노동운동의 발전에서 선도적 역할을 수행하게 되었다. 1892년의 조직노동자 수가 32만9,230명이었던 것이 1900년에 68만427명, 1905년에 134만4,803명으로 증가한 것이 이를 잘 반영했다(Foster 1956, 126).

이탈리아 노동운동과 바쿠닌주의

이탈리아에서 역사적으로 형성된 사회구조의 특징이 노동자계급의 상태와 특성을 직접 규정지었다. 반봉건적 질서가 잔존하고 있던 농업 중심 남부 이탈리아가 갖는 후진성과 정체성, 사회구조의 전반에 도사리고 있는 많은 기생적 요소의 존재, 그리고 소규모적인 경제활동 인구 따위가 그것이었다. 그러나 북이탈리아의 주요 도시, 즉 밀라노, 토리노, 제노바 등에서는 공장 노동자가 상당한 정도로 성장했다. 노동자가 전체 인구에서 차지하는 비중은 비교적 크지 않은 편이었으며, 그 구성에서 우세했던 부문은 섬유와 식품 산업노동자들로서 일반적으로 경공업노동자들이었다. 당시 공업노동자의 70~80퍼센트는 종업원 10명 이하의 기업에서 일하고 있었다(The USSR Academy of Sciences 1981, 90~91).

한편, 노동자계급은 매우 이질적이었다. 노동자계급의 주요 부분은 건축·가내공업·농업 노동자를 포함해 비숙련노동자들이었다. 숙련노동자 집단도 아직 길드적인 폐쇄성의 전통을 이어받고 있었다. 또 고용 형태도 지역에 따라 격차가 매우 컸다. 실업과 빈곤 때문에 노동자들은 남부에서 북부로 이동하거나 해외로 이주하는 경우가 많았다. 이탈리아 자본주의의 이런 내부적 모순들은 프롤레타리아트와 부르주아지 사이의 계급투쟁을 첨예하게 만든 요인으로 작용했다.

이런 상황에서 노동조합운동은 계속 고양되어 1860~1870년대에는 연평균 파업 건수가 30건에 이르렀으며, 파업은 그 후로도 계속 증가했다. 이탈리아 노동자투쟁에서 매우 주목되는 사실은 이들 파업 가운데 어떤 경우는 농업노동자가 주도했다는 점이었다.

파업투쟁이 이어지는 가운데 최초의 지방노동자회의가 1853년에 열렸으며, 선구적인 전국노동자회의는 1861년에 개최되었다. 전국회의에서는 주세페 마치니가 운동을 주도했으며, 1871년 전국회의가 분열되기 전까지는 운동은 그대로 유지되었다. 마치니는 이탈리아 초기 노동운동에서 중간계층을 대표했다. 부르주아지가 정면공격으로는 무너뜨리기 어려운 노동조합운동과 정치적 운동을 직접적이든 간접적이든 지배하고자 의도했던 것과 마치니의 의도는 일맥상통하는 것이었다. 마치니는 파업 반대를 선동했으며, 1859년의 반노동조합법은 합법적이고 평화적인 수단을 통해서만 분쇄할 수 있다고 주장하는 등 보수적인 활동 방침을 제창했다. 사회주의자가 아니었던 마치니는 마르크스주의와 충돌했다. 제1인터내셔널이 이탈리아 노동자들 사이에 혁명적인 영향을 끼치게 되면서, 마치니의 정치적 영향력과 리더십은 약화되었다(Foster 1956, 60~61).

1870년대 들어 노동조합은 본격적인 파업투쟁을 벌였다. 이것은 전반적인 사회적 조류와 관련을 갖고 일어났다. 1861~1863년 사이에 남부 공업지역에서 일어난 파업과 1860년 여름(가리발디 원정기)부터 1869년의 제분 관련 운동(257명이 사망하고 1,099명이 중경상을 입었으며, 3,788명이 체포되었다)이 일어난 시기 사이의 반부르주아 농민투쟁은 이후 이탈리아 인터내셔널 건설의 토대가 되었다. 1870년대 초반 인터내셔널 정파들이 탄생했고, 그들은 인터내셔널이탈리아동맹 제2차 대의원대회(1873년 3월)의 기록에서 보듯이 "노동자 공제조합과 노동자 해방 조직 사이에, …… 자선과 노동해방 사이"의 선택을 명확히 했다. 인터내셔널이 주도한 봉기들이 실패하기는 했지만, 정치·경제적 파업들은 그 진행 과정에서 처음으로 사회적 실천과 혁명적 목표의 통일을 시도함으로써 계급의식의 형성에 크게 이바지했으며, 노동자 조직은 중요한 조직으로 인정받았다(정병기 2000, 69).

1872년, 인터내셔널 이탈리아 지부는 바쿠닌주의자의 강한 영향을 받아 헤이그 대회를 거부하고 미하일 바쿠닌의 '반권위주의 인터내셔널'에 가담했다. 바쿠닌주의자들은 2년 정도의 기간에 6회 이상의 지방 차원 봉기를 조직했다. 그 가운데 1868년과 1874년의 봉기가 가장 중요한 것이었는데, 정부는 이 봉기를 모두 진압했다. 이런 모험주의적 투쟁은 맹아기 이탈리아 노동조합을 음모단과 다를 바 없는 조직 형태로 전락시키고 말았다. 그런데도 바쿠닌은 맹아기 이탈리아 노동조합운동 발전에 강력한 영향력을 끼쳤다. 그 이유는 그가 주로 이탈리아 독립 투쟁의 막바지에 그곳으로 건너갔고, 대중들이 아직 노동자계급의 강령에 밝지 못했기 때문이었다. 이탈리아 노동자들은 1871년 그동안의 투쟁 경험을 바탕으로 '노동의 통일'이라는 조직을 창립했다. 이 새로운 조직은 노동조합 이전 조직, 정당 이전 형태의 '저항 동맹'과 같은 것이었다(Foster 1956, 81).

1869년 당시 이탈리아에는 총 771개의 노동자 조직이 있었다. 1870~1880년 이탈리아 노동자 조직의 지배적 형태는 저항 동맹 형태의 조직이었다. 이런 조직이 각종 파업을 지도했으며, 그 밖에도 여러 가지 형태의 노동자 활동을 벌였다. 그런 과정에서 노동조합과 사회당이 창립될 수 있었다. 1872년에 최초의 노동조합인 인쇄노동조합이 결성되었다. 이 조직은 처음에는 직업별 노동조합이었지만 곧 산업별 노동조합으로 발전했다. 다른 노동조합들도 잇따라 결성되었다. 선구적인 '노동회의소'(지방노동평의회)는 1872년에 조직되었다(Foster 1956, 82).

1893년에는 12개의 지방 노동조합 평의회가 주동이 되어 전국 대회를 열었고, 이를 바탕으로 이탈리아노동조합평의회연맹이 결성되었다. 1902년에는 이탈리아 노동조합운동의 여러 세력을 전국적으로 결집하기 위해 '중앙 저항 서기국'이 설치되었다. 이런 과정을 거쳐 1906년 10월에는 노동조합 전국 중앙 조직인 이탈리아노동총연맹이 결성되었다. 이 이탈리아노동총연맹 창립 대회에서는 우파 사회주의자가 다수였으나 무정부주의자, 생디칼리스트, 좌파 사회주의자들이 강력한 소수파를 형성하고 있었다. 이탈리아노동총연맹의 조합원 수는 1907년에 19만422명이던 것이 1911년에는 38만3,770명으로 늘어났다. 노동조합의 성장은 특히 1900~1913년에 이탈리아 산업의 급속한 발전과 더불어 이루어졌다(Foster 1956, 155).

미국의 노동기사단과 미국노동총연맹

1870년대 들어 미국 자본주의는 독점 단계로 들어섰다. 미국 노동자계급은 1875년 펜실베이니아 탄광노동자 파업을 위시해 1877년 볼티모어·오하이오 철도 파업, 1886년 5월, 8시간 노동일제를 요구한 총파업을 감행했다. 1870년 이후 약 30년 동안에 걸쳐 미국 노동자계급은 수많은 파업과 선거 투쟁을 전개하면서 두 개의 대규모 전국 조직인 노동기사단과 미국노동총연맹을 창설했다.

노동기사단은 전국노동연맹이 전국 조직 구실을 하고 있던 시기인 1869년 필라델피아에서 조직되었다. 그러나 노동기사단은 1877년에 일어난 철도 대파업과 더불어 노동조합운동이 고양될 때까지는 그다지 크게 발전하지 못했다. 1880년대 초, 대규모 파업과 보이콧 투쟁을 계기로 노동기사단은 조직 세를 증대시킬 수 있었다. 1886년에는 노동조합원 수가 약 70만 명에 이르렀다. 노동기사단은 숙련·비숙련·흑인 노동자는 물론이고 중소 상공인과 농민들까지도 포괄해 중앙집권적 조직 형태를 취했고, 처음에는 노사협조주의를 표방했지만 점점 전투적인 경향을 나타냈다. 그러다가 1890년대 말에는 와해 상태에 빠졌다.

전국 중앙 조직인 미국노동총연맹은 1881년 11월 15일 피츠버그에서 여섯 개 직업별 노조가 주도해 결성되었는데, 도장·목공·주형·유리제조·담배제조·철강 노동자 등이 참가했다. 여섯 개 노조의 노조원 수는 대략 5만 명 정도였다. 미국노동총연맹은 결성 초기에는 노동기사단의 강력한 활동에 밀려 조직 확대를 순조롭게 수행하지 못했다. 그러다가 1886년 대파업을 계기로 미국노동총연맹은 노동조합운동을 주도하는 위치에 올라섰다. 1900년 당시 미국노동총연맹은 노조원 54만8,321명을 포괄했다.

미국노동총연맹은 결성 초기에는 높은 수준의 전투성과 계급성을 유지하려 노력했고, 규약 전문은 분명하게 계급투쟁을 명시했다. 그러나 1890년 무렵부터는 자본과 노동 사이의 이해관계 조화를 내세웠고, 숙련노동자 중심의 조직임을 표방했다. 미국노동총연맹은 비숙련·흑인·여성 노동자를 조직 대상에서 배제했으며, 사회주의나 노동당 운동과 대결했다. 그리하여 미국노동총연맹은 노동자계급을 자본주의 제도에 결박시켜 숙련노동자의 이익과 맞바꿈으로써 노동자계급의 근본적인 이익을 해치는 방향으로 나아갔다(Foster 1956, 146~147).

미국노동총연맹의 이런 운동 노선에 반대하고 산업별 노조를 추구하는 노동조합운동이 대두했는데, 1905년에 결성된 세계산업별노동조합이 그것이었다. 세계산업별노동조합은 미국노동총연맹의 보수적인 노선과 부패에 대응해 창설된 조직으로서, 창립 대회를 구성했던 조합원 9만 명을 포괄한 34개 조직은 모두 사회주의자들이 지도했다. 세계산업별노동조합은 격렬한 파업을 수없이 일으켰으며, 결국은 생디칼리즘 노선을 채택했다.

러시아 노동운동과 '혁명적' 노동자계급의 형성

러시아에서 노동자계급 형성과 구성의 특수성을 규정한 주요한 요인은 차르 정부의 정책과 외국자본 도입으로 촉진된 산업혁명이 경제·사회적 발전의 근본 문제를 미처 해결하지 못한 상태에서 전개되었다는 데 있다. 더 구체적으로는 농업의 자본주의적 발전에서 최종 형태가 확립되지 않은 채, 농촌과 모든 사회제도 속에 농노제의 강한 유제遺制가 잔존하고 있는 상황에서 산업혁명이 전개되었다는 사실이다.

1861년 2월 19일 농노제를 폐지한 '해방령'은 농노해방을 명분 삼은 교활한 조치였다. '해방된' 농민들은 이제 극히 작은 부분의 절취지[6]를 사들여야 했고, 봉건적 종속이 아니라 경제적 종속에 시달려야만 했으며 이전보다 더 열심히 일해야만 했다. 한편, 수공업에서 필요로 하는 노동력을 농촌에서 찾을 수 있게 되었다. 당시 러시아 인구 6,700만 명 가운데 2,300만 명이

6_농민이 이용하던 분여지를 지주가 절취해 자기 소유로 만든 토지를 말한다. 할취지라고도 한다.

농노였고, 이 농노들은 10만3천 명밖에 안 되는 지주에게 얽매여 있었다. '해방된' 농민이 임대하거나 구입해야 하는 경작지는 실제 가치보다 약 두 배 비싸게(1억8천만 루블이 아니라 3억4,200만 루블로) 계산되었다. 결국, 어제의 농노들은 법적으로는 해방되었지만 빚더미에 짓눌려 고통당해야만 했다(세르주 2011, 31).

노동자들은 대공업 프롤레타리아트가 이미 형성되어 있는 상황에서도 무권리 상태에서 절대주의적 억압을 받고 있었으며, 전前 자본주의적 제도나 관계 속에 묶여 있었다. 이런 조건과 상황은 생산 현장에서나 생산 외적으로 노동자 상태에 대해 직접 영향을 끼쳤다(The USSR Academy of Sciences 1981, 92).

노동시간은 유럽 어느 나라의 경우보다 장시간이었으며, 노동자들의 생활 조건은 극심하게 열악했다. 고용조건은 기업주의 일방적 의사에 따라 결정되었고, 결사와 파업은 법률로서 금지되었으며 근로계약 위반에 대해서는 형사범으로 처벌되었다.

1861년 농노해방 이후 기계제로 이행하는 과정에서도 노동시간은 단축되기보다는 오히려 점점 더 연장되는 경향을 나타냈다. 노동시간은 업종별로 차이가 있었으나 전반적으로 장시간이었고, 특히 직물업, 요업, 식품업의 노동시간이 가장 길었다. 예컨대 1870년대 모스크바 도자기, 모직물 공업의 노동시간은 1일 15시간이었고, 목면·범포·황포 공업은 16~18시간이었으며, 기계화 비율이 높은 상트페테르부르크 직물업의 경우조차 13~14시간이었다. 또 돈바스 탄광의 경우, 입갱과 출갱 그리고 식사 시간을 빼고도 노동시간은 12시간에 이르렀으며, 시베리아 금광의 경우는 노동시간이 하루 16시간 이상이었다. 철도 건설노동자의 경우는 1860~1880년대 당시 작업 시간은 해가 떠서 해가 질 때까지였는데, 대체로 4~10월의 여름철에 작업이 이루어졌음을 감안하면 노동시간은 대략 15~17시간이었다. 이렇게 장시간 노동이 시행되었음에도 불구하고 1897년까지는 노동시간을 제한하는 법률[7]이 미처 제정되지 않았다(이채욱 1997, 470~471).

장시간 노동에 대한 노동자의 저항이 커지고 공장법이 시행되면서 1880년대부터 노동시간은 완만하게나마 단축되었다. 그러나 생산의 기계화나 작업의 조직화 그리고 노무관리의 '합리화' 등으로 노동강도는 더욱 강화되었다. 이처럼 열악한 노동환경에다 노동 현장에서 시행되는 안전·보건 관리의 미비와 제도적 장치의 부실 등이 겹쳐 산업재해와 직업병이 다발적으로 발생해 노동자의 생명과 건강을 심각하게 위협했다.

다음으로 임금 조건은 한마디로 저임금 구조에다 임금 관련 불이익 조건들이 다양한 형태로 존재했다. 노동자들의 저임금 구조는 농민 분화와 전반적 빈곤화에 따른 노동 공급 과잉 상태를 비롯해 토지 상환금이나 조세 납부를 위한 소득 확보의 필요성, 그리고 기업주들의 다양한 벌금제나 현물 급여제 등의 부차적 착취 방법 등에 따라 장기적으로 유지되었다.

이런 노동조건이나 임금 조건은 곧바로 생활 조건의 빈곤화를 초래했다. 예컨대 1900년대 초 러시아에는 주거 형태가 기본적으로 공장이나 광산의 막사, 작업장 자체, '요람실', '이즈바'[8] 등 네 가지였다. 1890년대 말 모스크바 주(州) 노동자의 55퍼센트 이상, 돈바스 광산의 52퍼센트, 바쿠 유전의 57퍼센트, 바르샤바 주(州)의 25퍼센트 등 유럽 쪽 러시아 노동자의 34퍼센트가 막사생활을 했다. 공장 막사는 주로 2층 평상으로 구성되었는데, 방 하나에

7_ 정부는 12시간 노동일을 규정한 1897년 법(공장법)을 통해 처음으로 노동시간의 규제에 나섰다.

8_ 폴란드에서 중국 동북 지역에 걸친 한랭 지대의 농촌에 많이 있는 목조 건축으로서, 통나무나 각이 진 목재를 수평으로 쌓아 올려 지은 건물을 가리킨다.

표 1 | 1870~1894년에 발생한 러시아 노동자의 파업운동

연도	건수	참가자 수	연도	건수	참가자 수	연도	건수	참가자 수
1870	17	1,858	1880	21	15,132	1890	30	11,824
1871	14	3,570	1881	14	1,111	1891	32	16,638
1872	21	8,193	1882	18	5,224	1892	58	35,818
1873	17	4,869	1883	23	9,472	1893	38	30,426
1874	23	15,789	1884	19	6,327	1894	41	25,824
1875	15	5,578	1885	32	25,761	-	-	-
1876	19	1,663	1886	24	6,198	-	-	-
1877	11	3,123	1887	62	24,557	-	-	-
1878	38	15,341	1888	29	13,901	-	-	-
1879	47	21,644	1889	30	18,001	-	-	-
소계	222	81,622	소계	272	125,684	소계	199	120,530

자료: Sokolov & Trofimov(1989, 417); 이채욱(1997, 499)에서 재인용.

100명이 넘는 노동자들이 기거했다. 가족이 딸린 노동자가 다른 가족과 함께 한방을 사용할 수 있었던 경우는 그나마 아주 다행스러운 일이었다(이채욱 1997, 478~479).

한편, 노동과 자본의 관계에서 반半농노제적 성격을 잘 드러낸 것은 노동자의 무권리 상태였다. 당시의 유럽과는 달리 전제정치가 지배하는 상황에서 노동자의 정치·경제·사회·제도적 지위는 매우 낮았으며, 기본 권리는 여전히 보장되지 않았다. 말하자면 노동과 자본의 관계는 산업 현장에서 장원제의 영주와 농노 관계가 유지되는 것과 다름없었다.

이와 같이 지극히 열악한 노동조건, 자본 측의 전근대적이고 다양한 형태의 착취 구조, 노동 현장 밖의 비인간적 생활 조건, 이를 개선하기 위한 정부의 정책 부재 등은 노동자계급의 격렬한 저항을 불러일으켰으며, 결국에는 1905년 이후의 폭발적인 반체제 투쟁을 촉진했다.

러시아에서 전개된 노동운동은 1861년 제도상의 농노해방 이후 1890년대 전반까지에 걸쳐 몇 가지 특징을 나타냈다. 첫째, 노동자의 저항 사례가 꾸준히 증가했다는 사실이다. 노동운동이 취약했던 1861~1869년에 이르

연도	파업	참가자 수	거리 시위	병력 동원
1895	214	55,000	1	19
1896	172	76,500	2	33
1897	222	84,300	3	35
1898	347	75,600	4	45
1899	257	84,500	27	85
1900	133	31,000	29	-
1901	353	85,100	51	-
1902	285	95,600	61	-
1903	1,382	269,700	141	-
1904	199	56,100	175	-

표 2 | 1895~1904년에 발생한 러시아의 파업 상황

자료: Volin & Polevoi & Kir'ianov(1989, 487; 505; 582~589); 이채욱(1997, 499)에서 재인용.

는 9년 동안에 제기된 파업은 10회, 소요는 41회 정도였으나 그 이후 15년 동안에 일어난 파업은 318회, 소요는 153회로 증가했다. 둘째, 1869년까지 는 폭력을 수반하는 소요가 지배적인 저항 형태였으나, 1870년 이후에는 특정한 목표를 내세운 파업이 지배적인 투쟁 형태로 되었다는 사실이다. 셋째, 1870년대 이후 파업 건수와 참가자 수가 증가했으며, 파업 규모도 점점 커졌다는 사실이다. 1870년 이후 10년 동안에는 파업이 222건이었고 파업 참가자 수는 8만1,600명으로 파업 1건당 평균 참가자 수는 368명이었다. 그다음 10년 동안에는 파업은 272건이었고 파업 참가자는 12만5천 명으로 평균 참가자 수는 462명을 기록했다. 그리고 1890~1894년 사이에는 파업 이 199건, 파업 참가자가 12만500명, 평균 참가자 수는 605명으로 증가했 다. 넷째, 파업에서 제기된 요구도 차츰 임금, 벌금, 노동시간, 대우, 노동환 경 등으로 정식화되는 경향을 보였다는 사실이다(이채욱 1997, 486~487).

이런 파업투쟁은 법률상으로 승인되지 않은 상태에서 법을 뛰어넘어 전 개되었으며, 노동자들의 저항 형태는 체제에 대한 도전으로 이어졌다. 1870 년대 들어 노동자들의 조직 활동이 대두 되었는데, 대표적인 것으로는 1875

표 3 | 사회민주주의와 노동조합운동

국가	정당	연도	전국노동조합연맹	연도
영국	노동당	1900	노동조합회의Trades Union Congress	1868
에스파냐	에스파냐사회주의노동당	1879	에스파냐일반노동조합General Union of Spanish Labor	1888
독일	독일사회민주당	1875	자유노동조합총위원회General Commisson Free Trade Unions*	1891
헝가리	헝가리일반노동당	1880	노동조합회의Trade Union Council	1891
오스트리아	오스트리아사회민주당	1889	노동조합위원회Trade Union Commission	1893
체코	체코사회민주당	1878	노동조합위원회Trade Union Commisson	1897
벨기에	벨기에노동당	1885	벨기에노동총연합General Federation of Belgian Labor	1898
덴마크	덴마크사회민주연합	1876	노동조합총연맹Trade Union Confederation	1898
스웨덴	스웨덴사회민주당	1889	노동조합총연맹Trade Union Confederation	1898
노르웨이	노르웨이노동당	1887	노동조합총연맹Trade Union Conferation	1899
불가리아	불가리아노동자사회민주당	1891	일반노동조합General Workers'Trade Union	1904
네덜란드	네덜란드사회민주연맹	1881	노동조합연맹Federation of Trade Union	1906
이탈리아	이탈리아사회당	1892	이탈리아노동총연맹General Confederation of Italian Labor	1906

주: 독일에는 1863년 라살레가 주도해 전국 조직인 '전독일노동자총연맹'이 이미 결성되었다.
자료: 일리(2008, 140).

년 3월 오데사에서 창설된 '남부러시아노동자동맹'과 1878년 상트페테르부르크에서 출범한 '러시아노동자북부동맹'을 들 수 있다. 이들 조직은 비합법적으로 활동했기 때문에 활동 내용을 정확하게 파악하기는 어려우나 소규모 서클 형식을 취했을 것으로 보이며, 이런 조직의 목표는 자본과 특권계급의 지배로부터 노동자를 해방시키고 기존의 경제체제와 정치질서를 청산하는 데 설정되었다. 1880년대의 비합법 노동운동은 주로 숙련노동자들이 주도했으며, 노동운동이 지식인과 결합되면서 마르크스주의를 수용하게 되었고, 그것은 노동자들의 역량 증대로 이어졌다.

러시아 노동운동은 1895년 이후 10년 동안 그 이전보다는 훨씬 더 활발하게 전개되었다. 파업의 전개 양상만 보아도 1895년부터 1904년까지 10년 동안 발생한 파업은 3,564건에 이르렀고, 파업 참가자 수는 91만3,400명이었다(이채욱 1997, 499). 또 파업은 특정 지역에서만 일어난 것이 아니라 전국으로 확산되었으며, 업종별 연대 파업이 결행되기도 했고 파업의 규

표 4 | 주요 자본주의국가들의 파업투쟁 동향(19세기 말~20세기 초)　　　　　　　　참가 인원 단위: 1천 명

국가	1896년		1899년		1900년		1902년		1903년		1904년	
	파업 건수	참가 인원	파업 건수	참가 인원	파업 건수	참가 인원	파업 건수	참가 인원	파업 건수	참가 인원	파업 건수	참가 인원
영국	926	198	719	180	648	188	442	256	387	117	355	87
독일	483	128	1,311	116	1,468	141	1,106	70	1,144	135	1,190	145
프랑스	476	50	744	177	903	222	512	212	571	124	1028	271
벨기에	139	23	104	58	246	32	73	10	70	7	81	12
러시아	118	29	719	180	648	188	442	256	387	117	355	87
오스트리아	305	69	311	60	303	113	264	44	324	51	414	73
이탈리아	211	96	268	45	410	93	1,031	344	596	131	838	213
미국	1,066	249	1,838	431	1,839	567	3,240	691	3,648	788	2,419	573

자료: The USSR Academy of Sciences(1981, 384).

모도 1천 명 이상이 참가한 경우도 많았다. 그뿐만 아니라 노동자투쟁 형태에서 파업 말고도 집회와 시위 등의 투쟁 형태가 행해졌다.

주요 국가들에서 전개된 파업투쟁 동향

노동자계급의 기본 권리와 정치·경제적 이익을 유지하고 확장하기 위한 투쟁은 자본주의가 독점 단계에 들면서 더욱 강화되었다. 특히 착취에 반대하는 파업은 독점체의 공세를 막는 데 집중되었다.

〈표 4〉는 19세기 말에서 20세기 초에 이르는 기간에 일어난 파업투쟁의 동향을 보여 준다. 먼저 이 표에서 읽을 수 있는 것은 공황 개시 이전, 파업 건수가 가장 많았던 해는 1899년이었다는 사실이다. 예외는 이탈리아와 영국뿐이었다. 파업 건수와 참가 인원에서 가장 많았던 나라는 미국이었고, 유럽 대륙에서는 독일, 프랑스, 영국이었다. 또 19세기 말에서 20세기 초에 이르는 기간에 일어난 파업의 특징은 비교적 높은 성과를 획득했다는 사실이다(The USSR Academy of Sciences 1981, 385). 이를테면 독일의 경우, 파

업 성공률은 1900년의 19퍼센트에서 1904년에는 약 25퍼센트로 높아졌다. 프랑스와 오스트리아의 경우도 파업 성공률의 증대는 두드러지게 나타났다. 그리고 이 기간의 파업투쟁이 지닌 또 하나의 특징은 눈에 띄게 정치적 요구가 높았다는 사실이다. 노동조합운동이 다양한 형태의 공격을 받던 상황에서 노동자의 단결권 보장 문제가 자주 투쟁 대상으로 떠올랐다.

이런 파업투쟁들 가운데 총파업으로까지 확대되었던 경우도 결코 드문 현상은 아니었다. 20세기 들어 처음 4년 동안에 러시아, 에스파냐, 이탈리아, 스웨덴, 프랑스, 벨기에 등에서 총파업이 일어났으며, 요구의 성격과 규모는 달랐지만 대부분 정치적 성격을 띠었다.

역사적으로 볼 때, 노동조합운동의 조직·전술적 발전은 총파업 투쟁의 전개로 이어졌다. 최초에는 노동자들이 개별 사업장에서 파업을 벌이다가 다음 단계로 같은 지역의 몇몇 공장들에서 연대 파업을 일으키는 방향으로 전술을 확대했다. 마침내 산업과 국내시장의 확대에 따라 노동자는 직업별 또는 산업별 총파업을 결행하게 되었고, 결국에는 노동자투쟁이 전국 총파업 차원으로까지 발전하는 양상을 보였다(Foster 1956, 186).

그런데 제1인터내셔널 시기(1864~1876년)에는 바쿠닌파를 비롯한 무정부주의자들이 총파업을 강력히 제창했고, 노동자가 당면한 전반적인 문제 해결을 위한 주요한 수단으로 총파업을 강조했다. 1890년대 후반부터 무정부주의자와 무정부주의적 생디칼리스트는 총파업을 자신들의 이데올로기와 강령의 핵심으로 삼았다. 그리고 그들의 활동은 모름지기 총파업을 중심으로 행해졌다.

이런 무정부주의자와 생디칼리스트의 총파업운동에 대해 일반적으로 마르크스주의자들은 비판적인 태도를 취했다. 그들은 파업에서 승리하기 위해서는 견고한 조직과 정확한 상황 진단, 그리고 노동자들에 대한 명확한 지도가 필요하다는 사실을 인식하고 있었기 때문이었다. 마르크스주의자는 총파업을 모든 문제 해결의 만병통치약으로 제안하는 사람들의 생각과 자연발생적으로 노동자계급의 행동을 유발하려는 시도에 대해서는 결코 동의하지 않았다. 초기 단계에서는 노동운동이 총파업을 성공적으로 결행하기는 거의 불가능했다. 왜냐하면 노동자 정당은 아직 취약한 상태에서 발달하지 못했으며, 노동조합이 영국 말고는 노동자계급 가운데 적은 부분만을 포괄하고 있었기 때문이다(Foster 1956, 186~187).

3장
사회주의정당의 출현과 성장

노동운동은 자기의 이익 실현을 위해서는
사회의 제도적 변혁을 필요로 한다는
사실을 인식함으로써
비로소 정치적 성숙에 이를 수 있다.
노동자 대중 다수가 근본적 개혁이
바로 자신의 직접적 이익이라는 사실을
현실에서 깨닫지 않으면,
노동운동은 본래 의미의 정치적 운동으로
발전할 수 없는 것이다.

_아돌프 스터름탈(스터름탈 1983, 57)

1. 노동자계급 정당의 출현

1800년대 마지막 25년 동안에 노동자계급의 대중투쟁이 고양된 것은 사회주의운동이 확대된 데서 힘입은 바도 컸다. 대부분의 선진 자본주의국가들에서 사회주의 이론을 활동 지침으로 삼은 프롤레타리아 정당이 출현하고 성장한 것이 바로 이 시기였다. 주요 국가들에서 사회주의정당들이 출현한 경로와 배경을 살펴본다.

영국

영국에서 사회주의사상을 강령으로 선언한 최초의 조직은 민주연맹이었다. 이 조직은 하이드만을 중심으로 한 민주적 지식인이 창립했으며, 1884년에는 사회민주연맹으로 이름을 바꾸었다. 사회민주연맹을 설립한 이들 지식인은 마르크스주의의 이론을 받아들여 자본주의의 필연적 몰락을 예견했고, 사회혁명이나 무장봉기의 필요를 주장했다. 사회민주연맹의 정치 강령이라 할 수 있는 선언서는 민주주의의 확립을 특히 강조했다. 주요 내용은 이러했다.

첫째, 완전한 성인 남녀의 보통선거권
둘째, 의원에 대한 세비 지급
셋째, 1년 임기의 의회
넷째, 국민투표제의 도입
다섯째, 부정부패의 처벌
여섯째, 모든 전통 권위 기구의 폐지

사회민주연맹이 주장한 민주주의는 정치적 평등, 인민주권 그리고 인민이 지배하는 정부 수립을 의미했다. 이것은 보통선거권과 대의 정부의 틀을 뛰어넘어 선거인이 피선거인을 통제하고 정책 결정에 가능한 한 최대한의 인민 직접 참여를 보장하는 정치제도를 의미했다(최재희 2001, 99).

사회민주연맹은 1885년 이래 국회의원 총선거에 참여했으나, 노조의 지지를 확보하지 못한 채 단 한 명의 당선자도 내지 못했다. 사회민주연맹은 노동조합이 전체 노동자계급을 대표하고 있지 못할 뿐만 아니라 자본가계급과 타협 또는 동맹을 맺고 있다고 규정했다. 노동자 출신이라 할지라도 사회주의자가 아닌 후보는 반대했고, 사회주의를 표방하지 않는 모든 외부 조직과는 제휴하지 않으려 했다(김금수 외 1999, 35).

한편, 사회민주연맹 내의 일부 그룹은 사회민주연맹의 정치 방침에 대해 회의적 태도를 취하면서 새로운 '현실적 사회주의'를 모색했다. 이 '현실 사회주의자' 또는 '윤리적 사회주의자'들이 1893년에 독립노동당[1]을 건설했다. 이들은 평화적인 방법으로 기존의 정치제도를 이용함으로써 사적 소유의 무자비한 경쟁이 초래한 사회악을 해소할 수 있다고 생각했다. 또 당명에 사회주의를 명기하지 않음으로써 사회주의에 대한 거부감을 완화하려 시도했으며, 정치 방침은 노동자의 이해와 일치한다는 점을 과시하고자 했다. 이 독립노동당의 중심인물은 하디였다. 1895년 선거에 출마한 독립노동당 후보는 모두 낙선했고, 노동조합도 독립노동당과 협조하기를 거부했다. 이런 전술적 유연성에도 불구하고, 당시 상황은 독립노동당에 대해 불리하게 작용했다.

1_독립노동당의 목적은 '생산, 분배, 교환에 관한 모든 수단의 집단적 소유'라고 규정했다.

당시의 사회주의운동은 의회 제도를 중심으로 하는 정치 영역과 노동자 계급의 대표 조직인 노동조합운동을 어떻게 조정·결합할 것인지를 주요 과제로 삼았다. 사회주의 진영은 이런 과제를 두고 여러 갈래로 대립하는 양상을 보였다. 1900년 '노동자대표위원회'라는 이름으로 출범한 노동당Labour party의 결성은 이런 대립의 중심에 자리하고 있었다.

본격적인 노동자당 창당은 1900년 영국노동조합회의가 정치 참여와 정당 결성 방침을 결정함으로써 비로소 실현되었다. 자본 측의 공세, 정치·제도 개혁의 중요성에 대한 노동조합의 인식 고양, 그리고 '신조합주의' 확산 등의 상황 전개는 노동자계급의 독자적 정당 건설을 촉진했다.

노동자대표위원회가 창립되었을 때, 사회민주연맹과 독립노동당은 사회주의 진영을 대표해 위원회에 참가했다. 노동당이 건설된 지 1년 뒤 사회민주연맹의 탈퇴를 비롯해 갖가지 내부 갈등을 빚는 가운데서도, 노동당은 큰 성장을 보였다. 1903년 섬유노조가 노동자대표위원회에 가입했고, 1909년에는 가장 큰 규모의 광산노조가 여기에 가입함으로써 '노동동맹 전술'[2]은 일정한 결실을 거두었다. 그리고 1906년 총선거에서 의석 29개를 확보함으로써 의회에 교두보를 설치하게 되었다.[3] 한편으로는 1900년대 중반부터 자유당에 대한 노동당의 종속화를 비난하면서, 의회에서 확고한 사회주의 정책을 펴야 한다는 목소리가 높아졌다. 이것은 노동동맹 전술에 대한 불만을 의미했다.

2_하디는 "모든 사회주의자들의 조직은 모든 노동조합, 협동조합단체와 제휴해야 한다"고 주장했다(펠링 1992, 138에서 재인용).

3_하디는 1906년 선거 결과를 두고, "노동당은 용기와 주도권, 그리고 사회주의에 대한 확신을 가지고, 나라의 운명이 이제 의회로 진출한 노동과 사회주의의 새로운 힘에 달려 있다는 것을 사람들에게 보여 줄 것이다"라고 주장했다(최재희 2001, 142에서 재인용).

독일

독일 사회주의정당 건설은 1875년 전독일노동자연맹과 사회민주노동당이 결합해 사회주의노동당을 창립함으로써 본격적인 출발을 보게 되었다. 라살레주의자들은 자유주의에 적대적이었고 동시에 노동조합주의에 대해서도 회의적인 태도를 보였다. 또 노동자의 생활 조건 개선을 위해서는 국가 권력의 의지가 필요하다고 주장했는가 하면, 독일 민족주의에 대해서도 동조적인 자세를 나타냈다.

라살레주의와는 대조적으로 마르크스주의 신봉자 베벨과 빌헬름 리프크네히트 등이 주도한 사회민주노동당파는 급진적 민주주의자들과 행하는 정치적 협력에 대해서는 호의적이었고, 독자적 노조 조직을 통한 자주적 활동과 국제주의를 강조했다. 이 두 조직이 통합해 결성된 사회주의노동당은 노조의 독자적 역할을 굳이 부정하지는 않았으나, 노동운동은 정치투쟁을 경제투쟁보다 우위에 두어야 한다고 주장했다. 이에 따라 당과 노조의 관계도 당 우위의 지도-추종의 관계로 설정했다. 이것은 노동조합이 노동자계급의 부분·현실적 이해관계를 대변하는 데 반해, 정당은 노동자계급 해방이라는 총체적 이해관계를 대변한다는 논리에 바탕을 둔 것이었다.

1878년에는 비스마르크가 '사회주의자법'을 시행했는데, 이 법률은 "현존하는 국가 제도와 사회제도의 전복을 목적으로 하는 사회민주주의, 사회주의, 공산주의 의도를 갖는" 모든 단체의 활동을 금지하는 것을 뼈대로 했다. 많은 사람이 투옥되고 추방되었으며, 국외 망명길에 오르기도 했다. 그러나 사회주의법이 결코 사회주의 세력을 격멸할 수는 없었다. 비스마르크의 억압 정책 아래서도 노동운동은 중앙집권화되었고 정치투쟁을 강화하게 되었으며, 정당의 정치적 지도를 적극적으로 받아들이게 되었다. 한편, 사회주의노동당은 일정 범위에서 허용된 정당의 선거 활동을 최대한 펼쳐 의회에서 정치적 영향력을 증대시킬 수 있었다.

사회주의노동당은 1877년 선거에서 약 50만 표의 지지를 얻어 국회의원 13명을 의회로 진출시킬 수 있었다. 사회주의노동당은 탄압이 진행되는 기간에 마르크스주의를 지향하는 당으로 전환했는데, 1891년 에르푸르트 강령에서 계급투쟁의 원칙과 생산수단·교환·분배의 사회화를 통한 자본주의 체제의 극복을 선언했다. 동시에 법률 개정과 선거를 통한 독일 정치체제의 민주적 개혁을 추구하면서, 한편으로 점진적 수단을 통한 혁명적 목표의 달성을 내세웠다(김금수 외 1999, 57).

1890년 제국 의회 선거에서 사회민주당⁴은 142만7천 표, 전체 투표의 19.7퍼센트를 획득해 최다 득표를 한 정당으로 올라섰다. 같은 해 9월 비스마르크 정권은 물러나게 되었고, 사회주의자법이 폐지되면서 노동조합과 사회민주당은 다시 공개적인 활동을 벌일 수 있었다. 1890년대를 통해 사회민주당은 국제노동운동에서 가장 힘 있는 부대로 나섰다. 사회민주당의 지도와 협력으로 독일 노동자계급은 정치적으로 성장할 수 있었고, 정치적 투쟁을 적극적으로 전개할 수 있었다.

프랑스

1789년 혁명 이후의 프랑스 정치적 역정은 혁명과 봉기로 점철되었다. 1830년, 1848년, 1871년의 혁명은 큰 불길과 같은 인민 봉기의 형태를 취했으나, 결국에는 보수파의 권력 장악으로 결말이 났다. 정치체제가 군주정

4_1890년 사회주의법 시행이 폐지되면서 사회주의노동당은 사회민주당으로 당명을 바꾸었다.

과 공화정으로 번갈아 바뀌는 가운데, 프랑스 노동자계급은 1871년에 수립된 파리코뮌이야말로 자기들이 바라는 국가로 인식했다.

이런 배경을 지니고 전개된 프랑스 사회주의운동은 1800년대 마지막 25년 동안에 크게 성장했으며, 노동자계급에 대한 영향력을 강화할 수 있었다. 1876년 이후 마르크스주의자 쥘 게드를 중심으로 한 사회주의자들의 활동이 점점 강화되었다. 프랑스 노동운동은 1879년 마르세유에서 열린 제3차 전국노동자대회에서 생산수단의 사적 소유 철폐와 집단적 소유를 통해 사회주의를 건설한다는 집산주의적 사회주의를 채택했고, 독자적인 노동자계급 정당 건설 방침을 결정했다. 이런 방침에 따라 노동조합을 비롯해 생산·소비 협동조합과 그 밖의 노동단체들이 참가해 프랑스사회주의노동자연맹을 결성했다.

1880년대 들어 사회주의 진영은 크게 네 개 조류로 갈라지게 되었는데, 무정부주의 정파, 게드주의자의 프랑스노동당, 프랑스사회주의노동자연맹, 블랑키파의 중앙혁명위원회 등이 그것이었다. 더욱이 1890년대에는 사회주의혁명노동자당과 독립사회주의자(인본적 사회주의) 분파가 생겨 정파는 더 늘어났다(김금수 외 1999, 45).

이처럼 사회주의 정파의 분열이 확대되는 한편, 사회주의 진영의 통일을 위한 움직임도 강화되어 1905년에는 프랑스사회당이 창설되었다. 통일사회당은 마르크스주의적 혁명주의와 단기적 개량주의 그리고 선거 참여론을 결합한 다양한 사상 조류가 뒤섞인 연합 성격의 조직이었다. 이를 두고 '혁명적 개혁주의', '혁명적 진화론' 등의 표현이 나오기도 했다.

사회주의정당이 창립되어 활동을 추진하는 가운데, 프랑스노동총동맹은 정당과 일정한 거리를 두고 독자성을 유지하고자 했다. 이것은 정당이 노동조합운동을 지도해야 한다는 정치 방침에 대한 반발이면서 동시에 의회주의적 노선에 대한 저항의 표현이었다.

한편, 통일사회당은 1906년의 아미앵 헌장을 인정하면서 노동조합의 자율성을 침해하지 않는다는 것을 전제로 프랑스노동총동맹과 관계 강화를 추구했다. 통일사회당은 독일사회민주당과는 달리 대중정당은 아니었으나, 1906년 선거에서 90만 표의 지지를 얻어 의회에서 52석을 확보하기에 이르렀다(김금수 외 1999, 46).

이탈리아

이탈리아 사회주의 노선의 노동운동은 1870년대 후반 들어 바쿠닌주의자들의 영향을 강하게 받았다. 그러나 1880년대 초에는 바쿠닌주의자들과 노선을 달리하는 지역적인 사회주의 단체들이 생겨났다. 1881년에는 로마냐혁명적사회주의당이 창립되었고, 1882년에는 이탈리아노동당이 출범했다. 이 두 개의 사회주의정당은 1892년 밀라노사회주의연맹 ― 1889년에 창립되었고 마르크스주의 노선을 취했다 ― 과 합동으로 이탈리아노동자당을 창립했다. 이 당은 3년 뒤 이탈리아사회당으로 이름을 바꾸었다. 이 당의 강령은 노동조합의 정치투쟁 강화와 노동자계급의 정치권력 장악 등 마르크스주의 명제를 담고 있었고, 당은 노동조합과 관계에서는 명확한 구분을 설정하지 않은 채, 노동자 개인별 가입을 허용하지 않았으며 단체 가입만을 인정했다(The USSR Academy of Sciences 1981, 242).

이와 같이 사회주의정당이 결성되는 가운데, 1894년에는 정부가 농민봉기와 광산노동자 파업 등을 구실로 독일의 '사회주의자법'과 유사한 법을 제정해 사회주의정당 활동을 탄압했다. 이런 탄압은 당이 노동자의 전투적 전위 역할을 수행하지 못하게 가로막았고, 부르주아 민주주의적 자유 획득

표 1 | 1871~1905년 최초의 사회주의정당들	
연도	정당
1871	포르투갈사회당PSP
1875	독일사회민주당SPD
1876	덴마크사회민주연합SDF
1878	체코사회민주당CSDSD
1879	에스파냐사회주의노동당PSOE
1880	헝가리일반노동당MSZP
1880	프랑스사회주의노동당연합FPTSF
1881	네덜란드사회민주연맹SDAP
1882	폴란드프롤레타리아트당
1883	영국사회민주연맹SDF
1883	러시아노동해방단
1885	벨기에노동당POB
1887	노르웨이노동당DNA
1887	아르메니아한차크당
1888	스위스사회민주당SPS
1889	오스트리아사회민주당
1889	스웨덴사회민주노동당SAP
1891	불가리아노동자사회민주당BWSDP
1892	세르비아사회민주당SSDP
1892	이탈리아사회당PSI
1893	폴란드사회당(러시아)PPS
1893	폴란드왕국사회민주당(러시아)SDKPiL
1893	루마니아사회민주당PSR
1894	크로아티아사회민주당SDPC
1896	슬로베니아남슬라브사회민주당JSDS
1897	폴란드갈리치아사회민주당PPSD
1897	러시아와 폴란드의 유태인노동자총연맹Bund
1898	러시아사회민주노동당RSDRP
1899	우크라이나사회민주당(동갈리치아)USDP
1900	영국노동당
1903	핀란드사회민주당SDP
1904	라트비아사회민주노동당LSDWP
1905	우크라이나사회민주노동당(러시아)USDRP
1905	슬로바키아사회민주당SSP

자료: 일리(2008, 128).

을 위한 투쟁에 몰입하게 만들었다. 이런 가운데서도 사회당과 노동조합이 북부 지방에서 큰 규모의 파업을 주도했는데, 조반니 졸리티 정부가 파업 진압을 위해 군사력을 동원해야 할 정도로 파업은 위력적이었다(아벤드로트 1983, 52).

미국

1876년 미국 최초의 사회주의정당 사회주의노동당이 창립되었다. 이 당은 여러 사회주의 그룹이 모여 창립한 정당인데, 이 사회주의 그룹은 제1인터내셔널 지부에 속해 있었다. 이 당은 초기에는 대부분 독일계 이민들로 구성되었고, 일정 기간이 지난 뒤에는 라살레파가 주도적 지위를 차지했다.

사회주의노동당은 광범한 노동자층을 대상으로 영향력을 행사하기 위해 노력을 쏟았으나 성공을 거두지 못했으며, 또 당 창립 당시부터 존재했던 분파주의 경향도 극복하지 못했다. 그 결과, 19세기 말에는 당원 수도 적었을 뿐만 아니라 노동운동에 대한 영향력도 그다지 크지 못했다.

1897년에는 노동자의 새로운 정치조직인 사회민주당이 결성되었다. 이 당의 강령은 사회주의적 목표를 선언했지만, 혁명적 노선을 거부했으며 의

국가	정당	창설 연도	최고 득표율	최대 당원 수

표 2 | 1914년 이전의 사회민주의 발전   단위: %, 명

국가	정당	창설 연도	최고 득표율	최대 당원 수
핀란드	핀란드사회민주당	1903	43.1(1913년)	85,027(1906년)
스웨덴	스웨덴사회민주당	1889	36.5(1914년9월)	133,388(1907년)
독일	독일사회민주당	1875	34.8(1912년)	1,085,905(1914년)
체코 지역	체코사회민주당	1878	32.2(1911년)	243,000(1913년)
덴마크	덴마크사회민주연합	1876	29.6(1913년)	57,115(1914년)
노르웨이	노르웨이노동당	1887	26.3(1912년)	53,866(1914년)
오스트리아	오스트리아사회민주당	1889	25.4(1911년)	89,628(1913년)
이탈리아	이탈리아사회당	1892	22.8(1913년)	47,098(1901년)
벨기에	벨기에노동당	1885	22.5(1900년)	-
불가리에	불가리아노동자사회민주당	1891	20.2(1913년)	6,168(1912년)
스위스	스위스사회민주당	1888	18.6(1913년)	25,708(1913년)
네덜란드	네덜란드사회민주연맹	1881	18.6(1913년)	25,708(1913년)
프랑스	인터내셔널프랑스지부	1880	16.8(1914년)	92,218(1914년)
영국	노동당	1900	7.9(1910년1월)	-

자료: 일리(2008, 133).

회 활동에만 결정적 의의를 설정했다.

이와 같이 주요 국가들에서 진행된 노동자계급 정당의 생성 과정은 여러 가지 특성을 드러냈으나, 이런 과정은 공통적으로 노동운동의 보편적 발전 논리와 계급적 요구를 반영했다. 노동자계급은 다양한 형태의 투쟁 과정 속에서 자신들의 정치적 요구와 그 실현 방도를 추구했다. 노동자계급이 선택한 정치조직은 당면한 일상적 이익을 실현하기 위한 투쟁을 지도·지원하는 조직일 뿐만 아니라 자본주의 체제의 변혁을 목표로 하는 투쟁을 뒷받침하기 위한 교두보였다. 사회주의정당의 출현은 노동자계급이 떠맡은 역사적 책무를 해결하기 위한 주요 계기가 되었다(The USSR Academy of Sciences 1981, 248).

2. 사회주의정당의 강령과 조직 원칙

여러 나라에서 창립된 사회주의정당들의 강령은 일반적으로 사회주의의 중요한 원칙들을 승인하면서, 운동이 추구하는 보편적 이념과 종국적 목표를 제시하는 것과 아울러 당면 요구들을 포괄했다. 이것은 마르크스주의의 광범한 보급과 제1인터내셔널 활동 전개에 따른 결과였다. 강령은 노동자계급이 자본주의 제도 철폐에 대한 책무를 부여받은 중심 세력이라는 것을 인정하면서 노동자계급의 정치투쟁 참가를 강조했고, 정치권력 획득과 생산수단에 대한 사적 소유 폐지를 기본 목표로 설정했다. 또 강령은 노동운동의 국제적 성격과 국제적 연대의 중요성을 선언했다.

이와 함께 사회주의정당의 강령은 민주적 자유의 확립을 비롯해 보통선거제 시행, 출판·결사·단결·집회의 자유, 국가권력과 교회 그리고 학교와 교회의 분리, 국가 또는 지방 자치체가 부담하는 기초교육 의무제, 상비군 폐지, 재판관 선거제도 도입, 그리고 법률 소송 무료화와 법률 지원 등에 관련된 사항들이었다(The USSR Academy of Sciences 1981, 253).

그리고 사회주의정당이 민주주의 실현을 위한 요구들을 제기한 것은 한편으로 의회 제도가 도입된 나라들에서도 부르주아민주주의혁명이 완결되지 않았고, 다른 한편으로 부르주아지가 자신들이 내걸었던 민주주의 요구들을 철저하게 실현할 수 있는 능력을 갖추지 못했기 때문이었다. 사회주의정당은 민주주의 개혁을 당면 목표로 선언함으로써 인민대중이 절실하게 요구했던 과제 해결 임무를 스스로 떠맡았다. 이것은 광범한 인민대중 세력 결집을 위한 필수 조건이었다.

사회주의정당 강령 속에서 특별한 영역을 차지한 것은 노동자계급의 직접적인 이해를 반영한 것들이었다. 8시간 노동일제의 법적 확립, 아동노동의 금지와 여성 노동의 제한, 일요일 휴무제 의무화, 국가 부담 또는 국가 통제 방식의 사회보험제 시행, 공장 감독제 실시 또는 확대, 산업재해에 대한 기업 책임제 등이 그것이었다.

각국 사회주의정당의 강령 내용이 다 같이 동일한 것은 물론 아니었다. 강령은 그 나라 자본주의 전개의 특수성, 노동운동 발전 과정, 당원의 정치·사상적 수준 등을 반영했다. 1870년대 후반에서 1880년대에 걸쳐 미국 '사회주의노동당'(1876~1877년), 최초의 폴란드 사회주의정당이었던 '프롤레타리아트당'(1882년), 이탈리아 사회주의 단체 '로마냐혁명적사회주의당'(1881년), 이탈리아 '노동당'(1885년) 등은 사회주의 기본 명제를 담은 강령을 채택했다. 그러나 이런 강령들은 구체적인 문제들에 대해서는 온건하고 개량적인 내용을 드러내기도 했다.

사회주의정당 강령 가운데, 1891년 에르푸르트 대회에서 채택된 독일사회민주당의 신강령은 마르크스주의 원리에 가장 충실한 편이었다. 이 강령은 노동자계급과 자본가계급 사이에 존재하는 모순의 타협 불가능성을 강조하면서, 계급투쟁 격화의 불가피성과 사회주의 승리의 역사적 필연성을 역설했다. 또 강령은 노동자계급의 역사적 임무와 국제주의 원칙을 명확히 했다. 그리고 강령은 민주주의 실현을 위한 요구들을 포괄했다. 에르푸르트 강령은 다른 나라 사회주의정당의 강령 작성에도 큰 영향을 끼쳤다.

이런 강령이 담은 목표의 실현은 정치권력의 획득을 전제로 한 것이었으며, 여기서는 공고한 조직 확립과 당원 전체의 행동 통일을 위한 당 규율 준수가 요구되었다. 사회주의정당들은 모름지기 당 기구와 기능, 지도 기관과 지방조직의 권한, 그리고 그 기관과 기구들 사이의 상호 관계, 당원의 권리와 의무를 규정한 당 규약을 채택했다.

일반적으로 정당의 최고 기관은 대회 또는 총회였고, 대회는 매년에서 3

년 또는 5년마다 열리는 등 여러 가지 사례가 있었다. 대회가 열리지 않는 기간을 지도하는 중앙 기관은 중앙위원회, 중앙집행위원회, 중앙평의회, 전국평의회 등으로 그 구성도 3명에서 15명 또는 20명에 이르기까지 다양했다. 경우에 따라서는 의회 의원단이 그 역할을 수행하기도 했다.

정당의 지방조직 구성을 위한 기초가 된 것은 지역 원칙이었다. 국제노동자협회의 지방조직도 마찬가지였다. 또 정당이 창립 때부터 적극적인 의회투쟁을 임무로 설정했던 경우에는 자연스럽게 선거구별로 조직을 편성하기도 했다.

제5부 파리코뮌

프로이센-프랑스전쟁과
보나파르티즘의 파탄

1870년의 전쟁 음모는 1851년 쿠데타의 개정판일 뿐이다.

첫눈에도 이 일은 어리석어 보였고,

따라서 프랑스 국민은 그것의 진정함을 믿으려 하지 않았다.

도리어 국민은 내각의 호전적 언사가 증권 거래 조작을 위한

사기일 뿐이라고 비난한 의원을 믿었다.

7월 15일 마침내 입법원에 개전(開戰)이 공식적으로 통고되었을 때

반정부파 전체는 예비비 교부의 가결을 거부하였고,

티에르조차 이 전쟁을 '혐오할 만한 것'이라고 낙인찍었다.

…… 루이 보나파르트와 프로이센의 전쟁이 어떻게 진행되든 간에

제2제정의 조종(弔鐘)은 이미 파리에 울려 퍼졌다.

제2제정은 시작할 때와 마찬가지로 패러디로 끝날 것이다.

그러나 루이 보나파르트가 18년 동안 복고된 제정이라는

흉악한 소극(笑劇)을 연출할 수 있도록 한 것은

유럽의 정부들과 지배계급들이었다는 것을 잊지 말자.

_프로이센-프랑스전쟁에 관한 제1인터내셔널 총평의회 담화문 중에서
(마르크스 2003, 32~35)

1. 보나파르트 국가 체제

제2제정: 보나파르티즘의 등장

1848년 2월 혁명에서 노동자계급을 주축으로 한 인민대중 세력이 루이 필리프의 부르주아 입헌군주제를 타도하고 프랑스 공화정을 이루어 냈다. 그러나 1851년 12월 2일, 제2공화국 대통령 루이 나폴레옹 보나파르트는 큰아버지 나폴레옹 1세의 아우스터리츠전투 승리와 대관식 기념일을 기점 삼아 쿠데타를 결행했다. 쿠데타 세력은 틈을 두지 않고 계엄령을 선포하고 반대파에 대한 철저한 탄압을 자행했다. 같은 해 12월 21일의 국민투표는 쿠데타를 추인했으며, 이듬 해 1월 대통령의 임기를 10년으로 연장하고 그 권한을 대폭 키운 신헌법이 공포되었다. 1852년 11월 초 원로원은 제정帝政 부활을 제안했고, 같은 달 20일 국민투표에서 압도적인 지지를 얻어 제정이 성립되었다. 이리해 12월 2일 쿠데타 기념일을 잡아 보나파르트가 나폴레옹 3세로 즉위했고, 제2제국이 정식으로 발족되었다. 다시 말해 나폴레옹 3세가 지배하는 제2제정이 보나파르티즘이라는 정치체제로 등장하게 된 것이다.

　제2제정은 부르주아국가인 동시에 전제 국가라는 독특한 구조를 형성했다. 지배계급인 부르주아가 권력의 배후에 도사리고 있고, 겉으로는 중립적인 관료들과 강력한 군대를 근간으로 하는 독재적인 황제가 그 대리인으로 군림했다. 이를 보나파르트 국가로 표현했다. 보나파르트 국가의 지배계급은 여전히 부르주아였다. 그러나 그들은 자신들에게 가장 적합한 정치형태인 의회주의가 노동자계급에게 이용될 것을 두려워한 나머지 이를 포기했다. 그 대신 전제적인 국가권력 질서 위에서 개인적인 사업에 평온하게 종사하는 길을 택했다(시바따 1983, 25). 제2제정의 국가권력은 자본주의 진화, 즉 산업혁명을 강력히 추진함으로써 부르주아지의 이익을 적극적으로 옹호했다.

마르크스는 보나파르티즘을 다음과 같이 규정했다. 부르주아지가 독자적으로 국가를 통치할 능력을 이미 상실했고, 노동자계급이 아직 그 능력을 획득하지 못한 시기에 계급들 사이의 조정자를 표방해 보수적인 소토지소유 농민(분할지 농민)을 정치권력의 기반으로 삼아 성립된 반동적 독재 체제이며, 자본이 노동의 노예화를 실현한 국가권력의 가장 불순한 형태라고 했다(가쓰라 2007, 29~30). 마르크스는 『루이 보나파르트의 브뤼메르 18일』에서 "황제의 외투가 마침내 루이 보나파르트의 어깨 위에 걸쳐질 때, 나폴레옹 청동 입상立像은 방돔 원주圓柱[1]의 꼭대기에서 굴러 떨어지고 말 것이다"라고 썼다(마르크스·엥겔스 1992, 393).

나폴레옹 3세는 권력을 장악한 후 적극적인 경제 팽창정책을 폈다. 이 시기 경제성장을 상징하는 것은 크레디 모빌리에Credit Mobilier[2]로 대표되는 거대한 투자은행의 출현이었다. 이들 금융기관의 출자로 대규모 철도회사가 설립되었고, 공공 부문의 기술혁신과 설비투자가 급속히 진전되었다. 철도망은 1850년의 총연장 3,083킬로미터에서 1856년에는 6,280킬로미터로, 1870년에는 1만7,929킬로미터에 이르게 되었으며, 같은 기간에 공업

1_나폴레옹 1세의 입상이 서있는 방돔 원주는 1805년의 승리를 기념해 파리의 방돔 광장에 세워졌다. 나폴레옹 3세는 1863년에 나폴레옹의 모자와 야전 외투로 장식된 나폴레옹 기념상을 제거하고 황제의 장식으로 가득한 입상으로 바꾸도록 했다. 파리코뮌의 결정에 따라 1871년 5월 방돔 원주는 군국주의와 국수주의의 상징이라고 해서 파괴되었다.

2_프레르(Pereire) 형제가 1852년에 설립한 투자은행으로 6천만 프랑의 자산으로 500프랑짜리 주를 12만 개로 나누어 갖고 있었다. 처음에는 소액 주식으로 프티부르주아의 주식 투자를 유도했다(가쓰라 2007, 33).

부문에서 사용되는 증기기관차의 대수는 5,323대에서 9,972대로, 더 나아가 2만7천 대로 비약적으로 늘어났다. 프랑스 경제는 제2제정 시기에 들어와 산업혁명의 완숙기를 맞았고, 도약 단계에 들어갔다. 경제학자들은 이 시기를 자본주의의 자유경쟁 단계에서 독점 단계로 나아가는 과도기로 규정했다.

이런 경제적 성장과 팽창이 제국의 안정과 번영을 보장하는 것은 결코 아니었고, 보나파르트 국가 체제는 애초부터 위기의 요소를 내포하고 있었다. 위기의 조짐은 의외로 빨리 닥쳐왔다. 나폴레옹 3세가 체결한 영국-프랑스 통상조약[3]에 대해 대부분의 산업자본가들은 반대 목소리를 높였고, 특히 섬유산업 자본가는 노동자들을 부추겨 신무역 체제에 대한 맹렬한 반대 캠페인을 전개하도록 했다. 그들은 요구 관철의 수단을 의회주의 부활에서 찾고자 했으며, 가톨릭 자유파와 손잡고 입법원에서 자유연합을 조직했다. 한편, 프랑스군의 로마 주둔은 통일 이탈리아 형성을 방해했으며, 이것은 이탈리아 국민 전체의 불만을 키웠고 국내 공화주의자들에게 정부를 공격하는 데 그럴싸한 빌미를 제공했다.

이런 정세를 배경으로 1857년에 실시된 입법원(하원) 선거에서는 5명의 자유주의자가 당선되어 소수이기는 하지만 원내의 반정부파를 구성했다. 1863년 총선거에서는 아돌프 티에르 등 반정부적인 자유연합이 대거 진출함으로써 정부를 위협하는 지경에까지 이르렀다.

이런 형세를 만회하기 위해 나폴레옹 3세는 외교·군사 면에서 여러 가지 정책을 폈으나 결국 실패했으며, 1860년부터는 의회의 권한을 강화하는

3_1860년 프랑스 산업자본의 발전과 영국과의 우호 관계 유지를 위해 체결한 자유무역 통상조약으로 프랑스 자본주의의 발전을 촉진했다.

방식으로 '권위 제국'에서 '자유 제국'으로 전환을 시도했다. 한편, 보나파르트 국가는 노동자계급에 대해 온정주의와 탄압이라는 이중 정책을 시행했다. 이처럼 보나파르트 국가는 여러 계급의 이해관계를 통제·조정하기 위해 안간힘을 다하는 가운데 위기를 맞았다.

나폴레옹 3세의 외교정책 파탄은 보나파르티즘 체제의 위기를 더한층 키웠다. 1862년 이후의 멕시코혁명에 대한 프랑스 무력간섭이 멕시코 인민이 벌인 게릴라전으로 실패하게 되자, 프랑스군은 1867년 모든 병력을 철수시켜야만 했다. 또 1864년과 1867년 두 차례에 걸쳐 프랑스는 이탈리아 통일을 위한 행동을 저지하는 데 나섰고, 프로이센-오스트리아전쟁에서는 오스트리아의 우세를 잘못 예상한 나머지 곤경을 면치 못했다.

보나파르티즘 체제에 대한 반대 세력의 공격이 점점 더 거세지고, 국민의 불만이 높아지는 상황에서 실시된 1869년의 총선거에서는 정부 반대 세력이 두드러진 진출을 보였다. 관선 후보의 득표수는 약 450만 표, 반대 세력은 약 350만 표를 획득해 '제3당'tiers parti이 전체 292의석 가운데 116석을 차지했다. 반정부파의 대부분은 보수적인 자유파였다.

이런 상황에서 나폴레옹 3세는 1869년 7월 국무 장관 외젠 루에르를 물러나게 했고, 다음 해 1월에는 반정부파 가운데서도 가장 보수적이었던 에밀 올리비에에게 조각組閣을 맡겨 의회 제정의 길을 선택했다. 그리하여 1870년 1월 올리비에 내각이 출범했으며, 의제擬製 제정을 실현한 '1870년 헌법'이 공포되었다. 신헌법에 따르면, 원로원은 헌법 제정권을 상실한 가운데 입법원과 더불어 입법권을 공유하고, 원로원과 입법원은 법안 발의권과 수정권을 가졌다. 황제는 헌법 제정권을 갖지만 그 행사는 국민투표를 통해 이루어지고 내각은 황제에 대해서만 책임을 가지며, 황제의 국가 통치는 내각, 국가 참사원, 원로원, 입법원의 협력에 따라 행해지게 되었다. 이런 헌법 정신에 따라 '1860년 이후의 자유주의적 개혁'에 대한 국민투표가 실시되었는데, 공화파의 기권 또는 반대투표 권고에도 불구하고 투표 결과는 찬성 735만 표, 반대 157만 표로 나와 나폴레옹 3세의 작전은 일단 성공을 거두었다.

그러나 보나파르트 국가 체제의 위기는 점점 확대되고 심화되었다. 1858~1867년에 걸친 인도차이나 파병과 1861~1867년의 멕시코 출병 실패 등에 따른 외교정책 파탄, 정부 반대 정치 세력[4] 득세, 그리고 갈수록 증대하는 국민의 불만과 저항이 보나파르티즘을 궁지로 몰아넣었다.

인민대중 세력의 대두와 제정 말기의 혁명파

나폴레옹 3세는 권력 안정을 위해 공제조합, 산업재해보험, 노령연금과 함께 실업 대책의 일환으로서 공공 토목사업 시행 등 일련의 사회정책을 실시해 노동자들을 달래기 위해 노력을 기울였다. 이른바 '황제 사회주의 노선'[5]이다. 이것은 새로운 통상 체제에 대해 반대했던 산업자본가들의 압력에 맞서기 위한 한 가지 방책이기도 했다(가쓰라 2007, 40~41).

한편, 1862년 나폴레옹 3세가 영국 런던에서 열린 만국박람회에 노동자 대표 550명을 파견했는데, 노동자 대표들은 영국 노동자의 생활과 노동운

4_제2제정 초기의 반정부파는 소수의 반동적 부르봉왕조파를 별개로 친다면, 입헌왕제주의(立憲王制主義)의 오를레앙파, 보수적인 부르주아 '자유파', 급진적인 부르주아 '공화파' 등 셋으로 크게 나눌 수 있었다. 1860년대에 들어 공화파는 분열해 '급진파', '신자코뱅파', '블랑키파' 등으로 대립했다.

5_나폴레옹 3세는 『빈곤의 퇴치』(*Extinction du paupérisme*)라는 책에서 황제의 권위와 사회주의의 결합을 선전했는데, 6월 봉기의 아픈 상처를 치유하지 못하고 있던 노동자들은 '황제 사회주의'에 한 가닥 기대를 걸었다.

동의 실상을 직접 목격하고 귀국한 뒤 노동조합 결성의 중요성을 선전하는 한편, 노조 조직화를 시도했다. 1864년에 발표된 '60인 선언'은 노동자계급의 독자적인 정치 활동과 노동조합 결성의 자유를 요구하는 내용을 담았다. 이 선언은 노동자의 해방은 중간 계층의 양식과 자비심으로 이루어질 문제가 아니므로, 노동자 자신의 대표를 의회에 보내야 한다고 표명했다. 같은 해 나폴레옹 3세는 대중적 압력에 못 이겨 1791년에 제정된 르 샤플리에 법을 완화했고, 이에 따라 '묵인은 되었지만 합법화되지 않은' 노동조합 활동이 차츰 활기를 띠었다(Foster 1956, 59).

1860년대 하반기 들어 여러 직종 노동조합이 파리를 중심으로 프랑스 전역에 조직되었다. 이들 초기 노동조합은 제1인터내셔널의 지원을 받아 급속히 확대되었다. 당시 지역별로 조직된 직종 형태의 노조들은 두 가지 방향에서 노조 운동의 통일과 연합을 추진했다. 하나는 직업별 노조의 '전국연맹' 결성이었고, 다른 하나는 동일 지역에 있는 여러 노조 간의 '합동' 추진이었다. 노동자계급의 이런 조직화 활동은 임금 인상과 노동·생활 조건 개선을 위한 파업투쟁으로 이어졌다.

1868년에는 정부가 언론 검열 폐지와 공공 집회 합법화를 인정했다. 그결과, 1868년 이후 2년 동안에 걸쳐 파리에서만 1,300건의 공공 집회가 열렸고, 이들 집회에 참가한 노동자들은 거의 90퍼센트가 사회주의자이거나 사회주의자에 가까운 노동자들이었다(Wolf 1871, 86; 문지영 1987, 10~11에서 재인용). 당시의 파업 양상을 보면, 1870년의 경우 전쟁 중인데도 116건의 파업이 제기되었고 파업 참가자는 8만8,232명이었으며 주로 광산·인쇄·제화·제철 노동자 등이었다. 이들 파업은 파리를 중심으로 리옹, 마르세유, 노르, 르 크뢰조 등지에서 일어났다(Blaudel & Labrusse 1976, 819~820; 문지영 1987, 11에서 재인용).

1860년대에 결성된 또 하나의 조직은 제1인터내셔널 지부였다. 인터내셔널이 결성된 이듬해인 1865년 파리의 그라빌리에가에 인터내셔널프랑스 지부가 설치되었고, 파리를 중심으로 리옹, 칸, 마르세유, 루앙 등에 지방 지부가 설치되어 프랑스의 인터내셔널이 활동을 시작했다. 당시 프랑스의 인터내셔널 전체 회원 수는 약 20만 명으로 추산되었으며, 파리 지부에 가입한 회원 수는 1870년에 약 10만 명, 1871년에 약 7만 명 정도였다(Rihs 1973, 134; Weil 1924, 134; 문지영 1987, 33에서 재인용).

인터내셔널 창립 당시 파리 지부의 지도부는 근대적 산업노동자 대표도 아니었고 마르크스주의자도 아니었다. 그들은 동직조합의 수련공이거나 숙련공인 가내노동자 대표들이었다. 이들은 당시 커다란 영향력을 발휘하고 있던 피에르 조제프 프루동의 무정부주의적 사회주의를 신봉했다. 프루동은 노동자에게 생산수단을 소유하게 하고, 독립된 소생산자로서 자유로운 개인을 기초단위로 하는 자유로운 협동조합을 미래 사회 모델로 설정했다. 이 경우, 소생산자 자신의 재산은 자신의 노동 성과이며, 인간이 누리는 자유의 기초가 된다고 했다. 프루동의 주장에 따르면, 프롤레타리아 해방은 이 인간 자유의 기초인 소소유를 노동자들이 획득함으로써 달성될 수 있는 것이며, 모든 권력은 필연적으로 지배와 피지배 관계를 수반하기 때문에 인간의 자유 실현을 저해하는 악으로 치부되어 부정의 대상이 되었다. 프루동의 사회변혁 프로그램은 자유로운 개인의 자유의지에서 나온 계약관계에 바탕을 두고 소비를 주체로 하는 협동조합을 조직해, 그것을 지역적으로 확대해 지방분권적 연합 사회를 실현하는 일이었다(가쓰라 2007, 43~44).

인터내셔널 지도부 내의 세력 관계는 1867년 공황을 계기로 도시 산업 노동자들이 노동운동의 전면에 나서고, 1868년 이후 자코뱅파와 블랑키주의자들이 대거 인터내셔널에 가입함으로써 크게 변화했다. 프랑스 노동운동은 프루동의 동업조합 상호주의 껍질을 벗고 동업조합 내부에 설치된 저항조합을 모체로 혁명적 노동조합을 조직하는 방향으로 운동 노선을 설정했다. 과거의 지도부가 개량주의적 협동조합을 중시했던 것과는 반대로, 새로운 지도부는 노동조합의 기능과 역할을 중시했고 파업투쟁을 지지하는 동시에 재산 소유권 폐지를 주장했다. 또 토지와 생산수단을 사회 전체에 귀속시켜야 한다고 주장하면서 '집산주의'를 강조했다. 집산주의는 정치 그룹에 대한 철저한 불신과 국가를 포함한 모든 권위에 대한 부인을 특징으로 했다. 이처럼 인터내셔널프랑스지부에는 초기 프루동의 상호부조주의에서 집산주의로 전환했지만, 지도부 내부에는 블랑키주의자, 프루동주의자, 바쿠닌주의자, 마르크스주의자 등 다양한 경향이 혼재되어 있었다.

앞에서 본 바와 같이 인터내셔널은 출범 당시 대중조직의 성격을 취했으나, 제정 말기에는 자코뱅파와 급진 공화파가 블랑키파와 함께 혁명파 주도 조직으로 전환되었다.

먼저 자코뱅파와 급진 공화파는 단일한 집단을 구성하고 있던 것은 아니었지만, 프랑스대혁명 때의 자코뱅주의 전통을 이어받아 이른바 '민주주의적이고 사회적인 공화국' 건설을 목표로 한다는 점에서는 공통적인 성격을 지니고 있었다. 이 정파에 속하는 대부분의 사람들은 학자, 저널리스트, 변호사, 예술가 등 프티부르주아 지식층이었으며 혁명을 오로지 정치혁명으로 파악하려는 경향이 있었고, 소유관계의 근본적 변혁을 목표로 하지는 않았다(가쓰라 2007, 59~60).

자코뱅파는 권력은 소수 엘리트 전위 분자의 손에 속하는 것이 아니라 전全 인민의 것이어야 한다고 주장한 점에서는 블랑키파와 대립되었고, 계급을 중요하게 생각하지 않았다는 점에서는 블랑키파나 인터내셔널과 구별되었다. 자코뱅파는 정치적 특권 폐지, 완전한 정치적 평등을 주장하지만 소유에 대해 적대감을 가지거나 그것을 계급 억압의 수단으로 보지도 않았으며, 사회혁명보다는 1793년의 '자코뱅 헌법'을 구현하는 정치혁명을 주장했다. 그런 점에서 사회혁명을 요구하는 인터내셔널과도 대립했다(문지영 1987, 32). 자코뱅파는 제정 말기 들어 비타협적이고 인민 운동에 가까이 다가가려 노력한 '신자코뱅파'로 분리되었는데, 이들은 '독립파 혁명가'로 불릴 정도로 혁명 노선을 취했다.

급진 공화파는 자코뱅주의의 정통적인 계승자임을 자인하면서 민주주의의 사회적 기반을 확대하고자 노력했다. 그러나 사회문제의 해결을 정치개혁, 즉 보통선거제의 실현에서 구했기 때문에 운동의 방향은 자연 의회 중심주의로 될 수밖에 없었다(시바따 1983, 30).

제정 말기 혁명파의 한 갈래였던 블랑키파는 오랜 세월을 감옥에서 보낸 혁명가 루이 오귀스트 블랑키를 지도자로 해 규율과 통제 그리고 헌신적 행동 등으로 잘 결속된 행동 집단이었다. 블랑키파의 비밀결사가 파리에서 재건된 시기는 1867년 후반이었으며, 코뮌 당시 파리에만 약 3천~4천 명의 지지자를 확보하고 있었다. 프랑스대혁명기의 에베르나 바뵈프의 사상 흐름을 잇는 블랑키파의 행동 강령은 어떤 형태의 사회주의도 종교와 부르주아지 그리고 국가의 소멸 없이는 불가능하다고 했으며, 혁명만이 프롤레타리아의 예속 상태를 종식시키고 공산주의사회를 건설할 수 있다는 내용이었다(William 1969, 133; 문지영 1987, 28에서 재인용).

블랑키파는 소수 정예로 이루어지는 군사적 비밀결사 조직의 거리 시위를 통해 인민을 무장봉기로 끌어들여 직접민주주의적 혁명독재를 파리에서 실현하고, 영속적인 혁명을 통해 공산주의사회를 실현한다는 구상을 설정했다.

블랑키파는 또 공산주의적 미래 사회를 '자유로운 협동조직의 연합'으로 이루어지는 규칙 바른 무정부 사회로 그렸다. 이런 점에서는 프루동주의의 영향력을 읽을 수 있다. 블랑키파의 기존 국가권력의 폭력적 파괴라는 혁명 전략은 미하일 바쿠닌의 사상과도 가까우나, 다만 권력의 파괴에 그치지 않고 프롤레타리아의 정치권력 탈취를 주장한다는 점에서는 바쿠닌의 무정부주의와는 결정적으로 달랐다. 더욱이 블랑키파의 혁명독재론은 자코뱅파의 그것과 유사했다(가쓰라 2007, 61~62).

블랑키파의 행동 전략에 대해서는 비판이 뒤따랐는데, 1874년 엥겔스는 다음과 같이 평가했다.

블랑키는 본질적으로 정치 혁명가이며, 심정적으로만 다시 말해서 인민의 고통에 공감하는 차원에서만 사회주의자다. 그는 사회주의 이론이나 사회 구제를 위한 일정한 실제적 제안들을 갖고 있지 못하다. 정치적 활동에서 블랑키는 본질적으로 '행동인'(Mann der Tat)이며, 잘 조직된 소수의 사람들이 적절한 순간에 혁명적인 기습을 감행해 한번 성공을 거두고 나면 인민대중이 감격해 봉기하게 되고 그리하여 성공적인 혁명이 이루어질 수 있다고 믿는 사람이다. …… 블랑키의 생각은 최소한 독일 노동자당 안에서는 이미 오래 전에 낡은 것으로 간주되고 있으며, 프랑스에서도 미숙한 또는 성급한 소수의 노동자들에게나 영향력을 미칠 수 있을 것이다(한국철학사상연구회 1989, 582에서 재인용).

보나파르트 체제의 위기와 의회 제정의 성립은 인민 운동의 성장을 촉진했으며, 혁명파나 공화파에 대해 제정帝政 타도의 전망을 갖게 했다. 특히 제정 말기의 혁명파는 코뮌에 이르는 파리 혁명운동의 견인차 역할을 수행했다.

2. 프로이센-프랑스전쟁과 9월 4일 혁명

나폴레옹 3세의 제2제정은 1870년 7월 19일 에스파냐 왕위 계승 문제를 둘러싸고 돌발한 프로이센-프랑스전쟁의 결과에 따라 몰락의 길로 들어섰다. 보나파르트 정부는 독일 서부 영토를 차지해 제1제정 시기에 상실한 영토를 되찾음으로써 프랑스 부르주아지의 역량을 확대하고자 했다. 또 보나파르트 정부는 국내에서는 혁명운동 진행으로 불안정 상태에 직면하게 되고, 국제적으로는 고립 상태에서 벗어나지 못함으로써 국내외에 걸쳐 궁지에 몰리게 되어 제정 유지를 위한 최후 수단으로 군사적 모험을 시도했다. 한편, 프로이센의 부르주아지는 북부 독일의 작은 국가들을 통일한 데 이어, 남부 독일까지를 포함한 독일 전체 통일을 완성하는 것과 아울러 자신의 영향력을 프랑스 전역으로 넓히려는 의도에서 프랑스를 상대로 전쟁을 준비해 왔다.

이런 상황에서 프랑스가 에스파냐 왕위 계승을 둘러싸고 프로이센과 이해관계 상충相衝을 구실로 프로이센에 대해 먼저 선전포고를 감행했다. 그러나 프랑스 군사력은 독일의 그것에 비해 형편없이 취약했다. 독일 군대는 프랑스 군대에 견주어 훈련과 장비, 기동성, 그리고 병력과 작전 면에서도 월등하게 우세한 편이었다. 이처럼 전쟁 준비가 부족한 채로 비스마르크가 쳐놓은 덫에 자진해서 뛰어든 프랑스군은 만반의 전쟁 준비를 갖춘 데다 여러 나라의 지원을 받고 있던 프로이센군을 상대하기에는 역부족이었다.

패전 소식이 전해지자 나폴레옹 제정에 대한 인민의 분노가 고조되었고, 파리는 혁명 정세로 들끓었다. 8월 7일 파리에 계엄령이 내려졌고, 다음 날인 9일에는 노동자 1만 명을 주축으로 한 시민들이 입법원을 둘러싸고 의회의 공화파 의원들에게 궐기할 것을 촉구했다. 그러나 공화파 의원들은 망설였고, 결국 자체 경비로 장비를 갖추는 '국민군'Garde nationale[6]소집을 결의하는 것으로 만족해야만 했다(가쓰라 2007, 66~67).

이날 나폴레옹 3세는 패전의 책임을 올리비에 내각에 전가해 올리비에를 퇴진시키고 그 대신, 중국 베이징 약탈에서 이름을 떨쳐 팔리카오Palikao 후작에 봉해진 샤를 쿠쟁-몽토방 장군을 정부 수반으로 임명했다. 이런 가운데서도 프로이센군은 알자스로렌 지역으로 침입해 왔으며, 나폴레옹 3세는 멕시코에서 이름을 떨친 프랑수아 바젠 장군을 총사령관으로 임명하고 포위당한 메스 요새를 탈출해 살롱으로 무사히 달아났다. 바젠은 이렇다 할 반격도 시도하지 못하고 메스를 프로이센군의 완전한 포위 상태에 내맡겼다.

1870년 9월 2일, 메스 구원에 실패하고 거꾸로 벨기에 국경 부근 프랑스 도시 스당에 몰린 파트리스 드 마크마옹이 지휘하는 프랑스군은 황제 나폴레옹 3세와 함께 장군 39명, 장교 2,700명, 사병 8만4천여 명이 독일군에 포위되어 고스란히 포로가 되는 참패를 당했다.

그로부터 이틀 뒤인 9월 4일 일요일, 스당 항복 소식을 대하고 충격을 받은 파리 시민 50여만 명이 블랑키파를 선두로 해 임시로 소집된 입법원 회의장인 부르봉 궁으로 밀고 들어갔다. 군중은 제각기 '제정을 타도하라, 입법원을 타도하라, 공화국 만세!'를 외치면서 반원형의 회의장으로 들어가서 의회 공화파에게 제정 폐지와 공화제 선언을 촉구했다.

이와 같은 상황에서 의회 공화파는 급히 협의를 거쳐 내무부 장관 레옹

6_프랑스대혁명 때 국가 방위를 목적으로 조직된 민병대. 1827년 공식적으로 폐지되었다가 1830년 7월 혁명으로 부활했다. 1848년 2월 혁명 기간에는 중요한 역할을 담당했지만, 제2제정기에는 큰 역할을 하지 못했다. 국민군은 프로이센-프랑스전쟁 기간에 대규모로 소집되어 파리코뮌 기간까지 결정적 역할을 한 뒤, 1872년 3월 14일 완전히 폐지되었다.

강베타로 하여금 다음과 같은 선언을 내게 했다.

> 조국이 위기에 처한 것을 감안해 …… 우리가 자유로운 보통선거로 소생시킨
> 정규 권력으로서, 그것을 구성하는 원칙에 비추어 판단하건대 우리는 루이 나
> 폴레옹 보나파르트와 왕조가 프랑스에 군림하는 것을 영원히 금지함을 선언한
> 다(시바따 1983, 49에서 재인용).

이처럼 스당에서 당한 프랑스군의 참패는 보나파르트 국가 체제의 몰락
을 가져왔다. 9월 4일 파리의 노동자들과 인민대중은 총을 들고 일어나 보
나파르트 정권을 무너뜨렸다. 혁명운동이 일어난 것이다. 노동자를 주축으
로 한 인민 세력은 공화국을 선언하고 강베타를 중심으로 임시정부 형태의
'국민방위정부'를 설립했다. 이것은 인민의 아무런 조건 없는 승리였다.

마르크스는 9월 4일 혁명의 성격을 다음과 같이 서술했다.

> 9월 4일의 혁명은 스당에서 찬탈자의 투항으로 그 자리가 비었기 때문에 공화
> 국을 다시 설치한 것만은 아니었으며, 그 혁명이 자신의 적이 행한 지휘 아래
> 싸운 것이기는 하지만 파리의 기나긴 저항으로 외국 침략자로부터 그 공화국을
> 전취한 것만은 아니었다 ─ 이 혁명은 노동자계급의 마음속에서 자신의 길을
> 개척해 나아갔다. 공화국은 이제 과거의 어떤 사물에 대한 이름이기를 그쳤다.
> 그것은 새로운 세계를 잉태하고 있었다(마르크스·엥겔스 1994, 11).

공화국이 선포되었으나 이 승리의 과실을 손에 거머쥔 것은 오를레앙파
군주주의자들의 지지를 받는 우익 공화파였다(The USSR Academy of Sciences
1981, 111). 이런 사태에 대응하기 위해 인터내셔널파리지구지부연합회와

파리노동자조합연합회의의 합동회의가 열렸다. 회의는 우선 제정 말기의 탄압으로 해체된 조직을 재건하고 지방에 대표를 파견하기로 결정했으며, 이어서 강베타 신정부에 대표단을 파견해 다음과 같은 협력 조건을 제의하기로 결정했다. 즉, 국민군 대대의 구성과 무장을 신속히 착수할 임무를 갖는 시의회의 즉각적인 선거 시행, 경찰청의 즉시 폐지와 선거를 통해 선출되는 사법권으로 그 직무를 교체, 재판관 선거제, 출판·집회·결사의 권리 보장, 9월 4일 이전의 여러 사건에 적용되는 모든 유죄판결과 정치적 소추의 대사면에 따른 철회 등이었다(가쓰라 2007, 77). 그러나 내무 장관 강베타에게 파견된 7명의 대표단은 대접만 받았을 뿐 무엇 하나 분명한 약속을 받아 내지는 못했다.

그리하여 그 이튿날인 5일, 노동자 대표 400~500명이 오마르가의 초등학교에 모여 제정 시대의 관리와 치안경찰관의 추방 또는 체포를 요구했고, 수도의 긴급 방위 태세 필요성을 확인했다. 이와 동시에 집회를 열어 파리의 20개구[7]는 각각 신정부 기관과 국민방위정부의 행동을 감시하기 위해 '감시위원회'Comité de vigilance 설치에 관한 권고를 채택했다. 이 결정은 곧 실행에 옮겨졌다.

감시위원회 설치에 이어 9월 13일에는 각 구 감시위원회 대표 4명씩 총 80명으로 구성되는 중앙대표 기관의 설립이 정식으로 결정되었다. 이것이 바로 '파리 20구 공화주의 중앙위원회'(이하 20구 중앙위원회)였다. 이날 20구 중앙위원회는 '제1차 붉은 포스트'로 알려진 성명을 게시해 파리 시의회

7_20구는 루부르, 부르스, 탕플, 오텔드빌, 팡테옹, 뤽상부르, 팔레부르봉, 샹젤리제 오페라, 생로랑, 포팽쿠르, 뢰이이, 고블랭, 옵세르바퇴르, 보쥐라르, 파시, 바티뇰 몽소, 뷔트 몽마르트르, 뷔트 쇼몽, 메닐 몽탕이다.

와 사법관의 선거, 출판·집회·결사의 자유, 생활필수품의 징발과 배급제, 전 시민의 무장, 그리고 지방을 활성화하기 위해 전국의 도 단위에 위원을 파견하는 일 등을 제시했다. 이런 요구들의 거의 대부분은 반년 후 코뮌에서 실현되었다(가쓰라 2007, 78). 아래로부터 창의에 따라 조직된 인민 기관으로서 감시위원회와 20구 중앙위원회는 직접민주주의 조직 형태라고 할 수 있다.

혁명파들 사이에서는 국민방위정부를 깊이 신뢰하지는 않고 있었지만, 조국 방위와 공화제의 획득을 명분으로 정부에 대한 협력의 암묵적 합의가 성립되어 있었고, 그들은 모든 애국적 시민에게 당파를 초월한 단결을 호소했다. 이런 호소에 따라 48시간 이내에 시민 9만 명이 국민군에 지원해 국민군의 총수는 약 34만 명, 254개 대대로 늘어났다. 블랑키파와 혁명적 노동자들의 강력한 요구로 대대장은 병사들의 선거로 선출되었는데, 블랑키, 플루랑스, 바를랭 등 다수의 혁명가들이 대대장에 당선되었다(가쓰라 2007, 82).

인민대중 세력과 혁명파의 이런 움직임에 대해 국민방위정부의 기본 방침은 크게 어긋나 있었다. "한 치의 토지도, 우리 성채의 돌멩이 하나도 양도하지 않는다"고 공언하면서도 혁명의 진전을 프로이센군의 진격 이상으로 두려워한 부르주아 공화파의 국민방위정부는 하루라도 빨리 휴전을 체결하려 했다. 정부는 인민의 무장을 해제하고 적의 위협을 제거하기 위해서는 무엇보다 빨리 평화를 회복해야 한다고 판단했기 때문이었다. 이런 필요에 따라 정부는 오를레앙파의 티에르를 특사로 임명해 유럽 여러 나라에 중재를 요청했다. 한편, 파리 공격이 시작된 9월 19~20일에 걸쳐 외무 장관 쥘 파브르는 파리 동쪽에 있는 페리에르에서 비스마르크와 회견하고 휴전 조건을 타진하기도 했다. 그러나 프로이센이 내놓은 조건은 매우 가혹한 것이었는데, 알자스로렌 지방 할양을 포함하는 것이었다. 그리하여 조기 휴전 공작은 실패한 셈이었다.

파브르가 페리에르에서 결실 없이 돌아온 9월 20일 밤, 20구 중앙위원회가 코르드리에서 회의를 열어 다음과 같은 사항들을 결의했다.

첫째, 공화국은 국토를 점령하고 있는 적과 교섭할 수 없다.

둘째, 파리는 항복하기보다는 파괴 속에 몸을 묻을 결의를 한다.

셋째, 총동원과 국토방위, 그리고 전사들을 위한 보급에 도움이 되는 물자의 전면적 징발이 파리와 모든 도에서 포고되어야 한다.

넷째, 1만 명당 1명으로 선출되는 시의회의 의원으로 구성되는 파리코뮌의 즉시 선거(가쓰라 2007, 86~87에서 재인용).

9월 22일에는 20구 중앙위원회가 파리코뮌과 '인민 스스로의 직접민주정부'를 요구하는 선언을 했다. 그리고 9월 26일에는 20구 중앙위원회의 '즉시 시의회 선거를 요구하는 성명'에 호응해 국민군 대대장 140명이 시청으로 몰려가 시의회 선거인의 즉시 소집을 요구했다. 그러나 정부는 10월 2일 전투가 중대 국면에 놓여 있다는 것을 구실로 헌법 제정 회의와 함께 파리 시의회 선거의 무기 연기를 발표했다(가쓰라 2007, 86~87).

10월의 전황은 부진한 상태로 지나가는 듯했다. 10월 12일에는 정부 내부의 항전파인 강베타가 기구를 타고 포위 상태에 있는 파리를 탈출해 투르에서 정부 대표단을 설치하고 루아르 군단 조직에 착수했다. '총출격'을 요구하는 혁명 세력과 국민군 병사들은 정부의 이와 같은 소극적이고 기만적인 태도를 국민에 대한 배신으로 규정했으며, 정부와 혁명파 사이의 협력 관계는 점점 적대 관계로 바뀌어 갔다.

10월 20일에는 충격적인 소식이 날아들었다. 반격으로 탈환한 부르제가 다시 탈취당했으며, 메스가 함락되었고 '영광스러운 바젠 원수'의 군대가 모두 투항했다는 소식과 함께 휴전 교섭에 나섰던 티에르가 도착했다는 사실이 그것이었다. 10월 31일 아침부터 시청 앞에는 군중들이 밀어닥쳤다. 오후에는 20구 중앙위원회 위원 전원이 모여 즉시 시청으로 행진할 것을 결의했다. 그들이 시청 앞에 도착했을 때 시청 앞에 모인 군중은 계속 불어났다. 군중을 진압하기 위해 파견된 국민군 제186대대는 명령을 거부하고 인민 편에 가담했다.

시청에서는 국민군 병사와 일반 인민 3천여 명이 모여 혼란 수습과 갖가지 전술에 관한 논의들을 진행하는 가운데, 생제르맹 교외의 부르주아 국민군 대대가 시청을 기습했다. 시위 주동자들은 시의회 선거를 실시할 것과 이사건에 대한 보복 조치를 취하지 않을 것을 약속받고 시청에서 물러났다.

10월 31일의 위기를 간신히 넘긴 국민방위정부는 사건 지도자의 면책 공약을 깨뜨리고 곧바로 혁명파에 대한 탄압에 착수했으며, 또 시의회 선거 약속도 제정帝政 방식대로 정부에 대한 신임을 묻는 '주민 투표'와 20구의 구청장, 부구청장 선거로 슬쩍 바꾸었다. 이런 상황에서 치러진 11월 3일의 주민 투표에서 정부는 55만7,996표 대 6만2,630표라는 큰 차이로 신임을 받게 되었으며, 이어 실시된 5일과 7일의 구청장, 부구청장 선거 결과, 20명의 구청장 가운데 12명의 정부 지지 부르주아 공화파가 당선되었다. 선거 결과에 따라 힘을 얻은 정부는 체포 영장 발부를 구실로 플루랑스, 랑비에 등의 당선을 무효라고 선언하고 혁명파에 대한 압박을 더욱 강화했다(가쓰라 2007, 110~112).

1870년 가을에 벌어진 '혁명적 상황'은 다음과 같은 특징을 보였다.

첫째, 보나파르트 국가의 붕괴는 프로이센-프랑스전쟁의 패배라는 형태로 현실화되었다. 따라서 인민대중운동의 분출은 사회적 요구 실현을 위해서가 아니라, 조국 방어라는 애국주의로 고무되어 발생된 면이 컸다.

둘째, 제정에서 공화제로 이행한 것은 공화파 의원들의 자발적인 의지에 따라 진행된 것이 아니라, 의회 밖 인민 운동의 고양과 압력으로 추진되었다. 그래서 9월 4일의 혁명은 혁명과 더불어 성립된 정부와 혁명의 원동력이었던 인민 운동이 긴장 관계를 내포하면서 서로 버티어 맞서는 2월 혁명과 매우 비슷한 상황을 조성했다.

셋째, 그러나 2월 혁명과는 달리, 이 혁명은 제정의 군사적 패배라는 부채를 물려받았다. 그래서 국방정부와 인민 운동 사이의 관계는 정부가 국방 임무를 잘 수행할 것인가를 둘러싸고 대립하고 있었다.

넷째, 혁명파 여러 그룹과 인민 운동 사이에는 큰 거리감이 존재하고 있었다. 자코뱅파는 원래 인민 운동과 별로 접촉이 없었고, 블랑키파는 아직 비밀결사에 지나지 않았다. 그리고 인터내셔널파는 1870년부터 행해진 탄압과 전쟁에 따른 생산 저하로 활동 기반인 노동자 조직의 역량 축소를 겪어야만 했다. 이들 각 그룹에 대해서는 애국주의로 고무되어 있는 인민 운동과 어떤 결합을 유지할 것인가가 앞으로의 큰 과제로 떠오르게 되었다.

한편, 프로이센-프랑스전쟁 발발 이후 잇따른 패전은 지방의 경우 제정 국가권력을 해체 방향으로 이끌었다. 남프랑스의 여러 도시에서는 리옹, 마르세유의 인터내셔널 연합주의가 프티부르주아 급진 세력의 뿌리 깊은 지방분권화 요구와 손잡고 급격한 혁명 정세를 조성했다. 마르세유에서는 8월 8일과 9일 급진 공화파 가스통 크레미외가 인터내셔널의 지지를 받아 인민을 이끌고 시청을 점거해 혁명위원회 결성을 선언했다. 이 폭동은 군대와 경찰의 힘으로 일단 진압되었고, 9일의 르 크뢰조에 이어 10일에는 마르세유에서 계엄령이 선포되었다. 그러나 머지않아 치러진 마르세유 시의회 선거에서는 공화파가 승리를 거두었다(가쓰라 2007, 96).

9월 4일의 파리 공화주의 혁명은 곧바로 지방으로 파급되었다. 이날 마르세유 시민은 다시 시청을 점거해 1,200정의 소총을 탈취했다. 공화파 시의회는 공화제를 선언했고, 부슈뒤론 도道 혁명위원회를 결성했다. 한편, 자발적으로 무장한 노동자들을 주축으로 '민병대'Garde civique가 조직되고, 점거한 도청을 본거지로 부르주아 공화파가 지배하는 사회와 이중권력을 구성했다.

같은 날 9월 4일 리옹에서는 시청을 포위한 시민 대중의 압력에 따라 공안위원회가 결성되었고, 툴루즈에서도 급진파가 지배하는 시의회가 오토가론 도道 혁명위원회의 결성을 선언했다. 그리고 르 크뢰조에서는 인터내셔널 지도자 드매가 지사에서 시장으로 임명되었다. 이 밖에도 그로노블이나 알제리의 알제에서도 인민의 압력으로 제정 시대의 군사 권력이 해체되고 민간 권력이 성립되었다.

이와 같은 상황에서 마르세유를 중심으로 남프랑스연맹이 설립되었는데, 이 조직의 기원이 된 것은 부슈뒤론 도道 혁명위원회와 그 위원회가 창설한 지역 국방위원회였으며, 이런 도 단위의 혁명 조직은 급속히 근처의 여러 도로 확대되었다. 이를 배경으로 10월 3일 13도 대표 48명이 모여 수도를 마르세유에 두는 남프랑스연맹을 정식으로 발족시켰다.

남프랑스연맹은 애국주의와 급진주의, 사회주의와 연합주의, 반집권주의에서 분리주의까지도 포함하는 폭넓은 일종의 혁신 통일전선이었다. 이 연맹은 부자들에 대한 3천만 프랑의 전시 과세, 군수물자의 징발, 매국노와 성직자의 재산 몰수, 성직자의 군적軍籍 편입, 교회와 국가의 분리, 직업적 군인 대신 인민군의 창설, 제정帝政 관리의 숙청, 출판의 자유, 보증금 제도의 폐지, 재판관 선거제, 종교 기관 관리 학교의 폐지와 그 시설의 세속 교육으로 전환 등 급진주의적 색채가 짙은 슬로건을 내걸고, '자립적인 지방 코뮌으로 구성되는 주권 소유 코뮌 연합 체제'의 원칙을 확인했다(가쓰라 2007, 102).

　11월 1일에는 전날의 파리 인민 봉기 소식을 듣고 마르세유 생 미셸 광장을 가득 메운 시민이 시청으로 몰려가 시청을 점거하고 '혁명적 코뮌'을 선포했다. 코뮌은 분리주의를 부정하고 코뮌 연합 체제로서 프랑스 통일을 유지할 의지를 표명했으며, 강베타에게 합법성 확인을 요구했다. 그러나 11월 14일 치러진 시의회 선거에서는 온건파가 승리를 거두었고, 남프랑스연맹도 와해되고 말았다.

3. 휴전 조약 체결과 '국민군중앙위원회' 결성

뷔장발 전투와 '1월 22일 폭동'

프로이센군의 포위망이 좁혀 오는 가운데 파리는 겨울을 맞았다. 식량과 연료가 부족한 것을 비롯해 시민의 생활은 나날이 더욱 궁핍해졌다. 국민군과 시민들은 프로이센 군대의 포위망을 뚫기 위한 출격전을 정부에 촉구했다. 11월 29일부터 드디어 출격전이 감행되었다. 그러나 200만 시민의 간절한 소망은 사흘 뒤 무너지고 말았다. 출격전은 장병 1만2천 명을 잃은 가운데 크게 패배했다. 게다가 12월 5일에는 오를레앙이 다시 프로이센 군대에 장악되고 말았다. 파리는 절망의 밑바닥으로 가라앉았다. 전쟁은 언제 끝날지 모르는 상태로 암담할 뿐이었다(노명식 2011, 391).

　1871년 1월 5일부터 프로이센 군대는 본격적으로 파리 포격을 개시했다. 센 강 좌측의 시내에도 포탄이 날아들었으며, 파리의 전황은 매우 어려운 상태로 빠져들었다. 10월 31일 사건 뒤의 탄압으로 혁명 세력은 통일성을 잃었고, 20구 중앙위원회의 활동은 정체되어 있는 가운데 혁명파 사이의 조직 재편성이 이루지고 있었다. 이런 상황에서 20구 중앙위원회는 1월 초 '20구 공화주의 대표단'(이하 20구 대표단)으로 이름을 바꾸어 혁명 세력의 단결을 강화했다. 다수의 인민 클럽과 조직을 재건한 파리노동자조합연합회의가 20구 대표단의 조직을 뒷받침하면서 그들의 활동 추진에 적극적으로 협력했다.

20구 대표단은 1월 6일 저 유명한 "제2차 붉은 포스터"로 알려진 선언문을 발표했다. 포스터는 "9월 4일에 국방을 인수한 정부는 그 사명을 다했는가? 아니다"로 시작해 "정부는 대포를 주조하고 무기를 만드는 대신, 교섭하는 것밖에는 생각하지 않았다. 정부는 '총출격'을 거부했다. 정부는 보나파르트파를 그 지위에 남겨 두고 공화주의자들을 투옥했다"고 주장했다. 또 포스터는 "만약 시청의 패거리(국민방위정부)에게 아직 얼마간의 애국심이 남아 있다면, 그들의 의무는 그 자리에서 물러나 파리의 인민에게 스스로 해방을 위한 일을 하도록 맡기는 것이다. 시 정부 아니면 코뮌, 그 명칭이야 어떠하든, 이것만이 인민의 단 하나의 안전, 죽음에서 벗어나는 유일한 구원이다. …… 파리 인민은 이 재난, 이 치욕을 결코 받아들이려 하지 않는다. 그들은 결정적인 조치가 취해진다면, 아직 노동자가 살아 있고, 모든 사람이 싸울 수 있는 상태라는 것을 보여 줄 것이다"고 밝혔다. 그리고 포스터는 "인민에게 자리를 양보하라, 코뮌에게 길을 양보하라"고 했다. 정부는 이 포스터에 서명한 사람들을 '무장봉기를 선동한 자'로 규정해 체포에 나섰다. 이와 함께 정부는 "파리 총독은 결코 적에게 항복하지 않을 것이다"는 강경한 성명을 발표했다(가쓰라 2007, 115~116; The USSR Academy of Sciences 1981, 129).

한편, 1월 18일 점령 상태에 있던 베르사유궁전에서는 프로이센 왕 빌헬름 1세가 프로이센 여러 나라의 군주들로부터 '프로이센 황제'로 추대되었다. 숙원을 이룬 비스마르크는 '프로이센 제2제국'의 제관에 꽃을 곁들여야 했으므로 드디어 파리 공략 작전의 마무리에 착수했다(가쓰라 2007, 117).

1월 19일의 '뷔장발 전투'는 이런 상황에서 벌어졌다. 전황을 절망적으로 본 프랑스 정부는 재차 휴전을 추진하기 시작해, 그 준비로서 이날 전략적으로 극히 불필요한 대규모 출격을 감행했다. 그리고 지금까지 허용하지 않던 국민군의 참가를 인정했다. 전날 밤부터 우박이 내리는 가운데 야영하던 국민군은 베르사유를 지키는 방어선에 공격을 가해 몽투르토의 보루, 뷔장발 공원, 생클루의 일부를 탈취하는 등 지정된 지점 대부분을 점령했으나 뒤크로 휘하의 정규군은 제대로 싸우지도 않았을 뿐만 아니라 그날 밤 트로쉬의 철수 명령이 내려짐으로써 국민군은 적의 포화를 맞아 사상자 4천여 명을 내고 '무패'의 정규군과 함께 후퇴하고 말았다. 이 출격을 두고 "국민군의 노동자 대대를 무력화하고 사기를 저하시키기 위한 공격"이라고도 하고 (The USSR Academy of Sciences 1981, 129), "파리 시민들에게 냉혹한 군사 정세를 몸으로 알게 하기 위한 여론 조작이었고, 동시에 휴전 뒤의 치안 유지를 위해 독일군을 시내로 끌어들이기 위한 실마리였다"는 해석도 나왔다 (시바따 1983, 59).

이튿날인 1월 20일, 정부는 예정된 계획에 따라 파리의 구청장들을 모아 어쩔 수 없이 항복에 이른 형편을 설명하면서 구청장들의 양해를 얻으려고 했다. 그러나 대부분의 구청장들은 격분해 적극적인 반대 의사를 표명하고 '공화주의 연맹'에 속한 사람 200명의 서명을 모아 48시간 이내에 시의회 의원 선거를 요구하는 선언을 냈다. 다음 날 21일 뷔장발의 '배반'에 격분한 국민군 1개 대대가 마자스 감옥을 파괴하고 '10월 31일 사건'에 연루되어 투옥되어 있던 혁명파 지도자들을 구출했다. 이런 불안한 정세를 맞아 정부는 트로쉬를 속죄양으로 해임하고 보나파르트파의 비누아를 후임 군사령관에 임명했다. 비누아는 즉각 기병대와 헌병대에 전투준비 명령을 내리고, 지방 출신 유동국민위병들에게 파리 시청을 방비하게 했다. 뷔장발 출격의 무참한 패배와 프로이센에 대한 항복이 임박했다는 소문은 파리 시민들을 격분하게 만들었으며, 1월 22일 파리 시민들은 드디어 봉기를 일으켰다. 이 봉기에는 국민군도 상당수 참가했는데, 이들은 '휴전 반대', '철저 항전을', '코뮌 만세' 등의 구호를 외쳤다. 사전에 시 청사를 점거하고 있던 정부군은 시위대를 향해 발포했다. 정부군의 총격으로 60여 명의 사상자를 내고 시위대는 광장에서 흩어졌다. 이날의 봉기는 실패로 끝났다.

휴전 조약의 성립과 국민의회 선거

'1월 22일 폭동'을 진압한 정부는 혁명파에 대한 탄압을 강화하면서 '휴전'이라는 이름의 항복 교섭에 속도를 냈다. 정부는 다음 날 아침 모든 인민클럽에 대한 폐쇄 조치를 내리고, 17개 민주적인 신문 발행을 금지했으며 혁명파 지도자들을 체포·투옥했다.

또 정부는 25일과 26일 이틀 동안 베르사유에서 프로이센과 교섭을 벌인 결과, 28일 끝내 휴전협정을 체결했다. 휴전 조약의 주요 내용은 이러했다. 21일 동안의 휴전, 휴전 기간 중 강화講和 여부를 결정할 '국민의회' 선거 실시, 쌍방 점령 지점에서 행하는 전투행위 중지, 파리 성벽의 무장해제, 파리 요새에 대한 프로이센군 장악, 정규군 1개 사단과 국민군을 제외한 파리 주둔 군대의 항복, 프로이센 군대에 대한 전시 과세로 2억 프랑 지불 등 사실상 항복 의사를 밝힌 것들이었다. 이런 내용의 휴전 조약은 대다수 파리 시민들에게 실망과 분노를 안겨 주었다. 블랑키파가 주도한 항의 행동이 있었으나 곧 진압되었다. 그리하여 휴전과 국민의회 선거는 기정사실화되었다.

휴전이 체결된 뒤 파리 시민들 가운데 지방으로 이주한 수는 약 15만 명에 이르렀는데, 이들은 대부분 부유층이었다. 무장을 해제당한 다수의 군대가 휴전 기간을 파리에서 보내려고 요새에서 시내로 철수했다. 한편, 국민군은 무장을 풀지 않은 상태에서 휴전을 이용해 새로이 무기를 입수하는 사람도 적지 않았다. 일자리 찾기가 극히 어려운 처지에서, 국민군이 지급받는 수당은 중요한 수입원이었기 때문이었다.

휴전 조약이 체결된 지 열흘 정도 지난 2월 8일, 전쟁을 계속할 것인가, 강화를 할 것인가를 공식적으로 결정할 국민의회 선거가 실시되었다. 파리에서는 급진 공화파와 혁명적 사회주의파가 압도적인 승리를 거두었다. 특히 파리에서는 전 선거구를 통틀어 가리발디를 3위로 당선시킴으로써 프랑스인이 프랑스를 위해 프로이센군과 싸운 이 이탈리아 영웅에게 애국적인 감사의 뜻과 국제주의적 공감을 표명했다(가쓰라 2007, 123).

그러나 파리에서 거둔 혁명 세력의 승리와는 대조적으로 지방, 특히 농촌 지역에서는 왕당파와 온건한 부르주아 공화파가 농민들의 보수적인 표를 얻어 압도적인 승리를 획득했는데, 이것은 전쟁의 참화로 농경지가 황폐해져 전쟁 혐오의 기운이 농촌에 가득 차 있었기 때문이었다. 전체 선거 결과로서, 전국 총 675명(768명의 당선자 중 중복 당선자를 제외한 실수實數의 의원) 가운데 정통왕조파, 오를레앙파, 제정파 등 왕당파가 적어도 400석을 차지했고, 파리를 비롯해 리옹과 마르세유 등의 대도시에서 선출된 약간의 혁명파를 제외하면 자유파와 온건 공화파가 나머지 대부분을 차지했다.

1871년 2월 12일 '반란의 수도' 파리에서 멀리 떨어진 도시 보르도에서 '시골 신사들의 의회'로 불린 국민의회가 정식으로 열렸다. 의회는 가리발디의 당선을 무효라고 선언했으며, 굴욕적인 강화를 위한 예비 조건을 승인하고 오를레앙파의 티에르를 정부 수반인 행정 장관으로 선출했다. 티에르는 부르주아 공화파와 왕당파로 이루어지는 연립내각을 구성하고, 곧바로 베르사유에서 비스마르크와 강화 교섭을 진행해 2월 26일 '베르사유 강화 예비조약'을 체결했다. 그 내용은 알자스 지방 전체와 로렌 지방 3분의 1을 프로이센에 할양하고, 50억 프랑이라는 당시로서는 천문학적 액수인 전쟁배상금을 지불하되 완전히 지불할 때까지 프로이센 군대의 프랑스 주둔을 허락하며, 그리고 프로이센 승리의 상징으로 프로이센 군인의 이틀 동안에 걸친 파리 진주를 허용하는 것 등이었다. 국민의회는 2월 28일 이런 내용의 평화조약을 찬성 546, 반대 107, 기권 23으로 인준했다.

알자스로렌 출신 의원들과 파리 출신 로슈포르, 피아, 강베타 등 6명이 곧바로 의원직에서 물러났다. 3월 8일에는 빅토르 위고도 의원직을 사임했다. 의회는 이런 '과격파'의 사임에 만족했다. 그러나 의원직 사퇴 정황은 파리 시민의 격분을 촉발했다(노명식 2011, 400).

'국민군중앙위원회' 정식 결성과 티에르 정부 도발

조국과 공화제를 지키기 위해 애국적 국민군을 통합하려는 시도는 1870년 11월 무렵부터 시작되었다. 그러나 이 계획이 구체화된 것은 '1월 22일 사건' 바로 뒤부터였다. 이 사건이 있은 다음 날, 제3구의 국민군 제145대대 사관이 '발기위원회' 설립을 제안했다. 센 도道 국민군 전원에게 "국민군의 행동 통일을 확보하기 위해 구마다 한 사람의 병사와 각 대대 한 사람의 사관으로 구성되는 위원회의 즉시 결성"과 "각 구 위원회 대표로 구성되는 중앙위원회 조직" 그리고 "자신의 의무를 자각한 총사령관의 자주적 선출"이 그 주요 내용이었다.

국민군중앙위원회 결성은 2월 6일 국립 경기장(현재의 동계 경기장)에서 개최된 '국민군 대표 총회'와 2월 15일 18개구 국민군 대대가 대표를 보낸 총회를 거쳐, 2월 24일 국민군 대표 3천 명 이상이 참가해 티볼리 보자르 회당에서 열린 세 번째 '국민군 연합 총회'에서 본격화되었다. 대표 총회에서는 2월 15일 열린 총회에서 선출된 임시 중앙위원회가 작성한 '연합 규약 초안'이 발표되었다. 규약 초안에 따르면, 연합 조직은 대표 총회, 대대 서클, 군단 평의회, 그리고 중앙위원회로 구성된다. 중앙위원회는 군단 평의회(파리의 20구 단위로 대대 서클에서 등급에 관계없이 선출되는 2명의 대표와, 해당 구의 전 대대장으로 구성됨)로부터 무차별로 선발되는 2명씩의 구 대표에 군단마다 동료들로부터 호선되는 대대장 1명을 합쳐 20구에서 60명의 위원으로 조직된다.

한편, 이 무렵 파리의 인터내셔널과 20구 대표단도 활동을 정비·강화했다. 인터내셔널은 탄압과 전쟁 때문에 조직이 해체되고 활동은 정체 상태에서 벗어나지 못했지만, 1월 22일 코르드리 본거지에서 열린 연합평의회에서 조직 재건과 혁명적 공화주의자의 통일전선 형성에 관한 필요성이 확인되었다. 대부분의 지도급 멤버들은 20구 대표단과 감시위원회 내에서 정력적인 활동을 계속하고 있었다.

2월 19일 인터내셔널은 20구 대표단과 공동으로 다음과 같은 "원칙 선언"을 발표했다.

감시위원회의 모든 성원은 혁명적 사회주의에 속함을 선언하는 바다. 따라서 모든 가능한 수단에 의거해 부르주아 특권의 폐지, 세습적 계급제도의 폐지, 노동자의 정치적 의식 앙양, 한마디로 말하면 사회적 평등을 요구하고 획득하는 데 전력을 다한다. …… 정치적 영역에서는 공화제를 다수결의 원리보다도 우선시한다. 그 이유는 다수자가 국민투표라는 직접적 수단에 의하든 그들의 도구인 의회라는 간접적 수단에 의하든 인민주권의 원칙을 부정하는 권리를 인정하지 않기 때문이다. 그러므로 현 사회 구성의 기초가 정치·사회적인 혁명적 청산에 의해 변혁되기까지 필요하다면 모든 헌법 제정 의회와 자칭 국민의회의 소집에 모든 힘을 기울여 반대할 것이다. 이런 결정적인 혁명이 이루어지기까지는 그 시市에 존재하는 혁명적 사회주의 집단의 대표로 구성되는 혁명적 코뮌 외에는 그 어느 것도 시의 정부로서 인정할 수 없다. …… 이들 집단(혁명적 사회주의 집단)을 결집시켜 중앙 대표단과 관계를 맺을 것이다. 끝으로 갖고 있는 모든 수단을 인터내셔널 선전에 사용하지 않으면 안 된다(Lissagaray 2011, 62~63에서 재인용).

인터내셔널과 20구 대표단의 움직임이 활발하게 진행되는 가운데, 국민군연합중앙위원회의 기능은 2월 말부터 임시 중앙위원회 대신 선출이 끝난 위원들로서 위원회가 구성됨으로써 실질적으로 수행되었다. 1월 28일 휴전 조약이 체결된 뒤로 파리는 점점 과격한 분위기를 더해 갔다. 1848년 2월 혁명 기념일인 2월 24일, '국민군 연합 대표 총회'는 2월 27일로 닥쳐온 휴전 기한 만기를 앞두고 "모든 국민군의 무장해제 기획과 프로이센 파리 입성에 대항한다"는 제안을 가결하고, "국민군은 자신들이 뽑은 대장 이외에는 누구도 인정하지 않는다"고 결의했다(가쓰라 2007, 133~134). 이날 대표 총회가 2월 혁명을 기념해 바스티유 광장에서 조직한 시위에는 다수의 정규군 병사도 참가했다.

시위는 매일처럼 계속되었고, 2월 26일에는 시민 30여만 명이 시위에 합류했다. 이날 국민군은 티에르가 프로이센군에게 양도하려고 했던 대포 400문과 기관총을 끌어내려 몽마르트르, 벨빌, 라 빌레트, 몽소 공원, 보주 광장, 이탈리아 광장의 안전지대인 언덕 위로 옮기는 데 성공했다. 그것은

3월 1일 프로이센군이 파리에 들어오더라도 대포를 빼앗기지 않고, 저항을 계속하기 위해서였다. 이 때문에 국민군의 무장해제를 약속한 정부로서는 프로이센에 대한 항복의 조건을 지키기 어렵게 되었다. 이들 대포로 말하면, 파리가 포위당했을 때 시민들의 모금으로 제조된 것이어서 정부의 소유가 아니라 파리 시민의 대포였고, 국민군의 대포라고 할 수 있었다.

정부는 국민군을 향해 대포를 반환하라고 명령했지만, 국민군은 이에 응하지 않았다. 급박한 정세에 놀란 파리군 총사령관 비누아는 재빨리 부르주아 국민군 대대에 비상소집 명령을 내렸으나 소집에 응한 병력은 겨우 30명 정도에 지나지 않았으며, 국민군과 대치하고 있던 정규군도 국민군과 손을 잡았다. 휴전에 따라 많은 수의 유동대나 정규군 병사가 출신지로 돌아갔고, 휴전 조항에서 파리의 병력을 제한하기로 했기 때문에 이 시점에서 정부는 무력 탄압을 행사하기가 거의 불가능했다.

이런 상황에서 2월 28일 아침, 20구 대표단, 인터내셔널연합, 노동자조합연합회의는 크르드리에서 합동회의를 열어 다음과 같은 성명을 발표했다.

모든 무력 공격은 인민을 혁명의 적에게 희생당하도록 내맡기는 일이 될 것이다. 혁명의 적은 사회적 요구를 피바다 속에 빠뜨릴 것이다(Lissagaray 2011, 65에서 재인용).

20구 대표단은 성명을 발표하고, 즉시 대표를 국민군중앙위원회에 파견해 무력 공격을 단념하도록 설득했다. 이것은 '6월 폭동'의 재현을 우려한 데서 나온 것이었다.

3월 1일 프로이센군은 파리에 입성해 샹젤리제 대로를 분열·행진했다. "집집마다 내걸린 조기, 사람의 그림자도 없는 거리, 문이 닫힌 가게, 물이

끊어진 분수, 넘어져 있는 콩코르드광장의 동상, 밤이 되어도 불이 켜지지 않는 가스등은 정복되지 않은 도시임을 나타냈다"(Lissagaray 2011, 68). 그런데 이날 입성한 프로이센군은 48시간이라는 상징적인 점령을 한 뒤, 군중들의 욕설을 들으면서 파리에서 철수해 동북구 교외의 점령 지구로 퇴각했다.

프로이센군이 파리에 입성한 날 밤, 코르드리에서는 인터내셔널 연합평의회가 긴급히 열려 앞으로의 대책을 논의했으며, 3월 3일 개최된 국민군 연합대표 총회에서는 임시 중앙위원회의 연합 규약 초안이 승인되었으며, 국민군사관연합이 국민군연합과 합병했다. 또 3월 15일에 열린 대표 총회는 "조국과 전全 인류를 구하는 유일한 제도인 민주·사회적 공화국 건설"을 결의했다. 그리고 이 총회에는 대대 대표 215명을 포함한 1,325명이 참가해 정규 국민군중앙위원회가 구성되었다. 국민군 연합과 중앙위원회는 이제 강력한 무장 세력으로 바뀌었다(가쓰라 2007, 140).

파리에서 국민군 연합이 형성되어 혁명의 방향을 찾고 있던 무렵, 보르도에서는 국민의회와 티에르 정부가 파리를 굴복시킬 방도를 궁리하고 있었다. 2월 15일 의회는 '빈곤자 증명서'를 제출하지 않는 한, 국민군 병사들에게 지불되는 일당 30수를 폐지한다는 결정을 내렸다. 이 결정은 노동자인 국민군 병사들에게 굴욕감을 안겨 주어 무장해제를 유도하기 위해 취해진 조처였다. 또 정부는 파리 포위 이후 통제 불능이 되어 있던 집세와 만기 어음의 '지불 유예 조치'의 정지(3월 10일), 파리군 사령관 비누아 명의의 혁명파 신문 발행 금지 조치(3월 12일), 그리고 '10월 31일 사건'을 구실로 플루랑스와 블랑키에 대한 궐석 재판(3월 9~12일)상의 사형선고 등 일련의 조치를 내렸다.

정부는 이런 조치들을 취하는 동시에, 인민의 무장을 해제하는 일이 선결 과제였기 때문에 프로이센의 동의를 얻어 휴전 조항을 완화하고 파리에 병력 3만 명을 모으는 데 성공했다. 이와 같은 조치와 군사행동을 배경으로 비누아는 3월 8일 뤽상부르공원에 있던 국민군의 대포를 탈취하려 했으나, 국민군의 저항으로 실패하고 말았다.

한편, 국민의회는 티에르의 제안에 따라 베르사유로 수도를 이전하기로 결정했다. 이것은 파리에서 수도 기능을 이전시키고, 파리에 가까운 베르사유에서 위압을 가하려는 의도를 담고 있었다. 또 티에르는 3월 15일 보르도에서 파리에 도착해 이튿날부터 각료 회의 장소를 외무부로 정했다. 이로써 정부는 드디어 기습 행동을 통한 국민군 무장해제라는 최후의 행동에 착수했다.

파리의 국민군에 대한 기습 작전을 협의하기 위한 각료 회의가 3월 17일부터 18일 밤까지 열렸다. 작전의 개략은 파리의 전全 정규군을 동원해 도시 전체를 점령하고 국민군을 한꺼번에 무장해제시키며, 국민군중앙위원회 위원 전원과 주요 혁명가를 체포한다는 것이었다. 작전 제1단계는 몽마르트르 언덕, 벨빌 언덕, 쇼몽 언덕, 탕플 교외, 바스티유 광장, 뤽상부르공원을 장악하고, 저항하는 국민군 병사는 사살하는 것으로 짜여졌다. 각료 회의가 끝나고 정부군이 행동 태세에 들어갔을 때까지 인터내셔널연합도, 20구 대표단도, 각 구 감시위원회도 전혀 기습을 예측하지 못하고 있었다. 이런 상황에서 3월 18일 새벽, 군 병력 2만 명이 밤안개 낀 도시를 지나 예정된 지점을 향해 나아가기 시작했다.

국민군 중앙위의 정치 권한

1871년 3월 18일 기습 계획에 따라 행동을 일으킨 정부군은 센 강 왼편 기슭에 전술상의 요지를 확보하고, 각지에 있던 국민군 대포 보관소에 분견대를 파견했다. 가장 중요한 임무는 '폴란드 광장'이라 불리는 몽마르트르 언덕의 탈취였다.

오전 5시 무렵, 군대가 몽마르트르의 대포 보관소를 점거하고, 대포를 끌어내릴 준비를 했다. 그러나 대포를 끌어갈 말을 준비하지 못해 어쩔 수 없이 대포와 기관총을 손으로 끌던 한 대대가 상당한 시간을 끌었다. 그사이 국민군과 시민들이 정부의 기습 작전을 알아차리고 이를 시민들에게 알렸으며, 정부군이 점령한 대포 진지들은 순식간에 국민군과 시민들로 포위당했다. 정부군 여단장 클로드 마르탱 르콩트를 비롯해 그 자리에 있던 사관들은 무장해제를 당했다. 그때가 아침 7시 50분이었다. 3월 18일 파리에서 파노라마처럼 일어난 이 극적인 사건들은 결코 계획적인 것은 아니었다. 이것은 본래 의미의 봉기가 아니라 정부의 도전에 대한 방어적이며 자연발생적 행동이었다(노명식 2011, 408).

다른 작전 지역에서도 정부군의 기습은 자연발생적으로 봉기한 인민·국민군 병사들의 저항과 정부군 병사들의 동조로 몽마르트르에서와 마찬가지로 실패로 끝났다. 그리하여 오전 11시쯤 봉기는 기의 파리 전체를 지배하기에 이르렀다. 그날 밤부터 다음 날 아침까지 정부 기관과 모든 군대는 베르사유로 이동했으며, 파리는 사실상 권력 공백 상태가 되었다.

이에 따라 인민 세력의 지도 중추였던 국민군중앙위원회는 시청을 접수하고 행정권을 장악했다. 국민군중앙위원회는 코뮌 선거 때까지의 잠정 권력임을 자인하면서도, 상황 논리에 따라 사실상의 공화국 정부로 기능했다. 중앙위원회는 우선 계엄령의 해제를 선언하고, 이어 대표를 각 부처에 파견해 행정 직무의 집행을 수행하도록 했다. 또 프랑스은행과 교섭해 50만 프랑을 차입했는데, 이것은 국민군 병사 30만 명에게 급여를 지급하기 위한 조치였다.

한편, 언론·출판·집회의 자유, 정규군의 군법회의 폐지, 정치범의 전면 사면과 석방이 선언되었고, 21일에는 공인 전당포에 기탁된 저당 물품의 매각 정지, 어음 지불 기한 1개월 연장, 새로운 조치가 취해질 때까지 집주인의 임차인 추방 금지 등의 조치가 취해졌다. 그리고 혼란한 우편, 통신, 입시세, 조세 등의 행정 업무의 복원도 급속히 진행되어 파리의 치안은 완전하게 유지되었다(가쓰라 2007, 162).

2장

인민 권력 파리코뮌의 성립

코뮌이 선언되는 날,

그것은 혁명적이고 애국적인 축제의 날,

평화롭고 상쾌한 축제의 날,

도취와 장엄함 그리고 위대함과 환희에 넘치는 축제의 날이다.

그것은 1792년 사람들이 우러러본 나날에 필적하는 축제의 하루이며,

제정 20년과 패전과 배반의 여섯 달을 위로해 준다.

…… 코뮌이 선언된다.

오늘이야말로 사상과 혁명이 결혼하는 축전이다.

시민 여러분,

내일은 어제 밤 환호로 맞아들여 결혼한 코뮌이 아기를 낳도록,

항상 자랑스럽게 자유를 지키면서 공장과 가게의 일터로 돌아가야 한다.

승리의 시(詩)는 끝나고, 노동의 산문(散文)이 시작된다.

_『인민의 외침』, 1871년 3월 3일자 논설 "축제" 중에서

(노명식 2011, 418)

1. 코뮌 선거와 구성

국민군중앙위원회는 3월 19일 "인민의 힘으로 타도한 정부를 대신할 작정이 아니라, 위탁받은 임무를 수행했기 때문에 권한을 인민에게 반환할"(가쓰라 2007, 160) 의사를 분명히 하고, 오는 22일에 코뮌 평의원 선거를 시행한다고 성명을 발표한 바 있었다. 그러나 3월 21일 '질서와 노동'을 외치는 반혁명파의 집회·시위를 비롯한 여러 가지 요인 때문에 코뮌 선거는 23일로 연기되었으며, 국민군의 '반혁명 세력'에 대한 경직된 태도와 구청장들의 조정 작업으로 선거는 다시 26일로 연기되었다.

3월 26일, 코뮌 평의원 선거가 예정대로 시 전체에 걸쳐 시행되었다. 평의원은 구마다 2만 명당 한 사람, 1만 명을 넘는 끝수마다 한 사람을 연기連記식 투표로 선출되었다. 유권자 48만5,566명(20세 이상의 성년 남자) 가운데 시민 22만5천 명이 투표에 참가했다.[1] 개표 이튿날 평의원 90명 당선이 확정되었다. 그러나 아루누, 블랑키, 테스, 바를랭이 중복 선출되었고, 4월 1일 내전 직후 뒤발과 플루랑스가 사망했다. 그리고 여러 명의 당선자가 사직했기 때문에 4월 16일 보궐선거를 실시해 17명의 의원이 추가 당선되었다. 그러나 이번에도 두 사람이 사임하고, 가리발디의 아들에게 주어진 의석이 공석으로 남게 되어 결국 코뮌의 의원은 82명으로 확정되었다(현재열 2000, 96~97). 이들의 명단과 나이, 직업, 그리고 소속된 정치 그룹은 〈표 1〉에서 보는 바와 같다.

먼저 성별로 보면, 코뮌 의원은 모두 남성이었다. 직업별로는 자유직업

1_기권이 많았던 것은 코뮌을 지지하지 않는 시민의 보이콧 말고도 유권자 명단이 1년 전 국민투표 때의 것이었고, 또 전쟁과 내전 등으로 많은 인구가 시에서 떠나 버렸기 때문이었다(가쓰라 2007, 178).

표 1 | 코뮌 평의원 명단과 직업

이름	나이	인터내셔널*	정치그룹**	직업
Allix	53			교육자
Amouroux	28	I		제모공
Andrieu	50	I		사무원
Arnaud	40	I	J	사무원
Arnold	34			건축기사
Arnould	38	I		저널리스트
Assi	30			기계공
Avrial	31	I		기계공
Babick	51	I		향수제조인
Bergeret	41		J	식자공
Beslay	76	I		기술자
Billioray	30		J	화가
Blanchet	38		J	고물장수
Brunel	41		J	장교
Chalain	26	I		선반공
Champy	25		J	칼제조인
Chardon	32		B	주물공
Clémence	33	I		제본공
L.Clément	45	?	J	제화공
J.-B.Clément	35	?		저널리스트
V.Clément	47			염색공
Cluseret	48	I		장교
Cournet	32		J	사무원
Courbet	52			화가
Delescluze	62		J	저널리스트
Demay	49	I	J	조각공
Dereure	33	I		제화공
Descamps	35		J	사무원
J.Dupont	29		J	사무원
C.Dupont	41	?	J	짚세공노동자
J.Durand	54	I	J	제화공
Duval	31	I	B	제련공
Eudes	28		B	사무원
Ferré	26		B	회계원
Flourens	33		J	교육자
Forturé	51		J	모로코가죽제조공
Frankel	27	I		보석세공인
Gambon	51		J	전직 판사
Ch.Gérardin	28		J	상업중개인
E.Gérardin	44	I		건축도장공
Geresme	45			의자제조공
Grousset	27		J	저널리스트
Johannard	28	I	J	순회외판원
Jourde	28			회계원
Langevin	28	I		선반공
Ledroit	53		J?	사진기자

과 전문직, 그리고 군인을 포함한 지식인 그룹이 30명(37퍼센트)이며, 노동자는 32명(39.5퍼센트)이고, 그 밖에 상인과 사무원이 16명, 장인 또는 소사업주가 3명이다. 직업별로 보았을 때 주요 특징은 상당한 비율의 노동자들이 자기 계급의 대표로 코뮌 정부에 참가했다는 사실이다(현재열 2000, 98). 그런데 오늘날의 개념에 따라 사무원, 저널리스트, 회계원, 교육자 또는 교사 등을 노동자 범주에 넣는다면, 노동자계급이 코뮌 평의원의 압도적 비중을 차지한 것으로 볼 수 있다. 의원의 비율을 통해서 보면 코뮌은 '노동자계급의 정부'로 규정할 수 있다.

당시 파리의 주민 분포를 보아도 노동자를 비롯한 근로인민이 대부분이었음을 알 수 있다. 1860년의 상공회의소 조사에 근거한 루즈리의 설명은 이런 사실을 분명하게 보여 준다. 이 시기 파리에는 41만6,811명의 남녀 노동자를 고용하고 있는 12만7,413명의 고용주가 있었는데, 이 가운데 2만6,242명은 세공 기술자였다. 한편, 혼자 일하거나 단지 노동자 한 사람만을 고용한 고용주도 6만2,199명이었다. 이 사람들은 고용주이지만 사실상 노동자와 비슷한 처지였다고 볼 수 있고, 결국 실제 노동자와 이런 사람들 그리고 그들의 가족을 포함하면 파리 전체 인구의 4분의 3이 근로인민이었다(Rougerie 1999, 156; 현재열 2000, 103에서 재인용).

노동자만 따로 구분하더라도 비슷한 결과가 나오는데, 1866년 당시의 통계 수치에 근거하면 이 시기 파리 주민 179만9,980명 가운데 93만4,5106명이 임금 생활자(육체노동자와 비육체노동자 포함)였고, 여기에 11만4,074명의 하인과 4만5,106명의 아파트 관리인을 포함하면 근로인민은 전체 인구의 60퍼센트에 이르렀다(Rougerie 1971, 10; 현재열 2000, 103에서 재인용).

코뮌 평의원의 직업은 코뮈나르[2]의 직업별 분포와도 일맥상통한다. 1866

이름	나이	인터내셔널*	정치그룹**	직업
Lefrançais	45	I		전직교사
Lonclas	30		J	목재조각공
Longuet	32	I		저널리스트
Malon	30	I		염색공
Martelet	28	I	J?	장식도장공
Meillet	30	I		변호사
Miot	61	I	J	약사
Mortier	26		B	목재가구제작공
Ostyn	48	I		선반공
Oudet	45	I	J	자기도장공
Parisel	30		J	의사
Phillipe	42		J	포도주상인
Pillot	63		B	의사
Pindy	31	I		목공
Pottier	55		J	직물제도사
Protot	33		B	변호사
Puget	35		J	회계원
Pyat	61		J	저널리스트
Ranvier	43		B	칠기도장공
Rastoul	36			의사
Régére	55		J	수의사
Rigault	25		B	저널리스트
Serraillier	31	I		제화공
Sicard	42		J	상인
Theisz	32	I		청동주물공
Tridon	30		B	저널리스트
Trinquet	36		B	제화공
Urbain	35		J	교사
Vaillant	31	I		교육자
Vallés	39			저널리스트
Varlin	32	I		제본공
Verdure	46	I		회계원
Vermorel	30			저널리스트
Vésinier	48	I	J	저널리스트
Viard	35		J	상업중개인

*I=인터내셔널 가입, **J=자코뱅, B=블랑키주의자

자료: Azèma & Winock(1971, 182~183); 현재열(2000, 96~97)에서 재인용.

2_코뮈나르들(les Communards)은 파리코뮌 참가자 전체를 가리킨다. 루즈리는 노동자계급이나 프롤레타리아가 아니라 오히려 좀 더 넓은 사회적 요소들을 포괄하는 인민을 의미했다고 설명했다(현재열 2000, 3에서 재인용).

표 2 | 코뮈나르의 직업별 분포			단위: 명, %	
직업	노동자 및 고용주(1866년)		체포자(1871년)	
	수	비율	수	비율
목공업	44,724	7.7	3,173	9.5
섬유·의류업	37,021	6.4	1,348	4.0
제화업	21,582	3.7	1,496	4.5
피혁업	6,996	1.1	381	1.1
전문세공업	45,892	8.0	2,413	7.2
인쇄·출판업	13,764	2.3	925	2.7
금속업	47,263	8.2	4,135	12.4
건축업	59,768	10.4	5,660	17.0
일용노동자	-	-	3,590	10.8
미부	14,400	2.4	1,024	3.0
하인·수위	44,981	7.8	1,699	5.1
사무원	109,840	19.2	2,790	8.3
전체	571,604	100.0	33,155	100.0

자료: Rougerie(1964, 41); 현재열(2000, 101)에서 재인용.

년 당시의 통계조사를 보면 사무원의 비중이 가장 높고, 건축업과 금속업 그리고 전문 세공업이 우세한 편이었으며, 전통적인 업종인 섬유·의류업, 목공업, 피혁업, 인쇄·출판업은 위축되었음을 알 수 있다. 그런데 1871년 당시의 체포자 직업별 분포를 보면 건축업, 금속업, 일용 노동자, 목공일, 사무직에 종사하는 사람의 비중이 높고, 피혁업과 인쇄·출판업에 종사하는 사람의 비중이 낮은 편이었다.

평의원으로 당선된 사람들을 보면, 국민군중앙위원회 소속의 베르즈레, 빌리오레, 쥘드, 부뤼넬, 아르노 등 12명, 블랑키파는 블랑키를 비롯해 트리동, 페레, 리고, 뒤발, 미오 등 10명, 블랑키파에 가까운 사람을 포함하면 15~16명, 인터내셔널에 속하는 사람은 바를랭, 말롱, 테스, 쿠튀리에, 팽디, 벨레, 아시, 프랑켈, 르프랑 등 15~16명, 부르주아 급진파와 온건파는 합해서 약 20명, 그 밖에 과격 공화파의 들레클뤼즈, 그루세와 자코뱅파를 중심으로 다양한 정파의 독립 혁명가들로 구성되었다. 연령별로 보면, 30대에서 50대까지가 61명(75.2퍼센트)으로 대다수인데, 그 가운데 30대가 33명으로 가장 많은 편이었다(가쓰라 2007, 179~180).

평의원은 정무 전반과 더불어 각자의 선출 구 행정 업무를 분담하는 책임을 맡았다. 이것은 선거민과 일상적 접촉을 유지한다는 직접민주주의 요청에 따라 취해진 조치였다. 그리고 파리코뮌은 집행위원회를 비롯해 재무, 군사, 사법, 보안, 식량 공급, 노동·산업·교환, 외무, 공공사업, 교육 등의

10개 위원회로 나뉘어 혁명정부로서 활동을 시작했다.

코뮌이 혁명정부로서 정무를 집행한 기간에 파리의 상태는 어떠했던가. 마르크스는 "프랑스에서의 내전"에서 다음과 같이 묘사했다.

코뮌이 파리에서 이루었던 변화는 참으로 놀라운 것이었다. 제2제정의 음탕한 파리의 흔적은 더 이상 없었다. 파리는 더 이상 영국의 토지 보유자들, 아일랜드의 부재지주들, 아메리카의 전前 노예 소유주들과 벼락 출세자들, 러시아의 전前 농노 소유주들, 왈라키아의 귀족들의 집결지가 아니었다. 시체 공시장에는 더 이상 시체가 없었으며, 도둑의 야간 가택 침입도 없었고, 절도도 거의 없었다. 1848년 2월의 날들 이후 파리의 거리는 처음으로 안전했는데, 그것도 어떤 종류의 경찰도 없이 이루어진 것이었다. …… 그들은(진정한 파리의 여성들)고대의 여성들처럼 영웅적이고 고결하고 헌신적이었다. 일하고 생각하고 투쟁하고 피를 흘리는 파리는 새로운 사회를 준비하느라고 …… 자신의 역사적 창의성에 대한 열정으로 빛나고 있었다(마르크스·엥겔스 1994, 74).

홉스봄은 "파리코뮌은 정녕 '노동자'의 반란이었다"고 해석한다.

만일 노동자라는 말이 공장노동자이기보다는 오히려 '인민'과 '프롤레타리아'의 중간에 있는 남녀를 가리키는 것이라면, 이 노동자라는 말은 그 시대에 다른 곳에서 활동하고 있는 노동운동 활동가들에게도 역시 해당될 것이다. 체포된 3만 6천 명의 코뮌나르들은 사실상 파리의 대중적 노동 사회의 전 계층을 나타냈다. …… 그 가운데 8퍼센트는 사무직 노동자였고, 7퍼센트는 하인, 10퍼센트는 소상인이었으며, 나머지 압도적인 다수는 노동자였다(Hobsbawm 1996a, 168).

2. 코뮌 선언과 강령

파리코뮌은 3월 28일 공식적으로 자체 성립을 선언했다. 활짝 갠 푸른 하늘 아래 국민군 병사와 일반 시민 약 2만 명이 몰려든 시청 앞 광장에서는 파리코뮌의 성립을 선언하는 의식이 엄숙하게 집행되었다.

쥘 발레스는 그날의 광경을 감격적으로 표현했다.

그 어떤 날인가. 대포의 포문을 금빛으로 비추는 따뜻하고 밝은 태양. 이 꽃다 발의 향기. 깃발의 물결. 푸른 시냇물처럼 고요하고 아름답게 흘러가는 혁명의 이 졸졸거리는 소리. 두근거리는 이 설레임. 이 서광. 금관악기의 이 팡파레. 동상(銅像)의 이 반사. 이 희망의 불꽃. 명예의 이 기분 좋은 향기. 거기에는 승리한 공화주의자의 군대를 환희로 취하게 하는 그 무엇이 있다. 오, 위대한 파리여(가쓰라 2007, 181에서 재인용).

이렇게 성립된 파리코뮌의 성격을 어떻게 규정해야 하는가. '파리코뮌'이란 말은 다른 코뮌과 달리 특수한 뉘앙스를 지니고 있었다. 프랑스혁명기의 파리코뮌은 전국 혁명운동의 선두에 서있는 존재였다. 이 말은 단순한 자치체 이상의, 어떤 특수한 상징성을 내포하고 있었다. 1870년의 상황에 비추어서는 이미 파리의 방어, 더 나아가서는 조국의 방어를 정부에 기대하기가 불가능하게 되자, 파리 시민 스스로가 자치권의 이름으로 정부와 맞서고자 하는 의지를 표현한 것이었다.

모리나리는 한 시민의 질문에 응답하는 형식을 빌려 "코뮌 그것은 인민의 권리이고, 평등한 식량 배급이며, 총동원령이자 배반자를 처벌하는 존재이다. 그러므로 코뮌은 말뜻 그대로 코뮌인 것이다"라고 설명했다. 또 20구

중앙위원회는 9월 22일의 '선언'에서 코뮌을 '인민 자신의 직접 민주정부'라고 규정했다(시바따 1983, 62~64에서 재인용).

파리코뮌 평의원의 직업·출신·계급별 구성의 관점에서 노동자와 프티부르주아의 '혁명적 민주연합정권'이라는 성격이 짙다고 보는 견해도 있으며(가쓰라 2007, 189), 또 파리코뮌에 대해 깊이 있게 연구한 루즈리는 파리코뮌은 모든 특권과 모든 독점에 대응해 조직된 전체 인민의 전사 결사체인 동시에 시민 결사체이며, 코뮌은 낡은 세계를 대체하고 새로운 세계의 토대가 될 것이라고 규정했다(현재열 2000, 168에서 재인용).

마르크스는 "프랑스에서의 내전"에서 코뮌을 이렇게 설명했다.

> 코뮌 — 그것은 사회를 통제하고 제압하는 대신, 사회 자신의 살아 있는 힘으로 사회가 국가권력을 다시 흡수하는 것이다. 그것은 억압의 조직된 힘 대신에 자기 자신들의 힘을 형성하는 인민 자신이 국가권력을 다시 흡수하는 것이다. 그것은 인민의 적이 인민을 억압하기 위해 휘둘러 온 사회의 인위적 힘을 대신할 인민의 사회적 해방을 위한 정치적 형태다. 이런 형태는 모든 위대한 사물이 다 그러하듯이 단순했다. 이전의 혁명 — 모든 역사적 발전에는 때가 필요한데, 과거에는 모든 혁명에서 때를 놓쳤고, 인민이 개가를 올린 바로 그날 승리에 빛나는 무기를 양도할 때마다 그 무기가 인민을 향했다 — 에 반발해, 코뮌은 제일 먼저 군대를 국민방위대로 대체했다(마르크스·엥겔스 1994, 18).

파리코뮌은 4월 19일 코뮌의 '공식 강령'이라고 할 수 있는 "프랑스 인민에게 보내는 선언"Déclaration au Peuple Francais을 발표했다. 선언문은 "파리는 무엇을 원하는가?"라는 물음을 먼저 던진다. 그리고는 "자유롭고 정상적인 사회의 발전과, 인민의 권리와 모순되지 않는 유일한 정부 형태인 공화국의 인정과 강화, 그리고 프랑스 전역에 걸쳐있는 각 코뮌에 자신의 권리 전체를 보장하고 모든 프랑스인에게 인간, 시민, 그리고 노동자로서 자신의 능력과 소질의 완전한 표현을 보장하는 코뮌의 절대적 가치. 코뮌의 자치는 프랑스의 통일을 보장하는 계약을 체결한 다른 모든 코뮌이 가지는 동등한 자치권에 의해서만 제한받을 것"을 밝혔다(현재열 2000, 15에서 재인용).

또 선언문은 코뮌의 '고유한 권리'를 다음과 같이 밝혔다. 예산편성권, 조세 결정과 배분, 지역 행정·내무 치안·교육의 조직, 코뮌에 속한 재산 관리, 코뮌 관리 임면권, 개인의 자유, 양심의 자유, 노동의 자유 그리고 그 밖의 기본 인권 보장, 사상의 자유로운 표현과 이해의 자유로운 옹호를 통해 코뮌 업무에 대한 시민의 개입, 도시 방위와 국민군 조직 등이 그것이다. 그리고 선언문은 "인민이 주도해 시작된 3월 18일의 코뮌 혁명은 경험과 실제 그리고 과학의 측면에서 정치의 새로운 시대를 열고 있다. 그것은 프롤레타리아를 예속 상태로 몰아넣고 조국을 불행과 재난으로 몰아넣은 낡은 정부와 성직자의 세계, 군국주의, 관료주의, 착취, 투기, 독점, 특권의 종식이다. 그러니 거짓과 중상에 속아 온 이 고귀하고 위대한 조국은 안심하라"로 끝맺고 있다(현재열 2000, 16에서 재인용).

이 4월 19일의 선언은 '자치'와 '연합주의' 원칙을 강조했는데, 그것은 코뮌이 자치적 코뮌으로 '민주적이고 사회적인 혁명적 연합'의 성격을 띠고 있음을 뜻한다.

3. 코뮌과 새로운 형태의 정부

코뮌은 삼권분립에 바탕을 둔 의회 기관만이 아니라, 동시에 입법과 행정을 수행하는 직접민주주의의 '행동하는 기관'이었다. 말하자면 입법과 행정을 전적으로 책임지는 의회이고, 동시에 정부라는 두 가지 기능을 가지면서 사법 기능도 주관했다.

코뮌은 노동 관련 정책들을 비롯해 다양한 사회정책들을 발표하고 시행했다. 먼저 '노동·산업·교환위원회'가 중심이 된 입법 조치부터 본다. 먼저 4월 16일의 '작업장에 대한 법령'은 경영자들이 포기한 작업장 시설을 접수하고, 그것을 노동자 협동조합으로 하여금 관리·운영하도록 한 것이다. 또 법령은 사용주가 돌아왔을 때 작업장을 '파리노동자조합연합회의'에 양도할 분명한 조건과 협동조합이 사업자들에게 지불해야 할 보상금의 액수를 결정할 중재심사위원회를 설치해 보상 조치를 취하고, 작업장을 협동조합의 소유로 바꾸도록 규정했다. 이것은 협동조합이 경영하는 작업장을 순차적으로 확대해 결국에는 자본주의 개념의 소유제를 폐지하려는 시도이며, 실제로 몇 개 작업장에서 시행되었다(현재열 2000, 23; 가쓰라 2007, 202~203). 그리고 인쇄소를 비롯한 국영기업에서는 노동자의 자주적 생산관리 제도가 채용되었다.

4월 2일에는 이미 사설 직업소개소 폐지와 공립 직업소개소 설치에 관한 조치가 나왔으며, 4월 27일에는 노동자에 대한 벌금제와 임금 공제 제도가 금지되고, 4월 28일에는 빵 굽는 노동자의 야간노동을 금지하는 법령이 공포되었다.

코뮌은 사회정책의 일환으로 3월 30일 집세에 관한 법령을 공포해, 1870년 10월, 1871년 1월과 4월 기한의 집세를 전면적으로 연기하고, 집을 빌린 사람이 과거 9개월 동안 지불한 모든 금액을 장래의 금액에서 공제하기로 했다. 같은 날, 전당포에 예입된 저당물의 판매를 금지하는 포고도 나왔다. 4월 12일에는 지불 만기가 된 채무 금액에 대해 1871년 7월 15일부터 이자 없이 3년간 유예기간을 주는 법령이 발표되었다. 사회 구제 사업도 시행되었는데, 국민군 전사자 유족에 대해서는 혼인 관계 유무를 불문하고 과부에게는 연 600프랑, 유자녀에게는 연 365프랑의 연금을 지급하기로 결정하고, 고아들에 대해서는 양육 시설을 설치하기로 했다.

교육위원회가 주도한 교육정책의 특징은 '교육과 국가의 분리에 대한 법령'에 따라 교육의 비종교화가 추진되고, 완전한 무료 의무교육 원칙과 더불어 직업교육의 필요성이 강하게 제기되었다는 사실이다. 이것은 '20구에서 나온 비종교적 교육'이 강조하고 있는 "이른바 종교적 교의들은 진보에 대한 장애물이다. 자연적이고 실증적인 과학과는 반대로 그것들은 지성을 왜곡하는 경향이 있다. 그것들은 모든 특권을 신성화하고 모든 예속을 정당화 한다"는 논리에 근거하고 있었다. 한편, 이것은 코뮈나르가 공통적으로 가지고 있던 종교에 대한 적대감을 반영했다고 할 수 있다. 이를테면 제2제정 체제에서부터 성직자들의 수도원 공장들이 사회문제화되었고, 일부 공장들에서는 노동자에 대한 감시를 성직자들에게 맡긴 경우가 있었기 때문에 파리 사람들은 종교에 대해 적대적인 경향을 보였다(현재열 2000, 33~34).

이 밖에도 '방돔 광장 원주圓柱 파괴에 관한 법령'과 '징집 폐지와 국민방위군으로의 대체에 관한 법령' 등이 공포되었다. 코뮌이 공포한 일련의 법령들은 미처 시행되지 못한 것도 많았고, 임시방편적인 조치들도 허다했다. 여기서 주목되는 대목은 법령 제정의 동기가 오래 전부터 파리 사람들이 요구해 왔던 내용들이었다는 사실이다. 그 법령들에는 다양한 이데올로기가 내포되어 있었는데, 이를테면 '공화주의', '반교권주의', '사회주의'가 그런 것이었다(현재열 2000, 37).

4. 코뮌과 결사

파리코뮌 기간에 코뮈나르 시민들은 각자의 이해관계에 따라 각종 결사체로 결집되었을 뿐만 아니라, 코뮌 정부 차원에서도 결사의 연합체로서 기능을 수행하고자 했다. 코뮌 정부의 구성 원리가 전통적인 인민주권에 바탕을 둔 '강제 위임'이었다. 시민은 자발적인 투표 행위를 통해 자신의 대표자를 선출하고, 이 대표자들은 시민의 특정한 바람(강제 위임)을 수행할 의무를 지닌 수임자였다(현재열 2000, 204~205).

이런 관점에서 코뮌 기간에 활동했던 주요 결사체와 인민 조직을 살펴본다.

국민방위군공화국동맹

국민방위군공화국동맹(이하 국민방위군동맹)은 시민군으로서 국민방위군 결사체였다. 국민군중앙위원회의 결성 과정과 활동에 대해서는 앞에서 자세히 살펴보았거니와, 국민방위군동맹은 군사적 결사체이면서 시민군으로서 성격을 띤 정치적 결사체였다. 국민방위군동맹은 대표들의 총회와 대대 서클, 부대평의회, 중앙위원회로 이루어지며, 그 구성원들은 중대 단위에서 중앙위원회까지 모두 선거를 통해 뽑혔다.

국민방위군동맹이 국민방위군으로 복무하는 시민들의 결사체로 존재했기 때문에, 연합의 중앙 기구인 국민방위군중앙위원회는 3월 19일 파리의 권력을 장악했지만, 스스로 정부로 나서지는 않았던 것이다. 그러나 내전이 격화되고 코뮌이 군사적인 면에서 문제를 드러내자 국민군중앙위원회가 즉각 군사적 결정권을 맡겠다고 나섰다. 국민군은 베르사유군의 진격과 5월의 '피의 주간'에서 그야말로 생사를 건 투쟁을 감행해 시민군으로서 그리고 정치결사체로서 역할과 기능을 실천했다(현재열 2000, 172~178).

인민 조직

파리코뮌 형성을 전후해 활동을 전개한 대표적인 인민 조직으로는 인터내셔널파리지부연합, 노동자조합연합회의, 20구 중앙위원회가 있으며, 이 밖에도 인민 클럽과 협동조합 등이 활동을 벌였다.

인터내셔널파는 많은 구성원이 각기 맡은 부문으로 분산되어 활동했기 때문에 구심력이 크지 못했다. 이를테면, 국민군 간부 가운데 인터내셔널파가 차지하는 비중은 중앙위원회의 40퍼센트, 부대장의 34퍼센트, 부대평의회의 15퍼센트, 대대장의 11퍼센트, 중대 대표의 11퍼센트를 차지했다.

20구 중앙위원회는 보궐선거 문제나 클럽 연합 설립 계획 등에서 활동을 보였으나, 전체적으로는 그 활동이 저조한 편이었다. 그리고 노동자조합연합회의는 여러 부문에 걸친 활동에 관여했으나 협동조합 활동이나 인민 클럽 등의 활동이 활발하게 진행되면서 노동자 조직으로서 고유 기능을 제대로 수행하지는 못했다.

이와는 반대로 인민 클럽은 적극적으로 활동을 추진했다. 이 클럽들은 주로 수공업노동자와 수련공들이 담당해 혁명을 지키고 새로운 형태의 국가 건설에 주체적으로 참가하는 것을 공동의 목적으로 삼았다. 클럽 조직과 관련해 주목되는 것은 클럽 연합의 결성 움직임이었다. 그리고 클럽 연합의 추진과 병행해 출신 도道별 지방인 협회가 결성되어 코뮌의 이념을 보급하고, 파리 지원을 호소할 목적을 갖는 '도道협회연합'이 4월에 조직되었다. 클럽의 활동은 코뮌의 정책 입안에도 개입했으며, 각 구의 행정이나 공공사업에 대한 자주적인 참가도 적극적으로 수행했다.

경제적 결사체로서 활동했던 조직으로서는 협동조합 운동이 대표적인 것이었다. 1868년까지 파리에는 모든 업종에 걸쳐 3천여 명의 회원을 포괄하는 53개의 협동조합이 존재했다. 이 밖에도 사회적 결사체로서 공화국학생협회, 교육 단체인 신교육, 예술동맹, 미술가동맹 등이 조직되어 활동을 전개했다(시바따 1983, 67~72).

코뮌 기간의 여성운동

파리코뮌은 종래에는 시민적 권리에서 배제되었던 노동자와 하층계급에게 시민권을 부여하는 동시에 여성들에게도 시민권을 부여했다. 여성도 여성시민citoyenne이라 부름으로써 여성 코뮈나르에게 통상 남성에게만 주어졌던 시민적 권리가 주어졌다. 시민권 인정의 가장 뚜렷한 표현은 여성시민도 남성시민과 마찬가지로 군사적 역할을 수행할 수 있다는 것이었다.

파리코뮌 기간에 여성들은 여러 방면에서 활동을 전개했다. 농성전 때 많은 남성이 군에 입대했기 때문에 여성들의 역할이 커졌고, 국방 임시정부가 실업 대책으로 설립한 여성 작업장은 협동 노동과 집단적 투쟁의 경험을 여성들에게 제공함으로써 여성들의 정치·사회적 의식이 크게 향상될 수 있었다.

코뮌 기간에 여성 활동의 중심이 된 것은 '파리방위·부상자간호를위한 여성동맹'(이하 여성동맹)이었다. 여성동맹은 여성 전사·종군 간호사 모집과 여성 직업 알선을 주된 목적으로 하는 각종 '여성 클럽'과 연합, '여성시민중앙위원회'를 설립하고, 감시위원회와 지구 클럽 그리고 인터내셔널 지부에서 많은 간부를 확보할 수 있었다.

여성시민중앙위원회는 4월 11일 "파리의 여성시민들에게 보내는 호소"에서 "인민의 위대한 대의를 위해, 혁명을 위해 투쟁하는 것은 모든 사람의 권리와 의무"라고 규정하면서 "모든 특권과 모든 불평등의 종식을 표현하는 코뮌은 통치계급들의 특권을 유지하기 위한 수단으로 만들어져 시행된 차별인 성차별 없이 주민의 모든 부분의 정당한 청원을 고려해야 한다"고 주장했다. 그리고 이날의 호소는 여성들에게 "무장하라, 조국이 위기에 처해 있다"고 강조했다(현재열 2000, 154).

이런 상황에서 여성들도 독자적인 무장 부대를 조직했다. '18구 여성시민감시위원회'가 그런 사례였다. 여성들은 시민권의 인정에 힘입어 '피의 주간'에 남성보다 더 적극적인 방어전을 수행해 자신들의 시민권을 충실하게 행사했다. 여성들이 벌인 무장투쟁의 가장 대표적인 것은 5월 23일 블랑쉬 광장에서 벌인 바리케이드전이었다(현재열 2000, 159~160). 이 전투는 '여성동맹'이 주도했다. 150명 정도의 여성동맹 회원들은 붉은 허리띠와 스카프를 맨 채, 총으로 무장하고 블랑쉬 광장을 몇 시간 동안 방어했다. 그 뒤 이들은 피갈 광장으로 후퇴했고, 거기서 바리케이드에 붉은 깃발을 세운 채, 다시 세 시간 동안 적의 진격을 저지했다. 거기서 그들은 한 사람도 살아남지 못했다. 이처럼 여성 전사들이 바리케이드를 끝까지 지킨 경우가 한두 사례가 아니었다. 5월 24일 파리 시청의 바리케이드에서는 마지막까지 적 앞에서 붉은 깃발이 도전적으로 휘날렸는데, 그것을 든 사람도 여성이었다.

지방 도시의 코뮌 운동

파리의 혁명은 곧바로 지방으로 파급되었다. 그러나 티에르는 지방의 혁명 세력을 강압적으로 진압하고 파리 점거 작전에 전력을 기울였다. 3월 22일부터 3월 말까지 리옹, 마르세유, 생테티엔, 툴루즈, 나르본, 르 크뢰조 등 비점령 지대인 남프랑스의 주요 도시에서 파리를 지원하는 봉기가 일어났고, 40개 가까운 도시에서 인민 시위운동이 벌어지기도 했다(가쓰라 2007, 224~227).

리옹에서는 3월 22일, 급진 공화파와 시의회 의원이 중심이 되어 대중 행동을 조직하고 시청을 점거해 코뮌 선거를 발표했다. 리옹에서 얼마 떨어지지 않은 생테티엔에서도 3월 24일 노동자를 중심으로 한 인민 세력이 시청을 점거해 지사를 사살했다. 르 크뢰조에서는 인터내셔널파 시장 드매가 코뮌을 선언했다. 마르세유에서는 항만노동자들이 파업을 감행했다. 3월 23일 혁명 세력은 지사를 몰아내고 '부슈뒤론 도道 행정위원회'를 발족시켰다. 행정위원회는 온건파 시장에게 압력을 행사해 혁명적 코뮌의 선거를 표명하게 했다. 나르본에서는 3월 24일 코뮌이 자립을 선언했고, 툴루즈에서는 3월 23일 인민이 시청을 점거하고 이튿날 코뮌을 선언했다.

그러나 이들 도시의 코뮌 운동은 파리코뮌을 사회혁명으로 규정하기보다는 '시정 혁명'으로 받아들이는 경향이 강했다. 파리의 혁명으로 촉발된 지방 도시의 운동은 분권적 코뮌을 신봉하는 급진주의파가 주도함으로써 결국 부르주아 국가권력의 반격을 불러일으켰다. 그리하여 리옹이나 생테티엔의 경우처럼 스스로 해체되거나, 마르세유나 나르본의 경우처럼 정부 정규군의 힘으로 격파당했다. 그 결과, 4월 초까지 티에르의 의도대로 파리는 지방으로부터 철저히 차단되고 고립되었다(시바따 1983, 151~153).

3장
전투의 재개와
파리코뮌의 붕괴

죄 있는 피와 죄 없는 피로, 씻기고 붉게 물든 포석 사이의 바리케이드
위에서, 열두 살 소년이 동료들과 함께 체포되었다. "이 촌놈, 너도 이
녀석들과 한패냐?" 소년은 대답하였다. "우리는 동지입니다." "좋아"하고
사관이 말했다. "총살시켜 줄 테니 네 차례를 기다리고 있어." 아이는
보았다. 총구가 확 불을 뿜고, 동지들이 모두 담벼락 앞에 쓰러지는 것을.
그때 아이는 사관에게 말했다. "이 시계를 집에 계시는 어머니에게 갖다
드리고 와도 될까요." "도망갈 참이군." "돌아올께요." "…… 이 녀석,
겁먹었군. 네 집이 어딘데." "저기예요, 저기 분수 옆이요. 그래도 돌아올
테니까요. 대위님." "가봐. 건방진 놈." 아이는 달려갔다. ─ 빤한 속임수.
그렇게 생각하며 병사들은 사관들과 함께 웃었다. 이 웃음소리가 섞여 드는
사이로, 죽어 가는 사람들의 마지막 숨소리가 들렸다. 그러나 웃음소리가
급히 멎었다. 갑자기 그 창백한 아이가 불쑥 모습을 보였기 때문이다.
비알라처럼 씩씩하게 벽에 등을 대고, 아이는 소리쳤다. "나는 여기
있을래요." 어리석은 처형은 수치를 부른다. 그래서 사관은 놓아주었다.
아이여, 나는 알 수 없다. 선도, 악도, 영웅도, 도둑도, 모두를 끌어넣어
흘러가게 하는 회오리 속에서, 무엇이 너를 이 전투에 끌어들였는지. 하지만
나는 말한다. 아무것도 모르는 너의 마음이야말로,
가장 기품 있는 마음이었음을. ……

_빅토르 위고의 시집 『무서운 소년』의 "바리케이드 위에서"

1. 전투 국면의 격화

파리코뮌이 성립된 격동의 3월이 다 지나고 4월이 시작되면서, 티에르 정부는 지방의 저항 움직임을 진압한 뒤 정규군 약 6만5천 명을 베르사유로 집결시킬 수 있었다. 한편, 티에르는 비스마르크와 교섭을 벌여 독일에 포로로 잡혀 있는 프랑스군 40만 명을 귀환시켜 파리 탈환 작전에 투입할 계획까지 짜놓고 있었다. 이 무렵 코뮌 측은 현역 국민군 8만 명, 주둔 국민군 11만4천 명, 여기에 벨기에 사람 700명, 폴란드 사람 400명 등을 모두 합쳐 20만 명 가까운 병력을 확보하고 있었다. 그러나 복역 기피나 군대 편성의 부실 때문에 실제 세력은 6만 명 정도에 지나지 않았다.

티에르는 4월 1일 베르사유 의회에서 이렇게 보고했다. "프랑스의 가장 훌륭한 군대 조직이 베르사유에서 완성되었다. 이제 선량한 시민들은 고통스럽기는 하나, 그 전투에 종지부 찍기를 바라고 있다." 이 선언은 파리에 대한 선전포고나 다름이 없었다(노명식 1991, 285에서 재인용).

코뮌은 티에르의 전투 재개 선언에 대응해 5일 안에 베르사유를 향해 진격하기로 결정했다. 그러나 티에르 정부는 코뮌보다 훨씬 민첩하게 작전을 펴 4월 2일 선제공격을 감행했다. 4월 3일 코뮌이 베르사유 반격을 결행했으나 전투에서 참패했다. 이날 이후 베르사유군은 공격을 더한층 강화했고, 코뮌 측은 점점 갈수록 수세에 몰렸다.

코뮌 측의 열세를 더욱 증대시킨 요인으로 작용한 것이 국민군 중앙위와 코뮌 정부 사이의 알력이었다(가쓰라 2007, 231). 국민군 중앙위는 3월 28일에 정식으로 국민군에 대한 지휘권과 사관 임명권을 코뮌 정부에 위양하고도 여전히 그런 권한을 행사하고자 했는데, 이런 태도는 국민군을 통제·지휘하고자 하는 코뮌 정부와 마찰을 일으킬 수밖에 없었다. 이와 같은 상황에서 파리에는 사실상 시민 권력을 대표하는 코뮌 정부와 군사 권력을 대표하는 국민군 중앙위가 일종의 '이중권력'을 형성했다.

이런 상황에서 코뮌의 성격을 둘러싸고 코뮌을 '혁명독재'의 중앙정부로 바꾸려는 블랑키파, 자코뱅파와 같은 다수파와, '자유로운 코뮌 연합'에 기초해 시 정부적인 자율적 코뮌이 되어야 한다고 주장하는 인터내셔널 주축의 소수파 사이에 의견 대립이 날카롭게 벌어졌다. '공안위원회' 설립을 두고도 다수파와 소수파 사이에 주장이 엇갈렸으나, 5월 1일 공안위원회 설치가 가결되었다. "모든 대표와 위원회에 대한 가장 광범위한 권한이 이 공안위원회에 주어지고, 이 위원회는 코뮌에 대해서만 책임을 진다"고 밝혔다 (가쓰라 2007, 241).

코뮌 측은 4월 11일과 12일 이틀에 걸쳐 반격 작전을 폈으나 보급과 인원 부족으로 베르사유군의 진격을 저지할 수 없었으며, 4월 12일부터 베르샤유군이 쏜 포탄이 샹젤리제에 떨어지기 시작했고, 17일에는 베콘 성이, 18일에는 아스니엘 역이 베르사유군 수중에 장악되었다.

한편, 4월 20일에는 클리시 지구에서 센 강을 건너려는 마크마옹의 작전을 센 강에 떠있던 코뮌 측 함대가 이를 막음으로써 저지했으나, 뇌이이 지구의 전투는 갈수록 격렬해졌다. 4월 초 조정파를 중심으로 결성된 '파리 권리옹호공화주의동맹'과 오랜 전통을 지닌 인도주의 결사 '프리메이슨' 등의 중재로 4월 15일 폐허가 된 뇌이이에서 주민들이 피난을 갈 수 있도록 하기 위한 여덟 시간의 휴전이 체결되었다. 그러나 휴전이 진행되는 가운데 새로이 포열을 가다듬은 베르사유군은 오후 5시 휴전이 끝남과 동시에 이시 요새를 향해 포격을 시작해 전면전이 다시 벌어졌다.

4월 말부터 베르사유 정부군의 군사적 공격은 점점 더 강해졌다. 전투는 계속되었고, 고립된 코뮌 측은 패배를 거듭했다. 코뮌의 병사들은 용감하게 싸웠지만, 그들은 전투에서 단련되지도 못했으며 지휘 계통이 통일을 이루지도 못했다. 더욱이 코뮌 내의 분열은 군사적 패배를 가져온 주요한 요인으로 작용했다.

이런 상황에서 티에르는 군사위원회 대표 들레클뤼즈와 방위사령관 돔브로프스키에게 매수의 손길을 뻗었으며, 한편으로는 스파이를 풀어 파리 내부의 교란과 파괴 공작을 수행하도록 했다. 한편, 베르사유 측은 5월 8일 코뮌 측에 최후통첩을 보냈으며, 그 이튿날 프랑크푸르트에서 프로이센과 평화조약을 체결했다. 이와 함께 포로의 대량 송환을 시행해 파리 공략을 위한 채비를 끝냈다. 베르사유군은 5월 9일 이시 요새를 함락한 뒤, 5월 13일에는 방브 요새를 장악해 파리 성벽으로 다가왔다. 파리 시가는 매일같이 포격을 당했고, 요새 방비가 제거된 성벽 곳곳에는 포탄에 맞아 갈라진 틈이 생겼다. 그래도 국민군의 완강한 저항을 받아 마이요 문은 3일 동안 열리지 않았다(가쓰라 2007, 252).

2. '피의 주간'과 코뮌의 붕괴

1871년 5월 21일, 일요일 '피의 주간'이 시작되었다. 이날 파리의 하늘은 청명했다. 제4지구 구청에서는 많은 여성노동자가 모인 가운데, 오후 1시부터 '파리방위·부상자간호를위한여성동맹 중앙위원회' 주최로 여성노동조합연합 결성 대회가 열렸다. 또 같은 시간에 튈르리 궁전 정원에서는 코뮌 전사자 가족들의 구제를 위한 큰 규모의 음악회가 열리고 있었다. 이날 코뮌 평의회도 소수파 의원들까지 참가한 가운데 성황리에 열렸다. 오후 3시 무렵 베르사유군의 정찰대가 서쪽 생 클루 문을 통해 시내로 들어왔고, 뒤이어 전투부대가 아무런 저항도 받지 않은 채 침입을 시작했다. 밤이 되자, 베르사유 본대 소속 병사 2만여 명이 시내로 들이닥쳤다. 정부군은 코뮌 전사들을 닥치는 대로 총살하면서 서쪽에서 동쪽으로 코뮌군을 추격했다. 이렇게 '피의 주간'이라 부르는 처참한 시가전의 막이 올랐다. 날짜별로 상황 전개를 본다(The USSR Academy of Sciences 1981, 150~152; 가쓰라 2007, 255~264).

5월 22일 새벽, 베르사유군 7만여 명이 무너진 성벽을 넘어 시내에 들이닥쳐 국민군 1,500여 명의 항복을 받았다. 이날 파리의 서부 일대는 베르사유군의 지배에 들어갔고, 몽마르트르도 위협을 받았다. 기묘하게도 몽마르트르에 배치되었던 대포 진지는 침묵을 지켰다. 이날 저녁 티에르는 "정의, 질서, 휴머니티, 문명의 정신이 승리했다. …… 파리에 돌입한 장군들은 위대한 전사들이다. …… 죄에 대한 보상은 철저할 것인즉, 그것은 법의 이름으로, 법에 따라, 법의 테두리 안에서 행해질 것이다"라고 베르사유 의회에 보고했다(Lissagaray 2011, 298에서 재인용).

5월 23일, 베르사유군은 몽마르트르 고지를 점령했으며, 18구를 비롯한 중앙 지구를 향해 진격했다. 점령 지구에서는 코뮌군과 일반 시민들에 대한 학살 행위가 저질러졌다. 코뮈나르들은 굴복보다는 죽음을 선택해 절망적이고도 영웅적인 항전을 벌였다. 몽마르트르 바리케이드를 사수하던 코뮌 전사들 가운데는 여성 100여 명이 포함되어 있었는데, 이들도 거의 총살당했다. 이날 파리 시내 주요 건물들이 불타면서 거센 불길이 치솟았다. 화재는 정부군의 포격에서 시작된 것도 있었으나, 거의 대부분의 경우 코뮌군의 방화에 따른 것이었다. 코뮌군은 베르사유군의 진격을 저지하기 위한 유효한 방어 수단으로서 건물에 불을 지르기로 결정했다.

5월 24일, 베르사유군은 프랑스은행, 증권거래소, 루브르 궁 등을 장악했으며, 코뮌군은 후퇴하면서 베르사유군을 저지하기 위해 시청을 비롯해 시내 주요 건물에 불을 질렀다. 파리 시내 곳곳에서는 베르사유군이 마치 사냥을 하듯 코뮌군을 색출해 처형했다. 한편, 국민군중앙위원회는 국민의회와 코뮌을 동시에 해산시키고 대도시의 대표들로 구성되는 잠정 정부로서 '헌법 제정 의회' 선거 실시 등을 골자로 하는 화평 제안을 발표했으나, 전혀 실효성을 지니지 못했다.

5월 25일, 파리 시 서부의 절반 이상을 지배하게 된 베르사유군은 동쪽으로 세를 몰아 코뮌군의 저항선을 센 강 오른쪽의 동북 지구로 축소시켰다. 이날은 베르사유군에게는 결정적 승리의 날이 되었다. 이날부터 베르사유군은 약식 재판으로 포로들에 대한 대량 처형을 개시했다. 베르사유군의 공격을 막아 내기 어렵다고 판단한 코뮌군은 라로케트 감옥에 갇혀 있던 베르사유 왕당파 인질들을 모조리 총살했다. 그것은 베르사유군의 잔인한 행위에 대한 저항 표시였다.

5월 26일, 코뮌군과 베르사유군 사이에 소탕전이 벌어졌다. 프로이센군이 코뮌군의 퇴로를 막는 데 1만 명 가까이 동원되었다. 코뮌군은 후퇴할 수 있는 길마저 차단당한 채, 싸우다 죽는 수밖에는 달리 길이 없었다. 코뮌 전사들은 쇼몽 언덕과 페르 라셰즈 공동묘지 등으로 쫓기며 최후의 총격전을 벌였다.

5월 27일, 코뮌군과 베르사유군은 비가 내리는 페르 라셰즈 묘지에서 비석을 사이에 두고 처참한 백병전을 전개했다. 코뮌군은 사력을 다했으나, 훗날 '전사들의 벽'이 된 페르 라셰즈 담장 앞에서 떼죽음을 당했다.

5월 28일, 일요일 제11구와 제12구 일각에 있던 최후의 바리케이드도 무너졌다. 오후 2시, 살아남은 한 국민군이 쏜 총소리가 마지막으로 울려 퍼지면서 시가전은 막을 내렸다. 이날 저녁 무렵 베르사유군 사령관 마크마옹은 파리 시민들에게 다음과 같이 선언했다.

파리 시민 여러분, 프랑스 군대는 여러분들을 구하러 왔다. 파리는 해방되었다.
…… 오늘 전쟁은 끝났다. 질서, 노동, 안전이 회복될 것이다(Lissagaray 2011,
355에서 재인용).

노동자계급의 정부라 부르는 파리코뮌은 성립된 지 72일 만에 무너졌
다. 전투는 끝났으나 백색테러와 탄압 그리고 학살은 계속되었다. 약식 군
사재판으로 집단 처형이 행해졌고, 수많은 사람이 구속되어 재판을 받거나
국외로 추방되어 유형 생활을 하게 되었다.

공표된 통계자료에 따르면, 파리 시는 총살된 1만7천 명에 대해 매장 비
용을 지불했고, 체포된 코뮌군은 4만 명이었다. 그 가운데 1만 명이 군법회
의에서 징역 또는 금고형을 선고받았거나 유형 조치를 당했다. 베르사유군
의 손실에 관한 공식 발표로는 사망한 사관이 83명, 병사가 794명이었고,
부상당한 사관은 430명, 병사가 6,024명이었으며, 행방불명자는 183명이
었다(The USSR Academy of Sciences 1981, 152). 또 '피의 주간'에 희생당한
코뮌군의 수는 3만여 명에 이를 것으로 추정하기도 하고, 투옥된 사람의 수
도 4만3,522명으로 상세히 설명한 연구도 있다(시바따 1983, 108). 그리고
'피의 주간'을 포함해 5월 말까지 체포된 사람은 약 10만 명이었고 그 가운
데 약 4만 명이 베르사유의 군사 법정에 서게 되었으며, 재판 결과 약 370
명이 사형, 410명이 강제노동, 약 4천 명이 요새 금고禁錮, 3,500명이 유형
등의 선고를 받았다는 설명도 있다(가쓰라 2007, 267).

파리코뮌을 다룬 또 다른 저작은 1875년 군부가 의회에 보고한 통계를
인용하고 있다(노명식 1991, 292). 투옥된 사람은 4만3,522명이었고, 이 가
운데 7,213명이 예비심문에서 석방되었으며 나머지 3만6,309명이 기소되
었다. 기소된 사람들 가운데 기소 무효가 2만3,727명, 무죄판결이 2,445명

이었고 유죄판결을 받은 사람은 1만137명이었다. 이 가운데 사형이 93명, 무기가 251명, 유형이 4,586명, 나머지는 전부 금고형이었다. 이들에 대한 재판은 26개 군사재판소에서 4년 동안 걸렸는데, 그들에 대한 조서가 남아 있는 것은 1만5천 명에 대한 것뿐이고 나머지 3만 명에 대해서는 조서조차 없었다(노명식 2011, 430~431).

코뮌의 붕괴를 보면서 마르크스는 "프랑스에서의 내전"에서 다음과 같이 표현했다.

노동자들의 파리는 코뮌과 더불어 새로운 사회의 영광된 선구자로 영원히 칭송될 것이다. 그 순교자들은 노동자계급의 위대한 가슴속에 들어가 있다. 역사는 코뮌을 근절시킨 자들을 지금 벌써 효목에 못 박아 놓았으며, 그들의 성직자들의 어떤 기도도 그들을 효목에서 구제하기에는 무기력할 것이다(마르크스·엥겔스 1994, 89~90).

3. 파리코뮌의 노동운동사적 의의

파리코뮌은 노동자를 비롯한 인민 투쟁의 산물이었으며, 인민혁명의 정부였다. 이런 성격을 지닌 파리코뮌의 성립과 붕괴를 경험한지 140년이 지난 오늘날에도, 파리코뮌의 역사적 의의에 대해서는 여러 갈래의 견해들이 제시되고 있다. 먼저 소련과학아카데미국제노동운동사연구소 편집위원회는 파리코뮌의 역사적 의의를 다음과 같이 설명했다(The USSR Academy of Sciences 1981, 168~170).

첫째, 코뮌나르의 창조적 활동은 혁명 이론에서 제기될 수 있는 다양한 명제들을 제기했다. 이를테면, 노동자계급의 주체성 문제, 정당 조직을 비롯한 지도부 구성 문제, 과학적인 전략과 전술 수립 문제, 프롤레타리아독재 문제, 통일전선 또는 동맹 세력 구축 문제, 정책 수립을 위한 대중노선 문제 등이었고, 파리코뮌은 이런 문제들을 제기하는 동시에 그 해결을 위한 풍부한 사례들을 제공했다. 파리코뮌의 성공과 잇따른 패배는 혁명 이론을 구체화하고 발전시킨 중요한 계기가 되었고, 이후 마르크스주의에 대한 관심을 크게 높이는 요인으로 작용했다.

둘째, 파리코뮌의 구성과 활동에서 보듯, 파리코뮌은 형식상으로나 실제상으로 노동자를 비롯한 인민 세력으로 하여금 스스로 운명의 주인공, 자주 권력의 주체로 인식하게 만들었다. 또 소외된 노동을 진실한 인간적 노동으로 바꾸는 것이 코뮌의 지향이었다.

셋째, 노동자들은 파리코뮌의 경험을 통해, 코뮌과 같은 정치적 지배 수립이 바로 지배 세력을 제거할 수 있는 것이 아니라는 사실, 더욱이 소유관계를 변화시키는 일회적 행위로서는 안 된다는 것을 분명히 인식하게 되었다. 혁명 후에도 지배계급은 잔존할 수 있기 때문에 사회적 관계들을 근본적으로 변혁할 필요가 있고, 이를 위해서는 프롤레타리아독재가 새로운 사회 건설의 필수 조건임을 입증했다. 제1인터내셔널은 1870년 9월 총평의회를 열고 "사회혁명의 승리, 그 최종 목적인 계급의 폐지를 보장하기 위해서는 노동자를 프롤레타리아 정당으로 조직할 필요가 있음"을 권고하는 결의를 채택한 바 있다.

넷째, 파리코뮌의 성립과 붕괴는 인민 세력과 군대 사이의 상호 관계 문제를 제기했다. 무장한 인민 세력, 상비군과 혁명적 노동자계급 상호 관계가 전세戰勢를 결정하는 요인이었고, 파리코뮌이 상비군 폐지와 인민 무장을 계속 주장한 것도 정부의 상비군이 노동자투쟁을 가로막는 결정적 힘이었음을 반증하는 것이었다.

다섯째, 파리코뮌은 노동자계급의 동맹자 문제에 대해서도 중요한 교훈을 제공했다. 파리코뮌은 프롤레타리아독재의 첫 번째 경험이었음과 동시에 중요한 국민적 과제 — 완전히 부패한 제정이 초래한 결과들의 일소, 나라의 자유와 독립 — 을 해결했다. 이런 점에서도 노동자계급의 이익은 당시 농민을 비롯한 프랑스 사회 중간 계층의 이익과도 합치했다.

여섯째, 파리코뮌은 노동자계급 투쟁이 갖는 국제주의 성격을 크게 부각시켰다. 파리코뮌은 '노동 해방'이라는 전 세계 노동자의 공통된 목표를 실현하기 위한 투쟁을 전개함으로써 다른 나라 노동운동과 국제노동운동 발전에서 큰 계기가 되었다.

여기서 파리코뮌의 노동운동사적 의의와 관련해 마르크스, 엥겔스, 레닌, 그리고 홉스봄의 견해를 살펴본다.

마르크스는 "프랑스에서의 내전"에서 파리코뮌은 본질적으로 노동자계급의 정부로서 지배계급 또는 착취계급에 대한 투쟁의 결과였으며, 노동자가 경제적 해방을 이룩할 수 있음을 확인할 수 있는 정치형태였다고 규정했다. 마르크스는 또 직접적 생산자인 노동자계급의 정치적 지배는 그들을 얽어매는 속박을 극복할 수 있음을 보여 주었고, 일단 노동이 해방되면 모든 사람이 노동자가 되며, 생산적 노동은 계급적 속성을 중지하게 된다고 강조했다.

그리고 마르크스는 "파리코뮌이 혁명의 지휘권을 자기 수중에 쥐었을 때, 단순노동자들이 처음으로 자신들의 '타고난 상전들'인 유산자들의 통치 특권을 감히 침해하고 전례 없이 어려운 상황에서 자신들의 작업을 겸손하고 양심적이고 효과적으로 실행했을 때, 그때 낡은 세계는 시청 위에서 나부끼는 노동 공화국의 상징인 붉은 깃발을 보고 분노의 경련을 일으켰다"고 설명했다(마르크스·엥겔스 1994, 69). 그러면서 마르크스는 파리코뮌의 경험에 비추어 사회혁명의 승리, 그 최종 목적인 계급의 폐지를 보장하기 위해 노동자를 프롤레타리아 당으로 조직할 필요성을 권고하는 결의를 인터내셔널 총평의회에서 채택하도록 했다.

엥겔스는 마르크스의 "프랑스에서의 내전"에 대한 서문에서 파리코뮌의 민주주의적인 성격을 강조했다. "3월 18일부터는, 이때까지 외국의 침입에 맞선 투쟁 때문에 뒷전으로 밀려나 있던 파리 운동의 계급적 성격이 날카롭게 또 확연히 나타나기 시작했다"면서, "국가와 국가기관이 사회의 종에서 사회의 주인으로 전화한다는 것은 이때까지 존재한 모든 국가에서 불가능했는데, 이것과는 반대로 코뮌은 확실한 두 가지 방법을 적용했다"고 설명했다(마르크스 2003, 21~28에서 재인용). 그 두 가지 방법이란 코뮌 직책 담당자들을 관계자들의 직접선거로 뽑은 점과 모든 공무원 봉급을 노동자의 임금수준에 맞춘 점을 들고 있다.

그리고 레닌은 "파리코뮌은 부르주아 국가기구를 분쇄하고자 하는 프롤레타리아혁명의 첫 시도이며, 분쇄된 것으로 대신할 수 있고 또한 대신하지 않으면 안 될 '마침내 발견된 정치형태'였다"고 하면서, 노동자·병사 소비에트를 코뮌형 국가로 보았다(가쓰라 2007, 276~277에서 재인용).

홉스봄은 파리코뮌을 "파리코뮌은 하나의 사실로서보다는 하나의 상징으로서 훨씬 더 가공할 만한 것이었다. …… 파리코뮌은 경이적인 것, 영웅·극적인 것이었으며 비극적인 것이었다. 그러나 엄연한 사실로서 파리코뮌은 한 도시에서 일어난 노동자들의 일시적인 — 가장 진지한 관찰자들의 의견으로 그것은 실패하고 말 운명에 있었다 — 반란 정부였다." "설령 파리코뮌이 부르주아 질서에 심각한 위험이 되지 않았다 하더라도, 단지 그것이 성립했다는 그 자체만으로도 정신을 잃게 만들 정도로 놀라게 했다"고 평가했다(Hobsbawm 1996a, 167).

그리고 그는 파리코뮌을 '사회주의혁명'이라고 성격을 규정했다. "파리코뮌을 '사회주의'혁명이었다고 말할 수 있을 것인가? 거의 확실하게 그렇다고 말할 수 있다. 비록 그 사회주의가 아직도 본질적으로는 생산자의 자치적인 협동조합이나 조합 단위와 같은 1848년 이전의 꿈이기는 하지만, 이제 막 급진적이고 체계적인 정부 개입을 시도하려는 그런 사회주의였다. 파리코뮌이 실제로 달성했던 것은 훨씬 더 작은 것이었다. 그러나 그것은 코뮌 자체의 탓이라고는 하기 어렵다"(Hobsbawm 1996a, 168).

연도	월	일	
1851	12		루이 나폴레옹 보나파르트의 쿠데타
1852	12		나폴레옹 3세의 제2제정
1853			크림전쟁 시작(~1856년)
1859			이탈리아 통일 전쟁
1860			영국-프랑스 통상조약
1864	2		프랑스 노동자 대표의 '60인 선언'
	9		런던에서 제1인터내셔널 결성
1865			제1인터내셔널 파리 지부 설립
1867			경제공황, 파업이 빈번하게 일어남. 1862년 이래의 멕시코 원정군 철퇴
1869	5		입법원 총선거-야당 진출
	7		라 리카마리, 오뱅의 탄광노동자 파업에 대한 유혈 탄압
			제1인터내셔널 조직 확대
1870	1		에밀 올리비에 내각 성립, 빅토르 누아르 사살 사건, 르 크뢰조의 노동자 파업
	3		르 크뢰조의 노동자 파업 재발
	5		의회제 가부를 묻는 국민투표. 제1인터내셔널 지도자 제3차 재판
	7	19	프로이센-프랑스전쟁 발발
	8	6	프로이센군 알자스로렌 침입, 푸르바흐 전투
		7	파리에 계엄령 발동
		9	팔라카오 내각 성립
		14	블랑키파의 라빌레트 사건
	9	2	스당에서의 항복, 나폴레옹 3세 체포됨.
		4	공화주의 혁명, 국방 임시정부 성립
		13	파리 20구 공화주의 중앙위원회 설립
		15	외무 장관 쥘 파브르와 비스마르크의 회담
		18	리옹, 마르세유를 중심으로 하는 남프랑스연맹 결성. 파리 포위됨
		28	리옹의 바쿠닌파 폭동과 이에 대한 진압
	10	2	강베타, 기구(氣球)를 타고 파리를 탈출
		27	메스 요새의 항복
		30	티에르, 베르사유 휴전 조약 준비
		31	파리 인민의 봉기, 시청을 점령하지만 결국 실패
	11	1	마르세유의 혁명적 코뮌 결성. 다음 날 붕괴
		4	파리의 주민 투표. 국방 임시정부 신임받음
		5	파리의 구청장·부구청장 선거. 인민에 대한 탄압 개시
	12	2	샹피니에 출격했으나 격퇴당함
1871	1	5	파리 포격 개시
		6	20구 대표단(중앙위)의 붉은 포스터
		18	점령 중인 베르사유궁전에서 프로이센 제국 성립 선언
		19	뷔장발에서 최후의 출격 작전을 폈으나 격퇴당함
		22	파리에서 인민 봉기가 일어났으나 진압됨. 이튿날 클럽, 혁명 신문 금지
		28	휴전 조약 성립
	2	9	국민의회 선거
		12	보르도에서 국민의회 소집
		15	국민의회, 국민군의 일당(日當) 폐지
		17	티에르, 국민의회에 의해 행정 장관에 지명됨
		24	보자르 회당에서 국민군 대표자 총회. 임시 중앙위원회 선출

	10	로셀, 국민군 중앙위와 손잡고 쿠데타를 계획했으나 실패. 육군부·군사 대표를 사임. 들레클뤼즈가 차기 문관 군사위 대표로 선출
	11	티에르의 저택 파괴령. 6개 부르주아 신문의 발행정지 조치
	13	베르사유군의 방브 요새 점령
	15	소수파 선언. 클럽 연합위원회의 마지막 회의. 브뤼셀(벨기에의)에서의 파리코뮌 지지 집회
	16	방돔 광장 원주 파괴 결행
	17	라프 가로(街路)에서 탄약고 대폭발. 국민군 병사 가족들에 대한 생활 보상. 연관계의 처자에 대한 차별 철폐. 인질에 관련 법령 시행 결정
	18	베르사유의 국민의회, 프랑크푸르트 평화조약을 추진. 공안위원회, 10개 신문 발행을 정지
	19	교육위 대표 폴 바이앙 쿠튀리에가 교육의 완전 세속화를 결정
	20	코뮌의 통일을 지키기 위한 인터내셔널 지구 지부연합의 특별회의
	21	베르사유군, 생 클루 문으로 파리에 침입을 개시. '피의 주간' 시작
	23	베르사유군, 파리 시 서쪽 절반을 점령. 돔브로프스키 전사. 그날 밤부터 파리에 대화재 발생
	24	코뮌, 시청을 버리고 제11구청으로 옮김. 인질 처형
	25	코뮌 평의회의 마지막 회의. 들레클루즈의 죽음. 베르사유군의 약식 군사재판에 의한 조직적 대량 처형이 시작됨
	26	시가전은 벨빌 지구로 축소됨
	27	페르 라셰즈 묘지의 전투. 코뮌군 대량으로 총살당함
	28	전투의 종언. 도시 전체가 베르사유군의 손에 들어감. 발르랭의 학살
	29	뱅센 요새의 항복
	30	마르크스 "프랑스에서의 내전" 발표
	11	로셀, 페레, 가스통 크레미외 처형
1872		인터내셔널을 금지하는 '뒤포르 법' 제정
1875		제3공화제 헌법 공포
1880		코뮌 전사에 대한 전면적 대사면령

자료: 가쓰라(2007, 301~305).

제6부 제2인터내셔널과 식민지·종속 국가 노동운동의 초기 발전 과정

제2인터내셔널 창립

노동과 전 인류의 해방은 국제적 규모에서
계급적으로 조직된 프롤레타리아트의 힘으로 가능한 것이며,
이를 위해 노동자계급이 자본 소유를 탈취하고
생산수단을 사회적 소유로 전환시키기 위해서
정치권력을 획득하지 않으면 안 된다.

_제2인터내셔널 창립 대회 결의문 중에서
(The USSR Academy of Sciences 1981, 267)

노동자계급 운동은 모든 국가에서 발생하는
프롤레타리아 운동의 새로운 발전을
배타적 애국주의(chauvinism) 형태로서가 아니라
전면적으로 기꺼이 수용하는
진정한 국제주의 정신을 지녀야만 한다.

_프리드리히 엥겔스
(레온하르트 1987, 35에서 재인용)

1. 국제적 단결의 새로운 형태

1800년대 마지막 30년과 1900년대 초기에 걸쳐 자본주의는 괄목할 만한 발전을 진행하면서 독점자본주의 단계로 이행했고, 이에 따라 노동자계급에 대한 새로운 착취 형태와 정치·경제적 억압이 더욱 강화되었다. 이런 조건에서도 노동자계급의 투쟁은 발전했고 정치적 자각은 고양되었으며, 노동자계급의 자립적인 정당 결성을 위한 토대가 마련되었다. 노동자계급의 정당 건설[1]은 노동운동 발전을 위한 중요한 계기가 되었고, 사회주의 지향의 노동운동 발전을 위한 이념 모색이 구체화되었다.

이와 더불어 노동자계급의 국제적 결합이 더욱 진전되었다. 유럽 각국의 노동운동가들은 서로 상시적인 접촉을 유지해 왔고 다른 나라 파업 노동자들에 대해 물질적인 지원을 제공했다. 또 선거운동과 캠페인 등을 위해 모금 활동을 벌이는 일은 일상적인 활동의 하나로 대두되었다. 이런 국제적 연대 활동은 각국의 노동자계급이 서로 활동과 투쟁 경험을 나누고 국제주의 정신을 확산하기 위한 노동자교육을 촉진하는 결과를 가져왔다.

노동운동 조직과 사회주의 단체들의 반제국주의·반식민주의를 위한 공동 투쟁, 각국의 파업투쟁에 대한 지원 투쟁, 그리고 여러 가지 형태의 연대 활동은 노동자계급의 국제적 단결 강화를 촉진했다. 이런 상황을 배경으로 1876년에 해산된 제1인터내셔널을 대신할 만한 새로운 국제 연대 조직의 결성에 대한 요구가 점점 커졌다. 이와 같은 요구는 구체적으로 독일사회민주당과 프랑스 노동운동 진영에서 제기되었다. 1877년 겐트, 1881년 쉬르,

---

1_유럽에서 사회주의정당이 창립된 것은 1875년 독일, 1882년 이탈리아, 1883년 러시아, 1884년 영국, 1885년 벨기에, 1887년 노르웨이, 1888년 오스트리아와 스위스, 1889년 스웨덴 등이었다.

1886년 파리, 1888년 런던 등에서 유럽 노동운동의 국제 대회가 개최되었다. 그러나 이들 국제 대회는 새로운 국제조직의 창립을 이끌지는 못했다 (강신준 1992, 60).

1889년 7월 14일에는 바스티유 탈취 100주년을 기념하는 국제노동자대회가 프랑스 파리에서 20개국[2]의 노동자 대표 391명이 참가한 가운데 열렸다. 대회장 정면에는 금박 글자로 쓴 '만국의 노동자여, 단결하라'는 현수막이 내걸렸다. 이 대회는 마르크스주의 분파인 게드주의자들이 주도했다. 참가자 대부분은 유럽 국가를 대표했고, 유럽 이외의 국가를 대표한 경우는 미국과 아르헨티나뿐이었다. 같은 날 한편에서는 프랑스 노동운동의 한 분파이자 개량주의 운동 노선을 지향하던 '가능주의자'possibilists[3]들이 국제 대회를 열었는데, 이 대회는 새로운 국제조직의 결성을 이룩하지는 못했다.

마르크스주의자들이 창립한 국제조직은 결성 당시에는 정식 명칭을 내세우지 않았으나, 곧 사회주의인터내셔널, '제2인터내셔널'로 불렸다. 제2인터내셔널은 제1인터내셔널과 마찬가지로 사회주의정당뿐만 아니라 노동조합과 협동조합도 직접 참여시킨 일반적이고 포괄적인 노동자계급의 조직이었다(Foster 1956, 117). 제2인터내셔널의 창립을 주도한 세력은 정통파 마르크스주의자들이었는데, 이는 제1인터내셔널 내부에 존재했던 프루동주의, 블랑키주의, 라살레주의 등이 그동안 크게 약화되었음을 반영했다.

사회주의 노동운동 전체 역사에서 제2인터내셔널 시기(1889~1914년)는

2_대표단이 소속한 국가는 프랑스, 독일, 오스트리아, 체코 지역, 스위스, 벨기에, 네덜란드, 영국, 덴마크, 노르웨이, 스웨덴, 이탈리아, 에스파냐, 헝가리, 폴란드, 불가리아, 세르비아, 루마니아, 러시아, 미국이었다. 취리히 대회(1893년)에는 오스트레일리아 대표단이 참석했고, 암스테르담 대회(1904년)에는 1901년에 창당한 일본 사회당을 대표해 가타야마 센이 참석했다.

3_부르주아 급진파와 제휴해 '가능한 정책'을 추구한다는 프랑스 사회주의 노동운동의 한 분파다.

명실 공히 마르크스주의의 황금기로 규정될 수 있다. 그리고 이 시기는 사회주의 노동운동 그 자체의 황금기이기도 했다. 제1인터내셔널에서 사회주의 노동운동의 이념적 목표로서 지위를 확보한 마르크스주의가 제2인터내셔널에서는 현실 대중운동과 결합함으로써 실천에서 새로운 지평을 열었다. 말하자면 사회주의 노동운동은 마르크스주의 이념과 실천으로 무장함으로써 이제 운동의 목표와 전술적 실천을 두루 갖춘 하나의 완성된 운동으로 현실의 전면에 등장했다(강신준 1992, 58).

제2인터내셔널이 창립 대회에서 이데올로기의 연대를 위한 토대로서 마르크스주의를 표방했으나, 마르크스주의가 일관되고도 유일한 교의로서 작용했다는 것을 의미하지는 않는다. 제2인터내셔널에 참가한 유럽 각국의 사회주의정당들은 독자적인 사회주의 전통을 지니고 있었고, 그런 전통이 마르크스주의와 반드시 일치하는 것은 아니었기 때문이다. 다만, 마르크스주의가 각국의 다양한 사회주의 전통을 수용하는 신축성 있고 유연성 있는 교의였음을 의미했다.

제2인터내셔널의 창립을 가능하게 한 객관적 조건은 자본주의의 발전과 독점화에 따라 자본주의의 모순이 표면에 드러나기 시작했고, 이에 따라 각국의 노동운동이 당면한 실천 과제들의 특수성에도 불구하고 정치·경제적인 측면에서 공통의 요구들을 제기하게 되었다는 사실이다. 또 노동운동의 성격이나 투쟁 형태 면에서도 대중 파업과 사회주의정당 건설을 통한 정치투쟁이라는 공통성이 더욱 강조되었다.

제2인터내셔널 창립 대회는 국제적 노동입법과 노동조건 향상에 관한 결의를 채택했다. "노동과 전 인류의 해방은 국제적 규모에서 계급적으로 조직된 프롤레타리아트의 힘으로 가능한 것이며, 이를 위해 노동자계급이 자본 소유를 탈취하고 생산수단을 사회적 소유로 전환시키기 위해서 정치권력을 획득하지 않으면 안 된다"고 천명했다(The USSR Academy of Sciences 1981, 267). 대회는 노동자계급의 절박한 요구 실현을 위한 투쟁 방침을 제기하는 동시에 종국적 목표까지 내세웠다.

대회는 8시간 노동일제의 입법화, 아동노동 금지, 아동·여성 노동자 노동 보호, 야간노동과 유해 작업에 대한 특별한 규제, 주휴제의 의무 제정, 임금에 대체하는 현물 지급 금지, 민족적 차별 없는 남녀 노동자의 동일노동 동일임금, 무제한적이고 완전히 자유로운 단결과 결사의 권리, 그리고 공장 감독의 국가 제도 수립 등에 관한 요구를 결의했다. 그리고 상비군 폐지와 전 국민의 무장도 결의했다. 이런 요구들은 그 뒤로 오랜 기간에 걸쳐 국제 노동자계급 운동 강령의 기초가 되었다.

대회가 결정한 중요한 행동 통일의 하나는 1890년부터 5월 1일을 노동절 '메이데이'로 정해 세계 노동자계급이 함께 시위 행동을 벌이기로 한 것이었다. 이것은 1886년 5월 1일 미국 시카고 노동자들의 용감한 투쟁을 되살려 8시간 노동일제의 제도화와 노동자 상태의 개선을 위해 국제적 차원에서 공동 행동을 실천하기로 한 결정이었다. 1890년 5월 1일에는 유럽 대부분 나라들에서는 공업 중심지의 수많은 노동자가 일제히 가두시위를 벌였다. 이탈리아에서는 노동자 시위대와 경찰이 충돌하는 사태까지 벌어졌다. 유럽 노동운동의 공통적인 당면 과제 해결을 위한 파업투쟁은 유럽 노동자들의 두터운 지지를 받았고, 그것은 또 제2인터내셔널의 국제 연대를 확인하는 동시에 제2인터내셔널의 지위를 확고히 했다.

제2인터내셔널은 초기에 열린 몇 차례 대회에서 노동자계급의 일상적 요구와 함께 노동자투쟁의 종국적 목표와 관련한 결의들을 도출했다. 1891년 열린 브뤼셀 대회는 전 세계 노동자들에게 "부르주아 정당의 지배에 반대하는 노력을 결합하고, 노동자가 정치적 권리를 확보하고 있는 나라들에서는 어느 나라에서든 이 권리를 임금노예제로부터 해방을 이룩하기 위해 이용해야 한다"고 강조했다(The USSR Academy of Sciences 1981, 447).

1893년에 열린 취리히 대회는 정치권력 장악과 관련해 사회주의운동의 목표 달성을 위한 노동자계급 조직의 필요성에 대해 결의했다. 1896년에 열린 런던 대회는 경제투쟁과 관련해 생산수단의 사회화를 강조했다.

제2인터내셔널은 노동자계급의 당면 요구 실현을 위한 투쟁을 강조했는데, 브뤼셀 대회와 런던 대회 결의에서 노동자계급의 가장 중요하고도 유효한 투쟁 수단의 하나로서 파업의 의의를 지적했다. 또 노동조합의 투쟁 전술에 관한 문제와 국제적 결합 강화에 관한 토의를 수행했다. 그리고 취리히 대회는 특별 결의로서 노동조합의 전국적 연합체를 모든 나라에서 결성하고, 산업별 국제노동조합회의 소집을 제안했다.

그러나 제2인터내셔널은 제1인터내셔널이 각국의 개별 노동조합 문제를 다루었던 정도로 충분하게는 배려하지 못했다. 그것은 첫째, 독일사회민주당의 많은 간부가 노동조합운동의 중요성을 과소평가하고 있었기 때문이었고, 둘째, 더욱 중요하게는 당시 거의 모든 주요 자본주의국가에서는 세심한 지도에 따라 운영되는 전국적 노동조합과 지방·전국의 총연합체가 이미 존재하고 있었기 때문이었다(Foster 1956, 120).

제2인터내셔널 대회는 사회주의정당의 전술 문제에 대한 광범한 논의를 전개했다. 런던 대회는 노동자계급은 종국적 목표를 실현하기 위해 모든 투쟁 수단을 이용해야 하고, 이 경우 의회 전술 문제에 대해서도 깊은 주의를 기울여야 한다고 결의했다. 취리히 대회와 런던 대회는 결의로서 사회주의정당의 원칙과 독립성을 파괴할 정도의 타협은 용인될 수 없으며, 부르주아정당으로부터 독립적인 노동자계급의 정책을 제기할 필요가 있음을 강조했다.

제2인터내셔널의 이데올로기 토대인 마르크스주의는 노동조합의 합법 투쟁과 의회주의를 궁극적으로 무계급사회로 이행하기 위한 과도기적인 전술로서는 본래의 목표와 모순되지 않는다고 해석했다. 사실상 인터내셔널에 참여하고 있는 사회주의정당들은 이미 그 길을 걷고 있었다. 그러나 제1인터내셔널의 잔존 세력으로 남아 있던 아나키즘은 이런 의회주의 전술 자체는 물론이고, 모든 형태의 자본주의적 개량과 부르주아지와 갖는 어떤 형태의 타협도 거부했다. 아나키즘의 관점에서 본다면, 사회주의 목표는 자본주의 성격과 결코 화해할 수 없는 상호 적대적인 것이며, 자본주의적 요소(자본주의국가, 부르주아지 등)와 갖는 어떤 타협도 사회주의 목표의 전면 포기로 인식했기 때문이었다.

1896년 런던 대회에서는 독일의 칼 리프크네히트가 인터내셔널 회원 자격 문제를 제기했고, 대회는 다음과 같이 결의했다. 즉, 제2인터내셔널의 회원 자격은 "자본주의적 소유와 생산을 사회주의적 소유와 생산으로 대체하고자 하는 목표를 가지고 있고 동시에 입법과 의회 활동을 그런 목표를 달성하기 위해 필요한 수단의 하나로 인정하는 조직의 대표"와 "비록 정치 투쟁에서 일정한 지위를 갖지 못하고 있지만, 입법과 의회 활동의 필요성을 인식한다고 천명하는 ― 결과적으로 아나키스트를 배제하고 있는 ― 모든 노동조합"으로 결정했다. 이런 결의에 따라 아나키즘은 제2인터내셔널에서 축출되었다(강신준 1992, 63~64에서 재인용).

2. 혁명 이념과 실천 투쟁을 둘러싼 노선 투쟁

20세기 들어 노동자계급의 국제적 결합과 공동 행동 강화의 필요성이 증대되는 가운데, 제2인터내셔널은 다양한 국제조직과 결합하는 체계로 발전했다. 통상 3년마다 열리는 대회에는 노동자 조직의 대표 파견이 확대되고 정비되었다. 대회가 거듭될수록 참가국의 수도 늘어났다. 1900년에 열린 파리 대회에는 22개국의 대의원이 참가했고, 1904년에 열린 암스테르담 대회에는 미국 대의원 3명과 아시아와 오스트레일리아 대의원을 포함해 25개국 노동자 대표가 참가했다.

1900년과 1904년에 열린 국제 대회는 메이데이 투쟁에 대해 중요한 의의를 인정하고 이전에 채택한 메이데이 결의를 재확인했다. 1900년 파리 대회는 모든 나라 모든 직업에서 8시간 노동일제 입법화를 요구했고, 최저임금제와 여성 노동 특별 보호를 위한 법률 제정을 요구했다. 암스테르담 대회는 메이데이에서 노동자계급의 이익을 위한 투쟁과 민주주의 목표, 특히 평화 옹호를 위한 투쟁을 슬로건으로 내걸 것을 권고했다.

그리고 제2인터내셔널은 식민지 문제를 토의하고 군국주의와 전쟁의 도발, 독점체가 준비하는 세계 제국주의 전쟁에 반대하는 투쟁 강령을 마련했다. 1900년 파리 대회에서는 평화, 군국주의, 상비군 등의 문제를 토의했다. 암스테르담 대회에서는 러일전쟁에 반대하는 시위를 감행함으로써 결의가 더욱 돋보였다.

20세기에 들어와 제2인터내셔널의 활동은 대회 활동에만 한정되지는 않았다. 1900년부터는 국제사회주의국局이 활동 전개에서 중요한 역할을 담당했다. 그 기능은 경험의 상호 교류를 위한 정보활동 조직 — 국제 대회 자료 발간, 노동자 조직 활동 보고 발표, 노동운동 발전 상황 출판과 주요 문제에 대한 의견 교환, 그리고 개별 노동자당 제안의 일반적 통지 등 — 이었다. 1900년 파리 대회의 결정으로 국제 사회주의국가에는 상설 기관으로서 집행위원회와 사무국을 설치했다. 1901년부터 활동을 시작한 집행위원회는 많은 국제 문제에 대해 성명을 발표하고 개별 국가들의 혁명운동 지지와 반동 세력과 식민주의자의 범죄행위 규탄, 메이데이 시위 조직, 그리고 군국주의에 반대하는 호소 등을 수행했다(The USSR Academy of Sciences 1981, 458~459).

제2인터내셔널의 지도적 활동가들은 분명한 형태로 무정부주의를 표방하는 조직(정치투쟁의 필요성을 부정하는 정파)을 제외하고는 모든 노동자 단체와 사회주의 조직을 포괄하고자 했다. 그래서 제2인터내셔널에는 영국의 페이비언협회와 같이 온건한 단체까지 참가할 수 있었다. 그 결과 1904년에 열린 암스테르담 대회에는 25개국 45개 조직이 참가했다.

당시 국제노동운동에 참가한 조직들 가운데 노동자계급의 국제적 연대에 대해 반대하는 조직은 한 군데도 없었다. 그러나 실제로는 온건주의, 개량주의, 수정주의, 기회주의, 보수주의 경향을 지닌 조직들은 마르크스주의자들이 주도한 인터내셔널의 권한 강화에 이의를 제기했고, 사회주의정당의 통일에 관한 정치 방침 수립에 반대했다.

이런 대내적인 조건들을 반영해 노동조합운동은 제2인터내셔널 내부의 이데올로기 투쟁에 말려들게 되었다. 제2인터내셔널의 대회와 운동의 전반적인 양상에서 비추어 볼 때, 제2인터내셔널 안에서 노동조합운동이 드러낸 주요 조류는 세 가지였다.

그 첫 번째는 경제주의 또는 실리주의 노선이었다. 이 노선은 주로 숙련노동자와 직업별 노조 조직을 발판으로 하면서 대체로 자본주의 제도를 암묵적으로 혹은 실제로 인정하는 경향을 보였다. 이런 경향의 노동조합운동은 주로 영국과 미국에서 발흥했다.

두 번째는 아나르코생디칼리즘이었다. 이 노선은 당시 프랑스, 에스파냐, 이탈리아 등에서 영향력을 발휘했다. 아나르코생디칼리즘은 정당 형태가 아닌 노동자 조직이 주도하는 정치적 총파업을 통한 자본주의 제도의 철폐를 추구했다.

세 번째는 마르크스주의였다. 이 노선은 제2인터내셔널 내에서 가장 우세한 편이었고 독일, 오스트리아, 스칸디나비아반도 등을 주요 무대로 했다. 이런 노선을 채택한 노조들은 마르크스주의 학설과 전술 원칙을 대체로 수용하면서, 중앙집권적 조직 체계와 산업별 노조 형태를 지향했다. 그런데도 이들 노조 가운데 많은 조직이 투쟁과 활동을 전개하는 과정에서 숙련노동자층을 중심으로 한 기회주의 정책을 추구함으로써 마르크스주의 노선에서 벗어나는 경우도 많았다(Foster 1956,121).

이와 같은 이데올로기의 지형에서 주요 사항들에 대한 조직 사이의 논쟁이 지속적으로 일어났다. 이것은 새로운 시대적 정세에서 국제노동운동이 권력 획득을 위한 투쟁의 일반 노선을 설정하는 일이 매우 중요했지만, 각 국의 서로 다른 상황과 특수성 때문에 정당과 노동조직의 일치된 행동을 강요하기는 어려웠기 때문이었다(The USSR Academy of Sciences 1981, 451).

1900년 파리 대회에서 주요 논쟁 대상으로 떠오른 '밀랑 문제'와 관련해 혁명적 사회주의와 수정주의 사이에 대논쟁이 벌어졌다. 1895년에 일어난 '드레퓌스사건'이 그 발단이 되었다. 알프레드 드레퓌스라는 프랑스의 유태인 출신 현역 대령이 당시 적대국이던 독일에 국가 기밀을 팔았다는 혐의를 받아 구속되었는데, 재판 과정에서 무죄를 입증할 만한 증거들이 드러났고, 그에 대한 모함이 반유태주의와 군 내부의 조작된 서류에 따른 것임이 밝혀졌다. 그런데 드레퓌스는 부유한 알자스 귀족 가문에 속하는 사람으로 그 자신이 자본가이자 동시에 군부에 대한 열렬한 후원자였다. 그래서 이 사건은 본질적으로 자본가 진영 내부의 윤리 문제에 지나지 않는 것으로 치부되기도 했다.

그러나 재판이 진행되면서 이 사건을 둘러싸고 대논쟁이 벌어지게 되었고, 정치적인 사건으로 비화했다. 공화파는 사건의 무죄를 주장했고, 반대로 왕당파는 유죄를 주장했다. 자본가 진영 내부 문제로 치부했던 사회주의 진영은 처음에는 중립을 지키다가 이 사건이 큰 논쟁을 불러일으킴으로써 어떤 형태로든 태도 표명을 하지 않을 수 없게 되자, 공화파의 주장을 지지했다.

드레퓌스사건을 둘러싼 논쟁을 배경으로 1898년 선거가 치러졌고, 선거 결과는 부르주아 민주공화파와 사회주의 진영의 승리로 마무리되었다. 왕정복고를 노리던 군부와 국수주의자, 교회, 반유태주의자, 대부르주아 진영은 평화적인 수단을 버리기로 결의하고 쿠데타를 준비했다(강신준 1992, 64~65).

드레퓌스사건은 공화정의 위기로까지 이어졌고, 이런 절박한 상황에서 공화정을 방어하기 위해 민주공화파는 발데크 루소 내각을 출범시켰는데, 이 내각에 사회주의자 알렉상드르 밀랑이 상공 장관으로 입각했다. 밀랑은 의미심장한 개혁을 확보했다. 주당 노동시간을 축소하고 공장 감독을 강화하며, 노동자협의회를 창설하고 노동조건 개선을 위해 정부의 도급계약을 활용했다(일리 2008, 171). 이것은 유럽에서 사회주의자가 내각에 참여한 첫 사례였고, 그것이 혁명적 이념과 개량적 실천 문제에 대한 치열한 논쟁을 불러일으켰다. 더욱이 파리코뮌 당시 코뮈나르 학살의 주역이었던 가스통 갈리페 장군이 국방 장관으로 임명되었고, 게다가 1900년 샤롱 지역에서 파업이 발생하자, 정부는 서슴없이 군대 파견을 결정하는 일까지 자행했다.

밀랑 입각 문제를 둘러싸고 프랑스 노동운동 진영은 분열되었다. 장 조레스를 대표로 하는 밀랑 옹호 진영은 밀랑의 행동을 두고 '새로운 전술'의 모범, '부르주아지에 대한 정치적 탈취'라고 표현했다. 밀랑 옹호 진영은 사회주의자 한 사람의 입각이 정부의 성격을 바꿀 수는 없지만, 기존 체제 내에서 부분적인 개량 성과를 얻어 낼 수 있으며, 반동적 요소를 일정 정도 억제할 수 있다고 주장했다. 그것은 바로 실천적 수단의 강화는 정당화될 수 있다는 인식에 근거하고 있었다.

이에 반해 쥘 게드를 비롯한 반대 진영은 밀랑의 행동이 당의 목표를 부정하고 노동자들의 기존 부르주아 정부에 대한 판단을 흐리게 함으로써 계급의식의 발전을 저해할 뿐만 아니라 계급투쟁과 사회주의 원칙에 배치된다고 비난했다. 실천적 수단은 궁극 목표를 훼손시키지 않는 범위 안에서만 인정되어야 한다는 논거에 바탕을 두고 그와 같은 주장이 제기되었다.

프랑스 사회주의 진영 내에서 일어난 이 논쟁은 1900년에 열린 제2인터내셔널 파리 대회로까지 확대되었다. 인터내셔널은 운동의 통일을 위협하는 논쟁의 격렬함에 불안을 느낀 나머지, 양 진영 사이의 타협을 촉구했다. 인터내셔널은 여기에서 국제 연대를 가능하게 했던 이념상의 목표를 지키고 동시에 유연한 전술 수단을 옹호하고자 하는 의도에서였다. 칼 카우츠키가 발의한 결의안은 "개별 사회주의자가 부르주아 정부에 입각하는 것은 정치권력 획득의 정상적인 출발점으로 간주되어서는 안 되며, 항상 잠정적이고 예외적인 임시방편으로서 어쩔 수 없는 경우에만 있을 수 있다. 어떤 주어진 상황이 그런 불가피한 상황이냐 아니냐 하는 것은 전술상의 문제이지 원칙상의 문제는 아니다. 그런 문제에 대해 대회는 어떤 결정도 내릴 수 없다"는 내용이었다(강신준 1992, 66에서 재인용). 카우츠키의 결의안은 대회에서 채택되었다. 그리하여 인터내셔널은 밀랑 문제에 대해 아무런 판결도 내리지 않음으로써 밀랑의 행동을 용인하는 결과를 낳았다. 이것은 이데올로기의 합의가 전술적 연대를 보장하는 것이 아니라는 사실을 드러냄으로써 인터내셔널이 부딪치게 될 이념과 실천 사이의 긴장과 위기를 예고했다.

총파업을 둘러싸고도 논쟁이 계속해서 제기되었다. 제2인터내셔널이 창립될 당시 유럽 사회주의 노동운동 내부에는 총파업의 목표와 관련해 대체로 세 가지의 견해가 존재했다. 첫 번째 주장은 정치권력을 지향해 정치적 영향력 증대를 목표로 새로운 체제로 이행하기 위한 수단, 즉 혁명적 행동으로 보는 견해이며, 두 번째 주장은 기존 체제의 전면적 부정과 새로운 체제로 이행하기 위한 수단, 즉 혁명적 수단으로 보는 견해이고, 세 번째 주장은 기존 체제의 전면적 부정에 의존하지 않고도 기존 체제 내의 제반 사회악을 견제할 수 있는 국제 세력의 제한적인 개량주의 행동으로 보는 견해 등이 있었다(Niemeyer 1966, 100; 강신준 1992, 66에서 재인용).

제2인터내셔널에서 제기된 총파업 논의는 처음 1893년 취리히 대회에서 제안되었고, 1896년 런던 대회에서 다시 프랑스 노동조합 지도자들이 제안했으나 이 제안은 여러 가지 내부 여건 때문에 총회에서 안건으로조차 상정되지 못했다. 그러다가 1900년 파리 대회에서 프랑스 게드주의자들이 자본주의사회의 철폐와 사회주의사회 건설을 위한 혁명적 수단으로서 세계적 규모의 총파업을 제안했다. 그러나 대부분 각국의 대표는 총파업의 성공 여부에 대해 회의적인 태도를 보였다. 총파업은 단 며칠 만에 진압될 공산이 크다는 반대 의견이 제기되기도 했다. 결국 이 제안은 대회에서 부결되었다. 그 대신 개별 국가 단위에서 노동자계급의 과제를 달성하는 데 총파업이 매우 유효한 수단임을 인정하는 결의안이 채택되었다.

총파업에 대한 논의가 진행되는 동안에도 몇몇 국가들에서는 총파업 투쟁이 감행되었다. 1893년 벨기에에서는 노동자들의 보통선거권을 요구하는 정치적 총파업이 실행되었고, 스웨텐에서도 사회민주당 주도로 보통선거권 획득을 목표로 1894년, 1898년, 1902년에 총파업이 전개되었다. 그리고 네덜란드에서는 1903년 총파업이 결행되었다. 이런 총파업들은 정부의 강도 높은 탄압을 이기지 못해 대부분 참담한 실패로 끝났다. 총파업에 대한 이런 경험 사례들은 그것의 실행과는 별도로, 그 투쟁 성과에 대해 아무런 확신을 가져다주지 못했다.

총파업 문제는 1904년 암스테르담 대회에서 다시 제기되었다. 대회에 상정된 안은 먼저 총파업과 대중 파업을 구분했다. 총파업은 사회 전체의 존립을 대상으로 하는 것으로서 무정부주의적인 행동으로 규정되었다. 정치적 대중 파업은 일정한 조건에서만 — 노동자들의 권익에 배치되는 반동적인 조치에 대항하기 위해 혹은 중요한 사회적 변화를 이끌기 위한 조건 — 승인되는 최후 수단으로서 인정되었다. 그리고 대중 파업도 그것이 "일정한 조직적 발전을 통해서 계급투쟁에서 노동자들 사이의 단결과 세력의 강화"에 기여하는 경우에 한해서 허용된다고 했다. 이 안은 대회에서 결의안으로 채택되었다(강신준 1992, 68). 이 결의안은 사실상 사회주의 목표와 관련된 전술적 수단으로서 총파업을 부인하고, 매우 한정된 개량적 실천으로서 대중 파업만을 인정한 것이다. 그리하여 제2인터내셔널은 당초 출범 때와는 달리 사회주의 목표와 그 전술 수단 사이의 괴리를 여지없이 드러내면서 이념과 실천의 모순을 적나라하게 나타냈다.

총파업에 관한 인터내셔널의 결의가 1905년 러시아에서 일어난 정치적 대중 파업이 사회주의 목표를 지향하는 혁명으로 이어진 새로운 사태를 통해 오류였다는 사실이 실천적으로 확인됨으로써, 총파업에 관한 논의가 다시 일게 되었다. 독일의 사회주의 혁명운동 지도자의 한 사람이었던 로자 룩셈부르크는 노동자들이 자본주의사회에 편입되기 위해서가 아니라 그것과 결별하기 위해서 조직되어야 하며, 특정 공장이나 특정 산업에서 국지적으로 이루어지는 개량적 파업이 아니라 자본주의사회 전체를 마비시키기 위한 정치적 무기로서 총파업이 적극적으로 실행되어야 한다는 견해를 밝혔다. 그러나 이런 주장은 러시아 혁명운동이 실패로 끝나면서 힘을 잃게 되었고, 결국 총파업 논의는 묻혀 버렸다.

3. 수정주의 논쟁과 제국주의 전쟁을 둘러싼 실천상의 문제

제2인터내셔널에서 사회주의 목표와 전술적 실천 사이의 긴장과 모순은 수정주의 논쟁을 통해 더욱 확대되었다. 수정주의 논쟁은 독일사회민주당 내에서 발생한 논쟁이 제2인터내셔널로 비화된 것이었다. 논쟁은 1899년에 독일사회민주당 하노버 대회에서 베른슈타인에 대한 빌헬름 리프크네히트의 고발에서 시작되었다. 빌헬름 리프크네히트의 고발 대상이 된 것은 1896년부터 베른슈타인이 당의 이론적 기관지 『사회민주주의자』Sozialdemokrat에 연재한 '사회주의 문제들'의 내용과 관련한 것이었다. 나중에 다시 1899년에 『사회주의의 전제와 사회민주당의 임무』Die Voraussetzungen des Sozialismus und die Aufgaben der Sozialdemokratie라는 책자로 발간된 베른슈타인 저작은 이론과 실천, 목표와 전술에 관한 문제들을 다루었다. 이런 문제들은 독일사회민주당의 경우에만 해당되는 것이 아니라, 새롭게 대중운동의 길에 접어든 유럽 여러 나라의 노동운동들이 공통으로 당면하고 있거나 제2인터내셔널의 실천 문제와 직결되는 것이었다.

베른슈타인이 제기한 문제는 독일사회민주당이 대중정당으로 성장하면서 드러낸 모순된 태도를 겨냥한 것이었는데, 그것은 1891년의 에르푸르트 강령과 그 이후의 농업 강령에 관련된 논쟁에서 가장 잘 드러났다.

에르푸르트강령은 크게 두 가지 의미를 함축하고 있었다. 먼저 독일사회민주당은 비스마르크가 12년 동안이나 시행했던 '사회주의자법'에도 불구하고 1890년 실시된 선거에서 유효 투표의 19.7퍼센트를 차지해 독일제국 의회에서 득표율 제1위의 정당으로 부상하게 되었는데, 이 사실을 두고 사회민주당은 스스로 혁명적 마르크스주의의 승리라고 평가했다. 이에 따라 당은 앞으로도 더 큰 승리를 거두기 위해 마르크스주의를 충실하게 계승할 필요가 있다고 선언하고, 기존 체제와 타협하기를 거부하면서 사회주의의 혁명적 이행을 당의 목표로 규정하기로 했다. 강령의 다른 하나의 의미는 이미 1890년 선거에서 드러난 바와 같이 그동안 당의 성장을 주도해 왔던 중요 수단으로서 의회주의를 통한 합법투쟁도 전술적 실천으로 수용한다는 것이었다.

한편, 1890년 선거에서 사회민주당은 득표율 1위를 차지하고도 정권을 획득할 수 없었던 것은 득표율과 의석수가 비례하지 않은 선거구 제도 때문이었는데, 그것은 의석수가 도시보다 농촌에 편중되어 배정된 결과였다. 그래서 사회민주당은 이제 합법 공간에서 농촌 운동을 펴야 할 필요성이 더욱 강조되었고, 농업 강령의 제정을 위한 논의가 제기되었다. 그러나 농업 강령 문제는 당장 노동자계급이 아닌 유산자 계급인 농민과 동맹 문제를 수용해야만 했는데, 이것은 에르푸르트강령에서 명시한 다른 모든 계급과는 비타협한다는 원칙에 정면으로 배치되는 것이었다. 이런 이유 때문에 1895년 농업 문제를 최종적으로 처리한 브레슬라우 대회에서 사회민주당은 농업 강령 제정을 포기했다. 다만, 당내 실천가들은 당의 결의와 무관하게 농업 강령을 마련해 농촌 운동에 활용했다.

베른슈타인의 문제 제기는 바로 이런 당의 목표와 실천 사이의 모순, 그리고 양자 사이의 괴리에 대한 것이었다. 그는 실천을 가로막는 목표가 새로운 실천에 '맞게' 올바로 수정되어야 한다고 주장했다. 그는 마르크스주의가 새롭게 변화된 경제적 조건에 더는 맞지 않으며, 이런 조건에서는 목표란 무의미하며, '운동 그 자체'만이 모든 것을 규정한다고 밝혔다. 이제는 목표가 옳은가 그른가 중요한 것이 아니라, 실천 운동이 이루어지느냐 그렇지 않느냐가 중요하며, 따라서 그런 실천을 가로막는 것이 설사 당의 목표라 하더라도 그것은 마땅히 실천을 위해 스스로를 '수정'해서 복무해야 한다는 것이었다.

베른슈타인은 "마르크스주의의 단점은 '지나친 추상성'과 그것이 결과한, 이론적인 문제에만 과도하게 집착하는 작풍에 놓여 있다"고 비판했다. 그는 "사회 내의 관계는 『공산당선언』에서 말한 것처럼 악화되지 않았다. 이것을 숨기려는 것은 쓸데없는 일이고 또 미친 짓이다. 재산 소유자의 수는 감소한 것이 아니라 증가했다. 사회적 부의 엄청난 증가는 소수의 대자본가 집단의 형성을 수반하지도 않았다. 오히려 다양한 수준의 자본가들이 많이 등장했다. 중간 계층의 특징은 변모되었지만, 사회의 계층구조에서 결코 사라지지는 않았다"라고 주장했다.

그는 또 "정치적인 관점에서 볼 때, 우리는 선진 국가들에서 자본가인 부르주아지가 그들의 특권을 차츰 민주적 기구에 양도하는 것을 볼 수 있다. 이런 사실이 가지는 막강한 영향력과 강력한 힘을 발휘하는 노동운동이 존재하는 조건에서 자본의 착취 성격에 대항하는 움직임들이 비록 불확실하고 분명치 않은 점도 있지만, 점점 더 넓은 경제 영역에 작용하고 있다"고 덧붙였다(까갈리츠끼 외 1991, 67~68에서 재인용).

또 베른슈타인은 『사회주의 월보』Sozialistische Monatshefte에 게재된 "사회주의와 식민지 문제"라는 논문에서 식민지 문제의 기본 노선에 관한 그의 생각을 상세하게 표명했다. 베른슈타인은 '식민의 역사적 필연성'을 인정하면서, 식민화는 세 가지의 중요한 계기를 그 내용으로 하고 있다고 주장했다. 첫째, 종족과 민족의 공간적 확대, 둘째, 특정 영역에서 지속적으로 정착하기, 셋째, 특정 고급문화의 이식이 그것이었다(박호성 1989, 158~159에서 재인용).

베른슈타인은 '이론과 실천의 조화'를 강조했으며, '착실한 전진'을 역설했다. "사회민주당의 임무는 거대한 경제적 붕괴를 기대하는 것보다는 오히려 '노동자계급을 경제적으로 조직하고 그들을 민주주의적으로 발전시키는 것, 그리고 노동자계급을 고양시키도록 조정된 국가 안에서 모든 개혁을 얻기 위해 싸우고 국가를 민주주의 방향으로 변형시키는 것'이다"라고 설명했다(한치록 1991, 50에서 재인용).

베른슈타인의 문제 제기는 1903년 드레스덴 당대회에서 공식적으로 거부되었다. 대회 결의안은 에르푸르트강령에 명시된 사회주의 목표에 대한 어떤 수정도 모두 '이단'으로 치부되었고, 베른슈타인의 문제 제기는 기각되었다.

수정주의 문제는 1905년 제2인터내셔널 암스테르담 대회에서도 제기되었다. 프랑스 마르크스주의자 게드는 인터내셔널이 당연히 그 이념의 토대를 설정한 마르크스주의를 지켜 나가야 한다고 주장하면서, 독일사회민주당 드레스덴 대회 결의를 지지하는 동의안을 제출했다. 이에 대해 프랑스 개량주의자 조레스는 독일사회민주당의 결의가 사실상 그의 가면에 지나지 않는다고 공박하면서 게드의 동의안에 반대했다.[4] 격렬한 논쟁 끝에 결의안은 표결에 부쳐졌고 끝내 게드의 동의안이 채택되었다.

제2인터내셔널에서 유럽 노동운동 진영이 수정주의 논쟁을 벌이는 동안에 제국주의 단계에 들어선 열강들 사이에는 점점 전쟁 기운이 높아 가고

4_1891년 에르푸르트강령 채택 이래 마르크스주의는 오로지 독일사회민주당의 당내 소수 상층부의 정신적 전유물로만 남아 있었을 뿐이었다는 주장도 있었다(Brandis 1975, 68; 박호성 1989, 317에서 재인용).

있었다. 제국주의 전쟁은 당시까지만 해도 국지적으로 세계 곳곳에서 벌어지고 있었으며, 점점 확대 추세를 보였다. 1900년에는 남아프리카 지배권을 둘러싸고 보어전쟁이 발발했으며, 1904년에는 조선에 대한 지배권을 놓고 러시아와 일본 사이에 전쟁이 벌어졌다. 전쟁은 이제 노동운동의 앞길에서도 피할 수 없는 현실이 되어 가까이 다가오고 있었다.

국제 대회가 처음부터 주요 의제로 삼은 것 가운데 하나는 다름 아닌 반전투쟁 문제였다. 여기서 특히 중요하게 제기된 대목은 여러 나라의 노동자계급이 공동 행동을 조직하는 문제였다. 군국주의와 전쟁의 위험에 대한 투쟁의 성격을 강조한 것은 브뤼셀 대회였다. 대회는 세계 노동자들에게 어떤 목적의 전쟁이든 전쟁을 준비하기 위한 협정에 반대하고 이를 철폐하기 위한 투쟁을 전개해야 한다고 역설했다. 그러나 결의는 반전투쟁을 조직하기 위한 구체적인 제안은 하지 않았다. 그런 가운데서 런던 대회는 국가 사이의 분쟁을 평화적으로 해결하기 위한 '중재기관'의 설치를 요구했다(The USSR Academy of Sciences 1981, 274).

제국주의 전쟁에 대한 제2인터내셔널의 공식 주장은 1907년 독일 슈투트가르트 대회에서 처음으로 표명되었다. 인터내셔널은 대회에서 전쟁에 반대한다는 결의를 천명하고, 그런 반대를 실천하기 위해 반전운동을 전개하기로 결정했다(강신중 1992, 72). 그러나 실제로 전쟁에 반대하는 행동은 그다지 실효를 거두지 못했다. 단지 인터내셔널 안에서 합의했던 노동운동의 실천 수단인 의회주의를 통한 방법, 즉 의회 내에서 투표를 통해 전쟁에 반대할 수 있다는 사실은 최소한 합의될 수 있었다. 그러나 의회에서 전쟁에 반대할 수 있는 실질적인 의회 세력을 형성하고 있었던 나라는 사실상 프랑스와 독일뿐이었다.

제2인터내셔널이 제국주의 전쟁에 반대하는 운동의 전열을 정비하고 있는 가운데, 1912년 러시아와 오스트리아 사이에 발칸전쟁이 발발했다. 제2인터내셔널은 스위스의 바젤에서 긴급회의를 소집했고, 여기서 슈투트가르트 결의안을 전제로 한 프랑스와 독일 사회주의정당 사이의 연대가 재확인되었다. 이와 같은 상황에서 제1차 세계대전을 몰고 온 사건이 발생했다. 1914년 6월 28일 오스트리아-헝가리제국 왕위 계승자인 프란츠 페르디난트 대공이 보스니아헤르체고비나 수도 사라예보를 방문하던 중 세르비아 청년 가브릴로 프린치프의 총격으로 암살당했다. 7월 28일 오스트리아-헝가리제국이 세르비아를 상대로 선전포고를 행함으로써 전쟁이 촉발되었다. 8월 들어 유럽 각국의 사이에 얽히고설킨 복잡한 공수攻守 동맹으로 전쟁은 유럽 전역으로 확대되었다. 오스트리아는 세르비아를 공격했고, 러시아는 이를 막으려 했다. 독일은 러시아의 공격으로부터 오스트리아를 방어해야 했으며, 프랑스는 러시아와 맺은 조약 때문에 독일의 공격으로부터 러시아를 도와야만 했다. 전쟁은 대전大戰으로 확대되었다.

1914년까지는 독일사회민주당이 슈투트가르트 결의안을 충실히 수행하고 있었다. 당은 오스트리아의 호전성을 비난하고 반전시위를 주도했다. 그러나 전운이 점점 짙어지면서 국제적인 상황이 악화되자, 당 간부들은 반전 원칙이 갖는 의미에 대해 점점 회의를 느끼기 시작했다. 더욱이 중대한 문제는 노동자계급 내부에서 민족주의적 분위기와 전쟁 지지 분위기가 갈수록 확산되었다는 사실이다. 사회민주당은 이미 대중정당으로서 자기 정체성을 굳히고 있던 터에 노동자 대중들의 요구를 거스를 수 없었다. 이런 상황에서 사회민주당은 인터내셔널 결의를 어긴 채 제국 의회에서 전쟁 국채 법안을 승인했다.[5]

독일사회민주당은 프롤레타리아 국제주의를 사실상 포기함으로써, 그리고 '조국의 현실'에 접근함으로써 차츰 정당의 계급성을 상실했다. 여기에는 첨예화된 제국주의의 이해 갈등이 역시 결정적인 요소로 작용했다. '방어 전쟁'이라는 이념은 이런 관점에서 독일 사회민주주의의 애국주의 신조에 대한 명확한 표현 형태라고 할 수 있다(Michels 1913, 429; 박호성 1989, 266에서 재인용).

드디어 독일의 참전이 이루어지고, 유럽 국가들 사이의 선전포고가 잇따라 행해졌으며, 유럽 사회주의자들도 독일사회민주당이 취했던 길을 그대로 따랐다. 벨기에·영국·오스트리아·헝가리 사회주의정당은 '국가 방위 우선 정책'을 채택했고, 중립국인 스위스·네덜란드·스웨덴·덴마크 사회주의정당도 마찬가지 태도를 취했다. 그리하여 인터내셔널의 국제 연대는 사실상 와해되었다.

4. 제2인터내셔널의 해체와 교훈

제2인터내셔널이 국제 연대 활동과 사회주의 목표 실현을 위한 투쟁을 전개하는 과정에서도 혁명적 사회주의와 수정주의·개량주의 사이에 끊임없는 이데올로기 투쟁이 전개되었다. 그것은 제2인터내셔널을 주도했던 독일 사회민주당 내의 이데올로기 투쟁이나 프랑스 사회주의운동 내의 이데올로기 투쟁이 직접 반영된 것이기도 했다. 20세기 초기에 제2인터내셔널은 전반적으로 국제노동운동의 성장과 강화를 촉진했지만, 노선 투쟁과 분열을

5_제국 의회에서 78 대 14라는 압도적인 다수로 전쟁 국채 법안을 통과시킨 1914년 8월 4일의 독일사회민주당의 결정은 그들이 프롤레타리아 국제주의를 희생시키면서 민족적인 일치를 추구하려던 여러 해에 걸친 그들의 은폐된 노력을 극명하게 드러낸 행동이었다(박호성 1989, 295).

거듭하는 가운데 제국주의 열강들 사이의 경쟁과 대립에 휘말리면서 약체화의 길을 걸었다.

제1차 세계대전이 발발하면서 사회주의 노동운동 진영은 반전 방침을 고수하는 분파와 독일사회민주당처럼 전쟁을 승인하는 분파로 분열되었다. 제2인터내셔널의 창립 시기에는 사회주의 목표가 그 구체적 전술과 잘 결합되는 듯이 보였다. 그러나 자본주의 발전과 노동운동을 둘러싼 상황 변화에 따라 전술 또는 실천 방침은 끊임없이 새롭게 대응해야 했으나, 제2인터내셔널이 표방한 이념 목표와 그 실천 방침은 점점 괴리되었으며, 끝내는 파국으로 이어졌다.

제2인터내셔널의 와해는 이제 막 유럽 사회에서 큰 정치 세력으로 자리를 잡아가던 사회주의 노동운동 발전에 대해서는 치명적인 충격을 가져다주었다. 사회주의 노동운동의 발전을 뒷받침했던 국제 연대는 와해되고 노동운동은 크게 분열되었기 때문이다.

레닌은 제2인터내셔널의 와해에 대해 다음과 같이 밝혔다.

제2인터내셔널의 붕괴는 유럽의 공식적인 사회민주당들의 다수파가 자신들의 신념과 그 진지한 슈투트가르트와 바젤 결의를 극악하게 배신함으로써 훨씬 명백한 사실로서 나타나게 되었다(레닌 1989, 95~96).

만일 우리가 과학적인 방식으로, 즉 현대사회에서의 계급적 관계라는 관점에서 문제를 간략히 도식화하고자 한다면, 대부분의 사회민주주의 정당들이 독일사회민주당 — 제2인터내셔널에서 가장 크고 가장 영향력 있는 정당이다 — 을 선두로 프롤레타리아트의 이익에 반대해 그들의 군 장성들과 정부, 그리고 부르주아지와 손을 잡았다는 사실을 말하지 않으면 안 될 것이다. 이것은 역사적으로 중요한 사건이며, 이것을 이해하는 데는 매우 광범한 분석이 필요하다(레닌 1989, 13).

한편, 레닌은 기회주의를 상대로 하는 투쟁을 통해 혁명적인 대중행동과 혁명적 운동을 지원·발전시키는 것, 대중들의 운동과 그것의 과제·방법·목표를 이해하도록 도와줄 수 있는 선전·선동을 수행하기 위한 비합법 조직을 만드는 것이야말로 사회민주당의 임무라고 규정했다. 이런 관점에서 레닌은 제2인터내셔널의 와해를 "기회주의의 팽배로 제2인터내셔널은 사망했다"고 선언하고, 새로운 인터내셔널(제3인터내셔널, 코민테른) 창립을 계획했다(The USSR Academy of Sciences 1981, 461).

2장
식민지·종속 국가 노동운동의
초기 발전 과정

우리는 바람에 흩날려 끝없이 방황하는 나뭇잎이 아니라,

밝고 따뜻한 햇볕과 축축한 빗방울과 부드러운 바람의 혜택을 누리는

튼튼한 나무줄기에 뿌리 내린 꽃송이어야 한다.

그러나 이러한 나무 혼자가 아니라

빽빽이 숲을 이루어야만 힘센 거인을 이겨낼 수 있다.

지금은 우리가 다시 한번 일어서야 할 때이다.

저 안데스산맥의 기운처럼

우리 모두 단결하여 강한 힘을 보여주어야 한다.

_호세 마르티
(천샤오추에 2007, 135에서 재인용)

1870년대부터 1900년대 초반까지의 전 기간을 통해 식민지·종속 국가에서 전개된 노동자계급 운동의 수준과 규모는 매우 다양했다. 이런 다양성에도 불구하고 식민지·종속 국가의 노동운동은 선진 자본주의국가들에서 전개된 노동운동에 비교해 조직성이나 투쟁성, 계급의식의 수준, 나아가 정치·경제·사회적 착취와 억압에 대한 저항 형태 면에서 현저하게 뒤처져 있었음은 분명하다.

1870년대 이후 아시아, 아프리카, 라틴아메리카 대부분의 나라들은 세계 자본주의경제 체제 안으로 편입되었는데, 이것은 독점 이전의 자본주의가 제국주의로 성장·전화하고 선진국들이 식민지와 반식민지를 상대로 자본수출을 강화한 결과였다.

제국주의 지배를 받게 된 식민지·종속 국가들에서도 노동자계급 운동은 자기 발전의 길을 열었다. 자국의 생산력 발전에 따른 정상적 형태의 자본주의 전개가 아니라, 제국주의 본국의 필요에 따른 왜곡되고 파행적인 자본주의 추진 과정에서도 노동자계급은 형성되고 성장했으며, 이런 가운데서도 노동자계급 운동은 발전했다. 이 당시까지 높은 수준의 발전을 쌓은 선진 공업 국가들의 노동운동 경험과 역사가 큰 영향을 끼쳤고, 민족해방운동이 강화되면서 노동자계급의 조직화와 투쟁이 더욱 촉진되었다.

민족해방운동은 노동자계급에 대해서는 계급의식과 조직성을 키우는 계기가 되었고, 노동자계급의 투쟁을 정치투쟁 쪽으로 이끌었을 뿐만 아니라 계급운동과 민족운동의 결합을 일깨우는 학교 구실을 했다. 그리고 노동자계급이 민족해방운동에 참가하는 일은 자기 계급의 역량을 자각하게 만들었고, 나아가 민족해방투쟁 과정에서 다른 정치·사회 집단들과도 결속과 동맹을 가능하게 했다.

여기서 주목해야 할 점은 식민지·종속 국가에서 전개된 노동자계급의 투쟁이 초기 단계에서부터 선진 자본주의국가들 노동운동의 전개 과정에서 존재했던 많은 특징을 보여 주었다는 사실이다. 이를테면 파업투쟁이 조직적이지도 못했고 자연발생적인 성격을 강하게 띠었지만, 그런데도 계급 세력을 결속하고 증대시키기 위한 노동자계급의 지향이 강하게 나타났다는 점이 그렇다(The USSR Academy of Sciences 1981, 462~464).

1. 아시아

1870년대 이전까지 아시아에서는 봉건적 관계 또는 전前 봉건적 관계가 지배하고 있었다. 아시아 나라들에서 식민지 또는 반식민지 체제를 확립한 제국주의 열강은 아시아 대륙을 세계 자본주의 체제 내로 편입했다. 이와 동시에 정치·경제·사회적으로 전근대적 구조를 유지하기 위해 여러 가지 수단을 동원했다. 식민주의자들은 피억압 국가의 토양에 자본주의적 생산을 이식하는 한편, 그 정상적 발전 가능성은 오히려 차단했다. 그래서 식민지·종속 국가에서 자본주의적 생산관계가 이식되기는 했지만, 심하게 왜곡된 형태를 취했다.

농업의 현물 구조와 전통적 수공업 생산은 파괴되고 상품(화폐) 관계가 확대되었으며, 시초 축적과 토착 기업의 발생을 위한 조건들이 만들어졌다. 말하자면 봉건제도를 특징짓는 사회·계급적 구조가 해체되기 시작했다.

이런 경제구조의 변화는 1800년대 마지막 30여 년 동안 아시아 국가들에 대한 제국주의적 투자가 급증하면서 더한층 가속화했다. 자본수출은 제국주의의 식민지 착취를 위한 주요한 수단이었다. 초기 단계에서 자본이 투하된 부문은 주로 철도 건설, 광산 기업의 설비, 그리고 농산 원료의 1차 가공 공장 등이었다.

제국주의 지배 체제에서 식민지 현지의 공장 생산은 본국으로부터 공급되는 기계와 설비에 완전히 의존하고 있었던 데 반해, 토착 부르주아지의 경우는 외국제 기계와 설비를 실제 가격보다 높은 가격을 지불하고 구입해야만 했다. 이것은 식민지·종속 국가의 부르주아지가 기업 활동을 위한 권리를 취득하기 위해 식민주의자에게 바치지 않으면 안 되는 일종의 공납貢納이었다. 식민지 구조에서 형성된 민족부르주아지는 그런 이유 때문에 역량 면에서 취약했고, 더욱이 부르주아혁명을 추진할 능력을 갖추지 못했다. 그래서 그들은 식민지 제도에 순응하는 한편, 때로는 제국주의에 대한 저항을 시도했다. 그런 가운데서도 식민지 국가들의 노동자, 농민, 수공업자, 도시빈민, 소상인 등 인민대중 세력은 봉건제도와 제국주의에 반대하는 투쟁을 전개했으며, 신흥 민족부르주아지는 봉건제도와 군주제도를 반대하는 운동에 동참하기도 했다(The USSR Academy of Sciences 1981, 493).

한편, 민족해방투쟁의 주요 구성 부분인 노동운동은 민족해방을 위한 저항 투쟁과 더불어 발전하게 되었고, 특히 반제투쟁의 고양 시기에는 노동운동도 크게 발전하는 양상을 나타냈다. 그리고 자본과 노동 사이의 초기 사회적 대립은 벌금이나 처벌에 대한 항의, 관리자 또는 경영주의 횡포와 전횡에 대한 항의 형태로 나타났다. 또 자본가에 대한 초기 투쟁 형태의 하나는 청원서의 제출이었다. 이런 투쟁 형태는 인도, 터키, 그 밖의 몇몇 나라를 중심으로 보급되었다. 이와 같은 투쟁의 청원 수단이 아무런 효과를 가져다주지 못한다는 것을 깨닫게 된 노동자들은 파업투쟁을 벌이면서 차츰 투쟁 형태를 바꾸었다(The USSR Academy of Sciences 1981, 502).

아시아 대륙에서 전개된 노동운동의 전개 과정을 주요 국가별로 살펴본다.

중국

중국에서 공장제 공업이 출현한 것은 1860년대 초였는데, 이것은 대부분 궁전 고관들이 세운 군수 관영 공장이었다. 1872년에 이들 관영기업은 모두 11개였으나 1894년에는 19개로 늘어났다. 이 밖에도 선박 수리와 조선 도크, 큰 규모의 모직물 공장 등이 있었다.

중국에서 사기업이 출현한 것은 1870년대 말이었다. 사기업 활동의 발전은 봉건제 지주 중심 국가가 설정한 여러 가지 제한과 관유官有 자본(이른바 관료 매판자본)의 지배에 따른 조치들 때문에 여러 측면에서 제약당했다. 한편, 1894년 당시 조선, 견직, 도크, 버터제조, 가스, 제분, 차제조, 강모剛毛 가공 등의 업종에 외국 기업 101개가 조업하고 있었는데, 여기에 노동자 4만여 명이 고용되어 있었다.

1872~1893년에 공업과 운수 부문에 투하된 중국의 총투자액 1,850만 원元 가운데 관유 또는 관료자본의 비율은 1,500만 원 정도로서 압도적이었다. 식민주의자의 경제 지배는 개인 자본에 대해서도 큰 장해가 되었다. 이런 조건에서도 1872~1894년 사이에 제조업 부문에서 사기업 75개가 설립되었고, 거기에 고용된 임금노동자 수는 1894년 당시 2만7천 명이었다. 1900년 들어서는 자본주의 유형의 소규모 기업이 이미 200개 이상 조업하고 있었으며, 1901~1904년 사이에는 64개의 민족 기업이 생겨났다. 이와 더불어 노동자 수도 증가해 1904년에는 공장노동자만도 20만 명에 이르렀고, 운수노동자와 그 밖의 범주에 속하는 노동자를 합치면 약 25만 명 정도였다(The USSR Academy of Sciences 1981, 494).

중국도 아시아 지역 다른 나라의 경우와 마찬가로 오랜 세월에 걸친 인민대중의 빈곤 상태, 극도로 열악한 생활 조건, 노동력 공급과잉, 노동자에 대한 탄압 제도, 그리고 외국자본의 지배 등이 함께 작용해 노동자계급의 노동·생활 조건은 매우 열악한 상태를 유지했다.

중국에서는 1800년대 마지막 30년 동안 외국 억압자에 대한 농민과 도시 평민층의 투쟁이 계속되었다. 1850~1854년에 일어난 '태평천국운동'[1]은 영국 군대의 혹심한 탄압을 받았는데, 태평천국운동 자체가 강한 반제국주의적 요소를 내포하고 있었기 때문이었다. 1900년에 일어난 '의화단 반란'[2]도 영국, 프랑스, 독일, 러시아, 일본, 미국 등 연합군의 힘으로 진압되었다.

1895년 청일전쟁에서 중국이 패배한 뒤로 민족부르주아지의 활동이 더욱 커졌다. 쑨원이 주도한 민족부르주아지의 혁명적 민주주의파는 1894년에 비밀결사 '흥중회'를 만들어 청조 타도와 공화국 선언을 추진했다. 한편, 1899~1900년에는 강력한 반제국주의 인민 봉기가 일어났다.

당시 중국의 노동자계급은 신흥계급이었다. 중국의 노동자계급은 반半식민지·반半봉건사회에서 정치적 억압과 경제적 착취를 당하는 가운데 형성되고 성장했기 때문에 다음과 같은 몇 가지 특징을 보였다. 첫째, 중국의 노동자계급은 제국주의와 봉건주의 그리고 자본주의의 삼중 억압을 받았던 처지에서 혁명적이고 전투적 성격을 지니게 되었다. 둘째, 당시 노동자계급의 분포가 연해와 연안 도시에 집중되었다. 셋째, 농민들과 밀접한 관계를 유지했다. 넷째 노동자계급 형성과 더불어 마르크스주의 영향과 진보 정당

1_1850년 중국 청나라 때, 홍수전을 중심으로 광시 성에서 일어난 농민운동으로, 1864년 지주·상인·외국자본의 연합군에 의하여 진압되었다. 그리스도교를 내용으로 하는 종교적 내란의 형태를 보였으나, 그 본질에 있어서는 이민족 청조의 타도와 악습의 철폐, 남녀평등, 토지의 균분, 조세의 경감 등을 주장한 농민전쟁이었다. 이 운동은 15년간 계속되어, 청조의 기반을 사실상 흔들어 놓았다(네이버 지식백과)

2_청나라 말기 1899년 11월 2일부터 1901년 9월 7일까지 산둥, 화베이 지역에서 의화단이 일으킨 외세 배척 운동이다. 산둥 지역에서는 일찍이 의화권이라는 민간 결사가 생겨나 반외세 운동을 벌이고 있었는데 1897년 독일이 산둥 성 일대를 점령하자 의화권의 반외세, 반기독교 운동이 격화됐다. 의화권은 다른 민간 자위 조직에 침투해 통합을 이루고는 스스로 의화단이라고 칭했다(네이버 지식백과).

의 영향을 받았다(중화전국총공회 1999, 43~44).

중국에서는 노동자들이 참가한 최초의 결사는 수공업 길드 단체, 도시의 동향同鄕 또는 지연 단체, 즉 향토회(방구幇口), 200년 전부터 내려온 회당會黨 또는 비밀결사였다. 수공업 길드 조합(행회行會)은 직업, 종교, 지연의 공통성을 바탕으로 노동자만이 아니라 수련공, 도제, 나아가서는 장인 또는 경영자까지를 포괄하는 조직이었다. 그래서 조합 내부에서는 때때로 분쟁이 일기도 했다.

또 중국의 대도시에는 우애 단체인 향회를 기초로 반半프롤레타리아 도시 계층, 즉 쿨리, 하역노동자, 실업자, 부분 실업자 등을 결합한 이른바 방幇 또는 우애 조직이 여러 갈래에서 존재했다.

1880년대 들어서는 노동자계급의 투쟁도 본격화했다. 초기에는 민족부르주아지의 지도를 받았던 노동자계급은 불가피하게 식민지 국가들에서 일어난 민족해방투쟁과 맥락을 같이하면서 사회주의 그룹의 지도에 따라 그들 자신의 노동조합과 정당을 조직하기 시작했다(Foster 1956, 165).

1880~1895년 사이에 장난江南 공작창, 한양漢陽 제철창, 카이핑開平 탄광 등의 최대 관영 공장과 영국인 소유의 조선소 두 곳, 그리고 조선 수리소에서 9건의 파업이 발생했다. 1890년대에 있어서도 경제 파업 건수는 꾸준히 증가했다. 파업 원인은 임금 인상 요구와 임금 인하 반대가 대부분이었고, 그 밖에도 노동시간 연장과 노동조건 악화 반대, 경영주나 관리자의 횡포 시정 요구 등이었다. 그러나 19세기 말~20세기 초두의 파업투쟁에서 이런 요구들은 상대적으로 중요성을 덜하게 되었고, 점점 반제국주의 인민 봉기 성격을 더했다. 파업투쟁의 주요한 근원지는 상하이와 같은 항만도시였으며 쓰촨 성 또는 동북 지방의 여러 성에서도 파업이 자주 일어났다. 파업 건수에 있어서는 방적공장이 가장 큰 비중을 차지했지만, 탄광·제철 노동자,

그리고 시영 기업 노동자들도 빈번하게 파업을 벌였다.

통계에 따르면, 1840년부터 1894년 청일전쟁 때까지 50여 년 동안 모두 71건의 파업이 있었고 그 가운데 산업노동자들이 일으킨 파업은 28회였으며, 수공업노동자들과 막벌이 노동자들이 주도한 파업이 43건이었다. 그다음 시기인 1895년부터 제1차 세계대전 발발 전해인 1913년까지 19년 동안 제기된 파업 건수는 277건으로 늘어났다. 파업은 수적으로 늘어났고, 산업노동자들이 중심이 된 파업도 상대적으로 증가했을 뿐만 아니라 동맹파업 형태도 취해지기 시작했다(중화전국총공회 1999, 46).

중국 노동자계급의 반제국주의적 투쟁 경향은 19세기 말부터 20세기 초에 걸쳐 외국인 기업들에서 일어난 이른바 '타상'打商 운동을 통해 드러났는데, 이것은 일종의 러다이트운동 성격을 띠었다. 노동자들은 기계, 설비, 심지어는 공장 그 자체까지 파괴했다. 이런 파업은 1898년 안후이 성의 탄광과 1905년 핑샹萍鄕 탄광의 사례에서 발생했다. 노동자들은 공장 설비 말고도 외국인 기사의 주택도 부셨다. 양슈푸楊樹浦와 다른 지역에 있는 일본인 소유 방적공장에서도 이와 유사한 운동이 벌어졌다(The USSR Academy of Sciences 1981, 503~504).

인도

영국의 동인도회사가 1757년 인도 동부 지방 벵골에서 일어난 플라시전투[3]

3_1757년 인도에서 영국의 동인도회사 군과 벵골의 태수(太守) 시라지 웃다울라 군이 벌인 싸움을 말한다. 벵골의 태수 웃다울라는 영국 동인도회사와 그 직원의 밀무역이 벵골의 경제에 커다란 타격을 주고 있다고 항의하고, 영국인을 캘커타(현재 콜카타) 시에서 추방함으로써 양측이 충돌을 빚었다. 소수의 프

에서 승리를 거두고 지배권을 확보함으로써 200여 년에 걸친 식민지 제국의 토대를 마련했다. 영국의 한 무역회사가 유럽 대륙만한 크기의 광대한 인도를 정복하고 제국을 건설한 일은 참으로 기이한 현상이었다.

1773년에는 '인도통치규제법'Regulating Act이 영국 의회에서 채택되었는데, 이 법은 동인도 문제를 '규제하기 위해' 제정되었기 때문에 붙여진 이름이었다. 동인도회사는 그들이 소유한 모든 특권이 당장 허물어지고 그 권한은 결국 국왕에게로 넘어갈 것을 우려해 극렬하게 반대했다. 그러나 법은 압도적인 지지로 통과되었다. 인도통치규제법이 제정되기 이전에는 인도 통치를 위한 뚜렷한 체제가 확립되지 못했고, 이 법의 시행에 따라 총독정치가 비로소 시작되었다. 부유한 벵골에 거점을 마련한 동인도회사는 1784년부터 영국 의회의 감독을 받게 되었고, 그때부터 영국 식민지 당국은 인도 통치자들 사이의 경쟁 관계를 이용해 점점 세력을 확대했다(조길태 2000, 304~305).

영국은 1770년부터 1860년에 이르기까지 마이소르 병합, 하이데라바드와 오우드의 예속화, 구르카족의 평정, 마라타족의 제압 등으로 식민지 지배 영토를 계속 확장했다. 또 총독 권한의 강화, 토후국에 대한 정책 수립, 세제와 사법제도 개혁, 그리고 철도·통신 시설 확장 등으로 식민지 통치 체제를 확립하고자 했다.

이 과정에서 1857년 5월 17일에 세포이의 항쟁이라 부르는 반反영국 봉

랑스군을 포함한 태수 군은 6월 캘커타 북서방의 플라시에서 전쟁을 벌였다. 병력은 태수 군이 압도적으로 우세했으나, 부장(部將)들이 영국 측에 매수되어 참패를 당하고, 태수 자신도 처형당했다. 전후 미르 자파르가 벵골의 태수가 되었으나, 그는 영국의 앞잡이에 지나지 않았다. 이로써 영국은 벵골의 지배권을 확립하고 인도 전토의 식민지화를 위한 침략의 교두보로 삼았다.

기가 일어났다. 델리에서 그다지 멀지 않은 메루트에서 영국군에게 고용된 인도인 세포이Sepoys(용병)들이 봉기를 일으켰다. 봉기의 발단은 세포이에게 지급되는 새로운 총기의 탄약통이 소와 돼지의 기름으로 칠해졌다는 소문이 퍼졌는데, 소는 힌두교도들이 신성시하는 동물이고 돼지는 무슬림이 불결하게 생각하는 동물이어서 세포이들은 이 조치가 두 종교를 계획적으로 모독해 인도인의 신앙을 기독교로 개종시키려는 교활한 술책이라고 해석했다. 메루트의 세포이 기병대는 영국인 장교의 설득에도 불구하고 지급된 탄약통 사용을 거부했고, 이에 대해 군법회의는 세포이 주동자들에게 10년형을 선고했다. 이와 같은 판결에 대한 반발로서 봉기가 일어나게 된 것이다(조길태 2000, 407).

그들은 곧바로 무굴의 수도 델리로 진격했다. 세포이들의 군사 반란은 북부 지방으로 빠르게 확대되면서 식민 통치에 불만을 품은 농민, 지주, 상공업자를 위시해 인도의 종교와 문화에 대한 영국의 간섭과 기독교 선교에 대해 모욕과 위협을 느낀 무슬림과 힌두교도들이 합세해 전국에 걸친 인민봉기로 확대되었다. 영국이 벵골을 정복한 지 꼬박 100년이 지난 1857년, 영국의 통치는 확고부동한 것처럼 보였으나 실제로는 송두리째 흔들리고 있었다. 델리와 북부의 주요 지방은 여러 달 동안 반란군들의 수중에 장악되어 있었으며, 대양을 건너온 많은 영국인이 미처 꿈을 이루지 못한 채 객지에서 목숨을 잃었다. 그들이 자랑하던 권위·권력의 세계와 의욕에 찬 식민화 정책이 벽에 부딪치게 된 것이다.

세포이의 항쟁으로 영국이 받은 절망감은 항쟁을 진압하는 과정에도 반영되었다. 수만 명에 이르는 인도인을 무차별 학살하고 수많은 인도 여성을 폭력으로 욕보였으며, 무방비 상태인 마을을 불태워 파괴했다. 당대의 저명한 무굴제국의 시인 미르자 갈리브는 "사람은 희망으로 사는데, 우리는 살

희망이 없다"고 표현할 정도로 무굴의 수도 델리는 황폐화되었다. 체포된 세포이들은 대포의 인간 포탄이 되어 허공에서 산화되는 보복을 당했다(이옥순 2007, 26~27).

인도에서는 1860년대와 1870년대에 걸쳐 네 번의 극심한 기근으로 농민 생활이 최악의 상태에 이르렀다. 여기에다 무거운 지대와 고리대금업자의 횡포 때문에 그 규모는 그다지 크지 않았지만 산발적인 농민 폭동이 일어났다. 벵골 지방의 퍼브나 폭동(1873년), 데칸 폭동(1873년), 봄베이 지방의 파드케 폭동(1878~1879년) 등이 그것이었다.

이와 함께 1870년대에는 강력한 부르주아 민주주의 운동이 일어났다. 국가 통치에 참가하고자 했던 민족부르주아지는 처음에는 지역 차원의 조직을 결성했으나, 1885년에는 전인도 정당이라 할 수 있는 인도국민회의[4]를 창립했다. 창립 이후 인도국민회의가 민족해방운동을 일시적으로 지도했지만, 1885년 이후에는 식민지 지배 반대 투쟁이 새로운 단계에 들어서면서 스와데시운동[5]이 광범하게 전개되었다. 이 운동은 초기에 외국 상품 구매에 반대하고 인도의 공업생산 발전에 대한 지지를 주요 목표로 삼았다

4_인도국민회의를 창설하는 데 직접적인 공헌을 한 사람은 인도인이 아니라 영국인 알렌 옥타비안 흄이었다. 동인도회사 직원으로 인도에 와서 30년 동안 근무해 왔지만, 그의 자유주의적 견해와 자존심 때문에 리튼 총독으로부터 직위를 박탈당했다. 그는 캘커타 대학생들에게 조국에 대한 애국심을 호소했다. 흄은 더퍼린 총독의 동의를 얻어 인도의 지식층과 함께 인도 국민을 대표하는 조직체를 결성하기로 합의했다. 흄이 계획한 국민 대표 기관은 영국 지배를 파탄 낼 지도 모를 압력 세력을 무마할 안전판으로서 국민 여론의 합법적인 대변 기관 역할을 할 수 있다고 보았다(조길태 2000, 445~446).

5_1906년 인도에서 반(反)영국 민족해방운동의 목표로 국산품 애용을 뜻하는 슬로건과 운동을 가리킨다. 힌디어로 모국(母國)을 뜻하는 말이다. 1905년 인도 총독 조지 커즌이 벵골 지역 분할을 실시하자, 다음 해 인도국민회의 캘커타 대회에서 스와라지(1906년에 일어난 반영국 자치 운동), 영국 제품의 불매운동, 민족 교육 등과 함께 4대 목표로 결의해 전국적으로 전개되었다. 이 운동은 독립운동가 틸라크의 지도에 따라 민족 산업의 진흥을 목표로 전개되었다.

(The USSR Academy of Sciences 1981, 491).

이 시기 인도의 산업노동자는 방적업에서 가장 먼저 형성되었고 다음으로 경공업의 다른 부문들에서 형성되었다. 경공업이 먼저 발전한 것은 식민지·종속 국가에서 진행된 경제 발전의 특징을 그대로 보여 주었다. 1874년 당시 인도 방적업의 주요 중심지 — 봄베이, 캘커타(현재 콜카타), 마드라스, 칸푸르, 나그푸르 — 에 면방공장 27개가 설립되어 있었는데, 1895년에는 144개로 증가했다. 면방공장의 특징은 공장 규모가 꽤 큰 편이었는데, 1890년대에도 한 공장에 노동자 수백 명이 고용되어 있었다. 면방 산업보다 더 큰 규모이고, 더 나은 기술 장비를 갖춘 공장은 주트(황마) 산업에서 존재했다. 중간 규모 공장의 경우에도 약 3천 명의 노동자가 고용되어 있었다.

한편, 영국 자본은 1898년 무렵 인도의 모든 주트 공장을 장악했으며, 목면 공장의 대부분은 민족부르주아지가 소유하고 있었다. 그 밖의 다른 부문 — 제분, 버터제조, 정미, 면 정화, 모직, 설탕제조 부문 — 에서는 총투자의 4분의 3을 영국인이 장악하고 있었다. 1904년 당시 인도에 설립된 공장 총수는 1,449개였고, 거기에 노동자 63만2,636명이 일하고 있었다.

영국 자본은 이미 19세기 중반에 광산 채굴업을 강력히 추진했다. 20세기 초에 인도에는 석탄, 석유, 철광, 망간광 등의 광산이 가동되고 있었는데, 여기에는 4만2천 명의 노동자가 취업하고 있었다(The USSR Academy of Sciences 1981, 494~495).

인도에서는 1870년대 말부터 파업이 일기 시작했다. 최초로 투쟁에 나선 것은 봄베이 지역의 방적노동자들이었다. 1877년 나그푸르의 익스프레스 밀스의 노동자들이 임금 인하에 항의해 파업을 일으켰다. 또 철도·항만 노동자, 국영기업의 종업원들(주로 가로청소 노동자)이 파업을 단행했고, 이른바 불가촉천민들도 뒤를 이어 파업을 일으켰다. 그러나 이런 투쟁들은 소수 노동자들이 경제적 요구를 관철하기 위해 행한 것이었고, 그 투쟁 형태는 비조직적이었으며 분산적이었다. 1880년대 들어 노동자들의 투쟁은 더욱 확대되었다.

1894년에는 봄베이 면방공장 여성노동자들이 파업을 벌였으며, 1889년에는 마드라스의 가나틱 공장 방사紡糸 직장의 아동노동자들이 임금 인상, 정기 휴일제 실시, 휴게 시간 연장 등을 요구하며 파업을 벌였다.

인도차이나 연방

1858년 8월 31일 프랑스의 해군 제독 리고 드 주누이가 이끄는 13척의 전함과 병력 2,500명으로 이루어진 프랑스·에스파냐 연합함대는 베트남 중부의 항구도시 투란(현 다낭)에 들어가 9월 1일 그곳을 점령하고 5개월 동안 머물렀다. 이때 에스파냐는 1857년에 베트남 통킹에서 디아스Diaz 주교가 처형된 데 대한 보복으로 필리핀 마닐라에 주둔하고 있던 군대 450명을 파견했다. 이로써 프랑스는 인도차이나 식민지화의 첫발을 내딛었다.

프랑스군은 그다음 해인 1859년 2월 18일 쟈딘 성을 공략해 남부 지역에 대한 침략의 길을 열었다. 프랑스군은 계속해서 1861년에는 사이공, 1862년에는 비엔호아를 비롯한 코친차이나 동부 3성을 점령하고 같은 해 6월 5일 이른바 1차 '사이공조약'을 체결했다. 조약의 주요 내용은 코친차이나의 동부 3성(비엔호아, 쟈딘, 딘 뜨엉)과 콘손 섬을 프랑스에 할양하며, 다낭과 바랏, 그리고 꽝응아이의 세 항구를 프랑스와 에스파냐 두 나라에 개방하고 은 400만 량의 배상금을 10년 안에 지불한다는 약속 등 열두 개 항목이었다. 이 조약은 나폴레옹 3세와 뜨득 황제가 마지막 서명함으로써 비준

되었다.

이와 같은 왕조의 망국적 조약 체결에 대해 코친차이나 인민대중들은 거세게 저항했다. 그러나 이런 저항은 오히려 프랑스의 베트남 침략을 위한 구실이 될 뿐이었다. 1874년 3월에는 이른바 제2차 사이공조약이 체결되었다. 이 조약에 따라 응우옌왕조는 코친차이나 6개 성에 대한 프랑스의 주권을 인정해 주고, 대신 프랑스 측은 베트남의 독립을 인정했다. 그리고 조약은 통상을 위해 홍 강을 개방하고 티 나이(꾸이년), 하이퐁, 하노이에 프랑스 영사의 주재를 허락했다(유인선 2002, 276; 286~287).

그런데 프랑스의 인도차이나 식민지화 전략은 베트남에만 국한된 것은 아니었고, 캄보디아와 라오스까지를 그 대상으로 했다. 프랑스는 캄보디아에 대해서는 1863년과 1864년의 제1차, 제2차 조약을 통해, 라오스에 대해서는 종주국인 샴국(현 타이)과 1893년과 1904년의 제1차, 제2차 프랑스-샴 조약을 통해 차례로 자신의 세력권에 끌어들여 인도차이나 식민지 체제의 기초를 공고히 했다(마호 1986, 29).

프랑스는 제2차 사이공조약에 따라 홍 강에서 윈난으로 올라가는 길을 확보했지만, 통킹은 프랑스에 대한 저항이 워낙 강했던 곳이어서 홍 강의 개방은 현실적으로 이행될 수 없었다. 이런 상황에서 프랑스인 2명이 홍 강을 거슬러 윈난으로 가려다 저지를 당하자, 코친차이나 총독은 사이공 주둔 사령관 앙리 리비에르를 군사 600명과 함께 통킹으로 파견했다. 리비에르는 1882년 4월 25일 하노이를 기습 공격해 이곳을 점령했는데, 그는 하노이 주변의 방어 상태를 점검하는 도중에 매복한 흑기군의 습격을 받아 부하 32명과 함께 살해당했다.

리비에르의 죽음을 구실로 프랑스는 원정군을 파견해 통킹을 제압하고, 왕도 후에를 점령했다. 이와 함께 프랑스 정부는 의회에 550만 프랑의 임시 군사비를 요청해 승인을 받았으며, 대규모 병력을 베트남에 파견했다. 프랑스 의회는 1883년 12월에 또다시 3천만 프랑의 추가 군사비 책정을 통과시켰고, 1884년 초까지 베트남에 병력 1만6,500명을 파견했다(유인선 2002, 290).

1883년 8월 프랑스군은 군함과 육군을 이끌고 통킹에서 중부로 내려와 투언 호아 강어귀에 있는 투언 안을 공격해 8월 20일에 함락시키고 후에를 향해 진격했다. 8월 25일에는 '아르망조약' 또는 제1차 후에 조약이 체결되었다. 이 조약에 따라 베트남은 프랑스의 보호국이 되었고, 프랑스는 통킹 지방의 모든 주요 도시에 베트남 관리들에 대한 통제권을 갖는 주차관을 임명했다.

한편, 베트남에서 전통적 '종주권'을 주장했던 중국 청조도 통킹에서 당한 패배와 프랑스 함대의 중국 연안 지구 공격, 그리고 통킹 북부의 랑선, 뚜엔꽝 성 점령 등의 압력에 굴복해 마침내 1885년 6월 9일 청-프랑스 텐진 조약을 체결함으로써 중국의 전통적 종주권은 상실되었다. 청-프랑스 조약의 체결로 이제 프랑스는 대외적으로 누구의 도전도 받지 않고 베트남에서 절대적 권한을 행사하게 되었다. 프랑스는 제일 먼저 점령한 코친차이나를 식민지로, 그리고 안남[6]과 통킹은 보호령으로 하여 베트남을 통치했다.

1887년에는 프랑스가 세 지역을 보호국인 캄보디아와 함께 인도차이나 연방으로 개편해 식민부로 이관하고 총독이 다스리게 했다. 또 1893년에는

6_안남이라는 명칭은 679년 중국이 하노이에 안남 도호부를 둔 데서 시작된다. 그 후 중국으로부터 독립한 베트남인은 대구월(大瞿越)·대월(大越)·대남(大南) 등으로 불렸지만, 중국인은 여전히 안남이라고 불렀다. 19세기 초에 응우옌왕조가 베트남을 통일하자 월남(越南)이라 부르게 되었다. 19세기 후반에 프랑스는 베트남 식민지를 3구로 나누어 하노이 지방을 통킹(半보호령), 사이공 지방을 코친차이나, 그 중간 지방을 안남이라 불렀으며, 안남의 후에를 수도로 하는 응우옌왕조의 왕권을 인정했다. 그러나 프랑스 식민지 총독의 통치를 받고 있었던 응우옌왕조는 시정권을 가지지 못했다.

보호령인 라오스를, 1900년에는 조차지인 광저우를 인도차이나 연방에 편입했다. 이에 앞서 프랑스는 1888년 하노이와 하이퐁, 그리고 다낭을 통킹과 안남에서 분리해 코친차이나와 마찬가지로 직할 식민지로 만들었다(유인선 2002, 292~294).

인도차이나에 대한 프랑스의 이와 같은 식민지정책을 두고, '베트남 제일주의'라는 표현이 사용되기도 했다. 이 말은 프랑스 식민지 가운데 알제리, 모로코, 튀니지 등 북아프리카 국가들을 제외하고는 가장 '이익이 많은' 식민지가 인도차이나였다는 것을 의미한다. 인도차이나 가운데서도 프랑스가 가장 중요시했던 지역은 북부의 통킹과 남부의 코친차이나였으며, 1930년대 이후에는 고무와 쌀로 엄청난 이익을 획득한 캄보디아였다.

프랑스의 식민지 통치 방식은 영국과 같은 '분할통치' 방식이 아니라 '동화정책'을 택했다. 이런 식민지 통치 방식은 식민지 인민들을 프랑스 문화에 동화되도록 만들어 식민지를 영구적으로 유지하고 통치하려는 목적에서 구상된 것이었다. 인도차이나 원주민은 코친차이나 직할 식민지 주민(프랑스 국적을 소유한 주민)이나 보호령 주민으로 신분이 바뀌었다. 인도차이나 식민지에서 신분 상승이나 생활 조건의 향상을 위해서는 군대의 하사관으로 근무하거나 인도차이나 행정관청의 하급 관리로서 장기 근무를 한다든지, 또는 프랑스계 정규 교육과정을 마치고 프랑스어를 충분히 습득해 프랑스 문화에 빠르게 동화되어 시민권을 획득하는 절차가 필요했다. 이와 같은 동화정책의 수행 과정에서 많은 베트남계 프랑스인이 배출되었다. 이들 말고도 많은 캄보디아와 라오스의 행정관리, 상인, 그리고 숙련노동자들도 프랑스 시민권을 획득했다.

프랑스의 식민지 지배 정책은 시대에 따라, 또 총독의 행정 방침에 따라 그 실행 방식을 조금씩 달리했다. 1860년대 코친차이나를 점령한 프랑스는

1870년대 말까지 군정을 실시하고 프랑스 군인을 지방 관리로 임명했다. 그러나 언어 소통에 곤란이 있어 제1대 총독인 루이 아돌프 보나르 제독은 토착민 정무 감찰관을 두고 실무 행정을 베트남인에게 맡겼다. 코친차이나 최초의 민간인 총독인 르 미르 드 빌레는 1880년에 식민지 평의회를 만들었는데, 평의회는 프랑스인 6명, 베트남인 6명, 사이공 상공회의소 대표 2명, 총독이 임명하는 사람 2명으로 구성되었다. 이 평의회는 식민 정부의 이권에 기생하는 일부 특권층의 본거지로 변질되었고, 평의원들은 자기들의 경제적 이익을 위해 코친차이나의 분리를 주장했다.

1897년에 총독으로 부임한 폴 두메르는 인도차이나 전체에 대한 연방정부의 강력한 통치를 위한 조치들을 강구했다. 그는 식민지 평의회에 대항하기 위해 파리 정부에 다섯 개 지역의 대표자로 구성되는 인도차이나 평의회의 설치를 요청해 승인을 받았다. 1897년 7월 공포된 법령에 따르면, 평의회는 총독을 위시해 육군 사령관과 해군 사령관, 통킹·안남·캄보디아·라오스의 고등 주차관, 코친차이나 총독과 농업회의소 회장, 상업회의소 회장, 그 밖의 베트남인 고위직 관리 2명으로 구성되며, 의장은 총독이 맡았다. 나중에는 연방정부의 행정 부서 장들도 구성원이 되었다.

두메르는 연방정부 체제가 어느 정도 자리를 잡게 되자, 이제까지 혼란스러웠던 재정을 재정비해 다섯 개 지역 연방 지역들이 프랑스로부터 재정 독립을 할 수 있도록 하는 한편, 연방정부의 세원 확대를 위해 노력했다(유인선 2002, 294~300).

프랑스 식민지 통치에 대한 베트남 인민들의 저항운동은 프랑스의 침략과 동시에 시작되었다. 1859년 리고 드 주누이 제독이 사이공을 공격했을 때, 지방의 토착 지식인이 의군을 조직해 관군을 지원했으며, 1862년 제1차 사이공조약이 체결된 뒤에도 저항을 계속했다. 1882년 프랑스 군대가 홍

강 델타에 공격을 시작했을 때는 북부의 토호들도 촌락 단위로 자위대를 조직하고 중국에서 무기를 구입해 적극적인 저항 태세를 갖추었다.

1885년에는 함 웅이 황제의 이름으로 근왕령勤王令이 전국에 반포되고, 이에 따라 지방의 지식인과 지주들이 농민들을 이끌고 프랑스에 대항하는 저항 투쟁을 전개했다. 이른바 껀브엉(근왕)운동이다. 이 근왕운동의 목표는 프랑스 세력을 몰아내고 외래 종교를 타파하는 것이었다. 1800년대 후반 조선에서 일어났던 위정척사 운동과 유사했다. 근왕운동은 지방의 하급 관리나 향촌 사회의 지배 계층을 중심으로 추진되었고, 맹목적인 충성심만을 내세웠을 뿐이었으며 조직력이 부족해 지역적인 연대를 이끌어 내지 못해 성공을 거둘 수는 없었다(유인선 2002, 312~317).

필리핀

필리핀은 1571년 에스파냐가 마닐라를 식민지 수도로 정하면서 공식으로 에스파냐에 통합되었다. 에스파냐는 19세기 전반기에 중남미 식민지 국가들이 독립을 선포함으로써 식민지정책을 유화정책으로 방향을 전환했다. 예컨대 에스파냐는 식민지인에게 에스파냐 의회에 대표자를 파견하도록 하는 정책이 그것이었다.

에스파냐는 250년 넘게 인도제도위원회를 주축으로 필리핀을 지배해 왔다. 이 기구는 입법·사법·행정 전반에 걸친 통치권을 소유했다. 1863년에 이르러서는 대외성이 인도제도위원회의 기능과 역할을 떠맡게 되었고, 19세기에 제정된 본국 법안들을 필리핀에도 적용했다.

에스파냐 식민지 당국은 필리핀인이 이전부터 유지해 오던 촌락 조직 바랑가이Barangay 체제를 도입했다. 바랑가이 체제를 운영함으로써 필리핀인이 주변 지역과 반목하고 질시하는 경향을 해소할 수 있었고, 나아가 무슬림 영주인 다투datu들과 그 자손들을 그대로 해당 지역의 지배자로 남게 함으로써 외세에 대한 적극적인 반발을 완화할 수 있었다. 또 대부분의 경우, 시정 공무원들을 필리핀인으로 채용했는데, 그렇게 함으로써 필리핀인은 나름대로 전통 문화와 종교적 관습들을 유지할 수 있었다(양승윤 외 2007, 28~31).

이와 같은 에스파냐의 식민지 통치 정책이 시행되었는데도 필리핀에서는 1896~1898년 사이에 에스파냐의 식민주의에 반대하는 민족해방투쟁이 전개되었다. 부르주아 민주주의 경향의 비밀조직 카티푸난Catipunan[7]이 주도해 무장봉기를 일으켰는데, 이 조직은 그 뒤로 농민, 도시빈민, 프티부르주아, 평민 출신 지식인이 참여하는 대중적 혁명 단체로 바뀌었다. 카티푸난은 1898년 에밀리오 아기날도를 정부 수반으로 하는 독립 공화국을 선언했다. 그러나 이 공화국은 오래 지속하지 못했다. 1898년 12월, 혁명군 지원이라는 명목으로 개입한 미국이 에스파냐와 전쟁을 벌였고, 결국은 에스파냐와 파리조약을 체결해 필리핀을 지배하게 되었다.

필리핀 인민들은 장기간에 걸친 식민 지배에서 벗어나기 위해 협력자로 자처했던 미국과 쉽사리 제휴했지만, 오래지 않아 미국의 기본 동기를 파악할 수 있었다. 그 대안은 전쟁뿐이었다. 미국이라는 새로운 식민지 지배자에 대한 1898~1901년의 필리핀 혁명전쟁은 민족해방투쟁의 계승이었다. 3년 2개월 12일이나 지속된 필리핀-미국의 전쟁은 1902년 4월 16일 필리핀의 패배로 끝났다.

7_에스파냐 식민 통치에 저항하기 위해 1892년 설립된 민족주의 단체다. 회원 수는 10만 또는 40만 명에 이르렀다.

미국은 장기적 식민지 지배를 위한 기구들을 설치하고 식민지정책을 실행했으며, 미국의 지배에 대항해 필리핀 인민들의 민족해방투쟁은 끊임없이 계속되었다. 이런 과정에서 노동자계급의 조직과 투쟁도 점점 고양되었다.

인도네시아

15세기 초반부터 유럽 열강들은 앞다투어 각종 향료와 열대작물을 찾아서 인도를 목표 삼아 동쪽으로 탐험 항해를 시작했다. 1511년에는 포르투갈이 향료 무역을 독점하고자 말라카를 정복했으나, 말라카가 지배했던 거대한 아시아 무역망은 장악하지 못했다. 포르투갈 다음으로 인도네시아에 발을 들여놓은 네덜란드는 1602년 동인도회사VOC를 설립해 인도네시아 군도群島에서 향료 무역을 독점하는 데 성공했다.

네덜란드 의회는 동인도회사에 통치권에 준하는 사법·행정·군사권 등의 막강한 권한을 부여했다. 그뿐만 아니라 동인도회사가 그들의 업무를 효율적으로 수행하고 그들의 지위를 확고하게 유지할 수 있도록 하기 위해 네덜란드 정부는 총독직제를 채택했다. 이와 같은 식민지 지배 체제의 토대 위에서 네덜란드는 인도네시아에 대한 간접·분할통치 방식을 실시했다(양승윤 2003, 12~13).

동인도회사는 향료 무역과 연계된 지역, 북부의 주요 항구, 그리고 말루쿠 군도의 무역 중심지에 대한 통제권을 장악했으며, 영토 확장에도 몰두했을 뿐만 아니라 자와 내정에 대해서도 깊숙하게 개입했다. 그리하여 1700년대 중반에 이르러 동인도회사는 자와 전역에 대한 정치적 통제권을 행사할 수 있었다.

1797년에 유럽에서 나폴레옹전쟁이 발발해 프랑스가 네덜란드를 점령하게 되고, 네덜란드가 영국에 망명 정부를 세우면서 영국이 인도네시아에 진출할 수 있는 기회를 쥐게 되었다. 그리하여 인도네시아는 1811년부터 1816년까지 영국 동인도회사의 지배를 받았다. 그러나 나폴레옹전쟁이 끝나자 네덜란드는 영국으로부터 이전의 식민지를 되돌려 받았고, 인도네시아는 다시 네덜란드의 식민지가 되었다.

이런 과정에서 인도네시아 여러 지역에서 민족적 저항이 일어났다. 그 때마다 식민지 권력은 무력으로 인민 저항을 진압했다. 그런데도 저항은 계속되었다. 1821년에는 농촌에서 흉작이 닥쳤고, 자와에는 콜레라가 만연된데다 1822년 말에는 머라피 화산까지 폭발했다. 이런 사회 혼란 상태에서 1825년에는 마타람왕국의 팡그란 디포느고로 왕자가 반란을 일으켰다.

1825년 5월, 새로운 도로가 뗴갈라쟈 근방에 건설될 예정이었는데, 이를 둘러싸고 디포느고로의 추종자들과 그의 적수인 다누르자 4세의 부하들 사이에 충돌이 벌여져 한동안 긴장이 계속되었다. 1825년 7월 20일, 네덜란드 식민지 정부는 디포느고로를 체포하기 위해 욕야카르타에서 군대를 파견했다. 양측 사이에 무력 충돌이 빚어졌고 디포느고로는 급히 피신했으며, 디포느고로의 저항행동은 봉기로 확대되었다. 디포느고로의 봉기는 중부 자와와 동부 자와 전역으로 빠르게 확산되었다. 이른바 자와 전쟁이 시작된 것이다. 왕자를 비롯한 귀족들과 이슬람 사회도 디포느고로를 지지했고, 디포느고로는 1826년까지 중부 자와의 내륙 지방 대부분을 통제했다. 1829년에는 봉기군의 세력이 네덜란드 식민지 당국의 강력한 군사작전으로 급격하게 약화되었다. 1830년 3월 디포느고로는 협상을 위해 말랑에 나타났다가 체포되어 마두라로 추방당했다. 디포느고로의 자와 전쟁은 이렇게 끝이 났다. 이 전쟁으로 인도네시아인 20여만 명이 죽었고 욕야카르타 인구의 약 절반이 감소되었다. 네덜란드 군인과 유럽인 6천 명이 죽었고,

인도네시아 군인 7천 명이 희생되었다. 디포느고로가 주도한 자와 전쟁은 비록 실패로 끝나기는 했으나, 인도네시아 민족해방운동의 전개에서 큰 계기가 되었다(양승윤 2005, 200~201).

1830년부터 실제적인 자와의 식민지 역사가 시작되었다. 네덜란드 식민주의자들은 처음으로 자와 전 지역을 통제했으며, 인도네시아인을 전횡적으로 지배하고 착취할 수 있게 되었다. 그 일환으로 실시된 것이 강제재배제도인 단일경작제도였다. 이 제도는 정부 주도로 유럽 시장에 수출할 사탕수수, 차茶, 담배, 커피 등 4대 열대원예 작물의 재배와 조세 징수를 주된 목적으로 했다. 이런 정책에 따라 농민들은 농지의 5분의 1에 식민지 정부가 지정하는 작물을 재배해야만 했고, 그 수확물은 정부가 일방적으로 설정한 가격으로 팔아야만 했다. 이 작물들은 재배와 가공이 까다로워 경험이 부족한 농민들에게는 무거운 부담이 아닐 수 없었다. 게다가 일손 부족으로 쌀 경작 부진까지 겹쳐 농민들의 생계는 더욱 곤란해졌다. 1840년 당시 자와 전체 인구의 57퍼센트가 수출용 작물 생산에 종사했으며, 1837~1851년 사이에 자와 농가 70퍼센트 이상이 수출용 작물을 생산하고 있었고 그 가운데 절반이 커피 생산 농가였다(양승윤 2005, 206).

단일경작제도가 시행되는 가운데 1843년에는 치르본에서 대기근이 발생했고, 1846년부터 1849년까지는 전염병이 만연했으며 1850년에는 대흉작이 자와 섬을 휩쓸었다. 그런데도 식민지 당국은 토지세를 비롯해 각종 세금을 인상했다. 이와 같은 무거운 부담을 견디다 못한 농민들이 무더기로 농촌을 떠나는 현상이 벌어졌다.

이와 같은 상황에서 자와에서는 자주 농민 봉기가 일어났고, 1873년 수마트라에서는 아체 전쟁(1873~1904년)이 일어났다. 1871년 수마트라 조약에 따라 영국의 간섭을 배제하는 데 성공한 네덜란드는 말라카 해협의 안전 확보라는 명목으로 아체의 보호령화를 목표로 1873년 4월 침략을 시작했다. 네덜란드 식민지군의 공격에 대항해 인도네시아인이 일으킨 아체 전쟁은 네덜란드 지배에 반대한 식민지 전쟁 가운데 가장 큰 전쟁이었다. 이슬람교에 대한 강한 종교적 신념을 지닌 아체인은 이 전쟁을 성전聖戰으로 간주하고 장기적인 전쟁을 벌였다. 네덜란드는 오랫동안 고전을 면하지 못하다가 1904년 이곳을 정복해 네달란드 동인도회사의 지배를 받게 했다. 그러나 그 뒤로도 게릴라전이 산발적으로 일어나 네덜란드군을 괴롭혔다. 인도네시아 인민들의 투쟁은 일본군이 1942년 이곳에 주둔할 때까지 계속되었다.

자와 전쟁과 아체 전쟁이 전개되는 가운데서도, 노동자들의 조직화나 투쟁은 본격적으로 진행되지 않았다. 그러나 1882년에는 제조회사와 대농장에서 여러 건의 파업이 일어났다. 요구 조건은 임금 인상, 노동시간 단축, 임금을 지급하지 않은 노동 강요 시정 등이었다. 최초의 노동조합은 1894년에 결성되었는데, '네덜란드령동인도교사연합'이 그것이었다. 이 노동조합은 네덜란드인 교사만을 가입 대상으로 한 폐쇄적 성격을 띤 조직으로서, 인도네시아 노동운동에서 그다지 중요한 역할을 하지는 못했다(Tedjasukmana 2009, 15).

아체 전쟁에서 승리한 네덜란드는 다른 유럽 국가의 인도네시아에 개입을 저지하는 데는 성공했지만, 당시 유럽 열강들의 아시아 진출에 대해서는 위협을 느끼는 처지가 되었다. 이와 같은 조건에서 네덜란드는 20세기 들어 식민지정책의 방향 전환을 시도하게 되었는데, 인도네시아인의 권익 보호와 복지 증진을 위한 이른바 윤리 정책을 정책 목표로 내세운 것이 그런 정책 조치였다(양승윤 2003, 16~17).

조선

조선 봉건사회는 19세기 말에서 20세기 초에 이르는 기간에 자체 내부에서 유지해 왔던 자본주의 맹아를 발전시키지 못한 채, 차츰 해체되기 시작했다. 조선은 1876년의 강화도 조약 체결과 1894~1895년의 청일전쟁, 그리고 1904~1905년의 러일전쟁을 거치면서 차츰 식민지화의 위기에 놓이게 되었다. 청일전쟁 이후 1905년에 이르는 기간에 외국 상품이 조선에 대량으로 유입되어 폐쇄적인 자연경제를 급속하게 분해했지만, 당시에도 농업과 가내수공업은 계속 잔존하고 있어서 자연경제 대신 상품·화폐경제가 지배적 위치를 차지하는 상태에는 이르지 못했다(전석담 외 1989, 43).

그러나 외국자본주의 침략자들이 1876년 이후에 막대한 양의 농산물을 수탈했고 금의 매수를 둘러싸고 치열한 경쟁을 벌였으며, 각종 이권 탈취와 경제 각 부문(금융·화폐, 통신 부문 등)에 대한 자본 진출을 꾀했다. 이와 함께 일본과 미국의 자본가들은 경인 철도와 서울 전차 개설에 참여했고, 지하자원을 약탈하는 한편 토지 투자와 공장 설치에 본격적으로 착수했다.

이와 같은 외국 제국주의 침략 과정에서 노동자들의 저항과 투쟁이 자연발생적이고 분산적이었지만 광산·부두·철도부설 부문 등에서 전개되었다. 앞에서(제1부 1~2장) 노동자계급의 형성과 초기 노동자 조직화 과정을 살펴본 바 있거니와, 19세기 말에서 20세기 초에 이르는 기간에 조선 노동자들의 노동·생활 조건은 전반적으로 매우 열악한 상태에 놓여 있었고, 이런 상태를 극복하려는 노동자투쟁은 초기 단계에 머물러 있었다.

노동자들의 의식 수준은 아직 계급의 단계에까지 이르지 못했고, 노동조직도 미처 체계를 갖추지 못했다. 조선에서 최초로 조직된 노동조합은 1898년 5월 부두 하역 노동자 46명이 중심이 되어 조직한 '성진본정부두조합'이었고, 그다음 해인 1899년에 군산의 '공동노동조합'과 '평양곡물두량조합'이 잇따라 결성되었다. 이들 노동조합은 합법성을 지닌 조직도 아니었으며, 부두를 중심으로 한 하역노동자들의 조직이 대종을 이루었고 그 수도 많지 않았다. 조합비는 대체로 노임의 10분의 1 정도로서 매우 높은 편이었다. 당시까지만 해도 공업 분야는 미처 발달하지 못한 상태여서 산업노동자들의 노동조직은 아직 대두하지 않았다. 노동조합의 성격도 공제 조직이면서 동시에 계몽 단체였으며, 때로는 노동자들에 대한 수탈 기관 또는 통제 기관의 역할도 수행했다.

이 시기 노동자들의 투쟁은 주로 광산, 부두, 철도 부문에서 전개되었다. 1877년 6월 함경남도 갑산군 초산에서 개항 후 최초의 광산노동자 폭동이 일어났는데, 이 폭동은 광부들이 봉건 관료들의 가혹한 세금 수탈과 가렴주구에 반대해 발생했다. 그 배후에는 채굴권이 외국인에게 이양될 것을 우려한 광산업자들의 부추김도 있었을 것으로 추측된다(한국노동조합총연맹 1979, 18).

갑산 지역에서 일어난 광산노동자 폭동 말고도, 1898년 강원도 금성군 당현 금광에서는 독일인 금광업자에 대응해 광산노동자들의 소요가 있었고, 1901년에는 운산 금광에서 광산노동자들이 외국인 광업자들을 습격하는 일이 벌어졌다.

당시 조선 노동자투쟁에서는 부두노동자들의 투쟁이 중심을 이루었다. 1898년 2월, 개항된 지 5개월밖에 되지 않은 목포항에서 파업이 일어났다. 당시 목포에는 조선인 부두노동자 200여 명이 일하고 있었는데, 그들은 일본인의 임금 지불 방법이 복잡하고 그것이 그들에게는 불리했기 때문에 이에 항의해 투쟁을 제기했다. 또 같은 해 9월에도 부두노동자들은 임금 인상을 요구해 파업투쟁과 시위를 벌였다. 1901년에는 일본인 용역 회사의 운반 노임 인하 기도에 반대해 파업을 감행했다. 그 이후에도 목포 부두노동자들은 여러 차례 파업을 단행했는데, 이들 파업은 노동자들의 자발적 의사에 따른 것이었다기보다는 노무 공급 기구인 감리서와 일본인이 벌인 대결 과정에서 피동적으로 제기된 측면이 컸다(한국노동조합총연맹 1979, 20~21).

한편, 부두노동자들은 노동단체가 임금을 착취하는 중간착취 기구로 전락됨으로써 이에 반대하는 반反십장 운동을 벌였다. 반십장 운동은 1900년 7월 원산에서 먼저 일어났다. 원산 부두노동자들은 십장의 임금 착취에 반대했으며, 나아가 십장제 폐지를 요구했다. 1903년 목포에서는 부두노동자가 상납하는 십장 수취액을 둘러싸고 반대 운동이 일어났다. 그런데 반십장 운동으로 제거된 십장과 일본 측이 벌인 결탁이 또한 부두노동자들의 저항을 불러일으킨 요인이 되기도 했다(강만길 2004, 201~203).

광산과 부두 말고도 철도 건설 노동자들의 투쟁이 강도 높게 진행되었다. 철도 부설敷設 작업에 동원된 노동자들은 강제 동원과 극심한 사역 그리고 일본인의 잔인한 횡포를 겪었으며, 이것은 철도노동자들의 일본인에 대한 증오와 함께 철도회사에 대한 심대한 반발을 낳게 했다. 이런 상황에서 의병이나 활빈당은 수시로 철도와 군사시설을 공격했다. 이에 일본 측은 군대를 동원해 철도선의 주요 지역을 경비하고 철도 공사를 보호했다. 그리고 철도를 파괴하는 한국인에 대해서는 법률 적용을 엄격하게 시행했는데, 1904년 7월부터 1906년 10월까지 2년 남짓한 기간에 사형 25명, 감금 구류 46명, 추방 2명, 태형 100명, 과태료 부과 74명 등 257명을 처벌했다(강만길 2004, 204~205).

철도노동자의 저항은 경부선에서 녹도조鹿島組가 시공한 증암增岩 터널(858 피트) 공사가 대표적인 사례였다. 일본인 감독들이 작업을 독려하기 위해 극심하게 사역을 강요한 데 반발해 조선인 노동자들이 폭동을 일으켜 일본인 감독들을 터널 속으로 몰아넣고 공사장을 점령했다.

이 시기 산업노동자층은 아직 그 수에서나 조직 측면에서 노동운동을 주도할 정도로 성숙하지 못했고, 광산과 부두 그리고 철도 건설 부문에서 노동자 조직과 투쟁이 대두될 정도여서, 근대적 노동운동의 본격적인 진전을 기대하기는 어려운 상태였다.

2. 라틴아메리카

라틴아메리카에서는 식민지 통치 상태에서 독립전쟁으로 시작한 민족운동과 민주주의 운동의 시대가 1세기 반 이상 지속되었다. 시초 축적 시대에 형성된 에스파냐의 식민지 체제가 붕괴되고 브라질이 독립을 선언한 뒤로, 구식민지 지역에서 정치적으로 독립한 여러 국가가 새로 형성되었다. 1800년대 말부터 1900년대 초까지에는 영국, 프랑스, 에스파냐, 네덜란드의 식민지 종속 상태에 머물러 있었던 국가는 기아나와 카리브 해에 위치한 국가들뿐이었다.

　정치적 독립과 독자적인 국가 창설은 자본주의 발전과 노동자계급 형성에 매우 중요한 계기가 되었다. 그러나 라틴아메리카의 정치·경제·사회의 후진성은 일정 기간 계속되었고, 미국을 비롯한 영국, 프랑스, 그리고 1800년대 말부터 1900년대 초까지 독일도 가세해 라틴아메리카 국가들을 경제·외교·군사적 종속을 강제했다. 라틴아메리카 국가들은 유럽 열강과 미국의 채무국이 되었고, 이들 채권국들은 채무 변상 보증을 구실로 라틴아메리카에 원정군을 파견해 침탈함으로써 다시 식민지로 바뀌었다.

　1800년대 말부터 라틴아메리카 국가들에 대해 외국 투자가 급증했는데, 1900년대 초기에는 특히 북아메리카 자본의 침입이 확대되었다. 라틴아메리카 국가들에 대한 외국자본 침투는 순수한 경제적 침탈 과정만은 아니었다. 이와 같은 과정은 제국주의 열강이 라틴아메리카 국가들을 대상으로 도발한 전쟁, 라틴아메리카 국가들에 대한 항만 봉쇄와 폭격, 제국주의적 침략 정책에 걸림돌이 되는 정부 전복 등과 같은 침략 책동을 수반했다. 외국 독점자본의 침입은 라틴아메리카 국가들의 경제를 파행으로 몰고 갔으며, 공업 발전을 지연시켰는가 하면 후진적 구조를 더욱 심화시켰을 뿐만 아니라 국가들 사이의 불균등 발전을 촉진했다. 더욱이 대토지 사유제의 존속과 강화, 정치적 불안정, 인민대중의 문맹 등은 라틴아메리카 국가들의 경제성장을 크게 제약했다.

이런 조건들 때문에 라틴아메리카 국가들에서 진행된 산업혁명은 거의 1세기 가까이 지속되었고, 그것도 나라에 따라 불균등한 양상을 보였다. 이와 같은 요인은 정상적인 노동자계급의 형성·발전을 가로막았다. 라틴아메리카 도시 프롤레타리아트는 1800년대 말에 약 60만 명이었고, 이들은 농업노동자, 운수·상업·서비스 부문의 저임금노동자들이었으며, 노동자 총수는 150만 또는 200만 명 정도였다(The USSR Academy of Sciences 1981, 467~469).

라틴아메리카 노동자계급의 특징은 민족적 다양성, 노동자 구성의 복잡성, 계층별 노동자 사이의 경제·사회적 상태 차별성에 있었다. 라틴아메리카 국가들에서 나타난 노동자계급의 분산성은 이런 요인의 결과였으며, 이와 같은 분산성과 분립성은 또한 여러 가지 계급투쟁 전개에서 시기상의 큰 차이를 낳았고, 노동조합이나 정당 창립에서도 불균등을 가져왔다.

라틴아메리카 국가들에서 자본주의 발전이 매우 불균등하게 진행된 것과 마찬가지로 이들 국가들에서 전개된 노동운동의 발전 과정도 결코 균등하지 못했다. 1870년대 초까지 노동자계급은 낮은 수준의 투쟁 경험만을 갖고 있었다. 국가에 따라서는 소수의 조합원이기는 하지만 노동조합 조직이 있었던 경우도 있었으나, 당시까지 노동자계급의 자립적인 정치조직은 어느 나라에도 존재하지 않았다. 라틴아메리카 노동조합운동은 1800년대 말에야 발전하기 시작했다. 노동조합은 일반적으로 수련공, 농업·광산·운수·섬유·철도 노동자 등을 포괄했다. 제1차 세계대전 이전 시기 라틴아메리카 노동자는 각국에서 노동조합 전국 중앙 조직을 만드는 데 성공했다. 페루(1884년), 아르헨티나(1890년), 쿠바(1890년), 칠레(1909년), 멕시코(1912년) 등의 경우가 그러했다(Foster 1956, 161~162).

이 시기의 라틴아메리카 주요 국가들의 노동운동 전개 양상을 살펴본다.

아르헨티나

1516년 후안 디아스 데 솔리스가 에스파냐 왕실의 명을 받아 리오데라플라타 하구에 있는 마르틴가르시아 섬에 도착해 아르헨티나를 발견했다. 그 뒤로 에스파냐의 아르헨티나 정복 사업은 세 단계를 거쳐 이루어졌다. 1단계는 1516~1580년 사이의 발견과 탐험 시기, 2단계는 1580~1630년 사이의 엥코미엔다 제도[8] 적용 시기, 3단계는 1630~1680년 사이 아르헨티나가 차츰 경제적으로 성장하던 시기가 그것이다(강석영 1996b, 15).

1810년 5월 25일 에스파냐가 나폴레옹의 침공으로 패배했다는 소식이 전해지면서 부에노스아이레스 시민들은 1차 의회First Government Junta(5월 혁명)를 조직했다. 현재의 아르헨티나를 이루게 되는 두 나라가 생겼는데, 남아메리카 합중국(1810년)과 자유연맹(1815년)이었다. 다른 주들은 자치론

8_에스파냐령 아메리카에서 1503년에 제정된 제도로서, 정복자 또는 식민주의자가 토지와 마을을 현지에 사는 원주민과 함께 받는 제도를 말한다.

자와 중앙집권론자들의 견해 차이로 통합 국가에 귀속되는 데는 시간이 걸렸다. 1814~1817년에 호세 데 산 마르틴이 군사작전을 지휘하면서 독립은 점점 현실이 되었다. 산 마르틴과 그의 군대는 1817년 안데스를 넘어 칠레와 페루의 왕당파를 무찔러 독립을 공고하게 다졌다.

1816년 7월 9일 소집된 투쿠만 의회가 에스파냐에서 공식적으로 독립했음을 선언했다. 1820년 자유연맹은 남아메리카 합중국 군대와 브라질에서 온 포르투갈 군대의 공격으로 무너졌으며, 이 주는 남아메리카 합중국으로 귀속되었다. 1825년 볼리비아가 독립을 선언했고, 1826년에 아르헨티나는 브라질로부터 독립을 시도하는 시스플라티나 주를 적극적으로 지지한 결과, 당시 브라질의 속주였던 시스플라티나 주의 독립을 막으려는 브라질과 무력 충돌을 벌여 전쟁을 치르기에 이르렀다. 이것이 아르헨티나-브라질 전쟁이었다. 1828년에는 아르헨티나-브라질 전쟁이 정전을 맺은 결과, 시스플라티나 주가 우루과이라는 이름으로 독립했다.

1829년부터는 후안 마누엘 데 로사스가 20여 년 동안 공포정치를 폈다. 호세 데 우르키사가 1841년에 엔트레리오스 주지사로 취임해 1851년 로사스에 대항하는 반란을 일으켰다. 로사스 체제는 붕괴되고 1853년 5월 연방 헌법이 공포되었다. 새 헌법에 따라 우르키사가 새로운 아르헨티나 대통령으로 선출되었다(강석영 1996b, 40).

1870년대부터 해외투자와 이민이 밀려들어 왔으며, 농업은 점점 더 발전했고 아르헨티나 사회와 경제가 새롭게 재편되어 국가 통합이 강화되었다. 1880년 이후 아르헨티나는 경제성장을 계속해 당시 세계적으로 부유한 10개국 중 한 곳이었으며, 농업 수출 경제로 이익을 보았다. 이민이 늘어나고 사망률이 떨어지면서 아르헨티나 인구는 5배로 늘었고, 경제는 15배로 확대되었다.

1800년대 말과 1900년대 초에 걸친 아르헨티나 정치·경제의 급격한 변화 속에서 아르헨티나 노동운동은 라틴아메리카 국가들 가운데 가장 풍부한 경험을 축적하게 되었다. 1869년 무렵 아르헨티나의 인구는 약 200만 명이었으나 1880~1905년 사이에 약 300만 명에 이르는 이주민이 유럽에서 아르헨티나로 건너왔다. 아르헨티나의 노동운동은 이런 특수성을 안고 출발했다(푸엔테스 1997, 355).

아르헨티나에서는 1870년대 초에 목공·인쇄·건설 노동자의 노동조합과 상호부조조합이 결성되었고, 제1인터내셔널 지부도 설치되어 있었다. 1872~1876년에 걸친 경제공황으로 노동운동이 후퇴하고 인터내셔널 지부도 해체되었으나, 1870년대 후반기에 들어서는 노동운동이 다시 고양되었다. 1878년에는 인쇄노동자들이 파업을 일으켰고 1887년에는 제화노동자들이 총파업을 단행했는가 하면, 1888년에는 철도노동자들의 파업이 발생했다. 이런 투쟁 과정에서 노동자의 임금 인상을 비롯한 경제적 요구들이 관철되었고, 여러 부문에 걸쳐 노동자 조직이 결성되었다(The USSR Academy of Sciences 1981, 474).

1890년에는 제2인터내셔널 결정에 따라 메이데이 기념식을 치르기 위한 조직위원회가 결성되었는데, 이 위원회는 ① 메이데이 개최, ② 아르헨티나노동자연맹 결성, ③ 노동자 옹호를 위한 신문 발간, ④ 노동자 보호를 위한 법률 채택을 요구하는 청원서 제출을 결정했다. 작성된 청원서에는 8시간 노동일제, 여성노동자의 노동조건 개선, 14세 미만 연소자의 고용 금지, 14~16세 미성년자의 6시간 노동제 실시와 야간작업 금지, 일요일 휴일제, 산업재해 예방을 위한 공장 감독관 제도 확립, 산업재해보험 실시, 식품 위조 방지를 위한 법률 채택 등을 요구했다. 이 청원서에는 2만 명이 서명했고, 1890년 메이데이 집회·시위에는 3천 명의 노동자가 참가했다. 메이데이 시위는 노동자들의 투쟁 의식을 강화하는 계기가 되었다(The USSR Academy of Sciences 1981, 475~476).

메이데이 행사를 실행한 뒤, 이를 계기로 1890년 6월에는 노동조합 전국 중앙 조직인 '아르헨티나공화국노동자연맹'이 결성되었으며, 이 조직은 후에 '아르헨티나노동자연맹'으로 이름을 바꾸었다.

1892년 5월에 아르헨티나노동자연맹은 노동자들의 기본적 요구를 집약한 노동관계법 개정안을 정부에 제출했다. 12개 항의 노동관계법 개정 요구안은 14~18세 아동노동자의 6시간 노동일제, 8시간 노동일제, 모든 노동자에 대한 주 36시간의 주휴제, 모든 위험한 작업에서 여성노동자와 18세 미만 노동자의 야간노동 금지, 노동자의 건강을 해치는 산업과 공장 폐쇄, 모든 산업과 공장에 대한 정부 검열, 산업재해에 대한 의무적 보장제도, 노동분쟁 해결을 위한 특별재판소 설치 등을 담았다(Troncoso & Burnet 1962, 44).

한편, 1896년 6월에는 '아르헨티나사회노동당'이 창립되었는데, 창립 대회에는 35개의 정치조직과 노조 연합에서 833명이 참가했다. 아르헨티나 노동운동은 이 아르헨티나사회노동당과 밀접한 협력 관계를 갖고 전개되었다. 사회노동당은 1900년에 당명을 '아르헨티나사회당'으로 바꾸는 한편, 노동자·농민 문제의 해결을 위해 노력을 쏟았으며 1890년대의 선거 투쟁에 적극 참가했다. 1904년 선거에서 당원 한 사람이 국회에 진출했다. 아르헨티나사회당은 노동자의 계급적 자각 고양, 노동자 조직화, 국제적 결합 강화에 크게 기여했으나, 당 지도부 내의 개량주의적 경향은 노동자계급의 통일된 투쟁을 발전시키는 데 일정한 한계를 보인 것으로 평가되었다.

20세기 들어서면서 최초로 전국 단위의 노동조합 연맹인 아르헨티나지역노동자연맹이 결성되었다. 이 조직은 10년 동안 노동운동의 가장 강력한 전국 조직으로서 아나르코생디칼리즘을 지도 이념으로 설정했다(Troncoso

& Burnet 1962, 44).

브라질

브라질은 1500년 4월 포르투갈인 페드루 알바레스 카브랄이 발견했으며, 적색염기성염료의 원료로 쓰이는 브라질 나무의 이름을 따서 브라질로 부르게 되었다.

1528~1529년 사이 프랑스 상인이 브라질 해안 지대에서 적색 염료 목재 채취에 나서자, 포르투갈의 동 주앙 3세는 1530년에 선원 400명과 함께 농기구와 종자를 배에 실어 원정대를 파견했다. 그들이 페르남부크 해안에서 적색염료 목재를 적재한 프랑스 선박 세 척을 나포해 리우데자네이루에 도착함으로써 포르투갈의 브라질 정복은 본격화되었다. 1832년 포르투갈의 동 주앙 3세는 브라질을 15개 봉토Capitanias로 분리했고, 1534~1539년 사이에 14개의 봉토를 양수인 12명에게 분배했다. 1548년에는 토메 지 소우자가 최초의 총독으로 임명되었다.

포르투갈의 초기 식민정책은 왕실, 교회, 그리고 군을 주축으로 동북부 지역에서 사탕수수를 경작하는 데 집중되었다. 브라질에서 사탕수수 농장주들은 많은 노동력을 필요로 했다. 초기에 식민주의자들은 노동력을 원주민 사냥으로 충당했으나, 브라질 동북부에는 원주민이 적어 아프리카에서 흑인 노예를 수입하기 시작했다. 1549~1850년 사이에 노예 약 600만 명이 수입되었다(강석영 1996b, 86~87).

17세기에는 식민지의 중심이 북동부에서 남부로 옮겨지면서 '반데이란테스'라는 개척자들이 원주민의 저항을 물리치면서 오지로 전진해, 거의 현재의 국경을 확정했다. 그때 미나스제라이스 주에서 금과 다이아몬드 등이 발견되어, 18세기 중엽에는 금 수출에서 세계 제일을 자랑했다.

1807년 나폴레옹이 포르투갈을 침공할 때, 포르투갈의 동 주앙 6세는 이에 대응하기에는 세력이 미약했다. 1808년 나폴레옹에 쫓겨 일족과 함께 피해 온 포르투갈 왕실의 황태자 돔 페드루는 1822년 9월, 국왕 주앙 6세가 귀국한 후 브라질의 독립을 선언하고 스스로 페드루 1세라 칭했다. 1831년 페드루 1세가 전제정치를 폈다는 이유로 물러나게 된 후, 페드루 2세가 통치하는 브라질은 인근의 여러 나라로 진출했고, 커피 재배 보급과 유럽 이민의 대량유입으로 자본주의 발전에 박차를 가했다.

1888년에는 노예제도가 폐지되었으나, 대지주와 지방의 토호 세력 등으로 이루어진 계급 집단 '콜로네레스'는 이에 불만을 품고 이듬해인 1889년 무혈 반란으로 왕제를 폐지하고 공화제를 채택했다. 1889년 11월 16일 공화정 선포와 더불어 데오도루 다 폰세카 주도로 임시정부(1889~1891년)가 수립되었다. 임시정부는 대농장 소유주, 자유직업인, 그리고 대토지소유 군인 출신들이 주축을 이루었다. 1890년 11월 15일 제헌의회가 소집되어 제1공화국 헌법을 제정했고, 1891년 2월 24일 헌법을 공포했다. 헌법이 공포된 다음 날인 2월 25일 의회에서 폰세카가 대통령으로 당선되었다. 그 후 40년 동안은 '콜로네레스'가 19세기 말에 세계 총생산의 4분의 3을 차지하는 커피 생산에 전적으로 의존하는 경제를 바탕으로 브라질을 지배했다.

이와 같이 정치적 변화가 급격하게 진행되는 가운데서도 브라질의 산업화는 계속 전개되었고, 노동자계급의 형성과 성장도 꾸준히 이루어졌다. 1800년대 말, 공화제의 수립과 노예제의 폐지는 임금노동자 증가를 촉진했고, 비록 초보적인 형태이기는 하지만, 노동자 조직과 투쟁이 마침내 대두하기 시작했다.

1800년대 중반을 넘어서면서 노동자와 수공업자들이 노동자 조직이나 상호부조 단체를 조직했다. 1872~1900년에 공식으로 등록된 단체만도 19개에 이르렀다(The USSR Academy of Sciences 1981, 479).

1880년대 들어 파업투쟁이 일어나기 시작했고, 1890년에는 철도노동자 파업이 장기근속에 대한 연금 수급권을 쟁취하는 성과를 거두었다. 1891년에는 리우데자네이루에 소재한 여러 기업에서 아동노동자의 노동을 규제하는 최초의 공식 법령이 공포되었다. 한편, 파리코뮌 패배 이후 코뮈나르 몇 명이 브라질에 망명했는데, 이에 프랑스의 티에르 정부는 그들의 인도를 요구했으나 결코 성공을 거두지는 못했다.

이런 상황에서 브라질 노동운동은 노예제 폐지와 군주제 철폐를 투쟁 목표로 채택했고, 이런 목표를 실현하기 위한 투쟁에 많은 노동자가 참가했다. 이와 같은 장기적인 투쟁 결과로서 1889년 군주제가 폐지되고 공화국이 수립되었는데, 이것은 1800년대 말의 세계사에서 중요 사건의 하나로 평가되었다.

1892년에는 리우데자네이루에서 각 주의 대표자 400명이 참가한 사회주의자 대회가 열렸고, 이 대회에서 사회노동당이 창립되었다. 1902년 5월에는 제2회 사회주의자대회가 상파울루에서 개최되었는데, 여기에는 노동자 조직 대표 44명이 참가했다. 대회는 민주주의 실현을 비롯해 노동자의 요구 해결을 위한 행동 강령을 채택했다. 주요 내용은 파업권의 승인, 노동시간의 법적 제한, 산업안전·산업보건을 위한 법률 제정, 여성·아동 노동자 보호, 노동자 상태의 개선을 위한 노동회의소, 직업조합, 저항동맹의 결성 등이었다.

칠레

1520년 페르디난드 마젤란이 칠레를 발견하기 전 16세기 초까지 칠레는 잉카제국의 영토였으나, 1540년 에스파냐의 페드로 드 발디비아 장군이 아라우칸족 정복 전쟁을 시작한 이후 칠레는 270년 동안 에스파냐의 식민지가 되었다. 유럽인은 번번이 토착민의 반란에 시달렸다. 1553년 대규모 마푸체의 반란을 진압하던 중 발디비아가 죽었으며, 식민지의 주요 정착지가 많이 파괴되었다. 그 뒤에도 큰 반란이 1598년과 1655년에도 일어났다. 마푸체와 다른 토착 집단이 봉기할 때마다 식민지의 남부 국경은 북쪽으로 밀렸다. 1683년 노예제가 폐지되어 식민지와 마푸체 남쪽 땅 사이 국경에서 긴장이 완화되었다.

북쪽은 사막으로, 남쪽은 마푸체인(아라우코)으로, 동쪽은 안데스산맥으로, 서쪽은 태평양으로 가로막힌 지형 때문에 칠레는 매우 중앙 집중화된 지역으로서, 에스파냐의 아메리카 영토에서도 매우 동질적인 식민지였다. 칠레는 페루와 더불어 아메리카 대륙 중에서도 매우 많은 에스파냐 상비군이 주둔해 있는 상태에서 에스파냐의 재산을 지키는 지역이었다.

1808년 나폴레옹이 에스파냐 국왕을 몰아내고 자신의 동생 조제프 보나파르트를 옹립하면서, 칠레는 에스파냐로부터 독립을 쟁취하려는 운동이 커졌다. 1817년 1월 칠레의 베르나르도 오이긴스와 아르헨티나 독립전쟁의 영웅 호세 데 산 마르틴이 5천 명의 병사를 이끌고 안데스산맥을 넘어 칠레를 공격했다. 1817년 2월 12일 차카부코 전투에서 승리해 오이긴스가 칠레의 국가수반으로 추대되었으며, 1818년 2월 칠레의 독립을 공식적으로 선포했다. 그러나 이 반란은 사회에 큰 변화를 주지 못했으며, 19세기 칠레 사회는 여전히 식민지 시대의 사회계층구조가 지속되었다(강석영 1996b, 171).

1853년 5월 연방헌법이 공포되고, 이 헌법에 따라 호세 데 우르키사가 연방 대통령으로 선출되었다. 1881년, 칠레는 아르헨티나와 조약을 맺어 마젤란해협에 대한 칠레의 영유권을 확정했다. 1879년 초석硝石 개발로 유발된 볼리비아·페루를 상대로 한 태평양전쟁(1879~1883년)에서 승리함으로써 초석의 대산지 안토파가스타 지역과 볼리비아 일부를 획득해 경제적으로 새로운 번영의 시대를 맞았다. 이어서 1886년에는 호세 마누엘 발마세다가 대통령으로 취임해 광산의 국유화를 비롯한 자립경제 정책을 추구했으나 1891년 실각했다. 1891년 대통령과 의회의 권력 분배를 놓고 칠레 내전이 일어났고, 칠레는 의회 민주주의 체제를 이루게 되었다.

이 시기에 노동자들은 자신들의 노동·생활 조건의 개선을 목표로 스스로의 조직과 투쟁을 전개했다. 칠레에서는 1850년부터 원시적인 형태의 노동자 조직이 설립되었으나, 노동조합 조직은 1853년부터 결성되기 시작했다. 1853년에 산티아고의 인쇄노동자들은 '인쇄노동자조합'을 결성했고 후에 '인쇄노동자연맹'으로 이름을 바꾸었다. 1858년에는 발파라이소에서 '기계노동자조합'이 조직되었다(Troncoso & Burnet 1962, 58).

칠레에서는 1870년대부터 노동자의 상호부조 조직이 공식 승인을 받아 빠르게 설립되었다. 1870년에 그 수가 13개였는데, 1880년에는 39개, 1890년에는 76개, 1900년에는 150개로 늘어났다. 이런 조직을 바탕으로 1884년부터 1888년까지에 걸쳐 약 70건의 파업이 발생했다. 1890년에는 최초의 전국 규모의 파업이 일어났는데, 이 파업은 임금 인상 요구를 관철하기 위한 것이었고 시위와 병행해 진행되었다. 정부 당국은 노동자들의 시위를 막기 위해 군대를 파견했고, 군대의 공격으로 발파라이소에서는 50명이 사망했고 500명이 부상당했으며, 산티아고에서는 100명 이상이 부상당했다. 1891~1900년 사이에 노동쟁의는 300건 이상을 기록했는데, 그 가운데 많은 노동쟁의는 군대의 힘으로 진압당했다(The USSR Academy of Sciences

1981, 483).

국가권력의 탄압에 대한 계급적 대응은 필연적으로 노동자 정치조직의 창설 쪽으로 이어졌다. 1887년에는 수공업자와 노동자 조직을 토대로 '민주당'이 창립되었다. 이 당은 이데올로기와 정치 노선에서는 프티부르주아 정당이었지만, 사회적 기반에서는 프롤레타리아적인 성격을 띠고 있었다. 1889년 채택된 당 강령은 경제·사회적 해방이 정치적 해방과 뗄 수 없는 관계라는 점을 명시했다. 민주당은 노동자 대중의 요구를 옹호하기 위한 대중 집회와 파업을 조직했다. 1890년대에 들어서는 사회당을 창설하려는 시도가 있었고, 1902년에는 2만 명 이상의 노동자 조직을 대표하는 192명이 참가해 노동자대회를 열었다. 1904년에는 산티아고에서 칠레노동조합의 회의가 개최되었다. 그러나 칠레 노동운동에서 아나르코생디칼리즘이 큰 영향력을 발휘함으로써 노동자 정당의 결성은 쉽게 이루어지지 못했다(The USSR Academy of Sciences 1981, 484).

멕시코

1519년 에스파냐의 에르난 코르테스가 멕시코 영토에 진출해 정복을 시작했고, 에스파냐 식민지 당국은 5개 구역과 1개 유타칸 주로 분리해 통치했다. 그리하여 멕시코는 300년 동안, 에스파냐의 부왕副王이 통치하는 식민지 시대가 전개되었다. 16세기는 식민과 포교의 시기, 17세기는 혼혈화가 진전된 시기, 그리고 18세기는 고유의 혼혈 문화를 형성해 독립의 기운을 북돋운 시기다.

에스파냐로부터 독립 달성을 위한 운동은 1810년 9월 16일 혁명적 애국자인 미겔 이달고 이 코스티야의 유명한 '돌로레스의 부르짖음'[9]을 계기로 고양되기 시작해, 1821년 멕시코의 독립은 코르도바 협정에 따라 이루어졌다. 독립 이후 식민지 시대가 끝나고 전제정치로부터 공화제로 이행해 대통령이 선출되었으나, 중앙집권주의파와 연방주의파가 첨예하게 대립해 정치 상황은 혼란에 빠졌다. 1846년에는 멕시코시티에서 호세 마리아노 데 살라스 장군이 반란을 일으켜 8월 22일 마리아노 파레데스 이 아리야가다를 체포한 뒤, 1824년의 헌법을 되살려 멕시코는 1846~1853년에 제2연방 공화국 체제를 수립했다.

이를 계기로 연방주의파는 1858년 원주민 출신의 베니토 후아레스를 대통령으로 선출해 자유주의 헌법을 반포하고, 정교분리를 단행해 교회의 재산을 몰수하는 등 이른바 레포르마(개혁)를 달성하고 근대화를 지향했다(강석영 1996b, 120~121). 1861년 외채 지불 문제로 무력간섭이 행해져 오스트리아 합스부르크가의 페르디난트 막시밀리안 요제프가 황제로 부임했으나 총살당함으로써 무력간섭은 종지부를 찍었다.

멕시코에서는 수공업자와 노동자가 적극 참가해 추진한 1860년대의 개혁 운동이 일정한 성공을 거두게 되자, 노동자들은 조직화를 서두르게 되었다. 그러나 국내 전쟁과 영국, 프랑스, 에스파냐의 군사 개입으로 노동운동이 민주화 운동으로부터 분화해 독자적인 위치를 확립하는 과정은 더디게 진행되었다. 수공업자와 노동자들이 공화제의 확립을 위해 과감한 투쟁을 전개하는 가운데, 멕시코 정부는 노동운동에 대해 탄압과 온정주의 정책을

9_1810년 이달고 이 코스티야는 "과달루페의 성모여, 영원해라! 나쁜 정부와 가추피네스에게 죽음을!"이라고 외친 말의 영향으로 생긴 돌로레스의 부르짖음(Grito de Dolores)과 함께 멕시코의 독립을 쟁취하기 위한 싸움에 나섰다. 이달고가 이끈 메스티소 토착민 군대는 과나후아토와 바야돌리드를 공격했을 당시, 자신들의 대의를 나타내는 휘장으로 과달루페의 성모 그림을 각기 다른 색으로 칠한 막대기와 리드 악기들 위에 놓아두었다. 그리고 그들 모두는 과달루페의 성모 그림이 들어간 모자를 착용했다.

동시에 시행하면서 노동운동을 통제하고자 했다.

　1872년 9월에는 '멕시코노동자서클'이 결성되었다. 이 조직에는 노동자 8천 명 이상이 가입했으며, 1874년에는 '위대한 멕시코노동자서클'로 이름을 바꾸었다. 1876년 3월에는 처음으로 노동자대회가 멕시코시에서 열렸다. 이 대회에서 채택된 선언은 노동자의 당면 요구인 주(州)별·경제부문별 최저임금제 실시, 파업권 승인, 교육을 받을 권리 보장, 여성노동자의 노동·생활 조건 개선 등이 포함되었다. 1870년대 전반에 노동자계급은 갖가지 통제와 탄압에도 불구하고 여러 차례 파업을 감행했다. 1876년 독재자 디아스가 집권한 뒤에는 노동자 조직이 극심한 탄압을 받아 노동운동은 침체되었고 활동가들은 체포되거나 국외로 추방되었다. 이런 탄압이 가해지는 가운데서도 1887년에는 라레도 시에서 '멕시코철도노동조합'이 결성되었다 (Troncoso & Burnet 1962, 97).

　초기의 멕시코 노동운동은 아나키즘과 아나르코생디칼리즘의 영향을 강하게 받게 되었고, 1870년대에 매우 강력했던 사회주의운동 노선은 오랫동안 위기에 빠졌으며 노동운동의 헤게모니는 아나키스트 쪽으로 넘어갔다 (The USSR Academy of Sciences 1981, 482~483). 멕시코 노동운동은 20세기 들어서야 본격적으로 전개되었다.

쿠바

에스파냐는 1511년 디에고 벨라스케스 제독을 파견해 동부 쿠바의 남부 연안 바라코아 마을 건설을 시작으로 1514년 쿠바 전역을 정복하고 식민지 체제를 확립했다. 에스파냐는 16세기 초부터 아프리카 흑인 노예를 수입해 담배와 사탕수수 등을 재배하는 데 노동을 시켜 막대한 이윤을 획득했다.

더욱이 쿠바는 에스파냐와 아메리카 대륙을 잇는 교통 요지에 해당하기 때문에 에스파냐는 이곳을 총독령으로 만들고 신대륙 경영의 기지로 삼았다.

17~18세기에는 흑인 노예들이 여러 차례 반란을 일으켰으나, 에스파냐 식민 당국은 혹독한 탄압으로 이를 진압했다. 19세기 초 아메리카 대륙에서 일어난 미국독립혁명의 영향이 이곳에까지 파급되어 1812년에는 호세 안토니오 아폰테가 주도한 대규모 흑인 반란이 일어났다. 1884년에는 쿠바 역사상 가장 격렬한 흑인 노예 저항운동이 일어났다. 저항운동은 결국 실패했고, 저항운동을 주도한 사람 78명이 사형선고를 받았으며, 600명이 투옥되었고 400여 명이 추방되었다. 그 밖에도 모진 형벌로 300여 명이 희생되었다. 그 후, 노예제도 폐지, 농민 수탈 금지, 쿠바 독립을 요구하는 민족 세력이 점점 증대되어 1868~1878년의 '10년 전쟁'이 발발했다. 10년 전쟁으로 20만 명의 인명 손실이 발생했다. 이 독립전쟁 기간에 공화제 헌법이 공포되고 1878년 정치·경제 개혁과 노예해방을 약속한 '산혼Zanjón 조약'이 체결되어 전쟁은 일단 종결되었다. 그러나 에스파냐는 조약 규정을 제대로 이행하지 않았고, 민족운동가들에 대한 탄압은 더욱 강화되었다. 1894년 쿠바 혁명당은 호세 마르티를 중심으로 독립전쟁을 준비하기 시작했다. 1895년 1월 29일 드디어 제2차 독립전쟁의 깃발이 올랐다(천샤오추에 2007, 130~131)

이와 같은 정치·사회적인 격변 속에서 쿠바 노동운동이 민주주의 운동과 민족해방운동에서 분화되는 과정은 극히 완만하게 진행되었다. 그렇게 된 까닭은, 쿠바는 다른 라틴아메리카 국가들과는 달리 19세기 말까지 식민지 상태였으며, 독립한 뒤에도 사실상 미국의 보호국으로 남아 있었기 때문이었다. 더욱이 1880년대 말까지 노예제도가 존속했던 것도 노동운동의 발전을 가로막은 요인으로 작용했다.

쿠바 노동운동에 대해 큰 영향을 끼친 것은 에스파냐의 노동운동이었으며, 그 이후에는 북아메리카 노동운동이 쿠바 노동운동에 상당한 영향을 끼쳤다. 민족해방투쟁의 고양, 1868~1878년의 10년 전쟁, 그리고 쿠바 최초의 공화국 선언 등은 새롭게 대두한 노동자계급에 대해서는 매우 고무적인 일이었다. 또 파리코뮌은 노동운동의 발흥에 일정한 영향을 끼쳤는데, 그것은 비합법적인 선전 활동에 힘입은 것이었다.

1887년에 제1회 노동자대회가 열렸는데, 이 대회는 쿠바 노동자계급의 높은 정치적 성숙을 보여 주었지만, 대회의 결의들은 아나키즘 노선으로 일관되었다. 1889년 아나르코생디칼리스트들의 주도로 노동자연합이 결성되었고, 같은 해 노동자연맹이 결성되었다. 1890년에는 아바나의 연초공장 노동자들과 부두노동자들이 노동조합을 결성했다(Troncoso & Burnet 1962, 107).

1892년에 열린 제2회 노동자대회에는 노동자 대표 1천 명 이상이 참가했고, 이 대회는 노동정책 관련 강령을 채택했다. 거기에는 8시간 노동일제의 시행, 인종차별 반대, 여성·아동 노동자 노동보호, 노동자의 단결권 존중 등이 포함되어 있었다. 또 이 대회에서 채택된 정치적 결의에서 "노동자계급이 혁명적 사회주의사상으로 무장하지 않는 한, 해방을 쟁취할 수는 없다"고 선언했다. 그리고 이 대회는 노동자계급이 독립을 위한 해방 투쟁에 참가하지 않으면 안 된다는 성명도 함께 발표했다.

1895년에 시작된 제2차 독립전쟁은 쿠바의 정치·경제·사회 전반에 걸쳐 큰 변화를 가져다주었고, 노동운동의 발전에 대해서도 직접적인 영향을 끼쳤다. 에스파냐 식민 당국은 독립전쟁을 억누르기 위해 동원 가능한 모든 방법을 시행했으나, 쿠바 인민들의 독립운동은 더욱 고양되었다. 에스파냐 정부는 1898년 2월 드디어 쿠바 자치 정권 수립에 동의했다.

쿠바에서 에스파냐 지배를 종식시킨 1895~1898년의 전쟁은 본질적으로는 민족해방혁명이었다. 혁명의 대중적 기반을 이루었던 것은 노동자, 농민, 수공업자, 도시 프티부르주아지였다. 이 혁명에 노동자들이 참가하기는 했지만, 사상과 조직의 취약성을 여지없이 드러냈다. 그렇게 된 것은 노동자들이 수적으로 적었을 뿐만 아니라 조직도 강고하지 못했기 때문이었다. 쿠바 제2차 독립전쟁은 3년 동안 40만 명의 희생자를 냈다. 그러나 쿠바의 시련은 계속되었다(천샤오추에 2007, 135).

1898년에는 쿠바 아바나 항에 정박 중이던 미국 선박 메인호(號)에서 원인 모를 폭발 사건이 일어났다. 미국은 에스파냐 함정의 어뢰에 맞아 폭발했다고 주장하면서 이 일을 구실로 에스파냐에 선전포고를 하기에 이르렀다. 전쟁은 4개월 만에 미국의 승리로 끝나고, 파리평화조약이 체결되어 에스파냐는 쿠바의 독립을 승인했다. 쿠바인은 독립을 쟁취하기 위해 30년 동안 치열한 투쟁을 벌인 끝에 에스파냐의 식민지 통치에서 벗어났으나, 다시 미국의 신패권주의의 지배를 받게 되었다.

1898년 쿠바가 미국의 군사력으로 점령당한 뒤, 노동자계급은 점령군에 반대하는 파업투쟁을 전개했다. 1899년 9월 쿠바 노동자는 8시간 노동일제의 실시를 요구해 총파업을 일으켰고, 1900년에는 담배 노동자가, 1902년에는 아바나 지방의 수련공과 도제가 파업을 일으켰다. 미국 정부는 파업 저지를 위해 군대를 투입하는 한편, 공공기업에서 노동시간을 9~10시간으로 단축시켰다(The USSR Academy of Sciences 1981, 486).

1899년에는 사회주의자 그룹이 자립적인 노동자 정당을 창설하고자 했으나 성공하지 못했고, 1900년에 '인민당'(1901년에는 '노동인민당'으로 개칭)이 출현했다. 미국 점령군이 퇴각한 뒤인 1903년에는 최초의 마르크스주의 그룹이 형성되었고 이어 1904년에는 '쿠바도(島)사회노동당'이 창립되었으며, 이 당은 제2인터내셔널과 결합했다.

3. 아프리카

1800년대 말 아프리카 대부분의 국가는 자본주의 체제 이전의 여러 발전 단계에 놓여 있었다. 유럽 제국주의 열강들은 아프리카를 무력으로 정복하는 과정에서 외국의 지배로부터 자신들을 지키기 위한 아프리카 인민의 거센 저항에 부딪쳤다. 이 투쟁은 어디서나 치열하고 장기적인 것은 아니었다. 왜냐하면 창은 기관포의 적수가 될 수 없었기 때문이다. 그러나 유럽인의 침략이 저항 없이 행해진 곳은 어디에도 없었다. 아프리카 전역에서 무력 저항이 광범위하게 전개되었다. 제1단계 저항은 1885년부터 1914년까지 계속되었고, 제2단계 저항 투쟁은 1914년부터 1944년까지 진행되었다.

1900년대 이전에는 남아프리카 줄루족의 전쟁, 1893년의 남南로디지아 마타벨레 전쟁, 1896년의 마쇼나 마타벨레 반란, 1889년의 독일령 동아프리카 부시리 지도의 반란, 1890년대 초기의 차가Chagga와 헤헤Hehe의 전쟁, 1896년 에티오피아군의 이탈리아 침략군 격파, 1891년부터 1895년까지 카메룬 인민이 독일 점령에 반대해 벌인 장기 투쟁 등이 20세기 직전의 대규모 저항 투쟁 사례였다. 이런 투쟁은 20세기 들어 더한층 규모가 커지고 장기화하면서 전투적으로 전화했다(Woddis 1961, 6~7).

아프리카가 세계 자본주의경제 궤도에 편입됨으로써 새로운 사회 세력들이 발전하게 되었으며, 민족부르주아지의 형성에 선행해 노동자계급의 형성이 진행되었다. 그 이유는 식민지 지배 상태에서 발전하기 시작한 공업은 사실상 완전한 형태로 외국자본의 수중에 장악되었기 때문이었다. 이집트에서만 자국의 노동자계급이 비교적 광범하게 형성되었고, 마그레브[10]에 속한 예속 국가들과 남아프리카 국가들의 경우, 기간부문에서 진행된 노동자 형성은 주로 유럽에서 온 이주민들로서 이루어졌다. 현지에서도 노동자계급이 형성되고는 있었으나 아직 영세한 상품생산자, 즉 농민과 수공업자로부터 분화되지 않고 있었다. 유럽 노동운동이 아프리카 노동자들의 의식과 조직 발전에 일정한 영향을 끼치기는 했으나, 아프리카 노동자의 초기 투쟁은 자연발생적이고 우발적인 형태를 취했다. 그것도 많은 경우, 전통적 족장들이 주도한 반反식민지 민족운동의 한 갈래로서 진행되었다. 더욱이 열대 아프리카에서는 노동자계급이 거의 존재하지 않았고, 여기서는 식민주의자들이 경제외적 강제 방법을 통해 임금노동자 집단의 창출을 위한 조건을 만들었을 뿐이었다(The USSR Academy of Sciences 1981, 511).

이집트와 마그레브 국가들

1800년대 말, 북아프리카 국가들이 세계 자본주의경제에 편입되면서 이들 국가는 침략 본국을 위한 농산물과 원료 공급지로 전화했다. 아프리카 지역에 대한 자본주의 침입은 그 지역 노동자계급 형성을 위한 전제 조건을 창출했다.

북아프리카에서는 식민지 지배자를 위한 강제노동 또는 징발 노역이 전면적으로 보급되지는 않았지만, 경제·사회적 발전이 다른 나라에 비해 상대적으로 높은 수준에 있었던 이집트의 경우에는 농민 수만 명이 강제노동에 동원되었다. 한편, 임금노동자의 창출을 가속화하기 위해 외국자본은 간접적인 강제 방법을 널리 사용했는데, 이것은 농민 소유지를 수탈함으로써 달성할 수 있었다. 빼앗은 토지는 유럽 이주민이나 외국 회사에 인도했다.

10_아랍어로 '서방'이라는 뜻으로, 아프리카 북서부의 현 모로코, 알제리, 튀니지 지방을 가리킨다.

프랑스는 알제리와 튀니지에서, 영국은 이집트에서 이와 같은 정책을 강도 높게 추진했다. 예컨대 프랑스 자본은 마그레브 국가들에서 이른바 토지등기 제도를 통해 농민들을 토지에서 축출하고 그 토지를 점유했다. 이 제도에 따르면, 토지소유권은 공식적인 증서를 제시하는 경우에만 인증되고, 이 문서가 없는 경우 토지는 무소유로 되어 몰수당했다. 대부분의 농민들은 이런 증서를 갖고 있지 않았기 때문에 그들은 어쩔 수 없이 토지를 잃을 수밖에 없었다. 한편, 마그레브 국가들의 농촌 주민 가운데 큰 부분을 차지했던 유목민들은 고지 초원과 미개간 방목지를 몰수당했는데, 그것은 특별 법령에 따라 무소유로 규정되었기 때문이었다(The USSR Academy of Sciences 1981, 511~512).

이와 같은 식민지 지배 방식은 농민의 광범한 빈궁과 노동시장 형성을 촉진했다. 그러나 토지 잃은 농민들 전부가 외국자본 또는 토착자본의 기업에서 일자리를 찾을 수 있었던 것은 아니었다. 그들 대부분은 룸펜이 되거나 '상대적 과잉인구'군群에 들게 되었다.

북아프리카 국가들에 대한 외국자본 침입이 확대되면서 먼저 광산업이 발달하게 되었고, 뒤이어 철도, 수리修理, 그 밖의 작업장과 전기, 공익 기업 등이 출현했다. 이와 더불어 토착노동자들도 증가했으나 그 수는 그다지 많지 않았으며, 그들 대부분은 비숙련노동자들이었다. 일정한 기능을 지닌 수공업자가 기능노동에 종사하는 경우가 있었으나, 대체로 그와 같은 작업에는 본국으로부터 온 기능 노동자가 고용되었다.

튀니지에서 노동자계급이 형성되기 시작한 것은 20세기 초였다. 알제리에서 노동자계급 형성 과정은 이미 19세기 중반에 시작되었는데, 1904년에는 노동자 수가 약 10만 명에 이르렀으며 그 압도적 부분은 유럽인 노동자들이었다. 이집트의 노동자계급은 그 수에서나 의식 수준에서 마그레브 국가들 가운데 가장 앞섰다. 1873년에 약 2만 명이었던 공업노동자는 1900년 대에 들어서는 몇 배로 증가했다.

마그레브 국가들에서 노동운동의 단서를 연 사람은 프랑스를 비롯한 유럽 국가들에서 온 이민노동자들이었다. 그들은 대체로 토착노동자들을 배제한 채 그들만으로 독자적인 행동을 취했지만, 노동운동의 초기 단계(1870년대)에서부터 토착노동자의 몇몇 그룹이 그들과 합류한 경우도 있었다. 이런 현상이 가장 분명한 형태로 나타난 것은 1870~1871년의 알제리 사건이었다. 프랑스 본국에서 제정이 무너지고 공화국이 선포된 사실이 알려지면서, 프랑스인 프티부르주아 민주주의자(공화파 사람들) ― 그들 대부분은 보나파르트 체제에서 알제리로 유형을 당한 사람들이었다 ― 를 고무했다. 1870년 9월에 '알제리공화협회'(혁명적 노동자와 프티부르주아 민주주의자의 정치 블록)가 창설되었다. 거기에는 프랑스인뿐만 아니라 유럽의 다른 나라에서 온 노동자와 아랍인 노동자도 함께 참가했다. 협회는 모든 도시에 지부를 설치하고 자치체(코뮌)를 만들었다. 1870년 10월에 이민노동자들이 알제리의 도시빈민과 더불어 봉기했으나, 프티부르주아 민주주의자들의 배반으로 결국에는 패배로 끝났다(The USSR Academy of Sciences 1981, 515).

북아프리카 나라들에서 노동조합 결성 움직임이 시작된 것은 1890년대였다. 당시 이런 조직은 극소수의 사람들로 구성되었다. 튀니지에서는 1894년에 노동조합이 결성되었고, 1900년에 최초의 파업이 일어났지만, 여기에 참가한 것은 유럽인 노동자들뿐이었다.

한편, 1800년대 말부터 1900년대 초두에 걸쳐 이민노동자와 토착노동자 사이의 갈등을 극복하고자 하는 움직임이 나타났다. 1899년 이집트에서는 유럽인·아랍인 노동자가 공동으로 파업을 벌여, 임금 인상과 노동시간 단축에 관련한 요구를 관철시켰다. 이 파업 과정에서 유럽인·아랍인 노동자가 함께 참가한 '담배제조노동자조합연합'이 결성되었다. 그 뒤로 몇 년 동안에 걸쳐 민족과 인종을 달리하는 노동자계급 사이에서 적극성이 더욱 고양되었고, 특히 1903년에는 많은 기업의 노동자가 동시에 파업을 결행하기도 했다. 튀니지에서도 1904년에 회교도 노동자들이 프랑스인 노동자가 주최한 메이데이 집회에 처음으로 참가했다(The USSR Academy of Sciences 1981, 517).

열대 아프리카

1800년대 말에 유럽 자본주의국가들이 열대 아프리카 지역에 위치한 여러 국가를 정복해 이 지역의 천연자원과 인적 자원을 강제로 개발하고 동원하기 시작했다. 정복자들은 이 지역을 원료 공급지와 상품 판매 시장으로 삼았으며, 이 지역 경제·사회적 발전 방향을 근본적으로 바꾸어 놓았다. 그들은 열대 아프리카 경제의 기초를 이루고 있었던 현물경제에서 아프리카 농민을 분리시키려 했다. 이에 따라 토착민은 강제 노역(도로 건설, 항구 건설, 화물의 운반, 벌채 등)에 징발되었다. 그리고 아무런 보상 없는 이런 노동력 징발은 아프리카인 추장이나 장로들의 협력을 받은 무장 징용대가 주로 담당했다.

우간다에서는 토지소유자를 제외한 모든 아프리카인에게 연간 1개월씩 유럽인을 위해 일해야 할 의무가 주어졌고, 독일령 동아프리카에서는 4개월마다 1개월씩, 포르투갈령 앙골라에서는 1899년 법령에 따라 아프리카인은 1년에 6개월가량 포르투갈인 식민주의자를 위해 일할 의무가 주어졌다. 열대 아프리카에서는 식민지 제도가 철폐될 때까지 이와 같이 임금을 지불하지 않는 노역이 부분적으로 존속했다. 식민주의자들은 현지 식량과 무상의 노동력을 확보하기 위해 당시까지 족장이 농민들에게 부과했던 현물 부과와 노역 의무의 전통적 제도를 유감없이 활용했다(The USSR Academy of Sciences 1981, 522). 이런 성격의 이권은 1900년대 초 열대 아프리카에서 진행된 토지 수탈의 전제 조건이었다. 농민들은 토지에서 직접 그리고 대량으로 내몰렸고, 1904년에 케냐에서는 아프리카 최초의 토착민 강제 거주지가 형성되었다. 그 후 토착민 강제 거주지는 다른 아프리카 국가들에도 널리 확대되었다.

한편, 유럽 자본으로서는 아프리카 식민지를 효과적으로 수탈하기 위해서는 노동력을 상시로 유입할 필요가 있었다. 주민의 정기적인 강제 동원과 그들의 토지소유권 탈취만으로는 상시적인 노동력 확보가 보장되지 않았다. 이런 필요에 따라 식민주의자들은 현물 부과 대신 무거운 세금을 부과했고, 아프리카 농민들은 세금 납부를 위한 현금을 손에 넣기 위해 유럽 자본가 기업에서 노동하지 않으면 안 되었다. 당시의 임금노동은 실제로는 노예노동과 다름없었다. 노동자의 모집 자체가 강제적 성격을 띠고 있었다. 또 식민주의자는 계약 노동 자체를 잔혹하게 착취했고, 형편없는 저임금을 지불했다.

이처럼 임금노동자층이 미처 성장하지 못한 상태에 있었고, 노동자들의 의식 수준이 매우 낮은 편이어서 식민지 방식의 착취에 대한 저항 투쟁도 그다지 힘 있게 전개되지 못했다. 전반적으로 노동자계급의 저항은 자연발생적 성격을 띠었고, 소극적 저항 형태를 취했으며 강제징집 기피, 작물 재배 거부, 납세 회피를 위한 집단 이주, 식민주의자 기업에서 탈주하기 등의 행동이 그것이었다.

1900년 10월~1901년 3월까지 남로디지아(현재 짐바브웨) 광산에서 계약 노동자의 4분의 1이 탈주하는 사건이 발생했다. 1904~1905년에는 벨기에령 콩고에서 노예제와 강제노동에 항의하는 폭동이 일어났다. 1902년 앙골라에서도 이와 비슷한 투쟁이 발발했다. 이런 자연발생적인 투쟁의 특징은 징모소와 기계 파괴, 감시인이나 기업주의 살해 등이었다. 이와 같은 투쟁의 결과로서 정복자의 양보가 행해지기도 했다. 즉, 토지세와 가옥세의 일시적 철회 등이 그것이었다(The USSR Academy of Sciences 1981, 524~525).

1900년대 들어 열대 아프리카에서도 자신들의 경제 이익을 지키기 위한 아프리카인 노동자의 자연발생적 파업이 발생했다. 남로디지아의 캠퍼다운 광산에서 임금 인하에 항의해 일어난 1901년의 광산노동자 파업이 그런 사례였다. 파업 노동자들은 굳건한 단결을 바탕으로 승리했지만, 1905년까지는 열대 아프리카의 경우 파업 발생은 극히 드문 현상이었다. 이것은 유럽인 기업에서 일하고 있던 노동자들이 사회적으로 동질성을 갖지 못했다는 사실과 그들의 대부분이 강제로 징모당한 농민들로 구성되어 있었다는 사실, 그리고 종교와 카스트의 편견이 강했다는 사실 등에 따른 결과였다. 이런 요소들은 아프리카인의 계급의식 성장을 가로막았다. 그러나 아프리카인의 대중행동은 민족해방투쟁과 결합되면서 차츰 고양되기 시작했다.

남아프리카

1870년대 초, 남아프리카에는 보어 공화국 — 트란스발과 오렌지자유국 — 과 더불어 영국령 식민지 케이프와 나탈이 존재했고, 영국의 보호령 바스토랜드가 있었다. 남아프리카에 대한 영국의 지배 확립은 영국·보어 전쟁에서 완료되었다. 영국인 정복자는 보어인[11]들이 활용했던 전前 자본주의적 착취 형태 — 노예제와 농노제 — 를 그들이 이식하고자 한 자본주의적 생산에 적용시키고자 했다. 임금노동자들이 극히 한정된 규모이긴 했지만, 이미 1870년대부터 유럽인이 경영하던 농장과 항만·철도 건설에 고용되어 있었다.

남아프리카 자본주의 발전에 특히 강력한 충격을 주게 된 것은 1870~1880년대에 세계 최대의 다이아몬드 광산과 금광 산지가 남아프리카에서 발견되었다는 사실이다. 이에 따라 유럽으로부터 주로 앵글로-색슨계의 노동자와 수공업자 이민이 대량으로 유입되었다.

아프리카의 남부에서 급속히 도시(요하네스버그, 킴벌리 등)가 발전했고 철도가 부설되었으며, 광산 원료의 채굴이 확대되는 동시에 농업이 빠르게 발전했다. 이와 같은 경제적 변화는 노동력 수요를 증대시켰고, 이런 수요를 이민노동자만으로 충족시킨다는 것은 실제로 불가능했다. 그래서 식민지 권력은 노동력 창출을 적극적으로 추진했다. 각지에 징모소 망이 설치되었고, 인력 모집에 대한 보상금까지 지불되었다. 그러나 이런 노동력 동원 방법만으로는 불충분했다. 효과적인 방법의 하나로 채택한 방법이 감당하기 어려울 정도의 세금을 부과하는 것이었다. 1894년의 경우, 과세가 유독 과중했는데, 그 결과 수만 명의 농민이 세금 낼 돈을 벌기 위해 각지의 광산으로 몰려들었다. 킴벌리의 다이아몬드 광산에서는 몇 년 동안에 걸쳐 매년 3만 명의 아프리카인이 고용되었다.

그리하여 남아프리카에서 토착 주민의 프롤레타리아화가 다른 아프리카 국가들에 비해 훨씬 빠르게 진행되었다. 보어전쟁이 시작되었을 무렵에는 금

11_보어(Boer)인은 아프리카너(Afrikaner)라고도 하는데, 남아프리카 지역으로 이민해 아프리카에 정착한 네덜란드계 사람들과 그의 후손들을 말한다. 이들은 현재의 남아프리카공화국의 구성원 가운데 가장 초기의 유럽 출신 이민자들이었다. 네덜란드어 방언에서 파생된 아프리칸스어를 쓰기도 한다. 보어는 네덜란드어에서 농부를 뜻하는 말이다

광에서 일하는 아프리카인 노동자 수는 9만8천 명에 이르렀다. 또 남아프리카에서는 다민족·다종족의 노동자계급이 형성되었다(The USSR Academy of Sciences 1981, 518).

그런데 토착노동자의 노동력 부족은 대량의 아시아인(주로 인도인)으로 보충되었는데, 이들은 무리를 지어 대농장에 고용되었다. 1904년 영국 정부는 식민지 당국의 압력을 받아 중국인 쿨리 6만 명을 남아프리카에 송출하는 것을 인정했다. 중국인 쿨리들의 노동조건은 아프리카인 노동자들보다도 더 열악했으며, 임금도 훨씬 낮았다

이처럼 형성기 노동자계급은 가혹한 착취를 당했다. 강제노동, 극도의 저임금, 열악한 노동·생활 조건은 백인을 제외한 모든 노동자의 저항을 불러일으킨 요인이 되었다. 그들이 일으킨 최초의 파업은 1882년 킴벌리에 위치한 다이아몬드 광산에서 자연발생적으로 일어난 것이었는데, 이것은 기업 측의 임금 인하에 항의해 이틀 동안 약 1백 명이 참가한 가운데 진행된 파업이었다.

남아프리카 노동운동은 케이프타운에서 목공노조가 결성된 1887년부터 발전하기 시작했다. 그러나 노동조합이 대중적 성격을 띠게 된 것은 1900년대 초 10년 동안이었는데, 영국이 1899~1902년 동안 보어인의 저항을 제압하고 이곳의 풍부한 금과 다이아몬드 광산을 탈취한 뒤부터였다(Foster 1956, 163). 1895년에는 더반 항의 아프리카인 노동자 약 2백 명이 임금 인상을 요구하며 파업을 일으켰다.

백인 노동자들도 경제적 요구를 내걸고 투쟁을 전개했다. 1889년 요하네스버그에 위치한 몇 개의 기계공장 노동자들이 임금 인상과 노동시간 단축을 요구해 2주간에 걸친 파업을 일으켜 성공을 거두었다. 특히 인쇄노동자들의 투쟁이 활발하게 전개되었는데, 그들이 주도한 파업은 1897년(케이

프타운), 1898년(프리토리아), 1902년(요하네스버그), 1903년(프리토리아, 마리츠버그)에 일어났다(The USSR Academy of Sciences 1981, 520).

중국인 노동자들도 견디기 어려운 노동조건에 항의해 투쟁을 전개했다. 1900년대 초기에 란드폰테인 탄광에서 중국인 노동자의 파업이 발생했고, 광산에서 집단으로 도주한 사건도 벌어졌다. 식민지 당국이 '반란자'에 대한 징벌을 단행하자 영국의 급진파는 항의 운동을 전개했고, 그 결과 영국 정부는 앞으로 재판소의 판결에 따라서만 중국인 노동자를 처벌한다고 밝혔다.

이와 같은 노동자의 저항행동과 더불어 노동조합 조직이 출현했다. 1880년대 초에 백인 노동자들이 주도한 노동조합이 조직되었다. 이런 노동조합들은 주로 식민지 케이프와 나탈에서 결성되었다. 1881년에는 케이프타운에서 그리고 1882년에는 더반에서 목수와 목공 연합조합이 결성되었고, 1888년에는 더반에서 인쇄노동자의 노동조합이 결성되었다. 1892년에는 트란스발에서 광산노동자 기계공 조합이 결성되었고, 1902년에는 우편전신협회가 결성되기도 했다. 그러나 남아프리카에서 백인 노동자들이 주도한 노동운동은 비유럽인 노동자들을 경계하는 경향을 보였다. 남아프리카 노동자 사이에 존재했던 민족과 인종 갈등은 식민주의자들이 활용하기 쉬운 중요한 통제 수단이 되었다.

그런데도 백인 노동자의 운동은 아프리카 노동운동의 발전에서 긍정적 역할을 수행했다. 1902년에는 최초의 사회주의 조직인 '사회민주연맹'이 케이프타운에서 영국 지부의 형태로 설립되었다. 이 연맹은 노동조합과 연대 확립을 위해 노력했으며, 뒤에는 비유럽인 노동자를 대상으로 적극적인 활동을 전개했다.

제7부   20세기 초기 노동자계급 투쟁의 새로운 단계

1905~07년 러시아혁명

거의 굶주리고 있었고 혹심하게 착취당하면서
야만적인 전제(專制) 지배를 당하고 있었던 러시아 인민은
처음부터 차르의 제국주의 전쟁에 반대하였다.
그들은 부패한 차르의 독재정치를 위해 대포밥이 되는
어떤 일도 전적으로 거부했다.
혁명의 폭풍우가 다가오고 있는 최초의 큰 징후는
1904년 12월에 일어난 바쿠 석유노동자의
대규모적이고 승리로 끝난 파업이었다.
1905년 1월 22일 상트페테르부르크의 겨울 궁전 앞에서
평화적인 시위를 하던 14만 명의 노동자들에게 발포해
노동자 1천 명이 잔혹하게 살해되고 2천 명 이상이 부상당한
'피의 일요일' 사건으로 타오르고 있던 불에 기름이 부어진 격이 되었다.
격렬한 분노의 물결이 러시아 전체를 휩쓸었다.

_윌리엄 포스트(Foster 1956, 182)

1. 새로운 형태의 노동자계급 정당 창설

노동자계급해방투쟁동맹과 러시아사회민주노동당 결성

1890년대 들어 러시아 자본주의는 비약적으로 발전했다. 철도 건설이 곳곳에서 진행되고 연료 공업을 비롯해 공업이 괄목할 정도로 발전했다. 이 무렵 외국자본이 대거 진출하게 되었는데, 20세기 초기에는 러시아 총자본 가운데 외국자본 비중이 30퍼센트를 넘었으며 공업 부문에 투자된 외국자본 비중은 45퍼센트에 이르렀다.

이런 공업화의 급속한 진전에 따라 노동자 수도 크게 증가했고, 노동자계급의 투쟁도 더욱 치열해졌다. 이와 더불어 새로운 형태의 프롤레타리아 정당, 즉 자본주의사회의 변혁을 지향하는 독자적인 노동자 정당을 창립해야 한다는 주장이 구체적으로 제기되었다.

이와 같은 주장을 가장 강력하게 편 사람이 마르크스주의 지도자로 인정받은 레닌이었다. 그 배경을 살펴보면 이렇다.

노동운동은 자본주의가 대체로 순탄하게 발전했던 시기에는 주로 부르주아 민주주의 성과물의 확보와 확대 방침, 특히 보통·평등 선거권과 사회개량을 목표로 한 투쟁 방침을 택했다. 이런 방침에 따라 노동운동은 합법적 활동 형태, 특히 의회를 상대로 한 활동을 넓게 펼침으로써 큰 성과를 거둘 수 있었다.

그러나 이와 같은 사회개량적인 활동 방침이나 합법투쟁 방침이 달성한 성과들을 지나치게 부풀려 평가하는 경향이 나타났다. 또 변화한 객관적 조건들이 노동자계급의 투쟁을 촉진하고 있다는 사실에 대해 바르게 인식하지 못한 결과, 서유럽 사회민주주의가 점점 전투적이고 혁명적인 노선을 상실해 가는 경향을 보였다. 이런 정세에서 러시아의 충실한 마르크스주의자

레닌은 변화하는 세계정세와 러시아 국내의 특수한 조건에 대응하기 위한 프롤레타리아 운동의 새로운 길을 모색하게 되었고, 그가 내린 결론은 혁명을 전략목표로 하는 새로운 형태의 프롤레타리아 당 창설이었다.

이와 같은 방침에 따라 1895년에는 상트페테르부르크 마르크스주의 서클은 레닌의 제창으로 단일한 사회민주주의 비합법 조직으로 '노동자계급해방투쟁동맹'(이하 투쟁동맹)[1]을 결성했다. 투쟁동맹은 중앙집권제, 엄격한 규율, 그리고 대중과 긴밀한 유대 등을 조직 원칙으로 채택했으며, 조직의 기본 단위는 노동자 서클이었다. 투쟁동맹의 지도자는 레닌, 나데즈다 크룹스카야, 율리 마르토프 등의 핵심 그룹이었다(황인평 1985, 44).

투쟁동맹 활동이 투쟁현장에서 활발하게 진행되자, 차르 정부는 투쟁동맹에 대해 혹심한 탄압으로 대응했다. 1895년 12월 9일, 레닌을 비롯한 지도자 40여 명을 체포했으며, 1896년에도 몇 차례 활동가들에 대한 구속 사태가 벌어졌다. 레닌은 14개월의 구금 끝에 1897년 시베리아로 유형을 떠나야 했다. 이런 가운데서도 투쟁동맹은 상트페테르부르크 섬유노동자의 총파업 지도를 비롯해 노동운동에 직접 개입했다. 투쟁동맹은 노동자의 경제투쟁을 정치투쟁과 결합시킴으로써 사회주의와 노동운동의 결합을 꾀했고, 프롤레타리아트의 계급투쟁을 지도하는 혁명 정당의 맹아 구실을 했다.

1898년 3월 1~3일까지, 투쟁동맹의 주도로 러시아사회민주노동당 제1회 대회가 민스크에서 비공개로 열렸다. 이 대회는 러시아사회민주노동당[2]

1_투쟁동맹은 간부들의 검거·체포에도 불구하고 노동자들에 대한 선동, 선전, 파업 지원 등 이전보다는 훨씬 더 광범한 규모의 활동을 전개하게 되어 다른 공업도시에서도 동일한 명칭을 사용하는 조직이 불어났다.

2_논쟁을 벌인 끝에 채택한 명칭이다. 먼저 러시아사회민주당, 러시아노동당, 러시아노동자동맹당 등의 명칭이 제안되었지만, 처음에는 사회민주당이라는 명칭으로 의견 일치를 보았다. 다음에 노동자당이라는

결성에 관한 결의를 채택하고 중앙위원 3명을 선출했다. 대회의 이름으로 다음과 같은 선언문이 발표되었다.

당은 1898년 '러시아의'[3] 당으로서, 즉 러시아 전민족의 프롤레타리아트 정당으로서 탄생했다. 러시아의 프롤레타리아트는 전제의 멍에를 떨쳐 버릴 것이나, 이는 사회주의의 완전한 승리까지 자본주의와 부르주아지에 대한 투쟁을 더욱 더 정력적으로 계속하기 위한 것이다(포노말료프 1991, 83에서 재인용).

이 선언문은 노동자계급의 정치권력 획득, 노동자계급의 지도적 역할, 차리즘과 자본주의에 대한 노동자투쟁에서 설정해야 할 동맹 부대에 대한 기본 사상을 명확하게 제시하지는 못했다(황인평 1985, 50).

당 창설 소식이 전해지자 전국 각지의 사회민주주의자들은 이를 환영했으며, 특히 노동자 대중은 넓은 지지를 보냈다. 그러나 사회민주노동당은 아직 중앙집권 방식의 조직 체계를 갖추지 못한 채 강령, 규약·전술을 미처 마련하지 못했다. 더욱이 차르의 탄압이 극심한 조건에서 기회주의 분파의 영향이 커짐으로써 당은 창설 초기부터 혹독한 시련을 겪었다.

명칭에 대해서는 당시, 사실상 소수의 노동자밖에 입당하지 않았다는 이유로 5대 4로 반대 의견이 통과되었다. 그러나 대회 종료 후 선언을 번복하고 중앙위원회 위원 2명의 동의를 얻어 '노동'을 당명에 삽입했다.

3_당이 협소한 민족주의적인 특징을 가지고 건설되어서는 안 된다는 것을 강조하기 위해, 그리고 그런 어감을 풍기는 '러시아인의'라고 하지 않고 '러시아의'라고 하자는 제안이 채택되었다.

『이스크라』: 혁명적 노동운동 세력 결합의 중심

20세기 들어 러시아에는 혁명적 기운이 감돌았으며, 중앙집권적이고 혁명 지향적인 정당 창설 필요성이 강력하게 요구되었다. 1900~1903년에 경제 공황이 발생했으며, 이 공황의 영향이 러시아에서는 심각한 형태로 나타났다. 공황이 진행되면서 수많은 중소기업이 몰락하고 독점체의 통합이 급격히 진행되었으며, 국가 기반이 송두리째 흔들렸다. 이런 상황에서 러시아 자본주의는 제국주의 단계로 접어들었다.

수많은 실업자가 농촌으로 돌아갔으며, 농촌은 농촌대로 황폐와 기근으로 허덕였다. 이 같은 처지에서 노동자들은 정치·경제적 요구 해결을 위한 파업과 시위를 전개했다. 차르 정부는 노동자들의 이와 같은 투쟁에 대해 구속과 유형, 심지어는 1903년 3월의 즈라트우스트 파업[4]에 대한 발포 사건에서 보는 것처럼 총탄으로 막기도 했다. 노동자들이 벌인 투쟁의 영향은 농민들에게도 파급되어 농촌에서도 투쟁이 벌어졌다. 1902년 폴타바, 하리코프 두 지역의 농민들은 지주의 집에 불을 지르고 토지를 빼앗았다. 이 밖에도 학생들과 자유주의 부르주아지도 저항운동에 참여했다.

이처럼 인민대중의 투쟁이 고양되는 가운데 사회민주주의 운동도 활기를 띠었다. 그러나 사회민주주의 조직들은 수공업 방식이나 음모 중심의 방식을 취해 장기에 걸친 지도 활동을 벌이지 못했다. 그리하여 러시아 사회민주주의 운동은 조직의 분산과 사상의 분열 상태에서 혼란과 동요의 시기를 겪었다.

4_1903년 3월 11~17일에 걸쳐 즈라트우스트의 제철 공장에서 발생한 경제 파업으로, 러시아 혁명운동 사상 크게 주목되는 사건이었다. 3월 13일 주지사의 집 앞에 결집한 노동자들을 향해 발포해, 사망자 69명, 부상자 250명이 발생했는데, 『이스크라』(*Iskra*)는 이 사건을 러시아 국내에 널리 보도했다.

이런 상황에서 사회민주주의 운동 내부에 존재하는 '경제주의자'들의 사상적 흐름은 이와 같은 혼란과 동요를 더욱 부추겼다. 그들은 신문 『라보차야 무이즐』(노동자의 사상), 『라보체예 젤로』(노동자의 사업)라는 출판물을 발간하고 있었다. 그들은 노동자들에게 노동운동을 임금 인상이나 노동시간 단축 등 경제적 요구에 국한할 것을 역설했다. 경제주의자들의 견해를 가장 잘 대변한 것이 '크래도'(신조)라는 문서였는데, 이 문서의 저자는 '해외러시아사회민주주의자동맹'의 지도적 인물이고 베른슈타인주의자인 예카테리나 쿠스코바였다. 그는 "노동자는 경제투쟁, 자유주의자는 정치투쟁"을 강조했다. '경제주의자'들은 노동자계급의 독자적인 정치 활동과 독자적인 당의 필요성을 부정했다. 그런 점에서 경제주의는 국제적 기회주의의 러시아 변종이었다(황인평 1985, 56에서 재인용).

사회민주주의 운동 내부의 수공업·음모적 방식, 사상의 동요, '경제주의'의 폐해를 극복하기 위해서는 혁명 지향 세력을 통합하고, 정당 창설에 중요한 역할을 담당할 수 있는 신문의 발간이 필요하다는 데 의견이 모아졌다. 이것은 일찍이 레닌이 유형지에서 구상한 것이었다. 레닌이 구상한 것은 전국·정치적 노동자 신문의 발간으로, 사회민주주의 운동에 새로운 흐름을 가져다주고 투쟁하는 세력들의 배치와 역관계를 본질적으로 변화시키며, 기회주의 경향에 대한 대응에서도 이전과는 다른 방식을 도입하기 위한 것이었다.

러시아 최초의 비합법의 노동자 신문은 『이스크라』 Iskra(불꽃)였다. 이 신문의 편집진으로는 러시아 사회민주주의 조직의 대표자인 레닌, 마르토프, 포트레소프, 자술리치, 플레하노프, 악셀로트였다. 1900년 12월에 발간된 『이스크라』 창간호는 권두 논문에 해당하는 레닌의 "우리 운동의 긴박한 임무" The Urgent Tasks of Our Movement를 실었다. 이 논문에서 레닌은 모든 노동자 대중과 피착취자의 완전한 해방을 위한 노동자계급 투쟁의 중심축으로서 정치 활동이 갖는 의의를 강조했으며, 또 이런 투쟁을 지도할 수 있는 주체는 노동자계급 정당에 결합된 혁명적 사회민주주의자들이라고 밝혔다. 그리고 레닌은 러시아사회민주노동당의 강령, 사상·조직적 원칙, 전략과 전술 등을 구체적으로 고안하는 것이 『이스크라』의 주요한 임무라고 했다(The USSR Academy of Sciences 1981, 555).

『이스크라』 창간호에는 국제노동운동과 사회민주주의 운동의 긴요한 문제들, 전제적 재판 폭로, 차리즘이 시행한 대외정책의 반인민적 성격, 러시아 노동운동 상황과 노동자계급의 상태에 관한 정보, 노동운동 일지와 공장 통신, '노동자계급해방투쟁동맹'의 강령, 그리고 '연합노동자조직' 규약 등이 실렸다.

『이스크라』는 창간호뿐만 아니라 그 뒤에 발간된 각호에도 사회민주노동당의 강령과 전술의 주요 사항을 설명한 논문과 더불어 독자들로부터 온 편지, 통신(정보)에 관한 기사가 발표되었으며, 각 지역의 위원회가 발표한 선언, 호소 등이 게재되었다. 신문의 이런 내용들은 점점 많은 독자층을 확보했고, 광범한 노동자계급에 대해 혁명적 사상을 보급시켰을 뿐만 아니라 차리즘에 반대하는 인민에게 러시아사회민주노동당의 권위를 높일 수 있었다. 또 『이스크라』는 농민들의 상태에 대한 통신을 비롯해 농업 강령의 원칙들에 대한 논의의 장을 폈다. 요컨대 신문은 정치·사회 생활의 가장 긴요한 문제를 제기하고 그것에 대한 해답을 이끌어 냄과 동시에 노동자계급과 모든 노동자 대중의 근본적 이익에 관련되는 사건들에 대해 실천적으로 대응하고자 했다. 그리고 신문은 '경제주의자'와 나로드니키주의자 그리고 사회혁명당 등에 대한 이론·사상적 투쟁에서도 중요한 역할을 수행했다.

러시아사회민주노동당 제2차 대회와 볼셰비키 당의 출현

러시아사회민주노동당 제2차 대회가 1903년 7월 17일~8월 10일까지 브뤼셀에 이어 런던[5]에서 비밀리에 열렸다. 이 대회에는 26개 조직[6]을 대표해 51표의 의결권을 가진 43명의 대의원[7]이 참석했다. 제2차 당대회는 준비가 면밀히 이루어진 점, 모든 조직을 대표하는 대의원이 참석한 점, 결정 사항이 광범위한 점 등에서 사회민주주의 운동에서 보기 드문 사례였다. 대의원들의 정파별 분포를 보면, 『이스크라』파가 33명으로 가장 많고, 반『이스크라』파 8명('경제주의자' 3명, 분트[8] 조직 5명)이었고, '남부 노동자파'[9]는 동요 분자인 '중앙파'[10], 즉 레닌이 말하는 '소지파'沼地派가 이에 따르고 있어 10명이었다. 그런데 『이스크라』파 가운데서도 확고한 『이스크라』파(레닌파)는 24명이었고, 마르토프를 따르는 온건 『이스크라』파(후의 멘셰비키파)는 9명이었다(황인평 1985, 72~73).

5_ 대회 처음 13차 회의는 벨기에의 브뤼셀에서 개최되었으나, 벨기에 정부가 대회 대표들을 끊임없이 감시하고 대표 가운데 몇 명을 국외로 추방했기 때문에 나머지 24차 회의를 영국 런던에서 열 수밖에 없었다. 더욱이 런던에서도 7월 29일 어부 클럽에서 제1차 회의가 열렸으나 그 후 여러 노동단체의 회의장을 빌리기도 하면서 전전해 이동했다.

6_ 상트페테르부르크위원회, 상트페테르부르크 '노동자 조직', 모스코바, 투라, 하리코프, 키예프, 오데사, 니콜라예프스크, 예카테리노슬라프, 돈, 바쿠, 티플리스, 바투미, 사라토프, 우파위원회, 북부노동자동맹, 광산노동자동맹, 시베리아동맹, 크리미아동맹, 분트, '노동자해방단' 『이스크라』 러시아 조직, '재외러시아혁명적사회민주주의연맹', '재외러시아사회민주주의자동맹', 분트재외위원회, '남부노동자단'.

7_ 총 43명 가운데 8명의 대의원이 각각 2표씩 행사하고, 나머지 35명이 1표씩 행사함으로써 총 51표가 되었다.

8_ 마르크스주의 조직인 유태인노동자연맹(Bund)를 일컫는다.

9_ 1900년 1월부터 1903년 4월까지 같은 이름의 비합법 사회민주주의 신문 『우즈니 라보치』를 발행했던 그룹이다. 제2차 대회까지 존속했다가 그 후로 지도적 멤버 대부분은 멘셰비키가 되었다.

10_ 당대회에서 레닌이 이끄는 확고한 『이스크라』파와 마르토프가 이끄는 불안정한 온건 『이스크라』파의 중간에 속해 있어 레닌이 '소지'(沼地)라고 이름 붙인 중간 그룹이었다.

제2차 당대회에서는 강령을 비롯해 조직 원칙, 전술 기초 등 당 조직 운영과 혁명적 노동운동의 발전에 관련되는 중요 문제가 제기되었다. 대회는 또 당 중앙 기관들을 선출하지 않으면 안 되었다.

먼저 민족문제에 관한 강령 규정, 나아가 개별 민족의 노동자계급 대표권 문제를 둘러싸고 많은 논쟁이 일어났다. 분트파는 '민족·문화적 자치'를 주장하면서 당을 전당적 지도부로부터 독립된 민족별 조직의 연합체로 규정해 연합 원칙에 기초해 당을 건설해야 한다고 주장했다. 반면, 『이스크라』파는 러시아에 거주하는 모든 민족의 선진적 노동자들을 단일한 중앙집권적인 당으로 결집시켜야 한다고 주장했다. 당은 '민족적 특수성이 당 활동의 통일과 사회민주주의 운동의 단결을 방해해서는 안 된다'는 규정을 설정했다.

다음으로 당 강령에서 프롤레타리아독재 규정을 둘러싸고도 격렬한 논쟁이 벌어졌다. 아키모프와 우익 지도자들은 프롤레타리아독재를 당 강령에 포함시키지 않은 서유럽 사회주의정당의 사례를 들어 프롤레타리아독재를 당 강령에 포함시켜서는 안 된다고 주장했다. 트로츠키는 프롤레타리아독재를 지지하는 한편, 프롤레타리아독재가 가능하기 위해서는 노동자계급이 국민의 '다수자'가 되었을 때라고 주장해 실제로는 반대했다. 또 '경제주의자'들은 객관적 과정으로서 노동자계급의 수와 단결, 의식성 향상 등을 강조했다. 당은 몇 가지 수정안을 부결시키고 프롤레타리아독재 규정을 강령에 포함시키기로 결정했다.

당 강령 초안의 농업 부문에 관해서도 열띤 토론이 이루어졌다. 반『이스크라』파들은 농민들이 지닌 혁명적 의식의 비자각성을 들어 노동자와 농민의 동맹에 반대했다. 이에 반해 레닌은 농민의 혁명적 잠재력에 대한 확신을 표명했으며, 이 잠재력이 그들을 전제와 모든 형태의 착취와 억압에 대응해 노동자계급과 공동 투쟁을 조직해야 한다고 주장했다. 레닌의 주장은 많은 대의원의 지지를 획득했는데, 대회에서 통과된 농업 강령에는 '농노제 유물의 일소'[11]와 '농촌에서 계급투쟁의 자유로운 발전'이라는 두 가지 기본 사상이 담겨 있었다.

그리고 당대회는 최대 강령과 최소 강령으로 구성된 『이스크라』파의 강령을 승인했다. 최대 강령에는 당의 궁극 목표, 즉 사회주의 실현을 위한 조건 ─ 사회주의혁명과 프롤레타리아독재의 확립 ─ 이 명시되었다. 최소 강령에는 당의 당면한 임무, 즉 차리즘 타도, 부르주아민주주의혁명, 민주공화국 수립, 8시간 노동일제 확립, 모든 민족의 완전한 동등권과 자결권 보장, 농촌에서 농노제 유물의 일소 등이 규정되었다. 당대회는 이와 같은 마르크스주의적인 강령을 채택했다. 당의 강령, 전술, 조직의 문제에서 『이스크라』파는 주도권을 행사해 볼셰비키(다수파)가 됨으로써, 볼셰비키 당이 결성되고 강화되었다는 평가가 가능했다.

이런 당대회의 결정에도 불구하고 볼셰비키는 '경제주의자'를 비롯한 기회주의와 개량주의를 상대로 끊임없는 노선투쟁을 전개해 당의 성장과 발전을 추진하고자 했다. 먼저 당대회에서 당 규약 제1조의 당원 자격을 둘러싸고도 격렬하게 대립하는 두 가지 주장이 표명되었다. 『이스크라』파는 "당의 강령을 승인하고 물질적 수단으로 또는 당의 한 조직에 스스로 참여해 당을 지지하는 자는 모두 당원으로 간주한다"고 주장해 당을 조직된 통일체로 규정했다. 이에 반해 마르토프는 "당의 강령을 받아들이고 물질적 수단으로 당을 지지하고, 당의 한 조직의 지도하에서 규칙적으로 스스로 당

11_구체적으로는 매수금과 연공제의 정지와 반환, 농민의 토지관리를 압박하는 모든 법률의 폐지, 그리고 농민에 대한 수탈지의 반환 등을 가리킨다.

에 협력하는 자는 모두 당원으로 간주한다"고 주장해, '문호개방정책'을 취했다. 규약 제1조에 대해서는 분트파, '경제주의자' 중앙파, 온건『이스크라』파 등이 마르토프의 안을 지지해 이를 채택했다(황인평 1985, 76~77에서 재인용).

제2차 당대회 이후『이스크라』내부에서도 분열이 생겼으며, 반『이스크라』파들은 대회의 결정 사항을 지키려 하지 않았다. 마르토프, 트로츠키, 악셀로트 등을 수뇌부로 하는 분파 조직, 즉 멘셰비키를 형성해 당의 중앙 기관을 보이콧하고 당의 주도권을 빼앗으려 했다. 볼셰비키와 멘셰비키 사이에 타협하기 어려운 노선 투쟁이 시작되었다.

멘셰비키는 1903년 11월에 당기관지『이스크라』를, 그리고 1904년에는 중앙위원회를 장악했다. 멘셰비키가 기관지와 중앙위원회를 장악할 수 있었던 것은 그들의 주장이 당내에서 정당하다고 인정받아서가 아니라 '조정주의자'들의 지원으로 이루어진 결과였다. 조정주의자는 바로 플레하노프였다. 플레하노프는 당대회에서 레닌을 지지했으나, 대회 이후에는 멘셰비키 진영을 지원했다. 그는 멘셰비키가 그릇된 주장을 편다 할지라도 이것을 용인해 주어야 한다고 설파함으로써 스스로 멘셰비키가 되었다.

레닌은 플레하노프의 이런 행동을 신랄하게 비판했다.

플레하노프 동지는 자신이 양당의 중앙 기관에 있는 '그의 동지들에게 발포'하는 것은 견딜 수 없다고 그의 동료들에게 말했으며, '분열하는 것보다는 차라리 자신의 머리에 총알을 쏘는 것이 더 나으며' 더 큰 해악을 피하기 위해서는 (1조에 관한 올바르지 못한 처지에서 발견되는 원칙보다는) 실제로는 개인적인 양보를 둘러싸고 이 유해한 투쟁이 벌어지고 있으므로 개인적인 최대한의 양보를 하는 것이 필요하다고 선언했다.

플레하노프의 "무엇을 해서는 안 되는가"의 기본 사상은, 정치에서 너무 목이 뻣뻣하고 너무 거칠고 고집이 세어서는 안 된다는 점, 즉 분열을 피하기 위해서는 심지어는 (우리 쪽으로 이동하고 있는 사람들 가운데 또는 일관성이 없는 자들 가운데서) 수정주의자들에게 그리고 무정부주의적 개인주의자들에게도 양보하는 것이 때때로 필요하다는 내용이다.

작은 곤혹이 커다란 기쁨을 방해해서는 안 된다(Lenin 1977b, 375~376).

이런 상황에서 볼셰비키는 당대회에서 결정된 강령과 조직 그리고 전술 원칙들을 확립하고 실천하기 위해 멘셰비키에 대한 투쟁을 전개하지 않으면 안 되었다. 1904년 5월에 출판된 레닌의 저서 『한 걸음 앞으로, 두 걸음 뒤로』 One Step Forward, Two Steps Back가 그 포문 구실을 했다. 레닌은 마르크스주의 정당은 '노동자계급의 일부이며 그 전위부대'라고 규정했으며, 당은 노동자계급의 가장 우수한 인재들, 가장 의식이 투철하고 자기희생적이며 혁명 사업에 전적으로 헌신하는 사람들이 만든 조직이라고 했다. 그리고 그는 "프롤레타리아트는 권력 획득을 위한 투쟁에서 조직 이외에는 어떤 무기도 갖고 있지 않다"고 주장했다(The USSR Academy of Sciences 1981, 597).

1904년 여름, 당은 매우 어려운 상태에 놓이게 되었다. 멘셰비키의 사업 방식은 당내 분열을 조장하고 노동자계급의 행동 통일을 깨뜨린다고 비판받았다. 이런 사태에 직면해 볼셰비키 진영은 1904년 가을 레닌의 지도에 따라 볼셰비키 집행국을 설치하고, 같은 해 12월에는 이전의 『이스크라』(불꽃)를 계승할 『프페료드』(전진)를 발간했다. 볼셰비키는 이와 같은 활동을 추진하는 동시에 조직성과 중앙집권제 그리고 규율을 통해 당을 쇄신·강화하려 했으며, 앞으로 전개될 투쟁들을 준비했다.

2. 1905~07년 러시아혁명과 노동자계급

'피의 일요일'

1905년 1월 9일(신력 1월 22일)[12] 제정러시아의 수도에서 전 세계를 깜짝 놀라게 한 사건이 발발했다. 이날 그곳에서 노동자 14만8천 명이 벌인 시위가 군인의 총격을 받게 되었는데, 노동자들은 전제군주가 행하는 폭정을 철폐하고 정의를 실현하라고 순박하게 요구했다. 시민 1천여 명이 사살되었고 수천 명이 부상당했다.[13] 차리즘의 잔혹한 범죄행위는 인민의 분노를 폭발시켰다. 혁명이 시작된 것이다.

제국주의 시기 최초의 인민혁명이라 할 수 있는 1905~1907년 러시아혁명은 오랜 기간에 걸쳐 쌓이고 쌓인 모순이 폭발한 것으로 볼 수 있다. 20세기 초 러시아에서는 혁명 징후들이 곳곳에서 나타났다. 당시 러시아 자본주의는 제국주의로 접어든 가운데서도, 경제와 정치구조에서는 농노제의 유물이 강하게 온존했다. 또 노동자에 대한 잔혹한 착취 구조와 농민의 극빈 상태 그리고 러시아인 이외의 다른 민족에 대한 난폭한 억압 등이 혁명 요소들을 키웠다.

1905년 혁명 직전 러시아 농민 1천만 가구가 토지 7,300만 데샤틴[14]을

12_당시 러시아는 여전히 율리우스력(구력)을 썼는데, 그것은 기독교 세계나 서유럽화된 세계의 다른 모든 곳에서 채택된 그레고리력(신력)보다 13일이 늦으므로 2월 혁명은 실제로는 3월에, 10월 혁명은 11월에 일어난 셈이다. 러시아어 철자법 개혁의 경우와 마찬가지로 러시아어 역법을 개혁한 것 — 혁명이 가져온 충격의 깊이를 보여 주는 — 도 다름 아닌 10월 혁명이었다. 그렇게 작은 변화를 낳는 데도 대체로 정치·사회적 대변동이 필요하다는 것은 잘 알려진 사실이다. 프랑스혁명의 가장 지속적이고 가장 보편적인 결과는 미터법이었다(Hobsbawm 1996, 57).

13_러시아 정부 발표로는 사망자 150명 미만, 부상자 1천 명 미만으로 발표했으나, 학계에서는 사망자 1천 명 안팎, 부상자 4천 명 안팎으로 추정했다(이채욱 1990, 12).

소유하고 있었다. 약 2만7천 명의 지주 가운데 1만8천 명이 6,200만 데샤틴을 소유했고, 대지주 699명이 이 거대한 토지의 3분의 1을 소유했다. 그들은 전제 정권의 튼튼한 버팀목이었다. 농민들은 어차피 좋은 토지를 소유할 수 없었다. 1861년 이후 토지는 옛 농노를 되도록 옛 지주들의 지배 상태에 두어 예속시키는 방식에 따라 분할되었다. 이런 조건에서 대다수 농민들은 매우 궁핍한 생활을 영위해야만 했다(세르주 2011, 46).

더욱이 1900~1903년의 경제공황은 노동자들의 상태를 매우 열악하게 만들었다. 실업이 방대하게 형성되었고 임금 인하 사태가 빚어졌으며, 노동 시간은 더욱 연장되는 등 노동·생활 조건이 갈수록 나빠졌다. 노동관계법은 제정되지 않은 상태에서 언론·집회·결사·시위에 관한 자유 등 기본 권리조차 보장되지 않았다. 차르 전제는 인민의 요구를 억누르면서 자본가와 지주의 이익만을 옹호했다. 이와 같은 조건에서 러시아 사회민주주의 운동 발전은 혁명의 추진력 역할을 했다.

러시아 노동자계급의 투쟁이 고양되고 혁명적 정세가 조성되는 상황에서, 차르 정부는 산업재해보상이나 가족연금 등 몇 가지 자유주의적 법령을 공포했으나 별로 실효를 거두지 못했으며, 그것이 노동자투쟁을 결코 약화시키지는 못했다. 정부는 노동력 보호를 위한 노동환경 개선을 비롯해 노동 복지 정책 그리고 노동기본권 보장을 통한 자율적 노사관계의 질서 확립 등의 일반적인 노동정책을 수립하거나 시행하지 않았다. 그 대신 차르 정부가 고안해 낸 것이 다름 아닌 주바토프주의 또는 '경찰 사회주의'였다.

세르게이 주바토프는 지난날 혁명가였다가 모스크바 비밀경찰의 우두

14_ 1데샤틴은 약 2.5에이커(약 4천 제곱미터)다.

머리가 된 인물로서, 그는 모스크바 사회민주주의 조직과 긴밀하게 접촉했다. 주바토프는 노동자 대중이 어떤 강력한 지도 체제도 사실상 갖지 못하고 있다는 사실, 노동자 조직들이 아직 맹아적 발전 단계에 놓여 있어 매우 취약하다는 사실, 그리고 혁명적 선전 활동은 단지 선진적 노동자들 사이에서만 실효를 거두고 있다는 사실들을 잘 파악하고 있었다. 그리고 그는 노동자들이 경제적 착취를 반대하는 투쟁에서 스스로를 단결시킬 합법 조직 결성을 열망하고 있다는 사실도 충분히 알고 있었다. 이런 판단에 따라 정부는 독립적인 노동자 조직을 창설하는 방법을 통해서가 아니라, 비밀경찰의 지도와 감독을 받는 합법적 노동자 조직을 설치함으로써 '사회주의 선동에 이끌린' 노동자들에게 행정적인 통로를 통해 경제적인 요구만 제기하도록 노동운동을 통제하는 교묘한 작업에 착수했다.

이와 같은 정부의 음험한 방침에 따라 주바토프는 1901년 모스크바에 '모스크바기계공업노동자협회'라는 조직을 만들었는데, 이 협회는 빠르게 성장했다. 초기에 설정한 협회의 주요 활동은 노동자들에 대한 교육 활동이었다. 협회의 교육 활동은 오래 지속되지 못했고, 시간이 지나면서 노동자들의 경제적 요구와 그 실현을 위한 방책이 구체적으로 논의되었다. 한편, 기계공업 노동자들보다 수적으로는 더 많은 모스크바의 섬유산업 노동자가 스스로의 합법 조직을 결성할 권리를 주장하면서, 1902년에는 모스크바기계공업노동자협회와 유사한 조직을 만들었다. 상트페테르부르크에서도 주바토프 방식의 조직 실험은 그다지 성공하지 못했다. 수도의 선진적이고 자각된 노동자들은 담당 첩자를 파견한 합법적 노동자 조직의 실체를 파악함으로써 독자적인 조직 결성을 시도했다(튜린 1986, 71~77).

레닌은 주바토프 운동에 대해 다음과 같이 지적했다.

노동자계급의 혁명 본능과 연대 정신이 경찰의 하찮은 계략들을 모두 이길 것이다. 주바토프주의자들 덕분에 가장 후진적인 노동자들이 운동에 참여할 것이고, 그래서 제정 정부 스스로 노동자들이 더욱 멀리 나아가게 만들 것이다. 자본가들의 착취 자체가 노동자들이 평화주의적이고 명백히 위선적인 주바토프의 품에서 벗어나 혁명적 사회민주주의 쪽으로 가게 만들 것이다(클리프 2010, 210~211에서 재인용).

차르 정부는 노동자의 총파업 투쟁이나 폭동 발발을 방지하기 위해 주바토프 방식의 술책을 계속 실행했다. 이번에는 그런 음모가 상트페테르부르크 교도소 교목이었던 가폰 신부를 통해 꾸며졌다. 그는 처음에 '즐거운 일요일 오후'라는 노동자 학습 소모임을 조직했는데, 회원이 빠르게 불어나자 '상트페테르부르크가폰협회'(이하 가폰협회)로 이름을 바꾸었다. 가폰협회는 주로 당시의 정세를 토론하고 비합법 혁명 서적을 탐독하는 데 전념했다. 1904년 말에는 회원 수가 7천~8천 명에 이르렀다. 가폰협회의 회원 수가 증가하고 활동이 활발해지면서, 기업주들은 경계심을 갖고 자기 기업에 고용된 노동자들이 협회 활동에 참여하는 것을 허용하지 않았다. 종업원 1만3천 명이었던 상트페테르부르크 최대 기업 푸틸로프 제철소가 가폰협회에 가입한 노동자 4명을 해고하기에 이르렀고, 이것이 1905년 1월 7일 상트페테르부르크 총파업의 발단이 되었다(튜린 1986, 79~80).

정부가 의도적으로 육성했던 주바토프 조직이나 가폰협회 등에 참여했던 노동자들의 경험은 노동자들로 하여금 단결을 통해 스스로 획득할 수 있는 힘에 대한 새로운 인식을 갖게 했다. 합법적 통로를 통해 자기들의 요구를 관철시키는 길이 노동조합에 대한 탄압으로 봉쇄되자, 그런 인식이 소멸되기보다는 의식 속에 내면화되어 있다가 힘의 통제가 약화될 경우에 조직

속에서 훈련되지 않은 인간군 특유의 야만성을 띠며 폭발하게 되는 것이다(이인호 1991, 8).

정부의 노동운동에 대한 이와 같은 전근대적이고 폭력적인 탄압이 진행되는 가운데서도 노동자계급의 저항은 걷잡을 수 없이 분출되었고, 인민의 민주주의에 대한 요구는 갈수록 증대되었다. 역사사회학적 접근을 시도한 맥다니엘은 '전제주의적 자본주의'라는 개념으로 러시아 노동자계급의 형성과 혁명화 과정을 설명했다. 그에 따르면, 산업화와 노동자계급의 형성은 유럽의 모든 나라가 겪었던 과정이지만, 유독 러시아에서만 노동자계급의 요구가 혁명적으로 분출될 수밖에 없었던 것은 러시아에서는 자본주의가 전제 정권의 간섭 때문에 정상적으로 발전할 수가 없었고 노동문제에 대해 현실적으로 대처할 능력이 없었기 때문이라는 것이다. 전제 정권은 초계급적인 감시자의 처지에 서서 한편으로는 자본의 부도덕성을 암시함으로써 자본주의의 발달에 따라 대두하는 시민사회적 요구 앞에서 자신의 입지를 고수하려 했던 반면에, 다른 한편으로는 어용노조 등을 통해 노동자들의 동태를 배후에서 조종하고자 했던 시도가 실패로 돌아가자 노동운동에 대한 탄압 일변도 정책으로 돌아섰다. 또 자본가들은 노동문제 또는 노동-자본의 갈등과 모순을 합리성 있게 대처하려 노력하지도 않았으며, 노동자들의 불만이 폭발 상태에까지 진전되지 않도록 하기 위한 설득과 타협을 행하지도 않았다(McDaniel 1988, 229~230; 이인호 1991, 8에서 재인용). 더욱이 1904년 1월 러일전쟁에서 러시아가 군사적으로 패배했고, 게다가 낡고 부패한 차리즘 정부의 무능력이 노골화된 상태에서 혁명적 정세가 조성되었다.

1904년 12월에는 푸틸로프 제작소에서 노동자 4명이 해고된 것을 계기로 시작된 소규모 집회가 다음 해 1월 3일에는 노동자 1만2천 명이 참가한 푸틸로프 전체 파업으로 확대되었다. 푸틸로프 파업은 1월 5일에는 다른 네 개 기업에서 노동자 3만 명이 참가한 연대 파업으로 확대되었다. 다음 날인 6일에는 노동자 10만5천 명이 참가한 파업이 발생한 데 이어 7일에는 상트페테르부르크 총파업으로 발전했다. 이 엄청난 파업 사태를 맞아 가폰 협회는 1월 9일 노동자들의 요구를 차르에게 청원하기로 결정했다.

러시아혁명의 도화선이 된 1905년 1월 9일은 나중에 '피의 일요일'이라 부르는 날로 기록되었다. '피의 일요일' 바로 전날, 가폰 신부와 노동자 대표들은 그들이 세운 행진 계획을 미리 정부 당국에 알렸고, 가폰은 이미 대중들 사이에 널리 유포된 편지를 그의 비서를 시켜 내무부 장관 표트르 드미트리 스비야토폴크-미르스키 왕자에게 보냈다. 편지 내용은 이러했다(튜린 1986, 81~84에서 재인용).

각하, 노동자를 비롯한 각계각층의 사람들로 구성된 상트페테르부르크 주민은 겨울 궁전 광장에서 1월 9일(22일) 2시에 차르를 배알하기를 청원합니다. 그 이유는 상트페테르부르크 주민과 전(全) 러시아 주민의 요구를 차르에게 전달하기 위한 것입니다. 차르가 두려워할 것은 아무것도 없습니다. 러시아 공장노동조합의 대표로서 저는 이것을 차르에게 보장할 수 있습니다.

예정된 1월 9일 겨울 궁전으로 행진한 사람들이 차르에게 제출하려 했던 청원서는 노동자의 모든 고통과 슬픔을 반영한 것이었으며, 당시 러시아인의 정서를 잘 표현했다. 이 청원서의 내용은 이러했다.

폐하! 상트페테르부르크의 노동자이며 시민인 우리와 우리의 아내, 아이들, 노인들은 폐하께 정의와 보호를 간청 드리러 왔습니다. 우리는 모두 가난에 찌들어 있으며, 과중한 노동에 짓눌려 있습니다. 우리는 종종 영문을 모르는 모욕을 당하며 인간이라기보다는 노예로 취급당합니다. 우리는 고통을 말없이 참고 견디어야 합니다. 우리는 점점 더 빈곤과 무질서, 무지의 혼돈 속으로 떠밀리고 있습니다. 우리는 전제 정치와 압제에 질식되어 숨도 못 쉴 지경입니다. 우리에게는 더 이상 힘도 없습니다. 폐하, 우리의 인내는 고갈되었습니다. 우리는 더 이상 고통을 참기보다는 차라리 죽음이 더 나은 상태에 이르렀습니다.

청원서의 마지막 대목은 다음과 같았다.

만약 당신이 우리의 기원에 답하지 않는다면, 우리는 당신의 궁전 앞, 바로 이 자리에 뼈를 묻을 것입니다. 우리는 다른 피난처도 없으며, 다른 방법도 알지 못합니다. 우리 앞에는 다만 두 가지 길이 있을 뿐입니다. 하나는 자유와 행복이고, 다른 하나는 무덤입니다.

청원서는 러시아 인민의 무지와 법적 억압을 근절하기 위한 조치, 인민의 빈곤을 퇴치하기 위한 조치, 노동자에 대한 자본의 억압을 막을 수 있는 조치를 제기했다.

볼셰비키는 청원서 제출에 대해 반대의사를 표시하면서 차르와 갖는 대화는 무익하며, 겨울 궁전으로 행진하는 것은 피로써 저지되리라는 사실을 유인물 발간이나 대중집회를 통해 노동자들에게 알렸다. 이와는 반대로 멘셰비키 지도부는 청원서 제출을 찬동했다.

1905년 1월 9일의 행진은 사전 예고와 간절한 청원에도 불구하고, 결국 러시아뿐만 아니라 전 세계를 놀라게 한 차르 전제의 대학살을 불렀다. 인민의 청원에 대한 차르의 즉각적인 반응은 총알 세례를 받고 가폰 신부가 외친 "더 이상 신은 없다, 차르도 없다"는 표현 바로 그것이었다(이채욱 1990, 16).

상트페테르부르크에서는 바로 당일 바리케이드가 설치되고 총포상이 털렸으며, 밤새 군대와 시위 군중의 쫓고 쫓기는 전투가 벌어졌다. 전투는 며칠 동안 계속되었다. 가폰 신부가 이끌었던 노동자 군중 시위대는 사회민주노동당과 관련을 갖고 있지는 않았다(정옥경 1996, 70).

가폰 신부가 과연 어떤 사람인가에 대해서는 많은 논란이 있었다. '선동 첩자'인가, 아니면 '기독교 사회주의자인가'가 논의의 초점이었다. 당시 볼셰비키의 기관지와 다름없었던 『전진』L'Avanti은 가폰의 많은 과거 행적으로 보아 선동 첩자로 규정했다.

레닌은 가폰을 좀 다르게 평가했다.

우리는 가폰 신부가 충실한 기독교 사회주의자일 수도 있고 '피의 일요일'이 그를 진정한 혁명적 길로 들어서게 했다는 생각을 완전히 무시할 수 없다. 특히 1월 9일 학살 이후 가폰 신부가 '우리에게 차르는 없다'고 선언하는 편지와 자유를 위한 투쟁을 호소하는 편지를 쓴 후부터 우리는 그런 생각을 지지하는 쪽으로 기울었다. 왜냐하면 그런 편지는 그가 정직하고 진실하다는 것을 말해 주는 증거들이기 때문이다(클리프 2010, 212에서 재인용).

1917년 러시아 사회주의혁명 이후 '공산당 당사'는 "가폰은 단지 선동 첩자였을 뿐이며, 그의 '계획'은 노동자들에 대한 총격과 '노동운동을 피로 물들이는 것'을 야기했다"고 기술했다(슈바르츠 1986, 66~69).

모스크바에서는 1월 10일부터 총파업이 시작되었다. 리가의 노동자들은 1월 13일 파업을 선언하고 정치적 시위를 감행했다. 그사이 경찰과 벌인 충돌로 노동자 70명이 목숨을 잃었고, 200명 정도가 부상당했다. 1월 14일 바르샤바에서 총파업이 발생했다. 1월 18일 키프로스에서 시작된 총파업은 캅카스의 각 도시에서 일어난 정치적 파업으로 이어졌다. 이처럼 1월 9일 은 전국의 노동자 대중이 차리즘에 대항해 투쟁을 불러일으킨 기점이 되었 다. 1905년 1월 한 달 동안에만 44만 명이 파업에 참가해, 지난 수십 년 동 안의 파업 참가자보다 많았다(황인평 1985, 103).

아주 낮은 수준의 노동조합도 없었던 상황에서 대규모 파업운동이 발생 할 수 있었던 것은 실로 놀라운 일이 아닐 수 없었다. 그것은 비합법적인 사 회민주주의 조직들이 산업 중심 지역에서 활동을 벌이면서 노동자들에게 상당히 큰 영향력을 행사했기 때문에 가능했다. 당시 볼셰비키와 멘셰비키 두 분파는 다 같이 각종 파업을 지원하거나 직접 주도하기도 했으며, 투쟁 과정에서 노동자 조직을 결성하기 위해 노력을 기울였다. 그런데 볼셰비키 가 정치투쟁을 전개하기 위해 조직을 최대한 '활용하고자' 한 경향을 보였 고, 반면에 멘셰비키는 비록 파업의 정치적 중요성을 전혀 도외시한 것은 아니었지만, 그보다는 노동자들의 즉각적인 경제적 요구 조건이 실현되어 야 한다는 사실을 강조했다(슈바르츠 1986, 71~72).

4월 18일(신력 5월 1일) 메이데이에는 '전제 타도'의 슬로건을 내건 노동 자의 파업과 시위 그리고 집회가 200여 개 도시에서 발생했다. 노동자들의 이런 투쟁은 농민대중에게도 영향을 끼쳐 농민들도 투쟁을 전개했다. 일찍 이 2월에는 오룔, 보로네시, 크루스크 등의 지역에서 농민 소요가 일어났다. 농민 소요는 여러 지역으로 확대되었고, 농민들의 세력이 강했던 볼가 강 연안, 발트 해 연안, 캅카스, 폴란드 등에서는 봄부터 농민들이 지주의 토지 를 빼앗아 경작하고, 지주의 토지에 가축을 방목해 목초지를 빼앗기도 했 다. 농촌에서도 시위와 집회가 일어났고, 농업노동자의 파업이 여러 곳에서 일어났다.

러시아사회민주노동당의 혁명 전술

노동자와 농민의 혁명적 투쟁이 고조되면서 이런 투쟁을 올바르게 지도하기 위한 당의 강화와 올바른 혁명 노선의 수립이 결정적으로 중요하다는 인식이 높아졌다. 그러나 당시 러시아사회민주노동당은 볼셰비키와 멘셰비키 분파로 분열되어 여러 가지 사안에 대해 서로 대립했을 뿐만 아니라 각기 따로 행동을 취했다.

이런 상황에서 혁명적 사태를 맞은 사회민주노동당으로서는 당의 전술을 설정하고 강령에 기초해 당을 강화하지 않으면 안 되었다. 레닌은 당의 분열을 극복하기 위한 방책으로 새로운 당대회를 소집하자고 제안했으며, 여러 지방위원회는 레닌의 제안을 지지했다. 그러나 멘셰비키 측은 레닌의 제안에 선뜻 동의하지 않았다. 그들은 부르주아혁명의 추진을 위해 서두를 필요가 없다고 판단했으며, 당대회의 소집권을 가진 당 평의회를 장악하고 있었기 때문에 굳이 볼셰비키 제안을 바로 수용할 필요가 없었다. 이런 상황에서 볼셰비키는 자신들의 지지 세력만으로 런던에서 당대회를 강행했고, 이에 맞서 멘셰비키도 자파 지지 세력을 모아 제네바협의회를 개최했다. 사실상 두 개의 제3차 당대회가 성립한 것이다(이채욱 1990, 23).

볼셰비키는 1905년 4월 12~27일까지 런던에서 대회를 열었다. 이 대회에는 21개 위원회를 대표해 결정권을 가진 대의원 24명과 심의권을 가진 대의원 14명이 참석했다. 당 평의회가 당대회 소집에 대한 책무를 스스로 저버린 이상, 각 위원회는 대회를 소집할 권리와 함께 의무까지 진다는 주장을 펴면서 당내 의결권의 과반수가 대표되었으므로 당대회는 정식으로 성립된 것이라고 주장했다. 한편, 멘셰비키는 런던 대회를 거부한 채, 똑같은 기간에 별도로 제네바에서 회합을 열었다. 이 회합에는 8개 위원회만이 참가했기 때문에 당대회로 규정할 수는 없었으며, 이 회합을 멘셰비키는

'당 활동가 협의회'라 불렀다.

볼셰비키와 멘셰비키는 부르주아민주주의혁명에 관한 전략계획 방침에서 서로 대립하는 주장을 폈다. 런던에서 열린 제3차 당대회에서 볼셰비키는 혁명의 1단계에서 노동자계급이 농민과 동맹해 부르주아지를 중립화하고, 부르주아민주주의혁명 — 전제 타도와 민주공화국 수립, 농노제의 모든 유물 폐지 — 의 승리를 위해 싸우지 않으면 안 된다고 결정했다. 또 노동자계급은 혁명의 승리를 위해 투쟁해야 할 뿐만 아니라, 대중투쟁의 선두에 서서 봉기를 승리로 이끌어 프롤레타리아트와 농민의 혁명적 민주주의 독재[15]를 수립해야 한다고 밝혔다. 당대회는 이런 전략계획에 따라 무장봉기를 조직하는 데 최대의 중점을 둔 전술방침을 설정했다. 대회는 "무장봉기로 전제와 직접 투쟁하기 위해 프롤레타리아트를 조직하는 임무가 이 혁명적 시점에서 당의 가장 중요하고 긴급한 임무의 하나다"라고 지적했다. 봉기의 정치적 의의뿐만 아니라 그 실천과 조직 측면까지 노동자들에게 선전·선동해야 한다는 것이 당의 지시였다. 그리고 봉기의 준비 과정에서 대중의 정치적 파업이 특별히 중요하다고 밝혔다(황인평 1985, 106). 무장봉기를 준비하는 데 필요한 노동자들의 무장뿐만 아니라 전투 민병대의 창설, 이들에 대한 군사훈련, 그리고 군대 내에서 활동 전개 등 다양한 과제들이 당 조직에 부여되었다.

당대회의 결정, 당의 전략계획과 전술 방침과 관련해 레닌은 "민주주의혁명에서의 사회민주주의의 두 가지 전술"Two Tactics of Social-Democracy in the

---

15_ 이 독재가 바로 권력의 장악으로 이어지는 것은 아니었다. 그렇게 되기에는 노동자계급의 의식 수준이나 조직 정도가 아직 성숙되지 못했기 때문이었다. 그래서 독재의 실체는 권력 장악이 아니라 권력에 대한 철저한 압력이었다고 할 수 있다(이채욱 1990, 28).

Democratic Revolution에서 다음과 같이 강조했다.

완벽한 자유를 위해, 철저한 민주주의혁명을 위해, 공화국을 위해 전 인민 특히 농민의 선봉에 서라! 사회주의를 위해, 고난받는 자들과 착취당하는 자들의 선봉에 서라! 혁명적 프롤레타리아트의 정책은 실로 이런 것이어야만 한다. 혁명기 동안에 걸친 노동자당의 모든 전술 문제, 모든 실질적 조치의 해결에 스며들어야만 하며 또 그것을 규정해야만 하는 계급 슬로건이란 바로 이런 것이다 (Lenin 1977c, 505).

부르주아민주주의혁명 전략에 관한 멘셰비키의 관점은 어떠했던가. 제네바협의회에서 멘셰비키는 현 단계 혁명의 성격을 볼셰비키와 마찬가지로 부르주아민주주의혁명으로 규정했지만, 혁명을 이끌 주도 세력은 부르주아지이기 때문에 무장봉기를 노동자계급과 당의 과제로 설정할 필요성을 제기하지는 않았다. 오히려 멘셰비키가 중요시한 것은 정부가 제공한 기회를 비롯해 모든 기회를 활용해 노동자계급의 조직 활동을 수행해 나간다는 것이었고, 이에 따라 불뢰긴 두마(의회)를 매개로 한 투쟁이 각별한 의의를 가질 수밖에 없었다. 말하자면 노동자계급은 부르주아혁명의 제2선에서 부르주아지를 지원하고, 자신의 계급적 독자성을 잃지 않으면서 모든 기회를 활용해 노동자계급의 조직화를 이룩하는 것을 사회민주당의 가장 중요한 과제로 설정했다(이채욱 1990, 26~30).

혁명의 고양과 10월 정치 총파업

'피의 일요일' 이후 일어난 전국적인 투쟁은 2월에 접어들면서 수그러들기 시작했다. 그러나 5월의 이바노보-보즈네센스크 파업, 6월의 포툠킨 호 봉기, 불뢰긴 두마 거부 운동, 10월 정치 총파업 등을 거치면서 혁명운동은 계속되었고 점점 더 고양되는 양상을 보였다.

1월 투쟁 이후 처음 맞게 된 메이데이 때는 전국 주요 도시들에서 동맹파업, 시위, 집회 등이 전개되었고, 각 지역의 행사에서는 흔히 무장봉기, 제헌의회 소집 등이 구호로 등장했다. 이런 정치적 요구와 함께 임금 인상, 노동시간 단축, 작업환경 개선, 질병 휴가의 유급 처리 등 경제적 요구가 분출되었다. 5월에 일어난 파업 가운데 대표적인 것은 이바노보-보즈네센스크 파업이었는데, 이 파업투쟁은 72일 동안 계속되었다. 이 도시에는 400명 정도의 볼셰비키 당원이 활동하고 있었는데, 이바노보-보즈네센스크 파업투쟁에서 주도적 역할을 한 사람은 바로 이들이었다. 이 파업 발생에 이어서 5월 12일에는 46개 공장에서 파업이 발생했으며, 13일에는 파업을 지도하기 위해 '노동자 전권 대표자(대의원) 소비에트[16]'가 구성되었는데, 이것은 최초의 노동자 대표 소비에트[17]였다. 소비에트를 주축으로 파업과 집회가

16_소비에트(Soviet)는 평의회, 협의회 등을 의미하는 러시아어다. 소비에트는 1905년 혁명이 진행되는 과정에서 파업 지도 기관으로 자연발생적으로 구성되어 1917년 2월 혁명 후 다시 각지의 노동자·병사 대표자 소비에트 형태로 부활했다. 마르크스와는 달리 전위의 의식성을 중시하고 인민대중의 자발성을 과소평가한 레닌은, 당초 아래로부터 자발적으로 조직된 소비에트를 경멸과 당혹감으로 바라보았기 때문에 이에 대한 명확한 태도 결정을 할 수 없었다. 그러나 1917년 다시 조직된 소비에트를 대하고 이 에너지를 이용하지 않고서는 볼셰비키의 정권 획득이 불가능하다는 사실을 깨닫고 '4월 테제'에서 '모든 권력을 소비에트로!'라고 호소했다. 10월 혁명 후 볼셰비키의 소비에트 참여를 통해 공산당이 실권을 장악했다(황인평 1995, 117).

17_1905년 5월 15일 파업 중인 이바노보-보즈네센스크 공장의 노동자들이 선출한 소비에트로서 기업주와 교섭할 전권을 위임받은 남자 128명, 여자 23명으로 구성된 '전권 대표자 회의'다. 경제문제를 중심 과제로 해 그것이 어느 정도 달성된 후 해산되었기 때문에 이름뿐인 소비에트로서 실제로는 소비에트가 아니라는 반론도 있다.

조직적으로 확산되자, 시 당국은 5월 18일부터 시내 집회를 금지했으며 이에 따라 집회는 교외에서 열렸다. 소비에트는 주로 노동자의 현재 상태, 무권리와 경제적 빈곤의 원인, 거기서 탈피하기 위한 방법 등을 설명하는 방식으로 접근해 전제 정치가 노동자들의 적이라는 것과 무장봉기로서만 제정을 무너뜨릴 수 있다는 방침 등을 설명함으로써 노동자들의 공감을 얻을 수 있었다(이채욱 1990, 33).

이바노보-보즈네센스크 파업이 장기화하고 슈아, 오레호보주예보 등의 섬유공장 노동자들이 파업에 동조하자, 차르 관헌들은 파업 노동자들을 탄압하고 발포까지 하는 사태가 발생했다. 마침내 이 발포 사건에 대한 항의가 러시아 전역으로 확대되었고, 6월에는 롯즈의 노동자들이 3일 동안 바리케이드를 치고 군대와 경찰에 대항해 투쟁을 전개했다. 롯즈 이외에도 우랄 지방의 여러 곳에서 파업투쟁이 발생했고 라트비아 지역 노동자들도 파업투쟁을 벌였다. 6월에도 티플리스, 크타이스 등지에서 파업이 일어났고, 8월에는 바쿠에서 총파업이 발생해 노동자들과 군대 사이에 무력 충돌까지 벌어졌다.

한편, 농민운동도 고양되었는데, 1905년 봄부터 여름 사이에 농민운동이 유라시아 전 지역 5분의 1 정도를 휩쓸었고, 가을에는 2분의 1이 넘는 지역에서 농민투쟁이 위세를 떨쳤다. 우크라이나와 발트 해 연안에서는 농업노동자들이 파업을 벌였다. 프롤레타리아 운동과 농민 봉기가 연대를 벌이자 이에 대응하기 위해 차르는 육군과 해군까지 동원했다.

1905년 6월에는 전함 포톰킨 호 반란 사건이 일어났다. 군함 포톰킨 호가 오데사 항에 들어왔을 때, 군함의 전 승무원이 비인간적인 대우에 항의해 반란을 일으켰다. 이들은 총파업을 벌이고 있던 노동자들과 결합하기 위한 시도를 했으나 미처 연대를 이루지 못한 채, 시간을 헛되이 보내게 되어 결국 연료와 음료수의 부족으로 투항하고 말았다. 이 사건은 차르 군대 내에서 일어난 최초의 투쟁 사례에 지나지 않았지만, 차리즘에 대한 투쟁에서 군대가 노동자계급의 투쟁에 합류하고 연대할 수 있는 가능성을 보여 주었다는 점에서 특별한 관심을 모았다. 포툠킨 호의 반란 이후, 1905년 여름부터 가을까지 병사, 수병의 혁명적 행동은 수십 건에 이르렀다.

노동자와 농민 그리고 군인의 투쟁이 고양됨으로써 차르 정부는 1905년 8월 6일 불뢰긴 두마를 소집하는 한편, 러일전쟁의 종결을 서둘러 추진해 8월에는 일본과 강화조약을 체결했다.

차르의 의회 소집에 대해 참여와 거부를 두고 볼셰비키와 멘셰비키가 날카롭게 대립했다. 멘셰비키는 사회민주당이 두마를 거부할 경우 고립을 자초하게 될 것이라는 소극적인 이유와, 두마 선거를 통해 광범위한 인민대중을 혁명에 끌어들일 수 있다는 적극적인 이유를 들어 두마에 참여할 것을 주장했다. 또 멘셰비키는 두마 선거가 권력과 민주적 자유를 위해서나 '혁명적 자치'를 위해서 새로운 가능성을 열게 될 것이고, 노동자계급의 계급 조직을 위한 새로운 지지점支持點을 만들게 될 것으로 보았다. 그뿐만 아니라 두마를 제헌의회로 개조할 가능성이 있는 것으로 전망했다.

볼셰비키는 이와는 반대로 불뢰긴 두마를 지주와 자본가 그리고 극소수의 부유한 농민 중심의 의회가 될 것이고, 그것은 단순한 차르의 자문기관이 될 수밖에 없다고 규정했다. 그래서 볼셰비키는 '반인민적 의회'에 대한 적극적인 보이콧운동을 벌여야 한다고 노동자와 농민들에게 호소했다. 볼셰비키의 선전·선동 활동은 무장봉기, 혁명군, 임시 혁명정부라는 슬로건으로 집약되었다. 의회 전술을 명확히 설정하기 위해 1905년 9월 리가에서 열린 '러시아사회민주주의조직협의회'[18]는 불뢰긴 두마에 대한 적극적 보이콧 방침을 승인했다. 볼셰비키는 이 보이콧운동을 혁명 세력을 총동원하고 대중적 정치스트라이크를 실행하는 동시에 무장봉기 준비를 위해 이용했다.

이런 가운데 1905년 여름부터 가을까지 정치적 총파업 기운이 점점 고조되었다. 9월 19일 모스크바 싀친 인쇄소 노동자 1,200명이 파업에 들어간 것을 발단으로 다른 인쇄소들이 잇따라 파업에 돌입했고, 불과 5일 만인 24일에는 89개 인쇄소가 파업에 들어감으로써 인쇄노동자 파업은 총파업으로 확대되었다. 한 걸음 더 나아가 파업 지도를 위해 인쇄노동자 소비에트가 구성되었다. 인쇄업계의 총파업은 9월 말에 이르러 전차, 마차, 제빵, 금속, 가구, 연초제조, 철도 등 거의 모든 업종으로 확산되었고, 인쇄업뿐만 아니라 목공·금속·연초제조·목재가공·철도 노동자 등 다섯 개 업종의 노동자 소비에트가 만들어졌다. 노동자들의 파업은 대중집회와 시가행진으로 이어졌고, 모스크바 가두에서 노동자와 경찰·군대 사이에 유혈 충돌이 벌어지기도 했다.

10월 들어 모스크바 파업 사태는 상트페테르부르크와 사라토프, 하리코프 등지로 확대되었다. 노동자들의 공식적인 요구는 임금 인상, 노동시간 단축, 작업환경 개선, 벌금제 폐지, 경영진의 전횡 시정, 노동자 대표성 인정 등 경제적인 사항들에 집중되었지만, 10월 6일 철도노동자의 파업을 계기로 정치투쟁 성격을 띠게 되었다. 모스크바-카잔선線 기관사들이 화물열차의 운행을 거부했고, 이를 주도한 노동자 5명이 헌병대에 연행되었다. 다음 날 파업 노동자 대표 40명이 헌병대를 찾아가 연행자들을 석방하라고 요구했으며, 10월 8일에는 전면 파업을 결정했다. 러시아사회민주노동당

18_1905년 9월 7~9일 사이에 러시아사회민주노동당 중앙위원회, 분트, 라트비아사회민주노동당, 폴란드·리투아니아사회민주당, 우크라이나혁명당 대표, 그리고 정당한 전권을 갖지 않은 조직위원회 대표가 출석해 불뢰긴 두마에 대한 적극적인 보이콧을 호소했다.

모스크바위원회는 10월 6일 이미 정치 총파업을 결정해 놓고 있었다.

10월 10일 이후에는 모스크바의 모든 철도선이 정지되었고, 뒤이어 대다수 다른 도시들의 철도노동자들도 파업에 들어갔다. 결국 모스크바 파업은 전국의 철도 총파업으로 확대되었다. 철도 파업은 다른 주요 지역의 많은 산업과 업종에 걸친 총파업으로 이어졌고, 이 과정에서 노동자들은 군인·경찰과 충돌을 빚는 경우도 많았다(이채욱 1990, 46). 10월 15일에는 '흑백인조'黑百人組[19]와 용기병들이 시 두마 앞에 모인 학생과 노동자들을 공격해 세 사람이 죽고 여러 명이 부상당하는 사건이 발생했다. 시위 군중의 일부가 모스크바대학교에 들어가 바리케이드를 쌓았고, 여기에 대응해 군대와 경찰은 대학을 포위했다. 대학에 들어간 시위 군중 2천 명 가운데 200~250명은 무장을 한 상태였다.

한편, 이미 9월부터 10월 초까지 꾸준히 계속된 상트페테르부르크 파업운동은 모스크바에서 발생한 철도 파업을 계기로 총파업으로 이어졌다. 10월 13일부터 상트페테르부르크의 파업은 맹렬하게 확대되었다. 푸틸로프를 비롯한 여러 기업체와 국영기업의 노동자들도 파업에 참가했으며, 10월 14일에는 거의 모든 공장노동자가 총파업에 가담했다. 10월 10일부터는 노동자 대표 기구(파업위원회 또는 노동자위원회)가 조직되었는데, 이 기구는 10월 15일[20] 회의에서 '상트페테르부르크노동자대표소비에트'(이하 상트페테르

19_1905년에 조직되어 표트르 아르카디예비치 스톨리핀 수상 시기(1906~1911년)에 특히 성행한 극우익 반동적 폭력 단체의 총칭이다. 부랑층, 소상인, 수공업자 출신이 많고 대지주, 대상인, 관헌의 하수인이 되어 해방운동 탄압, 유태인 학살, 혁명가 암살 등의 폭력 행위를 자행했다.

20_소비에트 결성 일자에 대해서는 10월 14일 또는 15일이라는 주장도 있고, 17일이라는 주장도 있는데, 이것은 결성 절차가 명확하지 않은 것도 그 이유가 되겠지만, 소비에트를 둘러싼 볼셰비키와 멘셰비키의 견해가 서로 다른 데서 나온 결과이기도 하다.

부르크소비에트)라는 명칭으로 공식 채택되었다. 이 소비에트[21]는 노동자들의 파업투쟁 과정에서 노동자 조직의 필요성을 인식한 노동자들이 스스로 대표를 선출해 구성한 기구였다. 노동자들의 조직 형성 과정에서 멘셰비키는 선전 활동을 활발하게 벌였고, 볼셰비키는 노동자들의 의식을 높이는 데 힘을 쏟았다.

상트페테르부르크 볼셰비키위원회와 멘셰비키위원회는 소비에트 내에서 멘셰비키 측에 가까웠던 트로츠키 주도의 연합위원회를 구성해 소비에트에 참가했다. 소비에트의 성격을 두고도 볼셰비키와 멘셰비키의 주장은 서로 달랐다. 혁명의 첫 번째 과제를 전제 타도라고 설정했던 볼셰비키 측은 소비에트를 무장봉기 조직으로 이끌고자 한 반면, 멘셰비키 측에서는 '순수한 노동자들의 혁명적 자치 정부 조직'으로 만들고자 했다(박경옥 1988, 18~19).

차르가 이른바 '10월 17일 선언'에 서명하기 5시간 전에 열린 소비에트 회의는 소비에트의 효율적 운영을 위한 일상 업무 처리 담당 기구로서 집행위원회를 설치하기로 결정했다. 집행위원회는 상트페테르부르크 7개 구에서 각 2명, 인쇄노동자조합, 사무원조합, 약사조합, 점원조합에서 각 2명, 사회민주노동당 대표 6명(볼셰비키 3명, 멘셰비키 3명), 사회혁명당 대표 3명으로 구성되었다. 여기서 사회민주노동당 대표와 사회혁명당 대표는 의결권을 갖지 않고 발언권만 행사했다.

이처럼 소비에트가 지도력을 강화하고 내부 체계를 갖추어가는 가운데, 철도 파업으로 시작된 10월 총파업은 10월 16일에 이르러 산업노동자를 주

21_1905년에 러시아 전국에서 설치된 소비에트는 총 55개였고, 그 가운데 44개는 볼셰비키의 영향을 받았고 10개가 멘셰비키의 영향을 받았으며 1개는 사회혁명당이 이끌었다(박경옥 1988, 6).

축으로 우편, 전신, 전화 업종에 종사하는 사무원과 민주적 인텔리겐치아, 학생, 각종 기업의 노동자, 정부의 중하위 공무원 등 거의 모든 지역과 거의 모든 계층에 속하는 인민대중 200만 명 이상이 참여한 거대한 운동으로 발전함으로써 모든 국가기관이 마비되었고, 많은 지역에서는 유혈 충돌이 빚어지기도 했다(이채욱 1990, 48).

10월 총파업이 위력적으로 전개되는 가운데 차르 정부는 전제 체제를 유지하기 위해 10월 17일 "국가 질서의 개선에 관해"라는 제목의 선언을 발표했다. 10월 17일 선언은 기본권 보장, 두마 선거권의 확대, 두마 권한 강화 등 차르 전제의 대폭적인 제도 개선을 담고 있었다. 이 선언을 적극적으로 환영한 진영은 자유주의적 부르주아지였다. 자본가, 지주, 지방자치단체의 임원, 부르주아 인텔리겐치아 일부는 군주제를 지지하는 자유주의적 부르주아지의 지도적 정당인 '입헌민주당'을 결성했다.

사회혁명당이 주도했던 전全러시아철도연맹 중앙국은 간부회를 열어 파업의 목표가 달성되었다고 결론지었으며, 10월 18일에는 철도연맹이 합법화되었으므로 파업을 멈추고 작업에 복귀하라고 호소했다. 멘셰비키의 일부는 "10월 17일 선언은 낡은 지배 형태의 항복을 의미한다"면서, 10월 17일 선언으로 러시아의 발전에서 평화적 헌정의 길이 열렸다고 평가했다. 그러나 상트페테르부르크소비에트에서 지도적 역할을 맡고 있던 트로츠키는 10월 17일 선언은 휴지 조각이라고 평가하면서 그 허구성을 지적했다.

볼셰비키는 차르의 양보가 갖는 기만적 성격에 관해 당의 공식적인 견해를 밝혔다. 볼셰비키는 10월 18일 "러시아 인민에게"라는 성명서를 발표했다. 여기서 볼셰비키는 '믿을 만한 보장책' 다섯 가지를 요구했다. 첫째, 인민의 자유와 인민의 권리가 폭력으로 탈취되지 않도록 하기 위한 보장책으로서 인민의 즉각적인 무장, 해당되는 모든 도시에서 계엄과 강화된 보안 상태의 철폐와 병력 철수, 인민에 대한 폭력·착취·유혈을 자행한 모든 관리의 파면과 재판 회부 등, 둘째, 인민의 이익을 위해 인민 스스로 새로운 질서를 수립하기 위한 보장책으로서 4대 원칙 준수의 선거를 통한 제헌의회 소집, 셋째, 시민들의 진정한 평등권과 선거의 자유를 위한 보장책으로서 신분 체제의 폐기, 넷째, 노동자계급이 정치투쟁과 국가의 정치 작업에 진정으로 참여할 시간과 기회를 갖도록 하기 위한 보장책으로서 모든 노동자에 대한 8시간 노동일제의 보장, 다섯째, 자유를 위한 투쟁이 앞으로 범죄 행위로 인식되지 않도록 하기 위한 보장책으로서 모든 정치범의 완전한 사면 등이었다(이채욱 1990, 53~54).

이처럼 10월 17일 선언을 두고 각 정파들 사이의 견해들이 서로 날카롭게 대립하는 가운데, 인민대중들은 투쟁을 계속하고 있었다. 10월 20일 리가에서 열린 집회에서는 노동자를 비롯한 군중 6만 명이 결집해 민주공화국을 쟁취할 때까지 파업을 계속하겠다는 결의문을 채택했다. 이런 사태를 맞은 정부는 정치범 가운데 일부를 석방하고 핀란드 자치권을 회복시키는 등의 추가 조치를 취했다.

그러나 차르 정부는 10월 17일 선언으로 혁명 세력들 사이의 분열을 조장한 뒤 모든 반혁명 세력을 유기적으로 동원해 혁명을 분쇄한다는 계획을 세웠다. 정부 당국은 실제로 군대와 경찰뿐만 아니라 흑백인조를 비롯한 극우 세력을 동원해 차르 전제에 반대하는 세력에 대항해 공격을 감행했다. 이들은 10월 17일에 마리온 숲 속에서 노동자 몇 명을 살해한 데 이어, 다음 날에는 볼셰비키 지도자 니콜라이 바우만을 암살했다. 10월 20일에 거행된 바우만의 장례식에는 3만 명에 이르는 사람들이 참석했고, 장례식이 끝난 뒤에는 노동자 민병대와 군부대 사이에 총격전이 벌어져 수십 명의 사상자가 발생했다.

이와 같은 상황에서 소비에트는 10월 29일 회의를 열고 8시간 노동일제 시행을 위한 투쟁을 전개하기로 결정했다. 당시 8시간 노동일제 투쟁은 단순한 노동시간 단축을 목표로 삼은 것이 아니라, '혁명적 방식'의 투쟁에 무게를 두었다. 노동자들은 혁명적 방식의 투쟁을 통해 스스로의 혁명 의지를 고양하고, 소비에트를 차르 전제에 대한 투쟁 조직으로 발전시키고자 했다.

한편, 10월 총파업은 농민운동에 대해서도 큰 영향을 끼쳤다. 러시아 농민들은 자신들의 정당을 만들지는 않았지만, 혁명 과정에서 '러시아농민동맹'과 '근로그룹'을 조직했는데, 이 두 조직은 정당의 맹아와 같은 존재였다. 볼셰비키는 농민의 정치·경제적 이익 옹호를 위해 앞장섰는데, 이것은 혁명 승리를 위한 노농 동맹 강화라는 점에서 큰 의의를 갖는 것으로 평가되었다.

다른 한편, 볼셰비키는 군대 내의 혁명 조직 설치를 위한 노력도 강화했다. 1905년 가을 무렵 상트페테르부르크, 모스크바, 핀란드, 리가 등지에 위치한 군대 조직 내에 당 조직을 구축했다(황인평 1985, 124~125). 노동자들의 8시간 노동일제 투쟁에 대해 정부와 기업주의 반격이 예상되고 있던 시기에 상트페테르부르크 내의 크론슈타트에서 수병 봉기가 일어났다. 이것은 10월 총파업의 영향을 받은 수병들이 자신들의 권리를 요구한 행동으로서 결과적으로는 정부와 자본가의 공격을 가로막은 결과를 낳았다.

10월의 전국에 걸친 정치 총파업은 노동자계급의 무장봉기를 결정지을 갈림길에까지 다다랐다. 상트페테르부르크, 모스크바, 소르모보, 야로슬라프스리, 이바노보-보즈네센스크, 우랄, 우크라이나, 시베리아, 캅카스, 발트해 연안 등에서 노동자 무장 부대가 꾸려져 혁명에서 중요한 역할을 수행했다. 그러나 이들 모든 지역에서 무장봉기가 제대로 전개된 것은 아니었다. 양대 수도 상트페테르부르크와 모스크바에서 일어난 무장투쟁은 그 양상이 크게 달랐다(이채욱 1990, 56~63).

먼저 상트페테르부르크 혁명운동의 과정과 무장봉기로까지 진전되지 못한 경위를 살펴본다. 상트페테르부르크에서는 총파업이 고비를 맞았던 10월에 러시아혁명 사상 최초의 '노동자 대표 소비에트'가 구성되었고, 이 기구를 중심으로 노동자에 대한 조직화가 활발하게 전개되었다. 소비에트 창설 회의에는 겨우 40개 사업장의 대표들이 참석했지만, 11월 말에는 147개 공장과 제작소, 34개 작업장, 16개 노조 대표 562명이 참가함으로써 상트페테르부르크소비에트는 이 도시의 노동자 25만 명을 대표하는 명실상부한 노동자 대의 기구로 성장했다.

상트페테르부르크소비에트의 집행부에는 볼셰비키, 멘셰비키, 사회혁명당 대표가 각각 3명씩 참가하고 있었으나, 주도권은 트로츠키 중심의 멘셰비키가 장악하고 있었다. 트로츠키는 무장봉기를 통해 사회주의혁명을 이룩해야 한다는 견해를 표명해, 멘셰비키의 기존 주장과는 크게 다른 주장을 폈다. 트로츠키를 주축으로 한 상트페테르부르크소비에트는 정부의 정책과 방침에 대항하는 활동을 벌이면서 정부를 상대로 한 무장 대결 채비를 하고 있었다. 그러나 트로츠키는 무장봉기의 필요성은 인정했지만 그것을 위한 기술적 준비, 즉 노동자계급의 독자적 무장에 대해서는 적극적인 태도를 보이지 않았다. 당대회 이후 줄곧 무장봉기를 주장해 왔던 볼셰비키의 활동은 상트페테르부르크에서는 실제적인 성과를 거두지는 못했다. 더욱이 차르 정부는 11월 들어 거의 대부분의 지역에 대해 계엄령을 선포했고, 12월 3일 상트페테르부르크소비에트에 대해 해산명령을 내림과 동시에 소비에트 지도부 267명을 체포했다.

정부 측의 이런 강경 대응에 맞서 소비에트는 체포되지 않은 대표들로 제2차 집행위원회를 구성하고, 재차 총파업을 단행하기로 결정했다. 이와 같은 결정에 따라 노동자들은 12월 8일 또다시 대규모 파업을 결행했다. 12월 10일에는 거의 대부분의 대기업에서 파업이 발생했다. 12월 12일 열린 상트페테르부르크소비에트 회의는 12월 10일 이미 무장봉기에 들어간 모스크바 혁명운동을 지원하는 일이 급선무라고 결정했다.

차르 정부는 12월 10~13일 사이에 몇몇 무장 노동자단을 체포했으며, 노동자들은 집회조차 열 수가 없었다. 이로부터 4~5일 뒤 파업에 참가했던 노동자들은 일터로 돌아갔다. 이렇게 상트페테르부르크 10월 총파업은 끝이 났고, 노동자 대표 소비에트는 무장봉기를 감행하지 못한 채, 사실상 붕괴되었다.

12월 모스크바 무장봉기

1905년 가을 들어, 볼셰비키가 주도했던 모스크바의 혁명운동은 점점 더 그 기세를 높였다. 여덟 개 구(區)위원회, 군사위원회, 전투위원회, 주변 지역 위원회 등의 조직이 설치되었고, 당원 1,435명이 활동하고 있었다. 그뿐만 아니라 볼셰비키는 이미 여름부터 총기를 확보하고 전투 민병대의 조직에 착수했으며, 10월과 11월에만 무기 구입을 위해 1만8,252루블을 지출했고, 더는 구입할 무기가 없어 그 이상 지출할 수 없었다. 이런 군사적 대비를 한 전투 민병대가 붉은 광장에 모인 흑백인조 3천~4천 명을 해산시킴으로써 류보노예 지구의 유태인을 학살하려던 경찰의 기도를 막을 수 있었다(이채욱 1990, 64~65).

한편, 인민의 혁명적 기세가 고조되는 가운데 모스크바 지역의 사회민주주의 세력은 전술적 방침의 상이에도 불구하고 10월 22일에 '연합 평의회'를 구성함으로써 단일 전선을 구축할 수 있는 토대를 마련했다. 또 11월

21일에는 '모스크바노동자대표소비에트'(이하 모스크바소비에트)가 결성되었는데, 여기에는 사회혁명당과 무당파 노동자들을 포함한 모든 세력이 참가했다.

사회민주주의 세력의 이런 움직임은 모스크바 수비대의 궐기를 불러일으켰다. 11월 26일에는 제3 예비 기병 대대 식당에 모인 제3, 제5 예비 기병 대대와 트로이체-세르기예프 연대 제3대대 병사들은 정치적 이유로 구속된 동료들의 석방, 예비 병력의 제대와 50루블의 수당 지급, 그리고 장교에 대한 경례 폐지 등을 요구하고, 이 요구가 관철되지 않을 경우 즉시 무기를 들어 동료들을 석방하고 장교들을 체포하겠다고 선언했다. 이와 같은 움직임은 다른 연대로 확산되었고, 12월 2일에는 로스토프 연대에서 무장봉기가 일어났으며, 12월 3일에는 '병사 대표 소비에트'가 구성되었다. 이로써 노동자 소비에트와 병사 소비에트가 공동 행동을 취할 수 있는 계기가 마련되었다.

12월 5일에 열린 모스크바 볼셰비키위원회는 총파업과 무장봉기를 주장했으며, 모스크바소비에트는 12월 7일부터 정치적 총파업에 돌입한다고 선언했다. 파업은 예정대로 진행되었다. 공장을 비롯한 사업장, 철도, 시내 교통수단뿐만 아니라 공공기관에 종사하는 노동자들도 파업에 참가했다. 모스크바의 파업 참가자는 12월 7일에는 10만 명, 8일에는 15만 명에 이르렀다(황인평 1985, 126).

모스크바 당국은 비상 보위령을 선포하고 12월 7일과 9일 사이에 각 구역에서 수색과 체포 등의 행동을 취했으며, 12월 9일에는 군부대가 대포를 동원해 피들레르 실업학교에서 집회를 열고 있던 민병대를 공격했으며, 민병대는 폭탄과 총으로 대응해 교전이 벌어졌다.[22] 이 전투에서 민병대는 세 번의 대포 사격을 받은 끝에 정부군에 투항했지만, 이날 저녁부터 노동자들은 바리케이드를 쌓고 유격전을 벌임으로써 비로소 모스크바 무장봉기가 시작되었다. 무장봉기는 무장 민병대 2천 명, 비무장 4천 명이 참가한 가운데 12월 17일까지 9일 동안 계속되었다.

모스크바 무장봉기에 이어 여러 지역에서 봉기가 일어났다. 니즈니노브고로드, 노보로시스크, 우크라이나 지방, 시베리아, 폴란드와 발트 해 연안 지방 등에서 대규모 노동자투쟁과 무장봉기가 감행되었다. 크리미아반도에서는 농민 봉기가 일어났다. 이런 인민 봉기에 대해 차르 정부는 모든 수단을 동원해 강력하게 대응했다.

12월 9일에 시작된 모스크바 무장봉기는 15일까지 계속되었고 그동안 혁명군과 정부군이 밀고 밀리는 형세를 거듭했는데, 15일에는 정부 지원군이 모스크바에 도착하면서 전세는 급속하게 바뀌었다. 정부군은 철도역부터 점령해 혁명군을 격퇴했으며, 이 과정에서 정부군은 투항한 민병대원들을 사살했다. 이미 12일에는 철도연맹이 파업 중단을 선언했고, 14일에는 멘셰비키가 자파 민병대에 대해 봉기 중단을 지시했다. 그리하여 총성이 완전히 멈춘 것은 19일이었지만, 사실상 17일로 모스크바 봉기는 끝을 맺었다.

12월 무장봉기가 패배한 뒤로 혁명운동은 점점 퇴조했다. 그러나 혁명을 촉발시킨 원인은 그대로 잔존하고 있었고, 인민대중의 투쟁 의지는 잠재되어 있었다. 투쟁은 1907년 중반까지 계속되었다.

러시아사회민주노동당 제4차 당대회

혁명운동은 12월 무장봉기를 고비로 퇴조했지만, 혁명 과정에서 많은 선진

22_이날의 전투에서 민병대 쪽에서는 전사자 3명, 부상자 15명이 발생했고 정부군 쪽에서는 전사자 1명, 부상자 2명이 발생했다.

적 노동자가 러시아사회민주노동당에 입당했으며, 당은 시위원회와 지구위원회 그리고 구區소위원회 등으로 체계를 이루었고 많은 공장에서도 당 조직이 생겨났다. 이런 가운데 각지에서 '사회민주노동당'이라는 동일한 이름 아래 행동하는 별개의 볼셰비키와 멘셰비키 조직이 존재하고 있다는 사실이 노동자들을 당황스럽게 했다.

러시아사회민주노동당 제3차 대회가 치러진 뒤 얼마 되지 않은 시점에서 당원들 사이에서는 당의 통일을 요구하는 목소리가 높아졌다. 이와 같은 요구에 따라 1905년 12월 말에는 사회민주노동당 합동 중앙위원회[23]가 열렸고, 이 위원회가 제4차 당대회의 소집 권한을 맡았다.

제4차 당(통일)대회[24]는 1906년 4월 10~25일까지 스웨덴의 스톡홀름에서 열렸다. 대회에는 62개 조직을 대표해 결정권을 가진 대의원 112명, 심의권을 가진 대의원 22명이 출석했다. 또 여러 민족의 조직도 폴란드와 리투아니아 사회민주당, 분트, 라트비아 사회민주노동당에서 3명씩, 우크라이나 사회민주노동당과 핀란드 노동자당에서 1명씩 대표로 참석했다. 그리고 불가리아 사회민주당 대표 1명이 참석했다. 결의권을 가진 대의원 가운데 볼셰비키는 46명, 멘셰비키는 62명이었다. 멘셰비키가 숫자상 우세한 것은 무장봉기의 선두에 섰던 많은 볼셰비키 조직이 자신들의 대의원들을 보낼 수 없었기 때문이었다(황인평 1985, 134~135).

대회는 농업 문제, 현 정세와 노동자계급의 임무, 국회에 대한 방침, 그

23_볼셰비키와 멘셰비키 두 정파의 지도부가 평등한 대표권의 원칙에 따라 합류해 구성했다.

24_볼셰비키와 멘셰비키 두 정파의 통일을 주요 목표로 했으나, 멘셰비키파가 다수를 차지하고 있었기 때문에 양 정파 사이에 존재하는 노선의 서로 다름은 극복되지 못했다. 그러나 후에 볼셰비키파의 역사가는 이 대회를 '통일' 대회라 불렀다.

리고 당 규약 등을 심의했다. 농업 문제에 대해 볼셰비키는 지주의 모든 소유지를 몰수해 국유화한다는 요구, 즉 토지 사유를 폐지하고 모든 토지를 민주적인 국가 소유로 바꾼다는 주장을 폈다. 그러나 스탈린을 비롯한 볼셰비키 대의원 일부는 지주의 토지를 분할해 농민의 사적 소유로 넘겨준다는 요구를 옹호했다. 이것은 당시 농민들이 제기한 요구를 일정 정도 반영한 것이었다. 멘셰비키는 토지 공유화[25] 방침을 주장했다. 이것은 지주의 토지를 지방 자치체[26]의 관리하에 두는 것을 의미하며, 농민은 이 지방자치기관으로부터 토지를 임대하도록 한다는 것이었다. 대회는 멘셰비키의 농업 정강을 다수 의견으로 채택했다.

다음으로 '현 정세와 노동자계급의 임무'와 관련해 볼셰비키는 자유주의적 부르주아지의 정치적 실체를 폭로할 것과 차리즘을 지지하는 여러 정당을 대적하는 투쟁에서 민주주의 세력과 동맹할 것을 주장했다. 또 자유주의적 부르주아지가 주장하고 있는 입헌주의 환상과 싸우고 차르 정부의 공약이나 법률에 대한 신뢰를 바로잡아 나감과 동시에 의회의 다수파인 입헌민주당의 이중적 태도와 동요성을 폭로해야 한다고 주장했다. 이에 대해 멘셰비키는 부르주아민주주의혁명에서 부르주아지의 주도적 역할을 강조했으며, 의회를 구舊 제도와 벌이는 투쟁에서 '조정' 능력이 있는 '전 국민의 정치적 중심'으로 인정해 혁명을 의회주의의 길로 바꾸려 했다(황인평 1985, 137)

제4차 당대회는 당 규약을 채택했는데, 규약 제1조는 제2차 당대회에서

25_농민의 분여지는 무상의 사적 소유로 인정하고 지주의 토지는 지방 자치체 또는 젬스트보(1864년에 설치된 지방자치기관) 소유로 해, 이에 대해 농민이 지대를 지불한다는 것이었다. 볼셰비키는 개량주의적이고 유해하며 잘못된 정책이라며 이에 반대하고 토지의 국유화를 주장했다.

26_토지의 공유화를 부르짖던 멘셰비키가 지주의 토지 수용 후 관리를 위임하는 기관으로서 고안된 자치기관이었다.

레닌이 정식화한 내용[27]으로 결정했다. 민주적 중앙집권제에 관한 규약이
채택된 것이다.

제4차 당대회는 러시아사회민주노동당의 틀 안에서 볼셰비키와 멘셰비
키의 형식적 통합이 이루어지긴 했으나, 실제로 양 정파는 혁명의 여러 주
요 문제에 대해 각기 다른 주장과 견해 그리고 정강을 표명했다. 대회의 성
과로 들 수 있는 것은 각 민족 사회민주주의 정당이 단일한 사회민주노동당
구성 안에 들어왔다는 사실이었다.

1906~07년의 혁명운동

모스크바 무장봉기 이후 차르 정부는 혁명운동에 대해 혹심한 탄압을 감행
했다. 국내에서는 폭동 진압대를 설치했고, 전시 군법회의를 활용했으며
'흑백인조'까지 동원했다.

한편, 차르 정부는 개량적인 방법도 사용했는데, 무장봉기가 진행되는
가운데 1905년 8월에 '의회 선거에 관한 법률'을 공포했다. 의회 선거는 보
통·직접·평등·비밀 선거도 아니었고, 의회는 지주와 자본가의 대표들이 압
도적 우세를 확보할 수 있는 그런 장場일 뿐이었다. 의회는 순수한 자문 기
구 성격을 띤 기구로서, 아주 제한된 선거권을 가진 선거인단이 아주 복잡
한 체계를 거쳐 선출한 사람들로 구성되었다. 대지주에 대해서는 모두에게
선거권이 주어졌지만, 소지주들은 자신들의 집단 내에서 10명당 1명의 선
거권자를 선출하는 데 그쳤다. 도시에서는 자본가만 투표할 수 있었고, 노

27_제2차 당대회에서 레닌이 정식화한 것은 '당의 강령을 승인하고 물질적 수단으로 또는 당의 한 조직
에 스스로 참여함으로써 당을 지지하는 자는 모두 당원으로 인정한다'는 내용이었다.

동자계급에게는 투표권이 주어지지 않았다. 지식인들 가운데는 연 수입이 130만 루블 이상인 사람들만 투표권을 가질 수 있었다. 예컨대 상트페테르부르크의 경우, 전체 주민은 150만 명이었으나 선거인단은 9,500명에 지나지 않았다. 1905년 10월에는 황제가 칙령을 발표해 의회를 입법의회로 격상시켰다. 도시의 프티부르주아와 노동자계급은 2단계와 3단계 선거에 참여할 수 있는 선거권을 갖게 되었다(세르주 2011, 52~53).

1906년 들어 노동자계급의 끈질긴 투쟁은 새로운 혁명운동에 대한 희망을 보여 주었다. 이런 상황에서 볼셰비키는 인민들에게 의회 보이콧을 호소하고 선거 반대 집회를 투쟁 선동의 방편으로 활용했다. 이에 반해 멘셰비키는 반+보이콧 전술[28]을 제창했다. 의회 선거에서 다수를 획득한 것은 입헌민주당이었다. 레닌은 뒤에 혁명의 경험을 분석하면서, 이미 혁명의 물결이 퇴조하고 있었는데도 제1차 의회 보이콧운동을 벌인 일은 잘못되었다고 인정했다(황인평 1985, 141).

1906년 여름에는 농민운동이 새로운 세력으로 대두했다. 농민 소요가 215개 군을 휩쓸었다. 군대 내에서도 크고 작은 행동이 이어졌다. 차르 정부는 혁명운동을 억누르기 위해 1906년 7월 8일 의회를 해산했다. 볼셰비키는 전술을 바꾸어 의회의 연단을 이용해 혁명을 선동하고, 전제와 반혁명적 부르주아지를 폭로하기 위해 제2차 의회에 참여하기로 결정했다. 멘셰비키는 선거전이나 의회 자체에서도 입헌민주당과 제휴할 것을 주장했다.

혁명운동을 둘러싼 정세가 급박하게 변화하는 가운데, 1907년 4월 30일~5월 19일까지 제5차 사회민주노동당 대회가 런던에서 열렸다. 대회에

---

[28]_대표 선거인과 제2차 선거인의 선출에는 참가하며 의회 선거는 거부하는 것을 의미한다.

는 15만 명의 당원을 대표하는 303명의 결의권을 가진 대의원과 39명의 평의권을 가진 대의원이 참가했다. 대회에서는 레닌이 주창한 '좌익 연합'이나 '통일 민주 전선' 전술을 채택했는데, 이것은 민주주의혁명에서 노동자계급이 지도적 역할을 수행하기 위해서는 모든 정당의 계급적 성격을 명료하게 파악하고 그것에 대한 올바른 전술을 수립해야 한다는 방침에서 나온 것이었다. 레닌의 이 전술은 공동의 전투적 행동, 소비에트 활동, 무장봉기, 의회 선거 등에 적용되어야 한다고 밝혔다.

대회는 당과 노동조합 사이의 관계에 대해서도 결의를 채택했다. 혁명 진행 과정에서 노동조합운동이 크게 발전했는데, 1907년 당시 노동조합 수는 약 650개였다. 당과 노조 사이의 관계에서 멘셰비키는 노동조합의 중립을 주장한 반면, 볼셰비키는 '노동조합이 사회민주노동당의 사상적 지도를 승인하도록' 전 당원이 힘써야 한다고 주장했다. 대회는 볼셰비키의 견해를 채택했다. 볼셰비키는 제5차 당대회에서 다수파가 되어 당의 조직 운영을 주도했다.

제1차 러시아혁명은 1905년 12월부터 퇴조했다. 1907년 6월 3일 차르는 제2차 의회를 해산했다.[29] 이와 함께 사회민주노동당 의원단은 체포되었고, 노동자 조직은 파괴되었다.

1906년 1월에는 많은 사람에 대한 총살형이 집행되었다. 물불가리지 않는 징벌대가 모든 곳에서 질서를 잡아 나갔다. 그들은 발트 해 연안, 시베리

29_차르 정부는 사회민주노동당이나 사회혁명당이 참가했기 때문에 제1차 의회보다도 더욱 급진적이고 반정부적으로 되었는데도 혁명 세력이 퇴조함으로써 자신을 얻게 되어 의회 구성 후 2개월도 채 지나지 않았지만, 제2차 의회를 해산시키고 새 선거법 공포와 함께 '6월 3일 쿠데타'로 제1차 혁명에 종지부를 찍게 되었다.

아, 캅카스 등지에서 무서운 증오의 씨앗을 뿌리고 다녔다. 러시아 최초의 혁명에서는 1만5천 명 사망, 1만8천 명 부상, 7만9천 명 수감이라는 희생이 발생했다(세르주 2011, 55).

3. 제1차 러시아혁명에 대한 총괄과 국제적 의의

1905년 혁명은 레닌이 말했던 것처럼, '프롤레타리아 방식으로 진행된 부르주아혁명'이었다. 처음에는 정부의 양보를 가져왔고, 나중에는 10월 17일의 헌법과 같은 제도 개선을 단행하도록 압력을 행사했던 것은 바로 수도에서 일어난 노동자 대중의 파업과 제국의 가장 산업화된 도시에서 발생한 파업이었지만, 그것을 두고 '프롤레타리아 방식'이라 한 것은 너무 단순화한 표현일지도 모른다. 더 나아가 농촌에서 얻은 촌락공동체의 경험을 바탕으로 스스로 위원회(소비에트)를 구성했던 사람들도 노동자들이었다. 이 소비에트들 가운데 10월 13일에 설립된 상트페테르부르크 노동자위원회는 일종의 노동자 의회였을 뿐만 아니라, 짧은 기간에 국가의 수도에서 가장 효과 있고 실질적인 집행부의 기능을 수행했다(Hobsbawm 1989b, 297).

1905~1907년 제1차 러시아혁명의 이런 성격에도 불구하고, 혁명은 결국 패배로 끝났다. 세르주는 혁명 패배의 원인을 자유주의 자본가계급의 망설임과 반동적 의식, 혁명적 중간계급의 우유부단함, 노동자계급의 경험 부족과 빈약한 조직, 노동자계급 정당의 취약성, 농민운동의 원시적 성격, 군대의 상대적 충성심 그리고 프랑스 화폐의 효력 등에서 찾고 있다(세르주 2011, 55).

1905년 혁명 패배의 원인에 대한 사회민주노동당 자체의 진단은 이러하다. 첫째, 노동자계급이 차리즘과 투쟁을 전개하면서 농민들과 견고한 동맹을 맺지 못해 혁명 대열을 굳건하게 세우지 못했다. 이것은 농민들이 충분히 조직되지 못한 채 통일적인 행동을 취하지 못했기 때문이었다. 둘째, 노동자계급은 혁명의 지도 세력으로 행동했으나, 봉기를 지도할 만한 전국적 정치 지도부가 없었기 때문에 무장투쟁 전개에서 국지적 봉기를 극복하지 못했다. 셋째, 러시아사회민주노동당 내부의 분열과 끊임없는 노선 투쟁이 혁명운동의 발전을 제약했다. 넷째, 자유주의적 부르주아지가 차리즘과 타협해 반혁명적 역할을 한 행동과 외국 제국주의 세력의 재정적 원조가 혁명운동을 좌절시킨 원인으로 작용했다. 다섯째, 1905년 8월 일본과 행한 강화조약 체결은 차리즘의 지위를 강화하는 데 이바지했으며, 강화조약 체결 뒤 차르는 혁명운동에 대해 적극적이며 강력한 공격을 벌일 수 있었다. 여섯째, 피압박 민족의 노동자 대중이 혁명운동에 적극 합류하지 못한 것이나, 대다수 병사들이 농촌 출신이라는 특성을 반영해 차르 정부에 대해 충성을 다한 것도 혁명 패배의 한 원인으로 작용했다(포노말료프 1991, 212~213).

제1차 러시아혁명이 패배로 끝났지만, 혁명 세력은 차르 전제 체제를 처음으로 크게 뒤흔들었을 뿐만 아니라 1917년 사회주의혁명의 기틀을 만들었다는 점에서 큰 의의를 찾을 수 있다고 스스로 평가했다. 레닌은 러시아 제1차 혁명이 없었다면, 1917년 2월의 부르주아혁명도 10월의 사회주의혁명도 불가능했을 것이라고 평가했다.

레닌은 1906년 8월에 쓴 논문에서 1905년 혁명의 의의를 다음과 같이 서술했다.

위대한 대중투쟁이 다가오고 있음을 유념하자. 그 투쟁은 무장봉기로 나아갈 것이다. 그 투쟁은 틀림없이 나라 전체를 일깨울 수 있을 것이다. 대중은 틀림

없이 자신들이 극렬한 무장 유혈 투쟁에 나서게 될 것임을 알고 있다. 그들은 죽음을 두려워하지 않으며, 승리를 확신하게 될 것이다. 모든 힘을 공격에 쏟아 부어야 한다. 방어가 아닌 공격이 대중의 일치된 모토가 되어야 하고, 적을 무찔러 완전히 제거하는 것이 대중의 목표가 되어야 한다. 투쟁은 유연하고 기동성 있게 조직될 것이며, 주저하는 투사들을 다독거려 전투에 참여시켜야 한다. 자각한 노동자계급 정당은 이 위대한 투쟁에서 자신의 의무를 다해야 한다(세르주 2011, 58~59에서 재인용).

제1차 러시아혁명은 러시아 역사뿐만 아니라 세계노동운동과 민족해방운동 역사에서 중요한 전환점이 되었다. 러시아혁명은 노동자계급을 최대의 정치 세력으로 부각시켰고, 인민의 지도 역량으로 성장시킨 계기가 되었다. 러시아의 노동자계급은 국제 프롤레타리아트의 전위로 등장해 다가올 혁명투쟁의 전망을 제시했다. 러시아 노동자계급은 혁명투쟁을 통해 노동조합의 합법화를 인정받았으며 언론·출판·집회 등의 기본 권리를 쟁취했고, 임금 인상과 노동시간 단축을 달성했다. 그리고 혁명투쟁은 최초의 대의기관인 의회를 설치하도록 만들었다.

칼 카우츠키는 1905년 혁명을 다음과 같이 규정했다.

부르주아지의 이상이 완전히 파산되고 부르주아 민주주의가 자신감을 완전히 상실한 시기에, 또 부르주아혁명과 그 이상이 오직 사회주의라는 토양 위에서만 번영하고 그 에너지와 열정이 발전할 수 있는 시기에 일어난 부르주아혁명이었다(Carr 1951, 51에서 재인용).

그리고 러시아혁명은 혁명적 대중 파업과 무장봉기의 결합, 혁명적 투쟁 전술, 대중조직의 설치, 그리고 소비에트의 건설 등에 이르기까지 다양한 전술을 창출해 보급하고 발전시켰다. 이와 더불어 국제노동운동의 근본 문제, 즉 혁명투쟁에서 행동 통일의 확보 문제, 반제국주의 운동에서 노동자계급이 차지하는 지도적 역할 문제, 혁명적 전위 정당과 진보 정당, 그리고 조직들 사이의 정치적 동맹 형태 등의 문제를 제기하고 일정 정도 그 해답을 제공했다.

세르주는 1905년 혁명의 교훈을 다음과 같이 강조했다.

노동자계급을 가르치는 것은 오직 투쟁뿐이다. 착취당하고, 억압받고, 각종 제약에 억눌려 온 노동자계급은 봉기의 시대에 어떻게 승리할 수 있는지를 배웠다. 노동자계급이 자기 힘으로 일어나 행동했다는 사실 자체가 이미 어떤 의미에서는 승리를 뜻했다(세르주 2011, 55).

상트페테르부르크소비에트를 사실상 이끌었던 트로츠키는 혁명이 진행되는 과정에서(1905년 가을) 혁명의 성격을 다음과 같이 규정했다.

혁명 속에서 노동자계급이 차지하는 전위적 지위, 노동자계급과 혁명적인 지방 사이의 직접적인 연결, 군대를 장악하고자 하는 그들의 요구, 이들 모든 것은 그들을 불가피하게 권력을 지향하게 한다. 혁명의 완전한 승리란 프롤레타리아의 승리를 의미한다. 이것은 바꾸어 말해서 혁명의 중단 없는 전진의 진행을 의미한다. 프롤레타리아트는 민주주의의 근본적인 과제를 실현한다. 나아가 그들의 정치적 지배권을 지켜내기 위해서는 곧바로 또다시 싸움에 들어가야 한다는 논리는 어느 일정한 시기가 되면 순수하게 사회주의적인 과제에 대한 문제의식을 불러일으킬 것이다. 사회민주주의의 최저 강령과 최고 강령 사이에는 혁명의 영속성이 존재한다. 그것은 한꺼번에 행해지는 것도 아니고, 그렇다고 하루나 한 달 안에 이루어지는 것도 아니다. 그것은 역사에서 완전히 하나의 신기원을 이룰 것이다(Carr 1951, 57~58에서 재인용).

요컨대 1905~1907년 제1차 러시아혁명은 세계사의 발전에서 획기적인 사건이었다. 이 혁명은 노동운동과 민족해방운동의 고양을 촉진했고, 세계 많은 국가에서 발생한 혁명투쟁에 대해 큰 영향을 끼쳤으며 자본주의 세계 체제 전체를 뒤흔들어 놓았다(The USSR Academy of Sciences 1983, 86~92).

독점자본의 지배 강화와 노동운동의 발전

제국주의는 대규모 산업의 지배자들이
국내에서는 팔거나 사용할 수 없는
상품과 자본을 처분하기 위한
해외시장과 해외투자처를 찾음으로써
남아도는 부의 출구를 확장하려는 노력이다.

_J. A. 홉슨
(Hobson 1902, 91; 휴버먼 2000, 310에서 재인용)

1. 독점자본의 지배 강화와 노동자계급의 노동·생활 조건

독점자본주의의 강화와 국가독점의 대두

자본주의 생산이 큰 폭으로 그리고 빠르게 성장하고, 동시에 높은 수준의 자본 집적이 진행되면서 20세기 초기에는 독점의 지배가 본격적으로 성립되었다. 그것은 자본주의의 사회생활 전반을 규정하는 요인으로 작용했다. 선진 공업 국가들의 금융과두 지배권이 전 세계적 차원으로 확장되었으며, 그런 경제의 기초가 된 것이 자본수출이었다. 국제적인 거대 독점체들이 세계를 몇몇 세력권으로 분할했으며, 식민지 영유국들은 세계 영토 분할을 거의 완료했다. 국민적 규모와 국제적 규모에서 취해진 사회적 분업, 개별 독점체와 국제적 독점 동맹이 추진한 대규모 생산의 발전, 원료 산지·운수통신수단·기술발명과 기술혁신과정의 독점화, 생산의 전업화·협업화·결합화 과정은 생산의 사회화 진전을 촉진했다(The USSR Academy of Sciences 1983, 11~12).

독점자본주의, 특히 제1차 세계대전이 진행되는 가운데 나타난 국가독점 과정의 발전은 자본주의적 생산양식의 근본적 모순 — 생산과정의 사회적 성격과 전유의 사적 자본주의 형태 사이의 모순 — 을 심화시키고 첨예화했다.

한편, 경제·영토의 세계 분할은 끊임없는 재분할을 추구했고, 그것은 군국주의 발흥을 부추겼다. 이런 군국주의 강화는 거대 이윤 취득과 세계 재분할 경쟁에서 유리한 고지를 차지하는 방편이 되었고, 그것은 노동자계급의 거센 저항을 누르고 민족해방투쟁을 진압하기 위한 필요에 따라 취해졌다. 또 제국주의가 채택한 중요한 이데올로기는 배타적 애국주의, 인종주의, 그리고 식민지 약탈과 세력권 확대를 위한 사상이었다.

이와 같이 20세기 초두의 세계는 거대한 사회적 폭발과 격동을 예고했다. 자본주의 발전의 불균등성이 격화되었으며, 제국주의 국가들 사이의 모순도 극도로 첨예화했다. 국지적 충돌이 잇따라 벌어졌고, 그것들이 도화선이 되어 세계적인 규모의 폭발을 일으켰다. 1914년의 세계대전 발발은 '문명'국가들의 지배계급이 몇 년 동안에 걸쳐 이미 준비해 온 결과였고, 그것은 노동자계급을 엄청난 고통과 재앙으로 빠뜨렸다. 전쟁은 부르주아사회가 지닌 모순의 총체를 드러낸 것이었고, 그런 모순을 더한층 누적·격화시켜 자본주의사회의 전반적 위기를 심화시켰다.

한편, 독점자본의 이런 지배 강화는 노동자계급의 성장을 촉진했다. 독점자본주의의 진전에 따라 노동자계급의 양적 성장이 급속하게 진전되었고, 노동자 구성에서도 국가에 따라서는 농업노동자가 차지하는 비중이 큰 경우도 있었지만, 산업노동자의 비중이 점점 증대되었다. 그리고 또 한 가지 현상은 이 시기에 지식 노동자들이 형성되기 시작했다는 사실이다.

이런 노동자계급의 성장은 자본에 대한 투쟁의 강화로 이어졌고, 그 결과로서 노동조건 개선이 어느 정도 이루어졌다. 노동자들의 중심 요구는 1일 8시간 노동제, 주휴제, 유급휴가제 등에 모아졌다. 노동자들의 투쟁은 여성·아동 노동자의 법적 노동일 제한, 전횡적인 임금 체불과 임금 공제 금지 등을 쟁취했으며, 몇몇 나라에서는 사회보장에 관한 법률을 채택하는 성과를 성취했다.

노동자계급이 획득한 경제·사회적 성과와 투쟁의 결과들은 노동자들의 욕구를 더욱 키웠다. 교통이 발달하고 대도시가 형성되면서 사람들의 사회생활 리듬이 더한층 빨라졌다. 이에 따라 노동자 생활 상태도 변화했고, 새로운 문화생활이나 인간관계가 변화함으로써 노동자들의 욕구도 다양한 형태로 변화했다. 노동자계급의 이런 욕구 변화에도 불구하고 노동자계급 상태의 상대적 악화가 초래되었고, 경우에 따라서는 절대적 악화도 빚어졌다. 독점자본이 행하는 소비재 가격 인상, 노동의 집약화, 실업의 방대한 존재 등은 노동자 생활을 압박했고, 군비경쟁이나 군사비 증가 등이 세 부담을 가중시켰다.

이런 상황에서 대중적 노동운동이 경제적 요구뿐만 아니라 사회의 민주화 요구까지 함께 제기하면서 고양 국면에 들어섰다. 1905~1907년에 걸친 러시아 혁명운동이 진행되는 가운데 영국, 벨기에, 스웨덴, 미국 등에서 큰 규모 파업이 일어났다. 독일에서는 혁명 전야를 방불하게 하는 정세가 조성되었으며, 이탈리아, 에스파냐, 프랑스에서는 계급 대결이 첨예한 양상을 드러냈다. 이와 같은 투쟁의 고양과 더불어 사회주의사상의 영향력이 널리 확대되고 증대되었다. 그리고 식민지·종속 국가들에서도 노동자계급의 투쟁이 점점 본격적으로 전개되기 시작했다.

한편, 국제 사회민주주의 운동이 전개되는 가운데 기회주의적 풍조가 힘을 싣게 되었고, 특히 제1차 세계대전 상황에서는 노동운동 내부에서 새로운 경향들이 나타났다. 노동자들에 대한 자본 측의 양보, 노동자계급 상층에 대한 포섭, 노동귀족과 노동관료들을 위한 특권적 조건 창출, 자본주의 발전 과정에서 이루어진 이른바 '평화적' 시기의 특수한 조건 등이 노동운동 내의 기회주의 경향을 키웠다. 기회주의의 사회적 기반은 프티부르주아지, 노동귀족, 노동관료 등이었다.

이와 같이 기회주의 경향이 위세를 보이는 가운데서도, 19세기에 마르크스주의가 노동운동에 큰 영향력을 행사했던 것과 마찬가지로, 20세기 들어서는 레닌주의가 노동운동의 전략과 전술 설정에서 큰 영향을 끼쳤다.

노동자의 노동·생활 조건

1900년대 초기에 형성된 독점체와 금융과두제의 지배는 노동자계급의 상태를 근본적으로 변화시켰다. 최신 기계 기술을 이용한 선진 공업국 대기업들의 급성장은 외연적 생산을 집약적 생산 — 생산의 전문화와 협업화, 새로운 생산기술과 조직, 새로운 노동 착취 방법과 노동강화를 위한 새로운 방법에 기초한 생산방식 — 으로 전환시켰다. 흐름 생산방식이나 컨베이어 방식의 도입과 테일러 시스템[1](제14부 1장에서 자세히 다룬다)과 같은 최신 노동조직을 채택함으로써 노동생산성과 착취율이 두드러지게 증가했다(The USSR Academy of Sciences 1983, 299).

노동 현장에서 작업 안전 설비를 위한 비용을 절감한 채 노동집약화를 강화한 결과, 산업재해는 이전보다 훨씬 증가했다. 노동시간의 단축을 목표로 한 노동자들의 줄기찬 투쟁에도 불구하고, 1910년 당시 광공업 부문의 평균 주당 노동시간은 유럽의 경우 60시간, 미국의 경우 54시간을 나타냈다. 광업에서는 노동시간이 급속히 단축되었으나 섬유산업의 경우는 완만하게 진행되었다.

1일 8시간 노동제를 요구하는 국제적인 노동자투쟁은 생활의 질 개선을 위한 요구일 뿐만 아니라 여가의 권리를 위한 요구였고, 문화 향유를 위한 권리 요구의 성격을 띠었다. 이런 요구는 여성·아동 노동자의 노동시간 규제, 아동노동 금지 등 다른 사회적 요구와 직접적인 관련을 갖고 제기되었다.

1_F. W. 테일러가 고안한 노무관리의 '과학적 관리법'을 말한다. 노동자의 작업 동작을 치밀하게 분석한 뒤 불필요한 동작을 줄여 표준 동작을 책정하고, 그것에 따른 작업 시간을 산출하는 것과 동시에 표준 작업량을 달성하기 위한 성과급 제도 등을 도입하는 관리 방식이다. 과학적 관리는 요소 시간 연구 외에도 직능적 직장(職長) 제도, 작업 지도표 제도, 기획부 제도 등을 채택한다.

한편, 노동생산성과 노동강도가 급속하게 증대하고 기업과 도시가 빠르게 성장하면서 노동자 가족의 생활 욕구도 점점 커졌다. 또 1800년대 말과 1900년대 초에 걸쳐 실질임금의 두드러진 변화가 일어났다. 실질임금 변화의 동향은 노동생산성 변화를 밑도는 양상을 보였다. 그 결과 국민소득에서 차지하는 노동 소득(피용자 보수율)이 점점 감소했고, 반면에 착취율은 더욱 높아졌다. 자본주의 발전의 불균등성 때문에 각국의 노동자들 임금수준은 큰 격차를 보였고, 한 국가 안에서도 노동자 계층에 따라 현저한 심한 격차가 존재했다.

자본주의 전개에서 필연적으로 나타나는 주기적 경제공황은 노동자계급의 상태에 특별히 심각한 영향을 끼쳤다. 1907~1908년의 공황은 노동자계급에 대한 독점체의 공격으로 이어졌다. 예컨대 미국에서 1908년 유에스스틸사U.S. Steel Corporation는 노동자 4만5천 명을 감축했고 이와 동시에 임금을 22퍼센트 삭감했다. 수많은 기업이 이와 비슷한 조치들을 취한 결과, 실업이 급격하게 증가했다. 이와 같은 대량 실업 사태는 노동자들을 큰 고통으로 몰아넣었다. 1908~1914년 '문명국가들'의 경우, 실업자 수는 400만 명 또는 600만 명에 이르렀다.

요컨대 20세기 초두 노동자계급 투쟁이 새로운 단계에 접어들게 되었다는 사실은 독점자본주의의 새로운 착취 구조에 대한 대응의 결과였다고 할 수 있다.

2. 대중적 노동운동과 사회주의운동의 발전

1905~1907년의 제1차 러시아 혁명운동과 다른 여러 나라에서 일어난 노동

자투쟁은 제1차 세계대전 이전 시기 노동운동의 고양·발전을 촉진했다. 더욱이 독점체가 노동자계급에 자행하는 공격이 더욱 강화되고 민족적 억압이 점점 증대될 뿐만 아니라 노동자계급의 상태가 더한층 악화되면서 노동운동은 차츰 전투적 양상을 드러냈다.

독점자본주의의 모순들이 점점 더 첨예화하는 조건에서 진행된 노동운동의 새로운 고양은 각국의 구체적 상황에 따라 매우 다양한 양상을 나타냈으나, 몇 가지 공통된 특징을 나타냈다. 투쟁 참가자의 범위가 이전에 비해 훨씬 확대되었고, 새로운 노동자층과 그룹이 노동운동에 참여하게 되었다는 사실이다. 또 노동자투쟁에서 제기된 요구 사항이 확대되었고 투쟁의 강도도 증대되었다. 민주주의 실현을 위한 투쟁과 군국주의, 침략 전쟁에 반대하는 투쟁이 주요 영역으로 떠올랐으며, 투쟁 형태도 파업·시위·집회·선거 투쟁 등이 활용되었고 경우에 따라 대중적 정치 파업이 감행되기도 했다. 그리고 새로운 노동조합운동이 대두하는 동시에 이미 존재했던 노동조합이 확대됨으로써 노동조합을 주축으로 한 대중적 노동운동이 한 걸음 더 발전했다.

노동운동의 고양은 프롤레타리아트의 의식과 조직을 향상시켰고, 또 그것은 노동자 정당과 노동자 조직에 대한 참가자의 확대로 나타났다. 그리고 국제노동운동 내부에서 혁명적 조류가 강화되었다. 이와 같은 양상들은 각국 노동운동의 전개에서 구체적으로 나타났다.

먼저 1905~1907년 기간의 노동운동 전개 특징은 파업투쟁의 확대를 들 수 있다. 이 시기에 일어난 파업의 건수와 참가자 수, 파업에 따른 노동손실 일수, 파업 형태 등을 살펴보면, 파업투쟁이 이전에 비해 격렬했음을 알 수 있다. 또 임금 인상과 노동시간 단축 그리고 노동조건 개선을 요구하는 파업이 매우 공세적으로 전개되었으며, 노동자의 승리로 마무리된 경우가 많

표 1	1905~1907년 파업 상황						단위: I 은 파업 건수, II는 파업 참가자 수(1천 명), III은 노동손실일수(1천 일)		
	1905년			**1906년**			**1907년**		
	I	II	III	I	II	III	I	II	III
오스트리아	686	100	1,151	1,083	154	2,192	1,086	177	2,088
헝가리	346	58	1,839	652	61	1,019	488	44	1,825
벨기에	133	76	-	207	25	-	221	45	-
불가리아	47	-	-	119	-	-	67	-	-
영국*	358	94	2,470	486	218	3,029	601	147	2,162
독일	2,403	420	14,536	3,528	297	8,176	2,266	203	6,205
에스파냐**	153	20	-	145	24	-	152	13	-
이탈리아***	715	155	913	1,649	382	2,424	2,268	575	3,352
루마니아	34	-	-	146	-	-	23	-	-
세르비아	37	2,2	62	37	2,3	51	26	2,5	59
프랑스	830	178	2,747	1,309	438	9,439	1,275	198	3,562
스웨덴*	189	33	2,390	290	19	479	312	24	514
캐나다*	96	13	246	150	23	378	188	34	520
미국*	2,186	302	-	3,655	383	-	3,724	502	-
일본	19	5		13	2		57	9,9	-

* 직장폐쇄를 포함.

** 파업 참가 인원수는 다음의 파업 건수다. 1905년: 130건, 1906년: 122건, 1907년: 118건.

*** 공업 부문의 파업에 따른 노동손실일수.

자료: The USSR Academy of Sciences(1983, 114).

았다.

1905~1907년에 걸친 노동자들의 파업투쟁은 대규모 투쟁 양상을 나타 냈다. 파업투쟁의 형태와 방법도 매우 다양했는데, 준법투쟁으로부터 태업, 연좌농성, 집회와 시위, 방화와 파괴 행위, 무기고 탈취 등이 그것이었다. 그리고 이런 파업투쟁은 민주주의 권리와 생활개선을 위한 투쟁에서 군국 주의와 제국주의 전쟁 반대 투쟁으로까지 진전되었다. 물론 노동자계급의 이런 투쟁은 국가권력과 지배 세력의 공세에 부딪쳐 많은 희생을 치르기도 했으나, 다음 단계의 투쟁을 위한 귀중한 발판이 되었다.

이 시기 선진 자본주의국가들에서 전개된 노동운동을 살펴본다.

표 2 | 1908~1914년 파업 상황 단위: I은 파업 건수, II는 파업 참가자 수(1천 명), III은 노동손실일수(1천 일)

	1908년			1909년			1910년			1911년		
	I	II	III	I	II	III	I	II	III	I	II	III
오스트리아	721	79	1,011	580	62	729	657	55	1,129	706	122	1,710
헝가리	251	19	410	181	13	419	162	21	368	232	28	488
벨기에	101	14	-	119	11	-	108	26	-	156	55	-
불가리아	80	-	-	146	-	-	218	-	-	165	-	-
영국**	399	296	10,834	436	301	2,774	531	515	9,895	903	962	10,320
독일	1,347	76	2,259	1,537	107	2,813	2,113	168	4,582	2,566	238	7,731
에스파냐*	182	13	-	147	7	-	246	36	1,409	311	22	364
이탈리아***	1,703	371	2,202	1,063	188	1,674	1,118	199	3,019	1,255	385	2,623
러시아*****	892	176	865	340	64	418	222	47	256	466	105	791
루마니아****	42	-	-	34	-	-	168	35	530			
세르비아	19	1.5	60	47	1.2	45	47	1	53	78	2.8	107
프랑스	1,073	99	1,721	1,025	167	3,560	1,502	271	4,830	1,471	231	4,096
스웨덴*	302	40	1,842	138	302	11,800	76	4	40	98	21	570
캐나다*	76	26	704	90	18	881	101	22	731	100	29	1,821
미국*	1,957	209	-	2,425	452	-	3,334	824	-	2,565	373	-
일본*	13	0.8	-	11	0.3	-	10	2.9	-	23	2.1	-

	1912년			1913년			1914년		
	I	II	III	I	II	III	I	II	III
오스트리아	761	186	1,862	438	40	409	260	33	264
헝가리	244	18	248	177	34	437	-	-	-
벨기에	202	61	-	162	16	-	-	-	-
불가리아	80	-	-	13	-	-	70	-	-
영국**	857	1,463	40,915	1,497	689	11,631	972	447	9,878
독일	2,510	417	7,712	2,127	266	8,819	1,115	61	1,715
에스파냐*	279	36	1,056	284	84	2,258	212	49	1,018
이탈리아***	1,090	240	2,078	907	465	3,978	907	221	2,176
러시아*****	2,032	725	2,376	2,404	887	3,863	3,534	1,337	5,755
루마니아****				-	-	-	-	-	-
세르비아	53	2.5	60	7	0.9	6	-	-	-
프랑스	1,116	268	2,318	1,073	220	2,224	672	161	2,192
스웨덴*	116	10	290	119	10	303	115	14	620
캐나다*	181	43	1,136	152	41	1,036	63	10	491
미국*	3,053	972	-	3,574	997	-	2,736	627	-
일본*	49	5.7	-	47	5.2	-	50	7.9	-

* 파업과 직장폐쇄.

** 이 파업 참가자 수와 노동손실일수는 다음의 파업 건수에 대한 것이다.

1908	1909	1910	1911	1912	1913	1914
127	78	151	118	171	201	140

*** 공업에서의 파업에 따른 노동손실일수.

**** 공장 감독국의 자료.

***** 1910년은 1910~1912년의 파업 건수에 대한 데이터이고, 파업 참가자와 노동손실일수는 1910~1912년 전반인 것이다.

주: 벨기에·미국·일본 정부는 이 기간의 노동손실일수를 발표하지 않았다.

자료: The USSR Academy of Sciences(1983, 380~381).

제2차 혁명 이전 시기의 러시아 노동운동

1905~1907년 러시아혁명 패배 이후의 반동 시기에, 노동자계급은 여러 가지 형태의 탄압과 박해, 대중적 노동자 조직의 파괴(노동조합원 수는 25만 명에서 1만3천 명으로 격감했음), 그리고 노동자들이 그동안 획득했던 투쟁의 성과들을 무위로 돌리려는 자본가의 공세 등 매우 어려운 지경에 놓여졌다. 특히 차리즘의 혹심한 탄압과 자본주의적 공세는 노동자계급의 사회적 역량을 크게 약화시켰다(The USSR Academy of Sciences 1983, 306).

이런 상황에서 노동자들의 파업 건수와 참가자 수는 감소했으며, 파업의 요구 측면에서도 경제적 파업이 우세한 편이었다. 암울했던 반동 시기에 노동자계급은 스스로의 권익을 지키기 위해 국회 연단을 활용했으며, 노동조합이나 협동조합 그리고 노동자들의 문화(계몽) 조직이 혁명 활동을 위한 거점 역할을 하기도 했다.

1910년 들어 제1차 혁명 이후 침체 상태에 빠졌던 노동운동이 새로운 고양 형세를 나타냈다. 1911년에 발생한 파업의 건수와 참가자 수는 1910년에 비해 두 배 이상 증가했다. 노동자투쟁의 조직성과 강인성이 강화되었고, 정치적 요구 관철을 위한 투쟁 사례가 증가했다. 그리고 1911년의 경우 전체 파업 가운데 51퍼센트가 노동자 측의 승리로 마무리되었다.

노동운동의 전개에서 혁명적 고양의 주요 계기가 된 것은 레나 금광에서 발생한 노동자투쟁이었다. 이 회사 주주들 가운데는 차르 일족과 고급 관료들도 있었는데, 금광 현장에서 저질러진 갖가지 전횡이 1912년 3월의 총파업을 촉발시켰다. 파업 노동자들을 진압하기 위해 군대가 파견되었고, 노동자들에 대한 대량 체포가 단행되었다. 4월 4일 체포된 동료들의 석방을 요구하며 노동자 3천여 명이 참가해 시위를 벌였고, 경찰은 시위대를 향해 일제사격을 가했다. 이 자리에서 노동자 270명이 사살되고 250명이 부상당했다. 레나에서 일어난 총격 사건은 전국 차원에서 노동자들의 거센 분노와 항의를 불러일으켰다. 1912년 4월 한 달 동안 약 700건의 정치 파업이 발생했고, 같은 해 메이데이에는 러시아 50개 지역에서 1천 건이 넘는 파업이 일어났다. 파업운동의 규모는 1905년 메이데이 파업투쟁을 상회했다. 1912년 파업투쟁의 경우, 적게 잡아도 노동자 100만 명 이상이 참가했고 참가자의 80퍼센트가 정치적 성격을 띤 파업에 참가했다(The USSR Academy of Sciences 1983, 308~309).

1913년에도 파업운동은 계속되었고, 거기에 노동자 200만 명 이상이 참가했으며 그 가운데 60퍼센트 이상이 정치적 파업에 참가했다. 1913년 말과 1914년 초에는 사회민주주의 세력이 파업투쟁을 전국에 걸쳐 결합시키려 노력했다. 파업에서 제기된 새로운 요구는 민주공화제, 8시간 노동일제, 지주 소유지의 몰수 등이었다. 1914년 전반기에는 1913년 전체 기간보다 많은 노동자가 파업에 참가했으며, 그 5분의 4 정도가 정치적 파업에 참가했다. 1905년 1월 9일을 기념하는 파업에는 러시아 전국에서 약 30만 명이 참가했고 상트페테르부르크에서만 14만 명이 파업에 참가했다.

이런 파업투쟁은 지역적으로 매우 불균등하게 전개되었다. 1914년 한 해 동안 파업 참가자 수는 200만 명 이상이었는데, 파업은 주로 노동자들이 많은 중심 도시에서 일어났다. 1914년의 경우, 상트페테르부르크에 거주하는 노동자가 파업 참가자 총수의 절반 이상을 차지했다. 그러나 1912~1914년 기간에는 제1차 혁명 시기에 발생했던 대중적 농민투쟁이나 병사 행동은 일어나지 않았다.

1912~1914년의 파업운동은 이런 특징과 한계에도 불구하고, 그 규모와 사회적 반향 측면에서는 매우 큰 편이었고, 본질에서는 혁명의 성격을 띠었다. 이 시기 러시아에서는 전국적인 위기 상황이 전개되었고, 이런 혁명적

위기 속에서 노동자계급이 지도적 역할을 담당했다. 노동자계급의 투쟁 수단인 파업이 혁명운동에서 노동자계급 주도성을 실현할 수 있는 유력한 수단이라는 사실을 드러냈으며, 특히 전 인민적 성격마저 띠었다(The USSR Academy of Sciences 1983, 311).

1914년 7월 19일(신력 8월 1일) 시작된 제1차 세계대전은 노동자 대중투쟁의 고양을 일시적으로 중단시켰다. 그러나 프롤레타리아트의 혁명투쟁은 결코 중단되지 않은 채 잠재적인 형태로 진행되다가, 제1차 세계대전이 미처 끝나지 않은 상황에서 1917년 제2차 러시아혁명이 발생했다.

독일 노동운동과 혁명적 정세

독일 몇몇 지역에서는 1905년 11월과 12월에 걸쳐 러시아에서 일어난 10월 정치적 총파업과 12월에 벌어진 무장봉기의 직접적인 영향을 받아 국가권력의 민주화를 요구하는 광범한 운동이 일어났다. 정치적 권리 보장과 확대, 프로이센과 작센 등의 지역에 존재하는 반민주적인 3단계 선거제도 폐지 등의 요구들이 제기되었다. 사회민주당이 지도한 이 투쟁에는 노동자들과 함께 여러 계층의 인민들이 참가했다. 여러 지역에서 집회가 열렸고, 대중집회는 종종 시위로까지 확대되었다.

1905년 1~2월까지 루르 지역 탄광노동자 22만 명이 극심한 착취에 항의해 파업을 감행했는데, 정부는 이 파업을 깨뜨리기 위해 군대와 경찰 병력을 동원했다. 이 파업은 제국주의 심장부에서 일어난 것이었고 독점적 산업에서 행해진 대규모 대중 파업이었을 뿐만 아니라 조직노동자와 미조직 노동자가 행동 통일을 실행했다는 점에서 큰 주목을 끌었다. 이 파업은 기회주의적 노동조합 간부들이 기업주 측에 양보를 함으로써 아무런 성과 없이 끝났다(Warnke 1952, 44).

1906년 1월에는 독일 노동자들이 벌인 최초의 대중적 정치 파업이 일어났다. 이것은 사회민주당의 정치적 역량을 약화시키기 위해 함부르크 의회가 노동자의 선거권을 제한하려 시도한 데 대한 저항이었다. 함부르크 지역 노동자들이 격렬한 항의 집회를 열었으며, 노동자들이 벌인 정치적 파업에 8만여 명이 참가했다. 수만 명이 가두시위를 벌이고 바리케이드를 설치했으며 경찰과 사이에 유혈 충돌이 빚어졌다. 사회민주당 신문은 함부르크의 1월 17일 사건을 '붉은 수요일'로 표현했다.

노동자들의 이와 같은 투쟁에 대응해 정부와 자본 측은 강력한 조치를 취했다. 수색, 체포, 고소, 처벌이 행해졌으며, 경찰과 군인이 노동자 시위를 강제로 해산시키고 집회를 금지하는 한편, 무력까지 사용하는 경우도 있었다. 그러나 이와 같은 강압 조치에도 아랑곳없이 독일 노동자들은 투쟁을 멈추지 않았다. 1906년 1월 21일 노동자들은 전국에 걸쳐 대도시와 소도시를 막론하고 많은 곳에서 큰 규모의 대중집회와 격렬한 정치 집회, 그리고 시위행동을 통해 러시아혁명 1주년을 기념했다. 같은 해 봄에는 노동자들의 투쟁이 다시 격화되었다. 1906년 한 해 동안 파업에 참가한 노동자 수가 약 30만 명에 이르렀다.

1905~1907년 시기에 진행된 노동자투쟁은 선거법 개정 요구와 결합되면서 첨예한 계급적 대립 양상을 나타냈다. 불합리한 선거제도 개선이 투쟁의 주요한 요구 대상으로 떠올랐다. 특히 프로이센의 선거제도는 노동자계급의 정치 역량을 제약했다. 이를테면 사회민주당이 1908년 주 의회 선거에서 59만9천 표를 얻었음에도 의석은 단지 6석밖에 차지하지 못했다. 이것은 선거법의 불합리한 규정 때문이었다. 작센에서는 1908년 실시된 선거에서 선거법상의 투표 자격 불평등에도 불구하고 사회민주당이 승리를 획

득함으로써 선거법 개혁을 위한 요구가 더한층 커졌다.

민주주의 실현을 위한 투쟁은 군국주의 억압이 증대되고 지배 세력이 현존 제도를 악용하거나 유린하는 행위가 강화될수록 더 큰 의의를 나타냈다. 1908년 독일에서 결사와 집회에 관한 법률이 제정되었는데, 이 법률은 독일어 이외의 언어를 사용하는 집회 개최를 제한했고 경찰이 사회민주당의 선동 활동을 막을 수 있는 여러 방책을 허용했다. 그리고 18세 미만의 청년이 정치단체에 가입하는 것과 정치 집회에 참가하는 것을 금지했다. 이 법률은 노동조합 활동에도 적용되어 단결권과 쟁의권을 침해했다. 이런 상황에서 사회민주당과 노동조합은 의회 활동과 선거 투쟁에 힘을 쏟지 않을 수 없었다.

사회민주당은 노동자 조직 결성과 신문 발간, 당의 결속과 발전을 꾀하기 위해 부르주아 법질서를 최대한 이용하려 했고, 노동자계급의 투쟁을 고양시키기 위해 많은 노력을 기울였다. 1914년 당시 조직노동자 수는 260만 명에 이르렀고(Warnke 1952, 51), 사회민주당 당원 수는 1910년의 72만 명에서 1914년에는 108만6천 명으로 증가했다. 1912년 실시된 의회 선거에서 사회민주당은 425만 표를 획득해 110명의 의석을 확보함으로써 제국 의회의 최대 당파가 되었다. 자유노동조합에 조직된 노동자 250만 명과 청년단체, 협동조합 단체, 스포츠 단체, 기타 단체들이 사회민주당을 지지했다.

그러나 사회민주당과 자유노동조합은 의회 활동과 선거 투쟁을 점점 이상적인 방책으로 상정했다. 제1차 세계대전이 발발하기 직전에는 정당과 노동조합 지도부 안에서 형성된 기회주의자와 중앙파 블록은 선거와 의회 활동의 성공을 주요 목표로 선언했으며, 이런 관점에서 의회 밖의 모든 투쟁 형태를 부차적인 것으로 평가했다. 이와 같은 경향에 맞서 좌파 사회민주주의자들 ─ 칼 프크네히트, 로자 룩셈부르크, 프란츠 메링, 클라라 체트킨, 줄리안 말흐레브스키(칼스키), 빌헬름 피크 등 — 은 혁명운동을 위해 의회투쟁과 의회 이외의 투쟁 수단을 동시에 이용하려고 노력했다. 그러나 당시 사회민주당 내에서 혁명적 사회민주주의자들은 소수파였고 그들의 활동 범위는 매우 좁은 편이었다.

한편, 1908~1909년 무렵 노동자계급의 파업투쟁은 퇴조를 보였으나, 그런데도 여전히 지속적인 양상을 보였다. 1909년 10월 맨스펠트 지역 광부 1만 명이 참가한 대규모 파업이 인근 지역으로 빠르게 확산되었다. 전국적인 지지를 받은 맨스펠트 노동자들은 군대 출동 위협에도 불구하고 6주 동안 파업을 계속했다. 이들의 요구 조건이 실현되지는 못했지만, 노동자계급의 정치적 권리를 강력하게 제기한 이 투쟁은 독일 노동운동의 전개에서 대중적 노동운동의 새로운 지형을 열었다.

1910년 들어 노동운동은 큰 전환을 맞았다. 1910~1913년 기간에 일어난 파업 건수는 1908~1909년 기간의 그것에 비해 연평균 60퍼센트 증가했고, 파업 참가자 수는 200퍼센트, 1인당 노동손실일수는 180퍼센트 증가였다. 또 파업은 이전에 비해 훨씬 더 격렬한 양상을 보였고, 장기적인 성격을 띠었다.

제1차 세계대전 이전 시기에 일어난 파업의 또 한 가지 특징은 경제적 요구뿐만 아니라 노동자의 기본 권리와 노동자 조직의 권리를 지키기 위한 기업질서 민주화 요구가 강하게 제기되었다는 사실이다. 이와 함께 정치적 성격을 띤 파업이 증가했다. 이 시기의 파업은 시위, 항의 집회와 병행해 전개되었고, 시위와 집회는 전반적으로 정치·민주주의·반제국주의적 경향을 띠었다(The USSR Academy of Sciences 1983, 321~322).

1910년 봄에는 노동자들의 파업운동이 확대되었다. 직장폐쇄를 무기로 노동자 조직에 대해 공세를 취하려던 자본가 단체의 기도는 도리어 건축노동자 16만 명 이상이 참가하는 거센 저항을 불러일으켰다. 4~6월까지 계속된 이 파업은 승리로 마무리되었다.

9월 들어 물가가 급상승하고 국가권력과 자본의 공세가 강화되면서 이에 대항하는 노동자들의 집회와 시위가 자주 일어났다. 어떤 경우에는 노동자와 경찰 사이에 무력 충돌이 빚어지기도 했다. 1911년에는 내용이 매우 부실한 보험 법안에 반대해 노동자들이 투쟁을 제기했는데, 이 투쟁은 선거법 개혁 투쟁과 맞물려 진행되었다. 1913년 이후 공황 국면이 발생하면서 노동자들의 노동·생활 조건이 열악해졌고, 이에 따른 노동자들의 불만이 커지고 대중행동이 격화함으로써 마치 '혁명 전야'를 방불하게 하는 정세가 조성되었다. 사회개혁의 실현과 민주주의 권리 보장, 그리고 반전을 목표로 한 노동자투쟁은 광범한 인민대중의 절실한 요구를 포괄하고 있었다. 이와 같은 투쟁은 노동자 조직의 강화와 민주주의 실현을 위한 동맹 세력의 결집을 가능하게 했다.

프랑스 노동자계급의 투쟁: 개량주의와 아나르코생디칼리즘

20세기 들어 전개된 프랑스 노동자계급의 파업과 시위 투쟁은 민주주의 권리를 요구하는 정치투쟁의 성격을 짙게 띠었다. 또 경제투쟁의 성격을 띤 파업도 진행 과정에서 정치투쟁으로 전화되기도 했으며, 경제적 요구와 정치적 요구가 함께 제기된 파업들이 빈발했다.

1905년 6월 시작해 몇 개월 동안 계속된 롱위 지역 금속노동자들의 파업은 매우 특징적인 사례였다. 이 파업은 프랑스, 이탈리아, 벨기에 노동자들이 함께 참가한 가운데 전개되었고, 이들 노동자는 다른 도시노동자들의 지지를 받으면서 정부의 횡포에 대항해 완강하게 투쟁했다.

같은 해 11월에는 언론, 집회의 자유를 요구해 브레스트, 셰르부르, 툴롱, 로슈포르 지역의 병기창 노동자들이 파업을 벌였다. 또 노르와 파드칼레 지역의 광산·금속 노동자들이 일으킨 파업은 부분적인 경제적 요구와 함께 8시간 노동일제, 정치와 노조 활동에 관련된 사상의 자유 등이 요구 조건으로 제기되었다. 이 파업은 광부 1,200명의 생명을 앗아간 대형 산업재해 발생 직후 제기되었고, 파업은 1906년 3~5월에 걸쳐 52일 동안 계속되었다. 이 파업에는 노동자 6만 명 이상 또는 6만5천 명이 관련되었다. 이 파업은 1906년 메이데이를 맞아 1일 8시간 노동제를 요구하는 투쟁과 결합되었다.

1906년 수도 파리에서 시작된 총파업이 메이데이를 맞아 그 절정에 이르렀는데, 여기에는 노동자 20만 명 이상이 참가했다. 정부는 군대를 동원해 파업을 깨뜨렸다. 파업 지도부에 대한 대량 검거가 실시되었고, 노동조합이 일방적으로 선언했던 8시간 노동제는 결코 시행되지 못했다. 이런 파업 결과는 프랑스노동총동맹의 아나르코생디칼리즘 경향과 파업투쟁에 필요한 사전 준비 부족 등에서 기인된 것이었다.

1900년대 초두의 노동자투쟁에 이어 1910년대 초에 일어난 노동자투쟁은 '억압자에 대한 노동자계급의 숨겨진 증오'가 축적되어 주기적으로 '돌발적인 힘으로 뿜어져 나온' 것임을 사실로서 확인해 주었다. 프랑스에서는 영국의 경우와는 달리 노동자계급의 혁명적 또는 사회주의적 전통이 강하게 존재하고는 있었지만, 노동자투쟁은 여러 가지 시행착오를 겪지 않을 수 없었다. 이것은 프랑스의 사회주의운동과 노동조합운동의 일반적 경향과 깊은 관련을 갖는 것으로서, 여기에는 정당 조직과 노동조합 조직 사이의 '활동 분야의 분할'과 양자 사이의 대립, 개량주의와 생디칼리즘의 영향력이 서로 교차하면서 복합적으로 작용한 결과였다(The USSR Academy of Sciences

1983, 347).

한편, 1914년 프랑스사회당은 당원 약 7만7천 명을 포괄하고 있었는데, 이것은 1906년에 비해 배로 늘어난 수치였다. 같은 시기에 이 당이 획득한 투표수는 87만8천 표에서 140만 표로 증가했고, 하원 의원 수는 51명(1906년)에서 74명(1910년), 103명(1914년)으로 늘어났다. 그러나 사회당이 일관되게 노동자 권익을 옹호하는 정책을 추구하지는 않았다.

제1차 세계대전 직전 조직노동자 수는 100만여 명에 이르렀고, 그 가운데 약 60만 명이 프랑스노동총동맹에 가입해 있었다. 당시 프랑스노동총동맹 지도부는 계급협조주의를 강조하면서 노동쟁의의 평화적 해결을 통한 실리를 추구했다. 그 결과, 정치조직에 대한 노동자의 거부반응과 노동자 대표의 의회 활동을 비롯한 정치 행동 일반에 대한 노동자의 부정적 태도가 커졌다. 광범한 노동자층은 개량주의적 투쟁 자세와 생디칼리즘의 '혁명 체조'에 대해 강한 불만을 표시하면서 이를 극복하기 위한 노력을 기울였으며, 그것은 일상적인 투쟁으로 구체화되었다.

1908~1909년에는 파업 건수는 감소했으나 파업 참가 노동자 수는 오히려 증가했다. 1909년 봄에 우편·전신 노동자의 파업이 일어났는데, 이것은 국가공무원의 범위에까지 파업의 기반이 확대되었음을 반증하는 것이었다. 파업은 파리에서 먼저 일어나 여러 지방으로 확대되었다. 리옹에서는 우편노동자 1,300명 가운데 1,100명이 파업에 참가했다. 그러나 프랑스노동총동맹과 사회당의 지원을 받지 못한 채, 파업은 결국 패배로 끝났다. 1909년에는 건설·섬유·금속·피혁 산업노동자들이 파업을 제기했고, 같은 해 9월 파리 건축노동자들이 파업을 일으켜 승리를 거두었다.

1910~1911년의 파업투쟁의 수준은 1908~1909년 수준을 넘어서서 파업 건수에서 40퍼센트 증가, 파업 참가자 수에서 90퍼센트 증가, 노동손실

일수에서 70퍼센트 증가를 보였다. 이 시기에 일어난 파업에서 중심 역할을 수행한 것은 건축노동자들이었다.

그 뒤 몇 년 동안에는 파업이 현저하게 감소했다. 1912~1914년에 일어난 파업의 주력부대는 광산노동자들이었다. 1912년에는 프랑스 광산노동자의 3분의 2 정도가 파업에 참가했다. 그들은 8시간 노동시간제와 최저임금제, 연금 보장의 개선 등을 요구 조건으로 내걸었다. 다른 부문에서도 큰 규모의 파업이 일어났는데, 1911년 말과 1912년 초에 걸쳐 파리의 택시 노동자들이 5개월 동안 파업을 벌였으며, 1912년 6월에는 항만노동자들이 파업을 제기했고 1913년에는 르노 자동차공장 노동자 4천여 명이 테일러 방식의 노무관리 방식에 반대해 1개월 반에 걸친 투쟁을 전개했다. 1914년 봄에는 마르세유 금속노동자들이 총파업을 단행했고, 농업노동자들의 투쟁도 계속 이어졌다.

1911년에는 모로코사건[2]으로 인해 프랑스 전역에서 전쟁 위협에 반대하는 운동이 일어났는데, 참가자들은 슈투트가르트 결의에 따라 모든 가능한 수단을 동원해 전쟁에 반대한다는 결의를 표명했다. 1912년에는 사회당의 주도로 발칸전쟁[3]의 발발에 따라 조성된 전쟁의 위험에 반대하는 시위와 연대 파업이 발생하기도 했다.

2_모로코를 지배하려는 프랑스와 이를 억제하려는 독일 사이에서 발생한 두 번에 걸친 국제적 위기 상황을 말한다. 1911년 2차 모로코 위기는 모로코에서 일어난 반란을 구실로 독일이 전함을 모로코 아가디르 항에 파견한 데서 벌어진 것인데, 이것은 실질적으로 프랑스에 대한 위협을 행사하기 위한 행동이었다. 이 때문에 그해 가을 내내 전쟁 위기가 조성되었다. 이 사태는 전쟁으로까지 확대되지는 않았고, 협상을 통해 모로코가 프랑스의 보호령으로 편입되고, 독일이 프랑스령 콩고를 할양받는 것으로 일단락되었다.

3_제1차 세계대전이 발발하기 직전, 발칸 지역의 긴장을 고조시키면서 연속적으로 일어난 두 차례의 군사적 충돌을 가리킨다. 1912년의 발칸전쟁은 발칸동맹과 오스만제국 사이에서 일어난 전쟁으로서 발칸동맹의 승리로 끝났다.

1912년 초에는 전국적으로 수십만 명에 이르는 인민대중이 법률 개정 투쟁을 벌였다. 이 투쟁은 정부가 관련 법률을 파업 조직과 반군국주의 선전 활동을 행하는 노조 활동가들에게 적용하려는 데서 발단되었다. 이 항의 운동에는 노동조합과 사회당도 참가했으며, 이 법으로 체포된 건축노동조합연맹 활동가의 재판이 시작된 1912년 1월에 항의 운동은 절정에 이르렀다. 파리에서만 9개소에서 대규모 집회가 열렸고, 센 지역에서는 노동자 4만 명이 참가해 시위를 벌였다(The USSR Academy of Sciences 1983).

1913년에는 병역기한 연장 법안에 반대하는 투쟁이 일어났는데, 노동자들이 이 투쟁의 선두에 섰고 여기에 수많은 시민이 합세했다. 전국적으로 항의 집회와 시위가 이어졌으며, 법안 반대 서명운동이 전개되었다. 이 투쟁에는 노동자와 병사 그리고 농민들이 강한 연대를 표시했다. 그러나 노동조합운동과 정당 사이의 관계, 개량주의와 아나르코생디칼리즘이 빚은 노선상의 혼란, 각 조직 사이의 지도 방침 혼선 등으로 투쟁은 한계를 나타냈다.

영국 노동자계급의 부르주아지에 대한 투쟁 강화

1900년대 들어 초기 15년 동안 영국에서는 산업이 빠르게 팽창하면서 국민경제생활에 대한 국가의 개입이 커졌다. 이런 가운데 노동조합운동이 급속하게 성장하면서 노동조합과 정부 사이의 관계가 새롭게 재정립되었다. '테프 베일' 사건을 계기로 파업권 보장에 대한 요구가 본격적으로 제기되었다. 이 무렵 영국 노동당의 창립과 의회 진출이 이루어졌고, 이를 통해 노동쟁의법이 제정되어 합법적인 노동쟁의의 길이 트이게 되었다. 이와 같은 상황을 배경으로 이 시기 영국에서는 파업투쟁이 활발하게 전개되었다.

먼저 1900년 들어 영국 노동운동 발전에서 중대 사건으로 떠올랐던 테프 베일 사건 관련 판결부터 살펴본다. 사건은 1900년 8월 남웨일스의 테프 베일 철도회사에서 일어난 파업에서 발단되었다. 임금 인상 투쟁을 이끌던 노동조합 활동가가 해고당한 것에 항의해 테프 베일 회사 노동자들이 파업에 들어갔다. 단체교섭 당사자인 합동철도노동조합은 테프 베일 회사 파업을 승인하지는 않았다. 그러나 공식으로 파업을 지원했다. 노동조합 사무국장 리처드 벨은 피케팅으로 회사 측이 고용한 '파업 파괴' 노동자들의 직장 출근을 막았다. 테프 베일 회사는 파업 참가자 개개인에 대한 고소와는 별도로 두 개의 소송을 제기했다. 그 하나는 노동조합과 간부들이 회사에 대해 사업상의 손해를 주기 위해 벌인 계획적인 행동, 즉 파업 기간 중 파업 파괴자의 취업을 저지하는 행동을 못하도록 하는 강제 명령(강제 철거 명령)을 구하는 소송이었다. 다른 하나는 노동조합에 대해 조합원과 간부의 행위가 저지른 손해의 배상을 청구하는 소송이었다.

파업은 11일 동안 계속되었으나 조정으로 마무리되었다. 그러나 사건은 그것으로 끝나지 않았다. 두 가지 소송은 모두 회사의 승리로 끝났다. 강제 철거 명령이 결정되었고, 판결의 결과로서 노동조합은 손해배상의 책임을 지고 테프 베일 회사 측에 2만3천 파운드를 지불해야만 했다. 상원도 이 판결을 지지했다. 이에 따라 1871년과 1876년 입법을 통해 보장되었다고 믿었던 파업권이 테프 베일 판결로서 위태로운 지경에 빠졌을 뿐만 아니라 쟁의권은 사실상 폐기된 것이나 다름없었다(Cole 1947, 292~296).

그러나 노동조합이 법인격을 갖게 됨으로써 노동조합은 합법적으로 기업주 측과 단체협약을 체결할 수 있게 되었으므로 테프 베일 판결이 반드시 불리하지만은 않다는 견해도 있었다. 또 여기서 문제되는 것은 민사상 책임의 문제이지, 형사상의 책임의 문제가 아니라는 주장도 나왔다. 그러나 테프 베일 판결에 대해 대다수 노동조합들은 이익보다는 불이익이 훨씬 더 크다고 해석했으며, 법원이 주장하는 바와 같이 형사상의 범죄가 되지 않는 행위가 민사상으로 불법이 된다면, 또 그 때문에 노동조합에 대해 손해배상이 부과된다면 노동조합은 사실상 어떤 투쟁도 조직할 수 없을 것이라고 판단했다.

이런 상황에서 노동조합은 새로운 입법으로 이 판결의 효력을 정지시켜야 할 필요성을 통감하게 되었다. 이에 따라 1900년에 창설된 노동자 대표위원회의 역할이 더욱 중요하게 인식되었으며, 위원회의 회원 수도 짧은 기간에 크게 늘어났다. 위원회가 활동을 개시했던 1900~1901년 당시에는 회원이 겨우 37만6천 명이었고, 1901~1902년에는 46만9천 명에 지나지 않았다. 위원회 수입도 243파운드에서 343파운드로 늘어난 정도였다. 1900년 총선거 당시 위원회는 거의 아무런 힘도 발휘하지 못했고, 위원회가 지지한 입후보자 15명 가운데 독립노동당원인 제임스 케어 하디와 합동철도노동조합의 리처드 벨만 당선되었다. 1902년 보궐선거에서는 목면노동조합 소속 데이비드 섀클턴이 당선되었다. 1902~1903년에는 회원 수가 거의 두 배로 늘어나 86만1천 명이 되었고 그 수입도 800파운드로 늘어났다(Cole 1947, 298). 1904년에는 의회 선거에 대비해 회비의 강제징수제가 결정되었고, 1905년 보수당 정권이 사임했을 때 노동자 대표위원회는 명칭만 위원회였지 사실상 '노동당'으로서 새로운 총선거를 치르게 되었다.

1903년에는 노동자 대표위원회와 자유당 대표 사이에 비공식적인 협정이 체결되었고, 1906년 총선거에서는 이른바 '자유-노동'Lib-Labs 입후보자 가운데 54명이 당선되었으며, 그 가운데 노동자 대표위원회 소속 후보자 29명이 당선되었다. 자유당 정권이 탄생했고, 총선거에서 성공을 거둔 위원회는 조직의 명칭을 '노동당'으로 바꾸었다(펠링 1992, 152).

새롭게 등장한 노동당의 첫 번째 과업은 테프 베일 판결의 효력을 새로운 입법으로 무산시키는 일이었다. 이와 관련해 1906년 총선거 과정에 보수당 정부가 작성한 왕립위원회 보고서가 발표되었다. 보고서는 노동조합의 법적 면책성에 관해 언급하지는 않았으나, 노동조합을 합법 존재로서 법으로 승인하는 동시에 노동조합의 공제 기금을 일반 기금과 쟁의 기금에서 분리하는 조항을 신설했다. 이 규정에 따르면, 공제 기금은 손해배상청구 소송에서 면책을 받을 수 있게 되었다. 또 위원회 보고서는 평화적인 피케팅 권리를 본래대로 되돌리도록 하는 법률 개정을 권고했다. 새로이 출범한 자유당 정부는 이 보고서를 입법에서 기초로 삼을 것을 승인했다. 그리하여 보고서의 기본 방침에 따른 법안이 기초되었다(펠링 1992, 153).

이 보고서 내용은 노동조합의 요구에는 제대로 미치지는 못했다. 그러나 노동쟁의법 제정 과정에서 평화적인 피케팅은 합법화되었고, 법률은 "노동조합 자체 결정으로 또는 노동조합을 대표해 행했다고 주장되는 어떤 불법행위[4]를 이유로 제기되는 소송은 어떤 법원도 이를 받아들일 수 없다"고 규정했다. 이것은 노동쟁의와 관련해 형사사건에서와 마찬가지로 민사 문제에 있어서도 사람들이 단결해 행동했다고 해서 법의 제재를 받지는 않는다는 원칙을 설정한 것이다. 그리고 노동조합의 기금은 노조를 상대로 하는 직접 소송이든 개별 조합원을 상대로 하는 대표 소송이든 모든 민사소송의 위험으로부터 완전히 보호를 받게 되었다(Cole 1947, 303).

한편, 1906년부터 1913년까지 사회개혁을 위한 많은 법안이 심의·통과되었다. 교육(급식)법을 비롯해 탄광(8시간)법, 노동자보상법, 노사협의회법, 연금법, 국민보험법 등이 그것이었다. 그러나 1909년 이후 자유당의 사회

4_여기서 말하는 불법행위는 효력 면에서 계약 위반과는 다른 민사상의 불법행위(형사상의 범죄행위와는 구별되는)다.

입법 작업을 둘러싸고 노동운동 내부에서 의견 대립이 일어났다. 1910년 선거 결과 그때까지 다수를 차지했던 자유당의 의석이 크게 줄어든 뒤로 자유당과 노동당의 관계가 소원해졌고, 그리고 노동운동 내부의 분열이 더욱 심화되었다.

1909년에는 또 하나의 노동관계 판결이 나왔는데, 월터 오스본 판결이 그것이다. 1908년 합동철도노동조합 간부였던 오스본은 자유당 당원으로서 노동조합이 노동당을 위해 정치자금을 제공하는 것은 '법률상의 월권'이라는 이유를 들어 소송을 제기했다. 1908년 고등법원은 이를 각하하는 결정을 내렸으나 항소법원은 그것과 반대되는 결정을 했다. 그리고 상원은 1909년 12월에 노동조합은 노동당을 위해 정치자금을 제공한다든지 또는 어떤 형태의 정치 활동이든 그것에 대해 자금을 제공할 권리가 없다는 항소법원 판결을 확인했다.

오스본 판결에 대해 노동조합지도자들은 지난날 테프 베일 판결에 관련해 투쟁을 전개했던 것과 마찬가지로, 강경한 반대 태도를 취했다. 그러나 노동조합과 노동당이 요구한 입법은 쉽게 확보되지 못했다. 1910년에 실시된 총선거전에서 동맹 체제를 유지했던 노동당과 자유당은 1913년 노동조합법에서 타협안을 통과시켰다. 1913년 법은 노동조합의 요구를 완전한 형태로 받아들인 것은 아니었다. 노동조합원 각자가 당비 납입을 거부할 권리가 인정되었고, 그리고 당비 징수를 요구하는 노동조합은 다른 기금과 완전히 구별되는 별도의 기금으로 모은 당비를 납입해야만 했다. 또 조합원은 그들이 희망한다면 당비를 지불하지 않아도 무방하게 되었다. 나아가 노동조합은 당비 징수나 정당 헌금 문제와 관련해 그 노동조합 조합원들의 무기명 투표에서 당비 징수에 찬성하는 다수표가 확보되지 않는 한, 그런 헌금과 당비를 징수해서는 안 된다는 것을 법률은 규정했다(펠링 1992, 158~159).

20세기 들어 진행된 노동조합운동 성장과 더불어 1906년의 노동쟁의법에 따른 노동조합의 면책, 정치 활동 허용 등에 힘입어 영국 노동자계급은 전투적 분위기에서 자본 측에 대항해 강도 높은 투쟁을 벌였다.

특히 1908~1909년에 영국에서 일어난 파업은 그 후의 폭발적 투쟁을 준비하는 기반이 되었다. 1908년에 발발한 최대의 투쟁은 랭커서 면방노동자 파업과 광산노동자 파업, 그리고 동북부 연안 지대의 조선노동자와 기계공 파업 등이었다. 특히 광산노동자 파업은 광산노동조합연맹의 창설로 이어졌고, 60만 명을 포괄하게 된 이 조직은 같은 해 광산노동자의 8시간 노동일제법 제정이라는 큰 성과를 거두었다. 이 법은 다른 직종 노동자들의 노동시간 법제를 위한 선례가 되었다는 점에서 중요한 의의를 갖게 되었다.

1910년대 들어 파업투쟁은 더욱 격렬한 양상을 보였다. 1910년에는 뉴캐슬 철도노동자, 클라이드와 타인의 조선소 보일러 제조노동자, 버밍엄의 금속노동자, 남웨일스의 광산노동자들이 파업을 벌였다. 파업에서 제기된 주요한 요구 조건들은 노동시간 단축을 비롯해 전국 노동자의 임금수준과 최저임금 승인, 승선 인원 수준과 선원 계약 방법 개선, 노동조합 승인 등이었다.

정부 당국은 이런 파업을 깨뜨리기 위해 경찰과 군대 병력을 동원하는 한편, 파업 노동자들을 구속했다. 이와 같은 탄압 조치에도 불구하고 파업은 10개월 동안 계속되었는데, 이 파업은 영국 석탄 산업에서 선례를 찾기 어려운 사건이었다. 웨일스 탄광노동자 투쟁은 패배로 끝나기는 했으나, 이 투쟁은 그 이후의 파업투쟁에 큰 교훈을 남겼다.

1911년 8월에는 철도노동자의 전국적 파업이 일어났으며, 그 발단이 된 것은 '리버풀의 학살'이었다. 리버풀 파업에서 경찰과 군인이 철도노동자 수만 명이 참가한 집회를 물리력으로 해산시켰는데, 이 과정에서 심한 충돌이 일어나 수백 명의 노동자가 다쳐 병원으로 실려 갔다. 이런 유혈 사태를 목격한 운수·철도 노동자는 곧바로 파업에 들어갔다. 이 파업은 다른 도시로 번져 나갔으며, 결국 14만8천 명을 포괄하는 철도노동조합이 총파업을 공식적으로 선언했다. 처음 이틀 동안에는 23만 명이 총파업에 참가했다. 이에 따라 원료와 자재의 수송이 정지됨으로써 많은 기업이 작업을 멈추게 되었고, 정부는 공권력을 동원해 파업을 해산시키려 했다. 노조 간부들은 파업 승리의 가능성이 있었는데도, 영국의 대외 정세에 위험이 닥칠 수 있다는 이유를 들어 파업을 '화해' 쪽으로 이끌었다.

1912년에는 탄광노동자의 총파업이 일어났다. 파업의 직접적인 원인은 최저임금 보장에 관한 요구 관철이었다. 당시 탄광노조가 포괄했던 조직된 노동자는 80만 명에 이르렀다. 정부는 노동자들의 파업을 막기 위해 그다지 충실하지도 않은 최저임금법을 제정했다.

1913년 8월부터 1914년 1월까지 전개된 더블린 파업은 제1차 세계대전 이전 시기에 발생한 아일랜드 노동자들 투쟁 가운데 가장 격렬한 사례였다. 이 파업은 정치적 위기를 조성하기까지 했다. 1913년 8월 더블린 전차 노동자들이 직장폐쇄에 항의해 파업을 벌인 것을 발단으로 철도·마차운반·건축 노동자 등이 파업에 합류했다. 8월 31일 '피의 일요일'에는 파업 노동자들 5만여 명이 집회와 시위를 벌였고, 시위 노동자와 이를 막으려는 경찰·군대 병력과 사이에 충돌이 벌어졌다. 그 과정에서 노동자 두 명이 죽고 수십 명이 부상당했다. 이런 상황에서 노동자들은 무장 조직(아일랜드 시민군)을 편성했고, 아일랜드 공화제와 노동해방을 투쟁 목표로 내걸었다. 몇 개월에 걸친 장기 파업은 파업 노동자들의 물질 자원을 고갈시켰고, 결국은 영국노동조합회의의 압력을 받아 기업 측과 타협함으로써 마무리되었다 (The USSR Academy of Sciences 1983, 328~329).

제1차 세계대전 이전 시기 몇 년 동안 발생한 파업은 경제적인 요구만을 제기한 것은 아니었다. 임금 문제를 둘러싸고 제기된 파업도 종국에는 최저 임금제 확립 쪽으로 요구 조건을 바꾸었다. 파업에서 제기된 정치·사회적 요구 가운데는 철도·토지·광물자원·탄광·운하의 국유화 요구, 보통선거법의 실시와 선거비용의 국가 부담, 노동자의 주택 조건 개선, 유급 휴일제 요구 등이 포함되어 있었다. 이와 같은 투쟁들은 계급적 연대와 단결 강화를 촉진했다. 1910~1913년의 파업은 다수의 탄광노동자와 상대적으로 높은 임금 계층이었던 금속·섬유·건축 노동자 등이 주도했고, 상대적으로 경제 상태가 매우 불안정했던 노동자 부류도 파업에 참가했다.

영국 노동운동에서 대중적 노동운동의 고양, 사회주의적 경향의 증대, 그리고 근본적 개혁을 달성하고자 하는 노동자투쟁의 지향은 영국의 상황에서는 특별한 의미를 지니고 있었다. 영국 노동자들에게 필요 불가결한 정치·경제·사회적 개량을 실현하기 위한 투쟁은 반자본주의적 투쟁을 촉진했으며, 노동자계급으로 하여금 권력과 사회주의를 목표로 하는 투쟁을 촉진하는 요인으로 작용했다(The USSR Academy of Sciences 1983, 339).

이탈리아의 정치 정세 급변과 노동운동

1900년대 들어 이탈리아에서는 노동자들이 파업권 확보와 메이데이 행사 개최, 그리고 기업 내의 노동자위원회 결성을 위해 끈질긴 투쟁을 전개했다. 토리노의 기계·화학·자동차 공장노동자들은 1905~1906년에 그와 같은 요구를 실현하기 위해 강고한 투쟁을 전개했다. 또 1905년 봄에는 이 나라 철도 주요 역에서 쟁의권을 요구하는 파업이 제기되었다. 1907년에 발생한 5일간의 철도 총파업은 국유철도노동자의 파업을 금지한 특별법 제정을 막기 위해 전개되었다.

많은 경우, 이탈리아 노동자들은 권리 확보를 위한 투쟁에서 경찰이나 군대와 맞서 싸워야만 했다. 파업 참가 노동자들에 대한 혹심한 탄압은 이에 대한 항의 투쟁을 불러일으켰고, 이와 같은 투쟁은 자연히 정치적 성격을 띨 수밖에 없었다.

제1차 세계대전 이전 이탈리아 노동자계급의 대중투쟁 전개는 심한 기복을 나타냈다. 1908~1909년 시기는 침체 국면을 보였으나, 1910~1911년 시기는 고양 국면을 나타냈다. 몇 가지 특수한 요인이 노동자투쟁에 중요한 영향을 끼쳤는데, 그 가운데는 '남북문제', 토지문제, 이탈리아 제국주의 발전의 특수성, 조반니 졸리티 노선, 그리고 1911~1912년 오스만제국과 벌인 전쟁 등이 주요 요인이었다(The USSR Academy of Sciences 1983, 354). 또 개량주의와 아나르코생디칼리즘의 대립이 노동운동 발전에서 부정적 영향을 끼친 것은 프랑스의 경우와 유사했다.

1908년 파르마 지역 농업노동자들이 벌인 파업투쟁은 생디칼리스트가 주도한 파업이었다. 농업노동자 3만여 명이 2개월 동안 감행한 파업은 군대와 경찰 투입으로 진압되었다. 이 투쟁에서 드러난 것은 '총결전'을 목표로 한 무정부적 생디칼리스트의 시도가 충분한 계획도 없이 행해졌고, 반면에 이탈리아사회당과 이탈리아노동총연맹 지도부 내의 개량주의자들은 대중의 결정적 투쟁을 가능한 한 피하고자 했다. 이에 따른 파업의 패배는 파업투쟁의 전반적인 후퇴를 가져왔다. 파르마 파업 직후, 생디칼리스트들을 사회당에서 제명하는 데 성공한 개량주의자들은 그 후 몇 년 동안 당과 노동조합 내에서 지도적 위치를 굳힐 수 있었다. 노동운동 내에서 지도적 역할을 확보한 이탈리아노동총연맹 지도부는 개량주의적인 의회 활동에만 관심을 기울였고, 노동조합의 적극적인 대중투쟁에 대해서는 소극적인 태도를 취했다.

이런 가운데서도 1910~1911년부터 파업투쟁은 다시 격화되었다. 1911년에는 '졸리티 자유주의 시대'의 마지막 단계에서 노동자 대중들 사이에서 사회적 지원을 확보하고자 하는 노력이 거세게 행해졌다. 이 시기 이탈리아 지배 세력은 1910~1911년에 민족주의와 배타적 애국주의에 기초한 선전 활동을 강화했다. 이와 더불어 계급적 통일을 호소하면서 아프리카에 있는 오스만제국 영토 탈환을 목적으로 리비아 전쟁을 일으켰다.[5]

전쟁 준비가 강화되고 전쟁을 둘러싼 위협이 현실로 옮겨지는 상황에서, 1911년 9월 27일 반전 파업이 일어났고, 노동자들은 경찰과 '애국적 행진'을 조직한 민족주의 그룹과 충돌을 빚기도 했다. 1911년 9월 29일 전쟁의 위험이 점점 기정사실로 바뀌면서 우파 개량주의자들은 전쟁 변호에 열을 올리게 되었고, '좌익 개량주의자들'은 우파의 주장에 반대하면서도 우파와 일정한 통일 유지의 필요성을 내세우고 적극적인 반전운동을 막아섰다. '혁명파'는 개량주의적 지도부를 격렬하게 비판했다. 이와 같은 상황에서 열린 사회당 대회는 '사회당과 조직된 노동자계급의 비타협적 전쟁 반대'를 선언하는 결의를 채택했다.

이탈리아 노동자들의 반전운동은 아프리카에서 진행된 이탈리아군의 침략 작전 전체 기간에 걸쳐 계속되었다. 이 투쟁은 군용 화물의 수송에 반대하는 항의 집회와 시위, 반전 선전과 선동, 병역거부, 탈주 등의 형태를 취했다. 전쟁 반대 투쟁의 중심이 되었던 곳은 토리노와 밀라노였고 여기서 투쟁을 주도한 사람은 젊은 노동자들이었다.

---

[5] 1911년 9월 이탈리아는 오스만제국이 지배하고 있던 리비아를 침입해 교두보를 설치했고, 1914년 봄에는 리비아 정복을 완료했다.

한편, 노동자계급의 투쟁은 독점체의 압박이 강화되고 남부와 중부의 농민운동에 대한 탄압이 격화되는 상황에서 점점 확대되고 완강한 형세를 나타냈다. 노동자계급은 경제적 요구만 제기한 것은 아니었고, 노동자에 대한 권리침해와 군국주의적 폭력 행위에 대해서도 항의했다. 제1차 세계대전 이전 시기 파업투쟁에서 중요한 역할을 행사한 것은 토리노 노동자들이었다. 토리노 자동차산업노동자들의 95일 동안에 걸친 파업투쟁(1913년)은 노동운동 역사에서 큰 의의를 갖는 것으로 평가되었다. 파업 노동자들은 노동자 상태 개선뿐만 아니라 노동조합 관련 권리 확대를 포함해 노동조합 지도부가 내놓은 강령 실현을 요구했다. 파업투쟁은 독점 부르주아지를 대상으로 했다. 이 파업투쟁에 대해 토리노의 노동자들과 다른 공업 중심지 노동자들이 이를 지지했고, 물질적 원조를 제공했다. 파업은 승리로 끝났다. 새롭게 등장한 독점 부르주아지를 상대로 한 투쟁에서 승리를 거둔 것은 노동운동 내의 개량주의·협조주의 폐해와 생디칼리즘의 오류를 극복하는 계기가 되었다.

토리노 투쟁에 이어서 생디칼리스트가 주도해 밀라노 노동자들의 총파업 투쟁이 감행되었다. 밀라노 시내에는 병사 수천 명이 집결해 많은 사람을 체포했는데도 파업은 계속되었다. 파업은 5월과 6월 그리고 8월에도 발발했는데, 도시에서 바리케이드를 구축하는 데까지 진전되었으며, 많은 지역에서 연대 투쟁이 결행되었다.

이와 같은 큰 규모의 투쟁을 통해 대중운동은 빠르게 성장했으며, 임금문제나 실업문제뿐만 아니라 민주주의 실현에 관한 문제, 기업 내 질서 문제, 그리고 노동조합 권리문제 등에 관련한 요구들이 강하게 제기되었다. 그리하여 노동자계급이 민주주의의 유지·발전을 위한 투쟁의 전위로 등장할 수 있는 실제적인 가능성을 명확히 보여 주었다. 이와 아울러 노동자계급은 반군국주의 투쟁을 강화했다.

제1차 세계대전을 앞둔 시점에서 반군국주의 투쟁의 주요 사례였던 '적색 주간'은 축적된 투쟁 역량을 과시한 사건이었다. 1914년 6월 7일 안코나에서 생디칼리스트는 반동 세력과 군국주의에 반대하는 시위를 계획했다. 정부 당국의 금지 조치에도 불구하고 반전 시위가 감행되었고, 군인이 군중을 향해 발포해 노동자 두 사람이 죽는 일이 벌어졌다. 이 사건으로 전국적인 반정부 투쟁이 전개되었다. 사회당, 이탈리아노동총연맹, 생디칼리스트, 아나키스트, 그리고 공화당까지 군국주의에 반대하는 투쟁과 총파업 투쟁을 호소했다. 조직의 대표들이 통일위원회를 구성하고 여기에 참여했다. 파업은 수천 건에 이르는 집회와 시위 그리고 반란 행동과 결합되었으며, 이런 투쟁에 대해 농민과 도시 중간 계층은 자연발생적인 행동으로 지지했다.

파업은 많은 도시와 농촌 지방의 경제생활을 마비시켰고, 도시 교통을 정지시켰으며 몇몇 구간에 걸쳐 철도 운행을 단절하게 만들었다. 로마, 밀라노, 피렌체, 안코나의 가두에서는 바리케이드가 설치되었고, 파업 노동자들과 군대 또는 경찰대 사이에 충돌이 일어났다. 파업 노동자들은 무기를 탈취해 관청 건물을 포위했다. 농촌 지역에서는 굶주린 주민이 빵과 곡물을 탈취했다. 로마와 마르케에서는 파업이 봉기로 전화했고, 공화제가 선포되었다. 이 투쟁과 운동은 100만 명 이상의 참가를 이끌어 냈지만 지도부조차 꾸리지 못한 채, 1주일 만에 '적색 주간'은 종료되었다(The USSR Academy of Sciences 1983, 361~362).

적색 주간은 이탈리아에서 정치 위기를 조성했고, 노동운동의 통일적인 지도 역량의 중요성을 일깨워 주었다. 적색 주간 투쟁에 앞장섰던 세력들은 명확한 혁명적 전망을 갖고 있지도 않았으며, 서로 다른 목적을 추구하는 경우도 있었다. 이를테면, 이탈리아노동총연맹 지도부 내의 개량주의자들은 모든 문제를 단기적인 항의 시위로 해결하려 했으며, 무정부주의자를 비롯한 과격분자들은 단 한 번의 반란 투쟁으로 혁명 완수를 기대했다.

이탈리아의 특수한 정세에서 전개된 노동운동은 프랑스 노동운동과 비슷한 경향을 나타냈다. 즉, 억압자에 대한 노동자계급의 숨겨진 증오가 돌발적인 힘으로 발휘되었고, '평화적인' 의회투쟁이 '실제적인 시민전쟁 계획'으로 대체되었다는 사실이 그것이다.

미국 노동운동, 혁명적 경향의 강화와 사회주의사상의 영향력 증대

20세기 들어 미국의 노동자들은 자신의 권리를 지키고 노동·생활 조건을 개선하기 위해서 자본 측과 정치권력을 상대로 힘든 투쟁을 전개하지 않으면 안 되었다. 최저임금 보장과 8시간 노동일제를 요구한 콜로라도 지역 광산노동자 투쟁은 사실상 노동조합 간부의 배신행위로 1904년 말에 끝나기는 했으나, 1903~1907년 동안 계속되었다. 자본가들은 노동조합 조직을 깨뜨리고 조직노동자의 취업을 막으려 했지만, 노동자의 단결권 확보를 위한 투쟁은 계속되었다.

1905년에는 전투적인 새로운 노동조합 조직 세계산업별노동조합이 출현하면서 투쟁은 더욱 강화되었다. 세계산업별노동조합은 새뮤얼 곰퍼스 일파를 비롯한 노조 관료들의 반동과 부패에 대한 저항으로 탄생했다(Foster 1956, 197). 자본과 권력 쪽의 탄압이 이 조직에 집중되었다. 네바다 주의 골드필드에서 광산노동자 파업이 발생했는데, 이 파업은 기업주가 세계산업별노동조합 산하 조직의 해체를 강요하고 조합원들로 하여금 미국노동총연맹에 가입하도록 독려한 행위에 대한 저항으로 일어났다. 노동자들은 서부광산노동자연맹의 지도를 받아 단결권 확보를 위한 투쟁을 벌였으며, 이 투쟁은 기업주들이 채용한 폭력단의 공격을 받았다. 파업이 일어난 지역에 연방군이 투입되었으나 파업을 깨뜨리지는 못했으며, 노동자들은 조직을 보존하면서 최저임금 보장과 8시간 노동일제를 쟁취했다. 그러나 이런 전투적 노동조합을 깨뜨리기 위한 공격은 지속되었다.

1909년을 전환점으로 미국에서도 파업이 크게 증가했다. 1910~1913년 동안 파업 참가자의 수가 연간 80만 명 또는 100만 명에 이르렀다. 이런 투쟁을 진행하는 데서 큰 장애가 존재했다. 미국에서는 실제상 집단적 작업 거부는 모름지기 기업주의 소유에 대해 손해를 끼치는 위법행위로 간주되었다. 또 '재판소 명령'⁶은 파업이나 태업을 금지했으며, 그런 행위를 행한 사람은 투쟁을 중지하거나 아니면 다른 데서 일자리를 찾도록 강제했다. 이와 같은 판결은 1908년 미국 최고재판소가 결정한 뒤로 매우 빈번하게 적용되었다. 1912년에 설립된 산업 관계위원회는 노동쟁의를 조사하고 조정안을 제시했다. 그 뒤 중재와 조정 역할은 1913년에 설치된 노동부 관할로 이관되었다.

같은 시기에 정부는 대중적 노동운동의 발전을 막으려는 의도로 사회입법에서 몇 가지 조치를 취했다. 많은 주에서 아동·여성 노동의 사용을 제한했고, 건강에 유해한 산업의 노동시간을 규제하는 법률이 제정되었으며, 국가공무원의 1일 8시간 노동제법과 임금에 관한 법률이 도입되었다.

1912년에 집권한 민주당의 우드로 윌슨 대통령의 정책, 특히 사회입법

6_1930년대 이전에는 사용자가 노조 활동을 방해하는 데서 금지명령, 즉 일정한 행위를 명하고 이행하지 않을 경우 단결을 금지하는 법원의 명령을 최대의 무기로 삼았다. 실제로 금지명령은 사용자 측의 의사를 존중하는 경우가 많았고, 노동 금지령은 사전에 은밀하게 결정되어 신속하게 명령을 내렸으며, 금지명령 위반은 모름지기 법원 모독죄에 해당되었다.

은 개량주의적 내용을 담았다. 이와 더불어 제1차 세계대전 이전 몇 년 동안, 미국에서는 기본법 질서와 법규를 위반하는 노동자들에 대해서는 엄격한 통제가 가해졌다. 한편, 자본 측도 오픈숍제 압력이나 '아메리카 계획'이라는 이름으로 노동자 조직의 권리에 대한 공격을 행사했다.

'심각한 사회적 반란'으로 부른 1909~1914년 기간의 파업운동은 노동과 자본의 첨예한 대결을 불러일으켰다. 1909년 유에스 스틸사가 노조를 공격하고 임금 인하를 기도하자, 노동자들이 이에 대항해 파업을 일으켜 14개월 동안이나 투쟁을 계속했다. 결국에는 노동 측의 패배로 끝났다. 1911년에는 시카고의 철도노동자와 일리노이 주 남부 그리고 서부의 철도노동자가 파업을 조직했다. 1912~1913년에는 웨스트버지니아의 광산노동자들이 노동조합 승인과 중부 지역의 통일광산노조가 획득한 것과 동일한 노동조건 보장을 요구해 장기 파업을 전개했다(The USSR Academy of Sciences 1983, 341).

이런 파업투쟁들은 미국노동총연맹의 지도부로 하여금 반독점 투쟁을 감행토록 촉구했다. 미국노동총연맹은 1910~1914년 당시 150만 명에서 200만 명에 가까운 조합원을 포괄했다. 그러나 미국노동총연맹은 미숙련노동자들을 노조에 가입시키지 않았으며, 이주노동자나 흑인에 대해서는 배타적 태도를 취했다. 결국 미국노동총연맹 지도부는 미국 노동운동을 분열시켰고 조직화 작업을 곤란하게 했을 뿐만 아니라 계급협조의 '현실적 정책'을 폈다.

미국노동총연맹 지도부의 기회주의적 행동에 대항해 전투적 국제주의 조직인 세계산업별노동조합의 활동이 힘 있게 전개되었다. 이 조직은 착취자와 피착취자의 비타협성을 중요시했다. 세계산업별노동조합이 지도한 파업은 목재산업과 농업, 서부 지역 광산과 동부 지역 섬유산업 저임금노동자들의 투쟁이었고, 이런 파업은 때로 매우 격렬한 양상을 보였다.

세계산업별노동조합이 지도한 투쟁이 성공한 경우도 있었지만, 패배로 끝난 경우가 더 많았다. 가장 크게 패배한 경우는 22주 동안 지속된 패터슨 파업(1913년)이었다. 이 파업에는 이 시市 전체 노동자 2만5천 명이 참가했으며, 파업이 진행되는 가운데 노동자와 진보적 지식인이 밀접하게 결합했다. 그러나 파업 지도부는 몇 가지 전술적 오류를 범하기도 했고, 게다가 대량 검거를 견디면서도 궁핍과 기아를 이기지 못해 패배를 감수해야만 했다. 노동자들의 이런 패배는 세계산업별노동조합의 권위에도 큰 손상을 입혔다.

미국 노동자투쟁 가운데 중대 사건의 하나는 1913년 9월에 시작해 1914년 4월에 절정에 이른 이른바 '러들로 학살'Ludlow Massacre로 불리는 콜로라도 광산노동자의 격렬한 파업투쟁이었다. 콜로라도 남부에는 그리스, 이탈리아, 세르비아 등 그 대부분이 외국 태생인 광산노동자 1만1천 명이 존 록펠러 일가 소유의 '콜로라도 연료·철 회사'Colorado Fuel & Iron Corporation에서 일하고 있었다. 노동조합 활동가 한 사람이 살해된 데 격분한 광산노동자들은 저임금과 유해하고 위험한 작업 조건, 비인간적 대우에 항의해 파업에 들어갔다. 이 파업에는 노동자 약 9천 명이 참가했고, 파업은 거의 15개월 동안 계속되었다. 파업이 시작되자마자 광산노동자들은 사택에서 쫓겨났다. 광산노동자들은 미국광산노동조합의 지원을 받아 근처 언덕 위에 천막을 세우고, 이 천막촌에서 파업과 파업 보호선 감시 활동을 이어갔다.

록펠러 측이 고용한 민병들이 천막촌을 습격했고, 그 과정에서 사망자들이 생겨났다. 광산노동자들은 계속 버티면서 총격전으로 열차를 저지하고 파업 파괴자들을 몰아내기 위해 계속 싸웠다. 콜로라도 주지사는 주 방위군을 소집했고, 주 방위군은 파업을 깨뜨리기 위해 광산노동자들을 구타하고 수백 명씩 체포했다. 그런데도 광산노동자들은 굴복하지 않고 추운 거울을 버텨 냈다.

1914년 4월 20일에는 주 방위군이 천막촌에 대한 기관총 공격을 시작했다. 이에 분노한 노동자들은 무장을 하고 마을을 점거했으며, 광산 설비를 불태웠고 비교적 넓은 지역을 점령했다. 여자와 어린이들은 총격을 피하기 위해 천막촌 밑에 구덩이를 팠다. 해가 질 무렵 주 방위군이 횃불을 들고 천막촌에 불을 질렀고 가족들은 언덕 위로 도망쳤다. 그러나 미처 도망가지 못하고 남아 있던 어린이 11명과 여자 2명이 총격을 받아 죽었다. 이를 두고 사람들은 '러들로 학살'이라고 표현했다.

이 소식은 나라 전역으로 빠르게 퍼졌다. 덴버에서는 전술미광산노동조합이 무장 호소문 ─ "방어를 위해 합법적인 모든 무기와 탄약을 모으자" ─ 을 발표했다. 다른 천막촌에서 무장한 광산노동자 300명이 러들로 지역으로 들어와 전화선과 전신선을 끊고 전투 준비를 했다. 트리니다드에서는 광산노동자들이 러들로에서 죽은 사람들의 장례식에 참석한 뒤 무기를 쌓아 놓은 인근 건물로 들어가 무기를 탈취해 광산을 파괴하고 광산 경비원들을 살해했으며, 갱도를 폭파했다. 광산노동자들과 방위군 사이의 충돌은 거의 열흘 동안이나 계속되었다.

콜로라도 주지사는 질서 회복을 위해 연방군의 파견을 요청했고, 윌슨 대통령은 군대를 파견하는 한편, 정부가 중재역 또는 조정역을 맡고 나섰다. 그러나 자본 측은 타협을 통해 파업을 해결하고자 하는 대통령의 제안을 거부했다. 결국 힘겨운 투쟁으로 지친 노동자 측이 패배했다. 러들로 광산노동자 투쟁에서 희생된 사람은 모두 66명에 이르렀다. 콜로라도는 잔인한 계급 갈등의 현장이 되었고, 이 사건이 불러일으킨 참담한 반향은 20세기 전체에 걸쳐 울려 퍼졌다(Zinn 2005, 354~356).

미국의 포크송 가수이자 사회운동가인 우디 거스리는 1946년에 〈러들로 학살)이라는 노래를 지어 불렀는데, 그 가사 내용은 다음과 같다(진·아노브 2011, 474~476).

파업이 시작된 건 이른 봄이었네.
그들은 우리 광부들을 문밖으로 몰아냈지
회사가 소유한 그 집에서.
우리는 오래된 러들로의 텐트로 이주했다네.

나는 내 아이들을 몹시 걱정했다네.
철도 다리를 지키고 있는 군인들,
가끔씩 총알이 날아와,
내 발밑의 자갈이 튀어 올랐네.

우리 아이들이 죽을까 봐 몹시 두려웠네.
우리는 7피트(2미터) 깊이의 동굴을 파고,
아이들과 임신한 여자들을 데려와
동굴 깊숙한 곳에서 잠들게 하네.

바로 그날 밤 당신의 병사들은 기다렸네,
우리 모든 광부들이 잠들기를.
당신들은 우리의 자그마한 텐트 주위를 배회하다가
텐트에 등유를 부었네.

성냥을 긋자 불길이 치솟기 시작했고,

개틀링 기관총을 쏘아댔네.

나는 아이들에게 달려갔지만 불기둥이 나를 멈춰 세웠네,

13명의 아이들이 당신들 총에 죽었네.

나는 담요를 철망 가장자리로 가져갔고,

불길이 사그라질 때까지 바라보았네.

나는 다른 사람들이 소지품 꺼내는 일을 도와주었고,

당신들 총알이 우리 모두를 죽였네.

나는 그 표정을 잊을 수 없네,

그 무시무시한 날, 죽은 이들의 장례식에 모여선

사람들의 표정을.

그들은 죽은 이의 시체를 안치했네.

우리는 콜로라도 주지사에게 대통령을 불러 달라 말했지,

그에게 연방 방위군을 멈추게 해달라고 말하려고.

하지만 연방 방위군은 주지사 부속이었고,

주지사는 그렇게 하지 않았네.

트리니다드에서 온 우리 여자들은 작은 바구니에

감자를 담아 왈센버거로 운반했고,

감자를 팔아 총 몇 자루를 사서 가지고 왔네,

그리고 모두의 손에 총을 쥐어 주었네.

주 방위군은 철망 끝까지 뛰어올랐고,

그들은 우리가 총을 가진 줄 몰랐네.

붉은 목의 광부들은 이 군대를 소탕했네,

그 불쌍한 소년들이 뛰는 꼴을 봤어야 했는데.

우리는 시멘트를 동굴 주변에 벽을 쌓았네,

바로 당신들이 13명의 아이들을 죽인 그 동굴에.

나는 말했네. "광산노동자연합에 신의 축복이 있기를."

그리고 나는 고개를 떨구고 울었네.

콜로라도 사건을 계기로 기업주들은 노조 가입 형태의 '오픈숍제' 도입
과 '종업원 대표제 계획'을 고안했다. 이것은 기업가의 온정주의적 정책에
바탕을 둔 '기업별 노동조합'으로 전환할 것과 경영관리에 대한 노조 참여
봉쇄를 의도한 것이었다.

오스트리아-헝가리제국에서 전개된 노동운동과 사회주의운동

1905년 봄부터 오스트리아, 헝가리, 체코, 슬로바키아, 폴란드, 우크라이나,
유고슬라비아 등 여러 나라에서 보통선거권 획득을 비롯한 기본 권리를 요
구하는 집회와 시위가 광범위하게 전개되었다. 오스트리아-헝가리제국에
서는 이 시기에 파업이 빈번하게 발생했는데, 이것은 이중 제국[7]의 모든 지

7_오스트리아-헝가리제국(1867~1918년): 프로이센-오스트리아전쟁에 패한 뒤, 오스트리아가 마자르인
에게 헝가리 왕국의 자립을 승인했다. 오스트리아 황제는 헝가리 국왕을 겸하면서 외교·군사·재무는 공

역에서 일어난 통상적인 현상으로서 민주주의 운동의 일반적 흐름과 맥락을 같이했다.

1905년 5월에는 헝가리 부다페스트에서 금속노동자 3만여 명이 참가한 가운데 전개된 파업이 6주 동안이나 계속되었다. 같은 해 9월에는 부다페스트 노동자들이 보통선거권 보장을 요구하며 대중적 정치 파업을 감행했다. 같은 해 10월에는 오스트리아 빈에서 보통·평등·직접 선거권을 요구하는 대규모 시위가 벌어졌다. 정치적 자유를 위한 투쟁은 한 달 넘게 계속되었고, 11월 2일 빈에서 벌어진 시위는 경찰과 군인의 공격을 받아 유혈 사태가 발생했다. 이 투쟁은 1905년 10~11월에 일어난 철도 파업과 합류했다. 그러나 정부의 공권력 동원과 자본가 공세, 그리고 사회민주당의 온건 노선 등이 투쟁의 예봉을 꺾었다. 이런 가운데서도 1906년 1~3월에 일어난 헝가리 노동자들의 투쟁은 1905년 같은 기간에 일어난 투쟁에 견주어 두 배로 증가했다.

1900년대 초 몇 년 동안 전개된 대중적 민주주의 운동은 지배 권력의 일정한 양보를 획득할 수 있었다. 1907년 1월 26일 황제 프란시스 요셉은 보통·평등 선거권과 비밀투표를 주요 내용으로 하는 의회 선거법에 서명했다. 그러나 군인과 여성에게는 선거권이 주어지지 않았다. 또 연령 제한과 거주 자격을 제한하는 제도, 즉 24세 미만으로서 동일 장소에서 1년 미만 거주한 남자는 선거권을 박탈당했는데, 이것은 노동자들에게 특히 불리한 제도였다.

1908~1914년에 걸친 오스트리아-헝가리제국 노동자계급의 대중투쟁은

동 관장하지만 내정은 각각의 정부와 의회가 맡는 이중 제국이 되었다.

독점자본과 군국주의, 그리고 반동 세력의 억압 행위와 세계전쟁 위협 증대 — 합스부르크가[8] 제정의 지배층은 전쟁 준비와 도발에 가장 적극적으로 참가했다 — 에 대한 항의로 점철되었다. 군국주의와 전쟁의 위험에 반대하는 투쟁이야말로 1910년대 이 나라 노동운동과 사회주의운동의 가장 중요한 과제였다(The USSR Academy of Sciences 1983, 364).

한편, 1908년 오스트리아-헝가리제국 통치자는 1878년에 점령한 보스니아와 헤르체고비나의 병합[9]을 제국의 '합법적' 구성 부분이라고 선언했는데, 이것은 유럽을 전쟁 상태로 몰아간 보스니아 위기의 발단 구실을 했다. 1911~1912년에는 제국 전역에서 반전투쟁이 광범하게 진행되었는데, 이 투쟁은 제국 내의 계급적 모순과 민족 사이의 모순이 첨예화되고 노동자계급의 투쟁이 격화되는 가운데 전개되었다.

한편, 독점체의 압박이 강화되고 물가 상승과 실업에 따른 노동자들의 생활 궁핍이 가중되면서 대중운동은 더욱 고양되었다. 1911년에는 드로고비치 노동자 파업이 일어났고 1912년에는 체코 광산노동자 파업이 발생했으며, 빈을 비롯해 프라하, 리바프, 크라쿠프 등의 산업 중심지에서 물가등귀에 반대하는 시위가 행해졌다.

8_스위스 지방 출신의 오스트리아 왕가로 1438년 이후 신성로마제국의 황제를 세습했다. 카를 5세 때는 혼인을 통해 에스파냐의 왕위를 겸해 유럽 각지와 신대륙에 광대한 영토를 영유하게 되었다. 1556년 그의 퇴위로 에스파냐계와 오스트리아계로 나뉘었다. 17세기 이후 프랑스 부르봉가(家)와 사이에 생긴 대립은 유럽의 국제 정치를 좌우하는 요인으로 작용했다.

9_1908년 오스트리아-헝가리제국이 보스니아와 헤르체고비나 두 주(州)를 병합하면서 생긴 문제다. 독일은 오스트리아를 지지했으나, 세르비아와 러시아는 이에 반대했으며 특히 반(反)오스트리아 감정이 격화되어 사라예보사건을 일으켰다. 사라예보사건은 1914년 6월 28일 오스트리아 황태자 부부가 보스니아에서 시행한 오스트리아 군대 훈련을 시찰하기 위해 사라예보를 방문했다가 세르비아의 민족주의 비밀결사 단원에게 암살당하는 사건을 말하는데, 이 사건은 제1차 세계대전의 도화선이 되었다.

또 1911~1912년에 오스트리아-헝가리제국 내에서 일어난 대중적 반군국주의 운동은 국제 프롤레타리아트 운동과 사회주의운동의 한 갈래를 이루었다. 오스트리아-헝가리제국에서는 새로운 군비경쟁과 발칸반도에 대한 제국주의적 침략 태세가 강화되면서 정세는 점점 악화되었다. 제2인터내셔널 바젤 대회(1912년 11월)는 오스트리아, 헝가리, 크로아티아, 슬라보니아, 보스니아, 헤르체고비나의 사회주의정당들에 대해 전력을 기울여 세르비아 침략에 반대하는 효과적인 행동을 취할 의무를 지웠다. 대회 선언은 또 오스트리아-헝가리제국의 사회민주당이 유고슬라비아 인민의 '민주적 자치권' 획득을 위한 투쟁을 계속 지원할 것을 확신한다고 표명했다. 그러나 오스트리아사회민주당이 일관되게 반전 방침을 실행하지는 않았다.

그 뒤, 1912년 초에는 사회민주당이 조직한 대규모 반전 행동의 파고가 전국으로 확산되었다. 사회민주당은 10월 30일 제2인터내셔널의 방침에 따라 발칸반도 여러 나라 인민과 연대를 표방하면서 반전 집회를 열었다. 전쟁의 위협과 군국주의에 반대하는 투쟁이 11월 들어 중대한 고비를 맞았다. 1912년 11월 17일 부다페스트를 비롯한 주요 도시들에서 감행된 시위는 대중적인 성격을 띠었다. 이날 수도에서 열린 노동자 집회에는 제2인터내셔널을 대표해 칼 리프크네히트가 참석했다. 집회와 시위에 참가한 사람들은 '전쟁에 반대하는 투쟁에 전력을 동원하자'는 결의를 채택했고, '군주제 반대'와 '공화제 실현'이 슬로건으로 제시되었다.

1913년 1월에는 헝가리사회민주당 대회가 열렸다. 당 지도부의 방침이 대회에서 호된 비판을 받게 되었고, 반동적 공세에 대한 노동자계급의 정치적 총파업 제안이 강력하게 제안되었다. 새로운 투쟁이 폭넓게 준비되는 가운데, 수도의 경찰 당국은 가두집회와 시위를 금지하는 조치를 취했다. 사회민주당과 노동조합의 개량주의적 지도부는 총파업 포기와 투쟁 없는 퇴각을 결정했다. 이런 결정은 대중들에게 깊은 실망을 안겨 주었으며, 이것은 전쟁 반대 투쟁의 후퇴로 이어졌다. 그리하여 대중운동은 급속히 침체했고, 헝가리의 노동자계급은 세계전쟁으로 내몰리게 되었다(The USSR Academy of Sciences 1983, 369~370).

민주주의 · 평화 · 민족해방투쟁과 발칸반도 국가의 노동자투쟁

발칸반도에 위치한 국가들의 노동운동은 개별 국가의 정세에 따라 다양한 특징을 보였으나 그런데도 일정한 공통점을 갖고 있었다. 발칸반도 국가들이 당면한 과제는 민주주의 실현, 오스만제국과 오스트리아-헝가리제국 지배 상태에서 해방, 그리고 봉건적 억압으로부터 해방을 이룩하는 일이었다.

이런 국가적 과제의 해결 임무를 지닌 발칸반도 국가들의 노동자계급은 경제투쟁과 정치투쟁을 적극적으로 추진했다. 이런 투쟁에서 주도적 역할을 수행한 것은 불가리아사회민주노동당과 세르비아사회민주당이었다. 불가리아에서는 사회민주노동당과 밀접한 관계를 유지했던 불가리아노동조합총연맹이 전국 중앙 조직으로서 역할을 하고 있었는데, 이 조직은 1912년 당시 8,500명의 조합원을 포괄하고 있었으며, 상호부조 활동과 계몽운동을 벌이면서 파업투쟁의 조직자 역할을 수행했다.

세르비아에서도 세르비아전국노동조합연맹이 사회민주당과 협력 관계를 유지하면서 활동하고 있었는데, 1911~1912년 당시 약 8천 명의 조합원을 포괄했다. 1909~1911년에 불가리아와 세르비아 노동조합운동 사이에 특별한 협력 관계가 이루어졌는데, 불가리아노동조합총연맹과 세르비아전국노동조합연맹은 파업투쟁에서 상호 원조와 상호 협력을 실천하면서 파업 파괴에 대해 공동 대응한다는 협정을 체결했다.

불가리아에서는 1908년부터 파업투쟁이 고양되었다. 2월에는 페르니크 광산노동자 3,600명이 8시간 노동일제와 단결권을 요구해 파업을 벌였다. 슬리벤의 노동자들은 방적 카르텔이 선언한 직장폐쇄에 대항해 2개월 이상 싸웠다. 1909년과 1910년에는 불가리아 대부분의 산업 중심지에서 파업이 발생했다. 이 가운데 주요한 파업은 1909년 7~12월까지 133일 동안 계속된 벨기에인 소유의 성냥 공장 파업이었다. 파업 기간에 사회민주노동당과 불가리아노동조합총연맹은 145회에 걸쳐 집회를 열었고, 동시에 노동법규의 민주화를 요구하며 대중적 정치 캠페인과 시위를 조직했다.

세르비아에서는 자본 측 카르텔의 반대로 광산업에서는 노동자 조직과 파업이 금지된 상태에 있었다. 1908년 이후 파업은 증가했는데, 그 가운데 베오그라드 금속노동자의 파업처럼 대규모 파업은 드물었고, 주로 수공업형의 기업에서 발생한 소규모 파업이 많았다. 파업이 진행되는 가운데 노동자 조직과 파업권을 요구하는 투쟁과 새로운 노동법령을 요구하는 투쟁은 정치적 성격을 띤 것이었고, 그런 요구들 가운데 중요한 몇 가지는 실현이 되었다. 1910~1912년에는 1일 10시간 노동법, 아동·여성 노동 제한 관련 법률, 노동자의 경제적 이익 옹호를 위한 단결과 파업 권리에 관한 법률이 채택, 시행되었다. 노동자계급이 벌인 이런 투쟁은 사회민주당의 보통선거권 쟁취 운동과 결합되었다.

루마니아에서는 1907년 농민 봉기가 강제 진압당한 뒤, 더욱 강화된 지배 세력의 반동적 정책 때문에 노동자계급의 대중투쟁은 매우 제한될 수밖에 없었다. 1909년 말에는 정부가 국유기업에 종사하는 노동자 6만 명 — 전투적 부대였던 철도노동자를 포함해 — 의 단결권과 파업권을 몰수하는 법령을 시행했다. 이런 강압 조치에도 불구하고 1909년에 발생한 루마니아 노동자 파업은 때로 공격적인 성격을 띠게 되었고, 파업 요구 가운데는 경제적 요구와 함께 기업주의 불법과 전횡 개선 요구도 함께 제기되었다. 1909년 가을에는 정부 당국의 탄압으로부터 노동운동 활동가를 옹호하기 위한 대규모적인 대중적 정치투쟁이 조직되기도 했다.

1910~1912년에는 파업투쟁이 고양되었는데, 이 기간에 168건의 파업이 일어났고 3만5천 명이 파업에 참가했다. 투쟁의 규모도 점점 커졌으며, 곳에 따라 총파업이 발생하기도 했다. 노동자 파업은 농민투쟁과 결합되었으며, 사회보험과 노동법령의 민주화를 요구하는 정치적 성격을 띤 투쟁으로 진전되기도 했다(The USSR Academy of Sciences 1983, 373).

한편, 발칸반도 국가들의 노동운동 발전에서 특기할 만한 일은 민족해방을 위한 투쟁이 큰 결실을 이루어 내지 못했다는 사실이다. 제국주의 열강이 편 정책은 발칸 민족들에게 예속화의 새로운 형태를 부여했고, 배타적 애국주의와 민족적 적대를 조장했을 뿐만 아니라 전쟁의 위험에 대한 선전을 강화했다.

1908년 오스트리아-헝가리제국이 보스니아와 헤르체고비나를 병합한 것은 이런 내막을 적나라하게 보여 주었다. 여기에 대응해 세르비아사회민주당과 불가리아사회민주노동당은 발칸반도 연방공화국 창설을 통한 발칸반도 민족문제의 민주적 해결을 주장했다. 1909년 12월(1910년 1월)에서 세르비아사회민주당과 불가리아사회민주노동당의 제창으로 제1회 발칸 사회민주주의 회의가 열렸다. 여기에는 주최 조직 대표 외에 크로아티아, 슬라보니아, 슬로베니아, 보스니아, 헤르체고비나, 남슬라브의 사회민주당과 몬테네그로, 그리스, 마케도니아, 오스만제국의 사회민주주의 조직 대표들이 참가했다. 회의에 참가하지 않았던 루마니아사회민주당은 세르비아사회민주당이 대표했다.

전체 10개국 대표 32명이 참가한 이 회의는 제국주의 열강의 책략과 발칸 왕조들의 반동적 정책을 비난하는 동시에 발칸 민족들의 억압과 민족적 분단, 그리고 외국의 질곡에 대한 투쟁의 정당성을 강조했다. 또 회의는 각국의 자치에 기초해 동등한 권리 보장을 전제로 한 발칸 민족 단일 동맹, 즉 발칸 연방공화국 창설의 역사적 필연성을 지적했다. 회의가 특히 강조한 점은 평화와 발칸 민족들의 통일, 민족·사회적 해방을 위한 투쟁을 전개하는 데서 제기되는 노동자계급과 사회민주당의 당면 임무였다. 한 걸음 더 나아가 발칸반도 국가들에서 활동하고 있는 사회주의자들의 결합을 강화할 것과 공통의 행동 강령을 채택하는 것과 아울러 '발칸사회민주연맹'의 결성을 결의했다.

그러나 발칸 연방공화국 창설에 대해서는 세르비아사회민주당과 불가리아사회민주노동당, 그리고 루마니아사회민주당 내의 혁명 세력이 보인 태도는 명확하지 않았으며 그리고 일관되지도 않았다.

그런데 발칸 민족들의 해방이 민주주의 방법에 따라 이루어진 것이 아니라 오스만제국에 대한 제1차 발칸전쟁(1912년 10월~1913년 5월)[10]의 과정에서 시작되었다는 사실, 즉 왕조나 부르주아지, 그리고 지주층이 주도한 전쟁으로 실현되기 시작했다는 점에서 발칸반도 국가들의 노동운동은 매우 불리한 처지에 놓이게 되었다. 이런 곤란은 발칸반도 국가들 사이에서 발발한 제2차 발칸전쟁(1913년 여름)[11] 기간에 더욱 심화되었다.

10_1908년에 보스니아·헤르체고비나를 병합해 강대해진 오스트리아가 발칸반도로 진출하는 것을 막기 위해 러시아는 발칸반도 국가들의 상호 유대와 결속을 꾀하고자 했다. 그 결과, 1912년 불가리아, 세르비아, 그리스, 몬테네그로가 발칸동맹을 창설했다. 1912년 10월에 발칸동맹은 오스만제국 영내의 마케도니아와 알바니아의 독립운동을 지원한다는 명목으로 오스만제국에 대해 선전포고를 했고, 같은 해 12월에 휴전이 성립되었다. 1913년 1월에 오스만제국 내에서 정변이 일어나 전투가 재개되었으나 5월 30일 평화조약이 성립되었다. 오스만제국은 콘스탄티노플 주변 지역을 제외하고 유럽 대륙에 있는 영토 전부와 크레타 섬을 발칸동맹 국가들에 할양했다.

그러나 발칸반도 국가들의 혁명적 사회민주주의파는 매우 불리한 처지에서도 전쟁에 반대하는 국제주의 방침을 강조했으며, 발칸 연방공화국 창설의 필요성을 호소했다. 이런 노력의 결과로서 1912년 8월에는 불가리아에서 대중적 반전 행동이 조직되었고, 또 세르비아사회민주당 지도부는 세르비아 참전을 비판했으며 국회에서 사회민주당 의원이 민주주의혁명과 발칸 연방공화국 창설을 호소하기도 했다.

1913년 봄 발칸반도에서 새로운 전쟁 위협이 생겼을 때, 불가리아사회민주노동당 중앙위원회는 "불가리아 노동자계급에게 보내는 선언"을 발표했으며, 이를 통해 동포들에 대한 살육 전쟁 준비를 비난했다. 같은 해 메이데이에서 노동자들은 집회를 열어 반전을 외쳤다. 그리고 군인과 군무원 수천 명이 반전운동의 전개 혐의와 군대 규율 위반 혐의로 군사재판을 받았다.

세르비아에서도 메이데이를 맞아 노동자들이 반전 슬로건을 내걸었으며, 제2차 발칸전쟁을 앞두고 사회민주당은 민족주의적 열광에 반대했으며, 군대의 동원 해제를 요구했다. 루마니아 사회주의자들은 전쟁에서 얻게 된 '획득물'을 비난했다. 사회민주주의자들의 이런 반전투쟁은 발칸전쟁 이후 대중적 노동운동 강화를 위한 밑거름이 되었다(The USSR Academy of Sciences 1983, 370~376).

11_제1차 발칸전쟁 종료에 따라 체결된 평화조약의 시행을 둘러싸고 발칸동맹 내부에서 대립이 일어났다. 1913년 6월 29일, 불가리아가 돌연 세르비아와 그리스를 공격함으로써 제2차 발칸전쟁이 발발했다. 몬테네그로, 세르비아, 그리스, 루마니아, 오스만제국이 불가리아에 대해 선전포고를 했다. 전쟁에서 불가리아가 패배했고, 8월 10일 조약이 체결되었다. 조약에 따라 불가리아는 도브루자를 루마니아에 할양하고, 마케도니아를 그리스와 세르비아에 할양했으며 카바라 일대를 그리스에 넘겨주게 되었다.

일본 산업자본주의 확립과 노동운동 출발

일본 노동운동은 청일전쟁(1894~1895년) 이후에야 본격적으로 전개되었다. 일본에는 1800년대 말에서 1900년대 초두에 이르는 시기에 산업자본주의가 확립되었고, 이 과정에서 근대적 노동운동이 대두했다. 청일전쟁에서 얻은 승리, 즉 조선이라는 시장을 놓고 중국과 벌인 전쟁에서 승리했고, 이것은 일본 자본주의 발전을 위한 중요한 계기가 되었다. 청일전쟁이 끝난 뒤, 물가앙등과 경기변동에 따른 노동자들의 생활 불안으로 파업이 빈번하게 발생했다. 1897년에는 요코하마 항, 산요전기철도 등에서 파업이 일어났으며, 같은 해 하반기에만 32건에 이르는 파업이 발생했다. 이런 투쟁이 진행되는 과정에서 전국 노동자 조직들이 생겨났다. 1897년 여름에는 '노동조합기성회'가 결성되었다. 이 조직은 체계를 갖춘 명실상부한 노동조합은 아니었고, 노동조합 준비 조직에 가까웠다. 이 조직을 만든 중심인물은 미국에서 돌아온 신문기자 다카노 후사타로와 미국에서 아르바이트 학생 생활을 경험하면서 노동조합운동에 대해 관심을 갖고 연구해 온 가타야마 센 등이었다(시오다 1985, 31).

노동조합기성회 결성을 계기로 노동조합이 잇따라 조직되었다. 1897년의 철공조합, 1898년의 일본철도교정회, 1899년 활판공조합 등이 결성되었다. 이 무렵 일본 철도에서 파업이 일어났는데, 이 파업은 기관사들이 처우개선을 요구한 것에 대한 보복 조치로서 회사가 주동자를 해고한 데서 발단되었다. 이 파업은 일본 노동운동 사상 처음 발생한 것은 아니었지만, 노동자들이 기차 운행을 멈추게 한 사실은 당시로서는 충격적인 일이 아닐 수 없었다.

1800년대 말에 노동조직이 결성되고 파업이 발생하자, 정부는 이를 억제하기 위해 1900년에 '치안경찰법'을 제정했다. 이 치안경찰법은 자주적인 사회운동을 억누르기 위한 규정들을 설치했는데, 이를테면 충군애국주의 교육이 교사의 의무로 설정되었고, 여성의 정치 활동 참여를 금지했으며 집회 개최는 경찰의 허가를 받아야만 했다. 특히 이 법 제17조는 노동조합 결성을 위한 운동과 파업의 '선동'을 범죄행위로 규정해 이를 금지했다. 이 법률을 두고 '노동조합사형법'이라고도 불렀다. 법 제17조는 1926년에 삭제되었으나 치안경찰법 자체는 1945년 10월까지 존속했다.

한편, 노동조합기성회가 결성된 다음 해인 1898년 '사회주의연구회'라는 조직이 생겨났고, 1901년에는 '사회민주당'이라는 최초의 사회주의정당이 출범했다. 사회민주당은 가타야마 센, 고도쿠 슈스이, 아베 이소오 등의 지식인이 중심이 되어 결성한 정당 조직이었는데, 사회민주당에 대해 철공조합이나 일본철도교정회 등의 노동조직의 지지·협력이 있었다. 이런 노동운동과 사회주의운동의 결합은 치안경찰법에 따라 결성과 거의 동시에 해산당했고, 실제로는 본격적인 활동을 전개할 수 없었다. 이런 상황에서도 사회주의운동은 지속되어 1904~1905년에는 러일전쟁 반대 운동이 전개되기도 했다.

1900년대 들어 노동자투쟁도 점점 고양되는 형세를 보였다. 노동쟁의 건수가 증가했고 규모도 커졌을 뿐만 아니라 투쟁 양상도 격렬해졌다. 1906년의 구레吳 해군공창과 도쿄 고이시가와 포병공창 파업, 1907년의 나가사키의 미쓰비시 조선소 파업이 중요한 사례였다.

1907년의 '아시오 폭동'은 큰 충격을 준 사건으로서, 당시의 노동자투쟁 가운데 대표적인 것으로 꼽을 수 있다. 이 노동자투쟁은 아시오 구리 광산 광부 3,600명이 임금 인상과 노동조건 개선을 위한 24개 요구 사항을 내걸고 시작되었다. 이 파업투쟁에서 노동자들은 광산 시설을 불태우고 관리자에게 폭력을 행사했는데, 정부 당국은 군대를 동원해 파업을 깨뜨렸다. 이 투쟁은 노동자 조직이 주도했으나, 투쟁이 끝난 뒤 조직은 와해되었으며 지도자는 광산에서 추방되었다. 아시오 폭동을 계기로 미구노, 미이케, 홋카이도의 유바리 탄광, 호로나이 탄광, 베쓰코 구리 광산 등에서 파업이 일어나 많은 경우 폭동으로 번졌다(시오다 1985, 46).

노동자투쟁이 고양되는 가운데 사회주의운동 내부에서는 노선 투쟁이 격렬하게 벌어졌다. 총파업을 중심으로 하는 노동자계급의 '직접행동' 노선, 즉 아나르코생디칼리즘과 정치·경제 투쟁의 결합에 대한 노선 대립, 대중투쟁과 의회투쟁의 결합과 마르크스주의 노선 사이의 첨예한 논쟁 등이 그 것이었다.

이와 같은 상황에서 '대역사건'大逆事件이 벌어졌다. 정부는 1910년 고도쿠 슈스이를 지도자로 하는 무정부주의자와 그 동조자들이 폭탄을 제조해 메이지 천황을 암살하고 폭력혁명을 일으키기로 계획했다는 이유로 전국의 사회주의자 수백 명을 검거했다. 그 가운데 26명이 기소되어 한 번뿐인 비공개 비밀재판을 통해 대역죄 명목으로 24명에게 사형이 선고되었다. 그 가운데 12명은 무기징역으로 감형되었으나 나머지 12명에 대해서는 판결이 내려진 뒤 1주일도 지나지 않아 사형이 집행되었다.

이 대역사건은 노동운동과 사회주의운동에 대해서는 '겨울의 시대'를 알리는 신호와도 같은 것이었다. 이와 같은 무서운 탄압이 이뤄지는데도 1911년에는 도쿄 시전市電의 노동자 6천 명이 파업을 벌였는데, 그 발단은 시내 전차 운영이 민간 경영에서 도쿄 시영으로 이양되면서 해산 위로금을 불공평하게 지급한 데 따른 불만에서 비롯되었다. 이 파업은 사회주의자들의 지도와 원조로 승리를 거두었다.

국제노동운동의 기본 경향

앞에서 본 바와 같이 제1차 세계대전 이전에 전개된 노동운동 고양은 거의 대부분의 국가들에서 나타난 공통적인 양상이었고, 그것은 파업운동의 전반적인 발전과 대중투쟁 강화 그리고 국제적 반군국주의운동 등으로 발현되었다.

이 시기 노동운동은 일국 차원에서든, 국제적 차원에서든 균등하거나 동일한 양상으로 전개되지는 않았으며 또 그렇게 될 수도 없었다. 노동운동의 쟁점은 나라마다 달랐고 시기로도 일치하지 않았다. 한 국가 내에서도 고양과 후퇴가 엇갈렸고, 개별 투쟁의 방향과 슬로건이 서로 달랐다. 노동운동 조류의 이런 불균등성과 비동질성에도 불구하고 여기에는 일반적 특징과 공통 경향을 발견할 수 있다. 노동자계급과 그 밖의 인민대중 세력을 한 축으로 하고 독점 부르주아지와 그 밖의 지배 세력을 다른 한 축으로 해 그 사이의 대립이 첨예화했다는 점, 노동자계급과 인민들 사이에 사회주의 사상의 영향력이 커졌다는 점, 노동자계급이 자본 지배 체제를 변혁하기 위해 모든 피착취 근로인민의 선두에 서게 되었다는 점 등이 그것이었다(The USSR Academy of Sciences 1983, 378~379).

노동운동의 규모는 한 나라 차원에서나 국제적 차원에서 다 같이 확대되었고, 노동자 사이의 유대도 점점 더 강화되었다. 노동자계급의 요구는 경제적인 영역과 더불어 제도개혁을 비롯한 정치적 영역으로 확대되었으며, 이런 요구의 실현을 위한 노동자 계층 사이의 결합과 공동 행동의 중요성이 강조되었다.

제1차 세계대전 이전 시기 노동운동 고양이 나타낸 특징의 하나는 역사상 처음으로 같은 직종 또는 같은 산업의 노동자 사이에 국제적 파업이 시도되었다는 사실이다. 예컨대 1911년 6월 상선商船 부문의 국제적 차원의 선원 파업이 발생했는데, 여기에는 영국, 벨기에, 네덜란드 선원들이 참가했다. 독일, 덴마크, 노르웨이 선원의 참가도 예정되어 있었으나 결행되지는 못했다.

이런 투쟁 과정에서 노동자계급의 조직성도 높아졌다. 1914년 당시 노동자 정당은 이미 420만 명 이상의 당원을 확보하고 있었고, 14개국에 걸친 국회의원 선거에서 사회민주당은 1,050만 표를 획득해 646석의 의회 의석을 확보했다. 또 12개국의 지방 대의기관에서 2만2천 석 이상의 의석을 차지했다. 그리고 여성 20만 명 이상이 사회민주주의 운동에 참가했고, 사회주의 청년 조직에는 18만 명 이상이 결합했다. 1914년 당시의 노동조합원 수는 대략 1,400만~1,600만 명이었다(The USSR Academy of Sciences 1983, 382).

그리고 제1차 세계대전 전야의 국제노동운동은 노동자계급의 혁명적 지향이 강화되는 조건에서, 반제국주의와 민주주의적 요구의 적극적 실현을 위한 사회주의 지향의 투쟁이 더욱 강력해지는 경향을 나타냈다.

3장

식민지·종속 국가 노동운동의 전개

불쌍한 조선은 일본 제국주의자들의 손아귀에 놓여 있다.
인구가 굉장히 많고 매우 풍요로운 나라인 인도는
영국 착취자들의 노예가 되어 있다.
다행히도 해방을 위한 의지가 억압받는 인민을 일깨워서,
혁명운동이 강력한 힌두교도와 조선의 모든 영혼을 격려하고 있다.
…… 박해받고 억압당하는 수억의 아시아인들이 깨어나
탐욕스러운 식민주의자들의 야비한 착취에서 벗어나게 되는 날,
우리 아시아인들은 엄청난 힘을 가지고
자본주의의 존재조건인 제국주의를 소멸시킴으로써
서양의 형제들을 도와 총체적인 해방을 이룰 것이다.

_호치민(다니엘 1998, 155~156에서 재인용)

선진 자본주의국가들에서 대중적 노동운동이 활발하게 전개된 20세기 초기에 식민지·종속 국가들에서는 노동자계급의 형성 과정이 진전되었고, 그들의 단결과 조직이 큰 폭의 발전을 이룩했다. 아시아, 라틴아메리카, 아프리카의 프롤레타리아트 형성과 투쟁은 토착 반동과 봉건제(군주제)의 지원을 받은 제국주의 지배가 강화되는 가운데, 1905~1907년 러시아혁명의 강한 영향을 받아 민족해방운동이 고양되는 매우 복잡한 상황에서 진행되었다.

식민지·종속 국가들에서는 민족해방을 위한 인민대중의 투쟁과 결합해 노동자계급 운동도 함께 발전했다. 노동운동의 발생과 성장은 세계 여러 지역과 그 지역 내부 — 개별 국가와 개별 지방 — 에 따라 발전 단계를 달리했다(The USSR Academy of Sciences 1983, 414).

아시아, 라틴아메리카, 아프리카 노동운동의 전개 과정을 살펴본다.

1. 아시아

20세기 들어 제국주의 열강은 아시아 지역 국가들을 완전한 형태의 식민지·종속 국가로 전락시켜 국제 자본주의경제 궤도 안으로 편입시켰다. 이런 상황에서 아시아 지역 여러 나라에서는 제국주의에 반대하는 인민대중의 저항운동이 일어나 시간이 지남에 따라 점점 성장했다. 새로운 사회 계급과 사회계층 즉 민족부르주아지와 노동자계급, 도시 프티부르주아지와 지식인층이 제국주의와 그 지주였던 봉건적 군주제에 대항하는 투쟁에서 주축 역할을 수행했다. 반제국주의와 반군국주의 투쟁의 초기 단계에서는 어느 나라에서나 민족부르주아지가 지도적 역할을 담당했다.

1900년대 초기 20년 동안 아시아 식민지·종속 국가의 노동자계급은 제국주의 종주국 자본의 투자 대상, 원료 자원의 공급지, 그리고 본국 상품의 판매 시장이라는 조건에서 본격적으로 형성되었다(The USSR Academy of Sciences 1983, 414).

아시아 지역에서는 공업 발전이 완만하게 진행되면서 노동자들이 증가하기 시작했다. 1800년대 후반에 시작된 아시아 국가들의 노동자계급 형성 과정은 1910년 말에 이르러서도 완료되지 않았다. 제1차 세계대전이 발발했을 때 아시아에서 비교적 발달한 나라들의 민족부르주아지는 이미 계급으로서 형성되었다. 이에 견주어 노동자계급의 형성 과정은 상당한 기간에 걸쳐 복잡하게 진행되었는데, 이것은 식민지 제도와 봉건 관계의 지배, 아시아 사회의 여러 가지 구시대적 전통 때문이었다.

이 시기에 인도, 중국, 인도네시아, 필리핀, 인도차이나의 대도시에는 상시적인 노동자층이 형성되기 시작했다. 노동자들은 여전히 농촌과 연관 관계를 유지하고 있었다. 그러나 이것은 노동자의 속성에서 중요한 요소가 되지는 않았다. 아시아 국가들의 노동자들은 민족해방투쟁에 참가했으며 독자적 계급 운동을 전개했다. 이런 양상은 매우 열악한 노동·생활 조건의 개선을 위한 투쟁 전개에서 뚜렷이 나타났다.

아시아 지역 식민지·종속 국가들에서는 혹독한 자본주의 방식의 착취가 행해졌고, 방대한 노동 예비군의 존재가 그런 억압과 수탈을 더한층 용이하게 했다.

이런 상태를 그대로 반영해 이 시기 아시아에서는 부르주아혁명운동과 민족해방투쟁이 고양되었으며, 노동자의 파업운동이 활발하게 진행되었다. 파업은 주로 외형상 경제적 요구에 집중되었으나, 실제로는 반봉건·반군주제와 반제국주의 투쟁 성격을 내포하고 있었다. 부르주아 민주주의 조직이 주도한 반제국주의·반군주제 정치 행동에 노동자들이 직접 참가하기 시작한 것은 노동운동의 전개에서 나타난 새로운 특징이었다.

이 시기 아시아 지역 주요 각국 노동운동의 전개 과정을 살펴본다.

중국

20세기 들어 중국에서 조성된 정세는 매우 긴박했다. 제국주의 열강은 중국의 반半식민지화를 거의 완료했고, 이것을 뒷받침한 세력은 당시 중국을 지배하고 있던 청淸 왕조였다. 같은 시기에 토착(민족) 자본주의도 발전했다. 중국의 부르주아 집단에는 두 가지 조류 — 자유주의와 혁명적 조류 — 가 형성되었다. 자유주의 부르주아지는 개량의 실시와 입헌군주제의 수립 필요를 청 왕조에게 납득시키고자 정성을 다하고 있었다. 쑨원과 중국혁명동맹회가 지도하는 민족부르주아 운동의 혁명파는 급진적인 민족·사회적 강령을 제기하고, 그 속에서 민족 독립의 실현과 공화제의 수립, 토지의 유상 매수와 국가에 이관하는 방식의 토지문제 해결 등을 규정했다(The USSR Academy of Sciences 1983, 421).

1900년대 초기에 자본가계급은 노동자와 농민의 힘을 얻어 정권을 탈취하기 위해 노동자 대중에게 자신들을 지지하고 지원해 줄 것을 호소했다. 쑨원을 지도자로 하는 자산계급 혁명파는 홍콩과 광저우 등지의 기계노동자와 선원노동자들의 조직 활동을 지원했다(중화전국총공회 1999, 47~48). 노동자들은 동맹회 산하 여러 조직이 주도한 민족적 반제투쟁에 적극 참가했다. 노동자계급의 각종 조직과 계층은 만주 왕조와 제국주의에 반대했으며, 공화국·자유·평등이라는 슬로건을 내세웠다.

이 무렵, 전국 각지에서 인민대중의 반정부·반제국주의 운동이 일어났다. 1905년에는 외국 상품 불매운동이 일어났고 1905~1908년에는 반反세금 봉기와 기아 소동이 발생했으며, 농민·병사·노동자·도시빈민이 만주 왕조에 대항해 봉기를 일으켰다.

1905년 4월에는 상하이에 위치한 외국자본계의 방적공장 두 군데에서 노동자투쟁이 일어났다. 얼마 지나지 않아 상하이와 광저우에서 미국 제품 불매운동이 벌어졌는데, 이것은 미국 본토에서 중국인 노동자가 받은 박해와 모욕에 대한 항의 표시였다. 1906년에는 여러 지방에서 광산노동자들이 농민, 수공업자, 병사들과 더불어 반反왕조 투쟁을 일으켰고, 1911년 혁명 운동에도 노동자들이 참가했다.

중국의 노동자계급은 반봉건·반식민지 사회 상황에서 형성되고 성장했는데, 이들은 처음부터 제국주의와 외국자본, 국내 봉건 세력, 그리고 자본가계급의 억압과 착취를 당했다.

이 시기 중국의 노동자들은 매우 낮은 임금과 극히 열악한 노동조건, 봉건제 잔재 성격의 야만적인 관리제도 도입 등으로 비참한 노동·생활 상태에서 고통당하고 있었다. 노동자들은 기본 권리는 물론이고 민주주의적인 자유와 권리마저 보장받지 못했다. 심지어는 당시의 법률과 제도가 부당한 처우에 대한 저항권마저 봉쇄했다. 1907년과 1908년 청 왕조 통치자가 제정한 '형법'과 '결사 집회법', 그리고 베이양 군벌이 1912년과 1914년에 제정한 '임시 신형법'과 '치안경찰 조례'는 모두 노동자들의 집회·결사·파업을 금지하고 법률 위반에 따른 무거운 벌칙을 규정했다. 이와 같은 착취와 억압, 지극히 열악한 노동·생활 조건에서 노동자들의 조직과 투쟁은 점점 발전하고 강화되었다.

개괄적으로 본다면, 1900년대 초기 중국 노동자계급은 그 형성·발전의 첫 번째 단계에 있었고, 기본적으로 즉자적 단계에 머물러 있었다. 노동자의 계급의식도 취약했을 뿐만 아니라 아직 통일된 계급 집단을 형성하지도 못했다. 노동자계급이 전개한 경제투쟁은 주로 개별 공장의 자연발생적 행동에 국한되었다. 그들은 부분적으로는 반제·반봉건 투쟁에 참가했으나 정치적으로는 주로 자산계급을 추종했고, 노동자계급 독자의 요구나 강령을 내세우지 못했다. 조직에서도 체계적인 형태의 노동조합을 결성하지 못했다. 그러나 중국 노동자계급의 초기 투쟁과 조직 구축은 노동운동 발전의 토대를 마련했다는 점에서 그 의의를 찾을 수 있다(중화전국총공회 1999, 51).

이 시기 중국 노동운동의 발전에 관한 개괄적인 특징을 님 웨일스의 견해를 통해 살펴본다. 웨일스는 중국 노동운동은 산업의 반半식민지성, 경공업 중심의 구조적 취약성, 여성·아동 노동자의 큰 비중, 격심한 저임금, 다수의 수공업자 존재 등의 특수성을 바탕으로 전개되었다고 설명했다. 웨일스는 이런 특성이 존재하는데도 중국 노동운동은 급속한 성장세를 보였다면서 그 배경을 다음과 같이 지적했다. 첫째, 중국의 근대 공업은 자본주의 국가의 산업혁명과 같은 점진적인 발전 과정을 거치지 않고, 제1차 세계대전 기간과 그 이후 급속한 성장을 이루었다. 둘째, 대부분의 노동자들이 농촌에서 떠나온 지 오래되지 않아서 더 나은 생활에 대한 희망을 상실한 상태는 아니었다. 셋째, 공업노동자들은 장쑤 성, 랴오닝 성, 허베이 성, 광둥 성, 산둥 성 등 다섯 개 해안 지방과 내륙 지방인 후베이 성에 집중되어 있었다. 이에 따라 중국 노동자들은 지역노동조합과 전국노동조합 조직이 비교적 용이했다. 넷째, 철도와 기간산업이 국가 소유로 되어 있었고, 권력을 장악한 군벌이 이런 산업을 통제하고 있었기 때문에 노동자들은 군벌 타파와 반봉건 투쟁을 주요 목표로 내세웠다. 다섯째, 노동운동의 토대가 마련된 상황에서 지식인과 해외에서 노동자 조직과 파업투쟁의 전술을 배워 귀국한 사람들의 지원이 노동운동 발전을 위한 지도 역량을 형성하는 데 이바지했다. 여섯째, 노동조건이 매우 열악해 노동자들의 투쟁은 자연발생적으로 일어날 수 있었다. 일곱째, 견습공 제도와 '노동자 모집 청부 제도包工制'가 노동자 저항의 요인으로 작용했다(웨일스 1981, 20~34).

인도

20세기 들어 인도에 대한 영국 제국주의의 식민지정책은 이전에 비해 훨씬 강화되었다. 영국 식민주의자들은 이 거대한 국가의 인민들을 잔혹하게 착취하고 자원을 무자비하게 수탈해 갔으며 막대한 자본[1]을 인도에 투자해 엄청난 이익을 획득했다. 영국은 인도의 천연자원을 수탈해 가는 한편, 인도 내에 황마, 차, 커피, 고무, 석탄 등의 식품업과 광업을 개발했다. 영국은 철도 수송과 관개시설의 일부, 그리고 많은 은행을 소유했다. 영국은 경영국management agency을 창설해 모든 회사의 경영을 통제했다. 인도 인민들에 대한 수탈은 영국 국고에 막대한 이익을 가져다주었다. 그리고 인도 내에서 이루어지는 모든 정치 활동은 총독부의 통제를 받아야만 했다(Alexandrov 1986, 364).

이와 같이 영국의 식민지 지배 체제가 강화되는 가운데, 민족 공업 기업 활동도 일정 정도 발달했다. 인도에서 민족자본은 주로 면공업에 집중 투하되었는데, 이 부문의 기업 수는 1905~1913년 사이에 1.5배 증가했다. 그 밖에 인도의 민족자본은 몇몇 전통적 성격이 강한 부문, 주로 식품을 비롯한 주민의 일상생활 관련 부문에서 발전했다.

1_1914년 한 해 동안 5억 파운드를 투자했다.

이런 경제개발 과정에서 노동자 수도 크게 증가했으며, 특히 산업노동자층의 증가가 두드러졌다. 산업노동자 수(채굴업과 운수업에 종사하는 노동자 제외)는 1904~1919년 사이에 두 배 이상 증가해 136만7천 명이 되었으며, 1921년에는 268만1천 명 이상에 이르렀다(Khashjmov & Shaposhnikova 1961, 23~24; The USSR Academy of Sciences 1983, 427에서 재인용).

인도에서는 1905~1908년에 영국 제국주의 지배에 반대하는 민족해방운동이 크게 활성화되었다. 대규모의 민족적 저항운동을 불러일으킨 직접적인 요인은 1905년에 실시한 조지 커즌 총독의 벵골 주 분리 조치였다. 당시 벵골 주는 오늘날의 비하르, 오리사, 벵골, 그리고 동벵골(방글라데시)을 포함하고 있었으므로, 인도에서 가장 넓고 가장 많은 주민이 살고 있는 지역이었다. 식민지 당국은 이 벵골 지역을 비하르와 오리사를 포함하는 서벵골 주와 아삼을 포함하는 동벵골 주로 양분했다. 분할의 명분은 지사 한 사람이 벵골 주 전체를 다스리기에는 지나치게 광대하다는 것이었는데, 실제로는 벵골 주민의 단결을 깨뜨려 민족운동을 좌절시키려는 의도에서 비롯되었다.

벵골인은 종교적으로는 대립했을지라도 같은 인종으로서 같은 언어를 사용하면서 항시 일체감을 유지하면서 살아왔다. 벵골 주가 분리되기 이전에는 주민의 다수가 힌두교도였다. 서벵골에서는 분리된 이후 힌두가 압도적 다수를 차지했지만, 동벵골에서는 반대로 무슬림이 다수를 차지하게 되었다. 동벵골의 힌두교도는 무슬림에 비해 소수로 전락한 데 대한 분노와 함께, 지금까지 문명의 혜택을 거의 받지 못하고 야만인으로 취급당했던 아삼인과 병합한다는 사실이 벵골인의 자존심을 다치게 하는 일이었다.

벵골 주의 분할 계획이 알려진 1903년 말부터 분리가 실시된 1905년 말까지 총독의 조치에 반대해 많은 사람이 참여하는 집회가 3천여 회나 열렸다. 벵골 분리 조치에 대한 국민 저항의 구체적 표현은 집회와 시위뿐만 아니라 스와데시운동, 보이콧운동, 국민교육 운동, 자치운동의 전개 등이었다(조길태 2000, 452~453).

1905~1908년 동안의 인도 민족운동에서 두 가지 조류, 즉 온건파와 급진파가 형성되었는데, 양 분파의 대립은 주로 인도국민회의[2] 내부에서 일어났다. 온건파는 영국 식민지 지배가 유지되는 자치령화 또는 스와라지운동을 요구했으며, 합법적 그리고 평화적 방법으로 목적을 달성한다는 방침을 견지했다. 온건파는 인민대중을 동원함으로써 민족운동의 범위를 확대하는 것에도 반대했다.

반면, 틸락이 지도하는 급진파는 인도의 독립과 영국 제국주의와 관계 단절을 주장했다. 그들이 요구하는 스와라지 개념에는 그와 같은 의미가 내포되어 있었다. 그들은 인민대중이 투쟁에 참여하지 않고는 민족문제의 해결은 불가능하다고 인식했고, 노동자계급의 민족운동 참여를 촉진하기 위해 노동자들을 대상으로 하는 선전 활동을 광범하게 폈다. 국민회의의 온건파와 과격파는 1907년 수라트 대회에서 결국 분열되었는데, 사실상 급진파가 탈퇴한 것이나 다름없었다(The USSR Academy of Sciences 1983, 423).

이 시기 인도의 민족운동 전개 과정에서 식민주의와 인종차별에 반대하는 노동자의 정치투쟁이 일어났는데, 이런 행동은 이전에는 거의 찾아볼 수 없는 일이었다. 더욱이 노동자계급의 대중적 정치투쟁은 인도국민회의 온

2_1885년 12월 28일 봄베이에서 결성된 민족운동 조직으로서 초기에는 매우 온건하고 정부에 협조적인 단체로 출발했다. 국민회의 성격을 두고는 '토론 모임', '국민의회', '교육 압력단체', '극단적인 온건파와 구직자들의 회합 장소' 등으로 표현했다. 국민회의는 제1차 세계대전 이후에는 전인도적인 정당으로 활동 범위를 넓혔으며, 마하트마 간디와 자와할레 네루의 지도 체제를 확립했다.

건파 지도부의 방침과 어긋나는 것이었다.

1905년 이후 민족해방투쟁의 고양과 더불어 노동자들의 투쟁도 점점 조직적이고 계획적으로 전개되었다. 1905년, 캘커타(현재 콜카타) 인쇄노동자들이 '스와데시' 요구를 지지하는 파업을 몇 차례 벌였으며, 정치적 요구를 내걸고 시위를 조직했다. 1906년에는 동인도 철도의 벵골 관구에서 민족해방운동과 직접 결합된 1주일 이상 계속된 파업이 일어났다. 철도노동자들은 임금 인상과 노동조건 개선뿐만 아니라 영국인과 대등한 대우를 요구했고, 또 '토착인'이라는 모욕적인 호칭을 '인도인'으로 바꿀 것을 요구했다. 파업은 탄압을 받기는 했으나, 이런 철도노동자의 파업투쟁은 민족해방운동에 노동자들이 직접 의도적으로 참가하기 시작한 사례를 만들었다.

같은 해, 캘커타 근방의 황마공장 노동자 1천 명이 인도인에 대한 영국 식민 당국의 모욕적인 행동에 반발해 항의했다. 영국인이 경영하는 다른 두 곳의 황마 공장에서도 파업이 일어났는데, 그 한곳의 파업에는 노동자 4천 명이 참가했다(Khashjmov & Shaposhnikova, 83~88; The USSR Academy of Sciences 1983, 434에서 재인용).

1907년에는 펀자브 주에서 상당히 큰 규모의 반영국 노동자투쟁이 발생했으며, 철도노동자들은 라왈핀디 시를 점거한 농민을 진압할 목적으로 파견하는 징벌대 수송을 거부했다.

아시아의 노동자계급이 반제 민족해방투쟁에 참가한 가장 대표적인 사례이며 인도에서 전개된 혁명적 투쟁의 정점이 된 것은 1908년 봄베이 시[3]에서 일어난 정치 파업이었다. 이 파업은 민족운동의 급진파 지도자 틸락을

3_당시 봄베이 시의 인구는 약 100만 명이었고, 노동자는 약 30만 명이었으며 그 가운데 공장노동자는 18만 명 또는 20만 명이었다(The USSR Academy of Sciences 1983, 434).

식민지 재판부가 유죄판결을 한 데 대한 항의에서 비롯되었다. 1908년 여름, 틸락의 체포와 그에 대한 재판은 인도 전역에서 격렬한 분노와 노동자들의 항의를 불러일으켰다.

봄베이 노동자들은 급진파의 적극적인 협력을 얻어 대중적 정치 파업을 준비했다. 투쟁은 재판(7월 13일) 시작과 동시에 전개되었는데, 몇몇 공장에서 파업이 단행되었고, 잇따라 다른 공장들에서도 파업이 감행되었다. 노동자들의 집회와 시위가 결행되었고, 판결 다음 날인 7월 23일에는 파업이 총파업으로 전환했다. 노동자 10만 명 이상이 6일 동안(틸락이 받은 6년의 징역 판결에 맞추어)의 파업에 돌입했다. 실제로 파업은 2주간 이상 계속되었고, 이 과정에서 노동자와 경찰·군대 사이에 충돌이 일어나 많은 사망자와 부상자가 발생했다. 노동자들은 파업을 통해 조직성과 투쟁성, 그리고 비타협성을 보여 주었다. 1908년의 봄베이 총파업은 1905~1908년에 전개된 인도 민족운동 고양의 최대 성과였을 뿐만 아니라 아시아 전체에서도 최초이면서 최대 규모의 노동자계급 정치 행동으로 평가되었다(Chicherov, 496~561; The USSR Academy of Sciences 1983, 434에서 재인용).

인도 노동자들의 경제투쟁은 1909년 들어 고양기를 맞았다. 1910년과 1911년에는 대중적 파업 건수가 감소했으나 1912년 들어서는 다시 증가했다. 이 시기 노동자투쟁은 광산노동자들이 선도했다.

이와 같은 파업투쟁 과정에서 많은 노동조합 조직이 결성되었다. 당시 인도에서 조직된 노동자 조직은 때로 국민회의 급진파의 활동가들이 주도했다. 1905년에는 봄베이 노동자의 노동시간 연장 반대 투쟁 과정에서 '단일한 소망을 가진 마라타 조합'이 결성되었다. 이 조합의 설립자들은 조직의 목적을 노동자 계몽으로 설정했으나, 실제로는 조합이 기업주에 대한 노동자투쟁에서 지도 기능을 발휘했다. 철도에서도 노동자 조직이 결성되었는데, 1906년 파업 과정에서 동인도 철도에서 결성된 철도원조합은 자말푸르 공장 파업을 지도했다. 같은 해, 캘커타에서도 인쇄노동자조합이 조직되었다. 또 벵골의 황마공장 노동자 투쟁 과정에서도 몇 개의 조합이 출현했다. 그리고 1908년 초에는 '캘커타해원조합'이 결성되었다(The USSR Academy of Sciences 1983, 438). 이와 같은 초기 형태의 노동자 조직은 1910년대 들어 거의 모든 산업, 모든 지역에 확대되었으며, 조직의 체계와 활동 영역도 발전했을 뿐만 아니라 정치 활동을 본격적으로 추진했다.

인도차이나 연방

프랑스는 20세기 들어 인도차이나 연방에 대한 식민지 통치를 계획한대로 수행하기 위해 먼저 이 지역의 경제적 재편성을 꾀하고자 했다. 우선 보호령으로 되어 있는 베트남 응우옌왕조로부터 실질적인 정치권력을 탈취했으며, 유럽 방식의 직접세(주로 인두세와 그 밖에 여기에 준하는 세금)와 알코올·아편·소금의 전매제, 도박장세 등 대중과세 형태의 막대한 수익금을 거두어들였고, 각종 은행 설립을 통해 고리대 형식의 수탈을 자행했다. 식민지 권력이 벌인 토지 약탈은 촌락공동체에 속하지 않은 임야를 비롯해 베트남의 관습법에 따라 국왕에게 소속되어 있는 이른바 '무無지주' 토지에 대해 1889년 9월에 '프랑스 법에 따라' 사유권을 설정하고 자신들의 직할지로 재편했다. 이에 따라 농민들은 토지로부터 축출되었으며, 촌락공동체의 재산까지 압류당하는 일까지 벌어졌다. 이와 같은 프랑스 제국주의의 식민지정책 재편성에 따라 베트남 인민들은 극심한 궁핍과 억압을 당해야만 했다(마호 1986, 34).

프랑스 식민지정책에 저항하는 근대적 민족주의 운동이 1900년대에 들어와 새롭게 대두했고, 1910년대 중반 이후에 전개된 반제국주의 민족해방 운동은 점점 사회혁명 전략과 무장투쟁 전술을 취하기 시작했다. 프랑스령 인도차이나 연방에는 베트남, 라오스, 캄보디아가 속해 있었다.

초기 베트남 민족주의 운동에는 두 가지 흐름이 있었는데, 판 보이 쩌우를 중심으로 동유東遊 운동과 무장봉기를 강조한 혁명적 경향의 흐름과 판 쭈 찐을 중심으로 개혁과 근대화를 통해 베트남의 독립을 이룩하고자 한 개혁주의 흐름이 그것이었다.

판 보이 쩌우는 초창기에는 전국에 흩어져 있는 저항 세력을 규합해 왕실과 관료 집단의 지지를 획득하고, 필요한 경우에는 외국의 원조를 얻는다는 구상을 했다. 1904년 4월에 그는 뜻을 같이하는 사람 20여 명을 규합해 '유신회'維新會, Duy Tân Hôi를 조직하는 한편, 국민의 의식을 일깨우고 전반적인 교육 수준을 높이기 위해 베트남 학생들의 일본 유학을 적극 장려 — '동유 운동' — 했다. 판 보이 쩌우는 한 걸음 더 나아가 무장봉기를 일으켜 베트남 독립을 쟁취하고자 계획했다. 때마침 중부지방에서는 농민들의 조세 저항운동이 전개된 상황이어서, 무장봉기를 실행하기에는 유리한 편이었다.

1908년 6월 27일 판 보이 쩌우와 그의 동조자들은 반란을 일으켰고, 같은 날 하노이에서는 예정대로 프랑스 군대에 대한 독살 계획이 추진되었다. 그러나 이 독살 계획이 사전에 누설되어 호앙 호아 탐 군대가 불참하면서 봉기는 실패하고 말았다.

한편, 판 쭈 찐을 중심으로 한 개혁파는 프랑스 당국의 지배를 이용해 봉건적 군주제를 타파하고 근대적인 정치·경제의 개혁을 추구하려 했다. 이들은 1907년 하노이에서 '동경의숙'東京義塾, Dông Kinh Nghĩa Thuc이라는 사립학교를 설립했는데, 학생 수는 거의 1천 명에 이르렀고, 학교의 운영자금은 대부분 학부모와 독지가의 기부금으로 조달했다. 수업은 로마자화된 베트남어인 꾸옥 응Quôoc Ngũ으로 진행했다. 동경의숙은 단순히 학교교육에만 치중한 것이 아니라, 선전과 출판을 통한 베트남 사회의 근대화에도 이바지했다. 동경의숙의 영향은 1907년 여름까지는 하노이 주변 지역뿐만 아니라 멀리 중부 지방에까지 확대되었으며, 그 성격도 점점 급진적인 경향을 나타냈다. 1908년 1월 프랑스 식민 당국은 드디어 학원의 폐쇄 명령을 내리고 학교 대표인 응우옌 꾸엔과 몇몇 교사들을 체포해 콘 썬으로 유형을 보냈다.

동경의숙이 폐쇄되고 동유 운동이 실패한 뒤, 1912년에는 판 보이 쩌우가 중심이 되어 '베트남광복회'를 조직했다. 광복회의 설립 목적은 프랑스 식민 세력을 타도하고 독립을 쟁취해 민주공화국을 건설한다는 것이었다. 광복회는 1912년 프랑스 총독 암살을 기도했으나 성공하지 못했으며, 호텔에 폭탄을 투척해 프랑스군 대령 2명을 죽였다. 프랑스 당국은 이 사건들을 구실로 베트남 민족주의자들에 대한 큰 폭의 탄압을 자행했다(유인선 2002, 326~329).

필리핀

1899년 2월 4일, 마닐라 시의 '산후안교橋 사건'San Juan Bridge Incident으로 시작된 필리핀-미국 전쟁은 3년 2개월 뒤인 1902년 4월 16일 미국의 승리로 끝났다. 필리핀은 미국의 식민지로 편입되어 미국 제국주의의 극심한 수탈을 당하게 되었다. 이런 상황에서 필리핀 민족 산업의 발전은 매우 저조했고, 필리핀의 경제 구성체에는 반봉건적 관계가 온존하고 있었으며 농업에서는 소작제가 널리 시행되었다(Alexandrov 1986, 390).

필리핀-미국의 전쟁이 끝나갈 무렵, 미국의 프랭클린 루스벨트 행정부는 미국의 국내 정치 상황과 관련해 1902년의 중간선거와 1904년의 대통령 선거를 유리하게 이끌기 위해 식민지인 필리핀에 민간 정부를 수립하려고 계획했다. 그리하여 하원의 필리핀문제위원회 의장이었던 헨리 알렌 쿠퍼는 필리핀 민간 행정부 법안을 의회에 제출했고, 법안은 1902년 7월에 공포되었다. 이 법에 따라 1907년 7월에는 의원 선거가 실시되었고 같은 해 10월 하원이 공식 출범했다. 1916년에는 존스 법안이 제정되어 상원이 설치되었다.

미국의 이와 같은 '필리핀화' 정책은 제국주의 지배에 대한 근본적인 반성이나 변화된 세계정세를 고려해 시행된 것이 아니었다. 그것은 필리핀 상품과 노동력의 유입으로 미국 내 불만 세력이 커지는 상황에서 현실 타개용으로 등장한 것이다. 이런 상황은 줄기차게 필리핀의 독립을 추구해 온 민족운동 세력을 고무해 더한층 강화된 민족해방운동을 추진하게 했다(양승윤 외 2007, 59).

이와 같은 정세의 변화는 노동운동의 발전을 촉진하는 요인으로 작용했다. 필리핀에서는 1902년 2월에 14개의 노동자 길드와 인쇄노동자조합이 결합해 '필리핀민주주의노동자동맹'(이하 필리핀노동자동맹)을 창설했다. 필리핀노동자동맹의 강령은 임금 인상과 노동조건 개선을 평화적 방법으로 획득할 필요성을 밝히면서, 노동과 자본의 '성의 있는 협력'을 역설했다. 그러나 강령은 동시에 미국 노동운동의 영향을 반영해 1일 8시간 노동시간제의 요구와 모든 노동자의 단일 노동조합 조직화를 내걸었다. 그리고 강령에서 큰 비중을 차지한 것은 국민의 요구인 필리핀의 독립과 일반 민주주의적 요구, 그리고 지주제 반대였다.

이런 정치적 상황에서 1898년에는 비교적 규모가 큰 파업이 일어났으며, 1900년대 초에는 파업투쟁이 점점 확대되었다. 1902년 필리핀노동자동맹이 담배제조업자와 인쇄업을 운영하는 기업가들에게 임금 인상을 요구하는 청원서를 제출했으나, 기업가 측은 교섭 자체를 거부했다. 필리핀노동자동맹은 교섭 없이 파업투쟁을 전개해 임금 인상 요구를 쟁취했다. 1903년에는 노동자동맹이 마닐라에 있는 미국인 소유 발전소에서 규모가 큰 파업을 조직했는데, 이 파업은 실패로 끝나고 말았다. 실패한 원인은 노동자들이 행동 통일을 이루지 못했던 것도 있었지만, 그보다는 기업 측에서 이것을 빌미로 파업 파괴단을 고용해 경찰의 비호를 받아가며 폭력을 행사했기 때문이었다.

1903년에는 필리핀노동자동맹이 조직한 메이데이 시위에 노동자 10만여 명이 참가해, '미국 약탈자 타도', '자유', '8시간 노동일' 등의 슬로건을 내걸고 시가행진을 벌였다. 총독 관저에 돌입한 시위대는 미군의 압력으로 물러났다. 이 사건으로 필리핀 최초의 노동조합 연합체는 해체되었다. 이런 탄압이 조직적 노동운동의 발전을 결코 가로막을 수는 없었다. 그 뒤로 새로운 노동자 동맹체를 창립하려는 움직임은 이어졌고, 노동자투쟁은 형태를 달리하면서 계속되었다(The USSR Academy of Sciences 1981, 509~510).

인도네시아

20세기 들어 인도네시아에 대한 네덜란드의 식민지정책은 일정한 변화를 나타냈다. 인도네시아 개발 정책 대신에 인도네시아인의 권익 보호와 복지 증진을 명분으로 내세운 이른바 '윤리 정책'ethical policy을 채택했다. 윤리 정책은 경제 환경의 변화에 따라 수립되었는데, 그것은 본질로는 경제적 이익을 추구하는 정책 범주에서 벗어날 수는 없었다(양승윤 2005, 257).

인도네시아는 네덜란드 외에도 영국, 프랑스, 미국, 벨기에, 이탈리아 독점자본의 투자 대상이었다. 1915년에 이르러 인도네시아에 투하된 외국자본은 15억 길드에 이르렀다. 그러니까 인도네시아 경제의 주요 부분은 제국주의의 지배를 받았다.

인도네시아 농민들은 토착 지주와 외국인 지주, 그리고 몇몇 지역에서 유지되었던 족장 지배 체제에 예속되어 있었다. 농업노동자들이 지방 노동자의 대부분을 차지하고 있었으며, 산업노동자는 그다지 많지 않았다. 그들은 유전, 정유 산업, 철도 수송 부문, 조선소나 소규모 수선창, 항구 등에 고용되어 있었다. 산업노동자의 주요 부분은 외국인 기업에 고용되어 있었다. 그래서 노동자의 계급투쟁은 근본적으로 반제국주의 투쟁 성격을 띠지 않을 수 없었다(Alexandrov 1986, 378~379).

네덜란드 식민 당국은 사회 발전의 기본 요소를 교육이라 인식하고, 교육을 통해 친네덜란드 세력을 형성하려고 많은 노력을 기울였다. 이 과정에서 비록 소수이기는 하지만 반제국주의 경향을 가진 인도네시아 토착 지식인이 인도네시아 프티부르주아지 사이에서 형성되었다. 이들 지식인은 분산적이고 자연발생적인 민족운동을 조직적이고 체계적으로 이끌기 시작했다. 인도네시아인의 민족의식을 향상시키는 데서 매개 역할을 한 것은 바로 이슬람이었다.

이슬람은 무엇보다 개종이 쉽고 모든 사람이 '평등사상'을 바탕으로 특별한 격식 없이 상대방을 받아들였다. 지배층도 이슬람이 열어준 국제무역을 통해 새로운 세계 문물과 함께 경제적 이익을 획득할 수 있었으므로 이슬람은 곧 인도네시아 전역으로 빠르게 전파되었다. 이로써 이슬람은 인도네시아를 대표하는 종교로 뿌리내렸으며, 인도네시아인의 기본적인 문화이자 사상으로 자리 잡았다.

이슬람은 정교일치와 이슬람법에 따라 통치되는 이슬람 국가를 지향하기 때문에 종교 자체가 정치 지향적이다. 특히 움마Ummah는 이슬람 공동체 개념으로서 개인보다 전체를 중요시하는 사회주의적인 경향을 띠고 있었다. 이 때문에 인도네시아에서 새로운 이데올로기가 도입되면서 이슬람과 공통점이 있는 사회주의사상이 널리 보급되었다. 이를 바탕으로 오래지 않아 인민들은 공산주의에 매료되었다(양승윤 2003, 18~19).

20세기 초기 인도네시아 민족주의 운동에서는 부디우토모Budi utomo(아름다운 노력) 운동과 이슬람동맹 운동이 주류를 이루었다. 교육을 통해 전문지식을 습득한 사람들이 전문분야의 직업에 종사하면서 새로운 지배층으로 대두했는데, 이들은 전통적인 세습 귀족인 프리야이Priyai 계층과 구분되는 프리야이 크칠Priyai Kecil이라 했다. 부디우토모 운동은 서유럽식 교육의 확대를 요구하는 프리야이 크칠 계층이 중심이 되어 전개된 운동이다. 부디우토모 운동은 자와를 중심으로 마두라와 순다의 행정적 융합을 꾀하면서 믈라유Melayu어를 공식어로 채택했다.

정치적인 요구보다는 교육과 문화 수준 향상에 관심을 보인 부디우토모 운동은 기득권층의 완강한 반발과 프리야이 계층의 친네덜란드 성향 때문에 대중 속으로 깊이 파급되지는 못했다. 그러나 종족 중심의 인도네시아를 '우리'라는 개념을 통해 하나의 민족으로 포용하고 통합하려는 시도를 했다는 점에서 민족주의 운동의 모태로 평가받았다.

한편, 이슬람동맹은 외세와 중국 상인의 경제 독점을 견제하고 대항한다는 분명한 목적을 내세우고 설립되었으며, 이를 위해 인도네시아 이슬람 사회가 동원되었다. 뚜렷한 경제적 목적과 함께 그 중심 세력이 정치 지향적인 이슬람 세력이었던 이슬람동맹은 세계적인 이슬람 붐을 타고 대규모 조직으로 발전했다. 1917년에 이르러 이슬람동맹은 드디어 조직의 궁극적인 목적이 인도네시아의 독립에 있다고 선언했으며, 드디어 정치적 기구이면서 민족 대표 기구로 자리 잡게 되었다(양승윤 2003, 19~20).

이슬람동맹이 세력을 확장하던 시기에 노동조합이 결성되기 시작했다. 1900년대 들어 노동조합 조직이 본격적으로 결성되기 시작했다. 1905년에 우편국 노동자들이 노동조합Posbond을 결성한 것을 비롯해 1908년에는 네덜란드인과 인도네시아인이 함께 가입한 철도노조 'VSTP'가 조직되었다. 이어서 인도네시아인만으로 조직된 지역 노동조합이 잇따라 결성되었다 (ICEM Asia MNC 2011, 1). 이런 노동자 조직은 인도네시아사회민주연합이 주도했다. 사회민주연합 회원들이 이슬람동맹에 가입하면서 이슬람동맹은 좌익과 우익으로 분열되었고, 이슬람동맹의 좌익 세력은 얼마 지나지 않아 인도네시아공산당을 창설했다(양승윤 2003, 20).

조선

조선에 대한 독점적 지배권을 확보한 일본은 1905년의 을사조약을 통해 주권을 빼앗고 통감 정치를 실시해 조선을 식민지화했다. 그리하여 봉건국가 권력은 식민지 권력으로 대체되었다.

일본 제국주의는 조선을 완전 점령한 뒤, 종래의 착취 방법을 계속 유지하면서 농업·원료 공급의 기지로서, 과잉 상품의 판매 시장으로서, 값싼 노동력의 공급원으로서, 그리고 대륙 침략의 군사 거점으로서 조선에 대한 식민지 지배를 본격화했다.

일본 제국주의는 식민지 권력 기구를 기반으로 식민지 산업 건설의 기초가 되는 철도·항만·도로·통신 기관의 확장과 정비를 시행했다. 이에 따라 조선에서 임금노동이 직접적인 생산 부문에서가 아니라 철도를 비롯한 운수 부문에서 먼저 형성된 것은 식민지적 자본 침투에 따른 결과였다.

일본 제국주의 침략자들은 교통·통신망의 정비를 필요로 했지만, 그것

못지않게 화폐·금융·재정 체계를 새롭게 확립하는 일도 중요시했다.

일제는 조선의 화폐제도를 청산하고 일본 본국의 화폐제도를 조선에 그대로 도입해 일본 화폐가 자유롭게 조선에 유입되는 것을 보장하고, 또 일본 상품과 자본의 수출과 조선에서 약탈한 물자의 반출을 쉽게 하기 위해 이른바 '화폐 정리 사업'을 추진했다. 화폐 정리 사업은 구백동화의 정리, 엽전과 그 밖의 화폐 정리, 신화폐의 발행 순서로 진행되었다.

화폐제도의 정비와 밀접한 연관을 갖는 것은 금융기관의 정비였다. 화폐 정리에 착수하자마자 제일은행의 지점을 사실상 조선중앙은행의 지위로 격상시켜 여기에 국고·금융·금 관리, 그리고 화폐 정리 사무를 위탁했다. 1905년 9월에는 약속어음 조례와 어음 조합 조례를 발표하고 어음보증의 길을 열었다.

금융기관의 정비는 농공은행의 창립으로 시작되었다. 1906년 3월에 농공은행 조례를 발표하고 전국 주요 도시에 논공은행 창설에 착수했다. 1911년 말에는 30개 지역의 지점과 출장소가 설치되었고, 자본금은 120만 원에 이르렀다. 논공은행이 노리는 자금 조달의 목적은 조선 인민에 대한 고리대 방식의 착취와 농촌에서 토지·원료, 그 밖의 자원 약탈, 그리고 조선의 유통망 장악을 위한 자금을 보장하는 것이었다. 그리고 일제는 1908년에 식민지 대토지 회사로서 '동양척식주식회사'를 설치했는데, 이 회사의 목적은 조선에서 척식 사업을 행하고, 그 수단으로서 척식에 필요한 자금을 공급하는 일이었다.

마지막으로 재정 체계의 확립과 재정적 수탈 강화에 대해 살펴본다. 1876년 이후 파탄 상태에 빠진 조선의 재정을 정리하고, 식민지 통치에 적합한 재정 체계를 확립하는 것은 조선 점령을 위한 필수적인 과제였다. 일제는 통감부를 설치한 뒤, 재정 기구의 개편에 착수했다. 1906년 7월, 징세

기관을 새로이 설치하고 각지에 재정 고문의 지부와 분청을 두고, 주요 지역에는 고문감부를 설치해 조선의 재정 기구를 일본인이 장악하도록 했다. 1907년 7월에는 재정 고문 제도를 폐지하고, 일본인을 직접 조선 관리로 채용해 그들에게 재정 집행권을 주었다.

이런 재정 기구의 개편과 장악, 그리고 국가재정 집행권의 행사는 조선의 모든 재정을 일제의 총독부 재정으로 바꾸기 위한 정지 작업이었다. 일제는 조선을 강제 병합하기 전에 당시까지 시행해 왔던 조선의 재정 제도를 유명무실하게 만들고, 그것을 정리 개편해 자신들이 장악하고자 했다. 그리고 이 과정에서 일찍부터 막대한 조선 인민의 재산을 약탈했다. 이와 함께 종래의 세목을 정리하고 새로운 세금을 설정해 세입의 원천을 확대하기 위한 징세 체계를 정비했다. 강제 합병 이후에는 이와 같이 개편 장악된 재정 기구는 일제의 식민지 경영을 위한 기구가 되었다(전석담 외 1989, 107~116).

일본 제국주의가 추진한 이와 같은 화폐 정리 사업, 금융기관 정비, 식민지적 재정 체계 확립 등의 정책들과 일제가 시행한 방대한 양의 토지 수탈과 그것에 따른 지주제의 확대, 그리고 각종 자본의 확산(특히 철도 부설)은 조선을 일본 자본주의를 위한 원료·식량 공급지로 만들었을 뿐만 아니라 조선의 토착자본을 완전히 제압해 조선 경제에 대한 수탈 체계를 정비·확립하는 중심적인 수단이 되었다(서울사회과학연구소 경제분과 1991, 40).

일제의 조선에 대한 계획적이고도 단계적인 강제 점령이 진행되는 가운데, 조선 인민은 일본 침략자에 반대하는 여러 가지 형태의 저항과 투쟁을 전개했다. 그 가운데서도 1906년 이후에 전개된 격렬한 반일 의병 투쟁은 이 시기 일제 반대 투쟁의 주류를 이루었다. 러일전쟁 개시 전후부터 1905년 을사보호조약 체결 전까지의 자연발생적 소규모 투쟁은, 1906년 통감부 설치 이후에 전국 범위로 확대되어 전 인민적 반일 의병 투쟁 성격을 띠게 되었다. 전국 240개 군 가운데 몇 개 군을 제외하고 조선의 전 지역이 의병 활동의 영향권에 들었다. 의병 투쟁이 절정을 이루었던 1908년 하반기 교전 회수는 1,976회였고 교전 참가 의병 수는 8만2,767명이었으며, 1909년의 상반기의 교전 회수는 1,738회였고 교전 참가 의병 수는 3만8,593명이었다(독립운동사편찬위원회 1971, 295~296; 역사학연구소 1995, 103에서 재인용).

반일 의병 투쟁은 투쟁 대열이 분산적이었고, 통일적인 지도가 이루어지지 못했으며 투쟁 지도층이 계급적 한계를 드러냈을 뿐만 아니라 일제의 군사력에 대비對比한 역량의 약세 등으로 목적을 달성하지는 못했다. 그러나 의병 투쟁은 일제 침략의 부당함과 잔혹함을 폭로했고, 조선의 자유와 독립에 대한 조선 인민의 강력한 의지를 보여 주었다(전석담 외 1989, 96~97).

의병 투쟁 이외에도 이 시기에 국권 회복을 목표로 한 문화 계몽운동, 자연발생적 농민 봉기, 반봉건·반침략의 활빈당 투쟁 등 일본 제국주의 반대 투쟁이 전개되었다.

이 시기(1900~1910년) 조선 봉건사회의 해체와 외래 자본주의 침투에 따른 자본주의적 관계의 발전, 노동자계급의 형성, 그리고 노동자 조직·투쟁 과정을 살펴본다. 여기에 관해서는 공식적인 통계가 존재하지 않아 구체적인 실태조차 파악하기 어렵다. 다만, 1910년대에 발표된 통계와 저서, 그리고 신문 기사 등 단편적인 자료를 통해 대체적인 내용만을 알 수 있을 뿐이다.

1894년에 시행된 갑오개혁은 '식민지 조건 안에서' 자본주의 관계의 발전을 가져오는 계기가 되었다. 갑오개혁은 당시 조선 자체의 사회적 요구였으나 물적 기반을 갖춘 부르주아지의 지지가 없는 상태에서, 그리고 외래 자본의 침투가 강화되어 토착자본이 위축된 상황에서 결국은 조선 사람들을 위해서가 아니라 제국주의의 식민지화 정책의 일환으로 실시되었다.

표 1 | 1894~1909년 사이의 공장 설립 추이

공장별	1894년 이전	1895~1904년	1905~1909년	합계
정미업	-	3	28	32
청주·장유업	5	4	11	20
요업	-	3	10	13
철공업	1	2	7	11
기타	2	4	29	35
합계	8	16	85	111

주: 정미업과 철공업에는 설립연도가 알 수 없는 것이 각각 한 개씩 있다.
자료: 조선총독부(1911).

이런 성격의 갑오개혁을 계기로 외래 자본의 침투는 더욱 확산되었으며, 상품유통을 중심으로 활동해 온 외래 자본은 토착자본과 경합을 통해서가 아니라 토착자본의 배제 또는 종속을 통해서 생산과정에까지 광범하게 침투하기 시작했다(서울사회과학연구소 경제분과 1991, 36).

〈표 1〉은 1909년 말 당시 가동되고 있던 공장들을 각 업종·연도별 설립 추이를 나타내고 있다. 이 표에 따르면, 1894년 이전에 설립된 공장은 8곳이고 1895~1904년 사이에 설립된 것은 16곳, 1905~1909년 사이에 설립된 것은 85곳으로서 1905년 이후에야 자본주의적 공장 설립이 본격적으로 전개되었음을 알 수 있다. 이들 공장의 자본금은 1만 원을 초과하지 못했고, 종업원 수는 대부분 10여 명에 지나지 않으며 노동자를 100여 명 고용하는 공장도 2곳 정도 있기는 하나 산업으로는 요업으로서 기술 과정은 매뉴팩처적이었다.

이 시기 조선에서 전개된 자본주의적 산업의 발전을 총괄적으로 개관하면 다음과 같다. 첫째, 자본주의적 산업은 조선 전체 경제에서 차지하는 비중이 극히 낮았다는 점을 특징으로 들 수 있다. 둘째, 이 시기 조선 경제는 거의 농업경제 구조였으며, 자본주의 산업의 발전 수준은 극히 낮았으나 무역을 위주로 하는 상업이 성행함으로써 서비스 부문에 임금노동자가 다수 존재할 수 있었다. 셋째, 자본주의적 산업은 약간의 예외를 제외하고 그 대부분이 매뉴팩처적인 것이었다. 다시 말해 자본주의적 산업이라 할지라도 근대적인 공장제도로 운영되는 것이 아니라 수공업적 형태를 청산하지 못했던 것이다(한국노동조합총연맹 1979, 9).

1894년 이후 1910년에 이르는 기간에 노동자의 현황과 구성, 그리고 상태에 관한 공식 통계가 없기 때문에 1911년의 통계로서 그 이전의 상황을 짐작할 수밖에 없다. 거친 통계이기는 하지만, 1911년의 노동자 내부 구성을 보면, 공장노동자 1만4천 명(조선총독부 통계로는 1만4,525명이다), 광산노동자 1만 명, 철도·해운 노동자 1만2천 명, 항만·육운 노동자 1만 명, 토목·건축 노동자 2만 명으로 전체는 6만6천 명으로 집계되었다.

1911년의 공장노동자 현황을 보면, 공장 수는 252개이고 노동자 총수는 1만4,577명이며, 그 가운데 조선 노동자 수는 1만2,180명이었다. 업종별 공장 수와 노동자 수를 보면 다음과 같다. 정미업은 공장 75개와 노동자는 2,422명, 직물업은 공장 17개와 노동자 수는 659명, 연초제조업은 공장 14개와 노동자는 7,442명으로 가장 많으며, 인쇄업은 공장 19개와 노동자는 670명, 철공업은 공장 21개와 노동자 342명, 요업은 공장 38개와 노동자는 1,452명, 그 밖의 공업은 공장 68개와 노동자 1,590명이었다. 전체 공장노동자 가운데 연초제조업과 정미업이 9,864명으로 압도적 비중을 차지했다(조선총독부 1913).

1894년 이후 자본주의적 산업의 발전과 더불어 형성되기 시작한 노동자들은 외래 자본의 수탈과 억압에 집단적으로 대응하기 위해 노동자 조직을 결성하기 시작했다. 1898년 이후에는 종래의 계稧나 모작募作 등의 상호부조 단체와는 다른 노동조합 형태의 노동조직이 대두하게 되었다. 1898년 함경북도 성진에서 부두노동자 46명이 조선 최초의 노동조합인 '성진본정부두조합'을 결성했다. 이 노동조합 결성에 이어서 전국 각지에서 노동조합이 잇따라 결성되었다. 이 시기 노동조합은 부두를 중심으로 한 하역노동자들의 조직이 대종을 이루었다.

표 2 | 노동단체의 설립 과정

창립 날짜	단체명	소재지	회원 수	회비
1898년 5월	성진본정부두조합	성진 세관 구내	운반부 46명	노임 수입 일부
1899년 2월	공동노동조합	군산부 개복동 58	370명	노임 수입의 10분의 2, 한 달 수입 중 28~50원
1899년 4월	평양곡물두량조합	염전리 32	80명	임금 수입의 10분의 1
1906년 6월	조선노동조합	진남포부 용정리 23-8	80명	총수입의 10분의 1, 약 500원
1907년	수상조합	개성 송도면서본정 313	19명	
1908년 4월	신창리노동조합	평남 신창리 101	70명	임금 수입의 10분의 1
1908년 4월	괄랑만노동조합	용강군 금곡면 우등리	50명	1인 수입 10원에 50전
1909년 4월	노동조합	함남 이원군 상동면	94명	1~2원, 당시 1,837원 적립
1909년 10월	삼화노동조합	진남포부 용정리 117	180명	총수입의 10분의 1
1910년 2월	선업조합	진남포부 용정리 173	선부 400명	1인 50전

자료: 細井肇(1921, 29~35).

이와 같이 노동자 조직이 결성되면서 노동자들은 자신들의 노동조건 개선을 위해 투쟁을 벌이게 되었다. 앞에서도(제6부 2장) 살펴본 바 있거니와, 1800년대 말과 1900년대 초기 노동자투쟁은 대부분 광산과 부두, 그리고 철도 부설 현장에서 전개되었다. 이 시기 노동자투쟁은 처음에는 노동조건 개선과 임금 인상 등 경제적인 요구에서 비롯되었지만, 투쟁이 진행되면서 제국주의적 착취와 민족적 억압에 반대하는 운동으로 전환되었다. 그러나 노동자계급이 아직 형성 단계에 있었고, 노동자투쟁을 지도할 정도의 노동자 조직이 성장하지 못해 투쟁은 생존권을 지키려는 수준에 머물렀다(역사학연구소 1995, 93). 그러나 이 시기 노동자투쟁은 1910년대 본격적으로 전개된 파업투쟁의 단서가 되었다.

이 시기 아시아 여러 나라에서 일어난 파업은 대부분 임금 인상과 노동시간 단축을 요구해 제기되었다. 1905~1917년에 일어난 파업투쟁의 특징은 노동자 상태의 개선을 위한 경제투쟁의 경우에도 매우 전투적이었고, 단결력을 과시했을 뿐만 아니라 강한 연대를 보였다는 사실이다. 이런 양상은 지금까지 파업에 참가하지 않았던 비교적 뒤쳐진 노동자 계층 — 농업노동자, 마차부, 쿨리, 가로청소노동자 등 — 이 파업에 참가한 데서도 잘 드러났다.

이런 노동자투쟁에 대해 식민주의자들과 종속 정부는 극심한 탄압으로 대응했다. 파업을 주도한 사람들에 대해 사형이라는 극형을 판결한 경우도 있었으며, 파업을 깨뜨리기 위해 군대를 동원하기도 했다. 이와 같은 가혹한 탄압에도 불구하고, 승리를 거둔 투쟁 사례가 점점 늘어났다.

당시 아시아 노동자투쟁은 대부분 자연발생적이었으나, 중요한 특징을 보면 투쟁 과정에서 노동자 조직화의 진전이 두드러졌다는 사실이다. 파업이 증대하는 가운데 노동조합 조직 형태에 가까운 조직이 출현하게 되었다. 이런 조직의 설립을 이끈 층은 민족운동을 주도한 부르주아 민주주의자들이었다. 19세기 말에 나타나기 시작한 노동자 조직의 맹아 형태는 20세기 들어 노동조합 형태를 갖추었다.

한편, 1905~1907년의 러시아혁명과 볼셰비키 활동, 그리고 국제 사회민주주의 운동의 영향으로 노동운동을 포함한 아시아 민족해방운동과 국제 노동자계급투쟁이 점점 유대와 결속을 넓혔다. 그리고 계급 자립을 지향하는 노동운동의 발전과 사회주의운동의 대두를 위한 토대가 형성되기 시작했다.

이와 같이 식민지 종속 상태에 놓인 아시아 국가들의 노동자계급은 자신들의 경제적 이익을 지키기 위해 투쟁했으며, 민족해방운동 과정에서 인종·민족적 차별에 반대하고 인간적 존엄을 위한 정치투쟁에까지 참가하게 되었다. 이 과정에서 노동자계급은 자신들의 조직을 꾸리고 계급의식을 향상시키는 동시에 노동운동의 발전 전략을 모색하기 시작했다.

2. 라틴아메리카

20세기 들어 초기 10년 동안 라틴아메리카에서는 영국과 프랑스, 그리고 독일의 자본을 경쟁 상대에서 밀쳐 낸 미국의 독점자본이 주도권을 강화했다. 이런 상황에서 토착적인 민족자본주의 발달은 매우 완만하게 진행되었다. 이와 같은 외국자본의 세력 강화에 따라 라틴아메리카 국가들의 경제적 후진성은 그대로 유지되었고, 인민대중의 생활 궁핍은 더욱 심화되었다.

제1차 세계대전 이전 시기, 라틴아메리카에서 가장 발달한 나라에서도 공업의 물질·기술적 기반은 극도로 취약한 상태에 있었고, 소기업이 압도적이었으며 대규모 생산에서도 주로 값싼 손노동이 주로 사용되었다. 브라질의 경우, 노동자들은 수천 개에 이르는 수공업 형태의 소규모 공장과 영세 작업장에 고용되어 있었다. 칠레에서도 고용 상태는 브라질과 유사했는데, 1910년 당시 5,722개 공업 부문 기업에서 노동자 7만4,618명이 일했다. 아르헨티나에서는 노동자 2만9천 명이 약 3천 개의 소규모 금속·기계제조 공장에 고용되어 있었다. 멕시코의 대규모 연초제조공장 ─ 그 가운데 3개의 공장에서 노동자 3천 명이 일하고 있었다 ─ 에서도 손노동이 주로 사용되었다(The USSR Academy of Sciences 1983, 388).

라틴아메리카 국가들의 농업 부문도 자본주의 방식으로 발전했다. 그러나 농업 부문의 자본주의는 대지주 토지소유와 당시까지 지배적이었던 전前자본주의적 착취 형태를 병존시킨 채, 고용 노동을 확대했다.

공업 성장과 농업 부문에 대한 자본주의의 확장은 노동자계급의 증대를 가져왔다. 1900년대 초 라틴아메리카 국가들에서 존재했던 노동자 총수는 약 150만 명 또는 200만여 명에 이르렀으나 1917년에는 300만 명 또는 400만 명을 넘어섰다(The USSR Academy of Sciences 1983, 389).

노동자계급의 수적 증대를 가져온 원천 가운데 하나는, 유럽 대륙에서 진출한 이주노동자였다. 이런 이주노동자들은 아르헨티나, 우루과이, 브라질 등의 나라들에서 노동자들의 계급의식 형성과 투쟁을 촉진했다. 반면에 자본가들이 노동자 그룹들 사이의 민족적 불화나 반목을 조장하려 한 것도 결코 우연한 일은 아니었다.

민족자본주의의 미발달과 대토지소유제의 지배, 그리고 외국자본의 억압 행위는 노동자들의 상태를 더욱 열악하게 만들었다. 흑인이나 인디언 주민이 많이 살았던 후진 지역이나 후진 국가에서는 전前 자본주의적 관계가 여전히 우세한 형태로 유지되었으며, 외국자본은 특히 농업 부문에서 여러 가지 형태의 강제노동을 광범하게 사용했다. 이런 경우, 노동자들은 마치 채무노예와 다름없는 처지에 놓여 있었다.

한편, 제1차 세계대전이 발발하기 이전까지 대부분의 라틴아메리카 국가들에서는 노동관계법이 사실상 존재하지 않았으며, 노동일의 기준도 없었고 임금은 고용주의 자의대로 결정되었는가 하면, 사회보험 또한 시행되지 않았고 노동조합은 아무런 법적 권리를 갖지 못했다. 더욱이 노동자계급은 정치적 무권리 상태와 정부의 노동 억압적 정책, 그리고 지배 세력 사이의 끊임없는 갈등 때문에 혹심한 고통을 당해야만 했다.

20세기 들어 라틴아메리카에서는 정치·경제적 상태의 개선을 목적으로 한 노동자투쟁이 활발하게 진행되기 시작했고, 노동조합 조직이 확대되었으며, 사회주의운동이 대두되었다. 이 시기 라틴아메리카 주요 각국의 노동운동 전개 과정을 살펴본다.

아르헨티나

아르헨티나에서는 20세기 들어 최초로 전국 중앙 조직인 '아르헨티나지역노동자연맹'이 결성되었다. 이 조직은 생디칼리즘을 운동 노선으로 채택했으며, 10여 년 동안 노동운동의 중심 역할을 수행했다. 지역노동자연맹이 아르헨티나 노동운동의 격동기를 거치면서 적극적인 활동을 전개했지만, 첨예한 파벌싸움으로 내홍을 겪었으며 조직의 기본 목표인 동맹파업을 통한 사회혁명은 결코 성취하지 못했다.

이 시기에 또 하나의 전국 중앙 조직이 결성되었는데, 1902년 2월에 결성된 '노동총동맹'UGT이 그것이었다. 노동총동맹은 사회주의 노선을 취했으며, 외국인 축출을 목표로 정부의 '거주에 관한 법률'에 반대하는 운동을 주도했다. 1905년 8월에는 노동단체 78개가 참가한 가운데 제3차 전국 대회를 열어 전국의 사회주의 지향 노동자와 생디칼리즘 지향 노동자들 사이의 단결을 촉구했으며, 이런 목표를 달성하기 위해 '아르헨티나지역노동자총연맹'을 결성했고, 1909년에는 다른 조직과 일정한 통합을 이룩했다(Troncoso & Burnet 1962, 45).

그러나 이런 노동조직들은 아직 약체에 머물러 있었고, 게다가 정부 측은 노동조합에 대한 탄압을 강화했다. 더욱이 노동운동 내에서는 아나르코생디칼리즘과 사회주의 노선 사이의 투쟁이 점점 격화되어 노동운동 발전을 더욱 복잡하게 만들었다.

이런 가운데서도 노동자계급의 투쟁은 계속되었다. 1906~1907년 사이에 아르헨티나에서는 460건의 파업이 발생했다(*Historia del sindicalismo: los obreros, la economia, la politica*, 1967, 67; The USSR Academy of Sciences 1983, 403에서 재인용). 당시의 파업은 완강한 경향을 나타냈으며, 사실상 정치 시위를 수반했다. 이와 같은 투쟁은 경찰이나 군대에 대항해 본격적인 전투를 벌이는 경우도 있었다. 1907~1909년에 일어난 일련의 총파업은 정부의 반노동자 정책을 반대하는 투쟁이었다. 특히 총파업은 아르헨티나에서 빈번하게 일어났는데, 그것은 노동자계급의 정치의식과 조직성이 다른 국가들에 비해 높은 수준을 유지하고 있음을 반영했다. 1907년 7월 23일에는 바이아블랑카 시의 노동자 집회에 경찰이 발포한 사건에 항의해 2일 동안 파업이 결행되었다(The USSR Academy of Sciences 1983, 405).

브라질

브라질에서는 노동조합 조직이 라틴아메리카 다른 국가들에 비해서는 뒤늦게 이루어졌다. 브라질 최초의 노동조합은 리우데자네이루에서 출현했는데, 1903년에 기관화부·하역노동자조합이 결성되었고, 1906년에는 트럭운전사노동조합이 조직되었다. 1906년에는 전국 노동조합 조직인 브라질노동자연맹이 결성되었으나, 실제로는 1908년부터 활동을 시작했다. 1910년 당시에는 브라질에 433개의 노동조합이 존재했으며, 노동조합원은 5만5,136명이었다(The USSR Academy of Sciences 1983, 402).

1903년에는 노동회의소, 직업조합, 저항동맹 등이 조직한 대중 파업이 제기되었는데, 이 파업은 경제적 요구 실현을 목표로 한 것이었다. 브라질 노동자계급이 벌인 큰 투쟁의 하나는 1903년 8월 임금 인상과 노동시간 단축을 요구한 리우데자네이루 방적공장 노동자들의 총파업 투쟁이었다. 방적노동조합연맹이 주도한 이 파업은 20여 일 동안 계속되었고, 노동자 약 4만 명이 파업에 참가했다. 그러나 정부의 가혹한 탄압과 연맹 지도부의 결단력 부족으로 노동자들은 당초의 목적을 달성할 수 없었다. 이 밖에도 1903~1904년에는 인쇄·제화 노동자들이 각지에서 파업을 벌였다.

이와 같은 노동운동의 고양과 사회주의사상의 보급은 지배 체제의 불안을 키웠다. 이에 따라 정부는 노동자 조직에 대한 전면적인 탄압을 시행했다. 정부는 파업 진압을 목적으로 군대를 투입했고, 노동자 집회에 대해 발포를 자행하기도 했다. 심지어는 파업 지도자들이 변방으로 추방되어 고무 대농장의 노예로 전락되기도 했다(The USSR Academy of Sciences 1981, 481~482).

칠레

20세기 들어와 칠레 노동자들은 본격적으로 노동조합을 조직하고 파업투쟁을 전개했다. 1890년대에 이미 노동조합 조직이 출현했으나 정상적인 기능은 하지 못했고, 20세기 초에 '저항 단체'societies of resistance라 부르는 조직이 안토파가스타, 산티아고, 발파라이소 등지에서 결성되었다. 이 단체들은 조직 운영에 대한 경험 부족으로 오래 유지되지 못했다. 1900년대 들어 노동조합이 조직·운영되면서 본격적인 집단행동이 추진되었으며, 파업투쟁이 전개되기 시작했다(Troncoso & Burnet 1962, 59).

1903년 5월, 발파라이소에서 하역노동자들이 해운 회사를 상대로 파업을 선언했는데, 정부 당국은 무력을 동원해 노동자들의 투쟁을 억눌렀다. 1905년 10월에는 라틴아메리카 최초의 총파업이 일어났다. 산티아고에서 물가 상승에 반대하는 노동자 3만여 명이 생활 상태의 개선을 요구하며 대통령 관저를 향해 시위를 벌였다. 그러나 시위 노동자들은 경찰의 힘에 밀려 물러났다. 그다음 날 이에 항의해 시 전체 노동자들이 총파업에 들어갔다. 파업 노동자들은 상점을 비롯해 많은 공공건물, 그리고 경찰서를 습격했다. 경찰대와 충돌 과정에서 70명이 죽고, 300명이 부상당했다. 이 투쟁은 자연발생적이었고, 아무런 계획 없이 감행되었다. 군대와 경찰이 합동으로 파업을 진압했다(*Historia del movimiento obrero*, 1974, 586; The USSR Academy of Sciences 1983, 404에서 재인용).

몇 개월 뒤, 안토파가스타 지역에서 철도 부설 노동자, 부두 하역 노동자, 초석 광산지대 광산노동자들이 임금 인상을 요구해 파업을 단행했다. 이들 노동자의 파업은 1906년 2월 군대의 동원으로 진압되었다.

1907년에는 이키케 시에서 노동자 총파업이 발생했다. 총파업에는 항만·광산·건설 노동자, 다른 운수 부문 노동자, 시영 공익기업 노동자 등 1만5천 명이 참가했다. 노동자들의 주요 요구는 임금 인상이었다. 자본가들은 '적색 도시' 양상을 우려해 파업 진압을 요청했다. 파업 노동자들과 경찰 사이의 충돌 과정에서 노동자 2천 명이 죽고 많은 사람이 체포되었으며 총살당한 사람들도 있었다(*Historia del movimiento obrero*, 1974, 586; The USSR Academy of Sciences 1983, 404에서 재인용).

같은 해 5월, 산티아고데쿠바 노동자들이 총파업을 선언했다. 시간제 노동자, 운수노동자, 영세 기계공장 노동자가 1주일 동안 총파업을 벌였는데, 노동자들의 요구는 8시간 노동일제였다. 파업 노동자들은 행동 통일을 이룩하지 못했고, 그 때문에 투쟁은 개별 기업의 노동자와 기업주 사이의 협정 체결로 끝났다(The USSR Academy of Sciences 1983, 404).

노동자들의 잇따른 파업투쟁은 노동관계법과 사회보장법의 제정을 성취했다. 1906년에는 최초의 사회입법으로 노동자의 거주법이 공포되었다. 그 뒤로 일요일 휴무법, 1915년 외자법, 1916년 산업재해보상보험법, 1917년 공장기숙사설치법, 그리고 1918년 철도공무원 퇴직 및 사회보장법이 제정되었다(강석영 2003, 262).

이와 같은 투쟁을 통해 노동자들은 계급의식과 조직성을 높일 수 있었다. 1900년대 초기의 노동조합 조직은 산업·지역별 결합을 거쳐 노동조합 전국 중앙 조직 건설로 진전되었다. 칠레에서 처음 결성된 노동조합 전국 중앙 조직은 1907년의 칠레노동자대연맹이었다. 칠레노동자대연맹은 설립 초기에는 전국협의회, 분과협의회, 지방협의회를 기초로 한 느슨한 조직 구조를 유지했으나 1912년에 들어서는 중앙집권적 원칙에 따라 재편되었다.

멕시코

1876년 쿠데타로 집권한 포르피리오 디아스는 지주, 은행가, 교회 세력과 결탁해 독재 체제를 구축했다. 디아스는 많은 원주민이 경작해 왔던 미등기 소유지(공유지)를 탈취했고, 국유지와 미개간지를 지주들에게 양도했으며 외국인이 비옥한 토지를 점유할 수 있는 길을 터주었다. 디아스는 1894년 농지 회사를 설치해 국토조사를 실시한 후, 많은 토지를 지주와 외국인에게 양도했다.

디아스는 경제개발을 추진하면서 방대한 외국자본을 유치했다. 철도 건설에는 주로 미국, 영국, 벨기에 자본가들이 투자했고, 광산 개발은 영국 자본의 투자로 착수되었으며 석유는 영국 자본이 개발을 담당했다. 1910년 당시 멕시코에서 미국과 영국은 주로 석유와 광산, 프랑스는 섬유, 독일은 기계와 의약품, 그리고 에스파냐는 식료품 산업에 많이 투자했다. 그리고 영국, 캐나다, 미국 등은 토지에도 많은 자본을 투자했다.

디아스의 독재 체제가 장기화되면서, 1900년부터 디아스 체제에 대한 저항 움직임이 일기 시작했다. 1906년 무렵부터 플로레스 마곤 형제와 후안 사라비아 등이 중심이 되어 디아스 체제에 도전하기 시작했다. 1908년 12월에는 '민주당'이 창당되었고, 1909년 5월에는 '반재선당'Antireelccionista

등 새로운 정당들이 결성되었다. 디아스는 자신이 속한 '국민당'Partido Nacional Porfirista을 재정비해 1910년의 대통령 선거에 대비했다.

1910년의 대통령 선거에서 반재선당의 후보 프란시스코 마데로는 유세를 벌이면서 선동을 했다는 혐의로 투옥되고, 1910년 9월 27일 디아스가 대통령에 당선되었다. 마데로는 산루이스포토 시로 이송된 후, 10월 5일 탈주에 성공해 무장투쟁을 벌였다. 마데로의 무장투쟁은 멕시코혁명의 서막이 되었다.

디아스의 독재 체제가 지속되는 가운데서도 멕시코의 노동운동은 계속해 발전을 추진했다. 이런 발전은 1910년대의 멕시코혁명에서 영향을 받은 측면이 크지만, 그보다 앞서 1800년대 말부터 출현한 공제조합 형태의 노동자 조직이 그 발판이 되었다. 1887년에 처음으로 '멕시코철도노동조합'이 라레도 시에서 결성되었다. 그 뒤로 1906년에는 직조노동자들이 중심이 되어 자유노동총연맹을 조직했다.

1906년과 1907년에는 직조노동자들과 동광노동자들이 대규모 파업을 벌였다. 1906년 6월, 미국 자본 소유의 카나네아 동광석에서 광산노동자 1만 명이 파업을 단행했다. 파업의 주요 원인은 외국인 노동자의 특권적 지위와 멕시코 노동자에 대한 임금 차별이었다. 그래서 파업은 사실상 제국주의 반대 성격을 띠었다. 파업 노동자들은 조직위원회를 설치하고 선언을 발표했다. 그들은 고용과 임금 체계상의 차별 철폐를 요구했고, 또 회사의 노동자 구성에서 멕시코인 노동자 75퍼센트, 외국인 노동자 25퍼센트로 할 것을 요구했다. 이 밖에도 8시간 노동일제 요구, 아동노동의 금지와 노동조건의 개선, 벌금 제도의 폐지와 최저임금제의 확립 등의 요구도 제시했다. 노동자들은 파업을 진행하는 가운데 노동조합 조직을 결성했다.

회사는 파업을 깨뜨리기 위해 미국으로부터 군대를 지원받았으며, 미국

징벌대는 파업 노동자들을 체포하고 사살했다. 이 사건은 멕시코 인민들의 격렬한 분노를 불러일으켰다. 카나네아 광산 파업은 노동자투쟁이 멕시코 독재 정권에 대한 전 인민적 투쟁의 한 갈래로 전화했음을 의미하는 것이었다. 그것은 또 다가오는 멕시코혁명의 첫 징후였다. 노동자계급의 반제투쟁은 외국자본의 지배에 큰 타격을 주었고 노동운동의 정치 역량 강화를 촉진했다(The USSR Academy of Sciences 1983, 408~409).

쿠바

1899년 1월 1일에 에스파냐로부터 쿠바를 이양받은 미국은, 1901년 이른바 '플랫 수정안'Platt Amendment을 부가한 쿠바 헌법을 통과시킴으로써 쿠바에 대한 군정통치를 더욱 강화했다. 미국은 플랫 수정안에 따라 자국민의 생명과 재산을 보호하기 위한 군사 개입 권리, 쿠바의 국제관계·정치·경제에 대한 감독 권한, 그리고 관타나모 해군기지의 설치 권한 등을 확보했다(천샤오추에 2007, 135).

1902년 5월 20일 에스파냐 식민지 당국이 추방했던 토마스 에스트라다 팔마가 미국의 추대로 대통령 선거 단일 후보로 나와 쿠바의 초대 대통령으로 당선되었다. 팔마는 친미주의자였고, 정부 관료들 역시 쿠바의 완전한 독립을 주장하기보다는 자치주의를 주장하는 사람들이었다. 이런 상황에서 미국과 쿠바 정부는 '플랫 수정안'을 구체적으로 실행하고 양국의 우호 관계를 오랫동안 유지하기 위한 장기 협정을 체결했다.

미국은 '플랫 수정안'을 근거로 관타나모를 영구 임대해 이곳에 육지 78제곱킬로미터와 해양 39제곱킬로미터를 포함한 대규모 군사기지를 건설했다. 관타나모는 쿠바 제3의 항구로 항만이 깊어 훌륭한 방어 조건을 갖추었으며, 카리브 해와 중남미를 견제할 수 있는 전략적 요충지로서 의미가 큰 편이었다. 관타나모는 지금도 미국이 점령하고 있다.

팔마 정부는 침체된 쿠바 경제를 회복시키지 못했고, 오히려 양질의 토지, 사탕 산업, 교통수단 등 쿠바 경제의 중추적 기능을 장악한 미국 자본에 유리한 정책을 펼쳐 쿠바 국내 경제를 큰 위기에 빠뜨렸다.

1902년부터 잇따라 노동자의 파업투쟁이 일어났으며, 쿠바 정부는 이를 무력으로 진압했다. 1902년, 담배제조공장 노동자들이 일으킨 파업에 아바나의 우편 노동자들이 가세해 노동자의 투쟁은 대규모로 확대되었다. 정부는 무력을 동원해 파업을 억누르고자 했고, 이 과정에서 격렬한 충돌이 일어나 노동자 20명이 희생당했다. 그 뒤로도 노동자계급의 투쟁은 계속되었다.

1905년 미국의 개입으로 팔마가 또다시 단일 후보로 대통령 선거에 출마해 당선되었다. 그러나 쿠바의 많은 국민이 대통령 선거의 부정 의혹을 제기했고, 1906년 8월에는 피나르델리오, 아바나, 라스투나스 등지에서 대중적 인민 봉기가 일어났다. 팔마 정부는 곧바로 시위 주동자 체포를 명령했다. 반정부 투쟁 과정에서 독립전쟁 영웅 퀸틴 반데라스 장군이 정부군의 습격으로 사망하자, 투쟁은 더욱 거세졌다. 이른바 '8월 소전투'가 발발한 것이다. 이에 팔마는 미국에 군대 파병을 요청했고, 1906년 9월 29일 미국은 또다시 쿠바 내정에 개입하게 되었다. 미국은 찰스 마군을 총독으로 임명해 반정부 투쟁을 진압하고, 쿠바를 1909년까지 3년 동안 통치했다.

노동자들은 인민 봉기에 직접 참가했는데, 이 봉기는 자유당이 주로 조직하고 지도했다. 자유당은 보수적 친미 정부로부터 권력을 탈취하고자 했다. 자유당은 반제국주의 투쟁을 유도한 것은 아니지만, 봉기는 어쨌든 외국자본의 지배에 반대하는 경향을 띠었다. 당시 쿠바에는 파업투쟁이 발전했는데, 여송연공장·우편·철도 노동자, 그리고 벽돌 쌓는 노동자들이 파업을 벌였다.

그다음 해인 1907년 2~7월 사이에 영국과 미국 트러스트(기업합동) 담배 제조노동자들이 145일 동안의 장기 파업을 결행했다. 또 산타클라라, 시엔 푸에고스, 마탄사스에서는 미국인 소유의 대규모농장Plantation에서 농업노 동자의 투쟁이 벌어졌는데, 그것은 미국 점령군 병사의 난폭 행위에 대한 항의에서 비롯된 것이었다(*New York Herald*, March 30, 1907; The USSR Academy of Sciences 1983, 409에서 재인용).

1908년에도 대규모 파업이 일어났다. 담배제조·해상·건설 노동자들이 참가했는데, 파업은 기업주들이 당시의 통용 화폐인 달러 대신에 가치가 하 락한 에스파냐 통화로 임금을 지불한 데 대한 불만에서 비롯되었다. 노동자 의 파업투쟁은 제1차 세계대전 기간에 절정을 이루었고, 그 가운데서도 격 렬했던 파업의 하나는 처음으로 파업투쟁에 참가했던 담배제조공장 견습 노동자들의 파업이었다(Troncoso & Burnet 1962, 107).

1908년에는 의회 선거에서 자유당이 승리해 1909년 호세 미겔 고메스 가 대통령이 되어 집권하면서 2년 4개월에 걸친 미국의 내정 간섭은 막을 내렸다. 그러나 쿠바에 대한 미국의 간섭은 계속되었다.

3. 아프리카

1900년대 들어와서도 유럽 열강에 대한 아프리카인의 저항은 끊이지 않았 다. 1903~1907년 대규모적인 헤레로Herero 폭동을 비롯해 독일 지배에 항거 한 남서아프리카 전투, 1902년 앙골라의 바이룬두Bailundu 전쟁, 우간다 븐 요레Bun Yore의 카바레가Kabarega가 일으킨 전쟁 등이 있었다. 서아프리카에서도 전투가 있었고, 골드코스트에서 아샨티 전투가 있었다. 중부 지역에서도 제1차 세계대전 시기까지 '화해'가 완료되지 않은 채 아프리카인의 저항은 계속되었다. 카메룬에서도 독일인이 장기에 걸쳐 저항에 직면했다. 이 시기에 유럽 제국주의자에 대한 저항은 정복에 대한 항거라는 단순하면서도 초보적인 행위였다(Woddis 1961, 6~7).

북아프리카

북아프리카 국가들의 경제 발전을 촉진한 중요 요인 가운데 하나는 제국주의 국가들의 자본 침입이었다. 이런 자본의 침입은 임금노동자에 대한 수요를 증대시켰다. 임금노동자 형성은 유럽인이 행한 토지 수탈과 공동체 농업의 해체 그리고 가혹한 조세 부담으로 인해 빠르게 진행되었다. 또 유럽에서 생산된 공산품의 유입에 따라 몰락을 겪게 된 수공업자들도 형성 과정에 있던 노동자 대열에 합류했다.

북아프리카 지역에서는 제1차 세계대전 이전 시기 제국주의자들의 강도 높은 경제 수탈 때문에 직접적 생산자의 몰락이 광범하게 이루어졌다. 그런 과정은 노동자의 빈곤화로 이어졌고, 한편으로는 도시빈민층과 실업자군을 대량으로 만들어 냈다.

북아프리카 국가들의 총 노동자 수(1911~1918년)는 대략 150만 명 정도였고, 그 절반은 농업 부문에 종사하고 있었다. 본래적인 노동자 그룹은 유럽에서 온 이주자들이었는데, 1910년대 말에는 알제리와 튀니지에서만 11만6천 명의 이주노동자들이 존재했다. 이주노동자들은 프랑스인 말고도 이탈리아인, 에스파냐인, 말타인, 그 밖의 유럽 국가 사람들이었다(The USSR Academy of Sciences 1983, 450~451).

아랍인 노동자들의 상태는 열악하기 이를 데 없었다. 계절노동자들에게 는 대부분의 경우 주거 시설이 제공되지 않았기 때문에, 그들은 노숙을 하 지 않으면 안 될 정도였다. 차마 견디기 어려운 노동·생활 조건 때문에 아 랍인 노동자들은 다시 농촌으로 돌아가는 경우도 많았다. 한편, 토착 농민 들은 절망과 아사의 공포에서 벗어나기 위해 식민주의자들의 농장이나 광 산 또는 운수 부문에서 일하지 않을 수 없었다. 이런 상황에서 대부분의 노 동자들은 채무노예의 처지에 놓이게 되었다. 기업주들이 노동자들에게 높 은 이자를 조건으로 돈을 빌려 주었고, 또 여러 가지 벌금 제도나 공제 제도 를 노동력 착취의 방법으로 활용했다.

아랍인 노동자들이 경제·사회적으로 미성숙했을 뿐만 아니라 공장노동 자층이 형성되지 못한 상태에서 노동운동은 본격적인 진전을 수행할 수 없 었다. 북아프리카에서 파업이나 노동조합 조직을 발의하고 사회주의사상을 보급한 것은 다름 아닌 유럽인 노동자들이었다.

1905년 이후 알제리, 튀니지, 이집트 등에서 유럽인 노동자들이 일으킨 파업은 우발적인 것이 아니라 상시적인 현상이 되었으며, 또 아랍인 노동자 들도 점점 파업에 동참했다. 노동자들은 파업을 제기하면서 주로 경제적 요 구, 즉 노동조건 개선, 임금 인상, 노동시간 단축 등을 내걸었다. 비록 경제 적 요구를 관철하기 위한 투쟁이라 할지라도 정치적 성격을 띠는 경우가 많 았다.

노동자투쟁에 대해 식민지 권력은 금지와 탄압으로 대응했다. 튀니지에 서는 1905년에 노동조합과 시위를 금지하는 법령이 제정되었으며, 집회를 열기 위해서는 특별한 허가가 필요했다. 1906년 알제리 시에서 거행된 메 이데이 행사에서 시위 참가자를 위협하기 위해 군대가 동원되는 일이 벌어 지기도 했다.

이런 권력의 탄압이 가해지는데도 노동운동은 자기 길을 개척하면서 성장했다. 그 반증의 하나가 노동조합의 조직이었다. 이집트에서는 1905년에 항만 노동조합이 결성되었고, 1906년에는 연초제조노동자와 은행노동자의 노동조합이 조직되었다. 처음 결성된 노동조합은 거의 대부분 유럽인 노동자들만을 포괄했다. 튀니지에서는 노동자투쟁을 금지하는 제도가 시행되었는데도 노동조합은 결성되었고, 1911년에는 프랑스노동총동맹의 지부가 출현했다. 노동조합 조직은 파업을 이끌었으며, 많은 양은 아니었지만 신문을 발간하기도 했다.

토착노동자들의 노동조합 결성은 독자적인 경향을 보였다. 예컨대 1909년 이집트에서 수공업 노동조합이 결성되었는데, 이것은 북아프리카에서 아랍인 노동자만을 가입 대상으로 한 최초의 노동조합이었다. 이 노조는 알렉산드리아, 이스마일리아, 포트사이트에 지부를 설치했다. 튀니지에서는 제1차 세계대전 기간 중에 아랍인 철도노동자들이 상호부조 금고를 만들었다. 아랍인 노동조합의 성장에 따라 민족적 억압을 당했던 광범한 인민대중이 조직적으로 투쟁 대열에 참가했다. 이로써 반제 민족해방투쟁을 지향하는 아랍인 노동자계급과 유럽인 노동자 사이의 연대 기반이 형성되게 되었다.

열대·중부 아프리카

1900년대 들어 열대 아프리카 경제는 외국자본의 진출이 증대하면서 질적인 큰 변화를 맞았다. 1900년대 초기 몇 년 동안에는 자본은 주로 삼림 자원과 상아를 약탈 대상으로 삼았지만, 제1차 세계대전 기간에는 제국주의 열강이 원료 생산 분야를 표적으로 삼았다. 이와 같은 외국자본의 진출에 따라 남로디지아, 니아살랜드(현 말라위), 탕가니카의 농원 경영이, 대전 직전에는 케냐와 콩고의 농원 경영이 발전했으며, 황금 해안, 나이지리아, 콩고, 남로디지아의 광산업이 발전했다. 이런 경영체가 상시적인 노동력 확보를 위해 화폐 과세 제도가 이용되었고, 제1차 세계대전이 시작된 시기에는 이 제도는 거의 모든 곳에 보급되었다. 수출을 위한 생산의 기초가 주로 소농민 경영이었던 식민지에서는 여러 종류의 강제 노역도 식민주의자 기업에서 채용되었다(The USSR Academy of Sciences 1983, 465~466).

임금노동자의 출현은 반숙련노동 또는 숙련노동 종사자 속에서 이루어졌는데, 현지 주민 가운데 이런 노동자는 극히 소수에 지나지 않았다. 형성기 노동자계급의 압도적 부분을 차지했던 것은 대규모농장 노동자로서, 그들은 심한 착취와 억압을 당하는 처지에 놓여 있었다.

이 시기 사회의 계급 분화가 충분히 이루어지지 않았고, 또 노동자들은 농민층에서 미처 분리되지 않은 채 미성숙한 상태에 있었기 때문에 열대 아프리카 지역 노동운동은 초기 발전 단계에 머물러 있었다. 투쟁 형태로서는 작업장에서 집단 도주하는 행위, 징모인徵募人에 대해 제재를 가하는 행위, 납세를 거부하는 행위 등 소극적인 행위가 대부분이었다. 그러나 이 시기에 저항의 새로운 형태, 즉 파업도 발생하기 시작했다.

파업투쟁에 참가한 노동자들의 요구와 투쟁 형태는 그들이 지닌 계급의식의 초기 단계를 반영했다. 노동자들은 식민지 착취 체제 그것을 거부한 것이 아니라, 개별적인 착취 형태와 방법을 거부했을 뿐이었다. 아프리카 노동자계급의 의식은 종족적 공통성의 틀 속에 한정되어 있었기 때문에 이 단계에서는 서아프리카의 많은 도시에 존재했던 종족적 상호부조 조직, 문화·계몽 조직, 종교 조직 등이 큰 영향을 끼쳤다.

열대 아프리카인 최초의 노동조합은 서아프리카의 영국령 식민지에서 결성되었다. 이런 종류의 노동조합은 파업 승리의 결과로서 생겨났다. 이를

테면 1912년 남나이지리아에서 결성된 철도노동조합이 그런 것이었다. 그러나 전체적으로 보면, 열대 아프리카 국가들의 경제·사회적 발전이 아직 낮은 수준에 있었고, 또 이 지역이 현대의 선진적 사상 조류로부터 어느 정도 단절되어 있었기 때문에, 노동자의 행동과 조직이 미성숙한 채 초기적 상태에서 벗어나지 못했다.

그러나 당시 아프리카 노동자들과 인민이 벌인 몇몇 투쟁 사례는 대단히 완강했다. 케냐에서는 1914년 8월에 몸바사 북쪽의 기리아마 지방에서 봉기가 일어났다. 이 투쟁은 아프리카인을 토지에서 축출하려는 기도에 대한 저항이었다. 1918년까지 케냐에서 전개된 토지 추방 항의 운동은 광범위하게 확대되었고, 1921년에는 하리 두쿠Hary Thuku라 부르는 전국적 대투쟁으로 발전했다. 이 투쟁은 토지 탈취에 대한 항의만이 아니라 임금 삭감, 인두세 인상, 강제노동 시행에 항의하는 투쟁이었다.

나이지리아에서는 1918년 에그바 봉기(또는 아두비 전쟁)가 일어났는데, 그 발생 동기는 1914년 이후 요루발란드의 에그바 왕국을 영국이 무리하게 지배하려 한 데 대한 저항이었으며, 또 한 가지는 1918년 직접세 부과에 대한 불만에서 나온 저항행동이었다(Woddis 1961, 13).

남아프리카 지역

남아프리카 지역 노동자계급 형성의 기본 배경은 다른 아프리카 지역과 마찬가지로 외국자본의 진출이었다. 1918년 당시 식민주의자의 기업에서 종사하는 노동자 수는 106만 명을 헤아렸다. 아랍인과 인도인 그리고 유색인을 합쳐 35만 명이 공업 부문에서 일했고, 45만 명이 농업 부문에서 일했다. 그들 대부분은 이주노동자들이었고, 금이나 다이아몬드 광산과 관련된 산업이 급성장하면서 이 부문에서 일하는 사람이 급속하게 늘어났다(The USSR Academy of Sciences 1983, 455~456).

남아프리카연방(현재 남아프리카공화국)에는 아프리카인 말고도 유럽인 노동자 약 26만 명이 일하고 있었는데, 이들 대부분은 공업과 철도운수 부문에서 일했으며 대체로 숙련을 요하는 작업에 종사했다.

남아프리카연방 식민지 경제를 떠받쳤던 것은 아프리카인 비숙련노동자들이었다. 1900년대 들어서는 유럽인이 도맡았던 작업에 토착민들도 참여하기 시작했다. 아프리카인 노동자들의 노동·생활 조건은 비인간적 상태에서 벗어나지 못했다. 특히 농장에서 일하는 아프리카인 노동자의 상태는 더한층 형편없었다. 그런 사실은 임금이 현물로 지급된 데서도 입증되었다.

남아프리카에서 전개된 노동운동은 1900년대 초기 몇 십 년 동안에 걸쳐 성장했다. 유럽인 노동자들이 광산에서 대규모 저항 투쟁을 벌인 것도 이 무렵이었다. 1907년 5월 란드 광산에서 발파공조합의 주도로 파업이 발생했는데, 파업에는 갱내에서 일하던 유럽인 노동자의 절반 정도가 참가했다. 파업의 원인은 아프리카인이 조작하는 굴삭 기계 제어를 담당한 유럽인 직장職長의 임금을 15퍼센트 삭감하고 동시에 작업을 늘린 데서 비롯되었다.

유럽인 노동자의 투쟁은 아프리카인 노동자들의 조직과 투쟁을 촉진하는 계기가 되었다. 아프리카인 노동자투쟁은 조세 반대 투쟁이나 고용주에게서 도주하는 방식의 소극적 저항 형태에서 파업투쟁으로까지 진전되었고, 노동자 조직 결성이 급속하게 추진된 것이 이와 같은 사실을 반증했다. 1910년대 이후에 아프리카 대륙 남부에서 일어난 파업은 토착노동자들이 주도했다(The USSR Academy of Sciences 1983, 457~458).

이 시기 남아프리카에서 전개된 노동운동과 민족해방운동에서는 사회주의자들의 역할이 점점 커졌다. 남아프리카에서 사회주의를 선전·보급한 그룹은 프롤레타리아 혁명가들이 아니었고, 프티부르주아 급진파들이었다. 이들은 1902년 케이프타운에서 사회민주연맹을 창설했는데, 사회민주연맹은 인민을 위한 생산수단의 사회화를 주요 목표의 하나로 설정했다. 연맹은 인종적 편견에 대해서는 저항했지만, 민족적 억압에 대해서는 적극적으로 투쟁을 벌이지는 않았다. 그리고 연맹이 내건 생산수단의 사회화는 식민주의자의 억압에서 원주민의 해방을 목표로 한 것은 결코 아니었다.

위에서 살펴본 바와 같이, 아시아, 라틴아메리카, 아프리카 식민지·종속 국가들의 노동운동 발전은 매우 다양한 단계에서 전개되었다.

아시아 피억압 국가들에서 전개된 노동자투쟁은 아직 민족해방운동의 한 부분으로 머물렀으며, 자연발생적 성격을 짙게 내포하고 있었다. 그러나 노동자투쟁은 점점 완강한 양태를 드러냈으며, 때로 부분적인 것에서 전체적인 것으로 전화했으며, 흔히 시위와 집회를 수반했다. 노동자 단결이 점점 강화되었고, 노동자투쟁이 민족해방을 목표로 한 정치투쟁의 차원에까지 고양되는 경우도 많았다.

라틴아메리카에서는 이 시기 노동자계급 운동의 정치적 분화가 시작되었다. 노동자투쟁은 더한층 조직적인 경향을 나타냈으며, 노동자 계층과 그룹 사이의 계급적 연대도 성장했다. 총파업이 빈번하게 제기되었고, 노동조합운동과 사회주의운동이 폭넓게 전개되었다.

아프리카에서는 형성 과정에 있었던 노동자계급이 자연발생적 반란이나 식민주의자들이 운영하는 기업에서 행하는 집단적 탈주 등에서 점점 조직적인 파업투쟁으로 나아가게 되었다.

식민지·종속 국가들에서 진행된 노동자의 투쟁 수준과 투쟁 방법은 매우 다양한 양상을 나타냈다. 그런데도 노동자투쟁은 어디서든 민족해방운동의 큰 줄기를 이루었다(The USSR Academy of Sciences 1983, 469).

가쓰라 아키오. 2007. 『파리코뮌』. 정명희 옮김. 고려대학교출판부.

강만길. 2004. 『한국노동운동사』 제1권. 지식마당.

강석영. 1996a. 『라틴아메리카사』 제1권. 대한교과서주식회사.

_____. 1996b. 『라틴아메리카사』 제2권. 대한교과서주식회사.

_____. 2003. 『칠레사』. 한국외국어대학교출판부.

강신준. 1992. "제2인터내셔널과 사회주의 노동운동." 『사회과학논집』 9집. 동아대학교.

공일주·전완경. 1998. 『북아프리카사』. 대한교과서.

광민사편집부. 1980. 『프랑스 노동운동사』. 광민사.

_____. 1981. 『독일 노동운동사』. 광민사.

그레빙, 헬가. 1985. 『독일 노동운동사』. 박경서 옮김. 한벗.

김광진 외. 1988. 『조선에서 자본주의적 관계의 발전』. 사회과학출판사 경제편집부 엮음. 열사람.

김금수 외. 1999. 『노동자 정치 세력화, 진단과 모색』 한국노동사회연구소.

김복미. 1987. "1848년 빠리 6월 봉기에 관한 연구." 『학림』 9호. 연세대학교 사학연구회.

김승섭. 1987. "1848년 2월 혁명에서 1851년 루이 나폴레옹의 쿠데타에 이르는 프랑스 정치상황에 대한 또끄
        빌과 마르크스의 관점 비교." 서울대학교 석사 학위 논문.

김영식. 1989. 『세계민중운동사』 제1권. 거름.

김 유. 2003. 『사회주의 인터내셔널과 사회민주주의 정당』. 인간과 사회.

김윤진. 1994. 『동아프리카사』. 대한교과서주식회사.

_____. 2006. 『남아프리카 역사』. 명지출판사.

김윤환. 1982. 『한국노동운동사』 제1권. 청사.

김인중. 1989. "'지속'된 산업화와 프랑스 노동계급." 이민호 외. 『노동계급의 형성』. 느티나무.

_____. 1990. "프랑스 산업화와 노동운동 1800~1848." 서울대학교 박사 학위 논문.

_____. 1991. "1848년 2월 혁명과 노동운동." 『서양사론』 36호. 한국서양사학회

_____. 1998. "1848 혁명의 새로운 평가." 『역사비평』 42호. 역사비평사.

_____. 2009. "공화주의, 자유주의, 1848혁명." 『프랑스사 연구』 21호. 한국프랑스사학회

김인중 외. 1989. "1848년 6월봉기와 빠리의 노동자들." 서울대프랑스사연구회. 『프랑스 노동운동과 사회주의』.
        느티나무.

김종법. 2004. 『이탈리아 노동운동의 이해』. 한국노동사회연구소.

김종현. 2006. 『영국 산업혁명의 재조명』. 서울대학교출판부.

_____. 2007.『경제사』. 경문사.

김택현. 2008.『차티스트운동』. 책세상.

김현일. 1997. "19세기 프랑스 노동자들과 노동운동." 안병직 외.『유럽의 산업화와 노동계급』. 까치.

까갈리츠끼 외.1991.『사회민주주의 연구 1: 회고와 전망』. 이성형 옮김. 새물결.

나가오카 신키치 & 이시사카 아키오(長岡新吉 & 石坂昭雄). 1986.『일반경제사』. 이병천 옮김. 동녘.

노명식. 2011.『프랑스 혁명에서 파리 코뮌까지: 1789~1871』. 책과 함께.

노명우. 1989. "맑스 노동운동론의 형성과 발전에 관한 연구: 국제노동자협회를 중심으로" 서강대학교 석사 학위 논문.

다니엘, 에드리. 1998.『호치민』. 성기관 옮김. 시공사.

독립운동사편찬위원회. 1971.『독립운동사: 의병항쟁사』 제1권.

뒤보, 조르주. 1993.『1848년 프랑스 2월 혁명』. 김인중 옮김. 탐구당.

딜라스-로세리, 욜렌. 2007.『미래의 기억, 유토피아』. 김휘석 옮김. 서해문집.

레닌, V. I. 1989.『제2인터내셔널의 붕괴 외』. 오영진 옮김. 두레.

레온하르트, 볼프강. 1987.『마르크스주의 정치이론』. 유창성·박정주 옮김. 청아출판사.

마르크스, 칼. 1989.『자본론』 I (하). 김수행 옮김. 비봉출판사.

_____. 1993.『자본론』 I (하). 김수행 옮김. 비봉출판사.

_____. 2003.『프랑스 내전』. 안효상 옮김. 박종철출판사.

마르크스, 칼·프리드리히 엥겔스. 1991.『칼 맑스·프리드리히 엥겔스 저작선집』 제1권. 박종철출판사.

_____. 1992.『칼 맑스·프리드리히 엥겔스 저작선집』 제2권. 박종철출판사.

_____. 1993.『칼 맑스·프리드리히 엥겔스 저작선집』 제3권. 박종철출판사.

_____. 1994.『칼 맑스·프리드리히 엥겔스 저작선집』 제4권. 박종철출판사.

_____. 1995.『칼 맑스·프리드리히 엥겔스 저작선집』 제5권. 박종철출판사.

_____. 2000.『칼 맑스·프리드리히 엥겔스 저작선집』 제5권. 박종철출판사.

_____. 2002.『공산당 선언』. 이진우 옮김. 책세상.

마르크스-레닌주의연구소. 1989.『칼 마르크스 전기』 제1권. 김라함 옮김. 소나무.

마오쩌둥. 2002.『모택동 선집』 제2권. 김승일 옮김. 범우사.

마츠다 토모오(松田智雄). 1983.『서양경제사 강의』. 장상환 옮김. 한울.

마호 준이치로(眞保潤一郎). 1986.『베트남 현대사』. 조성을 옮김. 미래사.

만델, 에르네스트. 1990.『마르크스 경제사상의 형성과정』. 김택 옮김. 한겨레.

모어, 토마스. 2005.『유토피아』. 나종일 옮김. 서해문집.

목포지편찬위원회 1915.『목포지』.

몸젠, 볼프강. 2006.『원치 않은 혁명, 1848』. 최호근 옮김. 푸른역사.

문지영. 1987. "1871년 빠리 꼬뮌의 역사적 성격." 숙명여자대학교 석사 학위 논문.

박경옥. 1988. "1905년 뻬쩨르부르그 노동자 대표 소비에트의 성격."『서양사론』 31호. 한국서양사학회.

박남일. 1994. 『반역의 세계사』 제1권. 계백.

박장현. 1997. "독일 사회민주당과 노동조합운동." 『노동사회』 6월호. 한국노동사회연구소.

박지향. 1989a. "초기 차티즘 운동과 계급의식." 이민호 외. 『노동계급의 형성』. 느티나무.

_____. 1989b. "최초의 산업국가와 노동계급." 이민호 외. 『노동계급의 형성』. 느티나무.

박호성. 1989. 『사회주의와 민족주의』. 까치.

_____. 2005. 『사회민주주의의 역사와 전망』. 책세상.

배영수. 2000. 『서양사 강의』. 한울.

벤데, 페터. 2004. 『혁명의 역사』. 권세홍 옮김. 시아출판사.

보, 미셸. 1987. 『자본주의의 역사』. 김윤자 옮김. 창작사.

서울대프랑스사연구회. 1989. 『프랑스 노동운동과 사회주의』. 느티나무.

서울사회과학연구소 경제분과. 1991. 『한국에서의 자본주의 발전』. 새길.

성대경. 1977. "3·1운동 시기의 한국노동자의 활동에 대하여." 윤병석 외. 『한국근대사론』 제2권. 지식산업사.

세르주, 빅토르. 2011. 『러시아혁명의 진실』. 황동하 옮김. 책갈피.

소불, 알베르. 1984. 『프랑스 대혁명사』 제2권. 최갑수 옮김. 두레.

_____. 1990. 『상뀔로트』. 이세희 옮김. 일월서각.

쉐보르스키, A. 1995. 『자본주의와 사회민주주의』. 최형익 옮김. 백산서당.

슈바르츠, S. M. 1986. 『1905년 혁명』. 김남 옮김. 녹두.

슈바이니츠, 칼 드. 2001. 『영국 사회복지 발달사』. 남찬섭 옮김. 인간과 복지.

스터름탈, 아돌프. 1983. 『유럽 노동운동의 비극』. 황인평 옮김. 풀빛.

시바따 미찌오. 1983. 『파리콤뮨』. 기린편집부 옮김. 기린문화사.

시오다 쇼오베에(鹽田庄兵衞). 1985. 『일본 노동운동사』. 우철민 옮김. 동녘.

실리바, 마하우. 1998. "중동부 유럽에서의 민족의 봄." 『역사비평』 44호. 역사비평사.

아벤드로트, 볼프강. 1983. 『유럽 노동운동사』. 신금호 옮김. 석탑.

안병직. 1997. "19세기 독일의 산업화와 노동계급의 형성." 안병직 외. 『유럽의 산업화와 노동계급』. 까치.

양동휴. 1997. "산업혁명" 6~8. 양동휴 외. 『산업혁명과 기계문명』. 서울대학교출판부.

양승윤. 2003. 『인도네시아』. 한국외국어대학교출판부.

_____. 2005. 『인도네시아사』. 대한교과서주식회사.

양승윤 외. 2007. 『필리핀』. 한국외국어대학교출판부.

엥겔스, 프리드리히. 1988. 『영국노동자계급의 상태』. 박준식 외 옮김. 세계.

역사학연구소. 1995. 『강좌 한국근현대사』. 풀빛.

오인영. 1990. "국제노동자협회의 사회주의적 성격 확립과정에 관한 연구." 고려대학교 석사 학위 논문.

웨일스, 님. 1981. 『중국노동운동사』. 청사편집부 옮김. 청사.

유경준. 1989. "미국 노동계급의 형성." 이민호 외. 『노동계급의 형성』. 느티나무.

유인선. 2002. 『새로 쓴 베트남의 역사』. 이산.

유형근. 2002. "자유주의적 빈민정책의 이념에 관한 연구: 영국의 수정 구빈법(1834)을 중심으로." 서울대학교 석사 학위 논문.

윤옥주. 1987. "19세기초 영국의 러다이트운동." 서울대학교 석사 학위 논문.

이계현. 1996. "아르헨티나 노동운동과 페로니즘(Peronism)의 기원."『서양사 연구』19집. 서울대학교서양사 연구회

이민호 외. 1989.『노동계급의 형성』. 느티나무.

이성숙. 1990. "영국 Luddites운동에 관한 일 고찰: 1811~1816." 이화여자대학교 석사 학위 논문.

이영석. 1997. "영국 산업사회의 성립과 노동계급: 1780-1914." 안병직 외.『유럽의 산업화와 노동계급』. 까치.

이옥순. 2007.『인도 현대사』. 창비.

이용재. 2001. "총파업 이념의 대두와 혁명적 생디칼리즘의 성립: 19세기 말 프랑스 노동운동의 급진화."『역사 교육』77호. 역사교육연구회.

이용재. 2002. "아미앵 헌장과 혁명적 생디칼리슴."『서양사 연구』29집. 한국서양사연구회.

이인호. 1991. "러시아혁명과 노동자."『서양사 연구』12집. 서울대학교서양사연구회.

이채욱. 1990. "1905~7년 러시아혁명과 러시아 사회민주노동당의 대응: 혁명적 고조기를 중심으로." 서울대학 교 석사 학위 논문.

_____. 1997. "19세기 후반 러시아의 산업화와 '혁명적' 노동계급의 형성." 안병직 외.『유럽의 산업화와 노동계 급』. 까치.

이학수. 1989. "프루동과 노동조합." 서울대프랑스사연구회.『프랑스 노동운동과 사회주의』. 느티나무.

일리, 제프. 2008.『The Left 1848~2000 미완의 기획, 유럽좌파의 역사』. 유강은 옮김. 뿌리와 이파리.

장홍근. 1999. "한국 노동체제의 전환과정에 관한 연구." 서울대학교 박사 학위 논문.

전석담 외. 1989.『조선 근대 사회 경제사』. 이성과 현실.

정병기. 2000.『이탈리아 노동운동사』. 현장에서 미래를.

정영경. 1996. "러시아 산업부르주아의 보수적 정치의식과 1905년 혁명." 한국외국어대학교 박사 학위 논문.

정현백. 1989. "억압적 국가와 독일 노동계급의 형성." 이민호 외.『노동계급의 형성』. 느티나무.

조길태. 2000.『인도사』. 민음사.

조돈문. 1994. "제3세계에서의 노동계급형성."『경제와 사회』봄호. 한울.

조선총독부. 1911.『조선총독부 통계연보』.

_____. 1913.『조선총독부 통계연보』.

중화전국총공회. 1999.『중국노동조합운동사: 중화전국총공회 70년』. 김영진 옮김. 신서원.

진, 하워드 & 앤서니 아노브. 2011.『『미국 민중사』를 만든 목소리들』. 황혜성 옮김. 이후.

천샤오추에. 2007.『쿠바, 잔혹의 역사 매혹의 문화』. 양성희 옮김. 북돋움.

최재희. 2001. "영국 노동당 창당기 사회주의 진영의 민주주의관." 고려대학교 박사 학위 논문.

카우츠키, 칼. 2003.『에르푸르트 강령』. 서석연 옮김. 범우사.

클리프, 토니. 2010.『레닌 평전 1: 당 건설을 향해』. 최일붕 옮김. 책갈피.

튜린, S. P. 1986.『러시아 노동운동사』. 강철훈 옮김. 녹두.

파농, 프란츠. 1978. 『자기의 땅에서 유배당한 자들』. 김남주 옮김. 청사.

펠링, 헨리. 1992. 『영국 노동운동의 역사』. 박홍규 옮김. 영남대학교출판부.

포노말료프, B. N. 1991. 『소련 공산당사』 제1권. 거름편집부 옮김. 거름.

푸리에, 샤를. 2007. 『사랑이 넘치는 신세계 외』. 변기찬 옮김. 책세상.

푸엔테스, 카를로스. 1997. 『라틴아메리카의 역사』. 서성철 옮김. 까치.

풀란차스, 니코스. 1986. 『정치권력과 사회계급』. 홍순권·조형제 옮김. 풀빛.

풀브룩, 메리. 2000. 『분열과 통일의 독일사』. 김학이 옮김. 개마고원.

한국노동사회연구소. 1995. 『남아프리카 노동운동: 역사와 현황』.

한국노동조합총연맹. 1979. 『한국노동조합운동사』. 한국노동조합총연맹.

한국철학사상연구회. 1989. 『철학대사전』. 동녘.

한운석. 1998. "1848/1849년의 독일혁명과 부르주아지." 『역사비평』 42호, 역사비평사.

한치록. 1991. 『제2인터내셔널의 '자본주의 붕괴론'』. 서울대학교 석사 학위 논문.

현재열. 2000. "빠리 꼬뮈나르의 정체성과 이데올로기." 부산대학교 박사 학위 논문.

홉스봄, 에릭. 2003. 『저항과 반역 그리고 재즈』. 김동택 외 옮김. 영림카디널.

황인평. 1985. 『볼셰비키와 러시아혁명』 제1권. 거름.

_____. 1985b. 『볼셰비키와 러시아혁명』 제2권. 거름.

휴버먼, 리오. 2000. 『자본주의 역사 바로 알기』. 장상환 옮김. 책벌레.

Chicherov, A. I. "The Tilak Trial in July 1908 and the Bombay Strike." *The Indian National Liberation Movement and B.G. Tilak's Activities*.

Solov'eva. A. M. 1989. "Rost chislennoti proletariata I izmeniia v ego sostave. Konsolidatsiia rabochego klassa(1861~1904 gg.)." Iu. I. Kir'ianov et al. ed. *Rabochi klass Rossii ot zarozhdenia do nachla* XXV. Moskva: Nauka.

Alexandrov, V. 1986. *A Contemporary World History 1917~1945*. Progress Publisher[『세계현대사』. 홍성곤·박용민 옮김. 태암. 1990].

Amann, P. H. 1963. The Changing Outlines of 1848. *American Historical Review* 68.

Azèma, J. P. & M. Winock. 1971. *Les Communards Paris: Ed. Seuil*.

Beer, Max. 1948. *A History of British Socialism*. London: George Allen and Unwin.

Blaudel, F. & E. Labrusse. 1976. *Histoire Économique et Sociale de la France*. Paris: P.U.F.

Brandis, K. 1975. *Der Anfang vom Ende der Sozialdemokratie Die SPD bis zum Fall des Sozialistengesetzes*. Berlin.

Braunthal, J. 1967. *History of The Internationals*. New York.

Carr, E. H. 1951. *The Bolshevik Revolution 1917~1923* vol. 1. The Macmillan Company New York[『볼셰비키 혁명사』. 이지원 옮김. 화다. 1985].

Cole, G. D. H. 1947. *A Short History of The British Working-Class Movement, 1789~1947*.

London: George Allen & Unwin Ltd[『영국 노동운동사』 전 2권. 김철수 외 옮김. 광민사. 1980].

Felkin, W. 1967. *History of Machine: Wrought Hoisery and Lace Manufactures.* New York: David and Charles.

Foster, William Z. 1956. *Outline History of the World Trade Union Movement.* International Publishers[『세계노동운동사』 전 2권. 정동철 옮김. 백산서당. 1986].

Geary, D. 1989. *Socialism and the German Labour Movement before 1914.* D. Geary ed. Oxford/New York: Labour and Socialist Movement in Europe before 1914.

Harman, Chris. 2008. *A People's History of The World.* Verso[『민중의 세계사』. 천경록 옮김. 책갈피. 2004].

Harrison, J. F. C. 1985. *The Common People of Great Britain*(Bloomington).

Henning, F. W. 1973. *Die Industrialisierung in Deutschland 1800 bis 1914.* Paderborn.

Hobsbawm, Eric. 1968. *Industry and Empire.* New York: Phantheon Books a Division of Random House.

_____. 1971. *Class consciousness in History in Aspects of history and class consciousness.* Mészaros(R.K.P) ed.

_____. 1984. *The Making of the Working Class 1870~1914.* London: World of Labbor, Pantheon Book.

_____. 1989a. *Industry and Empire.* New York: Vintage Books a Division of Random House, Inc.

_____. 1989b. *The Age of Empire.* New York: Vintage Books a Division of Random House, Inc.[『제국의 시대』. 김동택 옮김. 한길사. 1998].

_____. 1996a. *The Age of Capital.* New York: Vintage Books a Division of Random House, Inc.[『자본의 시대』. 정도영 옮김. 한길사. 1998].

_____. 1996b. *The Age of Revolution.* New York: Vintage Books a Division of Random House, Inc.[『혁명의 시대』. 정도영 외 옮김. 한길사. 1998].

Hobson, J. A. 1902. *Imperialism.* New York: J. Pott and Company.

ICEM(International Federation of Chemical Energy Mine and General) Asia MNC. 2011. *Summary of Labor Movement in Indonesia.*

The USSR Academy of Sciences, The Institute of The International Working-Class Movement. 1980. *The International Working-Class Movement: Problems of History and Theory* vol. 1. Moscow: Progress Publishers.

_____. 1981. *The International Working-Class Movement: Problems of History and Theory* vol. 2. Moscow: Progress Publishers.

_____. 1983. *The International Working-Class Movement: Problems of History and Theory* vol. 3. Moscow: Progress Publishers.

Kenafick, K. J. 1984. *Marxism, Freedom and the State.* London: Freedom Press.

Khashjmov, L. Shaposhnikova. 1961. *On the History of the Working: Class Movement in India.*

Tashikent: Uzbek SSR Academy of Sciences Press.

Kocka, J. 1983. *Lohnarbeit und Klassenbildung: Arbeiter und Arbeiterbewegung in Deutschland 1800~1875*. Brlin/Bonn.

_____. 1990. *Arbeitsverhältnisse und Arbeiterexistenz, Glundlagen der Klassenbildung im 19. Jahrhundert*. Bonn.

Lefranc, Georges. 1953. *Le Syndicalisme En France*. Presses Universitaires de France[『フラン ス勞働組合運動史』. 谷川 稔 옮김. 白水社. 1974].

Lenin, V. I. 1977a. "Imperialism, the Highest Stage of Capitalism." *Selected Works* vol. 1. Moscow: Progress Publishers[『제국주의론』. 남상일 옮김. 백산서당. 1986].

_____. 1977b. "One Step Forward, Two Step Back." *Selected Works* vol. 1. Moscow: Progress Publishers[『한 걸음 앞으로, 두 걸음 뒤로』. 김탁 옮김. 전진. 1989].

_____. 1977c. "Two Tactics of Social Democracy in The Democratic Revolution." *Selected Works* vol. 1. Moscow: Progress Publishers[『민주주의 혁명에서의 사회민주주의의 두 가지 전술』. 이채욱·이용재 옮김. 돌베개. 1989].

Lichitenberger, André. 1985. *Le Socialisme au XVIIIe*. Paris: Alcan.

Lissagaray, Prosper Olivier. 2011. *History Of The Paris Commune Of 1871*. Kolkata India: Social Education and Alternative Research.

Lorwin, Val R. 1958. "Working Class Politics and Economic Development in Western Europe." *American Histolical Review* 63.

Luna, F. A. de. 1969. *The French Republic under Cavaignac, 1848*. Princeton Univ. Press.

Manuel, Frank E. 1938. "The Luddite Movement in France." *The Journal of Morden History* vol. X, no. 2.

McDaniel, Tim. 1988. *Autocrasy, Capitalism, and Revolution in Russia*. Berkeley.

Michels, R. 1913. "Zur historischen Analyse des Patriotismus." *Archiv für Sozialwissenschaft und Sozialpolitik* vol. 36.

Necochia, H. R. 1956. *Historia del movimiento obrero en Chile*. Santiago de Chile.

Niemeyer, Gerhart. 1966. "The Second International: 1889~1914." Milorad M. Drachkovitch etc. *The Revolutionary Internationls 1864~1943*. Stanford Press.

Nora, Pierre. 1984. *Les lieux de la mémoire* vol. I. Paris: La République.

Peel, Frank. 1880. *Risings of the Luddites*.

Pricer, R. 1972. *The French Second Republic: A Social History*. Cornell Univ. Press.

Rihs, Charles. 1973. *La Commune de Paris 1871: Sa structure et ses doctrines*. Paris: Édition du Seuil.

Rougerie, Jacques. 1964. *Composition d'une population: la Commun, Le Mouvement social* no. 48.

_____. 1971. *Paris libre, 1871*. Paris: Ed. Seuil.

_____. 1999. "Le Peuple de 1870/1871." J. L. Robert & D. Tartakowsky dir. *Paris Le*

Peuple XVIII-XXe siècle. Paris: Pub. de la Sorbonne.

Sokolov. O. D. & A. S. Trofimov. 1989. "Proletariat, ego razvitie I bor'ba na raznochinskom, burzhuazno: demokratiches etape osvoboditel'nogo dvizheniia." Iu. I. Kir'ianov et al. ed. *Rabochii klass Rossii ot zarozhdeniia do nachala XX v.* Moskva: Nauka.

Tarle, E. 1980. *The Uprising of the Lyons Workers.*

Tedjasukmana, Iskandar. 2009. *The Political Character of the Indonesian Trade Union Movement.* Equinox Publishing LTD.

Thompson, E. P. 1966. *The Making of the English Working Class.* New York: Vintage Book a Division of Random House, Inc.[『영국 노동계급의 형성』 전 2권. 나종일 외 옮김. 창비. 2004].

Troncoso, Moisés poblete & Ben G. Burnett. 1962. *The Rise of the Latin-America Labor Movement.* New Haven, Conn: College & University Press·Publishers.

U.S. Department of Commerce. 1961. *Historical Statics of the United States: Colonial Times to 1957.*

Volin, M. S & Iu. Z. Polevoi & Iu. I. Kir'ianov. 1989. "Rabochii klass Rossii v konste XIX v. Nachalo proletarskogo etapa osvoboditel'nogo dvizheniia." Iu. I. Kir'ianov et al. ed. *Rabohii klass Rosii ot zarozhdeniia do nochala XX v.* Moskva: Nauka.

Warnke, Herbert. 1952. *Überblick über die Geschichte der deutschen Gewerkschaftsbewegung 2.* Berlin: Tribüne Verlag und Druckereien des FDGB[『ドイツ勞動組合運動小史』. 国民文庫 옮김. 大月書店. 1970(초판은 1954)].

Webb, Sidney and Beatrice. 1920. *The History of Trade Unionism.* Augustus M. Kelly Publishers[『영국노동조합운동사』 전 2권. 김금수 옮김. 새얼문화재단. 1988].

Weil, George. 1924. *Histoire du Mouvement Sociale en France, 1852~1924,* Paris: Alcan.

William, R. L. 1969 *The French Revolution of 1870~1871.* New York: W.W.Norton & Company, Inc.

Woddis, Jack. 1961. *Africa: The Lion Awakes.* Lawrence Wishert.

Wolf, Robert. 1871. *The Parisian Club de la Révolution of the 18th Arrondissement 1870~1871.* Past and Present.

Zinn, Howard. 2005. *A People's History of the United States.* Harper Perennial Modern Classics [『미국 민중사』 전 2권. 유강은 옮김. 이후. 2008].

大阪市立大學經濟研究所. 1965. 『經濟學辭典』. 岩波書店.

大河內一男·吾妻光俊. 1975. 『勞働事典』. 靑林書院新社.

細井肇. 1921. "朝鮮と滿州の経營: 朝鮮問題の根本解決."『統治策論』. 自由討究社.

인명 찾아보기

조직명 찾아보기